渋谷教育学園幕張高等学校

〈収録内容〉

2024 年度 ……………… 学力選抜（数・英・理・社・国）

2023 年度 ……………… 学力選抜（数・英・理・社・国）

2022 年度 ……………… 学力選抜（数・英・理・社・国）

2021 年度 ……………… 学力選抜（数・英・理・社・国）

2020 年度 ……………… 学力選抜（数・英・理・社・国）

DL 2019 年度 ……………… 学力選抜（数・英・理・社）

便利な DL コンテンツは右の QR コードから

解答用紙　過去年度　リスニング ⇒

※データのダウンロードは 2025 年 3 月末日まで。
※データへのアクセスには、右記のパスワードの入力が必要となります。 ⇒ 098456

〈合格最低点〉

2024年度	282点
2023年度	257点
2022年度	256点
2021年度	234点
2020年度	255点
2019年度	283点

本書の特長

実戦力がつく入試過去問題集

▶ 問題 …………… 実際の入試問題を見やすく再編集。
▶ 解答用紙 …… 実戦対応仕様で収録。
▶ 解答解説 …… 詳しくわかりやすい解説には、難易度の目安がわかる「基本・重要・やや難」の分類マークつき（下記参照）。各科末尾には合格へと導く「ワンポイントアドバイス」を配置。採点に便利な配点つき。

入試に役立つ分類マーク

基本 確実な得点源！
受験生の 90%以上が正解できるような基礎的、かつ平易な問題。
何度もくり返して学習し、ケアレスミスも防げるようにしておこう。

重要 受験生なら何としても正解したい！
入試では典型的な問題で、長年にわたり、多くの学校でよく出題される問題。
各単元の内容理解を深めるのにも役立てよう。

やや難 これが解ければ合格に近づく！
受験生にとっては、かなり手ごたえのある問題。
合格者の正解率が低い場合もあるので、あきらめずにじっくりと取り組んでみよう。

合格への対策、実力錬成のための内容が充実

▶ 各科目の出題傾向の分析、合否を分けた問題の確認で、入試対策を強化！
▶ その他、学校紹介、過去問の効果的な使い方など、学習意欲を高める要素が満載！

解答用紙ダウンロード 解答用紙はプリントアウトしてご利用いただけます。弊社ＨＰの商品詳細ページよりダウンロードしてください。トビラのＱＲコードからアクセス可。

リスニング音声ダウンロード 英語のリスニング問題については、弊社オリジナル作成により音声を再現。弊社ＨＰの商品詳細ページで配信対応しております。トビラのＱＲコードからアクセス可。

UD FONT 見やすく読みまちがえにくいユニバーサルデザインフォントを採用しています。

渋谷教育学園幕張高等学校

「自調自考」の精神で いかに生きるか、自らに問う 県内トップの進学校

URL	https://www.shibumaku.jp/

普通科
生徒数　1068名
〒261-0014
千葉県千葉市美浜区若葉1-3
☎043-271-1221
京葉線海浜幕張駅　徒歩10分
京成千葉線京成幕張駅　徒歩14分
総武線幕張駅　徒歩16分

プロフィール　個性を引き出す独自の教育

自分で調べ考えることを意味する「自調自考」を建学の精神としている。1983（昭和58）年に高校、1986年には中学校を開校し、中学・高校の一貫教育体制がスタートした。現在では、県内トップの進学校としての地位を確立している。

コース別の授業や少人数制を取り入れて個性を引き出すと共に、帰国生の受け入れや海外との交流も積極的に行っている。しっかりと基本をおさえながらも、新しい試みをどんどん取り入れていく、エネルギーみなぎる活動的な教育が魅力の学校だ。

環境　県内屈指の充実した施設

恵まれた自然環境に加え、最新の設備も充実している。全教室空調完備で、50台のコンピュータを備えたマルチメディア教室や、コンピュータ室をはじめ、授業の内容を充実したものにするために、様々な特別教室があり、天文台やプラネタリウムも設置されている。さらに、物化生地合わせて６つの実験室を持つ理科棟もある。

そのほか、第１・第２体育館やナイター設備のある全天候型人工芝グラウンド、トレーニングルームも備えた室内温水プール棟など、体育施設も充実している。

幕張の文教エリアにあるキャンパス

カリキュラム　バランスのとれたきめ細かな教育

高１では発展期間として、理解したことを実行する力を養うことに重点を置いている。そして、高２・３の２年間では、生徒がそれぞれの適性や進路を見極め、自己の可能性を最大限に発揮できるよう、大幅な選択教科制や文系・理系別のコース制を採用し、大学進学を目指す。

また、学習の羅針盤として、“Syllabus（シラバス）”と呼ばれる「学習科目の内容と解説」を配布し、生徒は、この「解説」を手の届くところに置いて、今、何を学習しているのかを確かめ、学習効果を高めるよう活用している。そのほか、授業の充実度を高めるため、各種の補習も実施している。

さらに、英語を重視し、実際に役立つ英語力を養えるよう、外国人教師による丁寧な指導が行われている。また、国際教育の一貫として、中国語・スペイン語・フランス語・ドイツ語・ハングルの学習もできる（希望制）。

学校生活　楽しさいっぱいの学校行事

文化祭、スポーツフェスティバル、宿泊研修など、生徒主体の魅力あふれる行事が多数用意されている。高１では、アメリカやイギリスでのホームステイ（希望者）が実施され、英語力の向上はもちろん、文化の比較などを通して国際理解を深め、同時に日本の特質に気づく機会となっている。部活動・同好会の種類も多く、いずれも活発な活動を展開している。

帰国生の受け入れにも積極的

進路　一流大学合格は目的ではなく結果

本校では、大学合格だけを目標にした受験本位の詰め込み教育は行っていない。一流大学への合格は目的ではなく結果で、高い合格率は生徒一人ひとりを大切にする教育の結果となっている。卒業生は、東大、一橋大、筑波大、千葉大などの国公立大学に合格している。また有名私立大には70校以上の指定校推薦枠がある。

2024年度入試要項

試験日　1/19（学力）
1/20（帰国生・特別活動）
試験科目　国·数·英·理·社（学力）
英＋面接〈英語・日本語〉（帰国生）
作文＋実技＋面接（特別活動）

2024年度	募集定員	受験者数	合格者数	競争率
学力	295	490/181	152/51	3.2/3.5
帰国生		17/23	6/13	2.8/1.8
特別活動		9/14	3/5	3.0/2.8

※定員は中学校からの内部進学者を含む
※人数はすべて男子/女子

過去問の効果的な使い方

① **はじめに**　入学試験対策に的を絞った学習をする場合に効果的に活用したいのが「過去問」です。なぜならば，志望校別の出題傾向や出題構成，出題数などを知ることによって学習計画が立てやすくなるからです。入学試験に合格するという目的を達成するためには，各教科ともに「何を」「いつまでに」やるかを決めて計画的に学習することが必要です。目標を定めて効率よく学習を進めるために過去問を大いに活用してください。また，塾に通われていたり，家庭教師のもとで学習されていたりする場合は，それぞれのカリキュラムによって，どの段階で，どのように過去問を活用するのかが異なるので，その先生方の指示にしたがって「過去問」を活用してください。

② **目的**　過去問学習の目的は，言うまでもなく，志望校に合格することです。どのような分野の問題が出題されているか，どのレベルか，出題の数は多めか，といった概要をまず把握し，それを基に学習計画を立ててください。また，近年の出題傾向を把握することによって，入学試験に対する自分なりの感触をつかむこともできます。

過去問に取り組むことで，実際の試験をイメージすることもできます。制限時間内にどの程度までできるか，今の段階でどのくらいの得点を得られるかということも確かめられます。それによって必要な学習量も見えてきますし，過去問に取り組む体験は試験当日の緊張を和らげることにも役立つでしょう。

③ **開始時期**　過去問への取り組みは，全分野の学習に目安のつく時期，つまり，9月以降に始めるのが一般的です。しかし，全体的な傾向をつかみたい場合や，学習進度が早くて，夏前におおよその学習を終えている場合には，7月，8月頃から始めてもかまいません。もちろん，受験間際に模擬テストのつもりでやってみるのもよいでしょう。ただ，どの時期に行うにせよ，取り組むときには，集中的に徹底して取り組むようにしましょう。

④ **活用法**　各年度の入試問題を全問マスターしようと思う必要はありません。できる限り多くの問題にあたって自信をつけることは必要ですが，重要なのは，志望校に合格するためには，どの問題が解けなければいけないのかを知ることです。問題を制限時間内にやってみる。解答で答え合わせをしてみる。間違えたりできなかったりしたところについては，解説をじっくり読んでみる。そうすることによって，本校の入試問題に取り組むことが今の自分にとって適当かどうかが，はっきりします。出題傾向を研究し，合否のポイントとなる重要な部分を見極めて，入学試験に必要な力を効率よく身につけてください。

数学

各都道府県の公立高校の入学試験問題は，中学数学のすべての分野から幅広く出題されます。内容的にも，基本的・典型的なものから思考力・応用力を必要とするものまでバランスよく構成されています。私立・国立高校では，中学数学のすべての分野から出題されることには変わりはありませんが，出題形式，難易度などに差があり，また，年度によっての出題分野の偏りもあります。公立高校を含め，ほとんどの学校で，前半は広い範囲からの基本的な小問群，後半はあるテーマに沿っての数問の小問を集めた大問という形での出題となっています。

まずは，単年度の問題を制限時間内にやってみてください。その後で，解答の答え合わせ，解説での研究に時間をかけて取り組んでください。前半の小問群，後半の大問の一部を合わせて50％以上の正解が得られそうなら多年度のものにも順次挑戦してみるとよいでしょう。

英語

英語の志望校対策としては，まず志望校の出題形式をしっかり把握しておくことが重要です。英語の問題は，大きく分けて，リスニング，発音・アクセント，文法，読解，英作文の5種類に分けられます。リスニング問題の有無(出題されるならば，どのような形式で出題されるか)，発音・アクセント問題の形式，文法問題の形式(語句補充，語句整序，正誤問題など)，英作文の有無(出題されるならば，和文英訳か，条件作文か，自由作文か）など，細かく具体的につかみましょう。読解問題では，物語文，エッセイ，論理的な文章，会話文などのジャンルのほかに，文章の長さも知っておきましょう。また，読解問題でも，文法を問う問題が多いか，内容を問う問題が多く出題されるか，といった傾向をおさえておくことも重要です。志望校で出題される問題の形式に慣れておけば，本番ですんなり問題に対応することができますし，読解問題で出題される文章の内容や量をつかんでおけば，読解問題対策の勉強として，どのような読解問題を多くこなせばよいかの指針になります。

最後に，英語の入試問題では，なんと言っても読解問題でどれだけ得点できるかが最大のポイントとなります。初めて見る長い文章をすらすらと読み解くのはたいへんなことですが，そのような力を身につけるには，リスニングも含めて，総合的に英語に慣れていくことが必要です。「急がば回れ」ということわざの通り，志望校対策を進める一方で，英語という言語の基本的な学習を地道に続けることも忘れないでください。

国語

国語は，出題文の種類，解答形式をまず確認しましょう。論理的な文章と文学的な文章のどちらが中心となっているか，あるいは，どちらも同じ比重で出題されているか，韻文(和歌・短歌・俳句・詩・漢詩)は出題されているか，独立問題として古文の出題はあるか，といった，文章の種類を確認し，学習の方向性を決めましょう。また，解答形式は，記号選択のみか，記述解答はどの程度あるか，記述は書き抜き程度か，要約や説明はあるか，といった点を確認し，記述力重視の傾向にある場合は，文章力に磨きをかけることを意識するとよいでしょう。さらに，知識問題はどの程度出題されているか，語句(ことわざ・慣用句など)，文法，文学史など，特に出題頻度の高い分野はないか，といったことを確認しましょう。出題頻度の高い分野については，集中的に学習することが必要です。読解問題の出題傾向については，脱語補充問題が多い，書き抜きで解答する言い換えの問題が多い，自分の言葉で説明する問題が多い，選択肢がよく練られている，といった傾向を把握したうえで，これらを意識して取り組むと解答力を高めることができます。「漢字」「語句・文法」「文学史」「現代文の読解問題」「古文」「韻文」と，出題ジャンルを分類して取り組むとよいでしょう。毎年出題されているジャンルがあるとわかった場合は，必ず正解できる力をつけられるよう意識して取り組み，得点力を高めましょう。

数学

出題傾向の分析と 合格への対策

●出題傾向と内容

本年度の出題は，[1]が小問4題（設問数3），[2]から[5]がそれぞれ小問2～3題（設問数3）で構成されていて，形式や問題数は例年並みである。

[1]の小問は，複雑な式の計算と因数分解，方程式，平方根などの難しい問題。[2]は関数・グラフと図形の融合問題。[3]は立体での最短経路の問題。[4]は平面図形の総合問題。[5]は立方体を切断してできる平面図形や立体の面積，体積を求める問題。

いずれの問題も中学数学の基本的な事項を用いながらも工夫を必要とする高度な内容であり，計算力・思考力・応用力が試されている。

✓学習のポイント

すぐに解決できるような問題ではない。常日頃から図やグラフ，表，途中経過などを書きながら学習するようにしよう。

●2025年度の予想と対策

来年度も問題数，問題形式，難易度など，ほぼ変わらないものと思われる。単純な形ではなく，すべての問題が思考力，応用力を必要とする工夫された形での出題となるだろう。

毎年，文字式の扱い，様々な計算方法を問う問題が出題されていて，大問の中でも複雑な数値での計算が要求される。素早く確実に処理できるようになっておこう。

関数・グラフ，図形の分野では，必要な補助線を引いて考えるものが多い。場合の数，確率，規則性などもやや複雑な問題が出題される傾向がある。標準レベル以上の問題集などで数多くの問題にあたっておくとよい。

▼年度別出題内容分類表 ……

出題内容			2020年	2021年	2022年	2023年	2024年
数と式	数の性質			○	○	○	○
	数・式の計算		○	○	○	○	○
	因数分解						○
	平方根		○	○	○		○
方程式・不等式	一次方程式					○	
	二次方程式		○	○		○	
	不等式						
	方程式・不等式の応用				○		
関数	一次関数		○	○	○	○	○
	二乗に比例する関数		○	○	○	○	○
	比例関数						
	関数とグラフ		○	○	○	○	○
	グラフの作成						
図形	平面図形	角度				○	
		合同・相似	○	○	○	○	○
		三平方の定理	○	○	○	○	○
		円の性質	○	○	○	○	○
	空間図形	合同・相似					
		三平方の定理	○	○	○	○	○
		切断	○		○		○
	計量	長さ	○	○	○	○	○
		面積	○		○	○	○
		体積	○				○
	証明						
	作図						
	動点					○	
統計	場合の数		○			○	○
	確率			○	○		
	統計・標本調査						
融合問題	図形と関数・グラフ		○	○	○	○	○
	図形と確率						
	関数・グラフと確率						
	その他						
その他			○	○	○		

渋谷教育学園幕張高等学校

英語

出題傾向の分析と 合格への対策

●出題傾向と内容

本年度は正誤問題，長文形式の語句整序問題，和文英訳問題，長文読解2題，リスニングという出題だった。

昨年出題された語句補充問題は出題されなかった。

長文読解の英文の分量は2題とも多く，正確な読解力を問うものに加え，国語力が問われる記述式の問題も出題された。また，長文の内容がやや特殊で，内容を正しく理解することが難しい。中学で習う範囲の文法・語法の知識では対処できない問題はほとんどないが，高校レベルの参考書も1冊用意しておくとよい。リスニングも毎年出題されており，十分な対策をしていないと解答は難しいだろう。

✔学習のポイント

英文の分量が多めなので，英文を速く正確に読む練習を積もう。記述式の問題が多いので，日頃から書く練習も積んでおこう。

●2025年度の予想と対策

来年度も，多少問題数や出題形式に変化はあっても，長文読解が中心の出題傾向に変化はないであろう。

記述式の設問が多い長文読解問題をなるべく多くこなしておくとともに，要旨把握や，語句解釈，文の挿入といった問題にも触れておこう。文法も幅広い知識が不可欠である。

リスニング対策には，CDやTV，ラジオなどを活用しよう。英文を聴きながら出てくる数字や名称を書きとめ，その要旨をまとめる練習もしておきたい。

▼年度別出題内容分類表 ……

	出題内容	2020年	2021年	2022年	2023年	2024年
話し方・聞き方	単語の発音					
	アクセント					
	くぎり・強勢・抑揚					
	聞き取り・書き取り	○	○	○	○	○
語い	単語・熟語・慣用句					
	同意語・反意語					
	同音異義語					
読解	英文和訳(記述・選択)					
	内容吟味	○	○	○	○	○
	要旨把握					
	語句解釈	○			○	
	語句補充・選択	○	○	○	○	○
	段落・文整序			○		
	指示語				○	○
	会話文					
文法・作文	和文英訳				○	○
	語句補充・選択					
	語句整序	○	○	○	○	○
	正誤問題	○	○	○		○
	言い換え・書き換え					
	英問英答	○	○	○	○	○
	自由・条件英作文	○	○	○	○	
文法事項	間接疑問文	○	○		○	
	進行形	○	○			
	助動詞				○	○
	付加疑問文					
	感嘆文					
	不定詞	○	○	○	○	○
	分詞・動名詞	○			○	○
	比較	○		○	○	○
	受動態	○	○		○	○
	現在完了				○	○
	前置詞		○	○	○	○
	接続詞	○		○	○	○
	関係代名詞	○	○	○	○	○

渋谷教育学園幕張高等学校

理科 出題傾向の分析と合格への対策

●出題傾向と内容

出題数は，大問3～4題程度，小問が20～30問程度である。設問数はやや少なめだが，長大な問題文と豊富な図表を読解して答えを導くには，時間に余裕があるとは限らない。

各大問ごとに素材を掘り下げて，把握力，理解力，思考力を試す出題がなされている点が大きな特色である。問題文で新たな知識を与えられ，その場で学習して解き進めるタイプの問題が主である。計算力，数学的考え方が必要なことも多い。総じて，かなり難解な試験といえよう。

学習のポイント

各単元とも基本事項をおさえた上で，グラフや図などを充分に活用して理解を深めて，考察できるようにしよう。

●2025年度の予想と対策

各分野から思考・考察型の問題が深く出題される傾向は変わらないだろう。また，当たり前と思えるような基本事項を根本から細かく考え直す問題も出題されるだろう。

対策としては，教科書程度の基礎固めは必須である。ただし，解答を丸覚えするような方法は禁物で，実験や観察の目的，方法の合理性を十分に考え，グラフや図表の作成，結果の考察などについて，問題練習を通して十分に練習しておくとよい。さらに，レベルの高い問題集で考察，記述，計算，作図を含んだ長めの良問を時間をかけてじっくり解いておきたい。

▼年度別出題内容分類表 ……

	出題内容	2020年	2021年	2022年	2023年	2024年
第一分野	物質とその変化	○	○		○	
	気体の発生とその性質	○	○			○
	光と音の性質		○			○
	熱と温度					
	力・圧力					
	化学変化と質量			○	○	
	原子と分子	○	○		○	○
	電流と電圧	○				
	電力と熱					
	溶液とその性質		○		○	
	電気分解とイオン		○	○	○	
	酸とアルカリ・中和					○
	仕事					
	磁界とその変化			○	○	
	運動とエネルギー				○	
	その他					
第二分野	植物の種類とその生活					
	動物の種類とその生活					
	植物の体のしくみ					
	動物の体のしくみ					
	ヒトの体のしくみ		○	○	○	
	生殖と遺伝	○	○		○	○
	生物の類縁関係と進化					
	生物どうしのつながり					○
	地球と太陽系			○		
	天気の変化					○
	地層と岩石		○		○	
	大地の動き・地震	○	○			
	その他					

社会

出題傾向の分析と 合格への対策

●出題傾向と内容

本年度は大問が3題で例年と変わらないが，小問は49問と前年より増加した。出題形式は，数字選択が28問，語句記入が9問，記述問題が長短合わせて12問だった。

大問は歴史，公民，地理の順に出題されている。歴史は日本史・世界史の総合問題が出題された。他の分野よりも小問数が多く，難易度はやや低いので得点源としたい。公民は日本の政治や国際情勢に関する問題で，時事問題に絡むものも出題された。地理は世界地理の問題が大半であった。2つの文の正誤の組み合わせを数字で答える問題が多く，難易度も高い。大まかな知識でなく，細かな内容まで把握したい。

✔学習のポイント

地理：世界地理の問題を多く解く。
歴史：得点源。全時代まんべんなく。
公民：時事的な問題に敏感になろう。

●2025年度の予想と対策

大問数や分野の出題順は例年と変わらないだろう。小問数は45～50問程度になると予想される。解答用紙の解答欄が問題順に並んでいないので書く場所を間違えないように注意する。

地理分野では世界地理が中心となる。各地域の地名や位置，産業などを正確に押さえよう。

歴史分野は日本史が中心。資料の読み取り問題も多そう。まず知識問題を解き，読み取り問題は後回しにして時間をかけて解こう。

公民分野は国際系の問題が多いだろう。時事的な問題も出る。時事問題は日ごろからニュースを意識的にチェックしていきたい。本校の過去問題をできるだけ多く解いて経験を積もう。

▼年度別出題内容分類表 ……

出題内容			2020年	2021年	2022年	2023年	2024年
地理的分野	(日本)	地形図					
		地形・気候・人口	○		○	○	○
		諸地域の特色					
		産業	○	○			
		交通・貿易	○				
	(世界)	人々の生活と環境		○	○	○	○
		地形・気候・人口	○	○	○	○	○
		諸地域の特色		○	○	○	○
		産業		○	○	○	○
		交通・貿易				○	○
	地理総合						
歴史的分野	(日本史)	各時代の特色				○	
		政治・外交史	○	○	○	○	○
		社会・経済史	○	○	○	○	○
		文化史	○	○	○	○	○
		日本史総合					
	(世界史)	政治・社会・経済史	○	○	○	○	○
		文化史	○	○	○		○
		世界史総合					
	日本史と世界史の関連		○	○	○	○	○
	歴史総合						
公民的分野	家族と社会生活			○			
	経済生活		○	○	○		
	日本経済		○	○	○	○	
	憲法（日本）		○	○	○	○	○
	政治のしくみ		○	○	○	○	○
	国際経済		○	○		○	○
	国際政治		○	○	○	○	○
	その他				○	○	○
	公民総合						
各分野総合問題							

渋谷教育学園幕張高等学校

国語

出題傾向の分析と合格への対策

●出題傾向と内容

本年度も現代文の読解問題が2題，古文の読解問題が1題という計3題の大問構成となっている。

現代文は，論説文・小説ともに，的確な文脈把握，情景や心情の丁寧な読み取り，大意や主題を理解しまとめることが必要とされている。漢字の読み書きや語句の意味，文学史なども，大問に含まれる形で出題されている。

古文は，主題の把握とともに丁寧な文脈の読み取り，古語の意味を正確に理解した上での古文の口語訳，文学史の正確な知識も合せて問われている。

解答形式は，自分の力でまとめる記述式3題の他に，難易度の高い選択問題が中心となっている。

学習のポイント

様々なジャンルの読解問題の演習を心がけ，社会，科学，芸術など，分野ごとの内容に対する予備知識をつけておこう。

●2025年度の予想と対策

基本的には，現代文と古文からなる大問構成は変わらないだろう。

現代文では，難易度の高い問題集などを使って，ボリュームのある文章や論旨の固い文章に慣れることを心がけたい。また，筆者の主張や主題をまとめる練習をすることで，記述問題にも対応できるように準備しておこう。

古文は，あらゆる時代とジャンルの作品に触れておく必要がある。読解力だけではなく，古典常識や古典文法，漢文や韻文の知識をふまえた出題も見られるので，便覧や資料集などを活用して，古典の知識を積み上げることが重要である。

▼年度別出題内容分類表 ……

出題内容			2020年	2021年	2022年	2023年	2024年
内容の分類	読解	主題・表題	○	○	○	○	○
		大意・要旨	○		○	○	○
		情景・心情		○	○	○	○
		内容吟味	○	○	○	○	○
		文脈把握	○	○	○	○	○
		段落・文章構成					
		指示語の問題	○				
		接続語の問題					
		脱文・脱語補充	○	○	○	○	
	漢字・語句	漢字の読み書き	○	○	○	○	○
		筆順・画数・部首					
		語句の意味	○	○	○		
		同義語・対義語					
		熟語	○		○		○
		ことわざ・慣用句	○			○	○
	表現	短文作成					
		作文(自由・課題)					
		その他					
	文法	文と文節	○				
		品詞・用法					
		仮名遣い					
		敬語・その他					
	古文の口語訳		○	○		○	○
	表現技法				○		
	文学史		○	○	○	○	○
問題文の種類	散文	論説文・説明文	○	○	○	○	○
		記録文・報告文					
		小説・物語・伝記	○	○		○	○
		随筆・紀行・日記					
	韻文	詩					
		和歌(短歌)					
		俳句・川柳					
	古文		○	○	○	○	○
	漢文・漢詩					○	

2024年度 合否の鍵はこの問題だ!!

数 学 1 (1), 2, 3, 5 (2)

1(1)　今まで使ってきている有理数や無理数は実数と呼ばれる。実数は2乗すると必ず正の数になる。$\sqrt{A}$ や $-\sqrt{A}$ は2乗するとAになる数であるのでAは正の数である。$\sqrt{A^2}$については，A^2は正の数であるが，Aが負の数の場合もある。例えば，$A=-5$のとき$\sqrt{(-5)^2}=\sqrt{25}=\sqrt{5^2}=5=-(-5)$　つまり，$\sqrt{A^2}=-A$となる。

2　台形の面積は，<$\frac{1}{2}$×(上底＋下底)×高さ>で求められる。高さが等しい場合は(上底＋下底)が等しいときに面積が等しくなるのだから，上底，下底それぞれの中点を結ぶ直線によって面積が2等分される。また，上底，下底の中点を結ぶ線分の中点を通る直線によって面積が2等分されることもある。

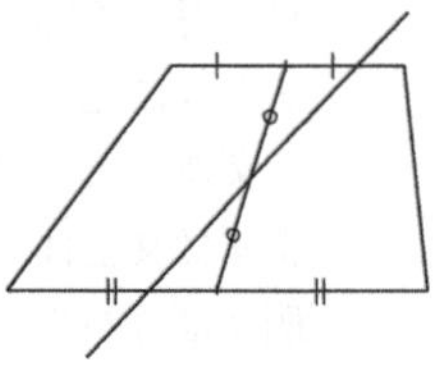

3　本文解説では，(1)．(2)は分岐点に至る道筋の数を加える方法で，(3)，(4)は文字や式の並び方の数を計算で求める方法で説明した。

右図は(4)を分岐点に至る道筋を加える方法で求めたものである。練習しておこう。

文字や数の並び方の数を計算で求めるときの考え方を本文解説でも説明しておいたが，例えば8個のものがあって，そのうちの3個が同じものであるときの並べ方の数は，$(8\times7\times6\times5\times4\times3\times2\times1)\div(3\times2\times1)$で求められる。また，例えば，$a$，$a$，$a$，$a$，$b$，$b$，$b$，$c$，$d$の9個のものの並べ方の数は，$(9\times8\times7\times6\times5\times4\times3\times2\times1)\div(4\times3\times2\times1)\div(3\times2\times1)$で求められる。

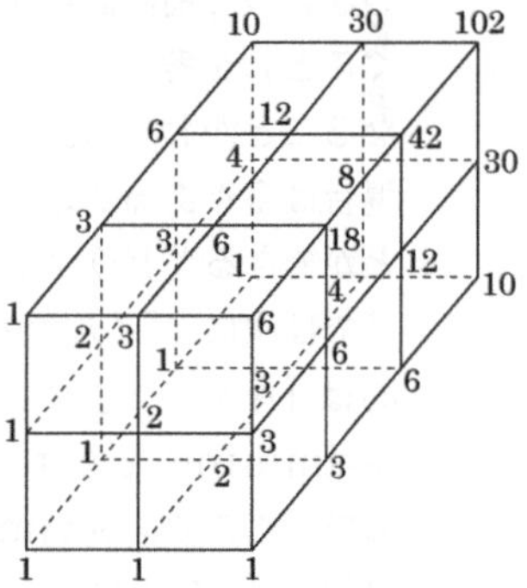

5(2)　本文解説では，立方体の外側に図形を作って解く方法を使った。切断面を2つの台形を合わせた形として求めてもよい。この立体は面AEGCについて対称なので取り組みやすい。P_2Q_4の長さは，P_2B，BF，FQ_4を3辺とする直方体の対角線であると考えると，$P_2Q_4=\sqrt{1^2+3^2+2^2}=\sqrt{14}$　Q_4からP_2P_7に垂線Q_4Iを引いて，R_7R_3との交点をJとする。$P_2I=(2\sqrt{2}-\sqrt{2})\div2=\frac{\sqrt{2}}{2}$　$\triangle Q_4P_2I$で三平方の定理を用いて，$Q_4I=\sqrt{14-\frac{1}{2}}=\frac{3\sqrt{3}}{\sqrt{2}}$　$Q_4J:JI=2:1$なので，$Q_4J=\frac{2\sqrt{3}}{\sqrt{2}}$，$JI=\frac{\sqrt{3}}{\sqrt{2}}$　台形$Q_4Q_5R_3R_7$＋台形$P_7P_2R_7R_3=\frac{1}{2}\times\{\sqrt{2}+3\sqrt{2}\}\times\frac{2\sqrt{3}}{\sqrt{2}}+\frac{1}{2}\times\{3\sqrt{2}+2\sqrt{2}\}\times\frac{\sqrt{3}}{\sqrt{2}}=4\sqrt{3}+\frac{5\sqrt{3}}{2}=\frac{13\sqrt{3}}{2}$

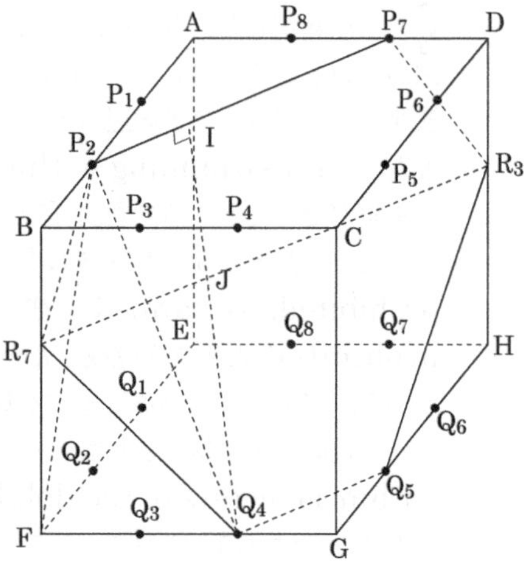

◎　本校の入試問題は中学数学の様々な分野にわたっていて、考え方や処理の仕方などに工夫を要するものが多い。単に問題を解くだけでなく，中学数学の総復習のつもりで研究しておこう。

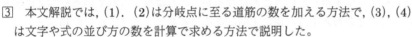

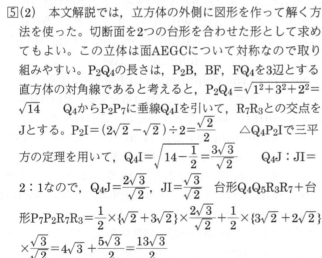

英 語 ③ (2)

③の和文英訳問題は，日本語から構文を考えるのが難しく，表現のし方もいくつかあるため，さまざまな観点からのアプローチが必要だ。もちろん，冠詞の抜けや単数複数の誤りも文法ミスとして減点の対象となる。部分点は期待できるものの，ここで得点差が開く可能性は高く，まさに合否を分けた問題と言えるだろう。特に(2)の問題は主語，動詞を正しく決められるかという根本的なところが問われており，得点の幅が広かったと思われる。ここではこの(2)の和文英訳問題を取り上げて，日本語を英語に直すときに注意すべき点を確認し，英訳問題での得点力アップを目指す。

英訳する日本語は，「イルカ保護のため，イルカの45メートル以内で泳ぐことを禁止している」で，まずは文全体の構造を考えよう。日本語の述語は「禁止している」だが，これに対応する主語となると，例えば「ハワイ当局」や「ハワイ州」ということになるが，これは与えられている日本文に明記されていないので別の観点から構文を考えよう。逆に主語になる日本語として「イルカの45メートル以内で泳ぐこと」を考えると，「イルカの45メートル以内で泳ぐことは禁止されている」という受け身の表現になることがわかる。このように，日本語では能動態で表されていも，英語では受動態で表す方が適切な場合は多々あることで，その逆ももちろんある。何を主語にするかということは，文を成り立たせることができるかどうかに関わってくるので最重要と言ってもいいだろう。

では次に，「イルカの45メートル以内で泳ぐことは」を主語とした受動態の文を作っていく。主語の中心は「泳ぐこと」で，それを「イルカの45メートル以内で」が修飾する形を考える。「泳ぐこと」は swimming でも to swim でもよいが，不定詞を用いて主語が長くなることは避けられる傾向があるので，ここでは swimming を主語にして進める。この後に「イルカの45メートル以内で」を続けるが，最初のポイントは「～以内で」を前置詞 within で表せるかどうかである。この意味では in は用いないので注意が必要。さらに，「～から…以内で」というときは within … of ～ で表し，from はふつう用いないところが難しい。「イルカの45メートル以内で」は within 45 meters of the dolphins と表す。ここではハワイ周辺のイルカと限定されているので，dolphins に the をつけることも注意が必要だ。これでswimming within 45 meters of the dolphins という主語が完成する。

主語ができたところで動詞「禁止されている」を考えよう。ここでは「禁止する」という動詞の知識が必要だ。「禁止する」の意味の動詞には prohibit，ban などがあるが，これらを使って受動態 is prohibited，is banned と表す。これで swimming within 45 meters of the dolphins is prohibited と英文が完成したと思ってはいけない。英訳問題や英作文問題では時制にも注意する必要がある。与えられている日本文を見ると，直前に「21年から」とある。つまり，「21年」という過去の時点から現時点まで禁止されているのだから，現在形ではなく現在完了形で表す必要があり，swimming within 45 meters of the dolphins has been prohibited で完成となる。

もう一点付け加えておこう。ここでは「禁止する」の意味の単語の知識が問われているが，これらは比較的馴染みの薄い単語だろう。これらの単語を知らなかったらせっかく主語を正しく表して現在完了の受動態の文を作ることまでわかっても，大きな減点となるか，あるい点数をもらえない可能性もある。そこでさらに日本語で言いかえて，「イルカの45メートル以内で泳ぐことは許可されていない」としてみよう。「許可する」の意味の単語としては allow がある。やや原文のニュアンスからはずれるが，これを使って swimming within 45 meters of the dolphins has not been allowed と表せれば大きな減点にはならないし，満点をもらえる可能性もある。

このように，英訳問題では，与えられている日本語をそのまま英語に置きかえようとするのではなく，日本語，英語双方での言いかえを考えることが大きな武器となる。

理科 [1]

例年通り，問題文から知識を得て考えを進める大問ばかりで興味深い。[2]の遅滞遺伝は，子の表現型が母の遺伝子型で決まるというルールを理解して，遺伝子型は普段学んだとおりに考えつつ，表現型は別で考える問題である。[3]では，知らない化学反応や化学式を使って化学反応式を作る必要があるが，要点は長い会話文の中にある。[4]は，物体が遠方にあるときに，像がほぼ焦点上にできることを利用する問題である。いずれも，学んだ内容を出力するというより，高めた学習能力を発揮するといった姿勢で取り組みたい。

[1]は大気の不安定に関する問題である。周囲の大気の中を，空気塊が運動するという考え方を用いる。大気の温度分布は，平均的には図2のように高さ100mにつき0.65℃下がるが，実際は図3のように日々変化する。一方，上昇気流となる空気塊の温度の変化は，雲ができていないときは100mにつき1.0℃ずつ，雲ができてからは100mにつき0.5℃ずつ，規則的に下がる。そこで，ある日の周囲の大気の温度と，規則的な空気塊の温度を，同じグラフ用紙に書き込むことで，空気塊が高温の場合に上昇気流が維持されると考えればよい。(4)・(5)で，空気塊の温度の変化を図に描けたかどうかが，得点の分かれ目になったであろう。

社会 [3] 問7

Xの文について，オセアニアはオーストラリア大陸の他，ポリネシア，メラネシア，ミクロネシアに分類される。3つの「～ネシア」を大まかに分類すると以下のようになる。

ポリネシア　→北のハワイ，南西のニュージーランド，南東のチリ領イースター島を結ぶ三角形の中に含まれる地域。3つの中で最も東側に位置する。

メラネシア　→主に赤道以南，経度180度以西で，オーストラリアの北から北東に位置する地域。主な国として，パプアニューギニアやフィジー，バヌアツなど。

ミクロネシア→主に赤道以北，経度180度以西で，メラネシアの北にある地域。主な国・地域として，パラオ，ビキニ環礁があるマーシャル諸島，グアムやサイパンなどのマリアナ諸島。

Yの文について，各地域の先住民は世界地理で頻出の内容である。主な呼称をまとめておこう。

アラスカなど北極付近→イヌイット，エスキモー
北アメリカ大陸　　　→ネイティブアメリカン
南アメリカ大陸　　　→インディオ，インディアン
オーストラリア　　　→アボリジニ，アボリジナル
ニュージーランド　　→マオリ
北海道・サハリンなど→アイヌ

国 語 ㈠ 問七

★ 合否を分けるポイント

それぞれの大問につき記述式の問題が一題ずつ出されている。これらの記述式の問題にきちんと答えられるかどうかが合否を分けることになる。特に本問は，論説文の筆者の主張につながるものなので，問われている内容を外さないようにまとめたい。傍線部の「『他者』としての自己」と対比的に述べられている「自己」とはどのようなものかを捉えることから始めよう。

★ こう答えると「合格」できない！

設問に「本文全体をふまえて」とあるのを見逃してしまうと，最終段落にばかり注目してしまい，「『他者』としての自己」と対比的に述べられている近代西洋的な「自己」について的確に答えることができなくなってしまう。本文全体を見通し近代西洋的な自己について述べている冒頭の段落や「近代の哲学は」で始まる段落で繰り返し述べている表現に着目しよう。

★ これで「合格」！

設問から，「『他者』としての自己」は～～自己で，対比的に述べられている近代西洋的な自己は～～自己である，という形で違いを明らかにするという方針を立てる。まず，——部⑤「『他者』としての自己」について，「他者」という言葉をキーワードに探すと，「今日」で始まる段落の「自分もまた，自分で了解しきれない他者的な要素を大きく持つ」や，最終段落の「自己は分裂したり，融合したり，アメーバのように動」く，とあるのに気づく。また，本文中で仏教的な自己と対比的に述べられているのは近代西洋的な自己だ。近代西洋的な自己については，何箇所かに書かれているが，冒頭の段落の「自己は，合理的な自己意識として完全に理解しつくせる」や「個人として確立している」などに注目し，これらの内容を最初に立てた方針に落とし込もう。読み返してみて不自然なつながりがなければ，「合格」だ！

2024年度

★★★★★★★★★★★★★★★★★★★★★★★★

入　試　問　題

2024年度

渋谷教育学園幕張高等学校入試問題（学力選抜）

【数　学】（60分）　＜満点：100点＞

【注意】 コンパス，三角定規を使用します。

1　次の各問いに答えなさい。

⑴　次の計算をしなさい。

$$\sqrt{(\sqrt{3}-1)^2}+\sqrt{(\sqrt{3}-2)^2}+\frac{1-\sqrt{3}}{2-\sqrt{3}}$$

⑵　次の式を因数分解しなさい。

$$x^3-xy^2+2xy-x^2+y^2-x-2y+1$$

⑶　a，b，c は素数で，$c<a<b$ である。$ab(c+1)=2024$ が成り立っている。

①　a，b，c の値を求めなさい。

②　二次方程式 $ax^2+bx+(c+5)=0$ を解きなさい。

⑷　$\sqrt{7}+\sqrt{19}$ の整数部分の値を求めなさい。

2　座標平面上において，放物線 $y=x^2$…①と，放物線 $y=ax^2$（$0<a<1$）…②がある。また，直線 l：$y=x$ と，直線 m：$y=-\frac{1}{2}x$ がある。放物線①と直線 l の交点のうち原点でない方の点をA，放物線②と直線 l の交点のうち原点でない方の点をB，放物線①と直線 m の交点のうち原点でない方の点をC，放物線②と直線 m の交点のうち原点でない方の点をDとする。次の各問いに答えなさい。

⑴　$\frac{\mathrm{BD}}{\mathrm{AC}}$ を，a を用いて表しなさい。

⑵　原点を通り，四角形ABDCの面積を二等分する直線の式を求めなさい。

⑶　$a=\frac{1}{3}$ とする。点（1，0）を通り，四角形ABDCの面積を二等分する直線の式を求めなさい。

3　同じ大きさの立方体が12個ある。【図１】のように，それらすべてを積んで直方体を作り，点A，B，Cを定める。また，立方体の各辺を経路，各頂点を経路の分岐点とする。点Aから点Bまでの最短経路を考える。次の各問いに答えなさい。　（【図１】，【図２】は次のページにあります。）

⑴　点Cを通る最短経路は何通りあるか答えなさい。

⑵　直方体の内部には経路の分岐点が２つある。それら２つの分岐点のうち，【図２】のように点Aに近い方の点をPとする。点Pを通る最短経路は何通りあるか答えなさい。

⑶　直方体の内部の２つの分岐点のうち，少なくとも１つを通る最短経路は何通りあるか答えなさい。

⑷　直方体の表面のみを通る最短経路は何通りあるか答えなさい。

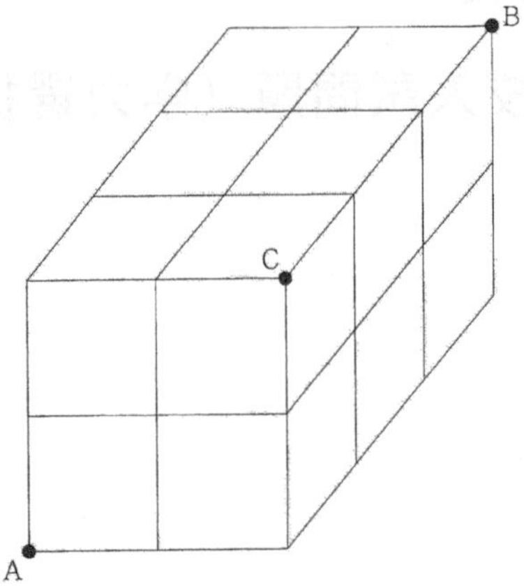

【図1】

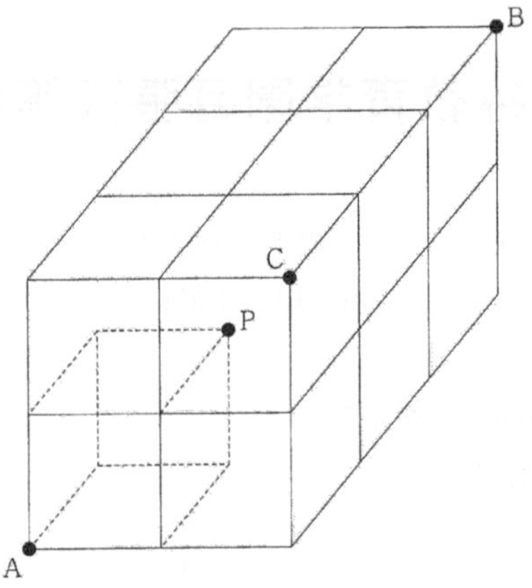

【図2】

4　右図において，△ABCはAB＝3，AC＝4，∠A＝90°の直角三角形であり，四角形BEDCは正方形である。また，BDとCEの交点をOとする。次の各問いに答えなさい。

⑴　線分AEの長さを求めなさい。

⑵　線分AOの長さを求めなさい。

⑶　直線AE上に，点Aとは異なる点Fを∠BFC＝90°となるようにとる。線分CFの長さを求めなさい。

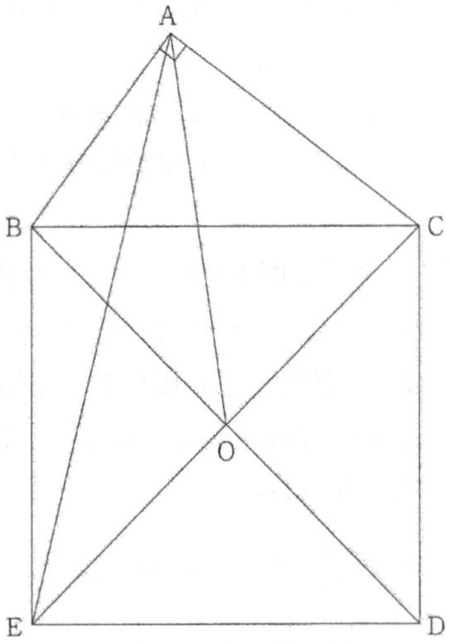

5　次のページの図は一辺の長さが3の立方体ABCD－EFGHである。図のように辺AB，BC，CD，DAをそれぞれ三等分する点をP_1，P_2，……，P_8，辺EF，FG，GH，HEをそれぞれ三等分する点をQ_1，Q_2，……，Q_8とする。次の各問いに答えなさい。

⑴　3点P_2，P_7，Q_4を通る平面と，正方形CGHDが交わってできる線を解答用紙の正方形CGHDに書き込みなさい。ただし，解答用紙の点R_1，R_2は辺CGを，点R_3，R_4は辺DHを，それぞれ三等分する点である。

⑵　3点P_2，P_7，Q_4を通る平面で立方体を切断するとき，切断面の図形の面積を求めなさい。

⑶　3点P_2，P_7，Q_4を通る平面と3点P_3，P_6，Q_1を通る平面の2つの平面で立方体を切断してできる立体のうち，Bを含む立体の体積を求めなさい。

⑷　3点P_2，P_7，Q_4を通る平面，3点P_3，P_6，Q_1を通る平面，3点Q_1，Q_4，P_7を通る平面，3点Q_5，Q_8，P_3を通る平面の4つの平面で立方体を切断してできる立体のうち，AGとFDの交点を内部に含む立体の体積を求めなさい。

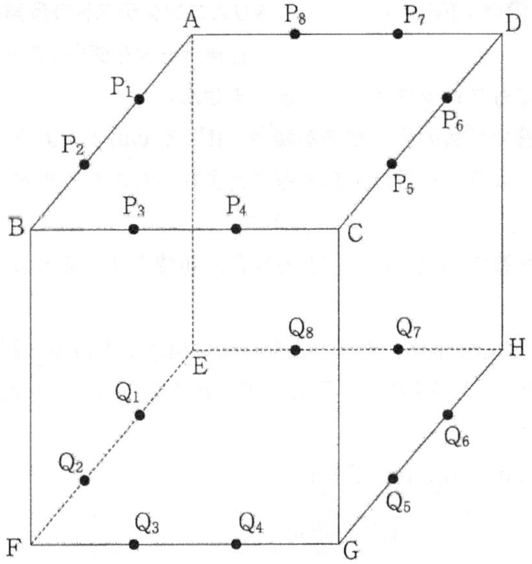
A
P8
P7
D
P1
P6
P2
P5
B
P3
P4
C
Q8
Q7
H
E
Q1
Q6
Q2
Q5
Q3
Q4
F
G

【英　語】（60分）　＜満点：100点＞　　**※リスニングテストの音声は弊社HPにアクセスの上，音声データをダウンロードしてご利用ください。**

【注意】・文字は筆記体でもブロック体でもかまいません。
・英語による解答で語数の指定がある場合，it's や can't のような短縮形は１語として数えます。また次のような符号は単語の数に含まないものとします。
，．！？“ ”－：
・日本語による解答で字数の指定がある場合，句読点は１字として数えます。

[1] 次の１～６の英文には文法・語法・表現上正しくない個所や不自然な個所を含むものがあります。例にならって，その個所の記号を指摘し，正しく書きかえなさい。もしどこも直す必要がなければ，記号を「オ」と答えなさい。

【例１】(ア)There is pen (イ)on the floor.

［解答］

記号	正しい語句
ア	There is a pen

【例２】She (ア)likes (イ)apples.

［解答］

記号	正しい語句
オ	（空欄のまま）

1．(ア)How do you think (イ)of the idea Ms. Green (ウ)told us about (エ)in the last meeting?

2．Yesterday I was (ア)spoken in English (イ)by a stranger on (ウ)my way home. She asked me where (エ)the station was.

3．(ア)Even though there (イ)are still many nuclear weapons on the earth, I (ウ)strongly believe that they (エ)must be never used again.

4．The band is planning (ア)to open a concert at a big stadium (イ)next summer (ウ)to celebrate the 30th anniversary of (エ)their debut.

5．My grandfather (ア)will surprise (イ)to see all the new buildings that (ウ)have gone up around here if he (エ)were alive.

6．You can keep the book (ア)for a day (イ)or two, but I (ウ)need it back (エ)by this weekend to study for my exam.

[2] 次の英文中の空らん [1] ～ [4] に適するように，それぞれ右に与えられた語句を並べかえなさい。ただし，解答らんにはＡ，Ｂ，Ｃの位置にくる語句を記号で答えなさい。文頭にくるべき語も小文字で書き始めてあります。

Some people are so afraid of everyday things that it can make their life very difficult. There are many kinds of fears, and some of them are unusual. Some people have a fear of flying. Just [1]. Where do fears come from?

Some fears are learned. Just like [2], there are different ways to learn a fear. If a child is hurt by a dog, he or she could always have a fear of dogs. This fear can last a long time and can stop the child from doing normal things like walking outside.

Another way people learn fear is from other people. Children often have the same fears as the people around them. They [3] their mother or father is afraid of. They may become afraid of spiders because their mother always cried when she saw a spider.

Fears can be unlearned, too. [4] your fear, little by little. If you have a fear of flying, try to get used to being in airplanes. Think of being happy when flying. In time, your fear will go away.

1. ＿A＿ ＿＿ ＿＿ ＿B＿ ＿＿ ＿C＿ ＿＿
ア about　イ afraid　ウ can　エ flying
オ make　カ them　キ thinking

2. ＿A＿ ＿＿ ＿B＿ ＿＿ ＿＿ ＿C＿ ＿＿
ア all　イ learn　ウ other　エ that　オ the　カ things　キ we

3. ＿＿ ＿A＿ ＿＿ ＿B＿ ＿＿ ＿＿ ＿C＿
ア afraid　イ be　ウ learn　エ of　オ that　カ things　キ to

4. ＿A＿ ＿＿ ＿＿ ＿B＿ ＿＿ ＿C＿ ＿＿
ア by　イ do　ウ facing　エ is　オ the way　カ this　キ to

[3] 次の記事の下線部(1)，(2)の内容を表す英文を書きなさい。ただし，それぞれ下に与えられた書き出しに続けて書くこと。

観光客急回復のハワイで「オーバーツーリズム」対策，人気のハナウマ湾など予約制に

ハワイへの観光客数は，コロナ禍の収束によって急増した。コロナ禍の2020年は，過去最高だった19年（約1,040万人）比で７割以上少ない約270万人だったが，22年には約920万人まで回復した。

皮肉にも，ハワイ大の調査によれば，コロナ禍で閉鎖中だった人気観光地，ハナウマ湾の海水透明度は，感染拡大前に比べて約60％改善していた。他の地域でも，サンゴ礁の生態系が回復した。(1)観光客が増えると環境が再び悪化するのではないかと懸念する住民は多い。

ハナウマ湾では21年４月から，ダイヤモンドヘッド州立自然記念公園では22年５月から，それぞれ予約制が導入された。いずれも，旅行者数を絞って自然への負荷を和らげるためだ。ハワイ周辺の海域では21年から，(2)イルカ保護のため，イルカの45メートル以内で泳ぐことを禁止している。

ハワイ州議会では今年，州観光局の解体・再編を求める法案が提出された。観光推進政策を改め，より自然保護を重視した政策を推し進めようという動きだ。6月中の議会での可決は見送られたが，廃案にもならなかった。ハワイは，環境保護において世界のトップランナー。課税強化などさらなる規制の行方に注目が集まりそうだ。

(1) There are many locals who are worried that ＿＿＿＿＿＿＿＿＿＿＿＿.

(2) In order to protect the dolphins, ＿＿＿＿＿＿＿＿＿＿＿＿.

4 次の英文を読んで，あとの問いに答えなさい。

【1】 Vegans try to live, as much as possible, in a way that does not cause suffering to animals. This means following a plant-based diet. Vegans do not eat animals or animal-based products like meat, fish, seafood, eggs, honey, or dairy products such as cheese. For many vegans, living a strict vegan lifestyle means not wearing clothes made from animal skins and not using any products which are tested on animals.

【2】 Vegetarians do not eat meat or fish but they can eat eggs, honey and dairy products. However, vegans do not eat any animal-based food products. Vegans say that suffering is caused in the production of these foods. For example, they say that on some dairy farms, young male cows are killed because they are too expensive to keep, and on some farms, cows are killed when they get older and produce (A) milk. Similarly, on some egg farms, male chickens are killed because they do not produce eggs. As for honey, vegans say that bees make honey for bees, not for humans, and that bees' health can suffer when humans take the honey from them. Vegans believe that the products they use and eat should not cause any (B) to animals.

【3】 The Vegan Society was founded in 1944, but, a long time ago, there were people who decided not to use or eat animal products. In the 6th century BC, the Greek *mathematician and *philosopher Pythagoras showed his kindness to all living things by living a vegetarian lifestyle. There was a tradition of being vegetarians in ancient Egypt and other parts of the world even earlier. The Vegan Society points out that in 1806, the famous poet Percy Bysshe Shelley was one of the first people to say in public that eating eggs and dairy products was not a good idea.

【4】 For many people, the main reason for going vegan is probably that they believe animals and all other living things should have the right to life and freedom. However, there are other reasons. Vegans say that the production of meat and other animal products is very bad for the planet. They point out that a lot of water is needed to grow *grain to feed animals in the meat industry. The huge amount of grain the meat industry needs often creates issues; forests are cut down and the homes of animals are destroyed. On the other hand, much less grain and water are needed to continue eating a vegan diet. In addition, many vegans say that all the *nutrients our bodies need are contained in a carefully planned vegan diet and that this type of diet keeps us from becoming ill.

（注） mathematician 数学者　philosopher 哲学者　grain 穀物　nutrient 栄養素

問１ 次の質問の答えとして最も適切なものを(a)～(d)の中から１つずつ選び，記号で答えなさい。

1. According to the article, which of the following is true about being vegans?
   (a) They are good at taking care of plants to get enough food.
   (b) They care about animals' quality of life.
   (c) They do not eat beef, salmon, or octopus, but they drink milk.
   (d) They try to promote animal testing for products.
2. Which of the following words best fits in (A)?
   (a) fewer　(b) enough　(c) less　(d) more
3. Which of the following words best fits in (B)?
   (a) excitement　(b) joy　(c) pain　(d) surprise
4. Why is Pythagoras used as an example in the article?
   (a) to discuss what was needed in the past for people to live healthy lives
   (b) to explain that some people chose not to eat meat thousands of years ago
   (c) to show that going vegan was not an easy decision for people in the past
   (d) to show that kindness was the key for people in the past to live happy, wealthy lives
5. According to paragraph【４】, which of the following is true?
   (a) Eating a vegan diet can put people at the risk of becoming ill.
   (b) Going vegan means trying not only to be kind to animals but also to be eco-friendly.
   (c) The meat industry has the responsibility of reducing the amount of water used in grain production.
   (d) Vegan food contains more nutrients than animal-based food.

問２ 本文の内容と一致するものをア～カより２つ選び，記号で答えなさい。

ア Vegans have to follow a strict rule that does not let any of them wear coats made of animal fur.

イ Neither vegetarians nor vegans eat eggs or honey.

ウ The Vegan Society found in 1944 that there were already vegetarians before the 6th century BC.

エ Percy Bysshe Shelley did not like the idea of eating eggs or dairy products.

オ The meat industry requires a lot of grain for feeding animals and can be one cause of the loss of forests.

カ A vegan diet needs as much water and grain as an animal-based diet.

5 次の文章は，ある小説の一部です。場面の説明に続く英文を読んで，あとの問いに答えなさい。なお，日本語で解答する際は，文中に登場する書名 *From the Mixed-wp Files of Mrs. Basil E. Frankweiler* は「ミセス・フランクヴァイラー」と表記すること。

〈場面の説明〉

ある日，小学４年生のエイミー・アン（Amy Anne）は大好きな本が図書館に置けなくなったことを司書のジョーンズ先生（Mrs. Jones）から聞かされる。
エイミー・アンのクラスメイトのお母さんが，その本は小学生に適切でないと訴えたことが原因らしい。これに異議を唱えようと，エイミー・アンとジョーンズ先生は学校の会合に出席している。まずジョーンズ先生が訴えている。

"It's (1) our job as educators to *expose our children to as many different kinds of books and as many different points of view as possible. That means letting them read books that are too easy for them, or too hard for them. That means letting them read books that challenge them, or do nothing but entertain them. And yes, it means letting students read books with things in them we might disagree with and letting them make up their own minds about things, which is sometimes scary. But that's what good education is all about."

"Ladies and gentlemen," Mrs. Jones said, "every parent has the right to decide what their child can and can't read. (2) What they cannot do is make that decision for everyone else. I respectfully ask that the school *board *overturn the decision to remove these books. Thank you."

Most of the school board members were looking at the table in front of them when she finished, not at Mrs. Jones. One of them coughed.

"Thank you, Dr. Jones. Mrs. Spencer? You wanted to speak?"

Trey's mom went to the *podium. Unlike Mrs. Jones, she didn't have a piece of paper to read from.

"Ladies and gentlemen of the school board, I was a student at Shelbourne Elementary once," she said. "Back then, [A]. Parents could trust that their children weren't going to pick up a book that taught them how to lie or steal. They weren't going to find a book that showed them it was all right to talk back and be disrespectful to adults."

I frowned. No book I'd read in the library had taught me to (a) or to (b)! Every kid who had any kind of brains knew how to do those things already. And I was (c) to adults. I always did whatever they told me to do.

"This is just eleven books," Mrs. Spencer said. "That leaves thousands more in the elementary school library for our children to enjoy. Far better books, too. I have only asked to remove those books that are inappropriate. You made the right decision to remove these books from the library. Thank you."

Mrs. Jones cleared her throat and shifted in her seat.

"Thank you, Mrs. Spencer," one of the board members said. "Is there anyone else who wishes to speak to this issue?" he asked.

Mrs. Jones looked over at me and smiled. Dad gave me a questioning look. This was it. This was why I had (3) that piece of paper in my pocket. Why I'd gotten my parents to rearrange their schedules to bring me here. Why I was in a boring meeting room at seven o'clock on a school night instead of sitting in my bed reading a book. They both expected me to get up and say something. To tell the school board why they shouldn't remove *Mrs. Frankweiler.* All I had to do was stand up and walk to the podium.

My heart thumped in my chest and I stared straight ahead.

"Anyone?" the school board member asked again.

The school board waited.

Mrs. Spencer waited.

Mrs. Jones waited.

Dad waited.

I *sucked on my *braids.

"All right then," the school board member said. "There is no further comment on the matter, so I move to *uphold this board's decision to remove these books from the Shelbourne Elementary library."

"*Seconded," someone said.

And it was over. That was it. My one chance to speak up, my one chance to tell them why my favorite book was so great, and I had done what I always did— [B]. My face was so hot I thought it would catch fire. I couldn't even look at Dad or Mrs. Jones.

"I don't think we need to sit around for the rest of this," my dad huffed.

I nodded, trying not to cry.

In the car on the way home, I pulled the piece of paper out of my pocket and unfolded it. At the top I had written "Why *From the Mixed-up Files of Mrs. Basil E. Frankweiler* Is My Favorite Book." I hadn't written much below that, but it had taken me a long time to do it.

How do you say why you like a thing? You can point to all the good parts. That you like how (4) they ran away from home to a museum. That you like how Claudia packed her clothes in her empty violin case. That they slept in a big antique bed and took baths in the fountain. That they solve a mystery about an old statue. I like all that stuff about *From the Mixed-up Files*.

But none of those is really the reason I've read it thirteen times and still want to read it again. That's something . . . bigger. Deeper. More than all those things added together.

How do you explain to someone else why a thing is important to you if it's not important to them? How can you put into words how a book slips inside of you and becomes a part of you so much that [C]?

"Is that your speech?" Dad asked." Why didn't you read it, Amy Anne? I thought that was the whole reason we came all the way out here tonight. The whole reason we rearranged everybody's schedules." Hot tears poured down my cheeks, and I turned away so [D]. I tried to swallow a quiet sob, but Dad heard me.

"Are you crying? Oh, Amy Anne, I . . . I'm sorry. I didn't mean that. I know how hard it is for you to speak up." He pulled a bright red bandana out of his pocket and handed it to me. "Here, what's the book?"

I shook my head. I couldn't look at him. I was still crying.

"Come on. *Mixed-up Mrs. Frankfurter* or something."

He was trying to get me to laugh, but I was too upset. He was right. Everybody *had* changed their plans for me and we'd come all that way downtown on a school night, and I'd sat there too afraid to say something.

Dad didn't say anything else, but a few minutes later we pulled into the parking lot of the bookstore. I hadn't even noticed (5)we weren't driving home.

"Come on," Dad said. " (6)Clean yourself up now and let's see if they have your book."

（注） expose　触れさせる　　board　委員会　　overturn　ひっくり返す　　podium　演壇
suck　しゃぶる　　braid　三つ編み　　uphold　支持する　　second　賛成する

問１　下線部(1)の内容として，ジョーンズ先生が挙げているものを下のア～オよりすべて選びなさい。

ア　子どもたちに，ちょうどよい難易度の本を読ませること。
イ　子どもたちに，面白くてためになる本を読ませること。
ウ　子どもたちに，賛同しない大人もいるような内容を含む本を読ませること。
エ　子どもたちに，不適切な内容を含む本を読ませないこと。
オ　子どもたちに，簡単には理解できないような本を読ませること。

問２　下線部(2)を日本語で具体的に説明しなさい。ただし，下に与えられた書き出しと書き終わりの間を埋める形で答えること。

親は（　　　　　　　　　　　　）はできないということ。

問３　空らん [A] ～ [D] に入れるのに最も適したものを下のア～カよりそれぞれ選びなさい。

ア　Dad couldn't see　　　　　　イ　I didn't listen to others
ウ　I sat there and said nothing　　エ　the school library was a safe place
オ　I had to get the book back　　カ　your life feels empty without it

問４　空らん（a）～（c）に入る適切な語をそれぞれ答えなさい。

問５　下線部(3)の紙に書かれている内容を日本語で説明しなさい。

問６　下線部(4)が指す人物をあとのア～エより選びなさい。ただし，どれも当てはまらない場合はオを選びなさい。

ア　Amy Anne and her father

イ　Amy Anne's friends
ウ　the characters in *Mrs. Frankweiler*
エ　the school board members
オ　none of the above

問7　下線部(5)について，実際にはどこに何をしに向かっていたのか，日本語で説明しなさい。
問8　物語の状況をふまえて，下線部(6)を分かりやすく5～10字の日本語に直しなさい。

LISTENING COMPREHENSION

※注意
1．解答はすべて放送の指示に従って行うこと。
2．解答はすべて解答用紙に記入すること。
3．放送中にメモをとってもよいが，その場合にはこのページの余白を利用し，解答用紙にはメモをしないこと。

Part 1　会話は1度だけ読まれます。

1．Which is true about Emma's uncle?
ア　He wrote and directed the play.
イ　He delivers letters to the theater.
ウ　He works at the ticket office in the theater.
エ　He is one of the actors in the play.

2．What can you say about the conversation?
ア　Maya will help Jack get good grades in math and science.
イ　Jack has decided to discuss things with his parents.
ウ　Jack really wants to study French instead of medicine.
エ　Jack's parents won't let him choose the career he wants.

3．What will the man probably post on Facebook about their day?
ア　A photo of their coffee meeting.
イ　A message about their disagreement.
ウ　A story about their phone-free day.
エ　A picture of the woman using her phone.

Part 2　英文と質問は2度読まれます。

1．ア　Because it was the only puppy left.
イ　Because it was the cheapest of the five.
ウ　Because he wanted a small one to play with.
エ　Because he felt some connection with the puppy.

2．ア　To give it to the little boy for free.
イ　To sell it to the little boy at a low price.
ウ　To keep it for himself.
エ　To donate it to an animal shelter.

3．ア　Because he didn't like the other puppies.

イ Because he had enough money to buy the puppy.
ウ Because he believed the puppy was worth paying for.
エ Because he wanted to surprise the store owner.

4．ア He was a great runner.
イ He liked walking more than running.
ウ He had difficulty in running.
エ He ran to the pet store to see puppies.

【理　科】（50分）　＜満点：100点＞

【注意】　・必要に応じてコンパスや定規を使用しなさい。

・円周率は3.14とします。

・小数第1位までを答えるときは，小数第2位を四捨五入しなさい。整数で答えるときは，小数第1位を四捨五入しなさい。指示のない場合は適切に判断して答えなさい。

1　気象学では，空気塊（くうきかい）により気象現象を考えることがある。空気塊は，周りの空気とは異なり，温度や湿度，水蒸気量がほぼ一様である空気のかたまりのことである。空気塊は，周りの空気と熱のやり取りをせず，混じりにくいという性質をもっている。

(1)　地表（高度0m，1013hPa）において，**空気塊A**（温度20℃，湿度40%）と**空気塊B**（温度20℃，湿度80%）があると仮定する。地表で，圧力を1013hPaに保ったまま温度を下げていくと，湿度100%の飽和状態となる温度はそれぞれ何℃となるか。図1の温度と飽和水蒸気量の関係のグラフより求め，整数で答えよ。

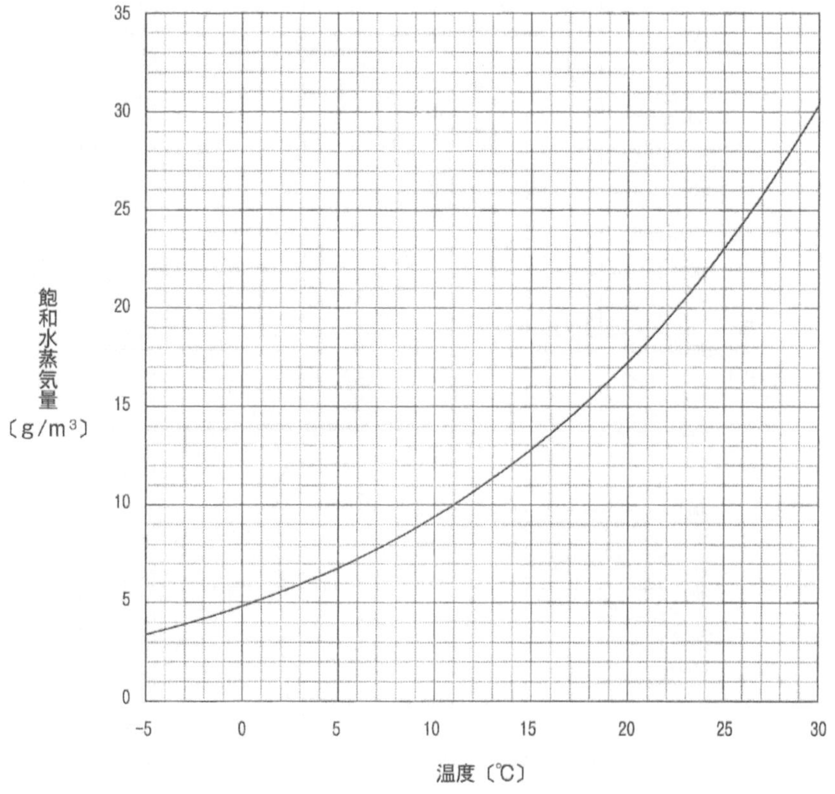

図1　温度と飽和水蒸気量の関係

空気塊の水蒸気が飽和せず雲ができていないときには，空気塊は上昇することにより膨張して100m上昇するごとにおよそ1.0℃ずつ温度が下がる。空気塊の温度が下がり水蒸気が飽和に達して雲を形成するようになると，水蒸気が水滴となって凝結するときの熱の放出により空気塊の温度の下がる割合が緩やかになり，空気塊は上昇することにより100m上昇するごとにおよそ0.5℃ずつ温度が下がる。

⑵　上記の温度変化をもとにして，**空気塊A**（温度20℃，湿度40％）と**空気塊B**（温度20℃，湿度80％）が上昇した場合を考える。湿度100％の飽和状態となり雲が発生しやすい状態となる高度は，図１を用いるとそれぞれ何mとなるか。次のうちから最も近い値を一つずつ選び記号で答えよ。

㈠　400m	㈡　500m	㈢　600m	㈣　700m	㈤　800m
㈥　900m	㈦　1000m	㈧　1100m	㈨　1200m	㈩　1300m
㈪　1400m	㈫　1500m	㈬　1600m	㈭　1700m	㈮　1800m

図２は，国際標準大気（中緯度での標準的な大気の状態を，理論に基づいて計算により求めた仮想の大気）における高度と気温の関係を示したグラフである。

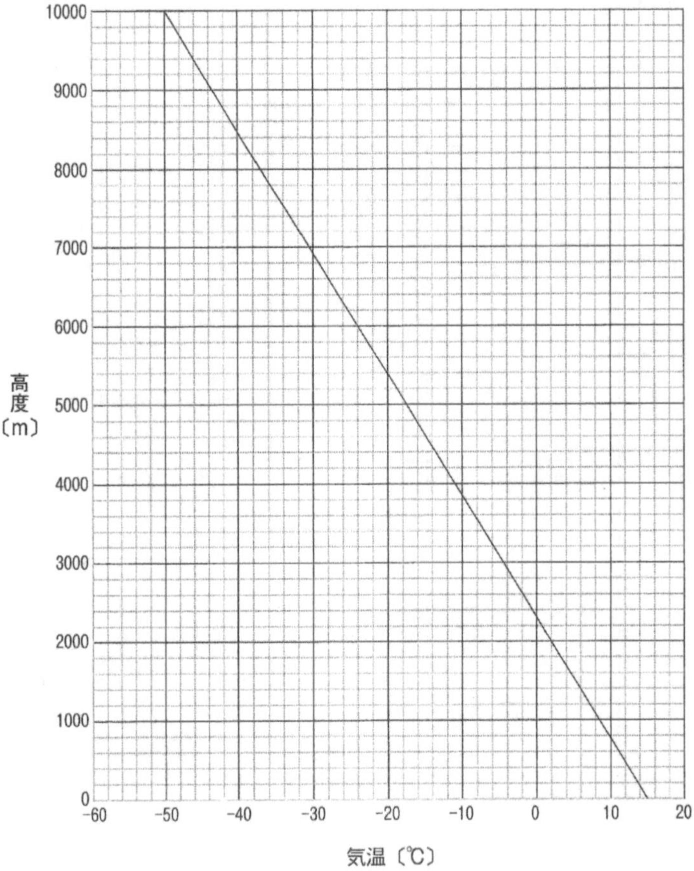

図２　国際標準大気における高度と気温の関係

⑶　図２で，地表（高度０m，気温15℃）から高度10000mまでの間で，100m高度が増すごとに気温は何℃ずつ低下しているか，小数第２位まで求めよ。

上昇を始めた空気塊の温度が，周囲の空気の温度よりも低い場合は，周囲の空気よりも密度が高く上昇が続かないため，安定な状態であるという。しかし，その逆に空気塊の温度が周囲の空気の温度よりも高い場合は，周囲よりも密度が低く上昇を続けるため，不安定な状態であるという。

図３は，Ｙ年５月１日９時（破線-----）と翌日の５月２日９時（実線――）において，つくば市の高層気象台において観測された高度と気温の関係のグラフである。

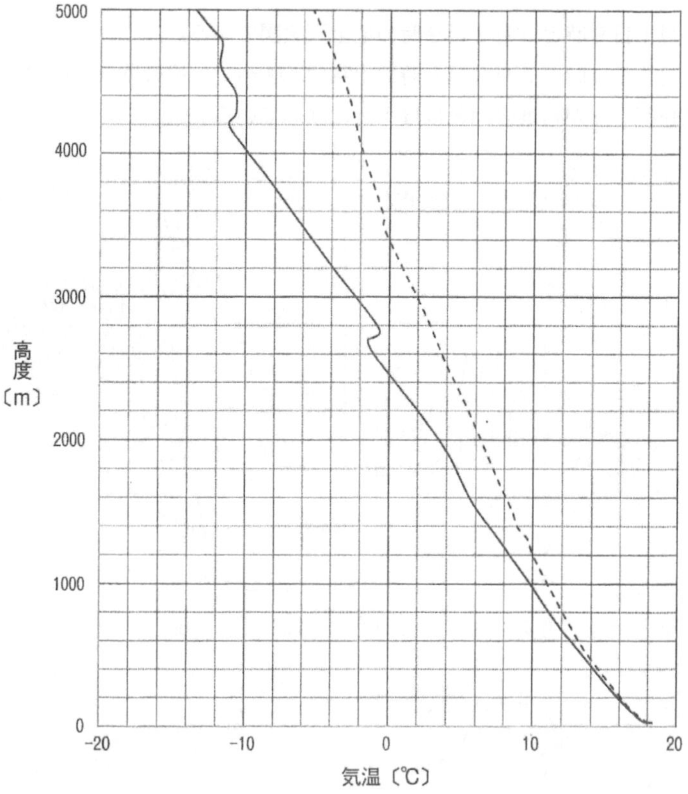

図３　Ｙ年５月１日９時（破線）と５月２日９時（実線）の高度と気温の関係

⑷　つくば市の地表（高度０ｍとする）に，**空気塊Ａ**（温度20℃，湿度40％）と**空気塊Ｂ**（温度20℃，湿度80％）があると仮定する。空気塊の周りの空気が図３のＹ年５月１日９時（破線）の高度と気温の関係にあるとき，**空気塊Ａ**と**空気塊Ｂ**はどれだけの高度まで上昇することができると考えられるか。最も近い値を以下の選択肢のうちからそれぞれ一つずつ選び記号で答えよ。

ただし，空気塊の湿度が100％になった時に雲が発生するものとし，空気塊の温度が周りの気温と同じになったときに上昇が止まるものとする。

【選択肢】
㋐　400m　　㋑　600m　　㋒　800m　　㋓　1000m　　㋔　2000m
㋕　3000m　　㋖　4000m　　㋗　5000mよりも上

⑸　図３の５月２日９時（実線）の高度と気温の関係にもとづくと，**空気塊Ａ**と**空気塊Ｂ**はどれだけの高度まで上昇することができると考えられるか。最も近い値を次のページの選択肢のうちか

らそれぞれ一つずつ選び記号で答えよ。

【選択肢】
(ア) 400m　(イ) 600m　(ウ) 800m　(エ) 1000m　(オ) 2000m
(カ) 3000m　(キ) 4000m　(ク) 5000mよりも上

図4は，Y年5月1日9時と5月2日9時の地上天気図である。

図5は，Y年5月1日9時と5月2日9時の上空約3000mでの風の吹き方の模式図である。高層においては，風は蛇行しながら地表面とほぼ平行に吹いている。

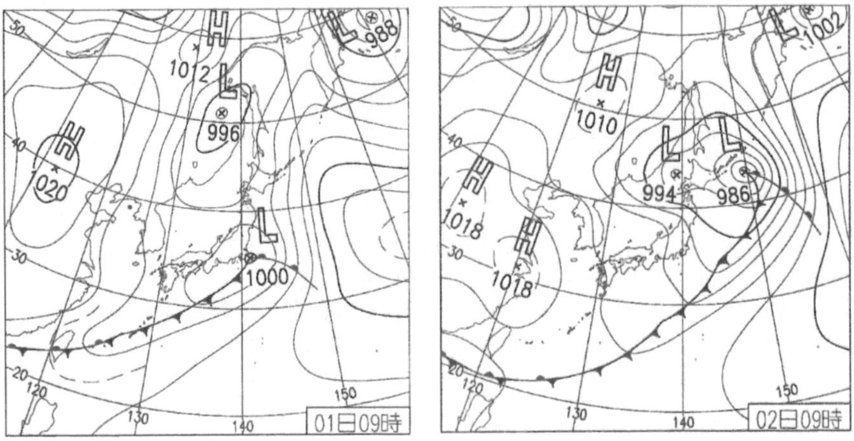

図4　Y年5月1日9時（左）と5月2日9時（右）の地上天気図（気象庁）

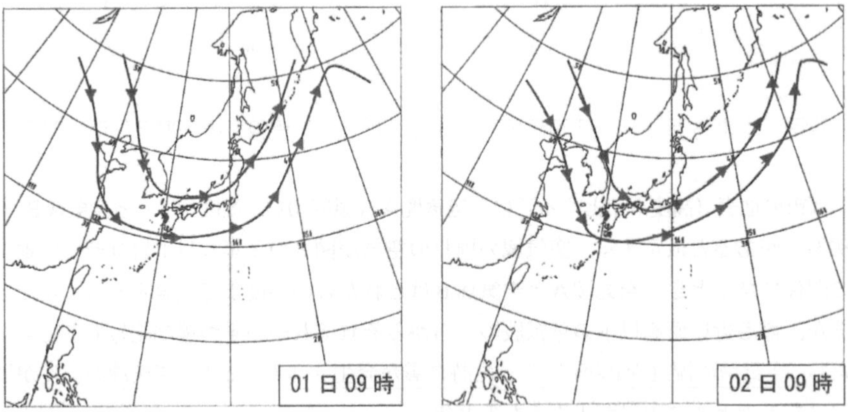

図5　Y年5月1日9時（左）と5月2日9時（右）の高度約3000 mでの風の吹き方の模式図

(6)　図4の地上天気図において，5月1日9時と5月2日9時では，高気圧の位置が変化している。春と秋によく見られるこのような位置が変化する高気圧は，何と呼ばれているか答えよ。
また，前線を伴い中緯度で発生する低気圧は，何と呼ばれているか答えよ。

(7)　図3のY年5月1日9時（破線）と5月2日9時（実線）の高度と気温の関係では，約1000m

よりも上空で気温が大きく変化している。図４と図５を参考にして，両日の天気の変化について説明した以下の文の［　］内の適する語句を選び○で囲みなさい。

Ｙ年５月１日９時から５月２日９時にかけて，上空に①［暖気・寒気］が流れ込んだため，上空約１㎞以上の大気の温度が②［上が・下が］り，大気が③［安定・不安定］な状態になった。

そのような高層大気の状態においては，地表の空気塊の温度が同じでも湿度が④［高い・低い］場合には上層まで雲が発達することはないが，湿度が⑤［高い・低い］場合には，低層から上層まで発達した積乱雲が形成され，⑥［強い雨・弱い雨］を降らせる天候となることがある。

2 カタツムリがもつ貝殻には右巻きのものと左巻きのものがある（図１）。右巻きとは，貝殻の口を観察者の手前側に置いたとき，貝殻の口が右にあるものを指す。また，貝殻を上から見たとき，渦の中心から時計回りに成長しているものが右巻きである。交尾は右巻きどうし，もしくは左巻きどうしでのみ起こる。なお，カタツムリの各個体は雌雄同体であり，オスとメスの両方の役割を果たすことができる。すなわち，交尾の際は両方の個体において受精が起こり，どちらの個体からも数十～百個程度の卵が産まれる。

図１　カタツムリの巻き型

カタツムリの巻き型は１対の遺伝子Ａとａによって決定されていることがわかっている。Ａが貝殻を右巻きにする遺伝子，ａが貝殻を左巻きにする遺伝子であり，Ａはａに対して顕性（優性）である。メンデルが発見した法則によれば，遺伝子型（遺伝子の組み合わせ）がAaの個体は右巻きになると考えられるが，実際はそうとは限らない。カタツムリの巻き型は遅滞遺伝と呼ばれる遺伝様式をとり，自身の遺伝子型ではなく卵を産んだ親個体の遺伝子型によって決定される。つまり，遺伝子型がAAやAaの個体から生じる子の巻き方はすべて右巻きとなり，aaの個体から生じる子の巻き方はすべて左巻きとなる。ここで，右巻きや左巻きのような，遺伝子型で決まる形質のことを表現型と呼ぶ。

⑴　次のかけ合わせを行ったとき，生じる可能性のある子の遺伝子型と表現型をすべて答えよ。ただし解答は，遺伝子型がAaの右巻き個体であれば「Aa右」，遺伝子型がaaの左巻き個体であれば「aa左」のように記せ。

① 遺伝子型がAaの右巻き個体どうしのかけ合わせ
② 遺伝子型がaaの右巻き個体どうしのかけ合わせ
② 遺伝子型がAaの右巻き個体と，遺伝子型がaaの右巻き個体のかけ合わせ

(2) カタツムリの巻き型について，遺伝子型と表現型の組み合わせで存在しないものを(1)と同じように１つ答えよ。

(3) 遺伝子型がAAの右巻き個体と，遺伝子型がAaの右巻き個体を第１世代としてかけ合わせを行い，生じた第２世代どうしをかけ合わせた。同様にして，生じた世代どうしのかけ合わせを繰り返した。
① 最短で第何世代に左巻き個体が生じるか。数字で答えよ。
② ①の左巻き個体の遺伝子型について，可能性があるものをすべて答えよ。

これまで，カタツムリの巻き型の遺伝様式を見てきた。次にどのように左巻き個体が増えてきたのかを考えてみよう。

遺伝子は一般に親から子へそのまま受け継がれるが，まれに変化することがある。これを突然変異という。左巻き遺伝子ａは，右巻き遺伝子Ａの突然変異によって生じ，さらにその後に左巻き個体が生じたと考えられている。

しかし，右巻き個体ばかりの集団において左巻き個体が生じても，巻き型の違いから左巻き個体には交尾相手がおらず，子孫を残すことができない。左巻き個体の数が増えれば子孫を残して集団を形成することができるようになるが，数を増やすには初めに交尾が必要であり，交尾相手がいないというそもそもの課題を乗り越えなくてはいけない。つまり，左巻き固体の集団は形成されないはずである。実際，地球上には数多くのカタツムリの種類があるが，そのほとんどが右巻きである。ところが，左巻き個体の集団は少なからず実在しており，これは大きな謎であった。

イワサキセダカヘビ（以下，セダカヘビ）というヘビは，カタツムリばかり食べることが知られている。ヘビは下あごを左右別々に動かすことができる。カタツムリの軟体部に噛み付いたヘビは，下あごの左右の歯を交互に刺して，殻の中身だけをたぐり寄せるように引きずり出して食べる。セダカヘビの下あごの歯の本数は左右で異なっており，右の方が本数が多い（図２）。

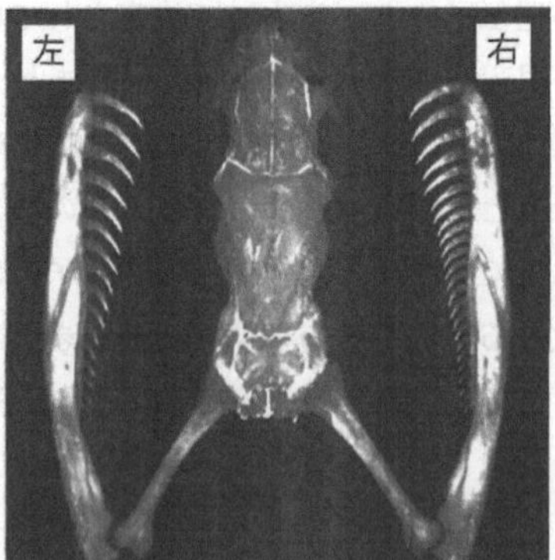

図２ セダカヘビの下あごの様子。右の方が歯の本数が多い。

そこで，セダカヘビを数日間絶食させて空腹状態にしてから右巻きもしくは左巻きのカタツムリを与え，セダカヘビがカタツムリに対して捕食行動を取ったのちにカタツムリが生存しているかどうかを調べた。複数のセダカヘビに対して，各カタツムリを与える実験をそれぞれ同数回行い，カタツムリの生存率を求めた（図３）。

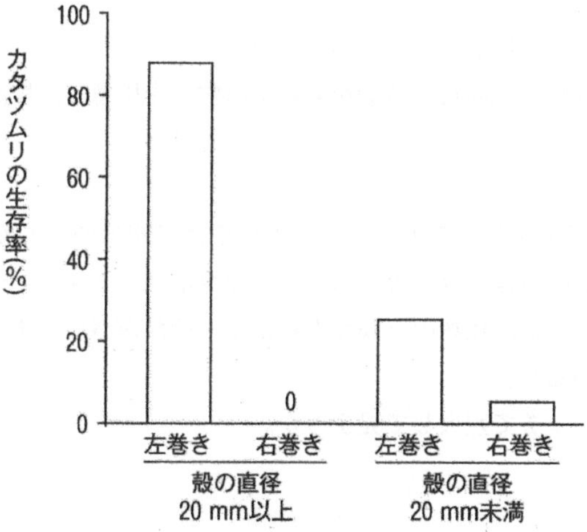

図３　実験の結果

⑷　実験の結果から考えられることとして，適切なものを次より２つ選べ。

ア　セダカヘビは右巻きのカタツムリを食べることができない。

イ　セダカヘビは左巻きのカタツムリを食べることができない。

ウ　セダカヘビは左巻きカタツムリより右巻きカタツムリを食べることが得意である。

エ　セダカヘビは20㎜以上の殻をもつカタツムリを食べることができない。

オ　セダカヘビは空腹の度合いにかかわらず，カタツムリを食べる。

カ　セダカヘビはカタツムリの大きさや巻き型によって噛み付き方を変えている。

キ　巻き型が生存率に与える効果は，殻が大きなカタツムリでより顕著になる。

ク　カタツムリは殻が丈夫な方がセダカヘビに食べられにくい。

ケ　自然界では，右巻きのカタツムリは殻が小さい個体が多い。

コ　自然界では，左巻きのカタツムリの方が右巻きのカタツムリより多い。

⑸　セダカヘビは左巻きのカタツムリの数を増やすことに貢献している可能性がある。このことを確かにするには，今回の実験の他に，自然界においてどのようなことを調べて明らかにするとよいか。簡潔に述べよ。

（図は，Hoso, M. *et al. Nat Commun* 1，133 (2010) より改変）

3　理科実験が好きな若葉さんは，放課後，先生にお願いして自主的に実験をさせてもらっている。今回は，気体の発生に関連する実験がテーマのようだ。以下，Wは若葉さん，Tは先生の発言である。会話文を読んで，各問いに答えよ。

W：先生，水素を発生させるには，塩酸にアルミニウムを反応させればいいですか？硫酸でもいいんですよね？

T：アルミニウムでもいいけど，理科の教科書には，塩酸に亜鉛や鉄を反応させるって書いてあるね。
今日は，まず，塩酸と鉄，硫酸とアルミニウムの両方の反応を実験して比較してみよう。ゴム栓は，ぎゅっと閉めず，少しすきまがあくようにゆるくしておこう。

先生が実験に適した濃さの塩酸と硫酸を用意した。
若葉さんは，塩酸を入れた試験管と硫酸を入れた試験管を用意し，塩酸には丸めたスチールウールを，硫酸にはアルミニウム箔を入れ，ゴム栓をゆるくはめた。

W：両方とも気泡が出てますね。アルミニウムの反応は最初はゆっくりでしたが，すごく激しくなってきました。鉄の方は，ほどほどのペースで反応してます。
アルミニウムの表面には酸化物の皮膜があるから，それが溶けるまではゆっくりなんですね。
T：そう！よく知っているね。
ゴム栓を外して，マッチで点火して見ようか。
W：はい！

若葉さんは，試験管内の気体に点火した。

W：両方とも，ピョっといって燃えました！
T：反応が終わるまで，ときどき振り混ぜて待とう。
反応後の水溶液の色はちがうかな？
W：ちがいますね。鉄の方はうすい緑色で，アルミニウムの方は，ほぼ無色になりました。
塩化鉄と硫酸アルミニウムの色のちがいですか。
T：そうだね。イオンの色のちがいだ。Fe^{2+}はうすい緑色，Al^{3+}は無色だからだね。
W：塩化鉄はFe^{2+}とCl^{-}で構成される物質だから，化学式は（　①　），硫酸アルミニウムはAl^{3+}と（　x　）で構成される物質だから化学式は（　②　）ですね。
T：そう。イオンがわかれば，教科書にのってない化学式もわかるね。
W：化学反応式はどうなるんですか。教科書にのってませんけど・・・
T：化学反応式は，暗記して書くものではないよ。反応前の物質と，反応後の物質の化学式がわかれば，書けるんだ。
たとえば，鉄と塩酸の反応だと，反応前の物質は鉄と $\boxed{\quad A \quad}$ だね。$\boxed{\quad A \quad}$ は塩酸の溶質だ。反応後の物質は，水素と塩化鉄。
それぞれの物質の化学式はわかるよね？あとは，原子の数を合わせればいい。係数は整数にする。アルミニウムと硫酸の反応も，反応前後の物質を考えて・・・
W：はい。なんとか書けそうです！

若葉さんは，実験ノートに２つの化学反応式，**化学反応式１（鉄と塩酸）**と**化学反応式２（アルミニウムと硫酸）**を書いた。

Ｔ：よくできました。
ところで，水素を発生させるとき，塩酸と硫酸ではどちらがいいかな？
Ｗ：どちらも同じように思えますが，教科書には塩酸が書いてあるから，塩酸ですか？
Ｔ：さあどうかな？気体の純度という点で差が出るんだ。
亜鉛を塩酸と硫酸それぞれに溶かして調べてみよう！
Ｗ：もしかして？

若葉さんは，塩酸を入れた試験管と硫酸を入れた試験管を用意し，両方に亜鉛の粒を入れて反応させた後，発生した気体の中に純水で湿らせた(a)［ア　赤色・イ　青色］リトマス紙を差し込んだ。

Ｗ：塩酸の方だけ(b)［ア　赤色になりました・イ　青色になりました・ウ　変色しませんでした］！
先生，水素って中性ですよね？
Ｔ：そう！だから水素の純度がちがうことがわかるね。
Ｗ：なるほど。塩酸を使うと（　　　　　c　　　　　）ので純度が(d)［ア　高・イ　低］くなるんですね。
Ｔ：正解！
Ｗ：次は，酸素を発生させます。過酸化水素水に二酸化マンガンを加えて・・・

若葉さんは，試験管に過酸化水素水を入れて，二酸化マンガンを入れた。その試験管内に火の付いた線香を差し込んで，酸素が発生したことを確認した。

Ｗ：二酸化マンガンは黒い粉ですけど，この反応で溶けているようには見えないですね。
Ｔ：この反応では二酸化マンガンは変化しないで，過酸化水素が水と酸素に分解するんだ。二酸化マンガンのように，自分自身が変化しないで他の物質の化学変化を速く進める物質を触媒というんだ。
Ｔ：過酸化水素の分解の化学反応式は書けるかな？二酸化マンガンは変化しないから化学反応式の中には入れないよ。
Ｗ：過酸化水素の化学式は，水よりも酸素原子が一つ多いH_2O_2ですね。
化学反応式は・・・

若葉さんは，実験ノートに**化学反応式３（過酸化水素の分解）**を書いた。

Ｔ：よくできました。
Ｗ：あれ？先生，先ほど塩酸に鉄を溶かした方の溶液の色が，少し黄色くなってるんですけど。
Ｔ：ああ，それは，空気中の酸素と反応することで，塩化鉄の種類が変わったからなんだ。
過酸化水素水を加えるともっと黄色くなるよ。

先生は，そう言って過酸化水素水を加えてみせた。

W：すごく黄色になりましたね。

T：実は，塩化鉄には緑色の塩化鉄と黄色い塩化鉄の二種類があるんだよ。

W：えっ？二種類あるんですか？

T：緑色の塩化鉄はFe^{2+}とCl^{-}で構成される（①），黄色い塩化鉄はFe^{3+}とCl^{-}で構成される（　③　）だ。

（①）は塩化鉄（Ⅱ），（③）は塩化鉄(Ⅲ)というふうに，＋の数が異なる複数の金属イオンがある場合，正式には，化合物の名前にローマ数字を付けることになっているんだ。ローマ数字は金属イオンの＋の数を表しているんだ。

化学反応式も書けるかな？塩化鉄(Ⅱ)と過酸化水素と［　A　］から，塩化鉄(Ⅲ)と水ができる反応だよ。

W：はい！

若葉さんは，実験ノートに**化学反応式4（塩化鉄(Ⅱ)と過酸化水素と［　A　］）**を書いた。

T：よくできました！

W：ところで，塩酸に二酸化マンガンを入れると，何か気体が出たりしますか？

T：良い質問だね。やってみようか。

若葉さんは，試験管に塩酸を入れて，少量の二酸化マンガンを入れて振り混ぜた。

W：二酸化マンガンが茶色っぽくなってきました。

T：少しだけ加熱してから，試験管の上部の空間に，水で濡らした青色リトマス紙を入れてごらん。

W：先生，青色リトマス紙が白くなりました。それに，なんか刺激臭が・・・

［　B　］が発生したんですか？

T：そうなんだ。［　B　］は水に溶けやすい気体だから，発泡はみられないけれど，発生していることがわかったね。

この反応では二酸化マンガンも反応する。二酸化マンガンは塩化マンガン(Ⅱ)という物質になって水溶液中に溶け込むよ。

二酸化マンガンの正式な名称は，酸化マンガン(Ⅳ)で化学式はMnO_2だ。Mn^{4+}とO^{2-}でできている物質だからね。塩化マンガン(Ⅱ)の化学式は・・・

W：（　④　）ですね。

T：正解！化学反応式はどうなるかな？

若葉さんは，実験ノートに**化学反応式5（塩酸と二酸化マンガン）**を書いた。

T：よくできました！！

W：化学反応式を書いてみると，どの物質がどう変化しているかよくわかっておもしろいですね。それに，しくみがわかると，覚えてなくても書けるのが楽しいです！

T：楽しいよね！これからも，たくさん実験して学んでいこうね。

⑴　（①）～（④）に適する化学式と，（ x ）に適するイオンを表す化学式を答えよ。

⑵　[A] と [B] に入る物質名を答えよ。

⑶　文中の(a)，(b)にあてはまるものをそれぞれ選び，記号を答えよ。

⑷　文中の（ c ）にあてはまる文を答えよ。また，(d)にあてはまるものを選び，記号を答えよ。

⑸　**化学反応式１**～**化学反応式５**を記せ。

4　図１のような，レンズ付きフィルムについて考える。レンズ付きフィルムは，１つの凸レンズだけでフィルムに像を焼きつける。

©富士フイルム株式会社

図１

凸レンズが物体の像をつくる様子について考える。図２で，物体の点Ａに日光が当たり，日光が乱反射した。凸レンズの光軸を直線Ｌ，凸レンズの中心を点Ｃ，点Ｃを通り直線Ｌに垂直な面を面Ｍとする。凸レンズの焦点は直線Ｌ上にあり点Ｆと点Ｆ’とする。点Ｃから点Ｆ，点Ｆ’での距離（焦点距離）は f ［cm］とする。凸レンズは十分薄く，凸レンズで光が屈折するときは，面Ｍで１回だけ屈折すると考えること。凸レンズでの反射は考えない。

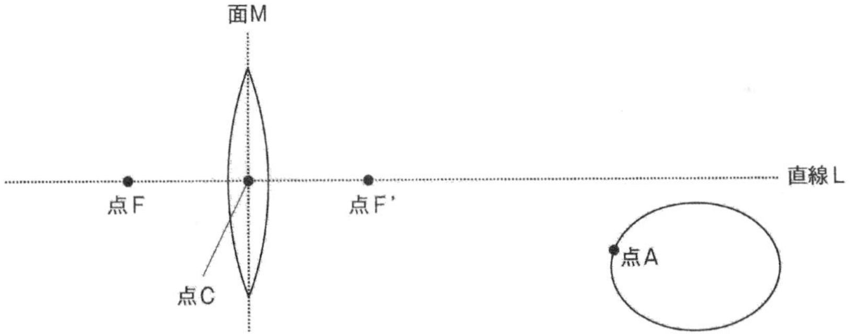

図２

⑴　点Ａで乱反射した光が凸レンズを通って像をつくった。その像の位置を，解答欄に図示せよ。像の位置を●印で示すこと。作図に用いた線も消さずに残すこと。

　ただし，解答欄の図には，点Ａを通り直線Ｌに平行な直線を点線で示している。

⑵　⑴で作図した像は，実像か，虚像か，解答欄に○をつけて答えよ。また，そのように判断した理由を簡潔に書け。

⑶　物体を動かして点Ａを凸レンズから離していくと，点Ａの像と凸レンズの距離も変わっていく。しかし，焦点距離 f ［cm］に比べて十分遠い距離に点Ａがあるときは，面Ｍから点Ａまでの距離が変わっても，面Ｍから像までの距離は変わらず，焦点距離と同じ f ［cm］とみなせる。その理由を説明した次のページの文章の空欄に，適切な語句を入れよ。

点Aで乱反射した光の光線を考える。面Mから点Aまでの距離か，焦点距離よりも十分遠いと，点Cを通る光線と点F’を通る光線が（　　）とみなせるので，面Mから像までの距離か焦点距離 f ［㎝］と同じとみなせる。

レンズ付きフィルムでは，フィルムが直線Lに垂直に焦点Fを通るように置かれているので，焦点距離に比べて十分遠い景色や人物の像が，くっきりとフィルムに焼き付けられる。

⑷　図2を用いて，レンズ付きフィルムで遠くの物体を撮影する場合を考える。フィルムは面Mから焦点距離 f ［㎝］だけ離れている。凸レンズから十分遠く離れたところに，直線Lに垂直に長さ a ［㎝］の棒を置いた。棒を撮影したところ，フィルムに焼き付けられた棒の像は，長さ b ［㎝］であった。このとき，面Mから棒までの距離について，以下の２通りの方法で求めよ。

①　棒上のある１点から点Cに向う光線を利用した方法

②　棒上のある１点から点F’に向う光線を利用した方法

⑸　⑷で，面Mから棒までの距離は１通りの値に定まるはずなのに，2通りの異なる式で表せることが分かったが，矛盾はない。なぜ矛盾がないと言えるのか，⑷の f，a，b から必要な文字を用いて，簡潔に説明せよ。

【社　会】（50分）　＜満点：100点＞

【注意】・句読点は字数に含めます。

・字数内で解答する場合，数字は１マスに２つ入れること。例えば，226年なら[22][6][年]とすること。字数は指定の８割以上を使用すること。

・解答欄をはみだしてはいけません。

[1]　次の文章Ⅰ・Ⅱを読み，下記の設問に答えなさい。

Ⅰ

本校では昨年，高校２年生の修学旅行としていくつかの団に分かれ，またさらに団の中で少人数での班を構成して，九州各地を回った。羽田空港から鹿児島県に入り，5泊６日をかけて北上し，最後は福岡空港や長崎空港などから羽田空港に戻るという行程をたどった。九州各地を巡ることで，各地の歴史的経緯や特徴を探ることができた。

鹿児島県は，かつてはａ薩摩藩か支配していた地域であったことから，明治維新に関わった人物由来の名所が多く，近現代史に関わる史跡も多く残っている。例えば旧山田村（現在の姶良《あいら》市）には日露戦争に出征した兵士の帰還を祝し，1906（明治39）年に建てられた凱旋門が現在も残っている（「山田の凱旋門」）。凱旋門とは元々戦争における勝利を記念して建てられるもので，ｂ古代ローマの凱旋門やパリのエトワール凱旋門が有名である。「山田の凱旋門」をくぐり石段を上っていくと，そこには日露戦争の慰霊碑だけでなく，「大東亜戦争慰霊碑」や「ｃ戦亡招魂表」などの，旧山田村から出征した人びとを弔う石碑が建てられている。

鹿児島県から熊本県へ移動した際は，水俣市に寄った班があり，ｄ高度経済成長期に深刻化した公害病について学ぶことができた。また，熊本県には世界でも有数の規模のカルデラをともなう阿蘇山などがあり，火口見学は地理を学ぶ上で貴重な体験となった。

熊本県から福岡県に移動した際には，大牟田市の近代化産業遺産群やｅ菅原道真で有名な太宰府天満宮などにも寄った班があった。また熊本県から長崎県へ移動した団の中には，長崎市内からｆ島原市などを訪れた班もあった。

福岡県はｇ中国と日本の交流の窓口の一つであり，今も多くの史跡が残っている。福岡空港の近くでは，ｈ弥生時代の遺跡で日本最古の農耕集落の一つと考えられている板付《いたづけ》遺跡を見学した班もあった。また福岡空港から北西に15～16キロの距離には，「漢委奴国王」と刻まれたｉ金印が江戸時代に発見された［　ア　］島があり，現在では陸伝いに行くこともできる。隣県の佐賀県には名護屋城跡や，東京駅を設計したｊ辰野金吾が設計監修した旧唐津銀行本店が残っている。

問１　空欄［ア］に該当する島名を漢字で答えなさい。

問２　下線部ａに関する次の文Ｘ・Ｙの正誤の組合せとして正しいものを，下記より１つ選び番号で答えなさい。

Ｘ　江戸時代，薩摩藩は琉球（王国）を支配した。

Ｙ　明治時代，伊藤博文や山県有朋など，多くの薩摩藩出身者が内閣総理大臣となった。

１　Ｘ 正　Ｙ 正　　２　Ｘ 正　Ｙ 誤

３　Ｘ 誤　Ｙ 正　　４　Ｘ 誤　Ｙ 誤

問３　下線部ｂに関する次のページの文Ｘ・Ｙの正誤の組合せとして正しいものを，あとより１つ選び番号で答えなさい。

X　古代ローマ帝国の文化は，シルクロードを通じてオリエントにも広がり，ヘレニズム文化とよばれた。

Y　古代ローマ帝国は，道路網を整備し，帝国内の多くの都市には浴場や闘技場などの施設を造った。

1　X　正　Y　正　　2　X　正　Y　誤

3　X　誤　Y　正　　4　X　誤　Y　誤

問4　下線部cに関連して，この石碑は1879（明治12）年に建てられたものであり，その2年前に，鹿児島県・熊本県を主な舞台とした戦いに出征して戦死した人びとの名前が刻まれている。この戦いの名称を漢字で答えなさい。

問5　下線部dに関連して，高度経済成長期（1955～73年）に起きた出来事について述べた次の文Ⅰ～Ⅲについて，古いものから年代順に正しく配列したものを，下記より1つ選び番号で答えなさい。

Ⅰ　第四次中東戦争により，第一次石油危機が起こった。

Ⅱ　日本で初めてオリンピック・パラリンピックが開催された。

Ⅲ　公害防止も含め，環境保全のため環境庁が設置された。

1　Ⅰ－Ⅱ－Ⅲ　2　Ⅰ－Ⅲ－Ⅱ　3　Ⅱ－Ⅰ－Ⅲ

4　Ⅱ－Ⅲ－Ⅰ　5　Ⅲ－Ⅰ－Ⅱ　6　Ⅲ－Ⅱ－Ⅰ

問6　下線部eに関連して，菅原道真はその死後，怨霊として恐れられた。その他にも保元の乱で敗れて配流された崇徳上皇や平将門を加えて，俗に三大怨霊といわれている。崇徳上皇と平将門に関する出来事について述べた次の文X・Yの正誤の組合せとして正しいものを，下記より1つ選び番号で答えなさい。

X　保元の乱は，源義朝が率いる源氏と平清盛が率いる平氏の戦いでもあった。

Y　平将門は「新皇」を自称し，関東一円を支配した。

1　X　正　Y　正　　2　X　正　Y　誤

3　X　誤　Y　正　　4　X　誤　Y　誤

問7　下線部fに関連して，島原の乱において，幕府側の攻撃の中には外国船からの砲撃もあった。どの国の艦船か，答えなさい。

問8　下線部gに関して，次に5世紀と7世紀の資料を示す。従来，7世紀の資料からは日本が対等外交を求めたとされたが，現在では異なった見方が提示されている。このことを踏まえ，5世紀と7世紀における日本の対中外交の変化について解答用紙の枠内で説明しなさい。

5世紀　(倭王の)讃が死んで弟の珍が王位に就いた。使者を遣わして貢物を献上し自ら使持節都督倭・百済・新羅・任那・秦韓・慕韓六国諸軍事，安東大将軍，倭国王と称し，文書で正式に任命されるよう求めた。（『宋書』夷蛮伝東夷倭国の条）

7世紀　大業三（607）年，（倭王の）多利思比孤が使いを遣わして朝貢してきた。使者はこう言った。「海西の菩薩天子が前代に栄えた仏法をさらに盛んにしていると耳にしました。そこで私を派遣して天子に対する礼を尽くし，同時に僧数十人を仏法を学ばせるために同行させました。」その国書には「太陽ののぼるところの国の天子が，太陽の沈むところの国の天子に手紙を差し上げます。お変わりありませんか」と書かれていた。

（『隋書』東夷伝倭国の条）

問9　下線部hに関する次の文X・Yの正誤の組合せとして正しいものを，下記より1つ選び番号で答えなさい。

X　この時代の遺跡として，吉野ヶ里遺跡や登呂遺跡がある。

Y　中国や朝鮮から鉄器が伝わり，武器の他に農具や船を造る道具としても使用された。

1　X　正　Y　正　　2　X　正　Y　誤

3　X　誤　Y　正　　4　X　誤　Y　誤

問10　下線部ｉに関連して，1～3世紀には同じような内容の金印が中国江蘇省（広《こう》陵《りょう》王《おう》爾《じ》）や雲南省（滇王《てんおう》之印），銅印では北方の匈奴の王に下されたことがわかっている。金属製の印が各地の王や支配者に贈られた意味と印の使用方法について解答用紙の枠内で説明しなさい。なお使用方法については，次の**写真1・写真2**を参考にすること。

写真1

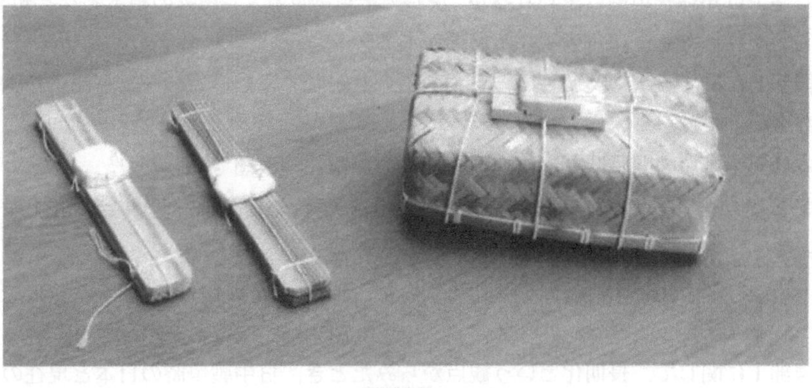

写真2

問11　下線部ｊが師事した，鹿鳴館の設計者を答えなさい。

※参考資料

河上麻由子『古代日中関係史－倭の五王から遣唐使以降まで』中公新書，2019年

問8の訳文は『詳説日本史史料集』山川出版社（2013年再訂版）などを参照

福岡市博物館ブログより

Ⅱ

2022年度から，「学習指導要領」の改訂により，全国の高校で「歴史総合」の授業が始まった。歴史総合では「近現代の歴史の変化に関わる諸事象について，世界とその中における日本を広く相互的な視野から捉え，資料を活用しながら歴史の学び方を習得し，現代的な諸課題の形成に関わる近現代の歴史を考察，構想する」ことが求められることとなった。例えば，2022年２月に始まったロシアによるウクライナ侵攻について，ある研究者は日中戦争との類似性を指摘している。そこでは日本とロシアはそれぞれｋ国際秩序を支える側であったことや，侵略した側がその前において「成功事例」があり，それを繰り返そうとしたこと，侵略した側が想定した以上にｌ長期化したことなどを指摘している。このような事例の当否を考えるのも歴史総合の役割の一つだろう。では，実際の授業でどのように学んでいくのか。

まず，前近代の各地の様子やｍ宗教を簡単に学習した後，18世紀・19世紀の各地の近代化について学習し，近代化とは何かを考える。そこではイギリスのｎ産業革命やそれに連なる世界市場の形成，またｏアメリカ独立革命やフランス革命など欧米の政治体制の変化を学ぶ。そしてアジア地域に進出した西欧諸国に揺さぶられた東アジア諸国の動きと，日本の大規模なｐ内戦を経た明治維新についても学ぶ。西欧諸国がアジア・アフリカ地域を植民地化していく中で，西欧諸国は何を考えたのか，植民地側はどう対応しようとしたのか，そして日本はこれまでの東アジアでの国際秩序が変わっていく中で，どのように自らを変えていったのか。西欧近代化を日本なりに受容し，西欧諸国と比肩するような国家作りを目指してきたことを学ぶ。

20世紀前後からは，日清戦争やｑ日露戦争で日本が勝利し，世界の中でも認められるようになりつつある中，世界では女性の社会進出や民主主義を基本とした世論が形成され，第一次世界大戦や第二次世界大戦を通じて世界に拡散していったことを学ぶ。第二次世界大戦後は，米ソを中心とした冷戦が1989年まで続き，その終結宣言が出された後も，冷戦構造の影響を受けた地域紛争が頻発していることを学習，最後には21世紀のグローバル化の光と影について取り上げている。

こうした学習は知識一辺倒に思われるが，決してそうではなく，思考の根本となる知識を習得し，そこから問いを見いだし，自ら表現する必要がある。

問12　下線部ｋに関する次の文Ｘ・Ｙの正誤の組合せとして正しいものを，下記より１つ選び番号で答えなさい。

Ｘ　日本は日中戦争の開戦時，国際連盟の理事会の常任理事国であった。

Ｙ　ロシアがウクライナへ侵攻を始めたとき，国際連合の安全保障理事会の常任理事国であった。

１　Ｘ　正　Ｙ　正　　２　Ｘ　正　Ｙ　誤

３　Ｘ　誤　Ｙ　正　　４　Ｘ　誤　Ｙ　誤

問13　下線部ｌに関して，長期化という観点からみたとき，日中戦争時の日本と現在のロシアにどのような違いがあるのか，戦略物資という側面から解答用紙の枠内で説明しなさい。

問14　下線部ｍに関する次の文Ｘ・Ｙと，それに関連する宗教ａ～ｄとの組合せとして正しいものを，次のページより１つ選び番号で答えなさい。

Ｘ　11世紀に，エルサレムを奪還するため軍事行動を起こした。

Ｙ　７世紀に成立したこの宗教の聖典は，信者の生活や政治，経済活動をも定める法としての役割を果たしている。

a　仏教　　b　キリスト教　　c　イスラム教　　d　ユダヤ教

1　X－a　Y－c　　2　X－a　Y－d

3　X－b　Y－c　　4　X－b　Y－d

問15　下線部nに関する次の文X・Yの正誤の組合せとして正しいものを，下記より１つ選び番号で答えなさい。

X　イギリスでは，工業が盛んな都市に人々が流入したため，都市の衛生状況が悪化した。

Y　日本で産業革命が起こると，紡績業が急激に伸びて主要な輸出品目となった。一方，製糸業は輸入品に押されて衰退した。

1　X　正　Y　正　　2　X　正　Y　誤

3　X　誤　Y　正　　4　X　誤　Y　誤

問16　下線部oに関して，18世紀のことを記した次の文X・Yの正誤の組合せとして正しいものを，下記より１つ選び番号で答えなさい。

X　アメリカでは，黒人奴隷の解放を争点として南北対立が生じ，北部諸州側が勝利した。

Y　日本では，18世紀前半の街道整備により人の移動が多くなり，えた身分・ひにん身分などの人びとも移動し，身分の解放が進んだ。

1　X　正　Y　正　　2　X　正　Y　誤

3　X　誤　Y　正　　4　X　誤　Y　誤

問17　下線部pに関する次の文X・Yの正誤の組合せとして正しいものを，下記より１つ選び番号で答えなさい。

X　旧幕府軍の戦いは蝦夷地まで続き，最後は五稜郭で新政府軍と戦って終了した。

Y　東北地方では，新政府軍に対抗するため奥羽越列藩同盟が結成された。

1　X　正　Y　正　　2　X　正　Y　誤

3　X　誤　Y　正　　4　X　誤　Y　誤

問18　下線部qに関して，下の図は日露戦争直前の1903年に描かれた風刺画である。この図に見えるイギリスやアメリカは，それぞれどのように日本を支援したのか，50字以内で具体的に２点挙げ説明しなさい。

※参考文献

山田朗「日本史から見たウクライナ戦争－日中戦争との類似性と危険性－」（『歴史学研究』第1037号，2023年）

2 次の文章Ⅰ・Ⅱを読み，下記の設問に答えなさい。

Ⅰ

戦後日本では，a 中選挙区制*の下で自由民主党（自民党）の一党優位政党制が成立し，首相（内閣総理大臣）の座をめぐって与党内の複数の派閥が争う構図が定着する一方，農協や医師会など各分野のｂ利益集団（圧力団体）が族議員や官僚と結びついていた。その結果，権力は極度に分散し，ｃ冷戦終結とバブル崩壊にともなって様々な政策課題が噴出する中で，有効な意思決定を行うことが困難になった。このため，ｄ1990年代には選挙制度改革や行政改革が行われた。

これは，一見すれば常識的な解説だろう。だが，ジェンダーの視点から見た場合，そこには日本政治の極めて重要な特徴が含まれていない。その特徴とは，日本において政治家や高級官僚などの政治エリートの圧倒的多数を男性が占めているという事実である。

列国議会同盟（IPU）**の調査によれば，2019年６月現在，日本の衆議院における女性議員は全議員の10.2％（463人中47人）であり，議会下院における女性議員の割合としては世界192カ国中163位に相当する。参議院における女性議員の割合は20.7％（241人中50人）であり，衆議院ほど極端に女性議員の割合が低いわけではないが，二院制の国の中では世界79カ国中44位である。

他方，内閣府男女共同参画局の『男女共同参画白書』によれば，中央省庁の最高幹部である事務次官や局長など国家公務員の指定職相当に占める女性の割合は，2018年７月現在で，わずか3.9％にすぎない。2015年に経済協力開発機構（OECD）が行った調査によれば，OECD諸国の行政機関の上級管理職に占める女性の割合の平均は33％であり，日本は29カ国中最下位であった。

つまり日本の政治には，まず何よりも，男性の手に権力が集中しているという特徴がある。今日，これは少なくとも先進国の間ではあまり見られない現象であるといえよう。日本は権力が分散している国であるという通説的な評価は，権力を握る男性たちの間の関係を記述しているにすぎない。その背景にあるｅ男女の不平等の構造は，この記述から抜け落ちてしまう。

（前田健太郎『女性のいない民主主義』 岩波新書，2019年より作成）

＊中選挙区制：理論上は大選挙区制に含まれる。

＊＊列国議会同盟：主権国家の議会による国際組織。1889年設立，本部はジュネーブ。

問１　下線部ａに関する次の文Ｘ・Ｙについて，その正誤の組合せとして正しいものを，下記より１つ選び番号で答えなさい。

Ｘ　この選挙区制度では，全国を11ブロックに分け，政党名で投票する。

Ｙ　この選挙区制度では，政党に属さない人は立候補できない。

１　Ｘ　正　Ｙ　正　　２　Ｘ　正　Ｙ　誤

３　Ｘ　誤　Ｙ　正　　４　Ｘ　誤　Ｙ　誤

問２　下線部ｂに関する次の文Ｘ・Ｙについて，その正誤の組合せとして正しいものを，下記より１つ選び番号で答えなさい。

Ｘ　利益集団（圧力団体）とは，自分たちの利益のために政党や官僚などに働きかける社会集団のことで，日本労働組合総連合会（連合）や日本経済団体連合会（日本経団連）などがある。

Ｙ　族議員は特定分野に精通し，官僚が属する省庁の予算確保や，業界の利益保護に協力し，政策決定に強い影響力をもっている。

１　Ｘ　正　Ｙ　正　　２　Ｘ　正　Ｙ　誤

３　Ｘ　誤　Ｙ　正　　４　Ｘ　誤　Ｙ　誤

問３　下線部**c**に関連した，次の⑴⑵の設問に答えなさい。

⑴　1989年12月に「冷戦の終結」を宣言した米ソ首脳の名前を，下記の組合せから１つ選び番号で答えなさい。

	アメリカ	ソビエト連邦
1	ブッシュ	フルシチョフ
2	クリントン	ゴルバチョフ
3	レーガン	ブレジネフ
4	ブッシュ	ゴルバチョフ
5	クリントン	ブレジネフ
6	レーガン	フルシチョフ

⑵　冷戦終結に関する次の文**X**・**Y**について，その正誤の組合せとして正しいものを，下記より１つ選び番号で答えなさい。

X　米ソ首脳会談がヤルタで行われ，冷戦終結の宣言がなされた。

Y　冷戦終結の翌1990年は，アフリカで多くの国が独立したので，「アフリカの年」と呼ばれた。

1　**X**　正　　**Y**　正
2　**X**　正　　**Y**　誤
3　**X**　誤　　**Y**　正
4　**X**　誤　　**Y**　誤

問４　下線部**d**に関連して，1994年に公職選挙法が改正され，衆議院議員選挙に新たな選挙制度が導入された。これについて次の⑴⑵の設問に答えなさい。

⑴　この選挙制度名を漢字で答えなさい。

⑵　この選挙制度に関する次の説明文**X**・**Y**について，その正誤の組合せとして正しいものを，下記より１つ選び番号で答えなさい。

X　この選挙制度では，選挙区と比例代表の両方に重複して立候補することはできない。

Y　比例代表制は，候補者名または政党名で投票する非拘束名簿式である。

1　**X**　正　　**Y**　正
2　**X**　正　　**Y**　誤
3　**X**　誤　　**Y**　正
4　**X**　誤　　**Y**　誤

問５　下線部**e**に関連して，次のページのような求人広告を出そうとしたところ，男女雇用機会均等法上，問題があることを指摘された。どのような問題があるのか，解答用紙の枠内で２点説明しなさい。

クリーニング店スタッフ募集

週２日～・短時間もＯＫ♪

時給　1200円～
　　　配送業務の男性　時給を200円アップ
業務　女性：店頭受付業務やタグ打ち，入荷作業
　　　男性：家庭へのクリーニング品の配送業務
時間　９：00～17　：　00
資格　未経験スタートＯＫ
　　　　※未経験の方も安心のフォロー体制
　　　主婦・フリーター・学生・パート・アルバイト
待遇　昇給／社保完備／社員登用あり／交通費規定／他
事業　クリーニング店
株式会社○○　　△△営業所　ＴＥＬ＊＊＊－＊＊＊－＊＊＊＊

Ⅱ

2023年に召集された第211通常国会が６月21日，会期を終了し閉会した。

立法府としてのｆ国会の重要な権限は，法律を制定することである。法律案は，ｇ内閣と国会議員の双方が提出することができる。

法律を制定する過程として，最初にｈ内閣や国会議員が提出した法律案は専門の委員会で審議され，委員会で採択されたｉ法律案は本会議で審議を行い，出席議員の過半数の賛成で可決する。

第211通常国会では，防衛予算増額の財源を確保するための特別措置法や，原子力発電の運転期間を実質的に延長できる法律，強制送還の対象となった外国人の長期収容の解消を図る改正出入国管理法，ｊマイナンバーカードの活用拡大に向けた改正マイナンバー法などの関連法など，岸田文雄内閣が提出した60本の法案のうち58本が成立した。

議員立法では，LGBT理解増進法が自民・公明両党と日本維新の会，国民民主党の４党が合意した与党案が修正を経て成立した。

政府がこの国会の最重要法案と位置づける，防衛費増額に向けた財源確保法が６月16日に参議院本会議で賛成多数で可決され，成立した。防衛費の増額をめぐっては岸田文雄首相は2022年度時点で，2027年度に防衛費と，それに関連する経費を合わせてｋGDP（国内総生産）２％に達する予算措置を講ずるように当時の防衛大臣と財務大臣に指示していた。

他には，６月に少子化対策の強化に向けた「こども未来戦略方針」を決定し，所得制限の撤廃などの児童手当の拡充策を実施することや，2026年度から出産費用の保険適用を始める方針を示しか。

そして，物価高騰対策などをめぐって与野党の論戦が交わされたほか，終盤国会では相次ぐマイナンバーカードをめぐるトラブルを受けて，野党側が追及を強めた。

他には，憲法論議で，大規模災害や戦争などの対応を憲法に定める「 ア 条項」をめぐり集中的に議論が交わされ，憲法改正に向けての条文作成を求める声もだされた。

国会の最終盤には，立憲民主党が l 内閣不信任決議案を提出することに合わせて，岸田文雄首相が衆議院の解散を決断するのではないかという憶測が与野党で広がったが，解散はなく国会は閉会した。

（NHKニュースオンラインより作成）

問6　下線部 f に関して，国会のしくみと運営に関連して述べた文 a ～ d について，正しいものの組合せを，下記より1つ選び番号で答えなさい。

a　常会（通常国会）は毎年2月に召集され，次年度の予算を中心に審議される。会期は150日間で，両議院一致の議決によって，1回限り延長することが可能である。

b　本会議は原則として公開されるが，出席議員の3分の2以上の賛成で議決したときは，非公開の秘密会にすることができる。

c　法案の実質的な審議は，各院に設置されている常任委員会や特別委員会で行われる。

d　会期中に議決されなかった法案は，衆議院の閉会中に審査が行われ，議決されなければ廃案となる。

1　a・c　　2　a・d　　3　b・c　　4　b・d

問7　下線部 g に関して，内閣について述べた文のうち，正しいものを下記より**2つ選び**番号で答えなさい。

1　内閣総理大臣とその他の国務大臣は，文民でなければならない。

2　内閣は，立法権の行使について，国会に対し連帯して責任を負う。

3　内閣が政治方針を決める閣議は，原則非公開である。

4　内閣は国会議員に対する調査を行い，証人の出頭・証言・記録の提出を要求できる。

5　条約を締結するときは，内閣が承認し，国会が締結する。

問8　下線部 h に関する次の文 X・Y について，その正誤の組合せとして正しいものを，下記より1つ選び番号で答えなさい。

X　内閣提出法案は各省庁の官僚が中心となって立案し，閣議で決定して内閣総理大臣の名で提出される。

Y　予算が伴う議員提出法案では，衆議院に提出する場合，20名以上の議員の賛成者が必要となる。

1　X　正　　Y　正　　2　X　正　　Y　誤

3　X　誤　　Y　正　　4　X　誤　　Y　誤

問9　下線部 i に関して，法律案は衆参両院で可決された時に成立するが，議決が異なった場合，日本国憲法では衆議院の優越が認められている。その理由を衆議院と参議院の制度の違いを指摘したうえで，解答用紙の枠内で説明しなさい。

問10　下線部 j に関する次の文 X・Y について，その正誤の組合せとして正しいものを，次のページより1つ選び番号で答えなさい。

X　マイナンバー制度は，国民の利便性を高め，公平・公正な社会を実現することを目的としている。

Y　マイナンバーとは，日本に住民票がある全員に対して割り当てられた，1人1つの個人番号である。

1　X　正　　Y　正
2　X　正　　Y　誤
3　X　誤　　Y　正
4　X　誤　　Y　誤

問11　下線部kに関して述べた次の文a～dについて，正しいものの組合せを，下記より1つ選び番号で答えなさい。

a　GDPは，国または地域内で一定期間に生産された財とサービスの付加価値の合計である。
b　GDPには，外国に居住する自国民の生産額が計上され，自国に居住する外国人の生産額は計上されない。
c　2020年現在，日本のGDPはアメリカ，中国，フランスに次ぐ世界第4位である。
d　GDPとは，国内の総生産額から中間生産物の総額を引いた最終生産物の総額である。

1　a・c　　2　a・d　　3　b・c　　4　b・d

問12　下線部lに関連して日本国憲法の規定について述べた次の文X・Yについて，その正誤の組合せとして正しいものを，下記より1つ選び番号で答えなさい。

X　内閣は衆議院，参議院いずれかの議院で内閣不信任の決議案を議決できると定められている。
Y　衆議院で内閣不信任の決議案が可決された内閣は，10日以内に衆議院が解散されない限り，総辞職しなければならない。

1　X　正　　Y　正
2　X　正　　Y　誤
3　X　誤　　Y　正
4　X　誤　　Y　誤

問13　空欄 ア に適する語句を漢字4字で答えなさい。

3　次の文章を読み，あとの設問に答えなさい。

2023年の夏，日本ではバスケットボールのワールドカップが開催された。日本でワールドカップが開催されたのは2006年大会以来だったが，今回はアジア3カ国での開催となり，日本では一次予選リーグのみが沖縄県で行われた。

バスケットボールのワールドカップは，事前にアフリカ，アメリカ(北中南米)，アジア，ヨーロッパの各地区で予選が行われており，勝ち抜いた代表チームが出場権を勝ち取る仕組みになっている。アジア地区からはレバノン，ヨルダン，中国，イラン，ニュージーランド，オーストラリアに開催国2カ国を加えた合計8カ国が出場した。ニュージーランドとオーストラリアはオセアニアに位置しているが，アジア地区の代表として出場している。残念ながらインドネシアは開催国でありながら，本戦への出場は叶《かな》わなかったが，G・Hブロックの予選会場を分担した。日本ではE・Fブロックの予選が，残るもう一つの開催国の首都ではA～Dブロックの予選が行われ，開催国の代表チームも健闘した。

表1　バスケットボールのワールドカップ出場国と予選ブロック分け

A	B	C	D
アンゴラ	南スーダン	アメリカ	エジプト
ドミニカ共和国	セルビア	ヨルダン	メキシコ
フィリピン	中国	ギリシャ	モンテネグロ
イタリア	プエルトリコ	ニュージーランド	リトアニア
E	**F**	**G**	**H**
ドイツ	スロベニア	イラン	カナダ
フィンランド	カーボベルデ	スペイン	ラトビア
オーストラリア	ジョージア	コートジボワール	レバノン
日本	ベネズエラ	ブラジル	フランス

問1　**表1**中**A**～**D**ブロックの試合を開催した都市名を答えなさい。

問2　次の**1**～**4**は1980年と2018年におけるインドネシア，タイ，フィリピン，マレーシアの輸出額と輸出品目の割合を示している。タイを示すものを，下記より1つ選び番号で答えなさい。

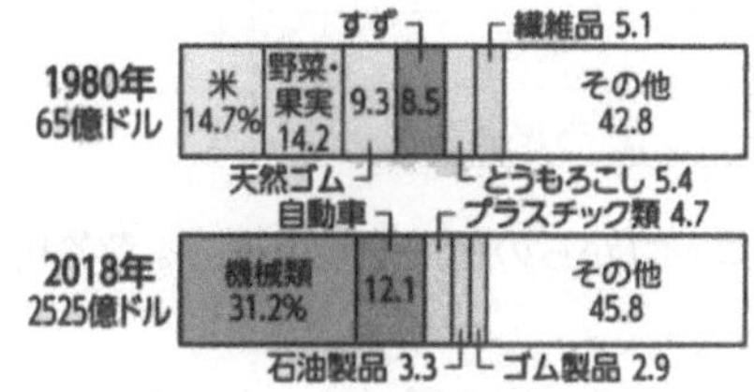

1

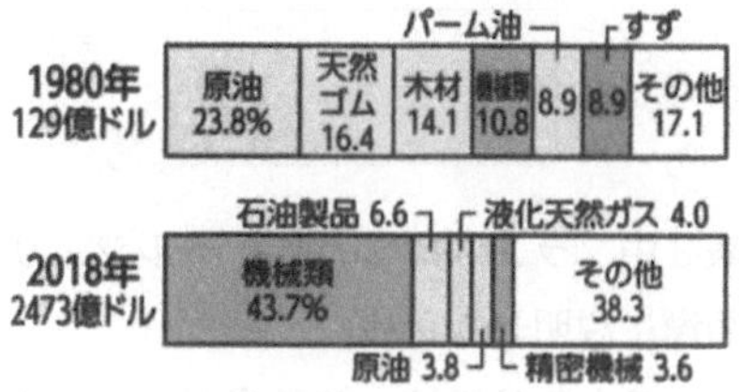

2

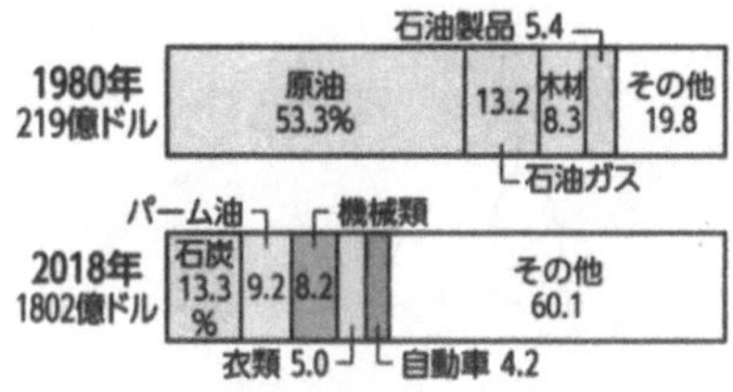

3

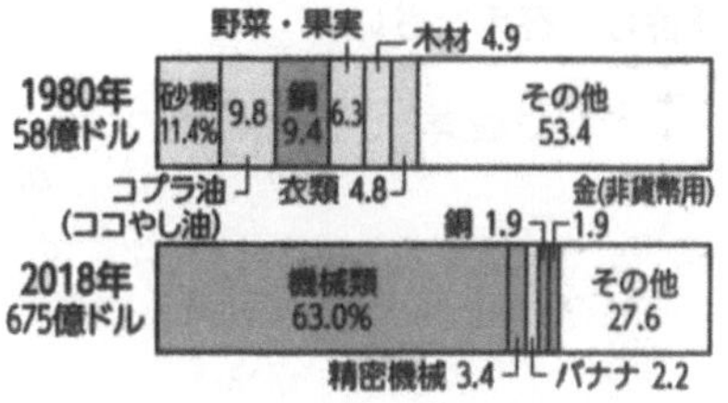

4

問3　次の**表2**は，ASEAN，MERCOSUR，*USMCA，EUそれぞれについて，人口，GDP，貿易額を比較したものである。EUを示すものを，**表2**より1つ選び番号で答えなさい。

表2

	人口	GDP（米ドル）	貿易額（輸出＋輸入）（米ドル）
1	6億7333万人	3兆3433億	2兆7960億
2	4億4695万人	17兆 886億	10兆4623億
3	5億 40万人	26兆2799億	5兆3271億
4	3億1104万人	2兆2392億	5631億

注　貿易額については2020年の輸出入統計。MERCOSURのGDPについてはベネズエラを抜いた額。

その他は2021年の数値を使用。

*USMCAについてはNAFTA時代の統計も含む。

問４　日本は予選リーグでフィンランド，ドイツ，オーストラリアと同じＥブロックに振り分けられた。

⑴　フィンランドについて説明した次の文Ｘ・Ｙについて，その正誤の組合せとして正しいものを，下記より１つ選び番号で答えなさい。

Ｘ　フィンランドはＥＵに加盟しているが，共通通貨であるユーロは導入していない。

Ｙ　フィンランドでは，フィンランド語の他にスウェーデン語と英語を，公用語として定めている。

１　Ｘ　正　　Ｙ　正　　　２　Ｘ　正　　Ｙ　誤
３　Ｘ　誤　　Ｙ　正　　　４　Ｘ　誤　　Ｙ　誤

⑵　ドイツやその隣国のフランスには，多くの移民がいる。次の**表３**はドイツとフランスに居住する移民の出身国の上位３カ国を示している。Ｚに当てはまる国名を答えなさい。

表３

	ドイツ（2016 年）	フランス（2019 年）
１位	Ｚ	アルジェリア
２位	ポーランド	モロッコ
３位	ロシア	ポルトガル

⑶　**表３**中フランスにおいて，アルジェリアやモロッコからの移民が多い理由を解答用紙の枠内で簡潔に説明しなさい。

⑷　オーストラリアは，鉱産資源の世界的な生産国である。次の**図１**は，オーストラリアにおける金，ウラン，鉄鉱石，石炭の分布を示している。鉄鉱石を示すものを，次のページより１つ選び番号で答えなさい。

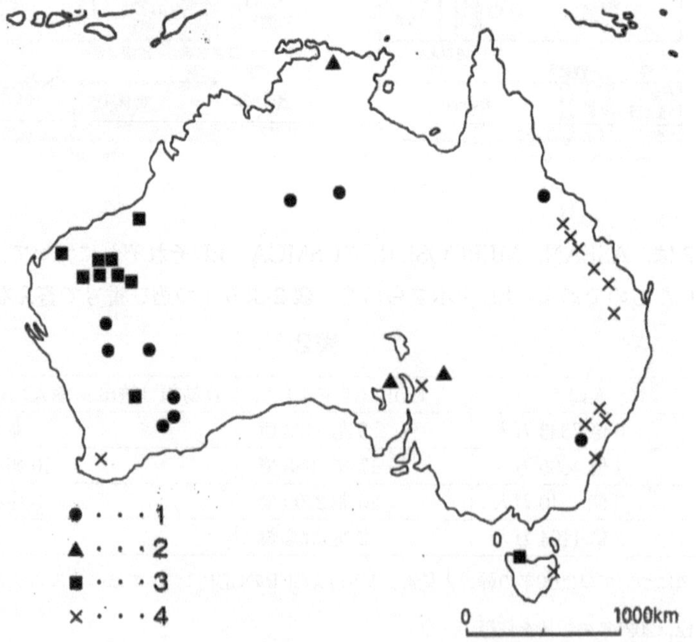

図１

問5　次の雨温図**ア**～**ウ**は，ヨーロッパ地区から出場したギリシャ，フィンランド，フランスいずれかの国の首都のものである。**ア**～**ウ**が示す国の組合せとして正しいものを，下記より1つ選び番号で答えなさい。

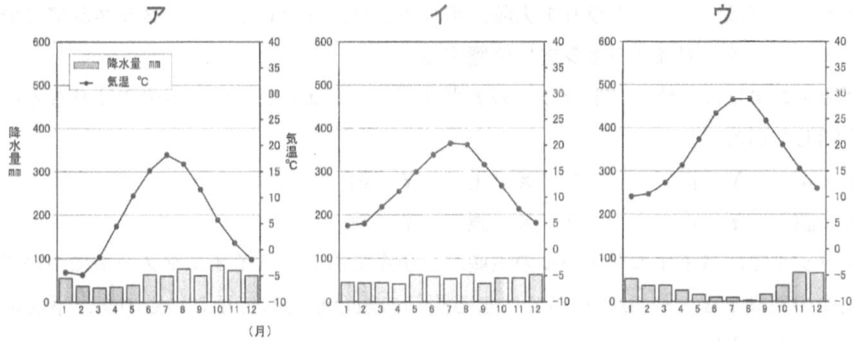

	ア	イ	ウ
1	ギリシャ	フィンランド	フランス
2	ギリシャ	フランス	フィンランド
3	フィンランド	ギリシャ	フランス
4	フィンランド	フランス	ギリシャ
5	フランス	ギリシャ	フィンランド
6	フランス	フィンランド	ギリシャ

問6　日本と同じ**E**ブロックであったフィンランドでは，冬季になると全ての港が凍結してしまう。一方で，**図2**中のノルウェーに位置するナルヴィクの港は，冬季も凍らずに機能している。この港が凍結しない理由を35字以内で説明しなさい。

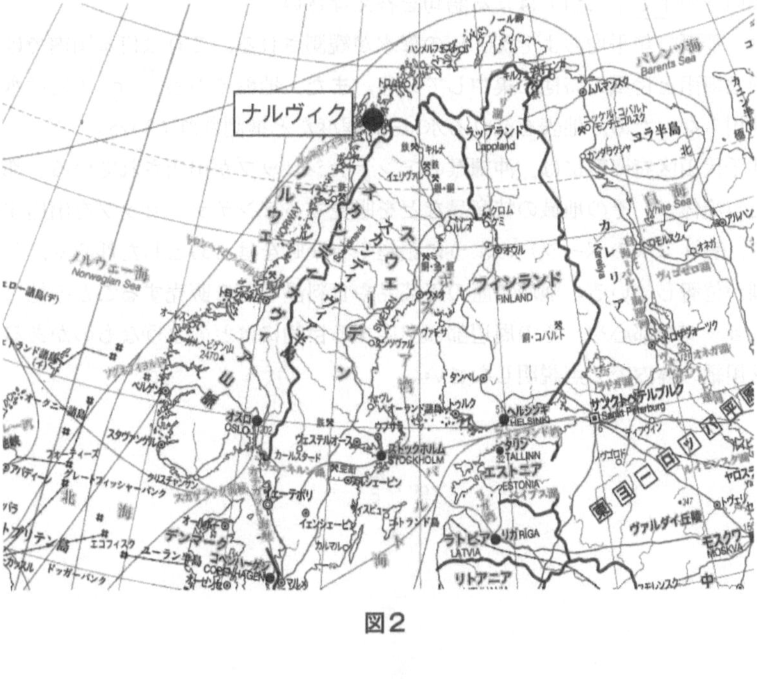

図2

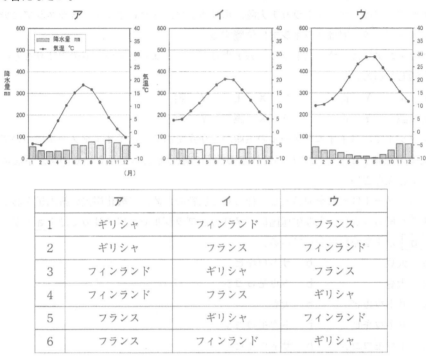

問7　オーストラリアとニュージーランドはオセアニアに位置するが，大会形式の都合上，アジア枠で出場している。オセアニアを説明した次の文X・Yについて，その正誤の組合せとして正しいものを，下記より1つ選び番号で答えなさい。

X　オセアニアは，オーストラリア大陸，ポリネシア，ミクロネシア，メラネシアに分けられ，ニュージーランドはメラネシアに位置する。

Y　オセアニアには，オーストラリアのアボリジニやニュージーランドのマオリなどの先住民が生活している。

1　X　正　Y　正　　2　X　正　Y　誤
3　X　誤　Y　正　　4　X　誤　Y　誤

問8　ブラジルではバイオエタノールの生産がさかんである。バイオエタノールについて説明した次の文中の空欄 [a]・[b] に当てはまる語句の組合せとして正しいものを，下記より1つ選び番号で答えなさい。

バイオエタノールは植物を原料として作られる燃料のため，二酸化炭素の排出量をおさえられ，枯渇する心配も少ない。主な生産国はアメリカとブラジルで，アメリカでは [a] が，ブラジルでは [b] が主な原料になっている。

1　a　大豆　　b　サトウキビ
2　a　大豆　　b　トウモロコシ
3　a　サトウキビ　　b　大豆
4　a　サトウキビ　　b　トウモロコシ
5　a　トウモロコシ　　b　サトウキビ
6　a　トウモロコシ　　b　大豆

問9　日本では沖縄県にある体育館が会場として使用された。

⑴　沖縄県は雨に恵まれているが，かつては水不足に陥ることが多かった。その要因を説明した次の文中の空欄 [c] に当てはまる語句を答えなさい。

沖縄県は，那覇で年平均およそ2000㎜の降水が観測される。これは日本国内では多い部類に入るが，雨は梅雨と台風の時期に集中している。また，地盤である [c] 岩は水が浸透しやすく，大河川もないため，地表を流れる水は$\frac{1}{4}$程度だと推測されている。

⑵　東京都千代田区有楽町には，沖縄県のアンテナショップが出店されている。都道府県をはじめとした自治体が，その地域の特産品などを販売するアンテナショップを出店するケースは増えており，**表4**（次のページ）のように銀座や有楽町をはじめとした都心や，その周辺部に数多く店舗が位置している。地域特産の工芸品や食料品などを販売することの他に，自治体がアンテナショップを都心や，その周辺部に出店する目的にはどのようなものがあると考えられるか。解答用紙の枠内で2点説明しなさい。

表4　都内の自治体アンテナショップのロケーション

地域	店舗数
「銀座・有楽町」	22店舗
「東京・日本橋・神田」	10店舗
「多摩地区」	6店舗
「新橋・浜松町・白金台」、「飯田橋・神楽坂・赤坂」	各地域5店舗
「浅草・押上」、「渋谷・表参道」	各地域3店舗
「品川」	2店舗
「上野」、「池袋」、「新宿」、「世田谷区」	各地域1店舗

「2019年度自治体アンテナショップ実態調査報告」をもとに作成

問題の作成にあたり，以下の資料を使用しました。

・『新しい社会　地理』東京書籍
・『中学校社会科地図帳』帝国書院
・二宮書店新デジタル地図帳
・日本国際交流センター　会議資料
・Google　ストリートビュー
・IMF Direction of Trade Statistics
・L'Institut National de la Statistique et des Études Économiques
・World Bank, World Development Indicators database
・https://forbesjapan.com/articles/detail/31757/page 3

エ　白河の桜の木は何度も見てきたが、東関奥州の桜の花は、下から見たこともなく、理解できないものなので、別れても惜しくない。

オ　下から何度も見て慣れ親しんだ白河の桜は枯れてしまったが、代わりの木として東関奥州の木を選んだことは理解しがたい。

問四　――部④「これ皆、名は同じうして所はかはれる証歌なり」とはどういうことか。三つの歌の内容をふまえて簡潔に説明しなさい。

問五　本文全体の内容を説明したものとして適当なものを次の中から二つ選びなさい。

ア　宣明は、宮に真実を伝えたが、宮は和歌に基づいた誤った認識をもっており、宣明の指摘を信じなかっただけでなく、その指摘を嘘と断じた。

イ　宮を慮る宣明は宮に嘘をついたが、宮は幼いながらも和歌の教養を身につけており、その教養に基づき、宣明が嘘をついたことを指摘した。

ウ　宣明の発言には嘘も含まれていることに、教養ある宮は気づいたが、宣明の嘘を嘘と断ずることまではせず、宣明を気づかう姿勢を見せた。

エ　宣明を信じられなくなった宮は、心を閉ざし、屋敷の外に出がちになったが、その際聞いた鐘の音に心動かされ、父と宣明への思いを和歌にして詠んだ。

オ　晩鐘の音を聞いた宮の作った歌は、父への思いを抑制したものだったが、なお思いが言外にあふれ出ており、都の多くの人はその幼さに悲しみをおぼえた。

カ　心にこめていた父への思いがあふれて作られた宮の和歌は、親子の情愛の悲しさを感じさせるものとして、都の全ての人の心を揺さぶり涙を誘った。

問六　「太平記」に関連した次の文章の空欄［A］～［D］に入る言葉を漢字で答えなさい。

「太平記」は、いわゆる軍記物語の一つとして知られているが、軍記物語の中で最も高名なものは、「祇園精舎の鐘の声［A］の響きあり」の一節で知られる、「［B］」である。「太平記」も「［B］」も、やがて能や浄瑠璃、歌舞伎の題材として好んで取り上げられるようになり、現代にいたるまで、大きな影響を与え続けてきた。たとえば、能の世界では「風姿花伝」で知られる［C］も「［B］」を題材として「清経」などの作品を残している。また、近世浄瑠璃の世界では、［D］が［B］に登場する「俊寛」や「景清」を題材としたことで知られている。

裏に書き付けて、これこそ八歳の宮の御歌とて、翫《もてあそ》ばぬ物もなかりけり。誠に貴きも賤しきも、親子の昵《むつ》び程あはれに悲しき事はあらじと、皆袖をぞぬらしける。

問一　——部①「宣明卿泪を押へて、しばらくは物を申し得ざりけるが」とあるが、これはなぜだと考えられるか。その説明として最も適当なものを選びなさい。

ア　白河が遠い場所だと知らず、近くにあると思いこんでいる幼い宮が、父帝に会えるのではないかと期待している様子を見た宣明が宮をあわれに感じたから。

イ　父帝が遠方に流されることを理解し、せめて離れ離れになる前に、父帝に一度だけでも会いたいと懇願するけなげな宮の姿に触れて、宣明が心を動かされたから。

ウ　隠岐近くに自身も流されたいとか、幽閉された父帝に会いたいので白河まで連れていってほしいと言う幼い宮の姿を見て、宣明が宮をあわれに感じたから。

エ　都から白河までの距離がつかめていないために、父帝のいる白河まで連れていけと強要してくる宮の幼さに困惑した宣明が、己の立場を辛く感じたから。

オ　父帝の居所は近くにあるなどと言えば、宮が一日中、そこへ連れていけとしつこく言ってくるに違いないと考えた宣明が、己の立場を辛く感じたから。

問二　——部②「全く洛陽渭川の白河にあらず。これは東関奥州の名所なり」とあるが、このような認識を示す上で、宮は何を根拠にしていると考えられるか。適当なものを**二つ**選びなさい。

ア　能因法師の歌から読み取れる、都から白河まで行くには長い時間がかかるという情報。

イ　能因法師の歌から読み取れる、白河関を越えるのは不可能であるという情報。

ウ　能因法師の歌に示された、白河という場所には春が訪れないという情報。

エ　津守国夏の歌に示された、白河に行くには、一年以上かかるという情報。

オ　津守国夏の歌に示された、白河が、東路の先の場所であるという情報。

カ　津守国夏の歌に示された、白河が、関東以上に極寒の場所であるという情報。

問三　——部③「なれなれて　見しは名残の　春ぞとも　など白河の　花の下影」の大意を示したものとして最も適当なものを選びなさい。なお「白河」には「しらかは（理解できるか、いや理解できない）」の意味がかかっている。

ア　白河の桜花の下に何度も立ち、長年慣れ親しんできたが、今年の春がその桜木との別れの春になるとは理解していなかった。

イ　白河の桜木の下から花を何度も見て、慣れ親しんできたので、桜の木を植えかえるという暴挙には理解しがたいところがある。

ウ　白河の桜花を下から何度も眺めてきたので、もはや名残惜しいとも思わないし、植え替えに反対する人の気持ちが理解できない。

らば、我独り都に残り留まりても何かはせん。あはれ我をも、君の御座《いらっしゃる》さん国の辺へ流し遣はせかし。せめては外《よそ》ながら、御行末をなりとも承らん。これに付けても、君のおしこめられて、いまだ御座なる《いらっしゃると聞く》白河は、これより近き所とこそ聞くに、御座の程もなど宣明は、《いらっしゃる間にどうして宣明は、》我をつれて御所へは参らぬぞ。昼こそあらめ《昼は人目もあるだろうが》、夜に交《まぎ》れては何か苦しかるべき《夜にまぎれて行くことは問題なかろう》」と、仰《おほ》せ出だされければ、①**宣明卿泪《なみだ》を押へて、しばらくは物を申し得ざりけるが**、ややあって、皇居程近き由を申さば、日夜御参《ごさん》あらんと、責め仰せられば、御労《いたは》しきと思ひければ、

「さん候ふ《それでございますが》、主上の御座す《いらっしゃる》白河は、程近き所にてだに候はば《さえございますならば》、朝夕御共仕《つかまつ》るべく候《さうら》へども、かの白河と申す所は、都より数百里を経て下る路にて候ふ。その支証には、能因法師が歌にも、

都をば　霞《かすみ》と共に立出《たちい》でて　秋風ぞ吹く　白河の関

と、詠み候ふなり。この歌を以て、道の遠き程、人を通さぬ関ありとは、思《おぼ》し召し知らせ給ひ候へ」と申したりければ、宮つくづくと聞こし召し、御泪を押し拭はせ給ひて、仰せありけるは、「うたての宣明やな。我を具《私をつれ》足して参らじと《ていくまいと》思ふ故に、かやうには申すか。かの古曾部《こそべの》能因《※能因法師のこと》が、白河関と詠みたりしは、②**全く洛陽渭川《らくよういせん》《都にある》の白河に《白河では》あらず《ない》。これは東関奥州の名所なり**。それをいかにといふに《どうしてかと》、近来津守《ちかごろつもりの》《※津守国夏という》国夏《くになつ》がこれを本歌にて、《人物が能因法師の歌を下じきにして左の歌を作ったということを言う。国夏の和歌には能因法師の和歌のイメージも内包されていると考えられる。》

白河の　関まで行《ゆか》ぬ　東路《あづまぢ》も　日数経《へ》ぬれば　秋風ぞ吹《ふく》

と詠めり。また、最勝寺《※都にある寺の名称》の懸《か》かりの桜の枯れたりしを《蹴鞠の庭の桜が枯れていたのを》、植ゑかふ《植え替えると》るとて《きに》、雅経朝臣《※藤原雅経。新古今集の選者の一人で、蹴鞠の達人でもあった。》が、

③**なれなれて　見しは名残《なごり》の　春ぞとも　など《どうして》白河の　花の下影**

と詠めり。④**これ皆、名は同じうして所はかはれる証歌なり**。よしや、今は心にこめて思ふとも、謂《い》ひ出ださじ」と、宣明を恨み仰せられて、その後は書き絶え《きっぱりと》恋しやとだにも、仰せ出だされず。常に御泪をおし拭はせ給ひて、打ちしほれ、中門に立たせ給ひたりける《玄関にお立ちになっていた》折節、烟寺《えんじ》《※遠くの寺の》の晩鐘《いりあひ》の幽《かす》かに聞えけるを、物あはれに思《おぼ》し召しけるにや、

つくづくと　思暮《おもひくらし》て　入相《いりあひ》の　鐘を聞くにも　君ぞ恋しき

と、情中《こころうち》に動き、言《ことば》外に彰《あらは》る御歌の、をさなをさなしさ、中々あはれに聞《きこ》えしかば、この比京《ころ》中の僧俗、男女推《お》し双《な》べて、畳紙《たたうがみ》の端、扇の

をこめて作った箸を店で生き埋め同然になっていたくめ子の母親に贈ることで彼女を慰めていた、ということ。

カ　どじょう料理屋「いのち」の暖簾を守ってきたくめ子の母親が愛人の徳永をひいきして、好き放題飲み食いさせていたことに、彼の方でも恩を感じていて、お金ではなく自分が命を込めて作った作品で密かに支払いをしていた、ということ。

問六　――部④「それは無垢に近い娘の声であった」とあるが、この時の「母親」の心情の説明として最も適当なものを選びなさい。

ア　すでに死顔をきちんと整えて落ち着いた気分でいるなか、徳永がまだ二人とも若かった頃に贈ってくれた思い出の品である簪を久しぶりに取り出したせいで、不意に切ない恋しさを感じて胸が高鳴りはじめてしまい、自分でも抑えられない興奮を覚えている。

イ　自分の死が迫ってきたことで思わずうわずってしまった気分に、自分と徳永との二度と戻らない甘美な青春の日々の記憶を思い出すことで生まれてきた感傷的な気分が混ざり合って、自分でもよくわからない狂気じみた気分が湧きおこってきてしまっている。

ウ　自らの死を覚悟し、この世で味わってきた多くの苦労からやっと解き放たれることへの深い喜びがこみ上げてくると同時に、しばらくすれば徳永も自分の後に続き、あの世で二人再会することができるという想像が生まれてきて、期待に胸を膨らましている。

エ　癌だと宣告されて、自分がもう間もなくこの世を去ることになるとわかり強い恐れを抱いているが、徳永と自分とのまだ若かりし頃の輝かしい記憶をできるだけ思い出すことで、死への恐怖をできる限り和らげて、動揺する気持ちを落ち着けようとしている。

オ　自分がじき死ぬとわかったことで、夫の放蕩に文句一つ言わず、店に身を捧げる定めから解放されて、青春を謳歌する若者のような気分になると共に、徳永とのかつての交感も思い出し、彼がかつて自分のために懸命に彫ってくれた簪への愛着を感じている。

問七　――部⑤「宿命に忍従しようとする不安で逞《たくま》しい勇気と、救いを信ずる寂しく敬虔《けいけん》な気持」とあるが、「くめ子」のどのような「気持」なのか。物語の内容に即して具体的に説明しなさい。

※本文には一部、当時社会的に容認されていたジェンダー不平等に基づく女性への抑圧を肯定するともとれる内容が含まれていますが、出題に際してジェンダー不平等や性差別そのものを肯定する意図は一切ありません。

三　次の文章は「太平記」の一節である。後醍醐天皇の倒幕計画が露見した後、鎌倉幕府は天皇をとらえ、流刑に処することにした。このとき、天皇の息子である恒良親王（第九宮）は、藤原宣明《のぶあき》に預けられることになった。これを読んで、後の問いに答えなさい。なお、出題の都合上、本文の右側に、注釈および現代語訳を付したところがある。

この宮《※第九宮》、今年は八歳にならせ給ひける《おなりになったが、》が、御心さかさかしくて、常の人よりけな気に渡らせ給《たま》ひしが、宣明卿を召されて、

「誠やらん《本当かしら》、主上は人も通はぬ隠岐国とかやへ流され給ふなる《流されなさると聞く。》。さもあ

ア　おかみさんが「いのち」の店に嫁ぎ、まだ若いのに帳場を任され始めた当時、徳永もまだ後先をあまり考えない年齢であったので、夫の放蕩にじっと堪え、自分の感情を殺して店の仕事に専念する彼女のことを憐れに思う余り、店から一緒に逃げ出そうと誘惑したことがあった、ということ。

イ　おかみさんが、くめ子とちょうど同じくらいの年頃で結婚し、家業の店の帳場を仕切るようになった頃、徳永はまだ幼く、世間知らずだったため、おかみさんが置かれている状況や彼女の決意を理解できず、その人に対する恋しさから、おかみさんを連れ去ろうと考えたこともあった、ということ。

ウ　おかみさんがまだ結婚する年でもないのにお店のために婿取りをして、いやいやながら帳場で働き始めた頃、徳永もまだ血気盛んな男だったので、おかみさんが遊び人の夫への不満を噛み殺したまま年老いていくのを見るに堪えかね、彼女を救出しようと考えたこともあった、ということ。

エ　おかみさんが若くして婿を取り、店の帳場に入った頃、同じくまだ若かった徳永は、夫の女遊びに恥を忍んで黙って耐え、自分の感情を殺して店の暖簾を守る宿命に甘んじていた当時の彼女をじっと見ていられず、彼女を無理やり店の外の世界に連れ出す気になったことすらあった、ということ。

オ　おかみさんが年齢的にまだ若く、その先いくらでも可能性があるのに店の事情で結婚させられ、しかもその相手が芸者遊びばかりして妻を顧みないでいることに、当時のおかみさんに恋心を抱いていた徳永は我慢ならず、早まって彼女の夫に文句を言い、密かに離縁を促していた、ということ。

問五　――部③「握った指の中で小魚はたまさか蠢《うご》めく。すると、その顫動《せんどう》が電波のように心に伝わって刹那《せつな》に不思議な意味が仄《ほの》かに囁《ささや》かれる――いのちの呼応」とあるが、どじょう料理屋「いのち」を介した「徳永」、「母親」、そして「くめ子」の関係性を前提とした「いのちの呼応」の解釈として適当なものを二つ選びなさい。

ア　病に冒されてもう先が長くない母親に代わって、これからはくめ子が店の常連である徳永にどじょうを食べさせてあげるのが宿命で、徳永も今度そのお返しに、くめ子に命ある限り様々な細工物を作って贈ることになるはずだ、ということ。

イ　長年店の帳場を仕切ってきた母親の跡を継ぎ、母親と同じ人生を送る運命に決まったくめ子が、母親が徳永に対してしていたのと同じように、自分を慰めてくれる存在として将来現れる男客にどじょうを恵み与えることになった、ということ。

ウ　母親に代わりくめ子が店の帳場を引き継ぐことになり、長年密かに支え合っていた母親と徳永との間柄を知ることになった今、今度はその母親の娘である自分が彼女の意志をも継いで徳永に生きるための糧を与えることになった、ということ。

エ　くめ子に仕事を任せた母親が、長い間徳永の良い顧客になってその生活を経済的に支えていた一方で、徳永もその恩を返すべく、結婚もせずに全身全霊で彫金に精を出し、くめ子の母親に出来の良い物を見せようと奮闘していた、ということ。

オ　くめ子の母親が、わびしい暮らしの徳永に自分の店でどじょうを食べさせることで精をつけさせていたのに対し、徳永は自分が精魂

＊3　四谷、赤坂……ともに芸者をあげて遊ぶ店の集まる代表的な花街。
＊4　回春《かいしゅん》……春が再びめぐり来ること。転じて、若返ること。
＊5　鏨《たがね》……金工に用いる鋼製ののみ。
＊6　片切彫《かたきりぼり》……金属の平面に片刃の鏨を斜めに打ち込むことで、絵模様を表す彫り込みの片側を深くする技法。
＊7　簪《かんざし》……女性が頭に挿す装飾品。
＊8　せき……未詳。
＊9　一《ひと》たがね一期《いちご》……鏨一つを頼りに一生を生きるの意味か。
＊10　ささがし……笹の葉のように薄く細く削ったもの。
＊11　仕出《しだ》しの岡持《おかもち》……「仕出し」は出前のことで、「岡持」は出前の料理を入れて持ち運ぶ道具のこと。
＊12　琴柱《ことじ》……琴の弦を支え、その位置で音調を調節する部品。
＊13　日の丸行進曲……新聞社の懸賞に当選し、昭和十三年三月に発売された、日本男児の忠孝と愛国精神を歌った国民歌。

問一　══部（a）～（c）のカタカナは漢字に、漢字はひらがなに直しなさい。

問二　〰〰部「浮名を流して廻《まわ》った」とあるが、「浮名を流す」という言葉の意味として正しいものを一つ選びなさい。
ア　賭けごとで散財し借金をためこむ
イ　遊び人だという噂が世間に広まる
ウ　悪人として人々からこわがられる
エ　愛人をあちらこちらにこしらえる
オ　流行好きの洒落者として知られる

問三　――部①「どこともなくやさしい涙が湧いて来る」とあるが、この時の「徳永」の心情の説明として最も適当なものを選びなさい。
ア　妻子にも恵まれず、稼ぎも少ない彫金師の仕事を続けているうちに既に老齢に達し、これ以上生きる意義を見失いそうな時でも、どじょうのありがたい命にこれまで生かされてきたと思うと、感謝の念とともに、命を粗末にしてはいけないという気持ちになる。
イ　老年まで妻もいないわびしい長屋住まいで、他人に疎まれて恨めしい気持ちにもなるが、日々そのはけ口にされて噛みつぶされ、糧にされるどじょうの身になれば、愛くるしい反面いじらしくもあり、憐みと同時に自分の境遇に照らして親近感すら覚えてしまう。
ウ　長年工芸家をしていると、自分の仕事に対する一般世間の無理解のせいでいらだち、他人に腹を立てることもしばしばだが、そんな時でも好物のどじょうを食べれば幸福感が湧きあがり、他人に対して抱いていた不満も綺麗に消え去り、くつろいだ気持ちになる。
エ　すでに高齢になった自分の存在などには眼もくれない世間の無情な人々に対して恨めしく思う気持ちが募ることが多くても、来る日も来る日もどじょうをお金もとらずに恵んでくれるおかみさんのことを思うと、そのありがたさに、思わず心が温まってくる。
オ　自分にずっと妻がおらず、どじょう屋でただ飯を恵んでもらって生活していることを周囲からとがめられると、自分でもひどく情けなくなることがあるが、それでも食べ慣れたどじょうを口にすると、その美味しさのあまり自分をつい甘やかしてしまいたくなる。

問四　――部②「若いおかみさんが、生埋めになって行くのを見兼ねた」とあるが、どういうことか。その説明として最も適当なものを選びなさい。

くめ子は柄鍋に出汁《だし》と味噌汁とを注いで、（＊10）ささがし牛蒡《ごぼう》を抓《つま》み入れる。瓦斯《がす》こんろで掻き立てた。くめ子は小魚が白い腹を浮かして熱く出来上った汁を朱塗《しゅぬり》の大椀《おおわん》に盛った。山椒《さんしょう》一つまみ蓋の把手《とって》に乗せて、飯櫃《めしびつ》と一緒に窓から差し出した。

「御飯はいくらか冷たいかも知れないわよ」

老人は見栄《みえ》も外聞もない悦《よろこ》び方で、コールテンの足袋《たび》の裏を弾ね上げて受取り、（＊11）仕出《しだ》しの岡持《おかもち》を借りて大事に中へ入れると、潜り戸を開けて盗人のように姿を消した。

不治《ふじ》の癌《がん》だと宣告されてから却《かえ》って長い病床の母親は急に機嫌よくなった。やっと自儘《わがまま》に出来る身体になれたと言った。早春の日向《ひなた》に床をひかせて起上り、食べ度《た》いと思うものをあれやこれや食べながら、くめ子に向って生涯に珍らしく親身な調子で言った。

「妙だね、この家は、おかみさんになるものは代々亭主に放蕩されるんだがね。あたしのお母さんも、それからお祖母さんもさ。恥かきっちゃないよ。だが、そこをじっと辛抱してお帳場に噛《かじ》りついていると、どうにか暖簾《のれん》もかけ続けて行けるし、それとまた妙なもので、誰か、いのちを籠《こ》めて慰めて呉れるものが出来るんだね。お母さんにもそれがあったし、お祖母さんにもそれがあった。だから、おまえにも言っとくよ。おまえにも若《も》しそんなことがあっても決して落胆おしでないよ。今から言っとくが――」

母親は、死ぬ間際に顔が汚ないと言って、お白粉《しろい》などで薄く刷《は》き、戸棚の中から（＊12）琴柱《ことじ》の箱を持って来させて

「これだけがほんとに私が貰《もら》ったものだよ」

そして箱を頬に宛てがい、さも懐かしそうに二つ三つ揺る。中で徳永の命をこめて彫ったという沢山《たくさん》の金銀簪の音がする。その音を聞いて母親は「ほ　ほ　ほ　ほ」と含み笑いの声を立てた。④それは無垢に近い娘の声であった。

⑤宿命に忍従しようとする不安で逞《たくま》しい勇気と、救いを信ずる寂しく敬虔《けいけん》な気持とが、その後のくめ子の胸の中を朝夕に縺《もつ》れ合う。それがあまりに息詰まるほど嵩《たか》まると彼女はその嵩《かさ》を心から離して感情の技巧の手先で犬のように綾《あや》なしながら、うつらうつら若さをおもう。ときどきは誘われるまま、常連の学生たちと、（＊13）日の丸行進曲を口笛で吹きつれて坂道の上まで歩き出てみる。谷を越した都の空には霞《かすみ》が低くかかっている。

くめ子はそこで学生が呉れるドロップを含みながら、もし、この青年たちの中で自分に関りのあるものが出るようだったら、誰が自分を悩ます放蕩者の良人《おっと》になり、誰が懸命の救い手になるかなどと、ありのすさびの推量ごとをしてやや興を覚える。だが、しばらくすると

「店が忙しいから」

と言って袖で胸を抱いて一人で店へ帰る。窓の中に坐る。

徳永老人はだんだん瘠《や》せ枯れながら、毎晩必死とどじょう汁をせがみに来る。

（出題の都合で本文の表記を一部改めた。）

《注》

＊1　娘のいる窓……ここでいう「窓」とは帳場（勘定場）の窓口のこと。

＊2　鰥夫《やもめ》……ここでは、妻のいない男のこと。

ことも一度ならずあった。それと反対に、こんな半木乃伊《ミイラ》のような女に引っかかって、自分の身をどうするのだ。そう思って逃げ出しかけたことも度々あった。だが、おかみさんの顔をつくづく見るとどちらの力も失せた。おかみさんの顔は言っていた――自分がもし過ちでも仕出《しで》かしたら、報いても報いても取返しのつかない悔いがこの家から永遠に課されるだろう、もしまた、世の中に誰一人、自分に慰め手が無くなったら自分はすぐ灰のように崩れ倒れるであろう――

「せめて、いのちの息吹きを、(＊4)回春《かいしゅん》の力を、わしはわしの芸によって、この窓から、だんだん化石して行くおかみさんに差入れたいと思った。わしはわしの身のしんを揺り動かして(＊5)鏨《たがね》と槌《つち》を打ち込んだ。それには(＊6)片《かた》切彫《きりぼり》にしくものはない」

おかみさんを慰めたさもあって骨折るうちに知らず知らず徳永は明治の(b)名匠加納夏雄以来の技倆《ぎりょう》を鍛えたと言った。

だが、いのちが刻み出たほどの作は、そう数多く出来るものではない。徳永は百に一つをおかみさんに献じて、これに次ぐ七八を売って生活の資にした。あとの残りは気に入らないといって彫りかけの材料をみな鋳直《いなお》した。「おかみさんは、わしが差上げた(＊7)簪《かんざし》を頭に挿したり、抜いて眺めたりされた。そのときは生々しく見えた」だが徳永は永遠に隠れた名工である。それは仕方がないとしても、歳月は酷《むご》いものである。

「はじめは高島田《たかしまだ》にも挿せるような大平打の銀簪にやなぎ桜と彫ったものが、丸髷《まるまげ》用の玉かんざしのまわりに夏菊、ほととぎすを彫るようになり、細づくりの耳搔《みみか》きかんざしに糸萩《いとはぎ》、女郎花《おみなえし》を毛彫《けぼ》りで彫るようになっては、もうたいして彫る(＊8)せきもなく、一番しまいに彫って差上げたのは二三年まえの古風な一本足のかんざしの頸《くび》に友呼ぶ千鳥一羽のものだった。もう全く彫るせきは無い」

こう言って徳永は全くくたりとなった。そして「実を申すと、勘定をお払いする目当てはわしにもうありませんのです。身体も弱りました。仕事の張気も失せました。永いこともないおかみさんは簪はもう要らんでしょうし。ただただ永年夜食として食べ慣れたどじょう汁と飯一椀、わしはこれを摂らんと冬のひと夜を凌《しの》ぎ兼《か》ねます。朝までに身体が凍え痺れる。わしら彫金師は、(＊9)一《ひと》たがね一期《いちご》です。明日のことは考えんです。あなたが、おかみさんの娘ですなら、今夜も、あの細い小魚を五六ぴき恵んで頂きたい。死ぬにしてもこんな霜枯れた夜は嫌です。今夜、一夜は、あの小魚のいのちをぽちりぽちりわしの骨の髄に嚙み込んで生き伸びたい――」

徳永が嘆願する様子は、アラブ族が落日に対して拝するように心もち顔を天井に向け、狛犬《こまいぬ》のように蹲《うずくま》り、(c)アイソの声を呪文のように唱えた。

くめ子は、われとしもなく帳場を立上った。妙なものに酔わされた気持でふらりふらり料理場に向った。料理人は引上げて誰もいなかった。生洲《いけす》に落ちる水の滴りだけが聴える。

くめ子は、一つだけ捻《ひね》ってある電燈《でんとう》の下を見廻すと、大鉢に蓋がしてある。蓋を取ると明日の仕込みにどじょうは生酒《きざけ》に漬けてある。まだ、よろりよろり液体の表面へ頭を突き上げているのもある。日頃は見るも嫌だと思ったこの小魚が今は親しみ易いものに見える。くめ子は、小麦色の腕を捲《ま》くって、一ぴき二ひきと、柄鍋の中へ移す。③**握った指の中で小魚はたまさか蠢《うご》めく。すると、その顫動《せんどう》が電波のように心に伝わって刹那《せつな》に不思議な意味が仄《ほの》かに囁《ささや》かれる――いのちの呼応。**

二　次の文章は岡本かの子の「家霊」（一九三九年）の一部である。老舗《しにせ》どじょう料理屋「いのち」の一人娘「くめ子」は、病に伏せった母親の代わりに帳場《ちょうば》を仕切ることになったが、どじょうで精をつけ、いつまでも若くあろうとする男客相手の商売が好きではなかった。そんな客の一人に、母親の代から支払いをため込んだまま毎晩出前を注文する「徳永」という彫金師《ちょうきんし》の老人がいた。得意の話術で言い逃れてばかりのこの客を店の者は皆持て余していた。それに続く以下の部分を読んで、後の問いに答えなさい。

ある夜も、風の吹く晩であった。夜番《やばん》の拍子木《ひょうしぎ》が過ぎ、店の者は表戸を卸《おろ》して湯に出かけた。そのあとを見済ましでもしたかのように、老人は、そっと潜り戸を開けて入って来た。

老人は娘(＊1)のいる窓に向《むか》って坐《すわ》った。広い座敷で窓一つに向った老人の上にもしばらく、手持無沙汰な深夜の時が流れる。老人は今夜は決意に充《み》ちた、しおしおとした表情になった。

「若いうちから、このどじょうというものはわしの虫が好くのだった。この身体のしんを使う仕事には始終、補いのつく食いものを摂《と》らねば業が続かん。そのほかにも、うらぶれて、この裏長屋に住み付いてから二十年あまり、(＊2)鰥夫暮《やもめぐら》しのどんな侘《わび》しいときでも、苦しいときでも、柳の葉に尾鰭《おひれ》の生えたようなあの小魚は、妙にわしに食いもの以上の馴染《なじみ》になってしまった」

老人は掻《か》き口説《くど》くようにいろいろのことを前後なく喋《しゃべ》り出した。

人に嫉まれ、(a)**サゲス**まれて、心が魔王のように猛り立つときでも、あの小魚を口に含んで、前歯でぽきりぽきりと、頭から骨ごとに少しずつ噛《か》み潰して行くと、恨みはそこへ移って、①**どこともなくやさしい涙が湧いて来る**ことも言った。

「食われる小魚もかわいそうになれば、食うわしもかわいそうだ。誰も彼もいじらしい。ただ、それだけだ。女房はたいして欲しくない。だが、いたいけなものは欲しい。いたいけなものが欲しいときもあの小魚の姿を見ると、どうやら切ない心も止まる」

老人は遂に懐からタオルのハンケチを取出して鼻を啜《すす》った。「娘のあなたを前にしてこんなことを言うのは宛《あ》てつけがましくはあるが」と前置きして「こちらのおかみさんは物の判《わか》った方でした。以前にもわしが勘定の滞りに気を詰らせ、おずおず夜、遅く、このようにして度《た》び度《た》び言い訳に来ました。すると、おかみさんは、ちょうどあなたのいられるその帳場に大儀そうに頬杖ついていられたが、少し窓の方へ顔を覗かせて言われました。徳永さん、どじょうが欲しかったら、いくらでもあげますよ。決して心配なさるな。その代《かわ》り、おまえさんが、一心うち込んでこれぞと思った品が出来たら勘定の代りなり、またわたしから代金を取るなりしてわたしにお呉《く》れ。それでいいのだよ。ほんとにそれでいいのだよと、繰返して言って下さった」老人はまた鼻を啜った。

「おかみさんはそのときまだ若かった。早く婿《むこ》取りされて、ちょうど、あなたぐらいな年頃だった。気の毒に、その婿は放蕩《ほうとう》者で家を外に四谷、(＊3)赤坂と**浮名を流して廻《まわ》った**。おかみさんは、それをじっと堪え、その帳場から一足も動きなさらんかった。たまには、人に縋《すが》りつきたい切ない限りの様子も窓越しに見えました。そりゃそうでしょう。人間は生身ですから、そうむざむざ冷たい石になることも難かしい」

徳永もその時分は若かった。②**若いおかみさんが、生埋めになって行くのを見兼ねた**。正直のところ、窓の外へ強引に連れ出そうかと思った

いると考えること。

イ　自己には、一つの身体に一つの意識が宿るがゆえに、他者との境界線が明確に存在するという考えに対して、身心の延長する感覚が生じることを根拠に、明確な輪郭を持った自己という概念自体が存在しないと考えること。

ウ　一人の人間が状況に合わせて、複数の自己を使い分けているように思われるが、実はそれは見せかけで、自己と身心とが強固な関係性で結ばれているため、独立した単一の自己として成立していると考えること。

エ　自己は個体としての自己を超えて、身心が拡張する感覚を持つと考えるばかりか、その人の持つ複数の社会的役割や、作品から読み取ることができる思想など、自己の身心以外のものも含めて自己の範囲と考えること。

オ　たとえ自己意識では理解できない部分があったとしても、他者とは異なる独立した自己は存在すると考えるばかりでなく、身心からはみ出した衣服や装身具、車幅などの、自己とはかけ離れた無関係なものですら自己と考えること。

問五　――部③「他者と融合していくこともある」とあるが、その具体例として**適当でないもの**を一つ選びなさい。

ア　ハロウィンの仮装をした若者たちが集団で盛り上がることで、個人としての責任感を失い、物を破壊する。

イ　上司の指示に従って仕事を進めていたところミスが判明したが、部下の責任が問われることはなかった。

ウ　文学作品を読む時に、作品に登場する主人公とそれを書いた作家自身を同一視しながら内容を楽しむ。

エ　寝坊のため遅刻しそうになり、集合時間に間に合わせるため、タクシーを使って目的地まで移動した。

オ　下校時刻によって乗る電車が変わってしまうため、写真に撮って保存していた駅の時刻表を参照した。

問六　――部④「夏目漱石」の作品を一つ選びなさい。

ア「和解」　イ「坑夫」　ウ「舞姫」　エ「河童」

オ「雪国」

問七　――部⑤「『他者』としての自己」とあるが、どのようなものか。それと対比的に述べられている「自己」との違いがわかるように、本文全体をふまえて説明しなさい。

問八　本文の構成についての説明として、最も適当なものを選びなさい。

ア　筆者は常識となっている近代の自己論に対して、それとは異なる自己像の具体例を述べつつ、近代西洋的な自己論を相対化している。

イ　筆者は近代西洋的な自己論の立場に拠って立ちつつ、その優位性を強調する例を挙げ、東洋的な自己像を唱える人々を批判している。

ウ　筆者は自らの体験を具体例として紹介し、現実の世界に近代的な自己と仏教的な自己が併存しているという事実を指摘している。

エ　筆者は誰にでも理解できる身近な例を挙げて、自己の中に近代的な自己とそうではない自己が対立していることを指摘している。

オ　筆者は近代的なものの見方に一定の評価を与えているが、非近代的なものの見方の例を取り上げつつ、最終的には否定している。

りするような自己の捉え方を否定してきた。自己が他と一体化したり、融合するようなことは、個の責任(b)ホウキであり、倫理的に許されないことと考えられた。それ故、神と自己が一体化するような神秘主義の立場は異端視され、批判されることになった。個は徹底的に個として絶対視されることになる。

　このような立場は、すでに繰り返し述べたように、近代西洋的な特殊な立場であり、普遍化できるわけではない。しかし、それがあってはじめて、近代的な民主主義が確立したのであり、そのことを軽視することはできない。④夏目漱石が、健全な個人主義の確立を訴えたのは、きわめて重要なことであり、それは今日でもまだ、確立したとは言えない。

　そうではあるが、それを絶対視するわけにはいかない。仏教が、個としての自己の絶対性に対して無我説を唱え、自己に固着することを批判することにも、X耳を傾けなければならない。私はかけがえのない存在であるかもしれないが、もしかしたら、それはどのものではないかもしれない。自己は分裂したり、融合したり、アメーバのように動き、始末におえない厄介者だ。そのことをきちんと認識して、はじめて謙虚に、⑤「他者」としての自己に向かうことができる。

（末木文美士『哲学の現場　―日本で考えるということ―』による）

《注》

＊1　デカルト……フランスの数学者・哲学者（一五九六年～一六五〇年）。

＊2　プラトン……古代ギリシアの哲学者（紀元前四二七年頃～前三四七年頃）。

＊3　阪神……日本野球機構（NPB）に属する球団「阪神タイガース」のこと。

問一　＝＝部(a)・(b)のカタカナを漢字に直しなさい。

問二　～～部X「耳を傾けなければならない」とあるが、「耳を傾ける」と対義的な意味を持つ四字熟語として、最も適当なものを選びなさい。

ア　片言隻語　　イ　唯唯諾諾　　ウ　生殺与奪

エ　美辞麗句　　オ　馬耳東風

問三　――部①「意識は大事ではあるが、それが自己の中核というわけではない」とあるが、なぜそのように言えるのか。その説明として最も適当なものを選びなさい。

ア　意識は自己の中に身体を統制しつつ複数存在しているが、定期的に不調和や不具合が生じてしまうことがあるから。

イ　意識は自己を知るうえでの有用な情報を伝え、行動を方向付けるが、自己には意識で了解しきれない部分が多くあるから。

ウ　意識は自己に関する重要な情報を提供し続ける一方で、欲望のままに存在している身体感覚と対立することがあるから。

エ　意識は自己の貴重な情報源となるが、自己意識には他者的な要素が含まれるため、自己理解に時間がかかってしまうから。

オ　意識は自己を知るために必要不可欠であるが、スポットライトの役割でしかなく、統合された自己は別に存在するから。

問四　――部②「もっと過激に考えてみよう」とあるが、ここで述べられている「もっと過激に」考えるとはどういうことか。その説明として最も適当なものを選びなさい。

ア　自己の中に自己意識では了解できないところがあったとしても、自己は明確な輪郭を持つ存在であり、さらに、他者をはじめとする自己ではないものを取り込みながら、個人としての自己を強化しておかしい。身心をはみ出し、衣服や装身具までを含めて自分と考えるべきであろう。もっと単純な例で言えば、車を運転するとき、自分の身体の幅ではなく、車と一体化して、車幅を自分の幅として運転する。そのとき、車までを含めて自分と考えられる。

②**もっと過激に考えてみよう**。自己は単一の存在ということができるであろうか。どうもそれも怪しい。同じ一人の人間が、会社では一社員であり、家では夫（妻）であり、父（母）であるというのは、ごくふつうのことである。そのとき、相手に応じて人はルールを使い分ける。多重人格などという特殊な例を挙げるまでもなく、今日の社会では、人はさまざまな自己を使い分けている。

それでも、それは一人の自己に統合されるではないか、と言われるかもしれない。しかし、これも怪しい。例えば、僕が外務大臣として（ありえないことだが）、外国との条約に署名したとする。署名したのは僕であるが、その条約には日本国全体が従わなければならない。署名の主体としての僕は、この個人としての僕とは言えない。国家あるいは国民の意思を体現しているのである。もっと身近でありそうな場面で言えば、セールスマンが、「当社としては、この製品が絶対お勧めです」と顧客に勧めるとき、そのセールスマンは「当社」を代弁しているのであって、セールスマン個人の意見を述べているわけではない。

あるいは、プラトン[*2]という哲学者を考えてみよう。僕たちが知るのは、プラトンの作品であって、その作品から抽出されるプラトンの思想である。プラトンという人の個体的な身心を知るわけではない。それならば、僕たちは本当のプラトンを知らないのであろうか。そうとも言えないであろう。プラトンを深く読み込んだ人は、プラトンをよく理解していると言ってもかまわない。身心的な自己がすべてとは言えないのである。

自己は分裂するばかりでない。③**他者と融合していくこともある**。

（中　略）

例を挙げるならば、阪神[*3]ファンが球場でみんな一体となって応援する時、やはり個は吹っ飛んで、「みんな」の中に解消してしまう。もっと危険な例で言えば、戦争の時には「国民」が個別性を失って一体化してしまうこともある。こうした場合、「私」や「我」は、たやすく「私たち」や「我々」になるのである。他との障壁がなくなることは、それだけ個の背負っている責任が軽くなることであり、それだけ安心感を与える。自己をすべて投げ出すのでなく、自己の一部分を他に委ねることもありうる。自動車に乗るというのも、足の機能を機械に委ねる単純な例であるが、記憶力の一部をパソコンに委ねることも、今日では当たり前のことである。そればかりでなく、会社員であれば、社の決定にはそれぞれのレヴェルがあり、最高の意思決定は個々の社員ではなく、社長なり、あるいは取締役会なりに委ねられることになる。確かに平社員は苦労は多いが、会社の決定の責任を取る必要はない。一人で生きるより、共同体のほうが楽なのは、このように機能を分割して、自分がしなければならないことを減らすことができるからである。

近代の哲学は、自己を単独者としてイメージしてきたので、「我と汝」というように、単数的な個体としてしか自己や他者を見ることができなかった。というよりも、単独者的な個を理想化し、融合したり分裂した

【国語】（六〇分）〈満点：一〇〇点〉

【注意】記述は解答欄内に収めてください。一行の欄に二行以上書いた場合は、無効とします。

一　次の文章を読んで、後の問いに答えなさい。

近代の自己論は、一つには自己は、合理的な自己意識として完全に理解しつくせると考え、もう一つには社会を作る主体として、個人として確立していると考える。僕たちも、自己というと、この個体であることを当然とし、しかも、これは自分だという自己意識があるからこそ、自分が自分でありうると考えがちだ。けれども、この前提はそれほど自明ではない。

今日、自分で自分のことを完全に分かりきっていると思う人など、いないであろう。自分の中には、自分でも理解しきれない(a)ショウドウがあり、欲望がある。それがいつ、どのような形で噴出するのか、自分でも制御できない。逆に、思いもかけない才能が自分の中に潜んでいるかもしれないが、それもまた自分の自由になるものではない。そう考えれば、自分もまた、自分で了解しきれない他者的な要素を大きく持つ。というか、自分に関しても、「顕」の領域に収めうる了解可能の部分は、ごく一部分に過ぎないのかもしれない。

そうだとすれば、デカルト（＊1）的な明瞭な自己意識が自己の本質だとは言えないことになる。意識は、言ってみれば、自己の自己に対する情報であって、それによって適切な行動が取りやすくなるということはあるが、それこそが自己だとは言えない。例えば、満腹感は、もう食べなくてもよいというサインであり、それによって食事をストップする。それは、必ずしも明瞭に意識しなくても可能なことで、動物たちもまた、満腹になれば自然に食事を止める。ただ、意識が明瞭化すれば、自覚的な行動を取りやすくなる。

また、痛みは、身体のその部位に異常があるという警告信号である。犬や猫であれば、痛みがあれば、じっとしているか、舐めて治そうとするかもしれない。人間の場合も、古代にはそれと大差なかったであろうが、医学が発達し、痛みによって部位の異常の様子を知り、医学的に対処できるようになってきた。とりわけ頭痛や内臓の痛みは、外から知られない身体内部の貴重な情報源となる。

このように、①意識は大事ではあるが、それが自己の中核というわけではない。痛みなどなくて、身体の部位が意識されないほうが、より好ましい状態であろう。意識はいわばスポットライトであり、自己の一部にのみ光を当てて、そこを理解するのに役立つが、それで自己のすべてが分かるわけではないのである。

それならば、自己の個体性はどうであろうか。自己は自己として、個人として独立していると考えるかもしれない。自己は身心の統合体であり、他なるものとはっきり境界線をもって区別される、と考えられるであろう。たとえ無意識領域に了解不可能なところがあるとしても、それでも個体として統一体をなし、ある程度は意識をもって了解され、統御可能でなければならない。

しかし、自己の個体性も、それほどはっきりと確定したものではない。例えば、この身心が自分だというかもしれないが、それならば、丸裸にならないと自分とはいえないのであろうか。そうだとすれば、ファッションで自分らしさを作り出すなどということは不可能となる。それは

2024年度

解　答　と　解　説

《2024年度の配点は解答欄に掲載してあります。》

＜数学解答＞《学校からの正答の発表はありません。》

1 (1) $-\sqrt{3}$　(2) $(x-1)(x+y-1)(x-y+1)$　(3) ① $a=11$, $b=23$, $c=7$
② $-\dfrac{12}{11}$, -1　(4) 7

2 (1) $\dfrac{1}{a}$　(2) $y=\dfrac{5}{2}x$　(3) $y=-\dfrac{5}{2}x+\dfrac{5}{2}$

3 (1) 6通り　(2) 72通り　(3) 108通り　(4) 102通り

4 (1) $\sqrt{58}$　(2) $\dfrac{7\sqrt{2}}{2}$　(3) $\dfrac{35\sqrt{58}}{58}$

5 (1) 解説参照　(2) $\dfrac{13\sqrt{3}}{2}$　(3) $\dfrac{8}{3}$　(4) $\dfrac{1}{3}$

○推定配点○

1 (3) 各3点×2　(4) 6点　他　各5点×2
2 (1) 4点　(2) 6点　(3) 8点　3 (1)・(2) 各4点×2　他　各6点×2
4 (1) 4点　(2) 6点　(3) 8点　5 (3) 6点　(4) 8点　他　各4点×2
計100点

＜数学解説＞

1 (小問群－平方根の計算, 因数分解, 素数, 素因数分解、2次方程式, 平方根の値)

(1) $1<\sqrt{3}<2$なので, $\sqrt{3}-1>0$, $\sqrt{3}-2<0$　$\sqrt{(\sqrt{3}-1)^2}=\sqrt{3}-1$　$(\sqrt{3}-2)^2=(2-\sqrt{3})^2>0$だから, $\sqrt{(\sqrt{3}-2)^2}=\sqrt{(2-\sqrt{3})^2}=2-\sqrt{3}$　$\dfrac{1-\sqrt{3}}{2-\sqrt{3}}=\dfrac{(1-\sqrt{3})(2+\sqrt{3})}{(2-\sqrt{3})(2+\sqrt{3})}=-1-\sqrt{3}$
よって, $(\sqrt{3}-1)+(2-\sqrt{3})+(-1-\sqrt{3})=-\sqrt{3}$

重要 (2) $x^3-x^2-xy^2+y^2+2xy-2y-x+1$を$(x-1)$の因数をもつように変形すると, $x^2(x-1)-y^2(x-1)+2y(x-1)-(x-1)$　$(x-1)$でくくると, $(x-1)(x^2-y^2+2y-1)=(x-1)\{x^2-(y^2-2y+1)\}=(x-1)\{x^2-(y-1)^2\}$　$A^2-B^2=(A+B)(A-B)$の公式を応用して, $(x-1)\{x+(y-1)\}\{x-(y-1)\}=(x-1)(x+y-1)(x-y+1)$

(3) ① 2024を素因数分解すると, $2024=2^3\times11\times23=8\times11\times23$　$c<a<b$, $ab(c+1)=8\times11\times23$から, $c+1=8$, $c=7$　$a=11$　$b=23$
② $a=11$, $b=23$, $c=7$を当てはめてできる2次方程式は, $11x^2+23x+12=0$　左辺が因数分解できるとすると, $(11x+p)(x+q)=0$の形となって, $11x^2+(11q+p)x+pq=0$である。$11q+p=23$, $pq=12$となるようなpとqが見つけられればよい。$p=12$, $q=1$が当てはまる。
よって, $(11x+12)(x+1)=0$　$x=-\dfrac{12}{11}$, $x=-1$

やや難 (4) $2<\sqrt{7}<3$, $4<\sqrt{19}<5$から, $6<\sqrt{7}+\sqrt{19}<8$　よって, $(\sqrt{7}+\sqrt{19})$と7の大小を判別できればよい。$(\sqrt{7}+\sqrt{19})^2=26+2\sqrt{133}=26+\sqrt{532}$　$7^2=49=26+23=26+\sqrt{23^2}=26+\sqrt{529}$
よって, $(\sqrt{7}+\sqrt{19})^2>7^2$だから, $\sqrt{7}+\sqrt{19}$の整数部分は7である。

2　(関数・グラフと図形－放物線と直線の交点，直線の傾き，平行線，面積の等分)

(1)　点Aは放物線$y=x^2$と直線$y=x$との交点なので，そのx座標は方程式$x^2=x$の解として求められる。$x^2-x=0$　$x(x-1)=0$　よって，$x=1$　$y=x$に代入して$y=1$　A(1，1)　同様にして，点Bは，$ax^2-x=0$　$x(ax-1)=0$　$x=\frac{1}{a}$　$y=\frac{1}{a}$　B$\left(\frac{1}{a},\ \frac{1}{a}\right)$　点Cは，$x^2+\frac{1}{2}x=0$　$2x^2+x=0$　$x(2x+1)=0$　$x=-\frac{1}{2}$　$y=\left(-\frac{1}{2}\right)^2=\frac{1}{4}$　C$\left(-\frac{1}{2},\ \frac{1}{4}\right)$　点Dは，$ax^2+\frac{1}{2}x=0$　$x(2ax+1)=0$　$x=-\frac{1}{2a}$　$y=a\times\left(-\frac{1}{2a}\right)^2=\frac{1}{4a}$　D$\left(-\frac{1}{2a},\ \frac{1}{4a}\right)$　△OACと△OBDにおいて，OA：OB＝1：$\frac{1}{a}$＝a：1　OC：OD＝$-\frac{1}{2}$：$\left(-\frac{1}{2a}\right)$＝$a$：1　よって，OA：OB＝OC：ODとなるので，AC//BD　AC：BD＝a：1　したがって，$\frac{\mathrm{BD}}{\mathrm{AC}}=\frac{1}{a}$

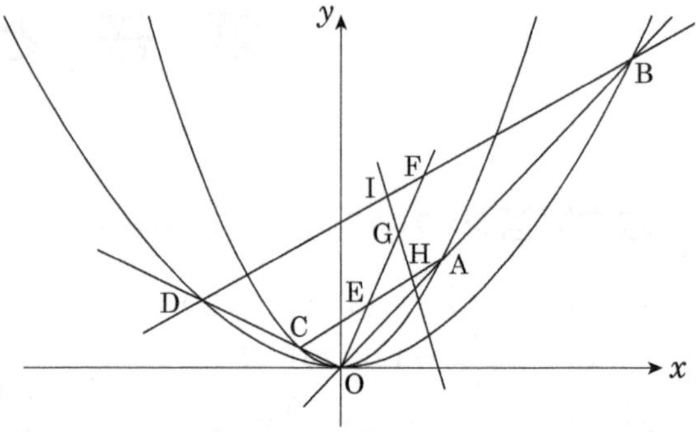

(2)　ACの中点をEとして直線OEを引きBDとの交点をFとする。AC//BDだから，AE：BF＝OE：OF＝CE：DF　AE＝CEなのでBF＝DFであり，点FはBDの中点である。よって，△OBF＝△ODF　また，△OAE＝△OCEなので，四角形ABFEと四角形CDFEは面積が等しい。直線OEが四角形ABDCの面積を2等分する。線分の中点の座標が線分の両端の座標の平均値になることを用いて点Eの座標を求めると，A(1，1)，C$\left(-\frac{1}{2},\ \frac{1}{4}\right)$だから，点Eの$x$座標は$\left\{1+\left(-\frac{1}{2}\right)\right\}\div2=\frac{1}{4}$，$y$座標は$\left(1+\frac{1}{4}\right)\div2=\frac{5}{8}$　$\frac{5}{8}\div\frac{1}{4}=\frac{5}{2}$　よって，四角形ABDCの面積を2等分する直線の式は$y=\frac{5}{2}x$

(3)　EFの中点をGとする。点(1，0)と点Gを通る直線がAC，BDと交わる点をそれぞれH，Iとすると，AC//BDなので，△GEH≡△GFI　よって，四角形ABFE＝四角形ABIHとなる。$a=\frac{1}{3}$のとき，Bのx座標は$\frac{1}{a}=1\div\frac{1}{3}=3$　B(3，3)　Dのx座標は$-\frac{1}{2a}=-1\div\left(2\times\frac{1}{3}\right)=-\frac{3}{2}$　y座標は$\frac{1}{3}\times\left(\frac{3}{2}\right)^2=\frac{3}{4}$　D$\left(-\frac{3}{2},\ \frac{3}{4}\right)$　よって，Fのx座標は，$\left(-\frac{3}{2}+3\right)\div2=\frac{3}{4}$　y座標は$\left(3+\frac{3}{4}\right)\div2=\frac{15}{8}$　F$\left(\frac{3}{4},\ \frac{15}{8}\right)$　E$\left(\frac{1}{4},\ \frac{5}{8}\right)$だからEFの中点をGとすると，G$\left\{\left(\frac{3}{4}+\frac{1}{4}\right)\div2,\ \left(\frac{15}{8}+\frac{5}{8}\right)\div2\right\}$＝G$\left(\frac{1}{2},\ \frac{5}{4}\right)$　点(1，0)と点Gを通る直線の傾きは$\frac{5}{4}\div\left(\frac{1}{2}-1\right)=-\frac{5}{2}$　$y=-\frac{5}{2}x+b$とおいて(1，0)を代入すると，$b=\frac{5}{2}$　よって，$y=-\frac{5}{2}x+\frac{5}{2}$

3　(場合の数－最短経路)

(1)　右図で示すように，経路を右方向に進む場合をx，奥方向に進む場合をy，上方向に進む場合をzと表すこととする。点Aから点Cまでの最短経路は，$xxzz$，$xzxz$，$xzzx$，$zzxx$，$zxzx$，$zxxz$，の6通りある。なお，次のように考える方法もある。x_1，x_2，z_1，z_2の異なる4個のものを一列に並べる並べ方の数は4×3×2×1＝24であるが，x_1とx_2を区別しない場合には$x_1x_2z_1z_2$と$x_2x_1z_1z_2$は同じ並び方であり，同様に$x_1x_2z_1z_2$と$x_1x_2z_2z_1$は同じ並び方となる。よって，(4×3×2×1)÷(2×1)÷(2×1)＝6(通り)

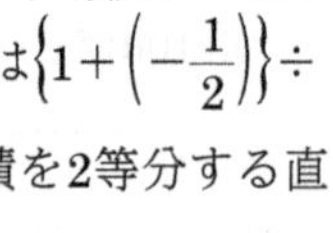

(2)　次ページの図は，点Aから点Pまで，点Pから点Bまでのそれぞれの分岐点までの最短経路の

数を示したものである。点Aから点Pまでの6通りに対して，それぞれ点Pから点Bまでの12通りがあるから，$6\times12=72$（通り）　点Aから点Pまではx，y，zの並び方の数なので，$3\times2\times1=6$（通り）あり，点Pから点Bまでは，x，y，y，zの並び方の数なので，$4\times3\times2\times1\div(2\times1)=12$（通り）ある。よって，$6\times12=72$（通り）と計算できる。

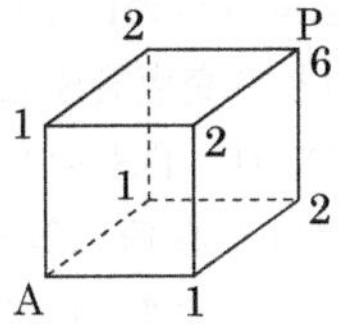

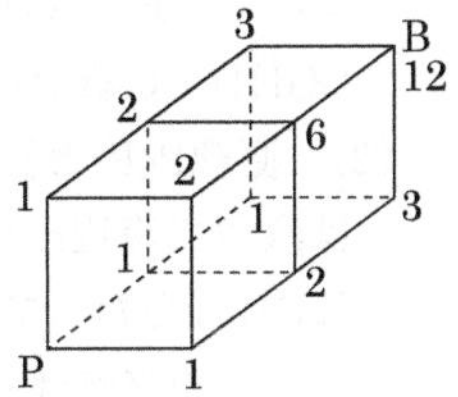

重要　(3)　点P以外の直方体内部の分岐点をQとする。A⇒P⇒Bの最短経路72（通り）…①　A⇒Q⇒Bの最短経路は$12\times6=72$（通り）…②　A⇒P⇒Q⇒Bの最短経路は$6\times1\times6=36$（通り）…③　③の経路は①でも②でも数えられていて重なっているから，$72+72-36=108$（通り）

やや難　(4)　点Aから点Bまでの最短経路の総数は，xを2個，yを3個，zを2個並べる並べ方の数なので，$7\times6\times5\times4\times3\times2\times1\div(2\times1)\div(3\times2\times1)\div(2\times1)=210$　そのうち，内部の分岐点を通る108通りを除いたものが表面のみを通る最短経路の数だから，$210-108=102$（通り）

4　(平面図形－三平方の定理，相似，長さ)

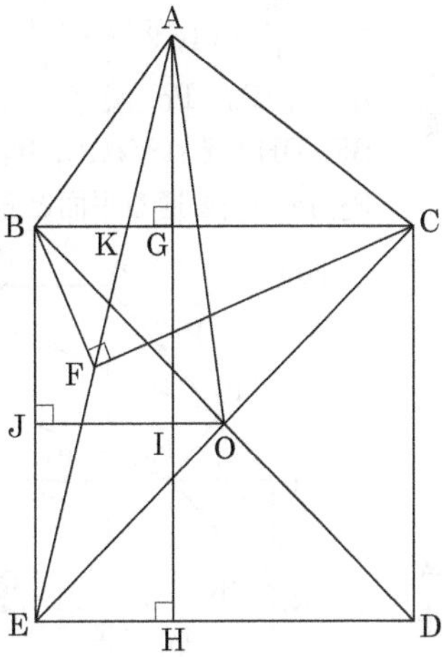

(1)　△ABCで三平方の定理を用いると，$BC=\sqrt{AB^2+AC^2}=5$　点AからBCに垂線AGを引き，直線AGとEDの交点をHとする。∠GBA=∠ABC，∠BAG=90°－∠CAG=∠ACB　よって，△BAG∽△BCAだから，BA：AG：BG=5：4：3　$BG=\frac{3}{5}AB=\frac{9}{5}$，$AG=\frac{4}{5}AB=\frac{12}{5}$　$EH=BG=\frac{9}{5}$，$AH=AG+GH=\frac{12}{5}+5=\frac{37}{5}$　△AEHで三平方の定理を用いると，$AE^2=EH^2+AH^2=\frac{81}{25}+\frac{1369}{25}=\frac{1450}{25}=58$　$AE=\sqrt{58}$

重要　(2)　点OからAHに垂直な直線を引き，AH，BEとの交点をI，Jとすると，$OJ=JB=IG=\frac{5}{2}$　$IJ=BG=\frac{9}{5}$だから，$OI=\frac{5}{2}-\frac{9}{5}=\frac{7}{10}$，$AI=\frac{12}{5}+\frac{5}{2}=\frac{49}{10}$　△AOIで三平方の定理を用いると，$AO^2=OI^2+AI^2=\frac{49}{100}+\frac{49^2}{100}=\frac{49}{100}+\frac{49\times49}{100}=\frac{(49+1)\times49}{100}$　よって，$AO=\sqrt{\frac{(49+1)\times49}{100}}=5\sqrt{2}\times\frac{7}{10}=\frac{7\sqrt{2}}{2}$

やや難　(3)　直径に対する円周角は90°なので，△ABC，△BFCはどちらもBCを直径とする円に内接する。つまり，4点A，B，F，Cは同一円周上にある。AEとBCの交点をKとすると，$\overset{\frown}{BF}$に対する円周角なので∠BAK=∠FCK，対頂角は等しいから，∠AKB=∠CKF　よって，△ABK∽△CFK　AB：CF=AK：CK　CF=AB×CK÷AK　BC//EDだから，$AK:AE=AG:AH=\frac{12}{5}:\left(\frac{12}{5}+5\right)=12:37$　よって，$AK=\frac{12}{37}AE=\frac{12\sqrt{58}}{37}$　また，KG：EH=AG：AH=12：37から，$KG=\frac{12}{37}EH=\frac{12}{37}\times\frac{9}{5}$　$CG=5-\frac{9}{5}=\frac{16}{5}$なので，$CK=\frac{16}{5}+\frac{12}{37}\times\frac{9}{5}=\frac{16\times37+12\times9}{37\times5}=\frac{140}{37}$　したがって，$CF=3\times\frac{140}{37}\div\frac{12\sqrt{58}}{37}=\frac{35}{\sqrt{58}}=\frac{35\sqrt{58}}{58}$

5　(空間図形－切断，面積，体積，三平方の定理)

(1)　平行な2平面に他の平面が交わってできる交わりの直線は平行だから，3点P_2，P_7，Q_4を通る平面はQ_5を通る。次ページの図1で示すように，四角形CGHDを四角形AEHDと同じ平面上にあるように切り開くと，P_7とQ_5を結ぶ最短の線は線分P_7Q_5である。P_7D//Q_5H，$P_7D:Q_5H=1:2$

なので，P_7Q_5はR_3を通る。よって，図2のように正方形CGHD上に線分R_3Q_5を書き込めばよい。

図1
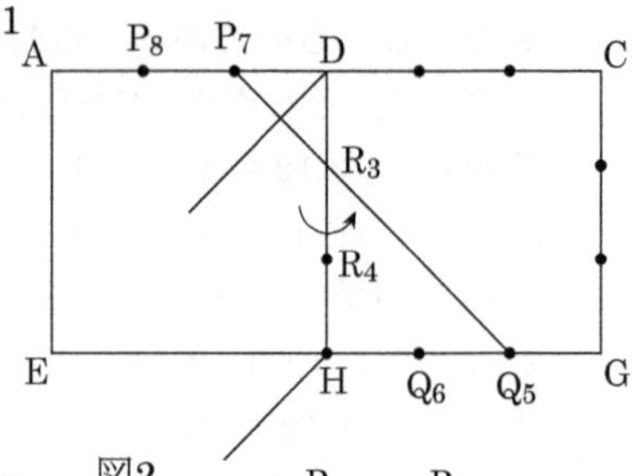

図2
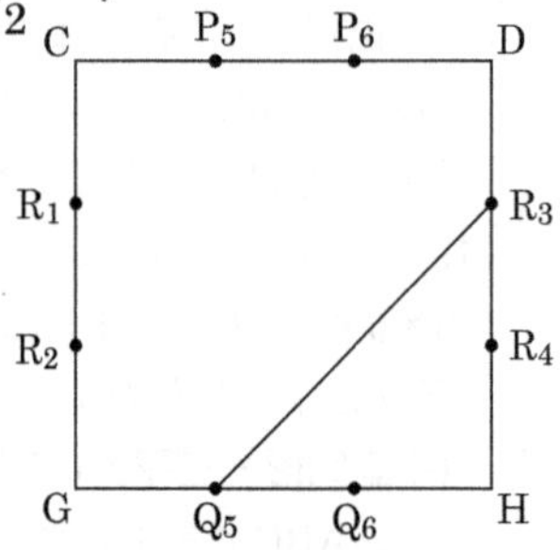

(2)　直線P_2P_7と直線CDとの交点をS_1とすると，$\triangle DP_7S_1$は直角二等辺三角形になり，$DS_1=1$　直線Q_5R_3と直線CDも交わって等辺が1の直角二等辺三角形を作るから，その交点はS_1である。同様にして，BFを3等分する点をR_7，R_8として直線R_7Q_4を引いて，直線P_2P_7，直線Q_5R_3との交点をそれぞれS_2，S_3とする。直角二等辺三角形の斜辺の長さは等辺の長さの$\sqrt{2}$倍だから，$P_2P_7=2\sqrt{2}$　$S_2P_2=P_7S_1=\sqrt{2}$　S_2S_3，S_1S_3についても同様であり，図3のように，切断面の図形の面積は，1辺の長さが$4\sqrt{2}$の正三角形の面積から，1辺の長さが$\sqrt{2}$の正三角形3個の面積を引いて求められる。1辺の長さがaの正三角形の高さは$\frac{\sqrt{3}}{2}a$，面積は$\frac{\sqrt{3}}{4}a^2$なので，$\frac{\sqrt{3}}{4}\times(4\sqrt{2})^2-\frac{\sqrt{3}}{4}\times(\sqrt{2})^2\times3=8\sqrt{3}-\frac{3\sqrt{3}}{2}=\frac{13\sqrt{3}}{2}$

やや難　(3)　3点P_3，P_6，Q_1を通る平面はQ_8も通り，BF，DHとそれぞれR_7，R_3で交わる。よって，P_2，P_7，Q_4を通る平面と直線R_7R_3で交わる。

図3
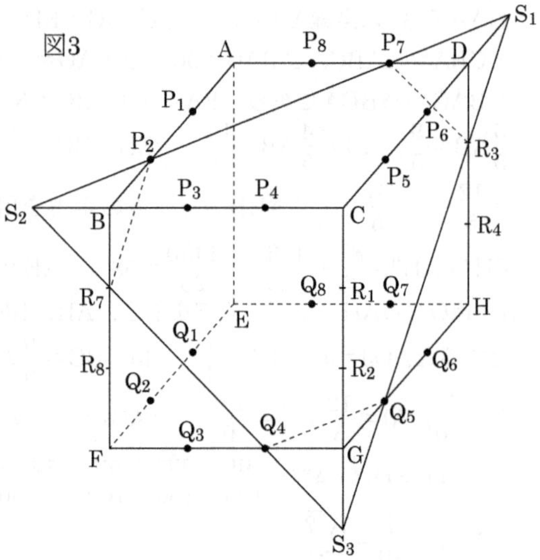

図4
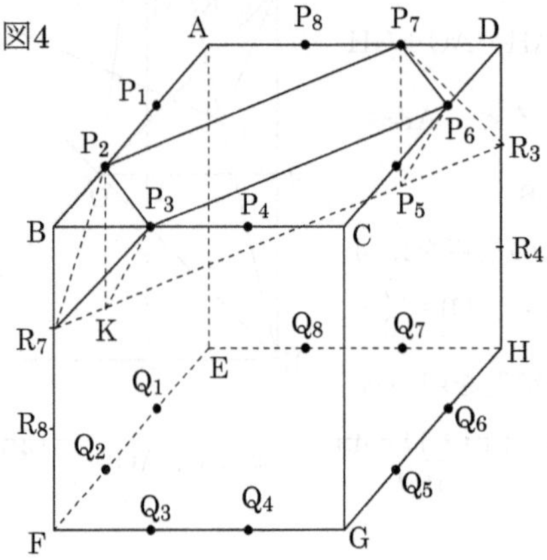

したがって，2つの平面で切断してできる立体のうち，Bを含む立体は図4で示すB，R_7，P_2，P_3，D，R_3，P_6，P_7を頂点とする七面体となる。P_2P_3，P_6P_7を通り面ABCDに垂直な平面がそれぞれR_7R_3と交わる点をK，Lとする。$P_2P_3=P_6P_7=\sqrt{2}$であり，K，LからP_2P_3，P_6P_7までの距離はR_7Bに等しいので1である。よって，$\triangle KP_2P_3=\triangle LP_6P_7=\frac{1}{2}\times\sqrt{2}\times1=\frac{\sqrt{2}}{2}$　三角柱$KP_2P_3-LP_6P_7$の体積は$\frac{\sqrt{2}}{2}\times2\sqrt{2}=2$…①　立体$BR_7KP_2P_3$の体積は，三角すい$R_7-BP_2P_3$＋三角すい$R_7-KP_2P_3=\frac{1}{3}\times\triangle BP_2P_3\times BR_7+\frac{1}{3}\times\triangle KP_2P_3\times R_7K=\frac{1}{3}\times\left(\frac{1}{2}\times1\times1\right)\times1+\frac{1}{3}\times\frac{\sqrt{2}}{2}\times\frac{\sqrt{2}}{2}=\frac{1}{3}$　立体$DR_3LP_6P_7$の体積も$\frac{1}{3}$なので合わせて$\frac{2}{3}$…②　①＋②$=2+\frac{2}{3}=\frac{8}{3}$

やや難　(4)　3点Q_1，Q_4，P_7を通る平面と3点Q_5，Q_8，P_3を通る平面の交わりの直線は図5で示すように直線R_2R_6である。また，AGとFDの交点は直線R_3R_7の下方にあり，直線R_2R_6の上方にある。図6で示すように，3点Q_5，Q_8，P_3を通る平面と直線R_3R_7の交点をTとすると，$R_7P_2 /\!/ R_3Q_5$，$R_7P_2=\sqrt{2}$，$R_3Q_5=2\sqrt{2}$なので，$R_7T:R_3T=1:2$　TはR_7R_3を1：2に分ける点であり，

$R_7R_3=3\sqrt{2}$ だから，$R_7T=\sqrt{2}$　同様に3点Q_1，Q_4，P_7を通る平面と直線R_7R_3の交点をUとすると，UはR_7R_3を2：1に分ける点である。よって，$TU=\sqrt{2}$　3点P_3，P_6，Q_1を通る平面，3点P_2，P_7，Q_4を通る平面が直線R_6R_2と交わる点をそれぞれW，Xとすると，W，Xは直線R_6R_2を3等分する点であり，$WX=\sqrt{2}$となる。したがって，4つの平面で切断してできるAGとFDの交点を含む立体は図7の四面体TUWXとなる。立方体ABCD－EFGHは面AEGCについても面BFHDについても対称なので，TUの中点，WXの中点をそれぞれY，Zとすると，YZはUT，WXに垂直であり，長さは1である。よって，この立体の体積は，$\frac{1}{3}\times\triangle YWX\times TY+\frac{1}{3}\times\triangle YWX\times YU=\frac{1}{3}\times\triangle YWX\times TU=\frac{1}{3}\times\left(\frac{1}{2}\times\sqrt{2}\times1\right)\times\sqrt{2}=\frac{1}{3}$

図5
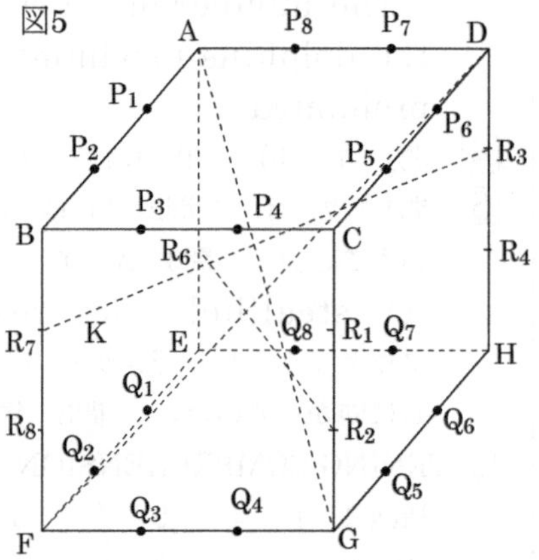

図6
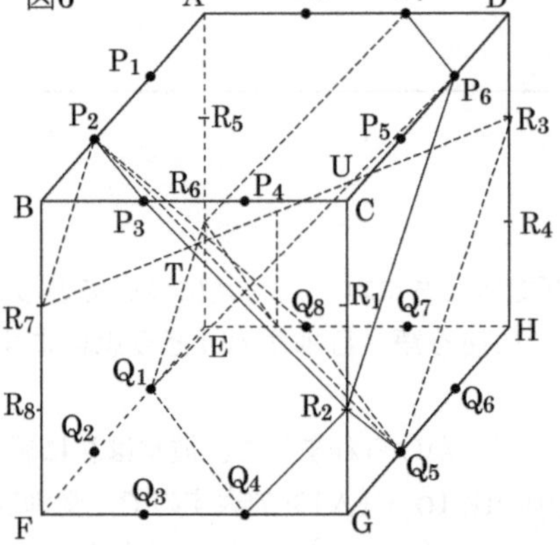

図7
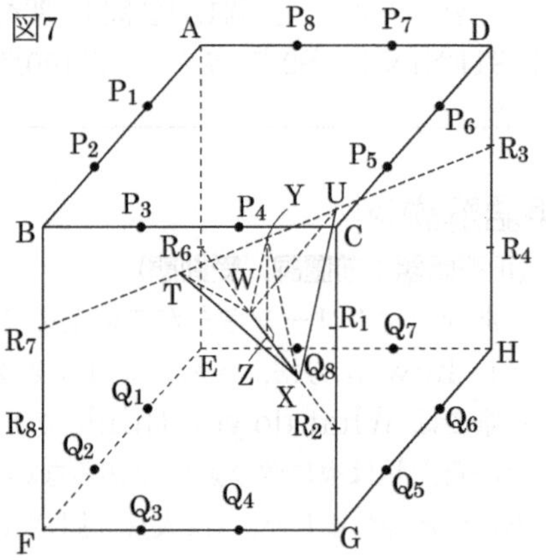

★ワンポイントアドバイス★

[1]　(2)は$(x-1)$の因数ができるように工夫する。　[2](2)，(3)は線分の中点を利用する。　[3]　1つの分岐点に2方向から進んでくる場合と3方向から進んでくる場合がある。　[4]　三平方の定理，相似，4点が同一円周上にあることなどを用いる総合問題。　[5]　図を何個も書いて切断面を書き込んで全体像をつかんでいこう。

＜英語解答＞《学校からの正答の発表はありません。》

[1]　1　記号　ア　　正しい語句　What do you　　2　記号　ア　　正しい語句　spoken to in
3　記号　エ　　正しい語句　must never be　　4　記号　エ　　正しい語句　its
5　記号　ア　　正しい語句　would be surprised　　6　オ

[2]　1　A　キ　　B　ウ　　C　カ　　2　A　ア　　B　ウ　　C　キ　　3　A　キ　　B　ア　C　オ　　4　A　オ　　B　カ　　C　ア

[3]　(1)　(例)　(… who are worried that) the environment will get worse

if the number of tourists increases.　(2)　(例)　(In order to protect the dolphins,) swimming within 45 meters of the dolphins has been prohibited.

[4]　問1　1　(b)　2　(c)　3　(c)　4　(b)　5　(b)　問2　エ，オ

[5]　問1　ウ，オ　問2　(親は)自分たちが決めたことを他人に押し付けること(はできないということ。)　問3　A　エ　B　ウ　C　カ　D　ア　問4　(a)　lie[steal]　(b)　steal[lie]　(c)　respectful　問5　(例)　エイミーがなぜ「ミセス・フランクヴァイラー」が好きかということ。　問6　ウ　問7　書店にエイミーが好きな本を探しに向かっていた。　問8　気分を変えなさい

LISTENING COMPREHENSION

Part 1　1　エ　2　イ　3　ウ

Part 2　1　エ　2　ア　3　ウ　4　ウ

○推定配点○

[1]，[2]，[4] 問2，[5] 問1，問2，問5，問7，問8　各3点×16([4]問2，[5]問1各完答)

[3]　各6点×2　[4] 問1，[5] 問3，問4，問6　各2点×13

LISTENING　各2点×7　計100点

＜英語解説＞

重要 [1]　(正誤問題：前置詞，受動態)

1 「あなたはグリーンさんがこの前のミーティングで私たちに言った考えについてどう考えますか」 how は方法，手段，状態などを尋ねるときに使う語。日本語の「どう思いますか」は，英語では What do you think で表す。

2 「昨日，私は家に帰る途中で知らない人から英語で話しかけられました。彼女は私に駅はどこにあるかと尋ねました」「(人)に話しかける」は<speak to ＋(人)>で表すので，受動態で「(人)が～から話しかけられる」は前置詞 to を残して<(人)＋ be spoken to>で表す。spoken の後に to が必要。「～語で」は<in ＋言語名>で表すので，spoken to の後に in English が必要。

3 「地球上にはまだ多くの核兵器があるけれども，私はそれらが二度と使われてはならないと強く信じている」 否定を表す never「一度も～ない」や not は助動詞の後に置かれるので，must never be used が正しい語順。

4 「そのバンドはデビュー30周年を祝うために，今度の夏に大きなスタジアムでコンサートを開くことを計画している」 band はここでは単数扱いで用いられているので，複数を指す their が不適切。単数の所有格 its が正しい。

5 「私の祖父は，生きていたらこのあたりに建ったすべての新しい建物を見て驚くだろう」「(人が)驚く」は be surprised と受動態で表す。また，if he were alive「もし彼が生きていれば」と仮定法の文なので，will は過去形 would が正しい。

6 「あなたは1日か2日の間その本を持っていてもよいが，自分の試験勉強のために今週末までにそれを返してもらう必要がある」 正しい英文。「(期間)の間」は前置詞 for で表す。下線部イの two は two days ということ。<need ＋目的語＋状態を表す語句>で，「～が…(の状態)の必要がある」という意味を表す。この場合の by は「(期限)までに」の意味。

重要 2 **(語句整序問題：助動詞，関係代名詞，不定詞，前置詞，動名詞)**

(全訳)　日常のことを恐れすぎて，そのことが人生をとても困難にすることがある人々がいる。多くの種類の恐れがあり，その中には普通ではないものもある。空を飛ぶという恐怖を持つ人もいる。1空を飛ぶことを考えるだけで怖くなるのだ。恐怖はどこから来るのだろうか。

学習される恐怖がある。2私たちが学ぶ他のすべてのこととちょうど同じように，恐怖の学び方はいろいろある。子供がイヌに傷つけられたら，その子は常にイヌを怖がるだろう。この恐怖は長い間続いて，その子どもは外を歩くといった普通のことができなくなるかもしれない。

別の恐怖の学び方は，他人からのものである。子どもはしばしば周囲の人々と同じ恐怖を抱く。3彼らは自分の母親か父親が恐れるものを恐れるようになる。彼らは，母親がクモを見るといつも叫ぶために，クモを怖がるようになる。

恐怖は忘れられる場合もある。4このことをする方法は，少しずつ，自分の恐怖に向き合うことによってである。空を飛ぶことが怖ければ，飛行機に乗ることに慣れる努力をするのだ。空を飛ぶときは楽しいと考えるのだ。ほどなく，恐怖は消え去るだろう。

1　(Just) thinking about flying can make them afraid.「空を飛ぶことを考えるだけで怖くなるのだ」 動名詞 thinking を主語にして，「ただ空を飛ぶことを考えることが彼らを怖がらせることがある」という文を作る。この場合の make は「～を…(の状態)にする」の意味。can は可能性を表し，「～することがある，～する可能性がある」という意味。

2　(Just like) all the other things that we learn「私たちが学ぶ他のすべてのこととちょうど同じように」 like は「～と同じように」の意味の前置詞。後に all the other things「他のすべてのこと」を続け，関係代名詞 that 以下が things を修飾する形にする。

3　(They) learn to be afraid of things that (their mother or father is afraid of.)「彼らは自分の母親か父親が恐れるものを恐れるようになる」 <earn to ＋動詞の原形>「～するようになる」の後に be afraid of ～ を続けて「～を恐れるようになる」という文にする。of の後に things that their mother or father is afraid of「自分の母親か父親が恐れるもの」と続けると文意が成り立つ。that は things を先行詞とする関係代名詞。

4　The way to do this is by facing(your fear, little by little.)「このことをする方法は，少しずつ，自分の恐怖に向き合うことによってである」 this を前文の「恐怖は忘れられる場合もある」ことを指すと考え，The way to do this is ～「このことをする方法は～だ」という文を作る。

やや難 3 **(和文英訳問題：比較，接続詞，現在完了，受動態)**

(1)　「～だと懸念する多くの住民がいる」という文を考える。that の後に「観光客が増えると環境が再び悪化する」という文を続ける。「悪化する」は「より悪くなる」ということなので，bad の比較級 worse を用いて get worse と表す。「観光客が増える」は，観光客の数が増えるということなので，the number of ～「～の数」を用いて表す。「増える」は increase で表す。

(2)　「イルカから45メートル以内で泳ぐことは禁止されている」という受動態の文を考える。「泳ぐこと」を動名詞 swimming で表して主語にする。「45メートル以内で」は，「(ある範囲)内で」の意味の前置詞 within を用いて表す。「禁止されている」はある過去の時点から続いていることなので受動態の現在完了で表す。「禁止する」は prohibit，ban などで表す。

4 **(長文読解問題・説明文：英問英答，内容吟味，語句選択補充)**

(全訳)　【1】ヴィーガンは可能な限り，動物を苦しませない手段で暮らそうとしている。これは，植物を基本とした食事に従うということだ。ヴィーガンは動物，すなわち肉，魚，海産物，卵，はちみつ，あるいはチーズのような酪農製品を食べない。多くのヴィーガンにとって，厳格なヴィーガンの生活様式を送ることは，動物の皮から作られる衣服を着ないということや，動物で検査されたどんな製品も使わないということだ。

【2】菜食主義者は肉や魚を食べないが，卵やはちみつや酪農製品は食べることができる。しかし，ヴィーガンはいかなる動物に基礎を置いた食品も食べない。ヴィーガンは，苦しみはこれらの食べ物の生産に起因すると言う。例えば，彼らはある酪農場では若い雄牛が飼育するのに金がかかりすぎるという理由で殺され，またある農場では牝牛が年をとって出るミルクが$_A$少なくなると殺されると言う。同様に，卵を産まないという理由で雄鶏が殺される養鶏場もある。ヴィーガンははちみつについて，ハチは人間のためではなくハチのためにみつを作るのであり，ハチの健康は人間が彼らからはちみつを取り去るときに脅かされるかもしれないと言う。ヴィーガンは，自分たちが使ったり食べたりする製品は動物たちにどんな$_B$苦痛も引き起こすべきではないと信じている。

【3】ヴィーガン協会は1944年に設立されたが，ずっと昔，動物から作った製品を使ったり食べたりしないことにした人々がいた。紀元前6世紀，ギリシャの数学者で哲学者だったピタゴラスは菜食者として暮らすことですべての生き物に優しさを示した。古代エジプトや世界の他の地域で菜食主義者になる伝統ははるかに早くからあった。ヴィーガン協会は，有名な詩人パーシー・ビッシュ・シェリーは卵や酪農製品を食べることはよい考えではないと公言した最初の人々の1人だったと指摘している。

【4】多くの人々にとって，ヴィーガンになる主な理由はおそらく，動物と他のすべての生き物には生命と自由の権利があるはずだと信じていることだろう。しかし，他の理由もある。ヴィーガンは食肉や他の動物製品の生産は地球にとってとても害があると言う。彼らは，食肉産業では動物に食べさせる穀物を栽培するのに多くの水が必要だと指摘する。食肉産業が必要とする大量の穀物はしばしば問題の原因となる。森が伐採され，動物の住処が破壊されるのだ。一方，ヴィーガンの食料を食べ続けるには穀物も水もはるかに少なくて済む。さらに，多くのヴィーガンが，注意深く計画されたヴィーガンの食事には私たちの体に必要なすべての栄養が含まれていて，このタイプの食事のおかげで私たちは病気にならずに済むと言っている。

問1　1　質問は，「記事によれば，ヴィーガンであることについて正しいのは次のうちのどれですか」という意味。ヴィーガンの発言として，ある酪農場では若い雄牛が飼育するのに金がかかりすぎるために殺されたり，年をとって出るミルクが減ると牝牛が殺されたりすることが第2段落第4～6文で述べられている。また，ヴィーガンの考えとして，動物と他のすべての生き物には生命と自由の権利があるはずだということが第4段落第1文で述べられている。これらのことから，(b)「彼らは動物の命の質を大切に思っている」が適切。 (a)「彼らは十分な食料を得るために植物の世話をすることが得意である」は本文中に記述がない。 (c)「彼らは牛肉，シャケ，あるいはタコを食べないがミルクは飲む」は，第1段落第3文の「ヴィーガンは動物，すなわち肉，魚，海産物，卵，はちみつ，あるいはチーズのような酪農製品を食べない」という記述に合わない。 (d)「彼らは製品のための動物の検査を促進しようとしている」は，動物から作られる製品を一切食べないヴィーガンの姿勢と矛盾する。　2　質問は，「(A)に入る最も適切な語は次のうちのどれですか」という意味。空所を含む文の後半では，牝牛が殺される理由が述べられているので，(c) less を入れると「出るミルクが少なくなるために殺される」という内容になり，文意が成り立つ。 (a) fewer も「より少ない」という意味だが，可算名詞について使う語なのでここでは不適切。ここでは不可算名詞 milk を修飾している。 (b)「十分な」と(e)「より多くの」は意味として文意に合わない。　3　質問は，「(B)に入る最も適切な語は次のうちのどれですか」という意味。空所を含む文では，ヴィーガンの考え方として自分たちが食べる製品と原料となる動物との関係について述べている。「自分たちが使ったり食べたりする製品は動物たちに～を引き起こすべきではない」という内容なので，(c)「苦痛」が適切。(a)「興奮」，(b)「喜び」，(d)「驚き」はいずれも文意に合わない。
4　質問は，「ピタゴラスはなぜ記事の中で一例として使われているのですか」という意味。ピタゴラスが肉を食べなかったことが述べられている第3段落第2文の前後で，動物から作られた製品を食べない人ははるか昔にもいたことと，それよりも早い時期に古代エジプトや世界の他の地域で菜食主義者になる伝統があったことが述べられていることから，肉を食べないことは最近のことではないことを説明するための例としてピタゴラスの場合が挙げられていると考えられる。したがって，(b)「何千年も前に肉を食べないことを選んだ人もいたことを説明するため」が適切。(a)「過去において人々が裕福な生活を送るために何が必要だったかを論じるため」，(c)「ヴィーガンになることは過去の人々にとって簡単な話ではなかったことを説明するため」，(d)「優しさは過去の人々が幸せで裕福な生活を送るためのかぎだったことを説明するため」は，いずれもピタゴラスの例の前後の内容に合わない。　5　質問は，「【4】の段落によれば，次のうちで正しいものはどれですか」という意味。第4段落では，ヴィーガンになる理由が述べられている。そのうちの1つはヴィーガンが動物と他のすべての生き物には生命と自由の権利があると信じていること，もう1つはヴィーガンは食肉や他の動物製品の生産は地球にとって害があり，食肉産業が必要とする大量の穀物を栽培するために森が伐採され，動物の住処が破壊されることを懸念していることである。したがって，(b)「ヴィーガンになることは動物に優しくしようとすることだけではなく，環境に優しくしようとすることも意味している」が適切。(a)「ヴィーガンの食料を食べることは人々を病気になる危険にさらす」は，最終文の「注意深く計画されたヴィーガンの食事には私たちの体に必要なすべての栄養が含まれていて，このタイプの食事のおかげで私たちは病気にならずに済む」というヴィーガンの発言と合わない。(c)「食肉産業には穀物の生産で使われる水の量を減らす責任がある」は，食肉産業の水に対する責任についての記述がないので不適切。(d)「ヴィーガンの食料には動物から作られる食べ物よりも多くの栄養を含んでいる」。最終文でヴィーガンの食事には私たちの体に必要なすべての栄養が含まれていることが述べられているが，肉から作られる食料の栄養との比較はされていないので不適切。
問2　ア「ヴィーガンは誰一人として動物の毛皮でできたコートを着させてくれない厳しい決まりに従わなくてはならない」(×)　第1段落第1文「ヴィーガンは可能な限り，動物を苦しませない手段で暮らそうとしている」および最終文「多くのヴィーガンにとって，厳格なヴィーガンの生活様式を送ることは，動物の皮から作られる衣服を着ないということや，動物で検査されたどんな製品も使わないということだ」から，必ずしもすべてのヴィーガンが動物から作られる製品を使わないという決まりに従っているわけではないと言える。　イ「菜食主義者もヴィーガンも卵やはちみつを食べない」(×)　第2段落第1文を参照。菜食主義者は卵やはちみつを食べる。
ウ「ヴィーガン協会は，1944年にすでに紀元前6世紀に菜食主義者がいたことを発見した」(×)　第3段落第1文に The Vegan Society was founded in 1944「ヴィーガン協会は1944年に設立された」とある。この founded は found「設立する」という動詞の過去分詞で，find「見つける」の過去形，過去分詞形とは別の語。この後に紀元前6世紀に菜食主義者がいたことが述べられているが，このことをヴィーガン協会が発見したという記述はない。　エ「パーシー・ヴィッシュ・シェリーは卵や酪農製品を食べるという考えが好きではなかった」(○)　第3段落最終文の内容と合う。　オ「食肉産業は動物に食べさせるためにたくさんの穀物を必要とし，森の消失の1つの原因となる可能性がある」(○)　第4段落第3～5文の内容に合う。　カ「ヴィーガンの食事は動物から作られる食事と同じくらいの水と穀物を必要とする」(×)　ヴィーガンの食事に大量の水と穀物が必要であるという記述はない。大量の水と穀物が必要なのは食肉産業が食品を製造する場合。

5 (長文読解・物語文：内容吟味，語句選択補充，語句補充，指示語，英文和訳)

(全訳)「子供たちをできるだけ多くの種類の本とできるだけ多くの考え方に触れさせることは(1)教育者としての私たちの仕事です。それは彼らには易しすぎる本，あるいは難しすぎる本を読ませてやるということです。それは彼らの意欲をかき立てる本，あるいはただ楽しませるだけの本を読ませてやるということです。そしてそう，それは私たちが同意しないことを含む本を読ませてやり，物事について自分自身の考えを作らせてやることであり，それはときに恐ろしいことであることもあります。しかし，それが良い教育というものです」

「皆さん，すべての親には自分の子供たちが読んでもよいもの，読んではいけないものを決める権利があります。(2)彼らがすることができないことは，その決定を他のみんなに対してすることです。私は謹んで，学校の委員会にこれらの本を排除する決定をひっくり返すことを要求します。ありがとうございました」とジョーンズ先生は言った。

ジョーンズ先生が話し終えたとき，ほとんどの学校の委員会のメンバーたちはジョーンズ先生ではなく目の前のテーブルを見ていた。その中の1人が咳をした。

「ありがとうございました，ジョーンズ先生。スペンサーさん？　お話ししたいですか」

トレイのお母さんが演壇に行った。ジョーンズ先生と違って，彼女は読み上げる紙を持っていなかった。

「委員会の皆さん，私はかつてシェルボーン小学校の生徒でした。当時，A学校の図書室は安全な場所でした。親は自分の子供たちが彼らにうそのつき方や盗みのし方を教えるような本を手に取らないと信用していました。彼らは，大人たちに口ごたえをしたり，無礼な態度をとっても構わないことを示すような本を見つけようとはしませんでした。」と彼女は言った。

私は眉をひそめた。私が図書室で読んだ本はどれも(a)うそをついたり(b)盗んだりすることなんて教えはしなかった！　何かしら知恵がある子供なら誰でもそうしたことのし方をすでに知っていた。そして私は大人たちに対して(c)敬意を持っていた。私はいつも彼らがするように言うことは何でもやった。

「これはほんの11冊の本です。私たちの子供たちが楽しむ本が学校の図書館にまだ何千冊も残っています。はるかに良い本もあります。私は不適切なこれらの本を排除するようお願いしたまでです。あなた方は図書館からこれらの本を排除する正しい決定をしてくださいました。ありがとうございました」

ジョーンズ先生は咳ばらいをして座席で体の向きを変えた。

「ありがとうございました，スペンサーさん」と委員会のメンバーの1人が言った。どなたかこの件についてお話ししたい方はいらっしゃいますか」と彼は尋ねた。

ジョーンズ先生は私を見やってほほえんだ。お父さんは何か聞きたそうな様子を見せた。こういうことだった。このために私はポケットに(3)紙切れを入れていたのだ。このために私は両親に，私をここへ連れて来る予定を再調整してもらったのだ。このために，私は本を読みながらベッドに座っている代わりに学校がある日の夜の7時に退屈な会議室にいたのだ。両親は2人とも，私が立ち上がって何かを言うことを期待していた。学校の委員会になぜミセス・フランクヴァイラーを排除すべきではないかを伝えるために。私はただ，立ち上がって演壇まで歩いて行きさえすればよかった。

私の心臓はどきどきして，私はまっすぐに前を見つめた。

「どなたか？」と，再び学校の委員会のメンバーが尋ねた。

学校の委員会は待った。

スペンサーさんも待った。

ジョーンズ先生も待った。

お父さんも待った。

私は三つ編みをしゃぶった。

「ではよいでしょう。この問題についてこれ以上の意見はありませんので，本委員会のこれらの本をシェルボーン小学校から排除する決定を支持します」と，学校の委員会のメンバーが言った。

「賛成です」と誰かが言った。

そして終わりになった。そういうことだった。私が意見を言う1つの機会が，私が彼らになぜ私の大好きな本がすばらしいかを伝える機会，そして私はいつもしていることをしていた―B私はそこに座って何も言わなかった。私の顔はとても熱かったので，火がつくかと思った。私はお父さんもジョーンズ先生も見ることさえできなかった。

「これ以上座っている必要はないと思いますよ」とお父さんが怒鳴った。

私はうなずいた，泣かないように努めながら。

帰宅途中の車の中で，私はポケットからその紙切れを引っ張り出してそれを開いた。いちばん上に，私は「なぜ『ミセス・フランクヴァイラー』が私の大好きな本なのか」と書いていた。その下にはあまり書いていなかったが，それを書くには長い時間がかかった。

あることが好きである理由をどう言うか？　すべての良い点を指し示すことはできる。(4)あの人たちが家を逃げ出して美術館に行った様が好きなこと。クローディアが空のバイオリンケースに服を詰めた様が好きなこと。あの人たちが大きな骨董品のベッドで眠って泉で入浴した様が好きなこと。あの人たちが古い彫像の謎を解いたこと。私は『ミセス・フランクヴァイラー』のそのすべてのことが好きだ。

しかし，それらのどれも，私がそれを13回読んで，今でももう一度読みたいと思う理由ではまったくない。それは何か…もっと大きなもの。もっと深いもの。それらすべてが一緒に合わさったものを超えている。

他の誰かに，あることがその人たちには重要ではなくても自分にとっては重要である理由をどう説明すると言うのか。本がどうやって自分の中に入り込んで，とても大きな自分の一部になってCそれがなければ自分の人生は空っぽだと感じるのかをどうやって言葉で表すのか。

「あれがお前のスピーチかい？」とお父さんが尋ねた。「どうしてそれを読まなかったんだ，エイミー・アン？　私は，それが今晩ずっとここまで来たすべての理由だと思っていたよ。私たちがみんなの予定を再調整したすべての理由だとね」熱い涙があふれ出て私のほおを落ち，私はDお父さんが見えないように顔をそむけた。私は静かなむせび泣きを呑み込もうとしたが，お父さんに聞こえた。

「泣いているのかい？　ああ，エイミー・アン…ごめんよ。そんなつもりではなかったんだ。お前が意見を言うのがどんなに大変なのか知っているよ」彼はポケットから鮮やかな赤いバンダナを引っ張り出して私に手渡した。「さあ，その本は何だっけ？」

私は頭を振った。私は彼を見ることができなかった。私はまだ泣いていた。

「さあ。『ミセス・フランクヴァイラー』か何かだね」

彼は私を笑わせようとしていたが，私はあまりに取り乱していた。彼の言うとおりだ。みんなが私のために計画を変えてくれて，私たちは学校での晩にずっと町まで来て，そして私は何かを言うことを恐れてそこに座っていたんだっけ。

お父さんは他に何も言わなかったが，数分後，私たちはある書店の駐車場に入った。私は(5)車で家に向かっているのではないことに気づいてすらいなかった。

「さあ，もう(6)気分を変えてお前の本があるか見てみよう」

問1　下線部を含む文は<It is ～ to …>「…することは～だ」の構文なので，下線部「教育者としての私たちの仕事」とは，to 以下の「子供たちをできるだけ多くの種類の本とできるだけ多くの考え方に触れさせること」である。その後で「それは彼らには易しすぎる本，あるいは難しすぎる本を読ませてやるということです。それは彼らの意欲をかき立てる本，あるいはただ楽しませるだけの本を読ませてやるということです。そしてそう，それは私たちが同意しないことを含む本を読ませてやり，物事について自分自身の考えを作らせてやることであり，それはときに恐ろしいことであることもあります」と具体的に自分たちの仕事を説明している。この中に含まれているのはウとオである。

問2　下線部は，直訳すると「彼ら(＝親たち)がすることができないことは，その決定を他のみんなに対してすることだ」という意味。下線部の「その決定」は，この直前でジョーンズ先生が述べている，親たちが自分たちの子供が読んでもよい本と読んではいけない本を決めるという決定を指している。そうした決定を他のみんなに対してすることはできないということなので，親たちは自分たちが決めたことを他の人たちに押しつけることはできないといったことを述べていることになる。なお，この文の主語は What they cannot do，動詞は is で，make の前に不定詞を作る to が省略されている。to make 以下が補語で，不定詞が補語になる場合，このように to が省略されることがある。

基本　問3　全訳を参照。　A　図書館の本の一部を排除することに賛成のスペンサー夫人が「当時は」に続けて言う言葉で，後に当時の親は子供たちが不適切な本を手に取らないことを信頼していたことが述べられているので，エ「学校の図書館は安全な場所だった」が適切。　B　空所の前では，本を排除することに反対だった主人公のエイミーが発言の機会を与えられて，結局はいつもと同じことをしていたことが述べられている。さらに，空所の後の内容から結局エイミーが発言しなかったことがわかるので，ウ「私はそこに座って何も言わなかった」が適切。　C　空所を含む文は so ～ that …「とても～なので…」の構文。本が自分の中に深く入り込んだために起こることとして適切なのは，カ「それがなければ自分の人生は空っぽだと感じる」。　D　空所の前の so は目的を表す so that ～「～するために」の that が省略されたもの。自分の意見を言えなかったことで泣いているエイミーが顔をそむけたのはア「お父さんに見えない」ようにするためと考えると文脈に合う。

問4　全訳を参照。　(a)・(b)　スペンサー夫人が「親は自分の子供たちが彼らにうそのつき方や盗みのし方を教えるような本を手に取らないと信用していました。彼らは，大人たちに口ごたえをしたり，無礼な態度をとっても構わないことを示すような本を見つけようとはしませんでした」と言ったことに対してエイミーは眉をひそめているので，エイミーはスペンサー夫人の言うことに同意していないことがわかる。to に続くことから(a)(b)には動詞の原形が入るので，スペンサー夫人の発言にある動詞，lie「うそをつく」と steal「盗む」を入れると文意が成り立つ。順番はどちらが先でもよい。　(c)　エイミーは，スペンサー夫人の発言を否定しているので，大人たちに対してスペンサー夫人の発言にある disrespectful「無礼な」態度はとっていないことになる。したがって，否定の接頭辞 dis をとった respectful「敬意を持っている」を入れると文脈に合う。

問5　エイミーが発言用に用意していた紙に書かれたいた内容については，エイミーたちが車で帰宅している場面に，At the top I had written “Why *From the Mixed-up Files of Mrs. Basil E. Frankweiler* Is My Favorite Book.” とあり，紙のいちばん上に，自分がなぜ『ミセス・フランクヴァイラー』が大好きな本なのかと書いていたことが述べられている。

さらに，その下には多くのことは書かれていなかったことが述べられているので，紙に書かれていた内容は，エイミーが発言しようとしていたことの要旨である。

問6　下線部を含む文の段落では，エイミーが気に入っている『ミセス・フランクヴァイラー』のいくつかの場面での登場人物たちの具体的な行動が述べられている。したがって，ウ「『ミセス・フランクヴァイラー』の登場人物たち」が適切。

問7　下線部は「私たちは車で家に向かっていなかった」という意味。この直前で，車が書店の駐車場に入ったことが述べられ，また，直後では父親がエイミーが好きな本があるか探そうと提案していることから，実際には書店にエイミーが好きな本を探しに向かっていたことになる。

問8　この場面では，父親が自分の意見を言えずに悲しむエイミーを励まそうと，エイミーが好きな本を探しに書店に向かっている。この状況と，clean ～ up「～をきれいにする」という表現から，「気分を変える」，「気分をすっきりさせる」といった意味の日本語が適切。

リスニング問題

Part 1　No. 1

W: Hi Brian. Did you have a good weekend?

M: Pretty good. I hung out with some friends yesterday. But I haven't done much today. Just stayed at home ... watching YouTube. How about you, Emma?

W: I went to the theater last night.

M: That sounds great. What was on?

W: A play called *Postman's Story*. It was funny, and actually my uncle is the postman.

M: Oh, I didn't know your uncle was a mailman.

W: No, he was in the play! He was good and had lots of lines to remember.

M: I wouldn't be very good. I'd forget my lines.

W: Me, too. Anyway, I got some free tickets if you wanna see the play.

M: Yeah, I'd love to. When?

W: Tomorrow or next week, take your pick.

M: I can't go tomorrow. My mom won't be home, so I have to do some housework for her. How about next Thursday?

W: OK. Can you make it at eight on Thursday?

M: Of course. Um, do you have another ticket for my brother?

W: Sure. I'll see if Uncle Harry can take us backstage again. You'll get to meet all the actors.

M: Really? That's cool. Thanks a lot.

W: No problem.

女性：こんにちは，ブライアン。よい週末を過ごしたの？

男性：かなりよかったよ。昨日は友人たちと遊んだよ。でも今日は大したことをしてないな。ただ家にいて… You Tube を見ていたよ。君はどう，エマ？

女性：私は昨夜劇場に行ったわ。

男性：いいね。何を上演していたの？

女性：『ポストマンズ・ストーリー』という劇よ。おかしくて，実はおじが郵便配達人なの。

男性：おや，君のおじさんが郵便配達人とは知らなかった。

女性：違うの，彼がその劇に出ていたのよ！　彼は上手で覚えておかなくてはならないせりふがたくさんあったわ。
男性：ぼくならあまり上手にはできないだろうなあ。せりふを忘れちゃうだろうね。
女性：私もよ。とにかく，その劇を見たければ無料のチケットがあるわよ。
男性：ああ，ぜひ見たいよ。いつ？
女性：明日か来週，選んでちょうだい。
男性：明日は行けない。母さんが家にいないから，彼女の代わりに家事をしなくてはならないんだ。次の木曜日はどう？
女性：大丈夫よ。木曜日の8時でもいい？
男性：もちろん。うーん，ぼくの兄[弟]のためにもう1枚チケットはある？
女性：あるわ。ハリーおじさんがまた舞台裏に連れて行ってくれるか確かめるわ。すべての俳優に会えるわよ。
男性：本当？　それはすごい。ありがとう。
女性：どういたしまして。

1　エマのおじについて正しいものはどれですか。
　ア　彼は劇を書いて監督した。
　イ　彼は劇場に手紙を配達した。
　ウ　彼は劇場のチケット売り場で働いている。
　エ　彼は劇の俳優の1人だ。

No. 2
W: Did you get your exam results, Jack?
M: Yeah, I didn't get the grades I need in math or science.
W: Oh, that's too bad. What are you going to do?
M: No idea. If I can't take the tests again, I'll have to change my future plans.
W: But I thought you were really interested in medicine.
M: No, it's not my choice. My parents want me to go into it.
W: OK. And what do you want to do?
M: I don't know, exactly. I like history and languages. I have a high score in French!
W: Ah, that's great! Maybe it would be better for you to do something like that.
M: I don't know if I want to study history or languages, either. But even if I can get the grades I need in math and science, I'm still not sure about studying medicine.
W: Well, you have many talents, Jack, but maybe being a doctor isn't for you.
M: No, it's not. Although my parents aren't going to be happy.
W: Well, you need to make the right decision for you, even though they might not like it.
M: You're right, Maya. Maybe I should talk to them.
W: They might be more understanding than you think.
M: I hope so.
女性：試験の結果はもらったの，ジャック？
男性：うん，数学も科学も必要な成績が取れなかった。

女性：まあ，それはいけないわね。どうするつもり？
男性：わからないよ。もう一度試験を受けられなければ将来の計画を変えなくてはならない。
女性：でもあなたは本当に医学に興味を持っていると思っていたわ。
男性：いや，ぼくの選択ではないんだ。両親がぼくにそっちに進んでほしかったんだ。
女性：わかったわ。それで，あなたはどうしたいの？
男性：わからないよ，まったく。ぼくが歴史と語学が好きなんだ。フランス語は高い点数だったよ！
女性：まあ，それはいいわ！　あなたはそのようなことをする方がいいわよ。
男性：ぼくは歴史か語学を勉強したいのかもわからないんだ。でも，数学と科学で必要な成績を取れたとしても，医学を勉強することについてもまだはっきりしないんだ。
女性：うーん，あなたにはたくさんの才能があるわ，ジャック，でも医者になるのはたぶんあなたに向かないわ。
男性：うん，向いてないね。両親は喜ばないだろうけど。
女性：うーん，あなたは自分のために正しい決定をするべきよ，彼らがそれを好まないとしても。
男性：君の言う通りだよ，マヤ。彼らに話すべきなんだろうね。
女性：彼らはあなたが思っている以上に理解があるわよ。
男性：そうだといいな。

2　対話について何が言えますか。

ア　マヤはジャックが数学と科学でよい成績を取る助けになるだろう。
イ　ジャックは両親と状況について話し合うことにした。
ウ　ジャックは医学ではなく，本当にフランス語を勉強したい。
エ　ジャックの両親は彼が望む仕事を選ばせてはくれないだろう。

No. 3

W: Hey, we are meeting up for coffee but neither of us are talking!
M: Hang on ... What did you say? Sorry, I didn't catch that.
W: Jim, You're not listening to me!
M: Sorry. I was just sending a message. I was multitasking!
W: Yeah, but I don't think you can send messages and talk to someone in real life at the same time! The real-life person should some first. Don't you think?
M: Yes, but sometimes you just need to send a quick message. I don't think it's rude. I think it's rude not to respond to messages.
W: You're right in a way ... but when one of your best friends is sitting right in front of you, maybe it's time to switch off?
M: All right. It'll give me something to post on Facebook later.
W: OK! On the count of three then!
M&W: One ... two ... three ... off!
M: Wow! We did it. It feels strange that no one can contact me, but I like this feeling of freedom. I'm going to keep mine off all day.
W: Really? Now you have something to post on Facebook. 'Jim survives a whole day without his phone!'

女性：ねえ，コーヒーを飲みに会っているのに私たち2人とも話をしていないわ！
男性：待って…何て言ったの？　ごめん，聞き取れなかった。

女性：ジム，あなたは私の話を聞いていないのね！
男性：ごめん。ちょうどメールを送っていたんだ。複数のことをしていたんだよ！
女性：ええ，でも実際の暮らしの中で同時にメールを送って誰かと話すなんてできないと思うわ！その場にいる人が優先でしょう。そう思わない？
男性：うん，でもときどきすぐにメールを送らないといけないことってあるよ。それは無礼ではないと思うよ。ぼくはメールに返信しないことが無礼だと思う。
女性：ある意味その通りだわ…でも自分の親友の1人が目の前に座っているときは電源を切るべきじゃないかな？
男性：わかったよ。そうすれば後でフェイスブックに投稿するものができるだろう。
女性：いいわ！ 3つ数えましょう！
男性と女性：1…2…3…オフ！
男性：うわあ！ やったね。誰もぼくに連絡できないのは不思議な感じだけど，この自由になった感覚はいいな。一日中オフにしておこう。
女性：本当？ さあ，フェイスブックに投稿するものができたわよ。「ジムは携帯なしで1日生き延びた！」

3 男性はおそらく彼らの1日について何をフェイスブックに投稿するでしょうか。
　ア コーヒーを飲んで会っている写真。
　イ 意見が合わないことについてのメッセージ。
　ウ 携帯電話なしの1日についての話。
　エ 携帯電話を使っている女性の写真。

Part 2

A store owner put up a sign saying, "Puppies For Sale." Immediately a little boy came over and asked, "How much are the puppies?"

"Between $30 to $50," the store owner answered. The little boy reached in his pocket and pulled out some change. He had $2.37 and asked the owner to show them.

The store owner smiled and brought out five tiny puppies. But one of the puppies was walking slowly and looked a bit hurt. The little boy noticed this and asked, "What's wrong with that little dog?"

The store owner explained that the puppy had trouble in walking because its leg didn't move well. The little boy became excited. "That is the little puppy that I want to buy."

"No, you don't want to buy that little dog," said the store owner. "If you really want him, I'll just give him to you."

The little boy got quite upset. He looked straight into the store owner's eyes and said, "I don't want you to give him to me. That little dog is just as valuable as all the other dogs and I'll pay full price. In fact, I'll give you $2.37 now, and 50 cents a month until I have him paid for."

The store owner said, "You really don't want to buy this little dog. He will never run and jump and play with you like the other puppies." The little boy reached down and rolled up his pant leg to show his left leg, which was made of metal.

He looked up at the store owner and softly answered, “Well, I don’t run so well myself, and the little puppy will need someone who understands!”

1. Why did the little boy want the puppy that was walking slowly?
2. What did the store owner offer to do with the little puppy?
3. Why did the little boy want to give money to buy the puppy?
4. Which is true about the little boy?

ある店の経営者が「子犬売ります」と書いてある掲示を張った。すぐに幼い少年がやって来て,「子犬たちはいくら?」と尋ねた。

「30ドルから50ドルだよ」と店の経営者は答えた。その幼い少年はポケットに手を伸ばして小銭をいくらか引っ張り出した。彼は2ドル37セント持っていて,経営者にそれらを見せるように頼んだ。

店の経営者はほほえんで5匹の小さな子犬を連れて来た。しかし,子犬たちの1匹はゆっくり歩いていて,少しけがをしているように見えた。幼い少年はこれに気づいて「あの子犬はどうしたの?」と言った。

店の経営者は,その子犬は足が悪いために歩くのが難しいのだと説明した。幼い少年はわくわくしてきた。「あれがぼくが買いたい子犬だよ」

「いや,君はあの子犬を買いたくないだろう」と店の経営者は言った。「本当に彼がほしいなら君にあげるよ」

幼い少年はすっかり動揺した。彼は店の経営者の目をまっすぐにのぞきこんで,「ぼくに彼をくれてほしくないよ。あの子犬は他のすべての犬と同じ価値があるから全額を払うよ。実際に,今2ドル37セント払って,彼の支払いをするまで月に1度50セント払うよ」と言った。

店の経営者は,「君は本当にこの子犬を買いたくはないんだろう。彼は決して他の子犬のように走ったり飛び跳ねたり君と一緒に遊んだりしないだろうよ」と言った。幼い少年は手を下げてズボンをまくり上げて自分の左足を見せたが,それは金属でできていた。

彼は店の経営者を見上げて優しく「ええと,ぼく自身もよく走れなくて,その子犬にはわかってくれる誰かが必要なんだ!」と答えた。

1 幼い少年はなぜゆっくり歩いている子犬がほしかったのですか。

ア それが残っている1匹だけの子犬だったから。
イ それが5匹の中でいちばん安かったから。
ウ 彼は一緒に遊ぶ小さな犬がほしかったから。
エ 彼はその子犬とあるつながりを感じたから。

2 店の経営者はその子犬をどうしようと申し出ましたか。

ア それを無料で少年にあげる。
イ 安い値段でそれを少年に売る。
ウ 自分で飼う。
エ それを動物保護施設に提供する。

3 なぜ幼い少年はその子犬を買うためにお金をあげたかったのですか。

ア 彼は他の子犬が気に入らなかったから。
イ 彼はその子犬を買うお金が十分にあったから。
ウ 彼はその子犬にお金を払う価値があると信じていたから。
エ 彼は店の経営者を驚かせたかったから。

4 幼い少年について正しいものはどれですか。

ア 彼は偉大なランナーだった。

イ　彼は走るよりも歩く方が好きだった。
ウ　彼は走るのが困難だった。
エ　彼は子犬を見るために走ってペットショップに行った。

★ワンポイントアドバイス★

4問1の英問英答問題では，質問文の細かいところまで読み込まなくても，冒頭の疑問詞を中心に問われていることをある程度推測できる。また，質問文には一定のパターンがあるので，過去問などで慣れておくとよい。

＜理科解答＞《学校からの正答の発表はありません。》

1　(1)　空気塊A　5℃　　空気塊B　16℃　　(2)　空気塊A　(シ)　　空気塊B　(ア)　(3)　0.65℃　　(4)　空気塊A　(ウ)　　空気塊B　(キ)　　(5)　空気塊A　(エ)　　空気塊B　(ク)　　(6)　移動性(高気圧)　　温帯(低気圧)　　(7)　①　寒気　　②　下が　③　不安定　　④　低い　　⑤　高い　　⑥　強い雨

2　(1)　①　AA右，Aa右，aa右　　②　aa左　　③　Aa右，aa右，Aa左，aa左
(2)　AA左　　(3)　①　第4世代　　②　Aa，aa　　(4)　ウ，キ
(5)　セダカヘビが食べたカタツムリの殻を採集し，右巻きのものが多いことを確かめる。

3　(1)　①　$FeCl_2$　　②　$Al_2(SO_4)_3$　　③　$FeCl_3$　　④　$MnCl_2$　　x　SO_4^{2-}
(2)　A　塩化水素　　B　塩素　　(3)　(a)　イ　　(b)　ア　　(4)　(c)　水に溶けていた塩酸が出てくる　　(d)　イ　　(5)　(化学反応式1)　$Fe+2HCl \rightarrow FeCl_2+H_2$
(化学反応式2)　$2Al+3H_2SO_4 \rightarrow Al_2(SO_4)_3+3H_2$　　(化学反応式3)　$2H_2O_2 \rightarrow 2H_2O+O_2$
(化学反応式4)　$2FeCl_2+H_2O_2+2HCl \rightarrow 2FeCl_3+2H_2O$
(化学反応式5)　$4HCl+MnO_2 \rightarrow MnCl_2+2H_2O+Cl_2$

4　(1)　右図(3本の経路のうち，どれか少なくとも2本を描く)

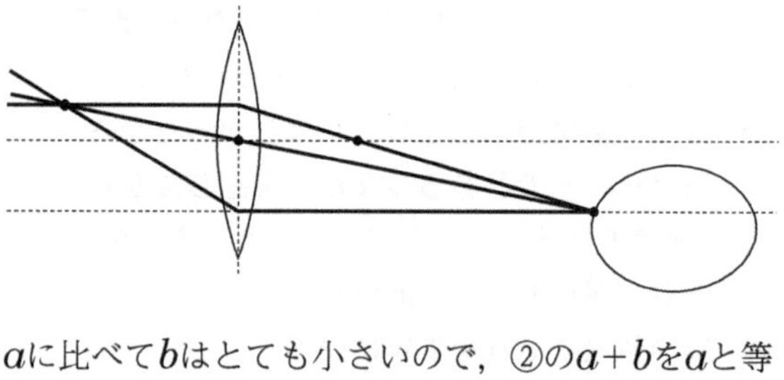

(2)　実像　(理由)　点Aから出た光が集まって，スクリーンなどに映すことができる像だから。　(3)　同一
(4)　①　$\frac{af}{b}$　　②　$\frac{a+b}{b}f$
(5)　凸レンズと棒の距離が遠いとき，aに比べてbはとても小さいので，②の$a+b$をaと等しいとみなせば，①と等しくなる。

○推定配点○
1　(1)～(5)　各2点×9　　他　各1点×8　　2　各3点×8
3　各2点×14((3)・(4)各完答)　　4　(1)・(2)　各3点×2((2)完答)　　他　各4点×4
計100点

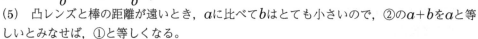

<理科解説>

1 (大気中の水蒸気－大気の安定性)

基本 (1) 温度が20℃のときの飽和水蒸気量は，図1を読みと17.3g/m^3である。空気塊Aの湿度は40%だから，空気$1m^3$に含まれる水蒸気量は，17.3×0.40＝6.92(g)である。この空気塊Aを冷やしたとき，湿度が100%になる露点は，5℃である。また，空気塊Bの湿度は80%だから，空気$1m^3$に含まれる水蒸気量は，17.3×0.80＝13.84(g)である。この空気塊Bを冷やしたとき，湿度が100%になる露点は，16℃である。

(2) 空気塊Aの温度は20℃，露点が5℃だから，温度が15℃下がると水滴ができて雲が発生する。雲ができるまでは，高さ100mにつき温度が1.0℃ずつ下がるから，15℃下がる高さは1500mである。また，空気塊Bの温度は20℃，露点が16℃だから，温度が4℃下がると水滴ができて雲が発生する。よって，4℃下がる高さは400mである。

(3) 図2では，高度0mでの気温が15℃で，高度10000mの気温が－50℃だから，その差は65℃である。高度100mあたりの温度の低下の割合は，65÷100＝0.65(℃/100m)である。

重要 (4) (2)のことから，空気塊Aの温度は，地上で20℃であり，上空1500mまでは100mにつき1.0℃ずつ温度が下がる。1500mを超えると雲ができて，100mにつき0.5℃ずつ温度が下がる。また，空気塊Bの温度も，地上で20℃であり，上空400mまでは100mにつき1.0℃ずつ温度が下がる。400mを超えると雲ができて，100mにつき0.5℃ずつ温度が下がる。このことを図3に描き込むと，次のようになる。

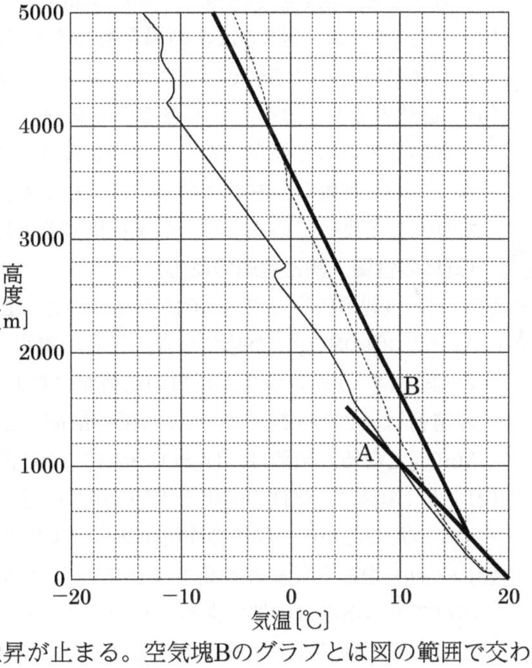

空気塊の温度が周囲の温度よりも高い場合，つまり，右図のグラフよりも空気塊のグラフが右にあるときには上昇が続くが，等しくなると上昇が止まる。5月1日9時の破線のグラフと比較する。空気塊Aのグラフとは高度800mで交わるので，そこで上昇が止まり，雲ができることはない。空気塊Bのグラフとは，雲が発生したあとの高度4000mで交わるので，そこで上昇が止まり，雲頂となる。

(5) (4)で描き込んだグラフを，5月2日9時の実線のグラフと比較する。空気塊Aのグラフとは高度1000mで交わるので，そこで上昇が止まる。空気塊Bのグラフとは図の範囲で交わらないので，上空5000m以上へ雲ができ続ける。

(6) 春や秋には，大陸の長江(揚子江)付近でできた小型の高気圧と，前線を伴う温帯低気圧が，偏西風によって交互に日本列島を西から東に移動する。そのため，日本の天気は周期的に変化する。なお，温帯低気圧は寒気と暖気の境界にできるために，ふつう前線を伴うが，周囲がすべて暖気の熱帯低気圧には前線はない。

(7) 図3の5月1日9時の破線のグラフよりも，5月2日9時の実線のグラフの方が，温度が低い。これは，図5で上空の北からの風がより南側へ及んでいるためである。(4)(5)でみたように，5月1日よりも5月2日の方が，空気塊はより高く上昇しており，大気の状態はより不安定である。そのため，5月2日の方が，積乱雲が発達して強い雨が降りやすくなっている。

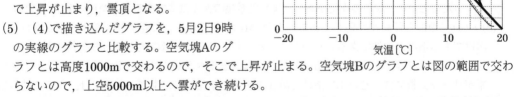

2 (遺伝－カタツムリの巻き方の遺伝)

(1) ① 親個体の遺伝子型がAaどうしだから，子の遺伝子型はAAとAaとaaが1：2：1の割合で現れる。卵を産んだ親個体の遺伝子型もAaだから，子の表現型はすべて右巻きになる。 ② 親個体の遺伝子型がaaどうしだから，子の遺伝子型はすべてaaである。また，卵を産んだ親個体の遺伝子型もaaだから，子の表現型はすべて左巻きになる。 ③ 親の遺伝子型がAaとaaだから，子の遺伝子型はAaとaaが1：1の割合で現れる。また，メスの役割を果たし卵を産んだ親個体の遺伝子型がAaの場合は，子の表現型は右巻きになる。また，卵を産んだ親個体の遺伝子型がaaの場合は，子の表現型は左巻きになる。

重要 (2) 子の遺伝子型がAaやaaの場合，メスの役割を果たし卵を産んだ親個体の遺伝子型がAaの場合とaaの場合がありうるので，右巻きと左巻きの両方があり得る。しかし，子の遺伝子型がAAの場合，卵を産んだ親個体の遺伝子型はAAの場合とAaの場合のどちらかしかないので，必ず右巻きになる。つまり，「AA左」という個体は存在しない。

(3) 第2世代はAA右とAa右が現れる。第2世代どうしのかけ合わせのうち，Aa右どうしのかけ合わせでは，第3世代で(1)①の通り，AA右，Aa右，aa右の3通りが現れる。さらに，第3世代どうしのかけ合わせのとき，メスの役割を果たし卵を産む個体がaa右の場合，オスは3通りのどれであっても，第4世代でAa左，またはaa左が出現する。

(4) ア，イ，エ…図3ではどの場合もカタツムリの生存率は100％ではないので，率の大小はあれ，食べることはできている。オ，カ，ク，ケ，コ…この実験で確認できる項目ではない。

(5) 自然界でセダカヘビが右巻きのカタツムリを選択的に食べることで，相対的に左巻きの割合が増加していると仮定できる。これを確認するには，自然界でセダカヘビが食べたあとのカタツムリの殻を採集し，右巻きの方が多い結果が得られればよい。セダカヘビは殻の中身だけを引きずり出して食べているので，殻を採集するのは可能である。

3 (気体の性質－酸と金属の反応)

重要 (1) ① 1個のFe^{2+}と2個のCl^-が結びつき，正負の電荷がつりあって$FeCl_2$となる。 ② 2個のAl^{3+}と3個の$SO_4{}^{2-}$が結びつき，正負の電荷がつりあって$Al_2(SO_4)_3$となる。 ③ 1個のFe^{3+}と3個のCl^-が結びつき，正負の電荷がつりあって$FeCl_3$となる。 ④ マンガン(Ⅱ)イオンの＋の電荷は＋2である。よって，1個のMn^{2+}と2個のCl^-が結びつき，正負の電荷がつりあって$MnCl_2$となる。硫酸は，$H_2SO_4 \rightarrow 2H^+ + SO_4{}^{2-}$のように，水素イオンと硫酸イオンに電離する。

(2) A 塩酸は，気体の塩化水素HClが水に溶けてできる水溶液である。 B 青色リトマス紙が白くなったことから，脱色の作用があり，また刺激臭のある気体であることから，塩素Cl_2である。

(3)・(4) 塩酸と亜鉛が反応して出てくる気体は水素である。水素は水に溶けにくく，わずかに溶けても水溶液は中性である。そのため，どちらのリトマス紙の色も変わらないはずである。しかしこの実験では，塩酸の中に溶けていた気体の塩化水素が空気中に出てくるため，その塩化水素がリトマス紙に含ませた水に溶けて酸性を示す。塩化水素が混ざった分だけ，水素の純度は下がる。

重要 (5) 化学反応式1では，塩化鉄(Ⅱ)ができる。化学反応式2では，硫酸アンモニウム$Al_2(SO_4)_3$ができるので，AlとH_2SO_4が2：3の数比で反応する。化学反応式3では，変化しない二酸化マンガンMnO2を化学反応式に入れない。化学反応式4では，塩化鉄(Ⅱ)$FeCl_2$が塩化鉄(Ⅲ)$FeCl_3$に変わる。左辺と右辺の原子の数を合わせるためには，塩化鉄(Ⅱ)と塩化鉄(Ⅲ)を2個ずつにした上で，他の係数も調整する。化学反応式5では，反応に関わるMnO_2も化学反応式に入れる。

4 (光－カメラの仕組み)

基本 (1) 点Aで乱反射した光は，すべての向きに進む。そのうち，Lに平行な向きに進んだ光は，レンズを進んだあと焦点Fを通る。レンズの中心Cに進んだ光は直進する。焦点F'に進んだ光は，レンズを進んだあとLに平行な向きに進む。これら3本の光線は1点で交わり，そこに凸レンズを通過したすべての光が集まる。この点が像のできる位置である。解答では，3本の光線のうちどれか2本を作図すればよい。なお，光線は凸実際にはレンズに入射するときと出射するときの2回屈折するが，作図ではレンズの中央の面Mで1回屈折するように描く。

(2)　(1)で作成した像は，点Aを出て凸レンズを通過したすべての光が集まってできる。この位置にスクリーンを設置すれば，像が映る。これは実像である。虚像は光が実際に集まることがなく，光の経路を逆にたどったときにできるもので，スクリーンに映すことはできず，レンズなどをのぞいた人だけに見える像である。

(3)　点Aが充分に遠いと，直線ACと直線AF'がほとんど重なってしまう。そして，焦点F'に進んだ光は，レンズの中心Cに極めて近い位置を通過する。像の位置は，焦点Fに極めて近い位置にとても小さくできるため，ほぼ焦点上にできると考えても差し支えない。

(4)　①　面Mから棒までの求める距離をxとする。また，棒が充分に遠いところにあるので，面Mから像までの長さはfそのものと考える。Cを通る直線を考えると，右図のように三角形の相似から，$a:b=x:f$である。よって，$x=\frac{af}{b}$となる。

①
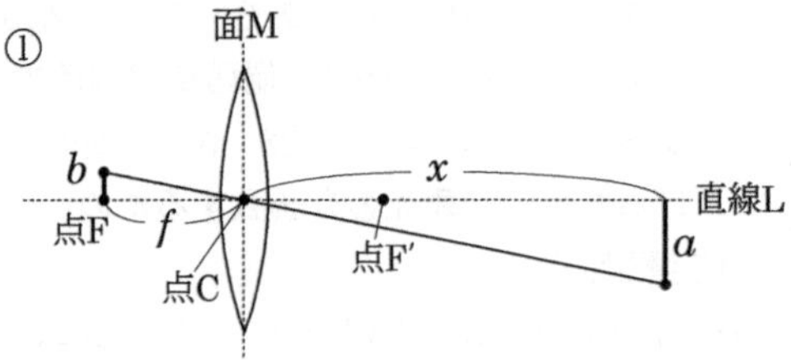

重要

②　面Mから棒までの求める距離をxとする。焦点F′を通る直線を用いると，右図のように三角形の相似から，$(x-f):f=a:b$である。これより，$af=b(x-f)$と変形し，$x=\frac{a+b}{b}f$となる。

②
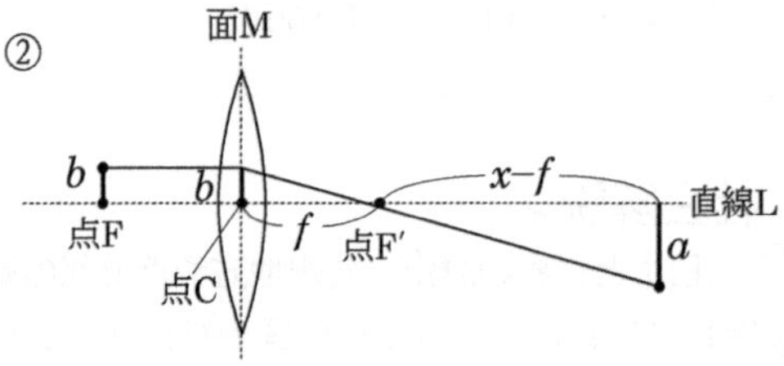

(5)　(4)の①の式では，面Mから棒までの距離が遠いという仮定をおいたが，②の式では仮定をおいていない。つまり，②の方がどんな場合でも使える厳密な式で，①の方が近似的な式である。面Mから棒までの距離がとても遠いとき，できる像の大きさbはとても小さい。実際のカメラでは，長さ何mもある大きい物体を撮影したときでも，像はフィルムの大きさの中に数mmで収まっている。このような場合，aに比べbはたいへん小さいので，(4)の②の式にある$a+b$は，(4)の①の式のaとほとんど同じといってよい。

★ワンポイントアドバイス★

パターン暗記にこだわらず，問題文の考え方を素直に学び理解して，上手に乗って解き進めるように心がけよう。

＜社会解答＞《学校からの正答の発表はありません。》

1　問1　志賀(島)　　問2　2　　問3　3　　問4　西南戦争　　問5　4　　問6　3
問7　オランダ　　問8　(例)　5世紀の対中外交は高い官位を求めることが目的だったが，7世紀の対中外交は仏教の教えを学ぶことを目的とした。　　問9　1

問10 (意味) (例) 中国の皇帝が正式に地位や支配権を認めていることを示す意味。
(使用方法) (例) 文書などを密封したうえで印を押し，開封していないことを示す。
問11 コンドル　問12 3　問13 (例) 当時の日本は戦略物資のほとんどを海外からの輸入や調達に頼っていたが，現在のロシアは大半を自国で入手，生産を行っている違い。
問14 3　問15 2　問16 4　問17 1　問18 (例) イギリスは日英同盟を結んで支援し，アメリカは日本の国債の購入や，仲介の約束をするなどして支援した。

[2] 問1 4　問2 1　問3 (1) 4　(2) 4　問4 (1) 小選挙区比例代表並立制 (2) 4　問5 (例) 業務の内容を性別ごとに分けている点。／時給アップを男性のみに限定している点。　問6 3　問7 1，3　問8 2　問9 (例) 衆議院は，参議院と比べて任期が短いうえに解散もあるため，主権者である国民の意思が反映されやすいから。
問10 1　問11 2　問12 3　問13 緊急事態(条項)

[3] 問1 マニラ　問2 1　問3 2　問4 (1) 4　(2) トルコ　(3) (例) かつてフランスの植民地であり，フランス語が使えるなど関わりが強いから。　(4) 3
問5 4　問6 (例) 偏西風が暖流である北大西洋海流の上を通った後，港に吹きつけるから。　問7 3　問8 5　問9 (1) 石灰(岩)　(2) (例) 自治体の知名度を上げるため。／観光客を誘致するため。

○推定配点○
[1] 問13・問18 各3点×2　他 各2点×17　[2] 各2点×16(問7完答)
[3] 各2点×14　計100点

＜社会解説＞

[1] **(日本と世界の歴史－九州地方や近現代の戦争をテーマとした総合)**

基本 問1 1世紀に奴国の王は中国の後漢から金印を授けられたが，この金印は江戸時代に現在の福岡県にある志賀島で発見された。

基本 問2 X 江戸時代の1609年，薩摩藩は琉球王国に侵攻し，それ以降支配をしたので正しい。
Y 初代総理大臣の伊藤博文と3代総理大臣の山県有朋は，どちらも長州藩出身者なので誤り。なお，薩摩藩出身の総理大臣は，2代総理大臣の黒田清隆や4代総理大臣の松方正義などである。

やや難 問3 X アレクサンドロス大王の東方遠征により，オリエント文化と融合してヘレニズム文化となったのは，古代ローマ文化ではなくギリシャ文化なので誤り。　Y 古代ローマ帝国は，アッピア街道などの道路網を整備し，都市にはテルマエなどと呼ばれる浴場やコロッセウムと呼ばれる闘技場が造られていたので正しい。

基本 問4 1877年，薩摩藩の不平士族らが西郷隆盛を押し立てて起こした最大の士族反乱を西南戦争という。西南戦争は，1873年の徴兵令によって組織された日本軍によって鎮圧された。

基本 問5 Ⅰは1973年，Ⅱは1964年，Ⅲは1971年の出来事なので，Ⅱ→Ⅲ→Ⅰの順となる。

基本 問6 X 1156年の保元の乱では，勝利した後白河天皇側に平清盛，源義朝の双方が加わったので誤り。なお，平清盛と源義朝が争ったのは1159年の平治の乱である。　Y 935年に関東地方で反乱を起こした平将門は，新皇を自称して関東一円を支配したので正しい。

問7 島原の乱は1637年に発生したが，この時に江戸幕府と友好関係にあった外国はオランダである。島原の乱に参加した信者の宗派はカトリックだが，オランダの宗派はプロテスタントだったこともあり，オランダは江戸幕府の支援要請を承諾した。

問8 5世紀の資料では，倭王が安東大将軍などの官位に任命してもらうよう中国の皇帝に要請していることがわかる。一方，7世紀の資料では倭王が仏法(仏教の教え)を日本に持ち帰るために留学僧を派遣していることがわかる。なお，従来の見方では，日本が中国と対等の関係を目指したとされていたが，この7世紀の資料には，日本が中国に対して朝貢し，礼を尽くしたことが書かれてあり，この時代でも中国と日本は上下関係が崩れていなかったことがわかる。

基本 問9　X　弥生時代の遺跡として，佐賀県の吉野ケ里遺跡や静岡県の登呂遺跡があるので正しい。
Y　縄文時代末期から弥生時代にかけて，大陸から金属器や稲作が伝わった。金属器のうち，青銅器は祭器，鉄器は農具や工具などの実用品として使用されたので正しい。

やや難 問10　金印の他に銅印があることから，地位によって使用素材が異なることがわかる。中国の皇帝が周辺の王や支配者に印を送ることで，その人物の地位や支配権を正式に認めたことを示す意味がある。使用法は，写真2のように文書などをまず厳重に密封し，その上で写真1のように印を押す。この状態で送ることで，届く前に第三者が開封していないことを示すことができる。

重要 問11　辰野金吾は明治時代から大正時代にかけて日本銀行本店や東京駅を設計した建築家である。彼が師事したのは，イギリス出身のお雇い外国人のジョサイア・コンドルである。コンドルは，欧化政策の一環として1883年に完成した鹿鳴館の設計者として知られる。

重要 問12　X　日中戦争は1937年の盧溝橋事件を発端に始まったが，日本は国際連盟を1933年に脱退しているので誤り。　Y　ロシアのウクライナ侵攻が始まった2022年2月時点で，ロシアは安全保障理事会の常任理事国であり，2024年1月現在も同様であるので正しい。

問13　戦略物資とは，石油や鉄鉱石，食料など国家の安全保障上において重要な物資や資源のことである。日中戦争時の日本は戦略物資のほとんどを自国で確保できず，外国からの輸入や支配地での調達に頼っていたが，現在のロシアは戦略物資のほとんどを自国で確保できているところに違いがある。なお，ウクライナ紛争が長期化するにつれ，ロシアは兵器などを友好国から入手するようになった。

基本 問14　X　11世紀，聖地エルサレムをイスラムから奪回するため十字軍を編成し，その後200年にわたって遠征を行ったのはキリスト教である。　Y　7世紀の初めに成立し，聖典によって生活や政治，経済活動を規制しているのはイスラム教である。

重要 問15　X　18世紀半ばにイギリスで始まった産業革命の結果，農村から都市への人口集中が起こり，都市の衛生状況が悪化したので正しい。　Y　19世紀後半に日本でも産業革命が起こり，綿糸を生産する紡績業が急激に伸びたが，生糸を生産する製糸業も同様に業績を伸ばし，生糸は輸出品の首位のままだったので誤り。

問16　X　アメリカの南北戦争は1861年～1865年で，19世紀のことなので誤り。　Y　18世紀前半の街道整備により，庶民も含めて人の移動が多くなった。その一方で，えた身分・ひにん身分の人びとは特定の地域に押し込められ，自由な移動を禁止されていたので誤り。

やや難 問17　X　1868年に始まった新政府軍と旧幕府軍との内戦を戊辰戦争という。この戦いは，1869年の函館五稜郭の戦いで旧幕府軍が降伏するまで続いたので正しい。　Y　戊辰戦争中，仙台藩や会津藩など，東北地方の諸藩により，奥羽越列藩同盟が結成されたので正しい。なお，この同盟には東北地方の藩だけでなく，北越地方の藩も加盟している。

問18　1904年に始まる日露戦争に先がけ，イギリスは1902年に日本と日英同盟を結び，物資の提供や情報の提供などを行って日本を支援した。また，アメリカは開戦前から日本の国債を購入する形で資金援助を行ったうえ，開戦後は適切な時期に日露両国の仲介を行う役を引き受けるなど，間接的に支援を行った。なお，1905年のポーツマス条約は，アメリカの仲介により締結された。

2 (公民－近年の日本の政治や国際情勢，経済分野の問題，時事問題など)

やや難 問1 X 中選挙区制は，かつて衆議院議員選挙で導入されていた選挙制度で，全国を約130選挙区に分け，1選挙区から原則として3名から5名を選出する制度である。また，政党名でなく候補者名で投票するので誤り。 Y 中選挙区制では，政党に属さない無所属候補も立候補できるので誤り。これは，現在の小選挙区制でも同様である。

問2 X 自分たちの利益のために政党や官僚などに働きかける社会集団を利益集団(圧力団体)というので正しい。 Y 特定分野に精通し，省庁の予算確保や業界の利益保護に協力する国会議員を族議員というので正しい。

重要 問3 (1) 1989年，米ソ首脳会談が行われ，冷戦の終結が宣言された。この時の首脳は，アメリカがジョージ・ブッシュ大統領，ソ連がゴルバチョフ書記長(後に大統領)だった。 (2) X 1989年の米ソ首脳会談は，ヤルタでなく地中海にあるマルタで行われたので誤り。 Y アフリカで多くの国が独立し，「アフリカの年」と呼ばれたのは1960年であるので誤り。

重要 問4 (1) 1994年の公職選挙法改正によって衆議院議員選挙に導入された選挙制度を小選挙区比例代表並立制という。なお2024年1月時点では，衆議院の定員465名のうち，小選挙区選出が289名，比例代表選出が176名である。 (2) X この選挙制度では，小選挙区と比例代表の両方に重複立候補することが可能なので正しい。なお，小選挙区で落選しても，比例代表で復活当選できることもある。 Y 衆議院の比例代表制では，政党名で投票される。また，事前に候補者名簿に順位が決められている拘束名簿式なので誤り。

問5 1985年に制定され，その後複数回改正された男女雇用機会均等法では，募集や採用，配置や昇進などに関して男女差をつけることを禁止している。そのため，業務の内容が男女で明確に分けられていたり，時給アップを男性のみに限ったりしている点は法令上問題がある。

問6 a 常会は毎年1月に召集されるので誤り。 b 本会議は原則公開で行われるが，出席議員の3分の2以上の賛成で議決したときは非公開にすることができるので正しい。 c 法案の審議は，本会議で採決する前に常任委員会や特別委員会で実質的に審議されるので正しい。 d 国会には会期不継続の原則があり，会期中に議決されなかった法案は原則として廃案となり，次期国会には引き継がれないので誤り。なお例外として，閉会後も審議を継続し，次期国会で改めて採決を行う閉会中審査の仕組みもある。

基本 問7 1 日本国憲法第66条で，内閣総理大臣とその他の国務大臣は，文民でなければならないと定められているので正しい。 2 内閣が行使するのは立法権でなく行政権であるので誤り。
3 内閣の閣議は，原則非公開で行われるので正しい。 4 国政調査権は内閣でなく国会が持つ権限なので誤り。 5 条約の締結は，内閣が締結し，国会がそれを承認するので誤り。

やや難 問8 X 内閣提出法案は各省庁の官僚が主に立案し，閣議で決定して内閣総理大臣の名で提出されるので正しい。 Y 議員提出法案のうち，予算が伴う法案については，衆議院では20名以上でなく50名以上の賛成者が必要となるので誤り。なお，参議院の場合は20名以上である。

基本 問9 衆議院は任期が4年で解散があり，参議院は任期が6年で解散がない。このように，衆議院は参議院と比べて任期が短いうえ，解散されることもあるので，主権者である国民の意思を反映させやすいと言える。このため，衆議院の優越が認められている。

問10 X マイナンバー制度は，国民の利便性を高め，公平・公正な社会を実現することを目的として，2016年から導入されているので正しい。 Y マイナンバーは，外国籍の人を含めて日本に住民票がある全ての人に割り当てられた12桁の数字であるので正しい。

重要 問11 a GDPは，国または地域内で一定期間に生産された財とサービスの付加価値の合計を表すので正しい。 b GDPは「国内総生産」の意味で，自国に居住する外国人の生産額は計上される一方で，外国に居住する自国民の生産額は計上されないので誤り。　c　2020年時点で，日本のGDPはアメリカ，中国に次いで世界第3位だったので誤り。なお，2023年の名目GDPでは，日本はドイツに抜かれて第4位となった。　d　GDPとは，国内の総生産額から中間生産物の総額を引いた最終生産物の総額であるので正しい。

基本　問12　X　内閣不信任の決議案を議決できるのは衆議院だけであり，参議院では議決できないので誤り。　Y　衆議院で内閣不信任案が可決された場合，内閣は10日以内に衆議院が解散されない限り，総辞職しなければならないので正しい。

問13　大規模災害や戦争，テロなどの非常事態時に，政府の権限を一時的に強化する規定を緊急事態条項という。2011年の東日本大震災発生後，自由民主党を中心に緊急事態条項を憲法に取り入れようとする意見があるものの，政府・与党に権力が集中しかねないとして反対する意見もある。

3　(地理－2023年のバスケットボールW杯をテーマとした総合)

問1　リード文内にあるアジア地区の国と表1を照合すると，もう一つの開催国はAブロックのフィリピンだとわかる。フィリピンの首都はマニラである。

問2　タイは，かつては米をはじめ農産物や工業原料の輸出が多かったが，工業化が進み，近年は機械類や自動車の輸出が多くなっている。よって1が正しい。なお，2はマレーシア，3はインドネシア，4はフィリピンである。

重要　問3　表のうち，EU(ヨーロッパ連合)は4つの中で最も貿易額が多い2である。なお，人口が最も多い1がASEAN(東南アジア諸国連合)，GDPが最も多い3がUSMCA(アメリカメキシコカナダ協定)，すべての数値が最も小さい4がMERCOSUR(南米南部共同市場)である。

やや難　問4　(1)　X　フィンランドはEUに加盟しており，共通通貨であるユーロも導入しているので誤り。　Y　フィンランドの公用語は，フィンランド語の他に一部地域で使われているスウェーデン語である。英語は公用語と定められていないので誤り。　(2)　ドイツは1950年代以降，安価な労働力を求めて移民の受け入れを行っており，現在では全人口の約3割が移民にルーツを持つ人である。ドイツは1960年代にトルコと協定を結んだ影響で，トルコ出身の人が最も多くなっている。　(3)　アルジェリアとモロッコは，かつてフランスが植民地支配していたアフリカの国である。その影響もあり，どちらの国も公用語でないにもかかわらず，フランス語を話せる人が多く，経済的な結びつきが強いことから，移民が多くなっている。　(4)　鉄鉱石は，オーストラリア北西部のピルバラ地区に多く分布している。よって3が正しい。なお，1は金，2はウラン，4は石炭の分布を表している。

基本　問5　ギリシャの首都アテネは，地中海のエーゲ海に面しているので，夏に高温少雨となる地中海性気候のウである。フィンランドの首都ヘルシンキは，北緯およそ60度に位置しているため，冬の平均気温が最も低いアとなる。フランスの首都パリは西岸海洋性気候で，年間を通して降水量が安定し，気温も高緯度の割に温暖なイである。よって，4の組み合わせが正しい。

重要　問6　ノルウェー北部のナルヴィク港が凍結しないのは，沿岸を暖流の北大西洋海流が流れ，偏西風がその上を通って暖められた後に陸地に吹きつけるからである。一方，海流から離れているフィンランドの港は凍結する。なお，冬季になっても凍結しない高緯度地域の港を不凍港という。

重要　問7　X　ニュージーランドは，オーストラリア東方のポリネシアに位置する国であるので誤り。なお，ポリネシアは北のハワイ諸島，南西のニュージーランド，南東のイースター島(チリ)を結ぶ三角形の中に含まれる国々である。　Y　オーストラリアにはアボリジニ[アボリジナル]，ニュージーランドにはマオリなどの先住民が生活しているので正しい。

基本 問8　植物を原料として作られる燃料をバイオエタノールという。このうち，アメリカではトウモロコシが，ブラジルではサトウキビが主な原料となっている。

問9　(1)　沖縄島の地質は主に石灰岩質である。石灰岩は水が浸透しやすいうえ，大きな川もないため，雨が多くても利用できる水は少ない。　(2)　アンテナショップを人の往来が多い都心やその周辺部に出店することで，自治体や特産品の知名度を向上させ，興味を持った人を観光客として誘致することが期待できる。

★ワンポイントアドバイス★

問題数が多く，時間内に解ききれるかがカギとなる。知識のみで解ける問題から解いていくとよい。正誤の組み合わせ問題が多いが各文を正確に読み，早とちりをしないこと。時事問題も多く，日ごろから意識して情報を入手したい。

＜国語解答＞《学校からの正答の発表はありません。》

一　問一　(a)　衝動　(b)　放棄　問二　オ　問三　イ　問四　エ　問五　ウ
問六　イ　問七　(例)「『他者』としての自己」は，自分で了解しきれない他者的な要素をもち他者と融合したり分裂したりする自己で，対比的に述べられている近代西洋の自己は，自分が自分であると了解し個人として徹底的に確立しているとする自己である。
問八　エ

二　問一　(a)　蔑　(b)　めいしょう　(c)　哀訴　問二　エ　問三　イ　問四　エ
問五　ウ・オ　問六　オ　問七　(例)　老舗どじょう料理屋「いのち」のおかみさんになるものは代々放蕩者の良人を持つ宿命であるが，おかみさんを継いだ自分も帳場で耐え忍べばこの家を守ることができるという勇気を得ると同時に，祖母や母に現れたように自分にもいのちをかけて慰めてくれるものが現れると信じる気持ち。

三　問一　ウ　問二　ア・オ　問三　ア　問四　(例)「都をば」と「白河の」の歌から白河は東路の先の遠い所だとわかり，「なれなれて」の歌では都にある最勝寺の桜を白河の桜と呼んでいることから，「白河」という同じ名でも違う場所であるとわかるということ。
問五　イ・カ　問六　A　諸行無常　B　平家物語　C　世阿弥　D　近松門左衛門

○推定配点○

一　問一・問二・問六　各2点×4　問七　8点　他　各4点×4
二　問一・問二　各2点×4　問七　10点　他　各4点×4
三　問四　8点　問五　6点　問六　各2点×4　他　各4点×3　計100点

＜国語解説＞

一　(論説文―大意・要旨，内容吟味，文脈把握，漢字の読み書き，熟語，文学史)

問一　(a)　抑制がきかない欲求によって発作的に行動しようとする心の動き。　(b)　投げ捨ててかえりみないこと。「棄」を使った熟語には，他に「棄却」「破棄」などがある。

問二　アは「へんげんせきご」，イは「いいだくだく」，ウは「せいさつよだつ」，エは「びじれいく」，オは「ばじとうふう」と読む。人の意見を聞き流すという意味のオが対義的な意味を持つ。

問三　直前に「このように」とあるので，前に理由が書かれている。前で「満腹感」と「痛み」の例を挙げており，その前の「今日」で始まる段落の「自分もまた，自分で了解しきれない他者的な要素を大きく持つ」「自分に関しても……了解可能の部分は，ごく一部分に過ぎないのかもしれない」から，「自己には意識で了解しきれない部分が多くあるから」と理由を説明しているイが最も適当。ア「定期的に不調和や不具合が生じてしまう」，ウ「身体感覚と対立する」，エ「自己理解に時間がかかってしまう」，オ「統合された自己は別に存在する」とは書かれていない。

問四　直前の段落では「身心をはみ出し，衣服や装身具」「車までを含めて自分と考え」る例を挙げ，「自己の個体性も……はっきりと確定したものではない」と述べている。この考えよりも，──部2「もっと過激に考えてみよう」と「自己は単一の存在ということができるであろうか」と問いかけ，会社や家庭で「人はさまざまな自己を使い分けている」と述べている。この内容にエの説明が最も適当。アの「自己ではないものを取り込み」や，イの「境界線」「輪郭」に通じる叙述はない。冒頭の段落の「個人として確立している」という近代の自己論に異議を唱える部分なので，「独立した単一の自己として成立している」とあるウや，「自己は……完全に理解しつくせる」とあるオも適当ではない。

問五　(中略)以降の「例」に着目する。アは，「例を挙げるならば」で始まる段落の「阪神ファン」や「戦争の時」の「国民」に通じる。「自己を」で始まる段落の「平社員は苦労は多いが，会社の決定の責任を取る必要はない」はイに，「足の機能」はエに，「記憶力」はオに通じる。一人で作品を読み一人で考えているウが「他者と融合していく」具体例として適当でない。

基本　問六　アは「志賀直哉」，ウは「森鷗外」，エは「芥川龍之介」，オは「川端康成」の作品。

やや難　問七　まず，──部⑤「『他者』としての自己」について，「今日」で始まる段落の「自分で了解しきれない他者的な要素を大きく持つ」や「近代の哲学は」で始まる段落以降の内容から，他者と融合したり，分裂したりすることを前提とした仏教的な自己であることを確認する。また，仏教的な自己と対比的に述べられている近代西洋的な自己について，冒頭の段落の「自己は，合理的な自己意識として完全に理解しつくせる」や「個人として確立している」などの表現をもとに「違い」がわかるようにまとめる。

重要　問八　「このような立場は」で始まる段落で，筆者は近代の自己論の考えは「軽視することはできない」と述べる一方で，最終段落では「絶対視するわけにはいかない」と述べ，最終段落で仏教的な自己を認識することの重要性を主張している。本文では，誰もが理解できる身近な例を挙げて説明しており，この構成の説明としてエが最も適当。アの「自己像の具体例」「自己論を相対化」に通じる内容は書かれていない。筆者は，イ「東洋的な自己像を唱える人々を批判」していない。本文中の例は，ウ「自らの体験」にそぐわない。また，筆者は「自己」について論じており，「現実の世界」について論じているわけではない。筆者は，近代的な自己論を「軽視することはできない」と述べているが，オ「最終的には否定している」わけではない。

二　(小説─主題・表題，情景・心情，内容吟味，漢字の読み書き，ことわざ・慣用句)

問一　(a)　音読みは「ベツ」で，「軽蔑」「蔑視」などの熟語がある。　(b)　美術や工芸などですぐれた腕前を持つ人。　(c)　同情を引くように嘆き，訴えること。

問二　「浮名」は，男女関係の噂。イと迷うが，後の「おかみさん」の切ない様子から，噂だけでなく実際に愛人をこしらえていたと考えられるので，エを選ぶ。

問三　直前の「人に嫉まれ，サゲスまれて……あの小魚を口に含んで，前歯でぽきりぽきりと，頭から骨ごとに少しずつ噛み潰して行くと，恨みはそこへ移って」という様子や，「鰥夫暮しのどんな侘しいときでも……あの小魚は，妙にわしに食いもの以上の馴染になってしまった」「食われる小魚もかわいそうになれば，食うわしもかわいそうだ。誰も彼もいじらしい」という徳永の会話を踏まえて説明しているイが最も適当。アの「命を粗末にしてはいけない」，ウの「自分の仕事に対する一般世間の無理解」，オの「自分をつい甘やかして」に通じる描写はない。この時点では，エの「おかみさんのこと」について述べていない。

問四　放蕩者の夫に耐えながら帳場から一足も動かなかったというおかみさんの状況を「生き埋め」と表現している。――部②の直後「窓の外へ強引に連れ出そうかと思ったことも一度ならずあった」に，エの説明が最も適当。同じ段落の「どちらの力も失せた」から，徳永は実際におかみさんを誘惑していないので，アは適当ではない。徳永はおかみさんの状況を理解しているので，イも合わない。ウ「いやいやながら帳場で働き始めた」や，オ「早まって彼女の夫に文句を言い，密かに離縁を促していた」とは書かれていない。

問五　どじょう料理屋「いのち」を継いだ「くめ子」が，「徳永」と「母親」の関係を知り，「母親」の意志も継いで「徳永」にどじょうを与えることになったという関係に，ウの解釈が適当。「母親」が「徳永」にどじょうを食べさせていたことのお返しに，「徳永」が「母親」によくできた簪を送っていたという関係に，オの解釈が適当。「くめ子」が「徳永」からのお返しを期待する描写はないので，アは適当でない。イ「将来現れる男客にどじょうを恵み与えることになった」とは書かれていない。「母親」は「徳永」から簪を贈られているが「顧客」ではないので，エも適当ではない。「徳永」は「母親」の愛人ではないので，カも適当ではない。

問六　「無垢」は汚れがなく純真な様子。「妙だね」で始まる会話からは，夫に放蕩されても店を守り続けた満足感と，「誰か，いのちを籠めて慰めて呉れるものが出来る」喜びが感じ取れる。母親にとって徳永から贈られた簪が「いのちを籠めて慰めて呉れるもの」で，純真な娘のように愛着を感じている。この内容を述べているオが最も適当。「『ほ　ほ　ほ　ほ』と含み笑いの声」に，アの「切ない恋しさ」や「興奮」はそぐわない。「母親は急に機嫌よくなった」や，死ぬ間際に化粧をする様子に，イの「狂気じみた気分」はそぐわない。ウの「あの世で二人再会することができる」やエの「強い恐れ」も読み取れない。

やや難　問七　――部⑤の「宿命に忍従しようとする不安で逞しい勇気」は，「妙だね」で始まる「この家は，おかみさんになるものは代々亭主に放蕩される……だが，そこをじっと辛抱してお帳場に囓りついていると，どうにか暖簾もかけ続けて行ける」という母親の言葉から得られたものである。また，「救いを信ずる寂しく敬虔な気持」は，「誰か，いのちを籠めて慰めて呉れるものが出来る……おまえにも若しそんなことがあっても決して落胆おしでないよ」から得られたものである。この母親の言葉に，最終場面の「くめ子は……この青年たちの中で自分に関りのあるものが出るようだったら，誰が自分を悩ます放蕩者の良人になり，誰が懸命の救い手になるかなどと，ありのすさびの推量ごとをして」を重ねて，「くめ子」の気持ちをまとめる。

三 (古文―大意・要旨，文脈把握，口語訳，文学史)

〈口語訳〉　この宮は，今年は八歳におなりになったが，非常に賢くて，普通の人よりもしっかりしていらっしゃったが，宣明卿をお呼びになられて，

「本当かしら，主上は人も通わぬ隠岐国とやらへ流されなさると聞く。そうであるなら，私一人が都に残り留まっていてもどうにもならない。ああ私も，君のいらっしゃる国のあたりへ流してほしい。せめてそれとなく，(君の)御行末をお聞きしたい。それにしても，君が閉じ込められて，いまだにいらっしゃると聞く白河は，ここから近い所と聞いているが，(君が)いらっしゃる間にどうして宣明は，私を連れて君の所へ参上しないのか。昼は人目もあるだろうが，夜にまぎれて行くことは問題なかろう」と，仰せ出されたので，宣明は涙をこらえて，しばらくは何も言うことはできなかったが，しばらくして，主上のお住まいが近いことを申し上げると，(宮が)昼も夜も参上しようと，催促しておっしゃられたのでは，お気の毒だと思ったので，

「それでございますが，主上のいらっしゃる白河が，近い所でさえございますならば，昼も夜もお供申し上げいたしますが，その白河という所は，都から何百里も下っていく路にございます。その証拠に，能因法師の歌にも，

都をば　霞と共に立出でて　秋風ぞ吹く　白河の関(都を春の霞と共に旅立ったが，秋風が吹く頃に着いた白河の関であることだ)

と，詠んでいます。この歌で，道のりの遠さや，人を通さない関があると，思い知りになられますでしょう」と申し上げたところ，宮は静かにお聞きになり，涙をお拭きになられて，仰せになったことには，「情けない宣明だな。私を連れて行くまいと思って，そのように言うのか。

その能因法師が，白河の関と詠んだのは，都にある白河ではない。それは東北の奥州の名所だ。それをどうしてかと言うと，最近津守国夏が能因法師の歌を本歌にして，

『白河の　関まで行ぬ　東路も　日数経ぬれば　秋風ぞ吹』(白河の関まで行かない東路でも，日数が経てば秋風が吹きますよ)

と詠んだ。また，都にある最勝寺の蹴鞠の庭の桜が枯れていたのを，植え替えるときに，雅経が，

『なれなれて　見しは名残の　春ぞとも　など白河の　花の下影』(白河の桜花の下に何度も立ち，長年慣れ親しんできたが，今年の春がその桜木との別れの春になるとは理解していなかった)

と詠んだ。これは皆，名前は同じだが違う場所である証拠の歌だ。もうよい，今は心の中で思っても，口に出したりはしない」と，宣明を恨み仰せになられて，その後はきっぱりと恋しいなどと，仰せにならなかった。いつも涙をこらえながら，しょんぼりして，玄関にお立ちになっていた時に，遠くの寺の日没の鐘の音がかすかに聞こえたのを，もの悲しくお思いになられたのだろうか，

「つくづくと　思暮て　入相の　鐘を聞くにも　君ぞ恋しき」(しみじみと君を恋しく思って暮らしているが，日暮の鐘の音を聞くとますます恋しく思われる)

と，心の中に思っていることが，言葉に表れた御歌の，あどけなさが，かえってしみじみとして聞こえたので，この頃の都中の僧も庶民も，男女みな一様に，懐に入れた紙の端に書き付けて，これこそ八歳の宮の御歌と，親しまない者はいなかった。誠に身分の高い人も卑しい人も，親子の心の通い合いほどしみじみと悲しい事はないと，皆(涙で)袖を濡らしたのだった。

問一　「あはれ我をも，君の御座さん国の辺へ流し遣はせかし……何か苦しかるべき」という宮の言葉を聞いて，――部①宣明は涙をこらえて何も言えなくなったとあるので，父帝を思う宮をあわれに感じたためだとわかる。この心情にウが適当。アの「白河が遠い場所だと知らず」の部分が適当ではない。宮は，イ「一度だけでも会いたい」とは言っていない。宣明の様子に，エの「幼さに困惑」は読み取れない。オは，直後の「ややあって……責め仰せられば，御労しきと思ひければ」に相当するので，宣明が何も言えなくなった理由としては適当ではない。

問二　能因法師の歌は，都を春に旅立ったが，秋風が吹く頃に白河の関に着いたというもので，アの「長い時間がかかる」という情報が読み取れる。津守国夏の「白河の関まで行ぬ東路も」から，白河が東路の先にあるというオの情報が読み取れる。

問三　「最勝寺の懸かりの桜の枯れたりしを，植ゑかふるとて」という歌の詞書に適当なのはア。桜に対して名残惜しくないとあるウとエは適当ではない。イの「暴挙には理解しがたいところがある」とは述べていない。オの「代わりの木」についての描写はない。

やや難　問四　――部④の「名は同じうして所はかはれる」は同じ名でも場所は違う，「証歌」は証拠となる歌という意味だと推察する。「都をば」の歌と「白河の」の歌からは，白河は東路の先の遠い所だとわかる。また，「なれなれて」の歌では，都にある最勝寺の桜を白河の桜と呼んでいる。したがって，「都をば」と「白河の」の歌で詠まれている「白河」と，「なれなれて」の歌で詠まれている「白河」は，同じ名でも場所は違うという証拠になるという内容をまとめる。

重要 問五　宣明は宮をあわれに思い父帝のいらっしゃる白河は遠くて行けないと嘘をついたが，宮は「うたての宣明やな。我を具足して参らじと思ふ故に，かやうには申すか」と嘘を見破っている。この内容にイの説明が適当。「つくづくと」の歌を聞いて「これこそ八歳の宮の御歌とて，翫ばぬ物もなかりけり。誠に貴きも賤しきも，親子の昵び程あはれに悲しき事はあらじと，皆袖をぞ濡らしける」に，カの説明が適当。

基本 問六　A　世の中一切のものは常に変化して永久不変なものはないという意味の言葉が入る。B「祇園精舎の鐘の声」で始まるのは「平家物語」。　C「風姿花伝」の作者は，世阿弥。D「近世浄瑠璃の世界」で，古典作品を題材に脚本を書いたのは，近松門左衛門。

★ワンポイントアドバイス★

文学史の主要な作品や作者名などは，漢字で書けるように練習を重ねておこう。

2023年度

入　試　問　題

2023年度

2023年度

渋谷教育学園幕張高等学校入試問題（学力選抜）

【数　学】（60分）　＜満点：100点＞

【注意】 コンパス，三角定規は使用できます。

1　次の問いに答えなさい。

(1)　$\left(\frac{1}{4}a^5-\frac{1}{3}a^4b^2\right)\left(\frac{1}{4}a^4b+\frac{1}{3}a^3b^3\right)-\left(\frac{1}{3}a^2b\right)^2\div\left(-\frac{1}{ab}\right)^3$ を計算しなさい。

(2)　x，y についての連立方程式 $\begin{cases}\dfrac{3}{3x-4y}-\dfrac{4}{4x+3y}=8\\[2mm]\dfrac{1}{3x-4y}+\dfrac{2}{4x+3y}=6\end{cases}$ を解きなさい。

(3)　方程式 $(x+\sqrt{3}+\sqrt{5})^2-3\sqrt{5}(x-2\sqrt{5}+\sqrt{3})-35=0$ を解きなさい。

(4)　右図のように，三角形ABCとその外接円Oがある。円Oの直径は13，BC＝5，AB＝12であるとする。

①　点Aを通る円Oの直径をADとするとき，線分BDの長さを求めなさい。

②　辺ACの長さを求めなさい。

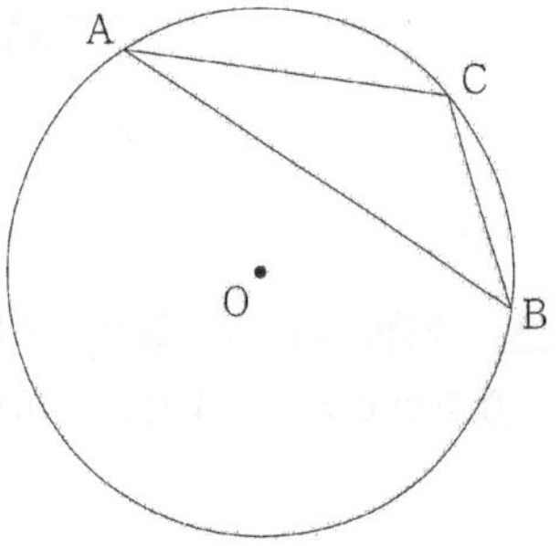

2　1000から9999までの４けたの整数について，次の問いに答えなさい。

(1)　各位に用いられている４つの数字が全部異なる整数は何個ありますか。

(2)　2023のように，ちょうど３種類の数字が用いられている整数は何個ありますか。

(3)　３の倍数になっている４けたの整数のうち，２と３の両方の数字が用いられているものは何個ありますか。

3　次のページの図のように，放物線 $y=\frac{1}{3}x^2$ 上に４点A，B，C，Dがある。２直線AB，CDの傾きはいずれも１であるとする。２点A，Cの x 座標はそれぞれ６，c であり，$c>6$ であるとする。

このとき，次の問いに答えなさい。

(1)　点Dの x 座標を c を用いて表しなさい。

(2)　直線CDと x 軸との交点をPとし，CD：DP＝５：４であるとする。

①　c の値を求めなさい。

②　直線 $y=mx$ と線分AB，CDとの交点をそれぞれE，Fとする。四角形ACFEと四角形EFDBの面積比が１：２となるとき，m の値を求めなさい。

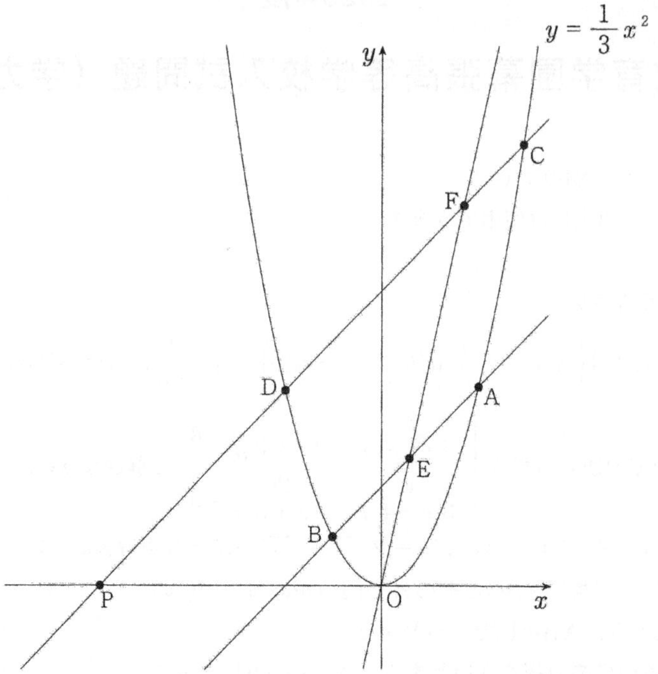

4 下図において，三角形ABCは∠BACが直角の直角三角形であり，辺BC上の点HはAH⊥BCとなる点である。また，三角形ABC，ABH，ACHの内接円の中心をそれぞれP，Q，Rとする。

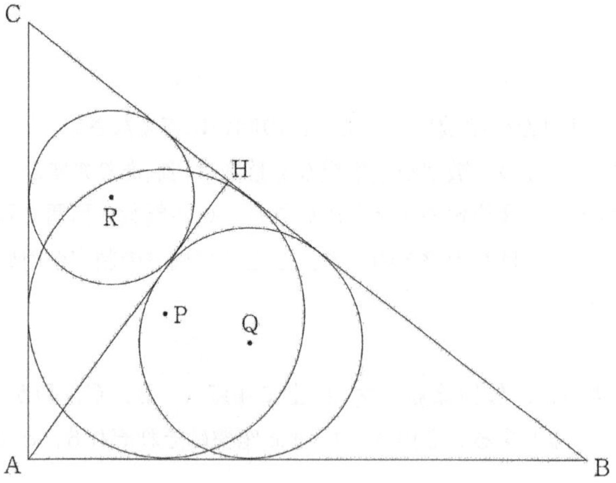

このとき，次の問いに答えなさい。

(1) 三角形PQRの内角∠QPRの大きさを求めなさい。

(2) 三角形ABH，ACHの内接円の半径がそれぞれ4，3で，AH＝12であるとする。

① 三角形ABCの内接円の半径を求めなさい。

② 三角形PQRの面積を求めなさい。

5 AB＝8，AC＝7，∠BAC＝120°の三角形ABCについて，∠BACの２等分線と辺BCの交点をDとする。

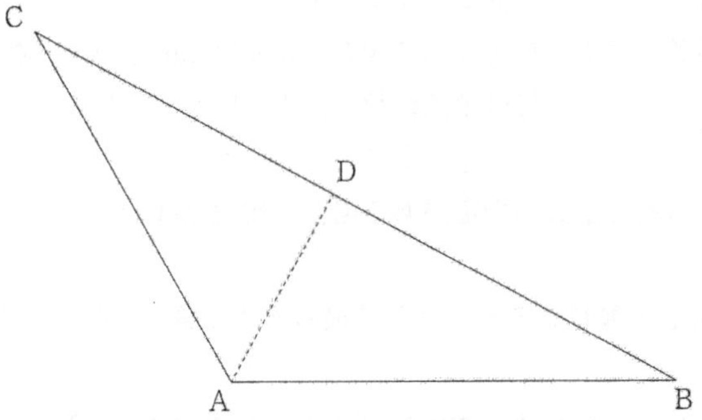

このとき，次の問いに答えなさい。

(1) 三角形ABCの面積を求めなさい。

(2) 三角形ABDを動かさずに，三角形ACDを，線分ADを軸にして45°だけ回転したとき，点Cが到達した点をEとする。４点E，A，B，Dを頂点とする四面体EABDについて，

① 面ABDを底面としたときの高さを求めなさい。

② 四面体EABDの体積を求めなさい。

【英　語】（60分）　＜満点：100点＞　　※リスニングテストの音声は弊社HPにアクセスの上，音声データをダウンロードしてご利用ください。

【注意】・文字は筆記体でもブロック体でもかまいません。
・英語による解答で語数の指定がある場合，it's や can't のような短縮形は１語として数えます。また次のような符号は単語の数に含まないものとします。
, . ! ? “ ” – :
・日本語による解答で字数の指定がある場合，句読点は１字として数えます。

1　次の英文中の空らん①～⑩に入るものとして最も適切な語句をあとのア～エからそれぞれ選び，記号で答えなさい。

People ask ＿＿①＿＿ to do many different things. Maybe they want to buy a house or a car, or to start a new business. For many people in poor places, ＿＿②＿＿, it is difficult to get money. This happens because the banks think that they ＿＿③＿＿ their money back. Microcredit is one way to help.

Micro means “small.” Microcredit is like ＿＿④＿＿ money from a bank but is for people who want just a few dollars. Microcredit is not for ＿＿⑤＿＿ dollars; it ＿＿⑥＿＿ hundred dollars. In a poor place, this much money can be enough to start a small business. As the business gets bigger and makes money, the businesswoman or businessman can give back the money little ＿＿⑦＿＿ little.

The idea for microcredit started in Bangladesh in 1983, and it ＿＿⑧＿＿ well known. By 2009, about 75 million people around the world had gotten money through microcredit. El Salvador is ＿＿⑨＿＿ country where microcredit is working well. People there can use the money to buy an animal, to buy something to plant, or to make things.

Microcredit is one way of doing small things that ＿＿⑩＿＿ big changes in people's lives.

① ア banks for money　イ for banks money
　ウ for money from banks　エ money for banks
② ア as a result　イ for example　ウ however　エ therefore
③ ア did not get　イ do not get　ウ have not got　エ will not get
④ ア getting　イ getting to　ウ to get　エ to getting
⑤ ア ten thousand of　イ ten thousands of
　ウ ten of thousands of　エ tens of thousands of
⑥ ア can be for a just few　イ can be for just a few
　ウ can just be for a few　エ just can be for a few
⑦ ア after　イ and　ウ by　エ to
⑧ ア is quickly becoming　イ has quickly become
　ウ was quickly becoming　エ quickly became
⑨ ア one　イ another　ウ other　エ the other

⑩ ア sometimes make　　イ sometimes makes
　ウ make sometimes　　エ makes sometimes

[2] 次の英文中の空らん [1] ～ [5] に適するように，それぞれ右に与えられた語句を並べかえなさい。ただし，解答らんにはA，B，Cの位置にくる語句を記号で答えなさい。文頭にくるべき語も小文字で書き始めてあります。

Walk into the train station at Tokyo's Haneda Airport and you will see something unusual. [1] a 1.2-meter robot named Pepper. Pepper is one of the first robot helpers in the country. [2] homes and workplaces to help people.

Many people believe that soon we will all have robots like Pepper in our homes and workplaces. These robot helpers will do many different jobs for us. They will get food ready, clean, open the door, go shopping, and help older people who need looking after. They will [3] to do other things.

In many homes today, there are already floor-cleaning robots and robots that turn lights on. Others [4] and keep people happy. Some cars now are really becoming just big robots that can drive us around.

Some people do not like the idea of robot helpers. They think that robots will never do as good a job as a person does. Maybe these people will change their way of thinking [5].

1．____ A ____ ____ B ____ C ____
　ア go　イ is　ウ tells　エ the worker
　オ to　カ where　キ who　ク you

2．____ A ____ B ____ C ____
　ア be　イ in　ウ it　エ made
　オ to　カ used　キ was

3．____ A ____ ____ B ____ C ____
　ア and　イ easier　ウ give　エ make
　オ more　カ our lives　キ time　ク us

4．____ A ____ B ____ C ____
　ア children　イ friendly　ウ have　エ play
　オ robots　カ to　キ with

5．____ A ____ ____ B ____ C ____
　ア be　イ can　ウ helpful　エ how
　オ robot helpers　カ see　キ they　ク when

3 次の日本文の下線部(1)~(3)を英語に直しなさい。ただし解答の文はそれぞれ大文字で書き始め，文の最後にはピリオドを打つこと。

千葉県南部を走るJR久留里線は，JR東日本の中で経営が最も深刻な路線です。実際に乗ってみましたが，高齢者や観光客がちらほら乗っているだけでした。

それもそのはず。久留里線の中で，千葉県君津市にある久留里駅と上総亀山駅の間では，(1)利用者数がこの30年で大幅に減りました。終点まで来た人たちの多くは，立派なカメラで車両や駅を撮影していました。そうした「鉄道ファン」ではなさそうな女性に声をかけると「車がないのでこの路線がなくなったら困ります」と話してくれました。

経営が悪化したローカル線の中には，線路をバスが走るBRTに切り替えたところもあります。東日本大震災による津波で線路が流された大船渡線と気仙沼線は，線路があった場所を一部専用道路にしました。(2)列車ほどたくさんの人は乗せられませんが，運行本数を増やすなどして対応しています。

また，JRの線路を活用し，日本初の次世代型路面電車LRTを走らせた富山市の例もあります。(3)車を運転できない多くの高齢者がこのシステムを利用しています。

4 次の英文を読んで，あとの問いに答えなさい。

In most Hollywood movies, the Native American *Navajos still fight on horses in the American Southwest. But during World War II, a group of Navajos made their language into a weapon to protect the United States. They were the Navajo *Code Talkers, and theirs is one of the few unbroken codes in military history.

Navajo was the perfect choice for a secret language. It is very difficult to understand. One *vowel can have up to ten different *pronunciations and they change the meaning of any word. In the 1940s, Navajo was an unwritten language. No one outside of the *reservation could speak it or understand it.

The Navajo Code team had to invent new words to describe military equipment. For example, they named ships after fish: *lotso-whale* (battleship), *calo-shark* (destroyer), and *beshloiron-fish* (submarine). When a Code Talker received a message by radio, he heard a series of unrelated Navajo words. He would then translate the words into English and use the first letter of each English word to spell the message. The Navajo words *tsah* (needle), *wol-la-chee* (ant), *ah-kh-di-glini* (victor), and *tsah-ah-dzoh* (yucca) spelled [A].

The Code Talkers kept the code a secret. They *memorized everything. There were no code books. As a result, no ordinary Navajo soldier, if they were caught by the enemy, could understand the code. More than 3,600 Navajos fought in World War II, but only 420 were Code Talkers with the *U.S. Marines. They coded and decoded battlefield messages better and faster than any machine. They could encode, transmit, and decode a three-line English message in 20 seconds. Machines of the time needed 30 minutes to do the same job.

Even after the war the code remained top secret. When they were asked about their role, Code Talkers just said: “I was a radioman.” War movies and histories came out, but there were no Code Talkers in them. The code was never used again and was finally made public in 1968. The secret came out only then.

（注） Navajo ナバホ族（の），ナバホ語（の） code 暗号 vowel 母音 pronunciation 発音
reservation ネイティブ・アメリカンのための特別居留地 memorize 暗記する
U.S. Marines アメリカ海兵隊

問１ 次の質問の答えとして最も適切なものを(a)～(d)の中から１つずつ選び，記号で答えなさい。

1. What is the article mainly about?
   (a) the life of Native American soldiers during World War II
   (b) why and how one of the Native Americans’ languages was used during World War II
   (c) the history of Native Americans and how they are portrayed in Hollywood movies during World War II
   (d) the influence of a Native American language on the development of weapons during World War II
2. What does it mean by “a group of Navajos made their language into weapons” in the first paragraph?
   (a) The Navajo language was used to win the war.
   (b) The Navajo language had a lot of words about war.
   (c) The Navajo language had a history of protecting the Navajos from the cowboys.
   (d) The Navajo language was a useful way of communicating with the enemy.
3. Why was Navajo chosen as “a secret language?”
   (a) It was very difficult to understand.
   (b) It did not have a writing system.
   (c) It was used only by a few people.
   (d) all of the above
4. Which of the following words could best replace the phrase “encode, transmit, and decode” in the fourth paragraph?
   (a) change into a secret language, send, and discover the meaning of
   (b) speak, understand, and share the information of
   (c) create, tell, and stop using
   (d) come up with, pass on, and throw away

問２ 空らん A に入る語をすべて大文字で答えなさい。

問３ 本文の内容と一致するものをア～キより３つ選び，記号で答えなさい。

ア Native Americans played an important role during World War II in a unique way.
イ Machine translators worked faster than the Navajos.

ウ The Code Talkers had to translate words from one language to another.

エ All the Navajos in the U.S. Marines used the code.

オ Even after the war the Code Talkers did not tell about what they did during the war.

カ Hollywood decided to make pictures about the Code Talkers as war heroes.

キ The code can be used again in the future.

問４ 下線部の具体的な内容を50字程度の日本語で説明しなさい。ただし数字は１字につき１マスを用いなさい。

（草稿用）

50

5 次の英文を読んで，あとの問いに答えなさい。

Recently, while taking care of my neighbor's two cats, I had quite the scare. (x) As I prepared the cat food, I heard a loud meow that seemed to be coming from behind the stove. Of course, I was so surprised. Heart beating, I opened the stove and saw that it was empty. Quickly, I searched the small *condominium for the cats. I could only find (a). Panic set in. Could Diesel have gone behind an appliance such as a fridge or a washing machine? Was he *trapped or hurt?

I hurried across the hallway to get my cell phone and called Mary, the owner. However, she didn't answer, and I couldn't leave a message, either. Oh, no! What should I do?

It *occurred to me to call the fire department. Wouldn't they be willing to help a lady who was looking out for a beloved pet? I called the non-emergency phone number and explained my situation.

"Well, I think we could send a firefighter out to see if he can help. We don't have any emergencies at the moment."

I began to search everywhere for missing Diesel. Because I myself had a cat, I was aware that they could hide in places we humans don't think of.

"Diesel! Kitty, kitty! Come on, Diesel, I have a delicious meal for you!" As I continued to ① hunt, I felt dizzy and sick. "Please let him be alright," I prayed.

"Meooow," I heard again. The sound was definitely coming from the kitchen wall. That poor cat had been trapped in there at least fifteen minutes since the last time I heard him. I ran to the spot and began to tap the wall. I heard

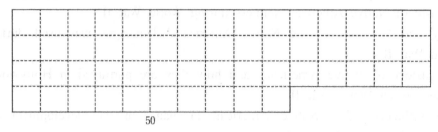

nothing.

Suddenly, someone knocked on the front door. “Come in!” I shouted.

Two extremely strong-looking firemen entered. They were so handsome! *Stay focused*, I said to myself.

While they were introducing themselves, I realized I was dressed in pajamas and two slippers that didn’t match. *Stay focused*!

I explained the situation quickly as my panic returned. “He must be trapped!” I cried.

“Meooow!”

“Goodness, it sounds like he’s in the wall!” said Rob, the blond fireman.

Stay focused! This is ②*a serious situation!*

“I think we can open the wall,” Rob continued. “Is this your condominium?”

“[A]”

“[B]”

“[C]”

“[D]”

“[E]”

The gorgeous one called Tim said, “Maybe we can shake his food bowl. Perhaps he’ll try to come for food.”

The three of us stood facing the oven. We heard nothing. “Please let him be alive!” I prayed again aloud.

My prayer was answered, “Meooow!” but this time it was coming from behind us.

Rob turned and asked, “[F]”

I turned, too. Sitting not three feet behind us were Diesel and Mitsi. “She only has two, these two,” I sighed as I pointed. “Who is trapped in the wall, then?”

We looked at one another. Tim *shrugged his shoulders, and Rob said, “Hmm. This is strange. Are you sure she only has two?”

“Positive.” I turned again. Was the furry pair *smirking? Honestly, I am quite sure ③they were.

Silence.

(Y)“Meooow!”

Rob began to laugh as he reached for the (b) above the stove. He could see twelve cats on a round disc positioned as decorations.

Rob turned the minute hand slowly until it reached quarter past.

“Meooow!”

（注） condominium 分譲マンション　trap 閉じ込める　occur 思い浮かぶ
shrug （肩を）すくめる　smirk にやにや笑う

問１　空らん（a）に入る最も適切なものを下のア～オより選び，記号で答えなさい。

ア it　イ that　ウ them　エ one　オ two

問２　下線部①の具体的な内容を示す個所を本文中から５語で抜き出しなさい。

問３　下線部②の状況の説明として最も適切なものを下のア～カより選び，記号で答えなさい。

ア Mary doesn't answer the phone and may be hurt in an accident.
イ The lady is wearing pajamas and two slippers that don't match.
ウ Tim feels dizzy and sick after introducing himself.
エ Rob is running to the kitchen wall and trying to break it.
オ Mitsi could have gone behind the stove and may be hurt.
カ Diesel may be trapped in the kitchen wall for more than fifteen minutes.

問４　空らん［A］～［E］に入れるのに最も適した文を下のア～オより選び，記号で答えなさい。

ア She isn't answering her phone, and I can't leave any messages.
イ No, I'm just taking care of the owner's cats.　I live across the hall.
ウ Hmm.　Does he know his name?　I'm a dog person.　I don't know much about cats.
エ Yes, but cats don't usually come when called.
オ We'll need to contact the owner before we do any damage.

問５　空らん［F］に入る英文を６語で答えなさい。

問６　下線部③が指すものを下のア～オよりすべて選び，記号で答えなさい。

ア Diesel　イ Mary　ウ Mitsi　エ Rob　オ Tim

問７　空らん（b）に入る１語を答えなさい。

問８　波線部(X)の場面から波線部(Y)の場面までどれだけの時間が経過したか，日本語で答えなさい。

LISTENING COMPREHENSION

※注意

1．解答はすべて放送の指示に従って行うこと。
2．解答はすべて解答用紙に記入すること。
3．放送中にメモをとってもよいが，その場合にはこのページの余白を利用し，解答用紙にはメモをしないこと。

Part 1　英文は１度だけ読まれます。

1．ア The man and the woman are going outdoors next week.
　　イ The man usually enjoys going out in the sun.
　　ウ The woman suggests driving in the mountains.
　　エ The man caught a lot of fish when he went fishing last time.

2．ア Randall used to go to bed early on New Year's Eve.
　　イ Randall used to make pizza on New Year's Eve.
　　ウ Randall plays games with his children to celebrate the new year.

エ New Year's Day is not a big day for Randall anymore.

3．ア This movie is a fantastic comedy.

イ This conversation happens at a movie theater.

ウ The father and the daughter both enjoyed the movie.

エ The father and the daughter both thought the doctor was good.

4．ア The man and the woman cheer for the same team.

イ The man's favorite team lost the second match 0-1.

ウ The man's favorite team won at least one match.

エ Now the man doesn't care who wins the World Cup.

Part 2 英文と質問は２度読まれます。

1．ア Jimmy and Kate were born on the same day, but not in the same year.

イ Jimmy is a four-year-old boy.

ウ Kate loves Jimmy although he is sometimes annoying.

エ Jimmy did not want Kate to know what she would get for her birthday.

2．ア Nothing.

イ Something beautiful.

ウ Something important.

エ Something imaginary.

3．ア Kate found out about the secret.

イ Jimmy was afraid of rain.

ウ Jimmy thought Kate would not get his present.

エ The tree Jimmy had planted fell in the storm.

【理　科】（50分）　＜満点：100点＞

【注意】・必要に応じてコンパスや三角定規を使用しなさい。
・円周率は3.14とします。
・小数第１位までを答えるときは，小数第２位を四捨五入しなさい。
整数で答えるときは，小数第１位を四捨五入しなさい。指示のない場合は適切に判断して答えなさい。

1　銅がさびた時に生じる緑色の化合物は緑青《ろくしょう》として知られている。1799年にプルーストは，緑青を例として挙げて，天然産であれ合成物であれ「化合物を作っている元素の質量の比は常に一定である」という説を唱えた。これは後に定比例の法則と呼ばれる。その当時は，ベルトレが唱えていた「化合物の元素の質量の比は一定でなく，連続的に可変である」という説が有力であったため，プルーストの説はなかなか認められなかった。プルーストは，元素の質量比が一定に見えないものは複数の化合物の混合物であり，それぞれの化合物を別個に見れば定比例の法則が成立していると説明して，ベルトレに反論した。

緑青は，天然ではクジャク石と呼ばれる緑色の鉱石として得られる（写真１）。クジャク石を粉末にした岩絵の具は，昔から日本画の緑色の顔料として利用されてきた。

クジャク石は，２価の銅イオンと炭酸イオンと水酸化物イオンから成る，ほぼ純粋な化学成分をもつ(I)イオン性化合物である。クジャク石の主成分の化学式は，整数値 x，y，z を用いて $Cu_x(CO_3)_y(OH)_z$ で表される。ただし化学式を書くとき x，y，z が１の場合は，１と（　）を省略する。

ところで青色の岩絵の具として使われる藍銅鉱《らんどうこう》（写真２）もまた，クジャク石と全く同じイオンから成り，似た化学式を持つ鉱物であるが，x，y，z の数値がクジャク石とは異なる。(II)藍銅鉱は，置かれた環境によっては少しずつクジャク石に変化していくことがある。そのため，藍銅鉱を使って描かれた空《そら》の青色が，長い年月を経て緑色に変わってしまっていたという話もある。

写真１　クジャク石

写真２　藍銅鉱

岩絵の具として使われているクジャク石の粉末を用いて，以下の実験１～３を行った。

実験１　図１のようにクジャク石の粉末を試験管の中で加熱したところ，粉末は黒く変色し，試験管の内壁がくもった。くもった部分に（　Ａ　）をつけると（　Ｂ　）色から（　Ｃ　）色に変化したことから，くもりの正体は水であることが確認できた。さらに，発生した気体は石灰水を白く濁らせたことから，二酸化炭素の発生も確認できた。

実験２　実験１で得られた黒い粉末と木炭粉を混ぜて，他の試験管に移して図２のような装置を用いて再び加熱した。ここでも石灰水は白く濁った。石灰水からガラス管を抜いて，(III)ピンチコックでゴム管を閉じてから加熱を止めて放冷した。試験管に残った固体を厚紙の上に取り出して薬さじで強くこすると，銅色の金属光沢が見られた。このことから，クジャク石は銅を含む鉱物であり，実験１でクジャク石を加熱して得られた黒い粉末は酸化銅であると推測できた。

実験１において，生成物が酸化銅，二酸化炭素，水のみであるとすると，クジャク石の加熱による変化を表す化学反応式は次のように書ける。

$$Cu_x(CO_3)_y(OH)_z \longrightarrow x\,CuO + y\,CO_2 + \frac{z}{2}\,H_2O$$

プルーストの唱える説が正しければ，実験１における加熱前のクジャク石の質量と，加熱後に残った黒い固体の質量は比例の関係が見られるはずである。このことを調べるために次の実験３を行った。

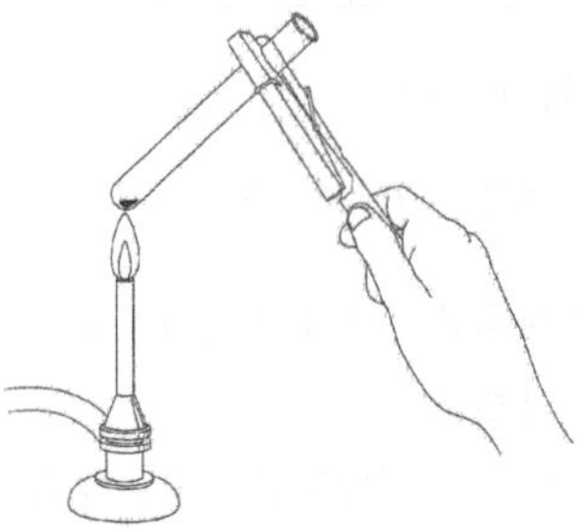

図１　実験１の様子

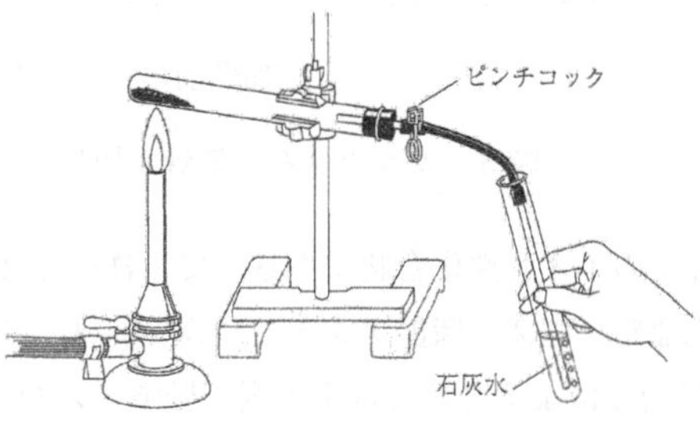

図２　実験２の装置図

実験３　クジャク石の粉末の質量を少しずつ変えて，実験１と同じようにクジャク石の粉末を試験管に入れて加熱し，残った固体の質量を測定した。試験管内で生じた水は全て蒸発させた。

得られたデータをプロットして，横軸が加熱前のクジャク石の質量〔mg〕，縦軸が加熱後に残った固体の質量〔mg〕を表すグラフ（次のページの図３）を描いた。このグラフは，定比例の法則を裏付けるような直線の形になった。

プルーストが定比例の法則を発見した４年後，ドルトンは次のような内容の原子説を発表した。

・全ての物質はそれ以上分割することのできない，原子という粒子からなる。
・同じ元素の原子は，同じ大きさ，質量，性質を持つ。
・化合物は，異なる元素の原子がある一定の割合で結合したものである。
・化学変化は原子の組み合わせの変化であり，原子が新たに生成または消滅することはない。

さらにその後，ドルトンは一酸化炭素と二酸化炭素に着目し，一定量の炭素と化合する酸素の質量の間には，１：２という簡単な整数比が成り立つことに気がついた。(IV)この事実は，窒素酸化物など他の多くの物質にも当てはまることも分かった。これが倍数比例の法則である。ドルトンは定比例の法則と倍数比例の法則を根拠として，原子説の正しさを主張したのであった。

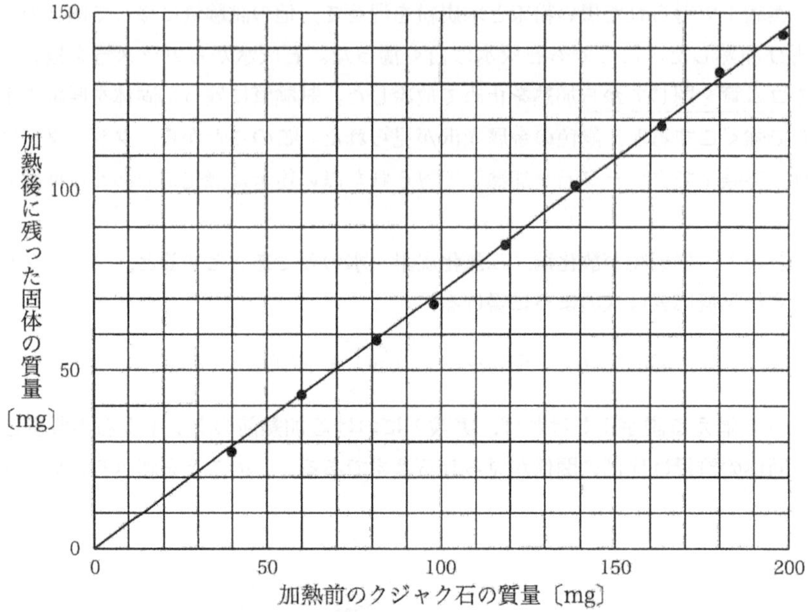

図３　クジャク石の質量と加熱後に残った固体の質量の関係

⑴　下線部(I)のイオン性化合物に関連して，次のイオン性化合物の化学式を答えよ。

①　酸化亜鉛　　②　硫酸アンモニウム　　③　硝酸バリウム

⑵　（A）に当てはまるものを以下の選択肢㋐～㋓から１つ選び，記号で答えよ。また，（B）と（C）に当てはまる色を以下の選択肢㋔～㋙から１つずつ選び，記号で答えよ。

㋐　リトマス紙　　㋑　ヨウ化カリウムでんぷん紙

㋒　pH試験紙　　㋓　塩化コバルト紙

㋔　白　　㋕　黒　　㋖　赤　　㋗　緑　　㋘　黄　　㋙　青

⑶　下線部(III)の操作を行わないと，どのような不都合なことが起きると予想されるか述べよ。

⑷　図３より，111mg のクジャク石から80mg の酸化銅が得られることが読み取れた。このことを使って，実験１の変化を表す化学反応式の x，y，z に当てはまる整数値を求めた。以下はその求め方を説明した文章である。

［ア］～［ウ］には x，y，z と数字を使った適切な式を，（エ）～（カ）には適切な数値を答えよ。

ただし原子１個の質量の比はH：C：O：Cu＝１：12：16：64とする。

クジャク石の化学式 $Cu_x(CO_3)_y(OH)_z$ において，それぞれのイオンの正負が打ち消し合って全体の帯電は０であることから，

［　ア　］＝０

111mg のクジャク石から80mg の酸化銅が得られることから，加熱によって失われる二酸化炭素と水の合計質量は31mg である。よって次の比が成り立つ。

80：31＝［　イ　］：［　ウ　］

x，y，z はこれらの条件を満たす最も小さな整数であるから，

$x=$（　エ　），$y=$（　オ　），$z=$（　カ　）

と導き出せる。

(5)　藍銅鉱の化学式は，$x=3$，$y=2$，$z=2$で表されるものとする。このとき，下線部Ⅱの変化を表す化学反応式を答えよ。ただし反応に関与する物質はクジャク石，藍銅鉱，水，二酸化炭素のみとし，クジャク石の化学式は(4)で導いた数値を用いよ。

(6)　下線部(Ⅳ)に関して，以下に示す6種類の窒素酸化物のうち，一定量の窒素と化合する酸素の比が1：2：3：4：5になるものを5つ選び，この比になるように記号を並べよ。

(あ)　NO　　(い)　N_2O　　(う)　N_2O_5　　(え)　NO_2　　(お)　N_2O_3　　(か)　N_3O_4

2　電磁誘導がつくる磁極について考える。以下の問いに答えよ。ただし，各問いの［　］については適切な方を選び○で囲め。

(Ⅰ)　磁界の変化と誘導電流の関係は，コイルと検流計を用いて確かめることができる。

写真は実験の様子を示し，図には写真のコイルの巻いている向きと検流計の端子とを示した。

図

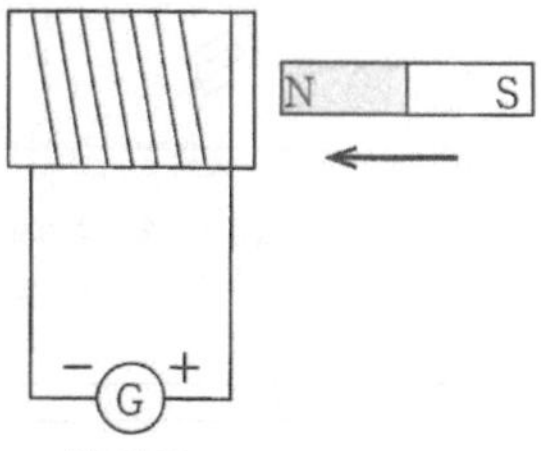

検流計

写真

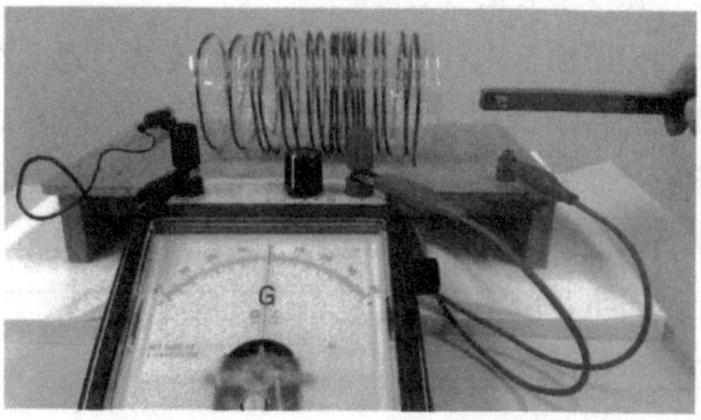

(1)　図で，左に向けたN極を右側からコイルに近づける。

①　誘導電流のつくる磁界の向きは［右向き・左向き］のどちらか。

②　検流計は［＋・−］のどちらに触れるか。

③　誘導電流がコイルの右端につくる磁極は［N極・S極］のどちらか。

(Ⅱ)　金属のアルミニウムが磁石に引きつけられないことは知られている。ところが，写真1～3で示した通り，ネオジム磁石をアルミ板を貼った斜面上ですべらせると，木板の斜面ですべらせた場合と比べて，すべり下りる速さが明らかに小さい。なお，写真1は木板の半分にアルミ板を貼っていることを示しており，写真2，3の実験は木板の上をさらに上質紙で覆って行われている。

写真1　　写真2　　写真3

(2)　（前のページ）写真２，３の実験で木板を上質紙で覆った目的を答えよ。

写真４

この現象の原理を考えるために，ネオジム磁石を振り子にして実験ａ，実験ｂを行った。ネオジム磁石は，振り子の最下点で磁極面が水平になるよう，３枚重ねにして糸で吊した。（写真４）

＊ネオジム磁石は円形の平板で，平面の表と裏が磁極（Ｎ極，Ｓ極）になっている。

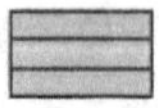

実験ａ，実験ｂの操作と結果は次の通りである。

実験ａ

（操作）

１．アルミ板を水平に敷き，その真上に振り子を接触させないよう，十分な近さで吊した。

２．糸がたるまないようにネオジム磁石を横に引いて手を離し，振り子を振らせた。

３．磁石の磁極を入れ替えて，１と２を繰り返した。

（結果）

・磁石は，振り子の最下点で減速して停止した。

・磁石の磁極を入れ替えても，同じ現象が起こった。

図ａ

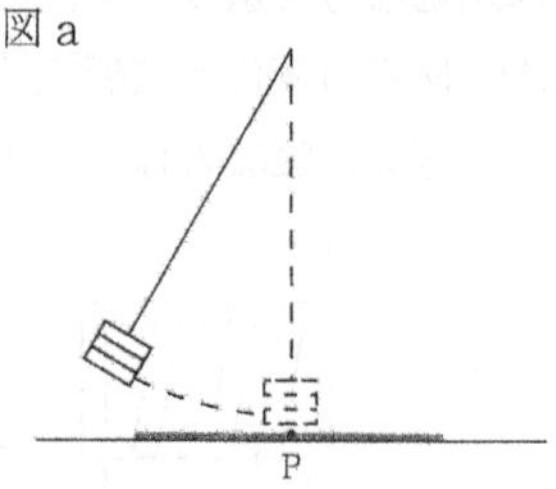

振り子の最下点の真下、アルミ板上の点をＰとする。

実験ｂ

（操作）

１．アルミ板を水平に敷き，その真上に振り子を接触させないよう，十分な近さで吊した。

２．磁石に接触しないよう，アルミ板を水平方向に素早く引いた。

３．磁石の磁極を入れ替えて，１と２を繰り返した。

（結果）

・磁石は，アルミ板を引いた向きに移動した。

・磁石の磁極を入れ替えても，同じ現象が起こった。

図ｂ

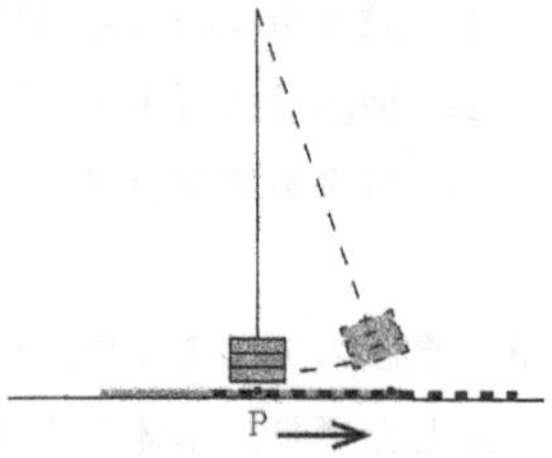

アルミ板を素早く引く

実験ａの様子を写真ａ(i)～(iii)に，実験ｂの様子を写真ｂ(i)～(iii)に示した。

（写真ａ(i)～(iii)，写真ｂ(i)～(iii)は次のページにあります。）

実験ａ，実験ｂの結果は明らかに，磁石とアルミ板の間に磁力が生じていることを示す。磁力は２つの磁極の間に働くので，アルミ板の表側の面に磁極が生じたと見なせる。

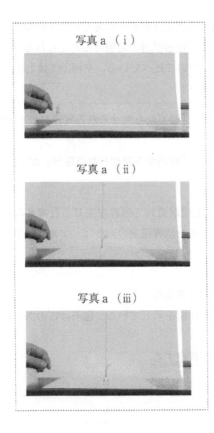

写真ａ（ｉ）

写真ａ（ii）

写真ａ（iii）

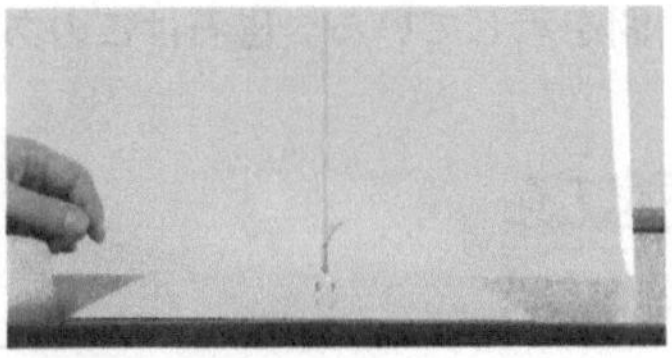

写真ｂ（ｉ）

写真ｂ（ii）

写真ｂ（iii）

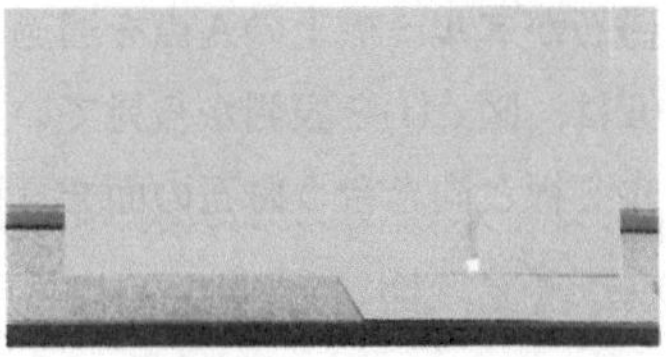

以下，アルミ板と向き合う磁石の下面を「N極」と仮定して，アルミ板の表側の面に磁極が生じる原因について具体的に考察していく。

なお，「磁界の向き」の問いには，次の【向きの選択肢】に示した矢印ア～エから選び，記号で答えよ。

【向きの選択肢】

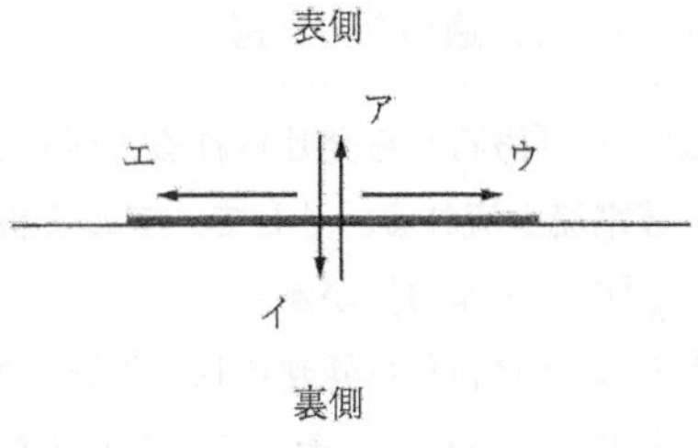

⑶　実験ａでは，「磁石の接近を妨げる磁力」がアルミ板から磁石に作用したと考えられる。

①　アルミ板を表側から見て，Ｐ点に生じた磁極は，［N極・Ｓ極］のいずれか。

②　アルミ板に生じた磁界の向きを【向きの選択肢】から選び，記号で答えよ。

⑷　実験ｂでは，「アルミ板の遠ざかりを妨げる磁力」がアルミ板から磁石に作用したと考えられる。

①　アルミ板を表側から見て，Ｐ点に生じた磁極は，［N極・Ｓ極］のいずれか。

②　アルミ板に生じた磁界の向きを【向きの選択肢】から選び，記号で答えよ。

(5) 実験a，実験bではともに，アルミ板のP点の位置で「磁石から発せられる磁界」が変化している。したがって，アルミ板に磁界が生じたのは，電磁誘導の現象だと考えられる。

下の文は，「磁石から発せられる磁界」の変化について述べている。空欄①③は【向きの選択肢】から選び，記号で答えよ。また，②④は適語を選べ。

＜実験a＞のアルミ板のP点では，（①）向きの「磁石から発せられる磁界」が②[増えて・減って] いる。

＜実験b＞のアルミ板のP点では，（③）向きの「磁石から発せられる磁界」が④[増えて・減って] いる。

(6) アルミ板はコイルではないが，円形状に誘導電流が流れて磁界が生じると考えられる。実験a，実験bそれぞれで，アルミ板に磁界を生じさせた誘導電流の向きは，アルミ板を表側から見て [時計回り・反時計回り] のいずれか。

アルミ板の斜面でネオジム磁石をすべらせる場合を考える。

図cは，磁石がアルミ板上のA点を通過している瞬間を示している。磁石はこのあとB点を通過する。図c(ii)は，図c(i)を表側から見ている。

以下，アルミ板と向き合う磁石の面を「N極」と仮定する。

図c（i）

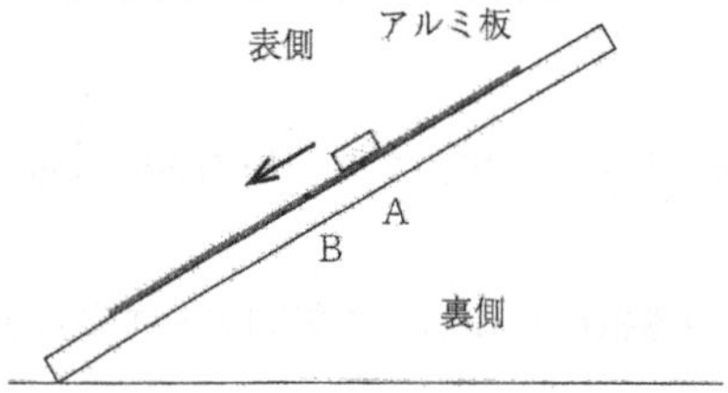

図c（ii）

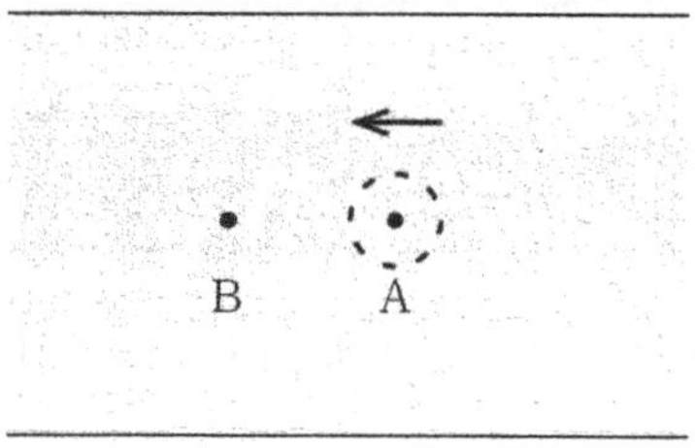

(7) 次の文は，図cの直後の磁石について，電磁誘導により磁力が作用していると見なし，現象を考察している。[　] について，適切な方を選べ。

・磁石が離れるA点では，「磁石から発せられる磁界」が変化し，表側から見て①[時計回り・反時計回り] の誘導電流が流れる。そして，アルミ板の表側の面には②[N極・S極] が生じ，磁石の下面に③[引力・斥力] が働く。

・磁石が近づくB点では，「磁石から発せられる磁界」が変化し，表側から見て④[時計回り・反時計回り] の誘導電流が流れる。そして，アルミ板の表側の面には⑤[N極・S極] が生じ，磁石の下面に⑥[引力・斥力] が働く。

3 私たちの体を構成する細胞には，DNAが含まれている。DNAは，２本の鎖が向かい合った構造をしている。鎖の構成要素は４種類あり，A，T，G，Cという記号で表す。DNAでは，AとT，GとCが互いに向かい合って結合している。細胞分裂の際にDNAは複製され，新しい２つの細胞に分配される。次のページの図１はDNAが複製される様子を模式的に表した図である。

ｉ）AとT，GとCが対になって向かい合っている。

ⅱ）向かい合っていた鎖がわかれる。
ⅲ）AとT，GとCが対になるように，新しい構成要素が１つずつ順に，それぞれの鎖に一方向に結合していく。
ⅳ）元と同じDNAが２個つくられる。

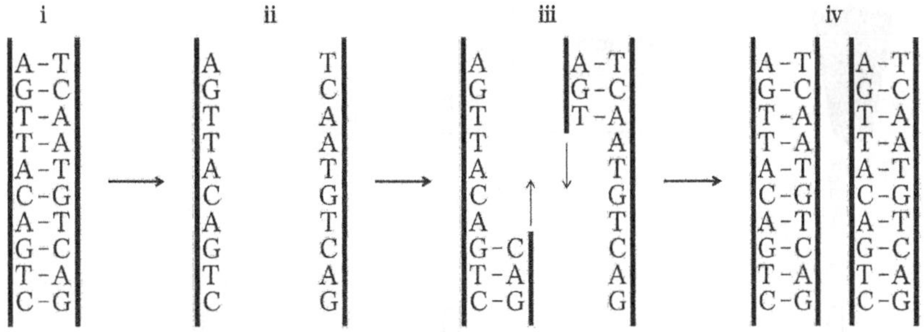

図１　DNAが複製される様子

(1)　次の配列に対となる配列を答えよ。

TGAGCAAG

細胞から直接得られるDNAは量が少ないので，量の測定やDNAの構成要素の配列を調べたりすることが難しい。そこで図１のようなDNAの複製を人工的に引き起こす技術として，ポリメラーゼ連鎖反応（PCR）が利用されている。PCRを行うことで，わずかな量のDNAを多量に増やすことができる。ただし，PCRではDNA全体を複製するのではなく，調べたい領域だけを狙って増やす。

【注】　ポリメラーゼとはDNA合成酵素のことで，DNAの鎖をのばすはたらきをする。PCRでは，次ページに示す温度変化に耐えられるポリメラーゼを用いる。

PCRの原理を次のページの図２に示した。PCR用の試験管にポリメラーゼの他に，増やしたい領域を含むDNA，２種類のプライマー，新しいDNAの材料となる４種類の構成要素を入れる。プライマーとはいくつかの構成要素からなる短い一本鎖のことで，元となるDNAに完全に対となる配列があると結合する。プライマーは新しいDNAをつくるための足がかりとなるものであり，プライマーがないと新しい鎖をのばすことができない。増やしたい領域の末端と対になる構成要素をもったプライマーを用いることで，PCRで増やす領域を決定することができる。PCRでは，DNAのそれぞれの鎖に対して１種類ずつ，計２種類のプライマーを用いる。

この試験管を，次の温度の順に一定時間置き，反応を起こさせる。

95℃　－　二本鎖のDNAが一本鎖にわかれる。
55℃　－　増やしたい領域の末端に，プライマーがそれぞれ結合する。
72℃　－　プライマーに続いて一本鎖に対となる構成要素が一方向に結合していき，新しいDNAがつくられる。

これらの反応が１サイクル終わると，DNA量は元の２倍になる。PCRは，この一連の反応を連続で30～40サイクル繰り返して行うことで，DNAを多量に増やす技術である。

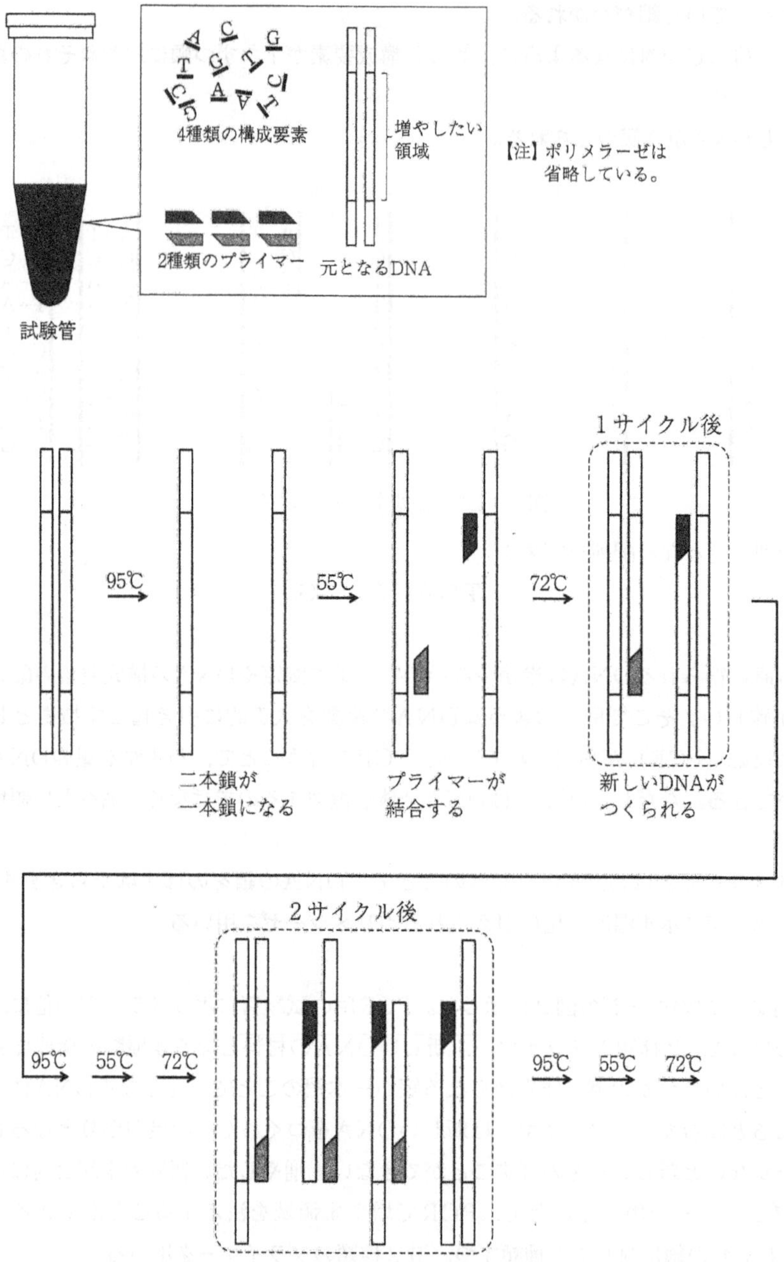

図２　PCRの原理　DNAは簡略化して示している。

(2)　試験管に１個のDNAを入れてPCRを行ったとする。各サイクル後に得られたDNA数を下の表にまとめた。前のページの図２を参考に表の（　）に適する整数を答えよ。また，［　］に適するものを選び○で囲め。

サイクル後	DNA数〔個〕	増やしたい領域だけからなるDNA数〔個〕
1	2	0
2	4	0
5	（　①　）	（　④　）
10	（　②　）	（　⑤　）
20	約③［ 1万・100万・10億・1000億 ］	約⑥［ 10万・25万・50万・100万 ］

これまで見てきたPCR（従来法）を改良した方法として，リアルタイムPCRがある。

リアルタイムPCRの原理は従来法と同じである。ただし，従来法では30～40サイクルの反応後にDNAがどれだけ増えたのかを調べるのに対して，リアルタイムPCRでは各サイクル後にDNA量を調べる（図３）。測定した値をもとにグラフを描くと，図４のような増幅曲線になる。図４のDNA量は相対的な値を示しており，縦軸は１目盛りで10倍の違いになっている。

従来法に対するリアルタイムPCRの長所は，もともとどれくらいの量のDNAが試験管に含まれていたかをより正確に調べることができる点である。リアルタイムPCRでは，Ct値によって元のDNA量を求める。Ct値とは，増幅曲線において，増やされたDNAがある量（ここではXとする）に達したときのサイクル数のことである。

リアルタイムPCRはさまざまな研究や検査に用いられている。最近では，新型コロナウイルスの検査として，感染状況を調べることなどに利用されている。

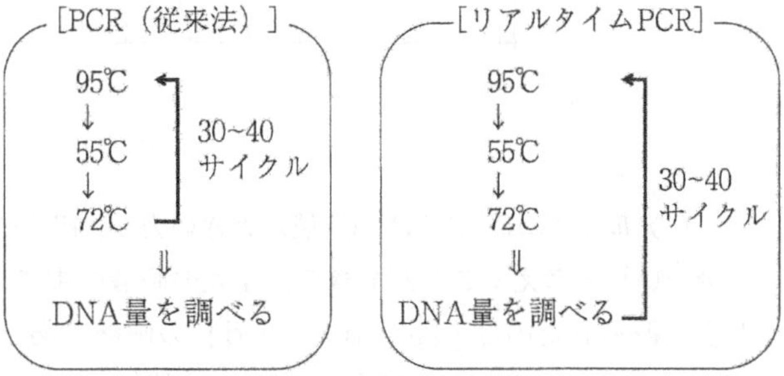

図３　PCR（従来法）とリアルタイムPCRの違い

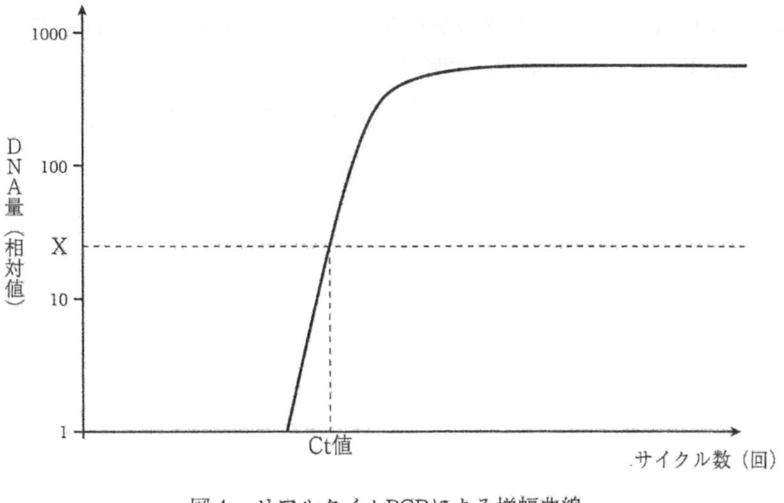

図４　リアルタイムPCRによる増幅曲線

(3) 実際にPCRを行うと，はじめは順調にDNAの複製が起こるがサイクル数を重ねるとDNAが増えにくくなり，後半ではほとんど増えなくなる。このことから，最終的に得られるDNA量は，前の問いで計算したものよりもずっと少なくなる。なぜ，後半のサイクルではDNAが増えなくなるのか。考えられる理由を簡潔に述べよ。ただし，ポリメラーゼに関することは除く。

(4) 図5は，a，b，c，dの4人から唾液を採取し，新型コロナウイルスに由来するDNAがどれだけ得られたかを，リアルタイムPCRによって調べた結果である。この結果を説明した次の文の（　）に適する値を答えよ。また，［　］に適するものを選び○で囲め。ただし，④は適切なものを全て選べ。

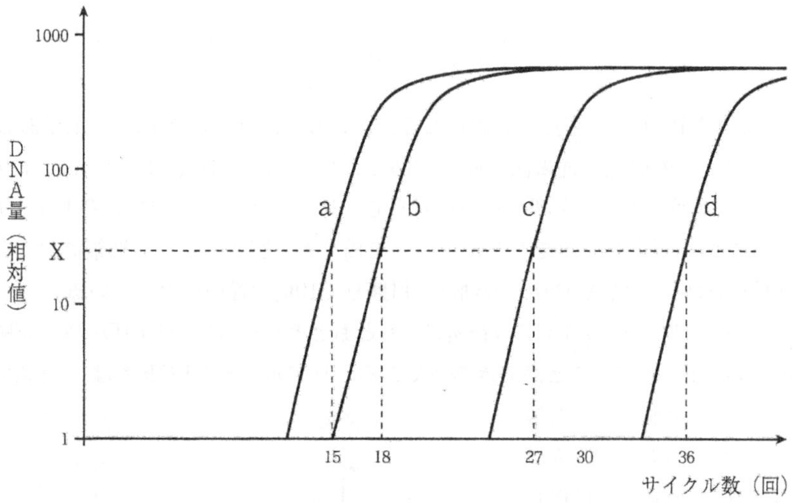

図5

リアルタイムPCRでは，Ct値が大きい方が，初めに試験管に含まれていたDNA量が①［多い・少ない］と考えることができる。4人の唾液の中で，新型コロナウイルス由来のDNAが一番多く得られたのは②［a・b・c・d］の唾液であり，bの唾液から得られたDNA量はcの（　③　）倍である。PCR検査では，Ct値をもとに陽性か陰性かを判定する。例えば，Ct値30までを陽性とする場合，陽性となるのは④［a・b・c・d］である。

(5) リアルタイムPCRに比べて，従来法が元のDNA量を調べることには向いていないのはなぜか。次の語句を用いて，理由を簡潔に説明せよ。

［最終的に得られるDNA量］

4 次の文章を読み問いに答えよ。

図１は，一般的な火成岩の分類を示した図である。

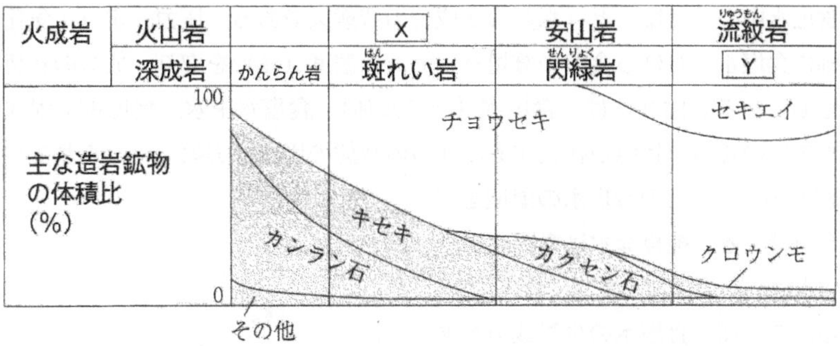

図１　火成岩の分類

(1) 図１のXとYの岩石名を答えよ。

(2) XとYの岩石の特徴について，もっとも当てはまる文を次からそれぞれ１つずつ選べ。

ア　全体的に白く，ほとんど目に見える大きさの鉱物が無く，縞模様がある。

イ　肉眼で見分けられる大きさの白っぽい鉱物と黒っぽい鉱物からなるが，白っぽい鉱物の方が多い。日本全国で産するが，御影《みかげ》石と呼ばれることもある。

ウ　全体的に黒っぽく，ち密で細粒の鉱物からなる。

エ　見た目は黒くガラス質で，ガラス同様にその割れた面は，鋭利な貝殻状（同心円状）の模様を示す。石器として用いられたこともある。

オ　主に火山灰からなり，軽くて柔らかい。宇都宮市北西部で採れるものを大谷《おおや》石という。

地下深部のマグマだまりでは，マグマの温度が下がると，高い温度で結晶になる鉱物から先に，晶出していく。その温度を「晶出温度」という。これらの鉱物は，マグマだまりの中で時間をかけて大きく成長する。最後には液体のマグマはなくなり，鉱物の集合になる。こうしてできた岩石を深成岩という。マグマの中で自由に成長した鉱物は，固有の結晶面が発達しており，これを「自形」という。一方，他の鉱物の隙間を埋めて晶出する場合は，周囲の別の結晶により形が制約される。これを「他形」という。

岩石を作っている鉱物の多くは0.03㎜ 程度に薄くすると光が十分通り，顕微鏡で各鉱物の形や色などの特徴を観察することが出来る。図２はある深成岩の岩石の試料を顕微鏡で観察し，スケッチしたものである。

(3) 図２の①～③の鉱物を比較し，マグマから鉱物が晶出した順序を番号で答えよ。

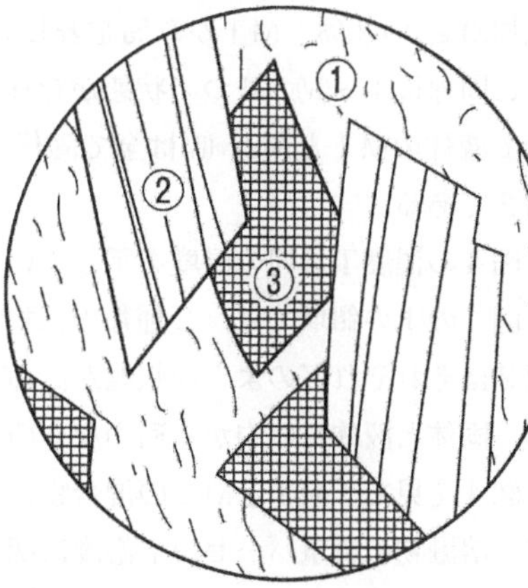

図２　ある深成岩の薄片を顕微鏡でみたスケッチ

物質の三態を決定するのは一般に「温度」と「圧力」であるが，複数の化合物が共存するときには，その融点や沸点は成分比率によっても変わる。

図３は，食塩水中の「食塩」と「水」の２成分の状態図である。圧力一定（１気圧）の時，縦軸に温度，横軸に食塩水における食塩の質量パーセント濃度（%）を取り，成分の状態がどのように変わるかを示している。図３には，食塩水（全て液体），食塩水＋氷，食塩水＋固体の食塩，食塩＋氷（全て固体）の４つの状態が存在する。４つの状態の境界は実線で分けられている。

例えば，濃度3.5%，８℃の食塩水の温度を下げていく場合を考える。純粋な水は凝固点が０℃だが，食塩水は０℃では凍らず，－1.8℃で氷ができ始める。この時，食塩水の少量成分である食塩は結晶化せず，水のみが固体になる。温度が下がり，氷の量が増すにつれ，残った食塩水の質量パーセント濃度は，図３の曲線PQに沿って増えていく。－10℃まで下がると，残った食塩水の質量パーセント濃度は，14.0%になる。更に温度を下げ，－21.3℃になると，食塩水の質量パーセント濃度は23.3%になり，食塩も水と同時に固体になり始める。

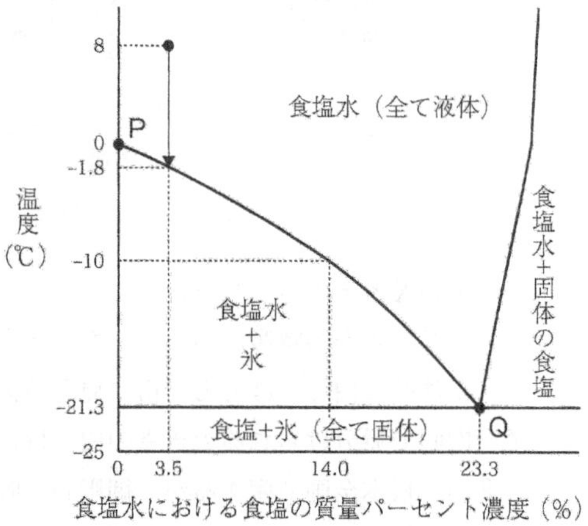

図３　食塩と水（氷）の状態図

ここでは，食塩水中の食塩と水の関係を，マグマだまりから鉱物が晶出する現象にあてはめて考えてみよう。単純化したモデルで，マグマを２つの鉱物Ｍ１とＭ２だけからなる溶融物（とけて液体になったもの）とする。図４は，圧力が一定の時の，２つの鉱物の状態図である。縦軸は温度を示し，上方ほど高温である。横軸は，溶融物におけるＭ２の質量パーセント濃度で，左端は鉱物Ｍ１が100%，Ｍ２が０%，右端は鉱物Ｍ２が100%，Ｍ１が０%を表している。図３と同様に(Ⅰ)～(Ⅳ)の４つの状態が存在し，(Ⅲ)は全て液体のＭ１とM2，(Ⅳ)は全て固体のＭ１とＭ２である。

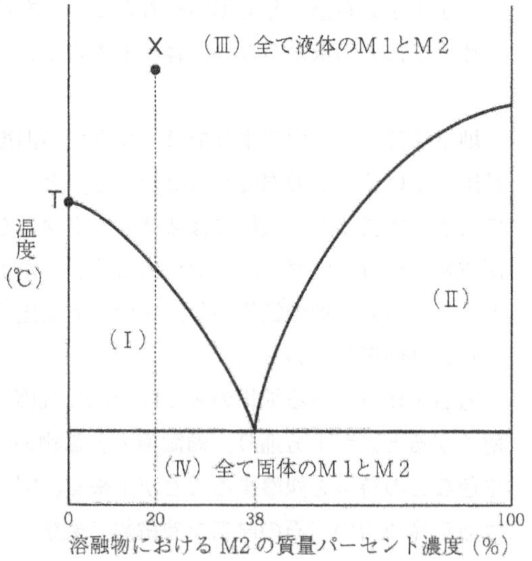

図４　鉱物Ｍ１とＭ２の状態図

(4)　図４の温度Ｔは何の温度を示しているか。

(5)　図４の(Ⅰ)の領域では，２種類の鉱物Ｍ１，Ｍ２はそれぞれどのような状態か。（固体・液体・固体と液体）の中から適切なもの選び○で囲め。

(6)　図４を見て，Ｍ１とＭ２の混合物について正しいものを全て選べ。

ア　溶融物の質量パーセント濃度に関わらず，温度を下げていくと，先に晶出する鉱物はＭ１である。

イ　溶融物の質量パーセント濃度に関わらず，温度を下げていくと，先に晶出する鉱物はM２である。

ウ　溶融物の質量パーセント濃度に関わらず，温度を下げて全てが固体になる直前にできる溶融物におけるM２の質量パーセント濃度は38％である。

エ　点Xから温度を下げていき，全てが固体になったとする。そのときの固体全体におけるM２の質量パーセント濃度は38％である。

オ　点Xから温度を下げていったとき，先に晶出する鉱物はM１である。

⑺　前のページの図４において，点Xの状態の溶融物を徐々に冷やして生じた鉱物を顕微鏡で観察すると，図５のように様々な大きさの白い鉱物と，小さい黒い鉱物が見られた。

①　黒い鉱物は，M１，M２のどちらか答えよ。

②　点Xの溶融物は100ｇであった。黒い鉱物が晶出する直前までに晶出した白い鉱物は何ｇになるか。整数で答えよ。

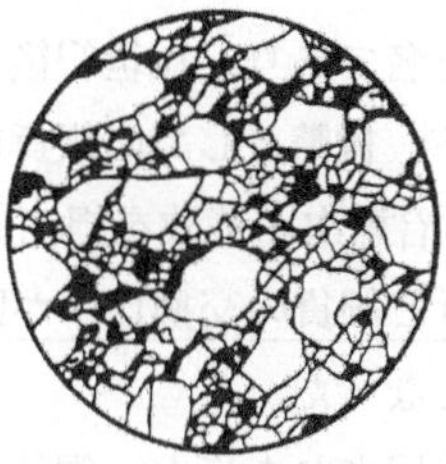

図５　M１、M２の結晶を顕微鏡でみたスケッチ

【社　会】（50分）　＜満点：100点＞

【注意】・句読点は字数に含めます。
・字数内で解答する場合，数字は１マスに２つ入れること。例えば，226年なら［22］［6］［年］とすること。字数は指定の８割以上を使用すること。
・解答欄をはみだしてはいけません。

［1］　次の文章Ⅰ・Ⅱを読み，下記の設問に答えなさい。

Ⅰ　日本列島は，多種の鉱産資源が採掘可能な土地柄であり，金・銀・銅なども採掘・採集され様々な形で用いられてきた。

a中尊寺金色堂の建立で有名な奥州藤原氏は，砂金の採集と良質の馬で繁栄した。金鉱山としては新潟県の佐渡金山や静岡県の土肥《とい》金山などがあり，近年ではb1981年に鉱脈が発見された鹿児島県の菱刈金山があげられる。各地で採掘・採集された金は，貴重なものとしてc東大寺（奈良県）の盧舎那仏や豊臣秀吉の黄金の茶室，あるいは金粉を用いた豪華なd蒔絵細工などに用いられた。

石見銀山は銀鉱山として世界的に有名であり，16世紀後半～17世紀初期にかけての産出量は世界の約３分の１を占めたといわれている。貨幣としての銀貨は，17世紀には伏見（京都市）・駿府（静岡市）・江戸などの銀座で作られ，田沼意次が幕政を担当している時にはe南鐐《なんりょう》二《に》朱銀《しゅぎん》が鋳造された。また幕末ではf日本における金貨と銀貨の交換比率が欧米と比べて大きく異なっていたため，外国との交易が始まると大きな問題となった。

銅は，古代から仏像の制作などに使用されたほか，銅銭の原材料としても使用された。しかし日本の銅銭は，10世紀に発行された乾元《けんげん》大宝以来，朝廷では発行されず，鎌倉時代や室町時代には，宋銭や明銭といった輸入された銅銭が主に使用された。g江戸時代に入り銅銭として寛永通宝が発行されると，輸入銭の使用が停止されていった。この時代には大坂（阪）と長崎にh銅座がもうけられていたが，そこでは銅銭は作られておらず，銅銭は基本的に銭座で鋳造されていた。

問１　下線部aに関連して，次の文X・Yの正誤の組合せとして正しいものを，下記より１つ選び番号で答えなさい。

X　奥州藤原氏は，仙台を拠点として勢力を築いていた。

Y　中尊寺金色堂は，禅宗様式の建物である。

1	X 正	Y 正	2 X 正	Y 誤
3	X 誤	Y 正	4 X 誤	Y 誤

問２　下線部bに関連して，1980年代の出来事として正しいものを，下記より１つ選び番号で答えなさい。

1　アメリカでは，イスラム過激派による同時多発テロが発生した。

2　日本では，阪神・淡路大震災が発生した。

3　アジア・太平洋地域では，APEC（アジア太平洋経済協力会議）が発足した。

4　ヨーロッパでは，EU（ヨーロッパ連合）が発足した。

問３　下線部cについて，東大寺は聖武天皇により741年に国分寺建立の詔が出されたのを受け，翌年に総国分寺と定められた。聖武天皇はどのような目的でこの詔を出したのか。解答用紙の枠内で説明しなさい。

問４　下線部ｄに関連して，蒔絵にはヨーロッパに運ばれ，18世紀後半のフランス国王ルイ16世の王妃マリー＝アントワネットのコレクションに加えられたものもある。18世紀の出来事に関して述べた次の文ａ～ｄについて，正しいものの組合せを，下記より１つ選び番号で答えなさい。

ａ　日本で，大塩平八郎の乱が起こった。

ｂ　北米大陸で，アメリカ独立革命が起こった。

ｃ　日本で，享保の改革がおこなわれた。

ｄ　イギリスで，名誉革命が起こった。

１　ａ・ｂ	２　ａ・ｃ	３　ａ・ｄ
４　ｂ・ｃ	５　ｂ・ｄ	６　ｃ・ｄ

問５　下線部ｅに関連して，次の文Ｘ・Ｙの正誤の組合せとして正しいものを，下記より１つ選び番号で答えなさい。

Ｘ　南鐐二朱銀は，金貨の額面を単位としている計数貨幣である。

Ｙ　南鐐二朱銀を発行した背景として，銀遣いの関東，金遣いの関西という貨幣の使用状況の違いがあった。

１　Ｘ　正　　Ｙ　正	２　Ｘ　正　　Ｙ　誤
３　Ｘ　誤　　Ｙ　正	４　Ｘ　誤　　Ｙ　誤

問６　下線部ｆに関連して，幕末に通商条約を結んだ国々との貿易が始まると，金貨（小判）が大量に国外へと持ち出された。小判が大量に国外に流出した背景と，これに対する幕府の対応について，それぞれ解答用紙の枠内で説明しなさい。

問７　下線部ｇに関連して，19世紀初頭に出版された鉱山技術書である『鼓銅図録《ごどうずろく》』には，当時の日本の銅山を次のように紹介している。□に該当する地名を漢字２字で答えなさい。

我が国の銅山で，大きいものは伊予の□，陸奥の南部（尾去沢《おさりざわ》），出羽の秋田（阿仁《あに》）である。その次は，出羽の村山，但馬の生野である。

問８　下線部ｈに関して，銅座は18世紀にもうけられ，銅銭の鋳造とは異なる役割を与えられていた。その役割を解答用紙の枠内で説明しなさい。

Ⅱ　日本における人口の把握は７世紀の i 天智天皇の時期における戸籍作成に始まると言われる。朝廷による戸籍の作成は，９世紀頃まで続いた。その後は全国的な戸籍は作成されず，戦国時代に課税や兵の動員のため，地域ごとに作成された。江戸時代に入ると，17世紀に作成が始まった j 宗門改帳によって，おおよその人口を推測できるようになる。江戸時代の初期に約1700万人ほどであった人口は，全国的な開墾もあって収穫高も増えたこともあり，18世紀前半には約3000万人にまで増加したと考えられている。また開墾した土地も合わせて，k 幕藩領主は年貢や諸役を村ごとに，村全体の責任で納めるようにさせた。江戸時代の後半になるとしばしば飢饉が起きたために人口の増加は停滞し，とりわけ l 天保の飢饉（1833～39年）では100万人以上が亡くなり，社会不安が増大した。

江戸末期の開国から明治初頭にかけて，海外からペストやコレラといった感染症が m 外国船を通じて国内に入り，それぞれ10万人以上の感染者が亡くなった。同じ時期に日本人の海外渡航の禁止が解かれると，第二次世界大戦が終わるまでに約180万人の人々が，nアメリカやブラジルといった海外，あるいはo朝鮮半島や台湾・p満州などに出て行った。

第一次世界大戦が始まると，好景気を背景に国内での人口移動が多くなった。農村から都市に出て労働者となるものが増えたほか，新中間層とよばれるホワイトカラーが増加し，彼らを対象とした百貨店などが都市のターミナル駅を中心につくられるようになった。都市の生活では電気の使用が当たり前になり，q肥料の生産に電気を使用するものも出てくるようになってきた。

第二次世界大戦終了直後，極端な落ち込みをみせた日本経済は，1950年代半ばには戦前の経済水準を回復した。以降1970年代初めの頃までのr高度経済成長期には，「金の卵」とよばれた地方の若者が集団就職などで大都市に移動し，労働力として経済成長を下支えした。

問9　下線部 i に関連して，天智天皇と同時期の中国の王朝について説明した次の文X・Yの正誤の組合せとして正しいものを，下記より１つ選び番号で答えなさい。

X　この王朝は，漢民族が中心となって建国し，モンゴルを北方へ退けた。

Y　この王朝は，律令に基づいた支配の仕組みを整え，科挙などによって官僚を採用した。

1	X	正	Y	正	2	X 正	Y	誤
3	X	誤	Y	正	4	X 誤	Y	誤

問10　下線部 j について，作成された目的を，解答用紙の枠内で説明しなさい。

問11　下線部 k について，これを何というか漢字で答えなさい。

問12　下線部 l に関連して，天保の飢饉より後の出来事を，下記より１つ選び番号で答えなさい。

1　インドでは，イギリスの支配に反抗してインド大反乱が起こった。

2　蝦夷地（北海道）では，松前藩に不満を持つシャクシャインらアイヌが戦いを起こした。

3　イギリスでは，クロムウェルを中心としてピューリタン革命が起こった。

4　スペインの支援を受けたマゼランの艦隊は，初の世界周航を成し遂げた。

問13　下線部mに関連して，下図を参考に，19世紀の交通の発達について説明した次のページの文X・Yの正誤の組合せとして正しいものを，あとから１つ選び番号で答えなさい。

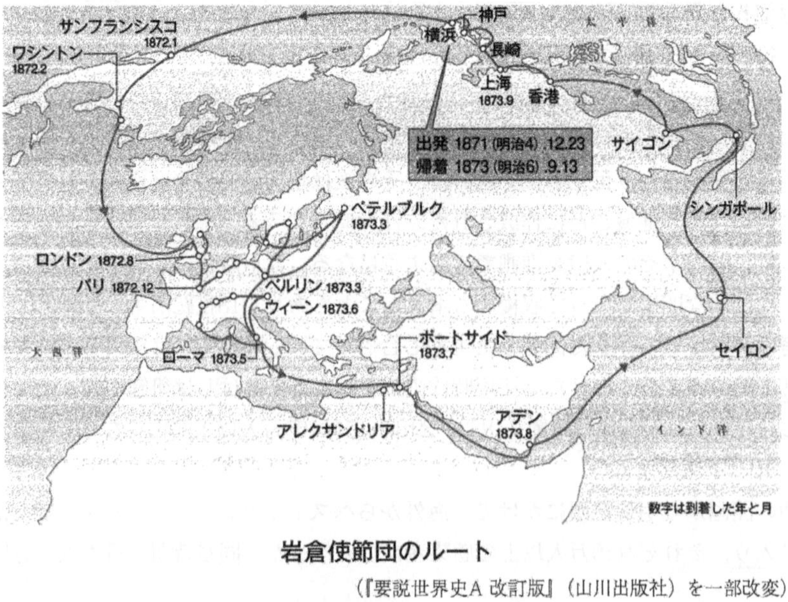

岩倉使節団のルート

（『要説世界史A 改訂版』（山川出版社）を一部改変）

X　岩倉使節団は，スエズ運河を通過して帰国した。

Y　ロンドン・パリ間にはすでに鉄道が開通していた。

1　X　正　Y　正	2　X　正　Y　誤
3　X　誤　Y　正	4　X　誤　Y　誤

問14　下線部nに関連して，19世紀後半にアメリカには多くの移民が渡ったが，その要因の一つとして南北戦争があげられる。なぜ南北戦争が移民の増加に影響を与えたのか，解答用紙の枠内で説明しなさい。

問15　下線部oに関連して，中朝関係に関する次の文X・Yの正誤の組合せとして正しいものを，下記より1つ選び番号で答えなさい。

X　7世紀，隋は新羅と結んで高麗を滅ぼした。

Y　16世紀，明は文禄の役の際に，朝鮮を支援する軍を派遣した。

1　X　正　Y　正	2　X　正　Y　誤
3　X　誤　Y　正	4　X　誤　Y　誤

問16　下線部pに関連して，1937年より始まった満州開拓団の参加者の出身地として最も多いのは長野県であった。長野県下伊那《しもいな》郡泰阜《やすおか》村も満州開拓団を出した一つであった。

以下の<文章>を読み，[い] に該当する一文を，解答用紙の枠内で答えなさい。

<文章>

昭和初期の未曽有の世界恐慌は当然のことながら日本をも襲い，中でも最大の打撃を受けたのが長野県。それは糸価，[あ] 価の暴落によるところが大きい。とりわけ（略）下伊那地域においては深刻であり，泰阜村も例外ではない。

明治の末から泰阜村も [　　い　　] になっており，土地がなくても食べていけるということで人口も増加していた。加えて，三信鉄道（現在の飯田線）やダム（泰阜発電所）工事の関係者が村に数多く入っており，当時の人口は5,000人を超えていた（注:2022年現在は約1,600人）。山村の貧村に襲いかかった恐慌により，農家は [あ] 価の暴落による多額の借金をかかえ，昭和12（1937）年には村外へ約600余名が出稼ぎに出る状況に陥っていた。その窮地を救おうと村ではさまざまな経済更生計画がたてられたが，その中心となったのが満州移民を軸とする計画であった。

※ [あ] には漢字1字が入る。なお，[あ] に関する設問はありません。

（長野県下伊那郡泰阜村ウェブサイトより転載・一部改変）

問17　下線部qに関連して，次の文X・Yの正誤の組合せとして正しいものを，下記より1つ選び番号で答えなさい。

X　鎌倉時代には，刈敷や草木灰が利用されるようになり，畿内などでは二毛作が普及した。

Y　江戸時代には，油かすや干鰯といった金肥が利用されるようになった。

1　X　正　Y　正	2　X　正　Y　誤
3　X　誤　Y　正	4　X　誤　Y　誤

問18　下線部rに関連して，次の文X・Yの正誤の組合せとして正しいものを，下記より1つ選び番号で答えなさい。

X　高度経済成長期にはテレビが普及し，「鉄腕アトム」のようなテレビアニメが放送された。

Y　高度経済成長期に公害問題が深刻化すると，政府は公害対策基本法を制定し，環境庁を設置した。

1	X	正	Y	正		2	X	正	Y	誤	
3	X	誤	Y	正		4	X	誤	Y	誤	

2　次の文章Ⅰ・Ⅱを読み，下記の設問に答えなさい。

Ⅰ　日本国憲法が制定されてから70年が経過した。

一国の政治体制の大枠を定める憲法は，おそらくどの時代のものであれ，全国民から祝福を受けて誕生するようなものではない。日本国憲法もまた，内容の是非が問われたことはもちろん，その出自自体の正統性が疑われた――いわゆる a「押しつけ憲法」論――点で，生まれながらに大きな傷を負っていたといっていい。しかし同憲法は，誕生当時の姿を完全に保ったまま，結果として戦後70年もの月日を生き永らえた。制定以来ひとつの微修正もないまま，これはどの長さにわたって維持された憲法典は，もはや国際的にも歴史的にも希有な存在である。

日本国憲法の廃棄や修正を求める声はつねにあった。それどころか，「b 55年体制」と呼ばれる時代，政権の座にありつづけた自由民主党自体が党是として憲法改正を掲げていたのである。しかし他方で自民党政権は，実際には真正面からこの問題に取り組もうとしたことはほとんどなかった。改憲問題は，「保守」「革新」と呼ばれた二つの政治勢力を分かつ中心的争点であったにもかかわらず――あるいは中心的争点であったからこそ――，歴代政権はその顕在化を慎重に避けた。

1960年，あ岸信介首相は c 安保闘争の収束と引き換えに辞任を余儀なくされ，悲願の改憲に向けて踏み出すことができなかった。後を継いだい池田勇人は「寛容と忍耐」をスローガンに掲げ，改憲問題を含む保革対立争点の棚上げを図った。う佐藤栄作以降の歴代首相も，憲法問題をタブー視する池田路線を継承していく。70年代になると，自民党内で改憲の旗印を下ろすことさえ真剣に検討された。80年代，「戦後政治の総決算」を掲げたえ中曽根康弘ですら，首相在任中の改憲争点化は断念せざるをえなかった。自民党政治の長期安定の陰で，憲法には指一本触れることさえ禁じられたようであった。

d こうした状況が，近年大きく変化している。自民党は2012年，全条項にわたる修正案を備えた「日本国憲法改正草案」を発表した。この改憲案は，天皇元首化や国防軍設置などを謳い，同党が過去に示してきた構想と比べても復古調のとくに強いものである。同年末に首相の座に就いた安倍晋三は，在任中の改憲実現を目指すと繰り返し公言している。加えて16年 e 参院選の結果，改憲を容認する勢力が衆参両院で［ア］の議席を超えることになった。これは憲法96条で定める憲法改正発議の条件が満たされたことを意味した。発議後の国民投票に必要な手続きを定める法律（国民投票法）はすでに07年に整備されている。

国会では11年以降［イ］が開かれており，改正項目の絞り込みが視野に入れられている。

（境家史郎『憲法と世論　戦後日本人は憲法とどう向き合ってきたのか』
筑摩書房　2017年　一部改変）

問１　空欄 ア ・ イ に該当する語句を，次の中から１つずつ選び番号で答えなさい。

1　３分の１　　2　３分の２　　3　４分の３　　4　５分の３

5　憲法準備委員会　　6　憲法審査委員会　　7　憲法審査会　　8　改憲審査会

問２　下線部 a に関して，日本国憲法が押しつけ憲法と言われる理由について，解答用紙の枠内で説明しなさい。

問３　下線部 b に関する次の文X・Yについて，その正誤の組合せとして正しいものを，下記より１つ選び番号で答えなさい。

X　55年体制とは，与党自民党が野党第一党の日本社会党と対立しながら，38年間にわたって政権をとり続けた政治体制である。

Y　1993年，細川護熙《もりひろ》を首相とする非自民連立内閣が成立し，55年体制は終わった。

1	X 正 Y 正	2	X 正 Y 誤
3	X 誤 Y 正	4	X 誤 Y 誤

問４　下線部 c に関する次の文X・Yについて，その正誤の組合せとして正しいものを，下記より１つ選び番号で答えなさい。

X　安保闘争の原因は，日米安全保障条約が改正され，アメリカの領土が他国より攻撃を受けた場合に，日本とアメリカが共同で対応することになったからである。

Y　この安保闘争以後，日本政府は新たにアメリカ軍が日本の領土に駐留することを認めたので，日本各地にアメリカ軍基地が設置された。

1	X 正 Y 正	2	X 正 Y 誤
3	X 誤 Y 正	4	X 誤 Y 誤

問５　下線部 d に関して，情報化などの社会変化にともない，日本国憲法に直接的に規定されていない権利が主張されるようになった。この規定されていない権利に関する次の文X・Yについて，その正誤の組合せとして正しいものを，下記より１つ選び番号で答えなさい。

X　これらの権利はおもに，日本国憲法第13条にある「生命，自由及び幸福追求に対する国民の権利」に基づいて主張されている。

Y　住宅への日当たりの確保を求める日照権も新しい人権である。

1	X 正 Y 正	2	X 正 Y 誤
3	X 誤 Y 正	4	X 誤 Y 誤

問６　下線部 e に関して，次の設問に答えなさい。

(1)　参議院選挙のしくみを用いて，以下（次のページ）の得票数の場合，定数５の比例区における当選者をすべて選び番号で答えなさい。

※候補者や得票数は試験用に作成したものである。

比例代表選挙開票結果		
1	相　川（赤　党）	2500票
2	鈴　木（青　党）	2400票
3	加　藤（赤　党）	2300票
4	佐　藤（白　党）	2200票
5	高　橋（黄　党）	2100票
6	川　村（黄　党）	2000票
7	上　田（白　党）	1900票
8	江　川（青　党）	1800票
9	木　村（白　党）	1700票
10	工　藤（青　党）	1600票

政党得票数	
赤　党	700票
青　党	600票
白　党	400票
黄　党	200票

(2)　2022年の参議院選挙に関する次の文**X**・**Y**について，その正誤の組合せとして正しいものを，下記より１つ選び番号で答えなさい。

X　この参議院選挙では，「一票の格差」は最大で３倍を超えた。

Y　この参議院選挙の結果，与党の議席数は非改選議席を含め，３分の２を超える議席となった。

1	**X**	正	**Y**	正	2	**X**	正	**Y**	誤
3	**X**	誤	**Y**	正	4	**X**	誤	**Y**	誤

問７　波線部の首相**あ**～**え**の中で，日本の防衛政策の基本方針として「非核三原則」を表明した首相を選び，記号で答えなさい。

Ⅱ　戦後の日本は，焼け跡から復興し，高度経済成長を遂げて，1968年には，GNPが世界で第２位になりました。1970年代には２度の石油危機に見舞われましたが，欧米に先駆けていち早く立ち直り，1980年代には，経済大国として繁栄を謳歌しました。

ところが1991年頃に，いわゆるfバブルが崩壊し，平成不況が始まりました。

平成の時代は，政治改革に始まり，規制緩和や自由化，民営化など，様々な改革が進められ，特に1996年に成立した橋本龍太郎政権は，経済構造改革，g行政改革，財政構造改革などを推し進めましたが，1998年あたりから，日本は深刻な不況に陥り，ほとんど成長しなくなってしまいました。

2001年には，小泉純一郎政権が成立し，国民の高い支持を背景に様々なh構造改革を断行しました。けれども，日本経済は，やはり成長しませんでした。2009年には，国民の期待を受けた政権交代により，民主党政権が成立しましたが，それでも，成長はしませんでした。

2010年には，GDP世界第２位の地位を中国に明け渡しました。

2012年には，第２次安倍晋三政権が誕生し，i「アベノミクス」と呼ばれる経済政策を推し進めました。そして，毎年のように「成長戦略」が策定され，当初は，確かに経済が成長軌道に入ったかに見えましたが，それから７年８ヵ月続いた第２次安倍政権を振り返ってみると，日本経済は，さほど成長したわけではありません。もちろん，2020年には，新型コロナウィルス感染症の感染拡大という問題が起きましたが，この問題を差し引いても，経済は停滞していました。

（中野剛志・山田一喜『マンガでわかる日本経済入門』講談社　2020年　一部改変）

問8　下線部ｆに関する次の文Ｘ・Ｙについて，その正誤の組合せとして正しいものを，下記より１つ選び番号で答えなさい。

Ｘ　土地や株式などの価格が実体の価値をはるかに超えて高騰したため，いわゆるバブル経済の状態になった。

Ｙ　バブル経済は，日本銀行による金融引き締めや政府の不動産向け融資への総量規制が実施されたこともあり，地価や株価が急激に下がり崩壊した。

1	Ｘ	正	Ｙ	正		2	Ｘ	正	Ｙ	誤	
3	Ｘ	誤	Ｙ	正		4	Ｘ	誤	Ｙ	誤	

問9　下線部ｇに関して，橋本龍太郎政権のときに中央省庁の改革が提案され，2001年１月に中央省庁再編等の行政改革が行われた。この改革に関する次の文Ｘ・Ｙについて，その正誤の組合せとして正しいものを，下記より１つ選び番号で答えなさい。

Ｘ　中央省庁再編により，１府22省庁から１府12省庁となった。

Ｙ　この行政改革では，独立行政法人制度が導入された。

1	Ｘ	正	Ｙ	正	2	Ｘ	正	Ｙ	誤
3	Ｘ	誤	Ｙ	正	4	Ｘ	誤	Ｙ	誤

問10　下線部ｈに関連して，次の図１の国家公務員数の変化点Ａ・Ｂはどのような改革によるものなのか，該当する改革を下記より１つずつ選びそれぞれ番号で答えなさい。

１　日本道路公団の民営化　　２　日本専売公社の民営化

３　日本郵政公社の民営化　　４　日本国有鉄道の民営化

５　国立大学法人等への移行　　６　日本電信電話公社の民営化

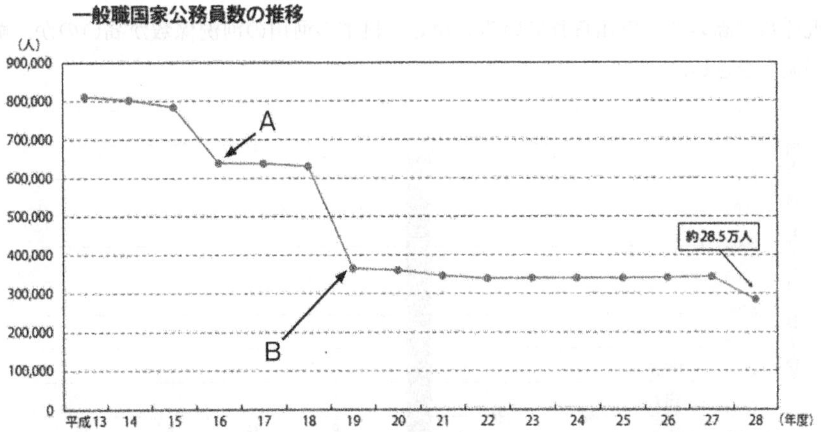

（注）一般職国家公務員数は、特定独立行政法人（平成27年4月1日以降、行政執行法人となっている）を除いて、各年度末定員である。

図１

（人事院ウェブサイト　平成27年度（2015）年次報告書　より）

問11　下線部ｉに関して，アベノミクスをうけ，景気を回復させるため日本銀行では量的緩和政策を導入した。この金融政策を説明した次のページの文の空欄 ウ ・ エ に適する語句や文章を答えなさい。

なお，ウ は漢字２字，エ は文章で解答すること。

> 量的緩和政策とは，日本銀行が民間金融機関から主に ウ を買い取り，市場に供給する資金の量を増やすことで，　　エ　　政策である。

問12　二重下線部＿＿に似た経済指標としてGNIがあります。GNIとは日本語で何というか，漢字５字で答えなさい。

3　次の文章Ⅰ・Ⅱ，Ⅲを読み，下記の設問に答えなさい。

Ⅰ

> 欧州を襲う熱波の影響でライン川の水位が低下し，欧州域内物流への影響が懸念されている。ドイツ当局の発表によると，15日時点で独カウプのチェックポイントの水位は30センチ台を記録。船舶の航行が困難なレベルにまで到達しているという。今後水位低下が解消されるめどは立っておらず，欧州主要コンテナ港で混雑が続く中，さらなるサプライチェーン混乱の一因となりそうだ。
>
> 日本海事新聞社　2022年８月16日

問１　ライン川は複数の国をまたがって流れている。領土にライン川の流域を**含まない国**を，下記より１つ選び番号で答えなさい。

1　スイス　　2　ドイツ　　3　フランス　　4　デンマーク　　5　オランダ

問２　ライン川は国際河川である。次の１～４のうち**国際河川ではないもの**を，１つ選び番号で答えなさい。

1　ユーフラテス川　　2　ナイル川　　3　メコン川　　4　チャオプラヤ川

問３　ライン川をはじめとしたヨーロッパの河川と比較して，日本の河川は長さが短く勾配が急で，河況係数が高いことで知られている。なぜ，日本の河川の河況係数が高いのか，解答用紙の枠内で説明しなさい。

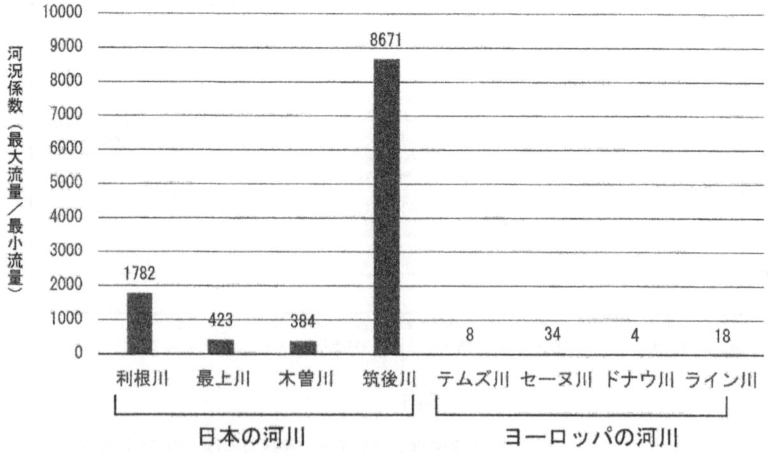

図１

（高橋裕（2008）『河川工学』東京大学出版会　より作成）

※河況係数…河川のある一定の場所における年間の最大流量と最小流量との比。

問４　次の１～４にあげる日本の河川と，その河川が形成する平野，および河口部となる都道府県の組合せとして正しいものを，下記より１つ選び番号で答えなさい。

1　吉野川　－　讃岐平野　－　香川県　　2　矢作川　－　岡崎平野　－　愛知県

3　天竜川　－　静岡平野　－　静岡県　　4　最上川　－　庄内平野　－　秋田県

問５　以下の**表１**は，世界の港湾別コンテナ取扱量を示している。**表１**中の**A**に該当する，ヨーロッパ最大の港が位置する都市名を答えなさい。

表１

	港湾名（国・地域）	国名	取扱量
1	上海	中国	4350.1
2	シンガポール	シンガポール	3687.1
3	寧波	中国	2873.4
4	深圳	中国	2655.3
5	広州	中国	2319.2
6	青島	中国	2200.5
7	釜山	韓国	2159.9
8	天津	中国	1835.6
9	ホンコン	中国	1797.1
10	ロサンゼルス	アメリカ合衆国	1732.7
11	**A**	オランダ	1434.9

（国土交通省資料　より作成）

2020年速報値、単位：万TEU

※TEUとは、コンテナのサイズに換算した貨物の容量のおおよそを表す単位。

問６　**表１**中，深圳（シェンチェン）など５つの地区に1970～80年代にかけて中国が設置した，海外の資本や技術を導入するために開放した地域のことを何というか，答えなさい。

Ⅱ

> ヨーロッパ以外にも，2022年は熱波に襲われた地域が多くあった。中国では半世紀以上ぶりの熱波と干ばつに見舞われて長江の一部が干上がり，水力発電所の電力供給能力が低下した。一方で，冷房需要の拡大などから８月は石炭火力発電が急増し，石炭の輸入量も増加した。

問７　右の**表２**のように，日本はヨーロッパの国々と比較して，風力発電の導入が進んでいない。ヨーロッパの国々が風力発電を導入しやすく，日本で導入が進みにくい理由を，自然的な側面から解答用紙の枠内で説明しなさい。

表２

国名	風力発電設備容量総数（千 kw）
ドイツ	56,132
スペイン	23,170
イギリス	18,872
フランス	13,759
日本	3,400

（『世界国勢図会』矢野恒太記念会　より作成）

データは2017年のものを使用

問８　次のグラフ１～４は，中国の生産割合が多い米，小麦，綿花，豚肉について生産国とその割合を示している。このうち綿花を表しているものを，１～４のうちから１つ選び番号で答えなさい。

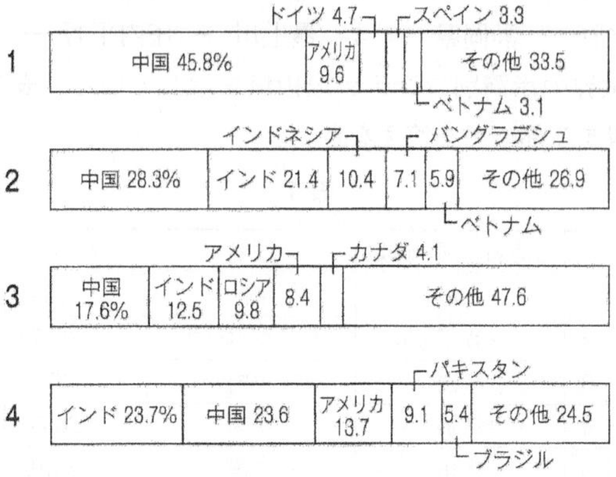

（『世界国勢図会』矢野恒太記念会　より作成）

データは2016年のものを使用、綿花のみ2014年のものを使用

問９　中国はオーストラリアから多くの石炭を輸入している。オーストラリアにとって中国は重要な貿易相手であり，輸出額と輸入額ともに大きな割合を占めている。次の**表３**は，オーストラリアの輸出相手国の変化を示している。**表３**中**ア**・**イ**に該当する国名をそれぞれ答えなさい。

表３　オーストラリアの輸出相手国の変化

	1960－61 年		1980－81 年		2000－01 年		2018－19 年	
1位	**ア**	23.9%	**イ**	27.6%	**イ**	19.7%	中国	32.6%
2位	**イ**	16.7	アメリカ	11.1	アメリカ	9.8	**イ**	13.1
3位	アメリカ	7.5	ニュージーランド	4.7	韓国	7.7	韓国	5.9
4位	ニュージーランド	6.4	**ア**	3.7	中国	5.7	アメリカ	5.3
5位	フランス	5.3	中国	3.5	ニュージーランド	5.2	インド	4.9

（『2021－2022　グラフィックワイド地理』とうほう　より作成）

問10　中国の人口に関して説明した次の文**X**・**Y**について，その正誤の組合せとして正しいものを，下記より１つ選び番号で答えなさい。

X　中国の人口は約14億人（2018年）で，その約半数は漢民族であり，他の少数民族は主に西部に居住している。

Y　中国は2015年以降一人っ子政策を廃止して，全ての夫婦が何人の子どもを産んでも良い方針に変更した。

1	**X**	正	**Y**	正		2	**X**	正	**Y**	誤
3	**X**	誤	**Y**	正		4	**X**	誤	**Y**	誤

Ⅲ

世界の人口は2022年中に80億人に達したとされているが，日本の2021年の出生数は1899年の統計開始以降，過去最少の81万1622人で，前年より２万9213人減ったことが報道されている。世界のさまざまな国や地域で人口の増減は社会問題となっており，以下の文章は世界の人口問題の様子を表している。

もしも世界が100人の村だったら…

その村には，60人のアジア人，14人のアフリカ人，14人の南北アメリカ人，11人のヨーロッパ人がいます。後は南太平洋の人たちです。50人が女性で50人が男性。70人が有色人種で，30人が白人です。

33人が ア 教徒，22人が イ 教徒，14人が ウ 教徒，７人が仏教徒。その他はさまざまな宗教を信じています。75人は食べ物の蓄えがあり，雨露をしのぐところがあります。しかし，あとの25人はそうではありません。ひとりは瀕死の状態にあり，ひとりは今，生まれようとしています。

『最新地理資料集』明治図書（2020）一部改変

人口問題も地域によって全く様相が異なっており，日本のように少子化に悩む国もあれば，子どもの数は多くても，十分な食事や医療などに恵まれず亡くなる子どもが多い地域もある。自分たちより下の世代のことについても，真剣に考えていかなくてはならない。

問11　文章Ⅲ中の下線部の割合は，2011年の人口統計をもとに計算されている。この文章を2021年の人口統計で再計算した際，人数が最も増えると考えられるものを，下記より１つ選び番号で答えなさい。

1　アジア人　　2　アフリカ人　　3　南北アメリカ人　　4　ヨーロッパ人

問12　文章Ⅲ中の空欄 ア ～ ウ に該当する宗教の組合せとして正しいものを，下記より１つ選び番号で答えなさい。

	1	2	3	4	5	6
ア	イスラム	イスラム	ヒンドゥー	ヒンドゥー	キリスト	キリスト
イ	ヒンドゥー	キリスト	イスラム	キリスト	イスラム	ヒンドゥー
ウ	キリスト	ヒンドゥー	キリスト	イスラム	ヒンドゥー	イスラム

問13　日本では，保育施設に入所できない待機児童の存在が大きな社会問題となっている。ある自治体では，次のページの図２のような送迎保育サービスを行うことで待機児童問題の解決を図っている。この図を参考に，送迎保育サービスはどのような待機児童問題を解決できると考えられるか，解答用紙の枠内で説明しなさい。

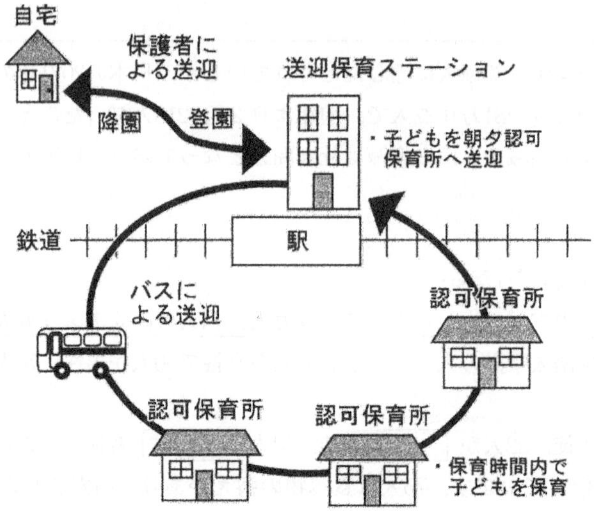

図２

（木内智子・宮澤仁（2013）「送迎保育の現状と効果に関する一考察」『お茶の水地理』第53号　一部改変）

問14　次の図３は，日本，フランス，アメリカにおける高齢者（65歳以上）人口割合が７％から14％に到達するのに要した期間を示したものである。ア～ウが示す国の組合せとして正しいものを，下記より１つ選び番号で答えなさい。

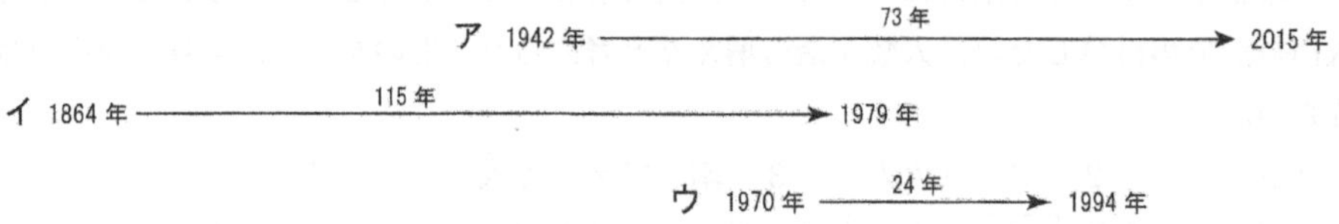

図３

（『2021－2022　グラフィックワイド地理』とうほう　より作成）

	1	2	3	4	5	6
ア	日本	日本	フランス	フランス	アメリカ	アメリカ
イ	フランス	アメリカ	日本	アメリカ	日本	フランス
ウ	アメリカ	フランス	アメリカ	日本	フランス	日本

い。なお、「挑」は「かかぐ」（ここでは「手本として示す」の意）と読む動詞として解釈する。

ア　以㆓正理之薬治訴詔之病㆒、挑㆓憲法之灯照愁嘆之闇㆒
正理之は薬で治し訴詔之は病で以つて、憲法之は灯で照らし愁嘆之は闇を挑ぐ

イ　以㆓正理之薬㆒治㆓訴詔之病㆒、挑㆓憲法之灯㆒照㆓愁嘆之闇㆒
正理の薬を以つて訴詔の病を治す、憲法の灯を挑げて愁嘆の闇を照らす

ウ　以正理之薬治㆑訴詔之病㆑、挑憲法之灯照㆑愁嘆之闇㆑
以つて正理の薬治は訴詔の病なり、挑げて憲法の灯照は愁嘆の闇なり

エ　以㆓正理㆒之薬治㆘訴詔之病㆖、挑㆓憲法㆒之灯照㆘愁嘆之闇㆖
正理を以つて之の薬が訴詔の病を治す、憲法を挑げて之の灯が愁嘆の闇を照らす

オ　以㆘正理之薬治㆓訴詔㆒之病㆖、挑憲法之灯照㆓愁嘆㆒之闇
正理の薬にて訴詔を治す之れ病で以つて、挑げて憲法の灯にて愁嘆を照らす之れ闇

問七　右の文章の出典は『醒睡笑』である。この作品以前に成立した作品を次の中から選びなさい。

ア　おくのほそ道　　イ　雨月物語　　ウ　宇治拾遺物語
エ　武道伝来記　　オ　義経千本桜

らへといひ、つくりといひ、世にすぐれたるものなるをかりて行。いまだ宿に帰らざるあひだに、一国徳政の札立けり。去程に亭主かへりても、刀をかへす事なし。山伏こらへかね、しきりにこふ。宿主返事するやう、「そちの刀かりたる所実正なり（まことである）。されども徳政の札立ちたる上は、此刀もながれたるなり。③**さらさらかへすまじき**」といふ。出入（＊2）になりければ、双方江戸に参り、大相国（＊3）御前の沙汰になれり。其砌《みぎり》（そのとき）京の所司代下向あり。御前に「侍られし此裁許いかに」と御諚《ごぢやう》有て（ご下問されて）、「謹而《つつしんで》造作もなき儀と存候。幸《さいはひ》札の上にて、亭主がかりたる刀をながし候はば、又山臥がかりたる家をも、みな山伏がに（＊4）仕べきものなり」と、申上られしかば、④**大相国御感甚《はなはだし》かりし当意即妙の下知なるかな**。⑤**以正理之薬治訴詔之病、挑憲法之灯照愁嘆之闇**といふ金言もよそならず。

《注》＊1　将軍……征夷大将軍の略。徳川家康を指す。
＊2　出入……争いごとのこと。
＊3　大相国……太政大臣徳川家康のこと。
＊4　山伏がに……底本に従う。「に」の前に「もと」などを補うか。

問一　空欄 X に入る最も適当な言葉を選びなさい。

ア　赦　イ　欺　ウ　勅　エ　啓　オ　訟

問二　――部①「上下万民裁許を悦で」とあるが、それはなぜか。このことを説明したものとして最も適当なものを選びなさい。

ア　この時代の京都所司代は、相手の身分に応じた判断をすることで、万民の期待に応えたから。

イ　この時代の京都所司代は、裁判を受ける者の身分や財力にかかわらず、公正に結論を出したから。

ウ　この時代の京都所司代は、平凡な者には真似できない発想によって、真実を見究められたから。

エ　この時代の将軍は、万人を平等に扱い、対立を次々に解決することで、平和な世を作ったから。

オ　この時代の将軍は、庶民の話に丁寧に耳を傾け、富裕な者の不正を次々に暴き出したから。

カ　この時代の将軍は、出自にとらわれることなく、真に優秀な者を京都所司代としたから。

問三　――部②「一滴舌上に通じて、大海の塩味をしる」とあるが、この文章における「大海」とは何だと考えられるか。最も適当なものを選びなさい。

ア　権現と呼ばれた将軍の器の大きさ
イ　京都所司代の裁決の見事さ
ウ　真の正義とは何であるか
エ　当時を生きた上下万民の姿
オ　人間社会になぜ争いが生じるか

問四　――部③「さらさらかへすまじき」を、言葉を補いつつ、現代語訳しなさい。

問五　――部④「大相国御感甚かりし当意即妙の下知なるかな」とあるが、大相国は何に感動したのか。六十字以上八十字以内で説明しなさい。（句読点、記号等も字数に含める）

問六　――部⑤「以正理之薬治訴詔之病、挑憲法之灯照愁嘆之闇」に、適切に返り点をつけ、適切に書き下し文にしているものを選びなさ

オ　とげとげしい口調で発言すると、どんな言葉であっても伝達したい内容は伝わらず相手の反発心だけが高まるということ。

問四　――部②「父は丁寧語をつかった」とあるが、なぜだと考えられるか。理由として適当なものを次から二つ選びなさい。

ア　不都合なことは全て他人のせいにしようとする「弟」の態度にもまして、それを許しかばおうとする「母」と「かんこ」の身勝手さに不満を感じ、皮肉を込めたへりくだった話し方をすることで家族を突き放そうとしたから。

イ　話し合いの収拾がつかなくなった時にあきれて笑ったかのように見えた「弟」に対して、正しさを気取る相手から自分が見下されたように思えて不愉快になり、丁寧さを強調した嫌味な態度でやり返そうとしたから。

ウ　初めは自分の正しさを信じていたが、その場にいる家族全員が自分の誤りを非難してくる状況下で、次第に家族の言い分にも一理あるのではないかと思い始め、反論するにしても最低限の礼儀を示そうと考えたから。

エ　中学在学中から自分の正当性ばかりを訴えて周囲の人々から遠ざけられてきた「弟」が、今でも親への不満ばかり言う成長のなさに嫌気がさし、改まった言葉づかいで父としての威厳を保ちながら教え諭そうとしたから。

オ　話に介入してきた「弟」の態度への反発を抑えきれず報復したことに対して、「母」と「かんこ」までもが自分を非難する側に回った不満から、他人行儀な言葉使いをして家族へのよそよそしさを強調しようとしたから。

問五　――部③「かんこはこの車に乗っていたかった。この車に乗って、どこまでも駆け抜けていきたかった」とあるが、どういうことか。この時の「かんこ」の考えを説明しなさい。

問六　本文の特徴を述べたものとして最も適当なものを選びなさい。

ア　家族ひとりひとりの様子や周囲を取り巻く情景の変化が、「かんこ」の五感を通して描かれている。

イ　現在の「かんこ」が、かつて経験した出来事の意味を社会問題という観点で問い直しつつ語っている。

ウ　複数の登場人物の視点から、異なる立場にある者の主観的感情がそれぞれ述べられている。

エ　互いに傷つけあいながらも支え合って生きる家族の様子を、語り手自身も感情的になって語っている。

オ　家族が言い争う場面では、会話文を中心とすることで家族同士の関係性を詳しく説明している。

三　次の文章を読んで、後の問いに答えなさい。なお、（　）内は現代語訳である。

（＊1）将軍天下を治め給ふ。此御代に賢臣義士多き中に、京都の所司代として［　X　］をきき理非を決断せらるるに、富貴の人とても、へつらふ色もなく、貧賤のものとても、くだせる体なし。然間①**上下万民裁許を悦《よろこん》で**、奇なるかな、妙なるかなと、讃嘆する人ちまたにみてり。②**一滴舌上に通じて、大海の塩味をしる**とあれば、その金語の端をいふに、余は知りぬべきや（他はきっとわかるはずだ）。しかる時越後にて、山伏宿をかりぬ。其節国主の迎に亭も罷出《まかりいづ》るに、彼《かの》山臥《ぶし》のさしたる刀、こし

その範囲を超えたらその人間関係はおしまい、(c)シオドキだった。だが家の人間に対しては違った。たったひとりで、逃げ出さなくてはいけないのか、とかんこは何度も思った。自分の健康のために。自分の命のために？　このどうしようもない状況のまま家の者を置きざりにすることが、自分のこととまったく同列に痛いのだということが、大人には伝わらないのだろうか。かんこにとって大人たちの言うことは、火事場で子どもを手放せと言われているのと同等だった。言われるたび、苦しかった。あのひとたちはわたしの、親であり子どもなのだ、ずっとそばにいるうちにいつからかこんがらがって、ねじれてしまった。まだ、みんな、助けを求めている。相手が大人かどうかは関係がなかった。本来なら、大人は、甘えることなく自分の面倒を見なくてはならないということくらい、とうにわかっていた。それが正しいかたちだと、言われずとも知っていた。だが、愛されなかった人間、傷ついた人間の、そばにいたかった。背負って、ともに地獄を抜け出したかった。そうしたいからもがいている。そうできないから、泣いているのに。

　もつれ合いながら脱しようともがくさまを「依存」の一語で切り捨ててしまえる大人たちが、数多《あまた》自立しているこの世をこそ、かんこは捨てたかった。ずっと、この世に自分が迷惑ばかりかけるから、社会の屑だから、消えなければならない気がしていた。だが、と思う。むしろ自立を最善の在り方とするようになったこの現代社会が、そうでなければ大人になれないなどと曖昧な言葉でもって迫る人里の掟じたいが、かんこにとってはすでに用済みなのかもしれない。③**かんこはこの車に乗っていたかった。この車に乗って、どこまでも駆け抜けていきたかった。**

《注》　＊1　昔みたいに……ホテルをとらずに車中泊で家族旅行をしていた頃のように。

＊2　先ほど……父が高校受験の時に熱心に勉強を教えてくれたことを思い出したかんこが、自分が学校に通えなくなった原因を父のせいにしたことを謝りたくなったという場面のこと。合格を知った父は母とかんこを抱きしめて大声で泣いた。

＊3　根深い問題……父が育った家庭環境を指す。若い頃の祖母は奔放なところのある遊び人で、夫を苦しめ子どもを放置した。かんこの父は、家族に無関心な母親といらだちから子どもを殴る父親のもとで育ち、独学で大学まで進んで独り立ちした。

＊4　『賀正』……今年の元日に父方の祖母が書いた書。

問一　＝＝部（a）～（c）のカタカナを漢字に直しなさい。

問二　X には「事を起こした双方を、理非を問わず、同様に処罰すること」という意味の熟語が入る。それを三字で答えなさい。

問三　――部①「まざると、聞こえなくなる代わりに燃え上がる」とはどういうことか。説明として最も適当なものを選びなさい。

ア　相手の言葉をさえぎって口を挟んでしまうと、最後には口論が起き相手を言い負かすことが発言の目的になるということ。

イ　複数の人間が同時に話し出すと、誰が何を言っているのか聞き取れないほどの大声が飛び交い聞く気が失せるということ。

ウ　不機嫌な声で相手を非難する言葉を口にすると、言葉の意味ではなく自分の怒りだけが相手に届いてしまうということ。

エ　互いの言葉を聞き終わる前に反射的に声をあげてしまうと、円滑な対話ができずに感情が昂ぶるばかりになるということ。

があたり、銀色に細く鋭く光るように、熱は幾度も体を通り抜ける。耳から目の奥を通り、鼻のつけねが熱くなる。かんこは濁った声をあげながら運転席の背もたれを蹴り上げた。また電線に日が集まった。蹴り上げるとき、一瞬背もたれが人型に見えた。踵はちょうどその鳩尾《みぞおち》あたりを蹴った。背に衝撃を受けた父が前のめりになり、急ブレーキをかける。誰もが静まった。いやな沈黙だった。父は無言でドアをあけた。察した母がやめてよと低く言った。やめてよ、やめなよ、と声を大きくした。父の息が濃くかかった。腕をゆすりあげられ、父の握りこんだこぶしが白くなっているのが見えた。

　肌が熱い。なにもかも許せなかった。先ほど（＊2）、すべて自分が悪かった、謝りたいと思ったのは間違いだったと思った。いつもそうだった。［X］だと納得したはずのことが、急に許せなくなる。毎回、何度も許せないと思うのに、時が過ぎると自分が悪かったと思う。何もわからない。何もわからなかった。実際、泣いて泣いて、涙が涸れるころになると、かんこは落ち着きをとりもどした。ひとつわかったことがあった。

　背もたれを蹴ることもまた暴力であるということだった。そして、それが発露する瞬間、かんこはその行為を正当なことのように感じた。父も同じだったのではないかと思う。父もまた、背もたれを蹴るような、つまり「被害に対する正当な抵抗」の感覚で、家族に対して力を行使していたのではないか。思えば父は、傷つきやすいところがあった。その場のかんこたちの言うことに傷つくのは、もっと根深い（＊3）問題があるのではないかとも思う。祖母の顔が浮かんだ。だがきっとそれだけではないだろう。それに亡くなった祖母の背景にも、さかのぼればまた何かがあるはずだった。みんな、背もたれを蹴る。背もたれを蹴るように、自分や身内の被った害への抵抗だと信じて、相手を傷つける。

　だからといって、と思う。だからといって、だからといって……。その先は続かなかった。どれだけ考えても、わからなかった。かんこは泣き疲れた。背中の揺れは深い波のようになり、かんこは眠りかけた。『賀正』（＊4）という祖母の書いた字が頭を離れなかった。親は捨てるものだと、大人たちは言いふくめた。あなたの人生を生きなさい。あなたが背負う必要はない。かんこの話を、かんこの側から聞くから出てくる言葉だった。かんこは、自分の被害についての話は、流ちょうに喋った。だが自分が加害した記憶については、実感がほとんどないのも手伝い、うまく話すことができなかった。だからことごとく的外れだと思う答えしか得られなかった。返答につまった。

　車に揺られながら、窓につけた頬が冷える。かんこは薄目をあけた。車の外に灯りがあるたび息を殺した。車は人の吐息で満ちている。母の吐いた息、父の吐いた息、弟の吐いた息、かんこ自身の吐き出した息、それらを互いに吸いあって生きている。苦しくないはずはなかった。何度も救われたいと思った。だがかんこひとりで抜け出すことを、かんこは望んでいない。

　自分を傷つける相手からは逃げろ、傷つく場所からは逃げろ、と巷《ちまた》では言われる。だが多かれ少なかれ人は、傷つけあう。誰のことも傷つけない人間などいないと、少なくともかんこは、思っている。では、自立した人間同士のかかわりあいとは何なのか?自分や相手の困らない範囲、自分や相手の傷つかない範囲で、人とかかわることか。かんこは、家族でない人に対しては、少なくともそういうかかわり方をしていた。

こんなに言ってない。いつもわがままみたいに言わないでえ」

「そんな話してない」小声でかんこが言っても、母は聞こえていないようだった。

「あんたらにはわかんないのよう、こんなの、むかし、あたしは昔に、もどれるかもしれないってえ、昔（＊1）みたいに、みんなで仲良く」

「お前のせいだろ」父は鼻で笑った。母が大げさに息をのむ音がする。

「昔みたいじゃなくなったのはお前のせいだろうがよ。お前の病気に、お前の酒癖に、今までどれだけみんなが振り回されたと思ってんだよ。たまの休日にも休ませてくれないで」

「病気になったのは母さんのせいじゃない」かんこは前にいる父にむかって叫んだ。

「いいよ、かんこ、いいよもう。」母は助手席で泣いた。「あたしが悪いんだ。あたしがぜんぶわるいんだ！」

「ちがうって、だから」真面目な顔で説明しようとした弟は、そこでがまんしきれなくなったように噴きだした。母の泣き声とまじった。

「いや、違うっていうか、なんていうかもうさあ……」

弟の口ぶりは、どうしようもないというようだった。あきれ果てていた。

「なんだお前」父は、怒鳴る。

「なんなんだよ、いま笑ったか。お前自分だけが、正しいとでも思ってんのか」父が振り向き、顔がゆがんだ。笑っているのだと気づいたのは、その顔が無表情に変わったときだった。父は前に向きなおり、ぞっとするほど低い声で独り言のように言った。

「へらへらへらへら。だから中学でいじめられたんだろうが、お前」

弟が息をのんだのがわかった。いや、弟ばかりでなかった。母もかんこも、黙った。泣いていた母は、はっとしたようだった。「ねえ」母が悲鳴のように言う。「ねえ、ちょっと、それ関係ない」かんこは言いながら、弟を横目に見た。弟は、目をみひらいた。一瞬でたかぶり、その目にあふれた涙が流れ出すのをおさえるように、表情を動かさなかった。「だから嫌なんだよ」弟は震える声でかろうじてつぶやく。

「そうですか、はいはいはい、いつも親のせいですか」父はハンドルを切りながら言った。母が悲鳴まじりにやめてと言った。「黙りなよ」かんこも言った。「自分が何言ってるかわかってんの。どういうことなのかわかってんの今」

「はい、わかってますけども」②父は丁寧語をつかった。何かが父のなかで切り替わり、とまらなくなっているのがわかった。「いじめいじめっていうけどそんなもんな、人のせいにしてるだけなんだよ。自分のせいだろ。そうやって空気読めねえことばっか喋って人の話に首突っ込んでたんだろ、中学でも。そういう奴会社にもいるよ。いっつも自分が外野の顔して、自分が正しいですって顔して。で、周りドン引いて、結果メンタルとかなんとか言ってだんだんな、辞めていくんだよな。結局周りの人間が決めるんだよ。おれはな、人生でな、一度もいじめられたりしなかった」

弟の目からぽろりと涙が流れた。外からの光で涙が、ひかった。口許がゆがむ。必死に笑おうとしているのだと思った。外を田園が流れていく。夕暮れはどこまでも続き、消えかける日がもっとも輝くように、今一番色濃く、車内を照らした。

怒りがよぎった。怒りも、哀しみも、光のようによぎった。電線に日うやく「なんなのお」と落ち込んだように見えた。北上するにつれ空は晴れた。夕焼けで車内は赤かった。

　それでも母は何度か子どもに話しかけた。そのあいまに何度か、「怒ってるの」と父に訊いた。「戻りたいの」「ごめんね」「どうしたかった」

　助手席の父がわざと母から顔をそむけ、窓づたいに弟に話しかけ始めたとき、「よくないってそういうの」しびれを切らしたように弟が言った。

「いや、母さんもずいぶん理不尽だったよ。無理言ったのも、けどさ、それは母さんが悪かったところだけど、だけど」

「でも、父さんだって」弟が言い切らないうちに、自分を責められたのかと思い込んだ母がひろって答える。

「違う。母さんのこと言ってるんじゃない」

「だって」かんこの言葉に母は前を見つめたままとがった声で答え、「ぽん、あんたはいつも、本当に余計なことを言うね」矛先を弟に向けた。

　声と言葉とがまざる。①**まざると、聞こえなくなる代わりに燃え上がる**。耳の奥に渦巻く熱を逃がすように、かんこは窓の外に目をやった。景色は流れる。どこを見ても焼けている。雲は、紺鼠《こんねず》の影をたたえ、下部を暗い赤に染め抜かれてたなびいていた。ふちを光が燃え盛った。風が吹くのか稲がいっせいに横倒しになり、その田園の向こうを家々が影になって連なっていた。影は、別個に(a)**リンカク**を持つはずの家をひとまとめに包んでしまうほどの黒さだった。

「きもちわりいな」ようやく口をひらくと、父はつぶやいた。「おれが悪いのか」

「悪くない、悪くないけどさあ、行くって言ったときにきちんと話さないと」

　かんこは父を見、弟を見た。父も弟も、まったく同じ向きで窓側に体を預けている。弟は(b)**ユウベン**だが体はシートベルトに固定されたままだった。足許《あしもと》の荷物にはばまれて動かすことのできない両足がかなしい気がした。

「話しただろうが」

「ぼく覚えてるよ。結局行くって言ったじゃん」弟の言葉に調子づいたように、「そうよ、だって言ったもの、おれは寝てるから運転してくれって」母が便乗する。

「じゃあ、おれが運転すりゃいいのかよ、ああそうか、ああ、そうか」

　そうは言っていない、と言う弟とかんこを無視して、父は、強引に運転をやめさせ、代わった。運転中に言い争いになるたびに、車を寄せて入れ代わるのがおかしかった。しぶしぶというように、母は従う。

「お前もとめなかったよな」また車を発進させながら、父は言った。「お前だけじゃなくて、かんこも。お前ら、とめなかったよな。あのときおれがとめて、話してたら、お前引き下がってたか？　いつもそうだよ。わがままなんだよ。母さんがなんて言ったか覚えてるか。明日休みじゃんって言ったんだよ。忌引きって知ってるか？　バカンスじゃねえんだぞ」

「いや、だからさ、母さんがもとはと言えば悪かったってのはそうで」

「あたしは、」突然助手席の母が叫んだ。誰もが赤い日に浮かされているようだった。

「あたしはただ、家族で、また旅行に行きたかっただけなのに。いつもそのものを人間に内在する自然かのように装い維持している策略。

ウ　常識的な「女らしさ」、「男らしさ」を身につけることができなければ、恋愛も結婚もできず、人並みの幸せを手に入れられならないという人々の先入観を、あらゆるマスメディアと結託し、彼らを利用して再生産し続け、保守的な性規範を強化しようとする策略。

エ　異性愛規範に合わない性的指向を持っていたり、一般的なジェンダーイメージにそぐわないふるまいをしたりする人に、非人間として差別される恐怖心を与え、その指向やふるまいを根本から改めさせ、社会の安定した持続を可能にする性規範の存続を図る策略。

オ　同性愛者というのは、過去に異性愛で大きな失敗を経験したために、そのまねごとをすることしかできなくなった人間であると考えている社会の偏見を利用して、同性愛者たちの自尊心に働きかけることで、異性愛規範への順応を促し、社会秩序の維持を図る策略。

二　次の文章は宇佐見りん『くるまの娘』の一節である。高校生の「かんこ」は、体調が悪く朝から学校に通えない状態が続いていた。彼女は、脳梗塞《こうそく》の後遺症で悩む酒癖の悪い母と、学業に厳しく時折人が変わったように残酷になる父と暮らしている。三人兄弟のうち、父の横暴さに反発していた兄は家族を避けるように家を出ていき、弟の「ぽん」は遠方の高校を受験して、今年の春から高校の近くにある母の実家に住んでいる。ある日、父方の祖母が亡くなり、葬儀に参列することになった家族はそこで再会した。本文はその葬儀から帰る場面である。読んで、後の問いに答えなさい。

「遊園地？」父は、明らかに機嫌を損ねた声で尋ね返した。助手席に乗り込むなり、母が遊園地に行きたいと駄々をこねたからだった。そこも昔、車で行ったところだった。遊園地はかなり北上したところにあり、寝る時間を考えるとここから丸一日ほどかかる。母は、祖父母の家に帰るはずの弟も一緒につれていくと言い、かんこたちの車に乗せた。兄は明日も休みのようだったが、当然、来なかった。兄の返答に母はずいぶん気落ちしていたが、他の四人だけでも行きたいと考えたようだった。

「行きたいもん、せっかくここまできたんだもん」

父はわざと大きなため息をつき、ハンドルに爪を立てた。「あのさ、わかってるわけ？　これは葬式であって、旅行じゃないんだけどさ」

「だって、こんな機会ないじゃん。このまんまだと次、いつ、遠出できるかわかんないもん。あんた、旅行だって、昔はしてたのに全然しない」

父が黙っていると、「じいじもばあばももう帰ってもらっちゃったし。ぽんだって一人で帰らせるわけにいかないでしょう」母は、困ったように弟を見る。

父は、また大きくため息をつき、議論するのもつかれるというように、「だったら、運転してよ」と言いながら乱暴にドアを開けて外に出た。

「おれ、寝るから」

「わかった」母は身を屈めて上機嫌に運転席に移り、シートベルトを締める。振り向きざま、「あんたたちも寝てていいからね」と笑う。「大丈夫？」弟が助手席に乗り込もうとしている父に訊いたが、母は父の言葉も聞かずに「大丈夫、大丈夫」と答えた。

それが諍《いさか》いの種になった。母が何度話しかけても、父は無視した。ほかの家族が話しかけても同じだった。はじめは気づかなかったらしい母も、「夕飯何食べたい」と訊いて父がかたくなに答えないでいると、よが、どういうことか。説明として最も適当なものを選びなさい。

ア　女性が感じる自分の「女らしさ」というものは、異性愛を自然だと考えている男性中心の社会が作りあげたセクシュアリティを、自分自身でも無意識に内面化し、行為によってそのイメージに同一化しようとすることで生み出されているものだ、ということ。

イ　女性の頭の中にある「自然な女」のイメージは、男性と結婚し、妊娠して出産し、次の世代を育てることに貢献する女性こそが国家の維持には必要であるという、男性中心の社会が作りだした規範をそのまま無批判に受け入れたものに過ぎない、ということ。

ウ　女性は「自然な女」というジェンダーを自分たちで一から定義する自由を持たず、女性に対し恋愛感情を抱く世の男性たちが作りあげた「女らしい女」のイメージを土台にして、それを自分たちなりに考えながら修正することしか許されていない、ということ。

エ　女性自身が考えている「女らしさ」と、異性である男性が考えている「女らしさ」の間には大きな隔たりがあるが、女性がもし異性愛者であれば、男性が理想とするジェンダーに合わせたほうが、自分はより「女らしい」と感じることができる、ということ。

オ　女性が「自然な女のように感じられる」のは、自分が「男らしい」と思えるような理想の男性と出会って、実際に恋愛関係にまで至り、その人から甘い言葉をささやいてもらったり、優しい心遣いを見せてもらったりしている時に限られている、ということ。

問六　――部③「〈トラブル〉は「避けえない」」とあるが、なぜか。説明として最も適当なものを選びなさい。

ア　社会が男性と女性に求めるジェンダー規範は、どちらも異性同士の無理解と幻想によって成り立っているため、互いに愛を求め合っても、現実との隔たりからすれ違いをおこしてしまうから。

イ　「自然な女」や「本当の男」というジェンダーは、その具体的なイメージが人によって異なり、本当はどこにも実在しない理念であって、他者との人間関係の構築の妨げとなるものだから。

ウ　社会規範が要求するジェンダーは理念上のフィクションである以上、現実の人間がそれに完全に同一化することは、いくら繰り返し試みても永久に不可能であり、必ず失敗してしまうから。

エ　「女らしさ」や「男らしさ」の中身は、文化や時代によって変容するため、そのジェンダーにある場所で一度同一化できたとしても、その安心感は永久に保持できるものでは決してないから。

オ　フィクションの世界に登場する魅力的な「男」も「女」も、本来理想化されたイメージに過ぎないにもかかわらず、多くの人が現実にも存在するものと誤解して恋愛対象に投影してしまうから。

問七　〰〰部「このような権力の巧妙な策略」とあるが、どのような「策略」なのか。本文全体の論旨を踏まえた説明として最も適当なものを選びなさい。

ア　社会のなかで支配的なジェンダー規範に対して、公共の場で抗議することを試みる人間に対し、法的根拠に基づいてその者を処罰できる権限をちらつかせることで、そうした活動そのものをひかえるよう無言の圧力をかけて方向付けして、秩序を維持する策略。

イ　男性及び異性愛中心の規範を拒否し、異議を唱えようとする人に、社会のなかで承認されなかったり、その人自身が厄介者扱いされたりするかもしれぬ恐怖を与えることで無言の服従を強い、規範ものまねで、市民権を与えられている異性愛の幻想にすぎない充足を自分も経験しようとするが、それはつねに失敗するだけの無駄な努力であるということだった。

このように「レズビアンであること」を異性愛の「偽物」や「ものまね」、「コピー」にすぎないと宣告し、「自然的なものや現実的なものの領域からの周縁的なジェンダーの〔……〕排除を肯定する」ためにジェンダー・パロディをもちだす政治を、バトラーは「絶望の政治（a politics of despair）」と呼んでいる。それは、「本物」とされる規範的なジェンダー／セクシュアリティを肯定し強化するために「パロディ」を引き合いに出す政治である。

バトラーの「ジェンダー・パフォーマティヴィティ」はまさにこのような「絶望の政治」に抗うものであり、その「絶望の政治」によって生み出された〈トラブル〉に変革のポテンシャルを見出そうとするものだった。

（藤高和輝『〈トラブル〉としてのフェミニズム　「とり乱させない抑圧」に抗して』）

《注》＊1　『ジェンダー・トラブル』……ジュディス・バトラーの主著（一九九〇）。

＊2　セックス……ここでは性別のこと。

＊3　ジェンダー・アイデンティティ……性同一性。性自認。個人が自分の性別をどのように認識しているかを表わす概念。

＊4　シモーヌ・ド・ボーヴォワール……フランスの思想家（一九〇八～一九八六）。一九七〇年代のフランス女性解放運動（ＭＬＦ）の中心的人物。

＊5　田中美津……日本を代表するフェミニズム活動家（一九四三～）。六〇～七〇年代に各国で起こった女性解放運動（ウーマン・リブ運動）の日本における中心人物。

＊6　アレサ・フランクリン……アメリカ合衆国出身のシンガーソングライター（一九四二～二〇一八）。本文引用の歌詞は代表曲"A Natural Woman"の一節。

＊7　機制……仕組み、機構。

問一　＝＝部（a）～（c）の漢字をひらがなに、カタカナを漢字に直しなさい。

問二　空欄 Y に入る語句を選びなさい。

Y
ア　形容矛盾　　イ　事実無根　　ウ　牽強付会　　エ　同語反復

問三　――部①「バトラーの「ジェンダー・パフォーマティヴィティ」はこの図式を逆転させたものである」とあるが、「バトラー」は「ジェンダー」をどのように捉えているのか。ジェンダー・パフォーマティヴィティ」理論と、「ジェンダー表出（expressive）モデル」における「ジェンダー」認識の対比を明確にして説明しなさい。

問四　空欄 X に入る文章として、最も適当なものを選びなさい。

ア　「親の死に目に会えませんよ」
イ　「姑に嫌われてしまいますよ」
ウ　「友達ができなくなりますよ」
エ　「お嫁に行けなくなりますよ」

問五　――部②「「自然な女」というジェンダーの構築が男性という他者、そしてその背景にある異性愛規範によって可能になっている」とあるいう一節である。もし、ジェンダーがセックスをはじめとしたなんらかの内的本質によってあらかじめ決定されているのなら、ある女性が「自然な女のように感じる」と述べるのは［ Y ］であり、毎意味な言葉であるはずである。しかし、そのような言葉には単なる［ Y ］ではない意味や実感といったものがあるだろう。それが歌詞として、つまり、ある種の共感を生む言葉として成立するのは、そこに「意味」があるからである。バトラーはその言葉の分析を通してジェンダーの経験について考察しており、次のように述べている。「アレサが一人の自然な女のように感じられると言っていることに注意しよう。彼女は直喩を用いており、それは、自然な女というのが形象やフィクションであると彼女が知っていることを(b)示唆しているのだ」。バトラーによれば、その歌詞は逆説的にも「自然な女」そのものになることはできないことを示唆している。そして、さらに付け加えれば、「あなた」と名指されている異性愛男性の存在によって「私」が「自然な女のように感じられる」のであれば、②「自然な女」というジェンダーの構築が男性という他者、そしてその背景にある異性愛規範によって可能になっていることをも、この歌詞は示唆しているだろう。

最初に引用してみせた一節のなかでバトラーが〈トラブル〉は「避けえないもの」であると主張しているのはそのためである。「本物の女性／男性」といった理念は永遠に実現されることはなく、その「失敗」を構造的に運命づけられているからこそ、〈トラブル〉は誰しも避けられるものではないのだ。そしてまさに同じ理由によって、ジェンダーは絶えず「反復」されるのである。ジェンダーに「完成」はありえないからこそ、それは失敗の可能性に絶えずさらされながら反復されるのだ。

③〈トラブル〉は「避けえない」。私たちはどれだけ懸命にジェンダー規範を体現しようとしても、その「完璧な例」になることはできない。「女になる／男になる」ことはどこまでいってもその「コピー」でしかあらざるをえないからだ。したがって、私たちは大なり小なり「女／男になること」に「失敗」しつづけ〈トラブル〉を経験するし、この意味で〈トラブル〉は不可避なものなのだが、ジェンダー規範はあたかもそのような〈トラブル〉などなかったかのように「自然」を装う。この意味で、ジェンダー規範はその規範を逸脱した者たちを容赦なく〈トラブル〉に陥らせる暴力的な機制であると同時に、田中美津の言う(*7)「とり乱させない抑圧」でもある。〈トラブル〉や〈とり乱し〉は「私個人の問題」とされ、私たちが表立って〈トラブル〉を表明するとまさに「私」そのものが社会的な〈トラブル〉になる——そして、社会に〈トラブル〉を起こす厄介者として(c)キヒされる——ため、私たちはあたかもそれをひた隠しにするよう要求され、〈トラブル〉を表に出さないよう抑圧される。

だからこそ、バトラーが言うように、「うまくトラブルを起こすこと」「うまくトラブルの状態になること」が重要になる。ここでバトラー自身が直面した〈トラブル〉について触れておこう。彼女は論文「模倣とジェンダーへの抵抗」で次のように述べている。

若い頃、私は私の「存在」がコピーであり模倣であり、派生的な例であり、現実の影であるといわれることに長いあいだ苦しんだ。強制的異性愛は、オリジナル、真理、正統であると自称する。本物を決定する規範が意味するのは、レズビアン「である」ことはつねに一種の

逆転させたものである。ジェンダー——すなわち「外側」にあるとされる「行為」——の積み重ね、その反復によって、「内側」にあるとされる「本質」は事後的に構築されるのだ、とバトラーは主張したのである。ちょうど「演技（performance）」において演者はその役のアイデンティティやキャラクターといった内的本質をもっておらず、身振りや仕草、台詞、衣装といった様々な「行為」によってその役を構築するのと同様である。バトラーはジェンダーに「演技」と同じ構造を看取したのだと言い換えることもできるだろう。

（中略）演者の行為が台本によって規定されているのに対して、ジェンダーという行為は社会のなかに潜むジェンダー規範によって規定されていると言える。言い換えれば、ジェンダーという行為を通してその人のアイデンティティが構築されるといっても、なにも私たちは自由に行為・構築できるというわけではない。むしろ、その社会の規範に従わなければ、私たちはその社会のなかで「真っ当」とされている「人間」像から排除され、まさに〈トラブル〉の状態に陥ってしまうだろう。ジェンダー規範とはこの意味で「脅し」であり、それを破れば「非人間化」の暴力を被ることになる暴力なのである。それゆえ、私たちは自由に行為できるわけではなく、むしろ強制力をもった規範の下で行為させられるのだ。

しかしながら、重要なのは、行為がジェンダー規範によって規定されるとしても、私たちはその規範が要求するものを完璧に体現することはできないということである。ジェンダー規範はカントの言う「統制的理念」のようなものであって、つまり、その規範ないし理念は私たちの行為を統制するのだが、その理念はついに完璧には体現されえないのである。(＊4) シモーヌ・ド・ボーヴォワールや田中美津(＊5)は、ジェンダー規範のこのような性格に気づいていた。彼女たちは女性に課せられる理念上の「女」の存在を「どこにもいない女」と(a)喝破した。例えば、ボーヴォワールはこう述べている。「女らしさを体現しようと懸命になっている女たちはいるが、女らしさの手本が示されたことは一度もない。〔……〕生物学でも社会科学でも、女性、ユダヤ人、黒人の性格といった特定の性格を規定する不変の実体が存在するとはもう信じられていない。〔……〕今日もう女らしさが存在しないのは、これまで存在したためしがないからなのだ」。同様に、田中は次のように述べている。「「　X　」という恫喝の中で、女は唯一男の目の中、腕の中に〈女らしさ〉をもって存在証明すべく作られる。女の生きがいとは男に向けて尻尾をふっていく中にあるという訳なのだ。この尻尾の振り方の違いが厚化粧から素顔までの、さまざまなメスぶりとなってあらわれるのだが、しかし、所詮他人の目の中に見出そうとする自分とは、〈どこにもいない女〉であって、その〈どこにもいない女〉をあてにして、生身の〈ここにいる女〉の生きがいにしようとすれば、不安と焦燥の中で切り裂かれていくのは必然なのだ」。

バトラーが述べているのも同様のことである。ジェンダー的同一化は、「真なる男性」とか「本物の女性」とかといったものが「どこにもない」理念上の産物である以上、構造的にその「失敗」を運命づけられており、その実現が永遠に不可能であるからこそ絶えず「反復」される。バトラーは『ジェンダー・トラブル』や他の論文で、(＊6)アレサ・フランクリンの歌詞の一節を考察している。それは、「あなたのせいで、私は自然な女のように感じる（you make me feel like a natural woman）」と

【国　語】（六〇分）〈満点：一〇〇点〉

【注意】記述は解答欄内に収めてください。一行の欄に二行以上書いた場合は、無効とします。

一　次の文章は、現代フェミニズムを代表する哲学者とされているジュディス・バトラーの「ジェンダー・パフォーマティヴィティ」という概念について説明したものである。これを読んで、後の問いに答えなさい。

トラブルがそのような否定的な印象を与えることはおそらく言うまでもないことだろう。私が子どもだった頃を呪縛していた言説の内では、トラブルを起こすことは、そんなことをすればひとをトラブルの状態に陥らせるから決してすべきではない、とされていた。反抗すれば叱られるということも同様の構図で捉えていたように思うが、現行の法がトラブルを厄介払いするためにひとをトラブルで脅し、ひとをトラブルに陥らせさえしていることを知って以来、**このような権力の巧妙な策略**に私は批判的な目を向けるようになった。したがって、私がそこから得た結論は、トラブルは避けえないものであり、だからやれることは、いかにうまくトラブルを起こすか、いかにうまくトラブルの状態になるかということだった。

これは、『ジェンダー・トラブル』（＊1）の序文にある、よく知られた一節である。〈トラブル〉は一般に、私たちが懸命になって避けようとするものである。私たちはそのような状態に進んでなろうとは思わないし、トラブルを起こすことはなにか人に迷惑をかけ、パニックを引き起こすものであり、それゆえ避けられるべきであると一般に考えられている。〈トラブル〉は社会的にネガティヴなものとして受け止められているのである。しかし、バトラーは〈トラブル〉をめぐる価値を転倒してみせる。〈トラブル〉を起こすこと、あるいはその状態になることにはもちろん、自らを傷つきやすい状態にさらすような危うさがあるが、しかし同時に、〈トラブル〉にはなにかそれ以上のもの、この社会を批判的に問いに付し、変革を促すポテンシャルがある。バトラーの『ジェンダー・トラブル』はまさに〈トラブル〉を肯定する思想であり、あるいは、そのテクストそのものがひとつの〈トラブル〉という出来事だったと言えるかもしれない。

バトラーの〈トラブル〉の思想がとりわけ認められるのは、彼女の「ジェンダー・パフォーマティヴィティ」の理論だろう。バトラーのジェンダー・パフォーマティヴィティは難解な理論として知られているが、彼女がパフォーマティヴ理論と対立させている理論モデルと対照させると分かりやすい。それは「ジェンダー表出（expressive）モデル」と呼ぶことができる。このモデルにおいて、ジェンダーはなんらかの内的本質（例えば、セックス（＊2）やジェンダー・アイデンティティ（＊3））の「表出＝表現（expression）」として捉えられる。このモデルは、私たちの社会において馴染み深いものだろう。それに従えば、「女らしさ／男らしさ」といったジェンダーは、セックスやジェンダー・アイデンティティといった内的本質が「行為」として外的に「表出」したものである、と説明される。「男らしい振る舞い」はその人の「男」というセックスやジェンダー・アイデンティティといった内的本質が外側に現れたものだというわけである。

①**バトラーの「ジェンダー・パフォーマティヴィティ」はこの図式を**

MEMO

大切なことはメモしておこうネ！

2023年度

解答と解説

《2023年度の配点は解答欄に掲載してあります。》

＜数学解答＞《学校からの正答の発表はありません。》

[1] (1) $\frac{1}{16}a^9b$　(2) $x=\frac{19}{100}$, $y=\frac{2}{25}$　(3) $-\sqrt{3}+\sqrt{5}$, $-\sqrt{3}$　(4) ① 5　② $\frac{119}{13}$

[2] (1) 4536個　(2) 3888個　(3) 310個

[3] (1) $-c+3$　(2) ① $c=9$　② $m=\frac{31}{7}$

[4] (1) 135度　(2) ① 5　② 5

[5] (1) $14\sqrt{3}$　(2) ① $\frac{7\sqrt{6}}{4}$　② $\frac{196\sqrt{2}}{15}$

○推定配点○

[1] (4) ① 4点　② 6点　他 各6点×3　[2] (1) 5点　(2) 6点　(3) 7点
[3] (1) 8点　(2) ① 4点　② 6点　[4] (1) 8点　(2) ① 4点　② 6点
[5] (1) 8点　(2) ① 4点　② 6点　計100点

＜数学解説＞

[1] (小問群－式の計算，連立方程式，平方根の計算，連立方程式，2次方程式，三角形と外接円，三平方の定理，相似)

(1) $\left(\frac{1}{4}a^5-\frac{1}{3}a^4b^2\right)\left(\frac{1}{4}a^4b+\frac{1}{3}a^3b^3\right)-\left(\frac{1}{3}a^2b\right)^2\div\left(-\frac{1}{ab}\right)^3=a^4\left(\frac{1}{4}a-\frac{1}{3}b^2\right)\times a^3b\left(\frac{1}{4}a+\frac{1}{3}b^2\right)-\left(\frac{1}{9}a^4b^2\right)\times(-a^3b^3)=a^7b\left(\frac{1}{16}a^2-\frac{1}{9}b^4\right)+\frac{1}{9}a^7b^5=\frac{1}{16}a^9b-\frac{1}{9}a^7b^5+\frac{1}{9}a^7b^5=\frac{1}{16}a^9b$

(2) $\frac{1}{3x-4y}=a$, $\frac{1}{4x+3y}=b$とすると，$\frac{3}{3x-4y}-\frac{4}{4x+3y}=8$は$3a-4b=8$…①，$\frac{1}{3x-4y}+\frac{2}{4x+3y}=6$は$a+2b=6$…②　①＋②×2から，$5a=20$　$a=4$　①－②×3から，$-10b=-10$　$b=1$　$\frac{1}{3x-4y}=4$なので，$3x-4y=\frac{1}{4}$…③，$\frac{1}{4x+3y}=1$なので，$4x+3y=1$…④　③×3＋④×4から，$25x=\frac{3}{4}+4$　$x=\frac{19}{100}$　③×4－④×3から，$-25y=1-3$　$y=\frac{2}{25}$

(3) $(x+\sqrt{3}+\sqrt{5})^2-3\sqrt{5}(x-2\sqrt{5}+\sqrt{3})-35=0$　$\{(x+(\sqrt{3}+\sqrt{5}))^2-3\sqrt{5}(x-2\sqrt{5}+\sqrt{3})-35=0$　$x^2+2(\sqrt{3}+\sqrt{5})x+(\sqrt{3}+\sqrt{5})^2-3\sqrt{5}x+30-3\sqrt{15}-35=0$　$x^2+(2\sqrt{3}-\sqrt{5})x+8+2\sqrt{15}+30-3\sqrt{15}-35=0$　$x^2+(2\sqrt{3}-\sqrt{5})x+3-\sqrt{15}=0$　2次方程式の解の公式を用いると，$x=\frac{-(2\sqrt{3}-\sqrt{5})\pm\sqrt{(2\sqrt{3}-\sqrt{5})^2-4(3-\sqrt{15})}}{2}=\frac{-2\sqrt{3}+\sqrt{5}\pm\sqrt{17-4\sqrt{15}-12+4\sqrt{15}}}{2}$　$x=\frac{-2\sqrt{3}+\sqrt{5}+\sqrt{5}}{2}=-\sqrt{3}+\sqrt{5}$　$x=\frac{-2\sqrt{3}+\sqrt{5}-\sqrt{5}}{2}=-\sqrt{3}$

(4) ① 直径に対する円周角は90°なので，∠ABD＝90°　△ABDで三平方の定理を用いると，$\mathrm{BD}=\sqrt{\mathrm{AD}^2-\mathrm{AB}^2}=\sqrt{169-144}=5$

やや難　②　△BCDは二等辺三角形であり底角が等しい。また，同じ弧に対する円周角は等しい。そのことから右図の●印の角はすべて等しい。また，∠ACD＝90°だから，ABとCDの交点をPとすると，△APC∽△ADB　よって，AP：AC：PC＝13：12：5なので，AP＝13x，AC＝12x，PC＝5xと表すことができる。△APC∽△DPBであり，AC：DB＝PC：PB　PB＝12－13xだから，12x：5＝5x：(12－13x)　144x－156x^2＝25x　156x^2－119x＝0　x(156x－119)＝0　$x=\frac{119}{156}$　したがって，AC＝12x＝$\frac{119}{13}$

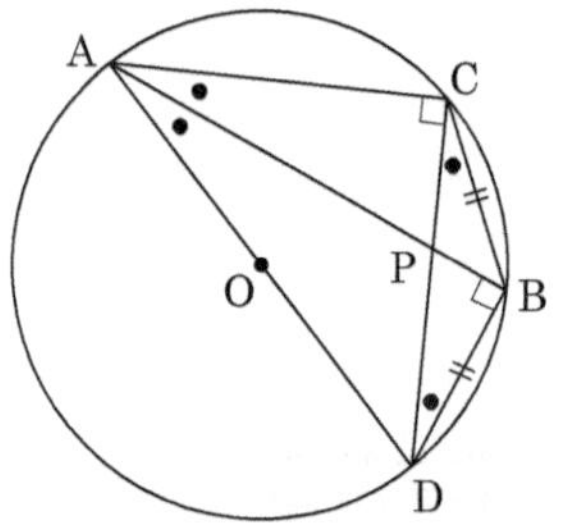

2　**(場合の数－4けたの整数と各位の数，3の倍数の性質)**

(1)　千の位の数は1，2，…，9の9通りある。千の位の数が1の場合は百の位の数が0，2，…，9の9通りがあり，そのそれぞれに対して十の位に8通りずつがある。さらにそれらに対して一の位に7通りずつがある。千の位の数が2, 3, …，9の場合も同様なので，9×9×8×7＝4536(個)ある。

(2)　千の位の数が1のときには，他の位の数に1以外の2つの異なる数字が使われるときに，ちょうど3種類の数字が用いられていることになる。千の位以外に1の数字が入るのが3通りある。そのそれぞれに対して1以外の異なる数字の入り方が9×8＝72(通り)ある。千の位の数が2，3，……，9の場合も同様なので，9×(3×9×8)＝1944(個)

また，千の位の数が1のときに，百の位の数，十の位の数，一の位の数のどこか2カ所だけに同じ数が使われる場合にもちょうど3種類の数字が用いられていることになる。3カ所のうちの2カ所の選び方は3通りあり，そこと残り1カ所に1以外の異なる数字の入り方が9×8＝72(通り)あるから，3×9×8(通り)ある。千の位の数が2，3，……，9の場合も同様なので，9×(3×9×8)＝1944(個)　よって，1944＋1944＝3888(個)

やや難　(3)　千,百,十,一の位の数字をa，b，c，dとしたときに，1000a＋100b＋10c＋d＝(999＋1)a＋(99＋1)b＋(9＋1)c＋d＝3×333a＋3×33b＋3×3c＋(a＋b＋c＋d)　よって，各位の数の和が3の倍数のときに，4けたの整数は3の倍数となる。2と3が使われるとき，他の2数の組み合わせは，(0，1)，(0，4)，(1，3)，(2，2)，(0，7)，(1，6)，(2，5)，(3，4)，(1，9)，(2，8)，(3，7)，(4，6)，(5，5)，(4，9)，(5，8)，(6，7)，(7，9)，(8，8)の18通りある。これらの組を場合分けしながら個数を求めると，

・0が混じり，4つの数字が異なるもの…(0，1)，(0，4)，(0，7)…千の位が3通りあり，そのどれもに百の位以下の並び方が3×2×1(通り)ずつあるから，(3×3×2×1)×3＝54(個)
・2つの位に同じ数字が使われて，3種類の数字で4けたの整数ができているもの…(1，3)，(2，5)，(3，4)，(2，8)，(3，7)，(8，8)，(5，5)　同じ数字がどの位に使われるかは，(千,百)，(千,十)，(千,一)，(百,十)，(百,一)，(十,一)の6通りあり，その他の位には2×1(通り)ずつあるから，(6×2×1)×7＝84(個)
・3つの位に同じ数字が使われるもの…(2，2)…どの位にそれ以外の数字が使われるかで4個
・どの位の数字も0以外の異なるもの…(1，6)，(1，9)，(4，6)，(4，9)，(5，8)，(6，7)，(7，9)　4つの異なる数字の並び方の数だけあるから，(4×3×2×1)×7＝168(個)　したがって，54＋84＋4＋168＝310(個)

3　**(関数・グラフと図形－グラフの式，座標，線分の比，分割)**

(1)　A(6，12)，C$\left(c,\ \frac{1}{3}c^2\right)$であり，直線ACの式を$y=x+b$としてC$\left(c,\ \frac{1}{3}c^2\right)$を代入すると，$\frac{1}{3}c^2=c+b$　$b=\frac{1}{3}c^2-c$　点Dは放物線$y=\frac{1}{3}x^2$と直線$y=x+\frac{1}{3}c^2-c$との交点なので，そのx座

標は方程式$\frac{1}{3}x^2=x+\frac{1}{3}c^2-c$の解として求められる。両辺を3倍して整理すると$x^2-3x-c^2+3c=0$　$x^2-3x-c(c-3)=0$　$-c$と$c-3$の和は-3なので，$(x-c)(x+c-3)=0$　$x=c$，$-c+3$　よって，点Dのx座標は$-c+3$

や難　(2)　①　点Pのy座標は0なので，x座標をcを用いて表すと，$0=x+\frac{1}{3}c^2-c$　$x=-\frac{1}{3}c^2+c$　同じ直線上の線分の比はその線分の両端のx座標(またはy座標)の差で表されるから，CD：DP$=\{c-(-c+3)\}:\left\{(-c+3)-\left(-\frac{1}{3}c^2+c\right)\right\}=5:4$　$(2c-3):\left(\frac{1}{3}c^2-2c+3\right)=5:4$　$\frac{5}{3}c^2-10c+15=8c-12$　両辺を3倍して整理すると，$5c^2-54c+81=0$　左辺を$(5c+○)(c+◎)$の形に因数分解できるとすると，$5\times◎+○=-54$，$○\times◎=81$となる○と◎はいずれも-9である。よって，$(5c-9)(c-9)=0$　$c>6$なので，$c=9$

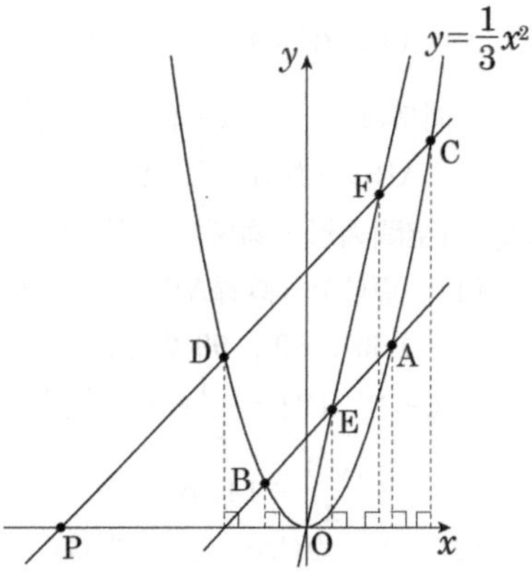

②　直線ABの式は，傾きが1でA(6，12)を通るから$y=x+6$である。点Bのx座標は方程式$\frac{1}{3}x^2=x+6$の解として求められるので，$x^2-3x-18=0$　$(x+3)(x-6)=0$　$x=-3$　$c=9$のとき，点D$(-6，12)$，点C$(9，27)$となるので，直線CDの式は$y=x+18$　点E，Fのx座標をそれぞれmを用いて表すと，$mx=x+6$　$x=\frac{6}{m-1}$　$mx=x+18$　$x=\frac{18}{m-1}$　台形の面積は$\frac{1}{2}\times$(上底＋下底)×高さで求められ，AB//CDであって平行線間の距離は一定だから，(EA+FC)：(BE+DF)=1：2のときに台形ACFEと台形EFDBの面積の比が1：2となる。同一直線上の線分や平行線上の線分については，その比は線分の両端の点のx座標(またはy座標)の差で表せるから，$\left\{\left(6-\frac{6}{m-1}\right)+\left(9-\frac{18}{m-1}\right)\right\}:\left\{\frac{6}{m-1}-(-3)\right\}+\left\{\frac{18}{m-1}-(-6)\right\}=1:2$　$\frac{1}{m-1}=$Mとすると，$(15-24\mathrm{M}):(24\mathrm{M}+9)=1:2$　$24\mathrm{M}+9$　$72\mathrm{M}=21$　$\mathrm{M}=\frac{7}{24}$　よって，$\frac{1}{m-1}=\frac{7}{24}$　$m-1=\frac{24}{7}$　$m=\frac{31}{7}$

4　(平面図形－三角形の内接円，角度，相似，内接円の半径，平行線と線分の比，面積)

(1)　内接円の中心は3辺から等距離にあり，3つの角の二等分線上にある。点PからAB，BC，CAに垂線PD，PE，PFを引くと，△PBD≡△PBE，△PCE≡△PCF　対応する角が等しいので，∠BPD=∠BPE=x，∠CPE=∠CPF=yとすると，四角形ADPFは正方形で，∠DPF=90°だから，$2x+2y=270°$　よって，∠QPR=135°

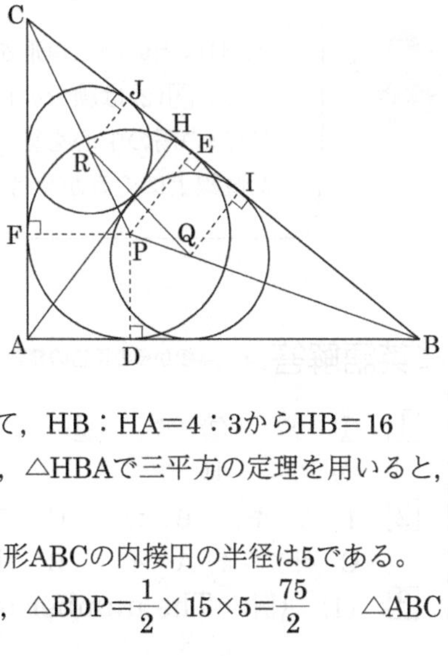

や難　(2)　①　△ABCと△HBAは∠ABCと∠HBAが共通な直角三角形なので相似である。また，△ABCと△HACは∠ACBと∠HCAが共通な直角三角形なので相似である。よって，△HBA∽△HAC　△HBAと△HACは内接円の半径の比が4：3なので相似比が4：3である。よって，HB：HA=4：3からHB=16　HA：HC=4：3からHC=9　よって，BC=25　また，△HBAで三平方の定理を用いると，$\mathrm{AB}=\sqrt{\mathrm{HB}^2+\mathrm{HA}^2}=20$　△ABCと△HBAの相似比はAB：HB=20：16=5：4　したがって，三角形ABCの内接円の半径は5である。

②　正方形ADPFの面積は$5^2=25$　BD=20−5=15だから，$\triangle\mathrm{BDP}=\frac{1}{2}\times15\times5=\frac{75}{2}$　△ABC

は3辺の比が3：4：5の直角三角形だから，AC＝15　AF＝15−5＝10なので，△CFP＝$\frac{1}{2}$×10×5＝25　BE＝BD＝15　点QからBHに垂線QIを引くと，BI：BE＝QI：PE＝4：5　BI＝12　△BIQ＝$\frac{1}{2}$×12×4＝24　点RからCHに垂線RJを引くと，CE＝CF＝10，CJ：CE＝RJ：PE＝3：5　CJ＝6　△CJR＝$\frac{1}{2}$×6×3＝9　IJ＝25−(12＋6)＝7　台形QIJRの面積は，$\frac{1}{2}\times(3+4)\times7=\frac{49}{2}$　以上の図形の面積の和は，$25+\frac{75}{2}+25+24+9+\frac{49}{2}=145$
△ABCの面積は$\frac{1}{2}$×20×15＝150だから，△PQRの面積は150−145＝5

5 **(空間図形−面積，三平方の定理，角の二等分線，移動，面積，体積)**

(1)　点Cから直線ABに垂線CHを引くと，△CAHは内角の大きさが30°，60°，90°の直角三角形となるので，CA：CH＝2：$\sqrt{3}$　よって，CH＝$\frac{\sqrt{3}}{2}$CA＝$\frac{7\sqrt{3}}{2}$　よって，△ABCの面積は，$\frac{1}{2}\times8\times\frac{7\sqrt{3}}{2}=14\sqrt{3}$

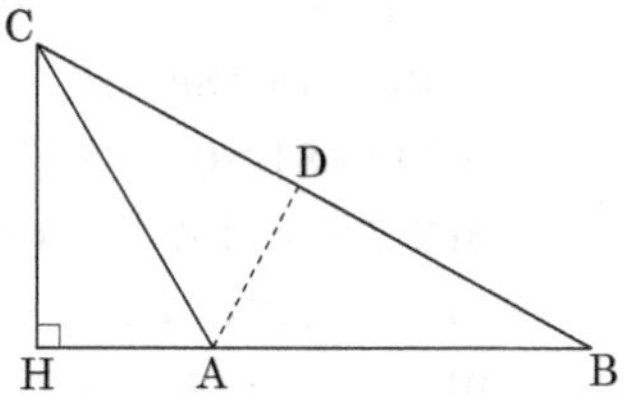

やや難 (2)　①　点CからADに垂線CIを引くと，△CAIは内角の大きさが30°，60°，90°の直角三角形となるので，CI＝$\frac{7\sqrt{3}}{2}$　点Eから面ABCに垂線EJを引くと点JはCI上に来る。△EJIは内角の大きさが45°，45°，90°の直角三角形となるので，EJ：EI＝1：$\sqrt{2}$　EJ＝$\frac{1}{\sqrt{2}}$EI　EI＝CI＝$\frac{7\sqrt{3}}{2}$だか，EJ＝$\frac{1}{\sqrt{2}}\times\frac{7\sqrt{3}}{2}=\frac{7\sqrt{6}}{4}$

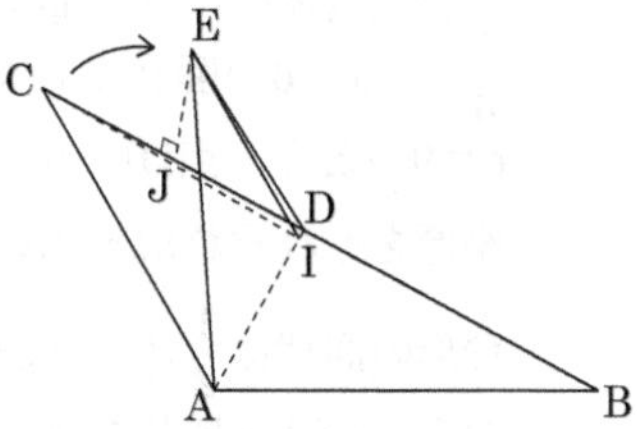

②　DAは∠BACの二等分線であり，角の二等分線はその角と向かい合う辺を，その角を作る2辺の比に分けるから，BD：CD＝AB：AC＝8：7　BD：BC＝8：15　△ABDと△ABCはBD，BCを底辺とみたときの高さが共通だから，△ABD：△ABC＝8：15　△ABD＝$\frac{8}{15}$△ABC＝$\frac{8}{15}\times14\sqrt{3}$　よって，四面体EABDの体積は，$\frac{1}{3}\times\left(\frac{8}{15}\times14\sqrt{3}\right)\times\frac{7\sqrt{6}}{4}=\frac{196\sqrt{2}}{15}$

★ワンポイントアドバイス★

1(4)は相似な三角形を2組使う。2(3)は3の倍数かどうかは各位の数の和で判断できる。3(2)は線分の比をどうやって表すかがポイント。4(2)はRQが半径3の円と半径4の円の中心を結ぶ線分ではないことに注意。5(2)は底面に引いた垂線がどんな直線上にくるかを考える。

＜英語解答＞《学校からの正答の発表はありません。》

1　①　ア　②　ウ　③　エ　④　ア　⑤　エ　⑥　イ　⑦　ウ　⑧　エ　⑨　ア　⑩　ア

2　1　A　キ　B　カ　C　ア　2　A　キ　B　オ　C　カ　3　A　カ　B　ウ　C　オ　4　A　イ　B　カ　C　キ　5　A　キ　B　オ　C　ア

3　(1)　(例)　The number of users has decreased very much during the last

thirty years.　(2)（例） Buses cannot carry as many people as trains.
(3)（例） Many old people who cannot drive a car use this system.

4 問1 1 (b)　2 (a)　3 (d)　4 (a)　問2 NAVY　問3 ウ，エ，オ
問4（例） 第二次世界大戦中に，ナバホ族がその言語を暗号として使ったことが1968年に初めて明らかになったということ。

5 問1 エ　問2 search everywhere for missing Diesel　問3 カ
問4 A イ　B オ　C ア　D ウ　E エ　問5（例） How many cats does Mary have?　問6 ア，ウ　問7 clock　問8 45分

LISTENING COMPREHENSION
Part 1　1 ア　2 エ　3 エ　4 エ
Part 2　1 イ　2 ウ　3 ウ

○推定配点○
1 各2点×10　2 各2点×5　3 各4点×3　4 問4 3点　他 各2点×8
5 問8 3点　他 各2点×11　LISTENING 各2点×7　計100点

＜英語解説＞

重要 1 （語句選択補充問題：接続詞，助動詞，動名詞，前置詞，関係代名詞）

（全訳） 人々はさまざまなことをするために①銀行にお金を求める。彼らは家や車を買いたいのかもしれないし，新しい事業を始めたいのかもしれない。②しかし，貧しい地域の多くの人々にとってはお金を手に入れることは難しい。銀行が彼らはお金を③返さないだろうと考えているためにこのようなことが起こる。マイクロクレジットは1つの救済方法である。

マイクロとは「小さい」という意味だ。マイクロクレジットは銀行からお金を④手に入れるといったようなことではなく，ほんの数ドルが欲しい人々のためのものである。マイクロクレジットは⑤何万ドルものお金のためのものではない。それは⑥ほんの数百ドルのためのものであることもある。貧しい地域では，この額のお金が小さな事業を始めるのに十分であることもある。事業が大きくなってお金を稼ぐようになるにつれて，事業主は⑦少しずつお金を返すことができる。

マイクロクレジットの考え方は1983年にバングラディシュで始まり，⑧すぐによく知られるようになった。2009年までには，世界のおよそ7500万人の人々がマイクロクレジットを通してお金を手に入れていた。エルサルバドルはマイクロクレジットがうまく機能している⑨1つの国だ。そこの人々は動物を買うため，植えるものを買うため，あるいは物を作るためにそのお金を使うことができる。

マイクロクレジットは，人々の生活の中で⑩時には大きなチャンスを作る小さなことをする1つの方法なのだ。

① ＜ask ＋目的語＋ for ～＞で「…に～を求める」という意味を表す。
② 空所を含む文の前では，家を買う，車を買う，新しい事業を始めるといったことのために，大きな額のお金を銀行に求める人々について述べられている。空所を含む文は，それとは対照的な「貧しい地域の多くの人々」について，「お金を手に入れることは難しい」と述べているので，逆接の意味を表す however が適切。
③ 空所を含む文の主語 This は，貧しい地域の人々にとってお金を手に入れることが難しい(＝銀行からお金を借りることが難しい)ことを指しており，because 以下は，その理由として銀行が貧しい人々はお金を返さないと考えていることを述べている。「お金を返す」ことは借りた

後の将来のことなので，will を用いたエが適切。

④　空所の直前の like は「～のような」の意味の前置詞。前置詞の後に動詞を続けるときは動名詞の形を用いるので，アが適切。

⑤・⑥　2つの空所を含む文の直前では，マイクロクレジットが少額のお金が必要な人々のためのものであることが述べられていることから，⑤に「何万もの～」，⑥に「ほんの少しの～」という意味の語句を入れると直前の文の内容を補足する文として成り立つ。tens of thousands of ～ で「何万もの～」という意味を表す。また，「ほんの少しの～」の語順としては just a few ～ が適切。

⑦　little by little で「少しずつ」という意味を表し，「事業が大きくなってお金を稼ぐようになるにつれて，事業主はお金を返すことができる」という文意にも合う。

⑧　空所を含む文の前半では「マイクロクレジットの考え方は1983年にバングラディシュで始まった」という過去の事実が述べられている。後半の，「マイクロクレジットがすぐに知られるようになる」ということも，その後に起こった過去の事実と考えられるので，時制は過去が適切。

⑨　空所を含む文は，マイクロクレジットがうまく機能している国の例としてエルサルバドルを挙げている。「マイクロクレジットがうまく機能している国」についてはここで初めて述べられるので，「(いくつかある中の)1つの国」という意味で one を入れるのが適切。

⑩　空所の後に主語がなく，動詞 make(s) が入るので，空所の直前の that は主格の関係代名詞。空所の直後の「大きなチャンス」を作るのは空所の直前の small things「小さなこと」なので，これが先行詞。複数形の名詞なので動詞 make に s はつかない。また，sometimes のように頻度を表す副詞は一般動詞の前に置くのが基本なので，アが適切。

やや難 2　(語句整序問題：関係代名詞，受動態，比較，不定詞，間接疑問文)

(全訳)　東京の羽田空港で鉄道の駅に歩いて入ると，珍しい物が見える。どこへ行けばよいかを教えてくれる従業員がペッパーという名前の高さ1.2メートルのロボットなのだ。ペッパーは国内で最初のロボットの補助員である。それは人々の手伝いをするために家庭や職場で使われるために作られた。

多くの人々が，間もなく私たちみなが家庭や職場にペッパーのようなロボットを持つようになるだろうと思っている。これらのロボット補助員は私たちのためにさまざまな仕事をしてくれるだろう。それらは食べ物を用意したり，掃除をしたり，ドアを開けたり，買い物に行ったり，世話が必要な高齢者の補助をしたりしてくれるだろう。それらは私たちの暮らしをより楽にして，私たちに他のことをするさらに多くの時間を与えてくれるだろう。

今日の多くの家庭には，床掃除をするロボットや明かりをつけるロボットがすでにある。子供たちと遊び，人々を幸せな気持ちにするための人にやさしいロボットを持っている家庭もある。今では，私たちを車で連れまわすことのできる本当に大きなロボットとなりつつある車もある。

ロボットの補助員という考えを好まない人々もいる。彼らは，ロボットが人と同じくらい良い仕事をすることは決してないだろうと考えている。おそらくこのような人々は，ロボット補助員がどれほど役に立ちうるかを見れば考え方を変えるだろう。

1　The worker who tells you where to go is (a 1.2 meter robot named Pepper.)
The worker を先行詞として関係代名詞 who でつなげる。who 以下は<tell ＋人＋物・こと>「(人)に～を教える」の語順。where to ～「どこへ～すればよいか」。

2　It was made to be used in (homes and workplaces to help people.)　It(＝従業員のロボット)を主語とする受動態<be動詞＋過去分詞>の文。to be used は目的を表す副詞的用法の不定詞で，to の後が受動態になっている。

3 (They will) make our lives easier and give us more time (to do other things.) make「～を…にする」と give と動詞が2つある文。more は much の比較級で，more time で「より多くの時間」という意味を表す。to do other things は形容詞的用法の不定詞で time を修飾する。

4 (Others) have friendly robots to play with children (and keep people happy.) 主語の Others は「他の家庭」ということ。friendly robots「やさしいロボット」の用途を説明するために，後に形容詞的用法の不定詞を続ける。

5 (Maybe these people will change their way of thinking) when they see how robot helpers can be helpful. they は these people(＝ロボットが人と同じくらい良い仕事をすることは決してないだろうと考えている人々)を指す。how 以下は間接疑問＜疑問詞＋主語＋動詞＞で，動詞に助動詞 can がついている。

やや難 **3 (和文英訳問題：現在完了，比較，関係代名詞)**

(1) 「利用者数」は「利用する人々の数」ということなので，the number of ~「～の数」の後に users「利用する人々」を続ける。「利用者」は people who use it(＝久留里線)と表すこともできる。「減る」という意味の動詞は decrease。現在も減り続けているという状況が読み取れるので，解答例のように現在完了で表すとよい。「この30年で」は，「最近の30年間で」ということなので，during または over を使い，thirty years の前に the last「最近の」，あるいは the past「過去の」をつけて表す。「大幅に」は very much の他に greatly なども使える。

(2) 日本語では主語が書かれていないが，ここではバスと列車を比較しているので，bus を主語にする。線路だったところを走る複数のバスを指すので，解答例のように複数形で表すのがよい。「乗せる」は，ここでは「(人々)を運ぶ」ということなので，carry で表すことができる。「～ほど…ない」は，否定文で as … as ~ を用いて表す。否定文で用いる場合，最初の as の代わりに so を用いてもよい。

(3) 「高齢者」は old の代わりに elderly でもよい。「車を運転できない」は「高齢者」の後に関係代名詞を使って表す。「車を運転する」は，drive 1語でもよい。

4 (長文読解問題・説明文：英問英答，語句補充，内容吟味)

(全訳) ほとんどのハリウッド映画の中で，アメリカ先住民族のナバホ族は未だにアメリカ南西部でウマに乗っている。しかし，第二次世界大戦中に，ナバホの一団は自分たちの言語を合衆国を守るための武器へと変えた。彼らはナバホ・コードトーカーで，彼らの暗号は軍の歴史の中で数少ない解読されることのなかった暗号の1つである。

ナバホ語は秘密の言語として申し分のない選択であった。それはとても理解しにくいものである。1つの母音に異なる発音が10個あることもあり，それらはどんな単語の意味でも変えてしまう。1940年代，ナバホ語は文字のない言語であった。ネイティブ・アメリカンのための特別居留地外の誰もそれを話したり理解したりすることはできなかった。

ナバホ族の暗号チームは軍用の器具を説明するための新語を発明しなくてはならなかった。例えば，彼らは，lotso-whale(戦艦)，calo-shark(駆逐艦)，beshloiron-fish(潜水艦)といったように，魚にちなんで船に名前をつけた。コードトーカーがラジオで伝言を受け取るとき，彼は一連の関連のないナバホ語の単語を聞いた。それから彼は，それらの単語を英語に訳してそれぞれの英単語の最初の文字を使って伝言をつづっていた。ナバホ語の tsah(needle[針])，wol-la-chee(ant[アリ])，ah-kh-di-glini(victor[勝利者])，そして tsah-ah-dzoh(yucca[ユッカ])は NAVY とつづられた。

コードトーカーたちは暗号を秘密にしておいた。彼らはあらゆることを暗記した。彼らは暗号帳を持たなかった。その結果，敵に捕まっても一般のナバホ兵はだれも暗号を理解できなかった。第二次世界大戦では3600人を超えるナバホ族の人々が戦ったが，420人だけがアメリカ海兵隊所属のコードトーカーだった。彼らはどんな機械よりも巧みに，そしてより早く戦場の伝言を暗号にしたり解読したりした。彼らは，20秒で3行の英語の伝言を暗号化し，伝達し，そして解読することができた。当時の機械では同じ仕事をするのに30分必要だった。

戦後になっても暗号は極秘のままだった。自分たちの役割について尋ねられると，コードトーカーたちはただ「私は無線技師です」と言うだけだった。戦争の映画や物語は世に出たが，その中にコードトーカーはいなかった。暗号が再び使われることはなく，ついに1968年に公になった。その秘密はその時になって初めて明らかになった。

問1　1　質問は，「本文は主に何についてのものですか」という意味。第1段落でアメリカ先住民族であるナバホ族の暗号が優れたものであったことが述べられている。それに続いて，ナバホ族の言語が暗号として使うのに適していたこと(第2段落)，暗号化の具体例(第3段落)，コードトーカーの優秀さ(第4段落)が述べられている。これらのことをまとめたものとして適切なのは，(b)「アメリカ先住民族の1つが，なぜ，そしてどのように第二次世界大戦中に使われたか」。(a)は「第二次世界大戦中のアメリカ先住民族兵士たちの生活」，(c)は「アメリカ先住民族の歴史と，彼らが第二次世界大戦中のハリウッド映画でどのように描かれているか」，(d)は「アメリカ先住民族の言語の，第二次世界大戦中の兵器開発への影響」という意味。(c)については，第1段落にハリウッド映画の中でナバホ族が常にウマに乗っていることが述べられているが，本文の中心となる話題ではない。(a)と(d)については本文中に記述がない。　2　質問は，「第1段落の『ナバホの一団は自分たちの言語を合衆国を守るための武器へと変えた』とはどういう意味ですか」という意味。第1段落最終文「彼らの暗号は軍の歴史の中で数少ない解読されることのなかった暗号の1つである」から，ナバホ族の言語を使った暗号が戦時中に大いに役立ったことが推測できるので，(a)「ナバホ族の言語が戦争に勝つために使われた」が適切。(b)はナバホ族の言語には戦争に関する単語がたくさんあった」，(c)は「ナバホ族の言語には，カウボーイたちからナバホ族を守るという歴史があった」，(d)は「ナバホ族の言語は敵と連絡を取る便利な方法だった」という意味。いずれも本文中に記述がない。　3　質問は，「ナバホ語はなぜ『秘密の言語』として選ばれたのですか」という意味。第2段落では，ナバホ語が秘密の言語として申し分のないものだったことが述べられ，続く第2文以降でその言語の特徴が，「理解しにくい」，「文字がない」，「一部の民族の言語である」と述べられている。それぞれが外部の人間にはわかりにくい特徴であり，そうした特徴は「秘密の言語」として選ばれるのには適しているはずなので，これら3つのことすべてがナバホ語が「秘密の言語」に選ばれた理由と言える。したがって，「それはとても理解しにくいものであった」とあることから，その言語の難解さが暗号として使われた理由と考えられる。(a)「それはとても理解しにくかった」，(b)「それには文字で表す体系がなかった」，(c)「それは少数の人々によってしか使われていなかった」のすべてと述べている(d)「上記のすべて」が適切。　4　質問は，「第4段落の“encode, transmit, and decode”を言いかえたものとして最も適切なのは次のうちのどれですか」という意味。encode は「暗号化する」，transmit は「伝達する」，decode は「解読する」という意味なので，(a)「秘密の言語に変え，送り，その意味を知る」が適切だが，code が「暗号」という意味であることから，en-「～にする」，de-「はずす」という接頭辞を手がかりに単語の意味を推測すること，また，暗号というものの性質から，「暗号化する」，「それを送る」，「暗号を解読する」という作業の流れをつかむことから考えることができる。(b)は「話し，理解し，そしてその情報を共有する」，(c)は「作り出し，伝え，そして使うのをやめる」，(d)は「考え出し，伝え，そして捨てる」という意味。

問2　第3段落第3文以下から，ナバホ族の暗号チームがどのようにして暗号化したかを読み取る。彼らはまず，「コードトーカーがラジオで一連の関連のないナバホ語の単語を聞く」(第3文)，「その単語を英語に訳す」(第4文前半)，そして「それぞれの英単語の最初の文字を使って伝言をつづる」(第4文後半)という手順で暗号化していたことが述べられ，その後に具体例が挙げられている。ナバホ語の tsah は英語の needle(針)を意味し，その最初の文字は n である。同様に，wol-la-chee(= ant[アリ])，ah-kh-di-glini(= victor[勝利者])，tsah-ah-dzoh(= yucca[ユッカ])の3つの英単語の最初の文字をつなげると NAVY(海軍)となる。yucca とは植物の名前。

問3　ア　「アメリカ先住民族は，独特な方法で第二次世界大戦中に重要な役割を果たした」(×)　本文で第二次世界大戦中に重要な役割を果たしたと述べられているのはアメリカ先住民族であるナバホ族だけについてで，すべてのアメリカ先住民族が重要な役割を果たしたとは述べられていない。　イ　「翻訳機はナバホ族よりも速く仕事をした」(×)　ウ　「コードトーカーたちはある言語から別の言語に単語を翻訳しなければならなかった」(○)　第3段落の第3，4文から，コードトーカーたちはまずナバホ語の単語を聞き，それらを英語の単語に訳していたことがわかる。エ　「アメリカ海兵隊のすべてのナバホ族の人々が暗号を使っていた」(○)　第4段落第5文を参照。第二次世界大戦で戦ったナバホ族の人々は3600人を超えたが，そのうち420人だけが暗号を扱うコードトーカーとしてアメリカ海兵隊に所属したとある。　オ　「戦後もコードトーカーたちは戦争中にしたことについて話さなかった」(○)　最終段落第2文の内容に合う。　カ　「ハリウッドは戦争の英雄としてのコードトーカーたちについて映画を作ることにした」(×)　第1段落第1文にハッリウッド映画に出てくるナバホ族について述べられている，ナバホ族のコードトーカーたちを英雄として扱ったという記述はない。　キ　「暗号は将来再び使われるかもしれない」(×)　最終段落最後から2文目に，ナバホ族のコードトーカーたちが使った暗号が戦後使われることはなかったと述べられている。また，将来再び使われる可能性については本文中で述べられていない。

問4　最終段落第1，2から，戦後も暗号は秘密とされ，ナバホ族の人々も暗号の任務についていたことを話さなかったことがわかる。このことから，下線部の The secret「秘密」は，第二次世界大戦中に，ナバホ族がその言語を暗号として使ったことを指すとわかる。come out は「出てくる→知られるようになる」ということ。only then「そのときだけ」は，そのときまでは知られていなかったということなので，「その時になって初めて」ということ。これらの内容に，第二次世界大戦中のことであったことを加えてまとめるとよい。

5　(長文読解・物語文：語句補充，語句解釈，内容吟味，文選択補充，条件英作文，指示語)

(全訳)　最近，隣人の2匹のネコの世話をしていたときに，私はひどく恐ろしい思いをした。ネコのえさの準備したとき，レンジの後ろから出ていると思われる大きなネコの鳴き声が聞こえたのだ。もちろん，私はとても驚いた。心臓がどきどきして，レンジを開けると何もいなかった。すぐに私はネコがいないかと小さな分譲マンションを捜した。私は$_{a}$1匹しか見つけられなかった。私は大いに取り乱した。ディーゼルは冷蔵庫や洗濯機のような設備の後ろにでも行ってしまったのだろうか。閉じ込められたりけがをしたりしているのだろうか。

私は携帯電話を取りに急いで入口の広間を横切って，飼い主のメアリーに電話をかけた。しかし彼女は電話に出ず，伝言を残すこともできなかった。まあ，困った！　どうしたらいいのかしら。

消防署に電話をかけることが思い浮かんだ。いとしいペットを探している女性を快く助けてはくれないのではないだろうか。私は非緊急の番号にかけて状況を説明した。

「そうですねえ，お手伝いできるか確認するために消防士を1人お送りできると思いますよ。今のところ，緊急の案件はありませんから」

私はいなくなったディーゼルを求めてあらゆるところを捜し始めた。自分自身もネコを飼っているので，ネコたちは私たち人間が思いもしない場所に隠れることがあることはわかっていた。

「ディーゼル！　ネコちゃん，ネコちゃん！　出ておいで，ディーゼル，おいしいご飯があるわよ！」捜し続けていると，私はふらふらして具合が悪くなった。「彼を無事でいさせてください」と私は祈った。

再び，「ニャーオ」という鳴き声が聞こえた。その声は明らかに台所の壁から聞こえてきた。かわいそうなネコは最後にその鳴き声を聞いてから少なくとも15分間はそこに閉じ込められていたのだ。私は走ってその場所に行って，壁をたたき始めた何も聞こえなかった。

突然，誰かが玄関のドアをノックした。「どうぞ！」と私は叫んだ。

2人のとても頑丈そうな消防士が入ってきた。彼らはとてもすてきな男性だった！　集中しなくちゃ，と私は心の中で思った。

彼らが自己紹介をしている間，私は合わないパジャマとスリッパを身につけていることに気づいた。集中しなくちゃ！

私はまた取り乱してきたので，すばやく状況を説明した。「彼は閉じ込められてしまったんです！」と私は叫んだ。

「ニャーオ！」

「おや，壁の中にいるようだな！」と金髪の消防士のロブが言った。

集中しなくちゃ！　深刻な事態なのよ！

「壁を開けられると思いますが。ここはあなたのマンションですか」とロブが続けて言った。

「$_{A}$いいえ，私は飼い主のネコの世話をしているだけです。私は玄関広間の向こうに住んでいます」

「$_{B}$壁を傷つける前に所有者に連絡を取る必要がありますね」

「$_{C}$メアリーは電話に出ませんし，伝言を残すこともできません」

「$_{D}$うーん。そのネコは自分の名前がわかりますか。私はイヌ派なんで。ネコのことはよくわからないのです」

「$_{E}$ええ，でもネコはふつう呼ばれても来ません」

ティムという立派な方の男性が，「彼のえさ用のお椀を振ってみましょうか。食べ物を求めてやってこようとするかもしれません」

私たち3人はオーブンに向かって立っていた。何も聞こえなかった。「彼を生かしてやってください！」私は再び大声で祈った。

私の祈りに，「ニャーオ！」と返事があったが，今度は私たちの背後から聞こえてきた。

ロブが振り返って，「$_{F}$メアリーは何匹ネコを飼っているのですか」と尋ねた。

私も振り返った。私たちの後ろに3フィートも離れていないところにディーゼルとミッツィーが座っていた。「彼女は2匹，この2匹しか飼っていません」と私は指さしてため息をついた。「それじゃあ，誰が壁に閉じ込められているのかしら？」

私たちは顔を見合わせた。ティムは肩をすくめ，ロブは「うーん。こいつは妙ですね。確かに彼女は2匹しか飼っていないのですか」と言った。

「確かです」私は再び振り返った。毛に覆われた2匹はにやにや笑っていたのだろうか。正直なところ，私はネコたちは確かにそうしていたと思っている。

沈黙があった。

「ニャーオ！」

ロブはレンジの上にある$_b$時計に手を伸ばしながら笑い出した。彼には飾りとして置かれた円盤にある12匹のネコが見えた。

ロブは15分進んだところまでゆっくりと分針を回した。

「ニャーオ！」

基本

問1　この場面で，女性が世話をしているネコは2匹いる。空所を含む文から2文目で，女性はディーゼル(＝ネコの名前)が何らかの設備の後ろに行ってしまったのかと心配し，その後も彼女が探しているネコとしてディーゼルの名前しか出てこないので，ここではマンションを捜したところ，もう1匹のネコは見つかったと考えられる。2匹のうちの1匹を指すので one で表すのが適切。このとき見つかったネコについてはこの前の段階で具体的に述べられていないので，前に出たものそのものを指すときに使う it は不適切。

問2　hunt は「狩猟をする，狩りをする」という意味の動詞として用いられるが，ここではいなくなったネコ(＝ディーゼル)を求めて探すことを表すと考えるのが文脈に合う。このことを具体的に表しているのは，下線部を含む文の直前の段落の1文 search everywhere for missing Diesel「いなくなったディーゼルを求めてあらゆるところを捜す」。

問3　本文中の斜体字で表されている文は，ネコを探している女性が心の中で言っている言葉。下線部の発言の直前で，再びネコの鳴き声が聞こえ，その声から消防士のロブが「壁の中にいるようだ」と言っていることから，「深刻な事態」とはディーゼルが壁に閉じ込められてしまっている状況を指すと考えるとこの場面での女性の気持ちに合う。したがって，カ「ディーゼルが15分以上の間台所の壁に閉じ込められているのかもしれない」が適切。アは「メアリーが電話に出ず，事故でけがをしているのかもしれない」，イは「その女性が合わないパジャマとスリッパを身につけている」，ウは「ティムが自己紹介をした後でふらふらして具合が悪くなっている」，エは「ロブが走って台所の壁のところに行き，それを壊そうとしている」，オは「ミッツィーがレンジの後ろに行ってしまってけがをしているかもしれない」という意味。

問4　全訳を参照。A には直前の「ここはあなたのマンションですか」という問いに対する返答が入るので，No で答えて自分が住んでいる場所を説明しているイが適切。また，このとき消防士たちはネコが閉じ込められていると思われる壁を壊すことについて発言していることから，この部屋の住人である人物に連絡を取ってから壁を壊さなくてはならないと述べているオを続ける。女性としては，この部屋の住人でネコの飼い主であるメアリーには連絡がつかないので，そのことを伝えると会話が成り立つので，次にアを続ける。ウの he，his はいなくなっているディーゼルを指し，消防士の1人がネコは名前を呼ばれたらわかるのかどうかを尋ねるウを次に続けると，それに対する返答として，ネコの習性を説明しているエが続いて会話が成り立つ。エの最初の Yes は，ウの Does he know his name? に対する返事である。

問5　空所を含む文の直前で，再びネコの鳴き声が聞こえ，その声がこの場にいた3名の背後から聞こえたことが述べられている。また，空所はロブが女性に何かを質問する内容の文が入るが，女性も後ろを振り向いてそこにディーゼルとミッツィーがいることを確認したあと，「彼女は2匹，この2匹しか飼っていません」と答えていることから，ロブは後ろにいた2匹のネコを見て，メアリーが飼っているネコの数を尋ねたと考えられる。この段階で，ネコの飼い主の名前がメアリーであることは2人の消防士も知っているので，解答例のように，「メアリーは何匹のネコを飼っているのですか？」といった英文を入れる。

問6　下線部を含む文の直前の文の pair は「ペア」，つまり，2人[匹，つ]から成り立つグループを指す。この場面での「ペア」として考えられるのは，消防士の2人と，ネコの2匹であるが，

furry で「毛で覆われた」という意味なので，女性はディーゼルとミッツィーを指して they と言っている。この後の最後の場面で，時計に飾りについているネコから15分ごとに鳴き声が出ることがわかるが，それを知らずに慌てふためく女性を見て，そのとき2匹のネコがにやにやしていたのだろうと女性があらためて感じているのである。ネコたちがにやにやしていたことは過去形で述べられ(Was the furry pair smirking?)，「確かにそうしていたのだと思う」という女性の気持ちが現在形(I am quite sure ～)で述べられていることから，事の次第がはっきりした後になって，女性はそのときネコたちは慌てる自分のことを笑っていたのだと感じていることを表していることをつかむ。

問7　物語の最後の場面，波線部(Y)でネコの鳴き声が聞こえた後のロブの行動から，レンジの上にある時計が15分たつごとにネコの鳴き声を鳴らすことをつかむ。

問8　どこから聞こえてくるのかはっきりしないネコの鳴き声が15分ごとに時計から聞こえていたものであることから，本文中のネコの鳴き声に注意して時間を割り出す。本文中に，"Meooow!" という鳴き声は，最初に女性が聞いたとき(第1段落第2文)を含めて波線部(Y)までに4回ある。このうち，女性が「彼を生かしてやってください！」と大声で祈った後に聞こえた鳴き声は実際のネコ(ディーゼルまたはミッツィー)のものなので，最初に時計から聞こえたネコの鳴き声から3回分，つまり，45分が経過したことになる。

リスニング問題

1　No. 1

Woman: Hey, why don't we do something fun next week?
Man: Well… I don't know. What do you have in mind?
Woman: How about on Monday we go down to the lake?
Man: Ah, I don't know. I think it's going to be too hot that day, and I might get a sunburn.
Woman: You're going to be all right. So Monday, we'll go down to the lake. Tuesday, we're going to go mountain biking. It's supposed to be cloudy so your skin shouldn't get burned.
Man: That sounds great… but I'd probably crash like I did last time and break my arm.
Woman: Come on. It's going to be fine. What do we do on Wednesday? We could go fishing. Remember the last time we went? I caught like 10 huge fish…
Man: Yeah. I remember. And the only thing I caught was an old boot. And you won't ever, EVER let me forget that one.
Woman: Well, okay then. Um, then what do you suggest?
Man: We could stay home and uh, you know… play some board games.
Woman: We can do that anytime. Why don't we go on a picnic to the mountains. You won't break your arm, you won't get a sunburn. It'll be really pleasant. Let's do that, okay?
Man: Well….
Woman: Come on. Let's do it. It'll be fun.
Man: Okay. We'll give it a try.

女性：ねえ，来週何か楽しいことをしない？

男性：そうだなあ…わからないよ。何か考えていることはある？
女性：月曜日に湖まで行くのはどう？
男性：ああ，わからないよ。その日はあまりに暑くなると思うから，日焼けしてしまうかもしれない。
女性：大丈夫よ。だから，月曜日に湖まで行きましょうよ。火曜日はマウンテンバイクに行くのよ。曇りのはずだから，肌は日焼けはしないわ。
男性：それはいいね…でも，前回のように衝突して腕を折るかもしれない。
女性：さあ。お天気になるのよ。水曜日は何をする？　釣りに行ってもいいわね。最後に行ったときのことを覚えている？　私はとても大きな魚を10匹釣ったのよ…
男性：うん。覚えているよ。ぼくが釣ったのは古い長靴だけだったね。きみは決してぼくにそれを忘れさせてくれないね。
女性：そうね，ならいいわ。うん，では何を提案するの？
男性：家にいて，ああ，ねえ…ボードゲームでも。
女性：それはいつでもできるわ。山へピクニックに行かない？　腕を折ることもないし，日焼けもしないわよ。本当に気持ちいいでしょうね。そうしましょうよ，いい？
男性：そうだなあ…
女性：さあ，そうしましょうよ。楽しいわよ。
男性：わかった。やってみよう。

No. 2

Hi everyone. I'm Randall, and I want to talk about what I do to celebrate the new year. When I was younger, I enjoyed staying up late with my friends. We had a party, played games, and ordered lots of food. We didn't eat a nice tasty salad with plenty of vegetables in it. We just ate unhealthy food like pizza.

Now that I'm older, things have changed. When our kids were little, we sometimes stayed up late with them to celebrate the new year, but those times have changed. I find that every day is a new day, and we don't have to wait until the new year to change our lives. Each day gives you a new opportunity to be better.

I just enjoy the simple things of life. Happy New Years.

皆さん，こんにちは。私はランドール，私が新年を祝うためにしていることについてお話ししたいと思います。まだ若かったころ，私は友人たちと遅くまで起きていることが楽しかったです。私たちはパーティーを開いて，ゲームをして，たくさんの食べ物を注文しました。野菜がたくさん入ったとてもおいしいサラダは食べませんでした。私たちはピザのような体に良くないものしか食べませんでした。

今では年をとって事情は変わっています。私たちの子供たちが幼かったころ，私たちはときどき彼らと遅くまで起きて新年を祝いましたが，そんな時代は変わってしまいました。私には毎日が新しい1日で，自分たちの生活を変えるのに新年まで待つ必要はありません。一日一日が皆さんにもっと良くなる新しい機会を与えてくれるのです。

私はただ生活の単純なことを楽しんでいます。新年，おめでとうございます。

No. 3

Daughter: Dad, Dad!

Father: Uh, what!?

Daughter: The movie is over. You slept through the best part. So, what did you think about it?

Father: Well, to be honest, I'm a little disappointed. I mean, the story was a little strange, you know. How can you believe that a captain navigates his spaceship to the far end of the galaxy and encounters a group of frog people?

Daughter: I thought it was fantastic. I mean, you have to admit that the special effects were great, and the acting wasn't bad either.

Father: Ah, come on. What about the ship's communications officer? Wasn't he a little strange? He was always talking to himself, and he had that funny hair?

Daughter: Well, he was a little… unusual, but the ship's doctor was amazing. It was so cool when he brought the captain back to life during one of the battles.

Father: That was pretty realistic, but then the rest of the movie just went from bad to worse. The whole story was so fake!

Daughter: How do you know? You were snoring so loud the neighbors probably had to close their windows.

Father: Ah, well, let's go to bed.

娘：お父さん，お父さん！

父：ああ，何だい？

娘：映画が終わったわよ。お父さんは眠って一番いいところを見逃したわ。それで，それについてどう思う？

父：うーん，実は少しがっかりしているんだ。つまり，話が少し変だったからね。船長が銀河系の果てまで宇宙船を操縦してカエル人の一団に出会うなんて？

娘：私はすてきだと思ったわ。特殊効果はすごかったし，演技も悪くなかったわよね。

父：ああ，いいかい，宇宙船の通信員はどうだった？　彼は少し変じゃなかったかい？　いつも独り言を言っておかしな髪をして？

娘：うーん，彼は少し…妙だったけれど，船医は見事だったわ。戦いの1つの間に船長を生き返らせたときはとてもかっこよかったわ。

父：あれはかなり現実的だったけれど，残りの部分はさらに悪くなったね。話全体がとてもインチキくさかったよ！

娘：どうしてわかるの？　お父さんがとても大きないびきをかくから，近所の人たちは窓を閉めなくてはならなかったのよ。

父：ああ，うん，もう寝よう。

No. 4

Woman: Hey. Have you been watching any of the World Cup soccer matches?

Man: Well, I was watching until my favorite team was out of the first round. In the first match, two of their star players were out with some injuries, so the rest of the players just couldn't keep up with the opposing team.

Woman: Well, that's just life. Every team is going to have players out with injuries.

Man: And then, in the second match, the referees made some terrible calls, allowing the opposing team to win.

Woman: But, didn't one of your own players accidentally kick the ball twice into his own goal? I mean that doesn't sound like a bad call to me.

Man: And finally, our team was ahead in the final match until the other team played so well in the final three minutes. It was a total embarrassment for our team.

Woman: Sadly your team is out, and who are you cheering for now?

Man: Ah, I can't watch any more soccer, so I've been following an online chess tournament.

Woman: What?! That is the most ridiculous reaction I have ever heard of. So, you're not interested any more just because your team is out of the tournament?

Man: Ah, forget it. You just don't understand.

女性：ねえ。サッカーワールドカップの試合はどれか観ていたの？

男性：ええと，大好きなチームが一次予選で敗退するまでは観ていたよ。最初の試合で，スター選手のうちの2人がけがで退場したから，残りの選手たちは相手チームの動きについて行けなかったよ。

女性：まあ，そういうものよ。どのチームもけがで選手がいなくなるものだわ。

男性：それに，第2戦では，レフェリーがひどい判定をして相手チームを勝たせてしまったんだ。

女性：でも，あなたのチームの選手の1人が誤って2回自陣ゴールに蹴り込んだんじゃなかった？　それは私にはひどい判定とは思えないわ。

男性：そしてついには，我らがチームは最後の試合でリードしてたんだけど，相手チームが最後の3分間でとても良いプレーをしたんだ。我らがチームにとってはまったくやっかいなことだったね。

女性：あなたのチームが敗退したのは残念だけど，今はだれを応援しているの？

男性：ああ，サッカーはもう観ていられないから，ずっとオンラインのチェスのトーナメントを観ているんだ。

女性：何ですって？　そんなばかげた返答を聞くなんて。それじゃあ，あなたは自分のチームがトーナメントで敗退したからというだけでもう興味がないの？

男性：ああ，もう忘れたよ。きみにはわからないさ。

2

I'm Kate. I'm going to talk about my brother Jimmy. Jimmy and I are brother and sister, and strange to say, we were born on the same day but are not twins.

Brother and sister born on the same day but not twins?

Yes, both of us were born on July 15th, but Jimmy is four years younger than I. I'm nine and Jimmy is only five.

Sometimes Jimmy is very annoying, but he is usually very cute, and I like him very much.

On our birthday we usually give each other a little present. The present from Jimmy this year was very cute. But to tell the truth, I never got it.

Why didn't I get a present?

Jimmy kept his present secret. When I asked him to give me a hint, he just shook his head. "I've hidden it, and it's a secret," he said. "What is his hidden secret?" I wondered.

A few days before our birthday it rained all night. The rain beating on the windows woke me up. I could hear Jimmy weeping in his bed. "Are you scared of the rain, Jimmy?" I whispered, "No," he said. "Then why are you crying?" I asked.

Then he told me his secret.

"Because you love sugar so much, I planted some sugar in the garden. I wanted to give you a whole sugar tree for your birthday - and now it will all melt in this rain." And he began to weep again.

Dear annoying Jimmy, how cute and sweet you are!

Questions: No. 1 Which is NOT true?
No. 2 What kind of birthday present did Jimmy want to give Kate?
No. 3 Why did Jimmy cry?

私はケイトです。私は弟のジミーについてお話しします。ジミーと私は弟と姉で，おかしなことに，同じ日に生まれたのに双子ではないのです。

同じ日に生まれた弟と姉が双子ではない？

はい，私たち2人は7月15日に生まれましたが，ジミーは私よりも4歳年下なのです。私は9歳でジミーはほんの5歳です。

ジミーはとてもやっかいなときがありますが，普段はとてもかわいらしく，私は彼が大好きです。

私たちの誕生日にはお互いにちょっとしたプレゼントをあげます。今年のジミーからのプレゼントはとてもかわいらしかったです。でも，実をいうと，私はそれを受け取っていないのです。

なぜ私はプレゼントを受け取らなかったのでしょうか？

ジミーは自分のプレゼントを秘密にしていました。彼にヒントをちょうだいと言うと，彼はただ頭を振るだけでした。「ぼくはそれを隠したんだ，だから秘密だよ」と彼は言いました。私は，「彼の隠された秘密って何かしら」と思いました。

私たちの誕生日の数日前，一晩中雨が降りました。雨が窓にたたきつけて，私は目を覚ましました。私はジミーがベッドでしくしく泣いているのが聞こえました。私は，「雨が怖いの，ジミー？」とささやきました。「ちがうよ」と彼は言いました。私は「それじゃあどうして泣いているの？」と尋ねました。

そのとき，彼は私に彼の秘密を話したのです。

「お姉ちゃんは砂糖が大好きだから，庭に砂糖を植えたんだ。ぼくはお姉ちゃんの誕生日に砂糖の木を丸ごと1本あげたかったんだよ―もうこの雨で全部溶けちゃうね」彼はまた泣き始めました。

愛しい，やっかいなジミー，あなたは何てかわいらしく，優しいのかしら！

質問：No. 1 内容に合わないものはどれですか？
No. 2 ジミーはケイトにどのような誕生日のプレゼントをあげたかったのですか？
No. 3 ジミーはなぜ泣いたのですか？

★ワンポイントアドバイス★

5の問4の文を補充する問題では，空所の直前から含めて，yes，no で答えているものに着目し，合わせて代名詞に注意することで，比較的容易に解答できる。ここで正しく文を入れることで，物語全体の内容と流れもつかみやすくなる。

<理科解答>《学校からの正答の発表はありません。》

1 (1) ① ZnO ② $(NH_4)_2SO_4$ ③ $BaSO_4$ (2) A (え) B (こ) C (き) (3) 試験管内に空気が入って，再び酸化が起こってしまうおそれがある。
(4) ア $2x-2y-z=0$ イ $80x$ ウ $44y+9z$ エ 2 オ 1 カ 2
(5) $2Cu_3(CO_3)_2(OH)_2+H_2O \rightarrow 3Cu_2CO_3(OH)_2+CO_2$ (6) 順に(イ)・(ア)・(オ)・(エ)・(ウ)

2 (1) ① 右向き ② ＋ ③ N極 (2) 斜面の摩擦力をそろえるため。
(3) ① N極 ② ア (4) ① S極 ② イ (5) ① イ ② 増えて ③ イ ④ 減って (6) 実験a 反時計回り 実験b 時計回り (7) ① 時計回り ② S極 ③ 引力 ④ 反時計回り ⑤ N極 ⑥ 斥力

3 (1) 右図 (2) ① 32 ② 1024 ③ 100万 ④ 22 ⑤ 1004 ⑥ 100万 (3) 新しいDNAの材料となる4種類の構成要素が減ったため。

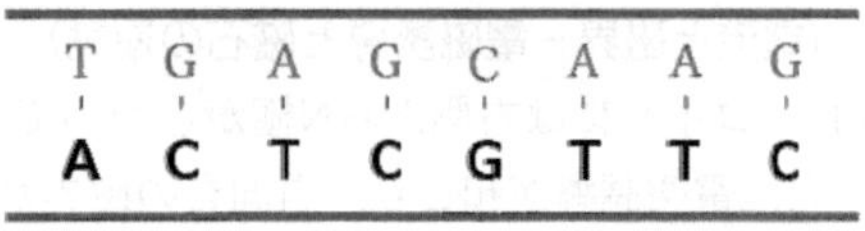

(4) ① 少ない ② a ③ 512 ④ a, b, c (5) 元のDNA量に差があっても，最終的に得られるDNA量はほぼ同じになるから。

4 (1) X 玄武岩 Y 花こう岩 (2) X ウ Y イ (3) ②→③→①
(4) 純粋な鉱物M1の融点 (5) M1 固体と液体 M2 液体 (6) ウ，オ
(7) ① M2 ② 47g

○推定配点○

1 (1) 各2点×3 他 各3点×7((2)，(4)イ・ウ，エ～カ，(6)各完答)
2 (2) 3点 他 各1点×19 3 各2点×13
4 (6)，(7) 各3点×3((6)完答) 他 各2点×8 計100点

<理科解説>

1 (化学反応と質量－孔雀石と藍銅鉱)

(1) ① 亜鉛イオンZn^{2+}と酸化物イオンO^{2-}を1つずつ組み合わせたZnOである。 ② 2個のアンモニウムイオン$NH_4{}^+$と1個の硫酸イオン$SO_4{}^{2-}$を組み合わせた$(NH_4)_2SO_4$である。
③ バリウムイオンBa^{2+}と硫酸イオン$SO_4{}^{2-}$を1つずつ組み合わせた$BaSO_4$である。

(2) 水の有無を調べるのは，塩化コバルト紙である。水がないと青色だが，水があると赤色に変色する。(あ)・(う)は酸・アルカリを，(い)は酸化剤を調べる試薬である。

(3) 加熱中の試験管内の気体は膨張しているので，加熱をやめると収縮する。そのためガラス管から試験管へ空気が入ってくる。還元でできた銅はまだ温度が高いため，再び酸化してしまう可

能性がある。

やや難 (4) クジャク石を構成する各イオンは，銅イオンCu^{2+}，炭酸イオン$CO_3{}^{2-}$，水酸化物イオンOH^-だから，全体の電気量が±0になる条件は，$(+2)\times x+(-2)\times y+(-1)\times z=0$，つまり，$2x-2y-z=0$である。また，原子1個の質量比を用いると，$CuO$と$CO_2$と$H_2O$の質量比は，$(64+16):(12+16\times2):(1\times2+16)=80:44:18$である。実験1の化学反応式から，$80:31=80x:\left(44y+18\times\dfrac{z}{2}\right)=80x:(44y+9z)$となる。この連立方程式から，$x:y:z$の比を求める。まず，アの式から$z=2x-2y$だから，ウに代入すると，$80:31=80x:\{44y+9(2x-2y)\}=80x:(18x+26y)$となる。変形すると，$80(18x+26y)=31\times80x$となり，$x=2y$が得られる。よって，$z=2x-2y=2\times2y-2y=2y$も得られる。以上より，$x:y:z=2y:y:2y=2:1:2$となる。

やや難 (5) 藍銅鉱は$Cu_3(CO_3)_2(OH)_2$，クジャク石が$Cu_2CO_3(OH)_2$だから，Cuの数から考えて，藍銅鉱2個からクジャク石3個ができる。すると，$2Cu_3(CO_3)_2(OH)_2\rightarrow3Cu_2CO_3(OH)_2$の過程では，$CO_3{}^{2-}$が4個から3個に変化するので，$CO_2$が1個放出される。また，$OH^-$が4個から6個に変化するので，$H_2O$が1個吸収される。以上をまとめると，$2Cu_3(CO_3)_2(OH)_2+H_2O\rightarrow3Cu_2CO_3(OH)_2+CO_2$となる。この式で，Oの数も合っており，化学反応式は完成である。このように，藍銅鉱(アズライト)を湿気の多い場所で保管すると，反応が進んでしまう。

(6) 一定量の窒素Nを考えるため，各化合物のNの数を6として，NとOの数の比を調べると，(ア)は6：6，(イ)は6：3，(ウ)は6：15，(エ)は6：12，(オ)は6：9，(カ)は6：8となる。酸素の比が1：2：3：4：5になるのは，順に(イ)・(ア)・(オ)・(エ)・(ウ)の組合せである。

2 (電流と磁界－電磁誘導と磁石の運動)

基本 (1) コイルには右側からN極が近づいてくるので，コイル内部には左向きの磁界が強まる。すると，電磁誘導が起こり，右向きの磁界ができる。右向きの磁界をつくる誘導電流により，コイルの右側にはN極ができるので，右手を利用するなどにより，誘導電流は検流計Gを＋から－の向きに流れることがわかる。よって，検流計Gは＋側に振れる。

(2) この実験では，アルミ板や木板とネオジム磁石との電磁気的な性質によって，すべり下りる速さがどのように変わるかを調べている。しかし，アルミ板と木板の上に直接ネオジム磁石を置いてすべらせると，電磁気的な性質だけでなく，板とネオジム磁石との間にはたらく摩擦力の差によっても，速さが変わってしまう。そこで，板とネオジム磁石の間に上質紙を挟むことで，摩擦力の条件をそろえている。

(3) アルミ板と向き合う磁石の下面をN極と仮定しており，アルミ板の上面には接近を妨げる磁力がはたらいているので，P点に生じた磁極はN極であり，アルミ板から上向きの磁界が生じている。

(4) アルミ板と向き合う磁石の下面をN極と仮定しており，アルミ板の上面には遠ざかりを妨げる磁力がはたらいているので，P点に生じた磁極はS極であり，アルミ板から下向きの磁界が生じている。

重要 (5) アルミ板と向き合う磁石の下面をN極と仮定しているので，磁石から発せられる磁界は，どちらの実験でも下向きである。実験aでは，磁石が近づいたため，磁石から発せられる下向きの磁界が増え，電磁誘導により(3)のようにP点では上向きの磁界が生じた。一方，実験bでは，磁石から遠ざかったため，磁石から発せられる下向きの磁界が減り，電磁誘導により(4)のようにP点では下向きの磁界が生じた。

(6) 実験aでは，(3)のようにアルミ板の上面にN極が生じており，右手を利用するなどにより，アルミ板には表側から見て反時計回りの誘導電流が生じている。実験bでは，(4)のようにアルミ板の上面にS極が生じており，右手を利用するなどにより，アルミ板には表側から見て時計回りの誘導電流が生じている。

重要 (7) ネオジム磁石が離れるA点では，実験bと同じ現象が起こっており，表側から見て時計回りの誘導電流が流れ，S極が生じる。ネオジム磁石の下面のN極との間には引力がはたらき，速度を低下させる。ネオジム磁石が近づくB点では，実験aと同じ現象が起こっており，表側から見て反時計回りの誘導電流が流れ，N極が生じる。ネオジム磁石の下面のN極との間には斥力がはたらき，速度を低下させる。

3 (遺伝－PCR検査の原理)

(1) 2本の鎖が向かい合った構造の2本鎖DNAでは，構成要素(塩基)のうち，AとT，CとGが向かい合って結合している。

(2) 2本鎖DNAの数は，サイクルごとに2倍になるので，5サイクル後には$2^5=32$(対)，10サイクル後には$2^{10}=1024$(対)，20サイクル後には$2^{20}=(2^{10})^2 \fallingdotseq 100$(万対)になっている。次に，図2で2本鎖DNAを1本ずつに分けると，3種類の1本鎖DNAがある。 Ⅰ 上下の両側に余分がある1本鎖DNA Ⅱ 上下どちらか一方に余分がある1本鎖DNA Ⅲ 上下どちらにも余分がなく，増やしたい領域だけの1本鎖DNA これらの1本鎖DNAは，サイクルを経ると，次のように2本鎖DNAに変わる。 Ⅰ→Ⅰ＋Ⅱ， Ⅱ→Ⅱ＋Ⅲ， Ⅲ→Ⅲ＋Ⅲ これをもとに，3サイクル以降の各DNAの数を調べていくと，下の表のようになる。Ⅰの数は，開始時の2本のまま変わらない。Ⅱは，1つ前のⅠから生み出されるので，サイクルごとに2本ずつ増えていく。Ⅲは，1つ前のⅡから1本生み出されると同時に，1つ前のⅢから2本生み出される。欲しい生成物は，増やしたい領域だけのⅢ＋Ⅲの2本鎖DNAだが，これは1つ前のⅢから生み出される。よって，Ⅲ＋Ⅲの2本鎖DNAの数は，1つ前のⅢの1本鎖DNAの数と一致する。

サイクル後	2本鎖DNAの数〔対〕	1本鎖DNAの総数〔本〕	1本鎖DNAの数〔本〕			Ⅲ＋Ⅲの2本鎖DNAの数〔対〕
			Ⅰ	Ⅱ	Ⅲ	
0(開始時)	1	2	2	0	0	0
1	2	4	2	2	0	0
2	4	8	2	4	2	0
3	8	16	2	6	8	2
4	16	32	2	8	22	8
5	32	64	2	10	52	22
N	2^N	$2^N\times2$	2	$2N$	☆	1つ前のⅢ

Nサイクル後のⅢの1本鎖DNAの数(表の☆)の数は，$2^N\times2-2-2N$で求められる。設問の⑤は，9サイクル後のⅢの1本鎖DNAの数と同じなので，$2^9\times2-2-2\times9=1004$となる。また，設問の⑥は，19サイクル後のⅢの1本鎖DNAの数と同じなので，$2^{19}\times2-2-2\times19$であり，これは約100万から40を引いた数である。

3サイクル後

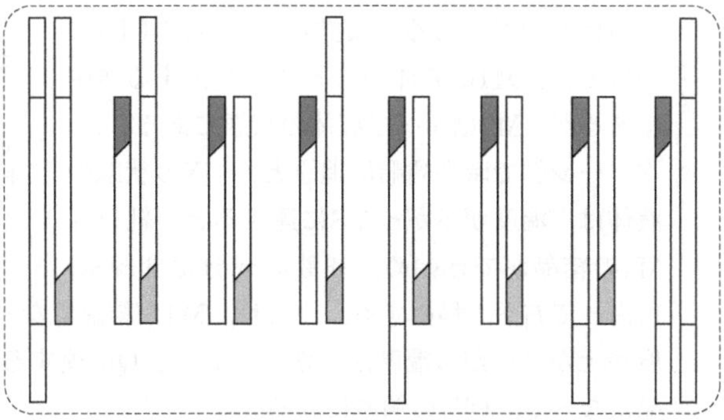

(3) DNAを増やすためには，材料となる4種類の構成要素が必要である。これらはDNAが増えていくごとに，液からは減っていくため，濃度が薄く，効率よく複製ができなくなることが考えられる。現実のPCRでは，

不純物による増幅の阻害や，DNAが長すぎたり短すぎたりすることに起因する影響，本問では無視したポリメラーゼの性質など，さまざまな要因が複合している。

重要 (4) Ct値は，新型コロナウイルス由来のDNA量がXに達したときのサイクル数だから，元のDNA量が少なければCt値は大きい。a～dのうち，元のDNA量が多かったのは，Ct値の小さいaである。また，bとcは同じXに達するのに9サイクルの差がある。9サイクルでDNA量は2^9＝512倍になるので，元のbの方がDNA量が512倍あったといえる。Ct値30までを陽性とするならば，Ct値が30よりも小さいa，b，cが陽性と判定される。

(5) 図4，図5や問題文によると，PCRではサイクルを重ねるほど増幅しにくくなり，最終的に得られるDNA量は，元のDNA量と関係なく一定になってしまう。そのため，最終的に得られるDNA量を測定しても，元のDNA量は推定しにくい。リアルタイムPCRでは，よく増幅している過程の間に，一定量Xに達したサイクル数のCt値を測るので，元のDNA量が推定しやすい。新型コロナウイルスに感染していた人と，たまたまウイルスが付着していただけの人では，元のDNA量が違うので，リアルタイムPCRによってCt値を測定する方法が適している。

4 (岩石－マグマから晶出する鉱物)

基本 (1)・(2) Xは黒っぽい火山岩である玄武岩である。地下浅部あるいは地上でマグマが急冷してできた岩石で，有色鉱物が多く斑状組織をなしており，1つ1つの鉱物は細粒である。Yは白っぽい深成岩である花こう岩である。1つ1つの鉱物が大きめの等粒状組織をなしており，白っぽい長石や石英，黒っぽい黒雲母や角閃石などからなる。御影は神戸市にある花こう岩の有名な産地である。なお，(2)のアは泥岩など，エは黒曜石，オは凝灰岩の説明である。

(3) 液体のマグマから早期に結晶になった鉱物は，その鉱物本来の形である自形に成長できる。しかし，後になって晶出した鉱物は，すでに他の鉱物があるために，隙間の形に合わせて成長するしかなく，本来の形ではない他形になる。図2では，自形②が，早期で高温のころに晶出しており，次いで③，そして，他形の①は末期にマグマがだいぶ冷えてから晶出した。

(4) 図4のTは，横軸がM2の質量パーセントが0％の上にある。つまり，M2の成分を含まず，純粋なM1である。Tは，純粋な鉱物M1についての，液体と固体の境界の温度，すなわち，融点(凝固点)である。

やや難 (5) 図3の曲線PQでは，純粋な水よりも，食塩が混ざった水の方が融点が低いことを表している。同様に，図4では純粋なM1の融点はTだが，M2が混ざるにつれて融点が低くなる。図4の(Ⅰ)の領域と同様なのは，図3では，食塩水＋氷である。ここでは，水は液体から固体に変化する途中にあるが，食塩は結晶ではなく溶けた状態にある。類推して，図4の(Ⅰ)の領域では，M1は液体から固体に変化する途中にあるが，M2はすべて液体の状態にある。

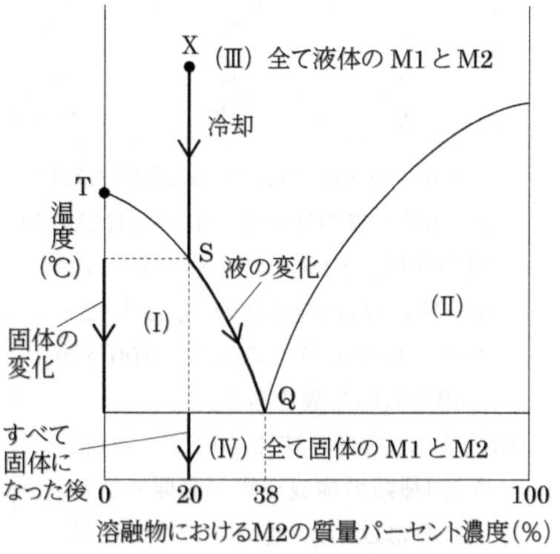

次ページ図で時系列順に追うと，点Xの状態の液体は，温度が下がってSに達すると，純粋なM1の結晶ができ始め，残液の成分は曲線SQに沿って右下へ移動する。つまり，M1が結晶になって液から除かれていくと，残液ではM2の濃度が上がりながら温度が下がっていく。Qに達すると，M2も結晶になり，最終的にすべてが結晶になって，(Ⅳ)の領域に入る。

やや難 (6) ア 誤り。M2の質量パーセント濃度が38%よりも大きいときは，M2の方が早く結晶になり，M1はQまで晶出しない。 イ 誤り。M2の質量パーセント濃度が38%よりも小さいときは，M1の方が早く結晶になり，M2はQまで晶出しない。 ウ 正しい。M2の濃度は，温度が下がるにつれて曲線に沿って変化するため，固体になる直前は38%になる。ただし，M2の濃度が0%と100%のときは除く。 エ 誤り。すべてが固体となったときは，M2の濃度は元の溶融体の濃度と等しい。 オ 正しい。(5)で解説した通り，純粋なM1が晶出する。

(7) ① 点Xは，M2が20%，M1が80%の割合を示しているから，図5で量の多い白い鉱物の方がM1で，量の少ない黒い鉱物がM2である。また，M1は早期に晶出するため，(3)と同様に自形になっている白い鉱物と判断することもできる。 ② 求める白い鉱物の質量をx[g]とする。点Xの溶融物は100gで，そのうちM2の濃度は20%である。ところが，黒い鉱物が晶出する直前の液体は$(100-x)$[g]になっており，そのうちM2の濃度は38%である。この変化の間，M2の質量は変わらないことから，$100\times\frac{20}{100}=(100-x)\times\frac{38}{100}$が成り立ち，$x=47.3\cdots$より，四捨五入で47gとなる。

★ワンポイントアドバイス★

問題文と図に例示されている内容をうまく利用し，設問の内容を例と比較しながら考えを進めていこう。

＜社会解答＞《学校からの正答の発表はありません。》

1 問1 4 問2 3 問3 (例) 仏教の力で政治の乱れや伝染病などの国の不安をしずめるため。 問4 4 問5 2 問6 (背景) (例) 日本と外国の金と銀の交換比率が異なっていたこと。 (対応) (例) 金の含有率を下げた新しい貨幣を発行した。
問7 別子 問8 (例) 輸出品である銅の生産や流通を独占すること。 問9 3
問10 (例) キリスト教の禁止を徹底するため。 問11 村請制度 問12 1
問13 2 問14 (例) 戦争後，黒人奴隷が解放され，新たな労働力が求められたから。
問15 3 問16 (例) 養蚕が盛んになり，ほとんどの農家が養蚕農家 問17 1
問18 1

2 問1 ア 2 イ 7 問2 (例) 日本が主権を回復する前に，GHQから出された案をもとに作ったから。 問3 1 問4 4 問5 1 問6 (1) 1・2・4・5・8
(2) 2 問7 う 問8 1 問9 1 問10 A 5 B 3 問11 ウ 国債
エ (例) 金融市場の安定や景気回復を図る 問12 国民総所得

3 問1 4 問2 4 問3 (例) 流域内での季節ごとの降水量の変化が大きいから。
問4 2 問5 ロッテルダム 問6 経済特区 問7 (例) ヨーロッパでは年間を通して偏西風が吹き，風向きが安定しているが，日本の季節風は季節によって風向きが変わるから。 問8 4 問9 ア イギリス イ 日本 問10 4 問11 2
問12 5 問13 (例) 自宅から離れた認可保育所であっても，送迎保育ステーションへ預けることで入所することができる。 問14 6

○推定配点○

[1] 各2点×19　[2] 各2点×16(問6(1)完答)　[3] 各2点×15　計100点

<社会解説>

[1] (日本と世界の歴史－貨幣や人口移動をテーマとした総合)

問1　奥州藤原氏は平泉(現在の岩手県南部)を拠点として栄えたのでXは誤りである。また，中尊寺金色堂は寝殿造の建物であるのでYも誤り。なお，禅宗様式の代表建築物としては鎌倉にある円覚寺などが挙げられる。

重要　問2　3のAPEC[アジア太平洋経済協力会議]は1989年に発足し，2023年現在日本を含めた21の国・地域が参加している。なお，1は2001年，2は1995年，4は1993年のこと。

基本　問3　聖武天皇の在位中，国内では凶作によるききん，伝染病の流行，政治上の争いなどの社会不安に見舞われていた。そこで聖武天皇は仏教の力で国を安定させようとし(鎮護国家)，都に東大寺，全国に国分寺・国分尼寺の建立の詔を出した。

基本　問4　aは1837年，bは1775～1783年，cは1716～1745年，dは1688～1689年のこと。よって18世紀の出来事はbとcになる。

やや難　問5　貨幣には大きさや重さ，金銀の含有率により価値が決まる秤量貨幣と，材質や大きさに関わらず，その額面の価値を持たせる計量貨幣がある。江戸時代の通貨単位は1両＝4分＝16朱＝4000文であり，南鐐二朱銀は銀でできているものの，8枚で小判1枚(1両)分の価値を持っているので計量貨幣である。よってXは正しい。また，当時の傾向は「金遣いの関東，銀遣いの関西」である。よってYは誤り。

重要　問6　幕末に諸外国との貿易が始まった時，金と銀の交換比率は外国が1：15だったのに対し，日本は1：5だった。これは外国では金貨1枚を交換するのに銀貨が15枚も必要な外国(金高銀安)に比べ，日本では金貨1枚を交換するのに銀貨が5枚で済む(金安銀高)ということである。この交換比率の違いを利用し，外国から銀を大量に持ち込んで日本国内で金に交換し，その金を再び外国で銀に交換すると手持ちの銀が初めの3倍になり，これを繰り返すことで国内からは金が大量に流出することとなった。国内の金が不足したことの対応として，幕府は金の含有率を大幅に減らした質の悪い貨幣(万延小判)を発行したが，物価が高騰して民衆の不満を呼び，攘夷運動がさらに激化した。

問7　江戸時代から明治時代にかけての銅山としては，伊予(愛媛県)の別子銅山，下野(栃木県)の足尾銅山が特に有名。なお，金山は佐渡(新潟県)，伊豆(静岡県)など，銀山は石見(島根県)，生野(兵庫県)などを確認したい。

やや難　問8　江戸時代の金貨・銀貨・銅貨は，それぞれ金座・銀座・銭座(ぜにざ)で発行されていた。銅座は貨幣の発行ではなく，幕府の主要な輸出品としての銅資源の採掘や精錬，流通を独占管理するために作られた組織である。

やや難　問9　天智天皇は，645年に大化の改新や663年の白村江の戦い，667年の大津京遷都に関連する中大兄皇子が668年に即位した後の名称である。これと同時期の中国の王朝は唐(618～907年)である。唐は漢民族でなく，北方民族を祖先に持つ人物によって建国されたのでXは誤り。また，前王朝である隋にならい，律令に基づいた政治や官僚採用試験として科挙を行ったのでYは正しい。

問10　宗門改帳は，寺請制度の際に用いられた戸籍名簿であり，これにより当時の人口構成が推測できる。寺請制度は，1612年の禁教令から始まる江戸時代の禁教政策の一つで，キリシタンでないことを証明させるために民衆に寺の檀家になることを強制したものである。

問11　年貢や諸役を村ごとに連帯責任で納めさせる制度を村請制度といい，村方三役を中心とした村で，農民は重い納税の義務を負った。この制度は1873年の地租改正で廃止されるまで続いた。

基本　問12　天保の飢饉は1833～1839年に起こり，気候が極度に寒冷化して平年の3～4割ほどしか収穫できなかったとされ，幕府の対応に不満を持った大塩平八郎が1839年に大阪で反乱を起こした。1は1857年，2は1669年，3は1642年，4は1522年のことなので1が正しい。

問13　岩倉具視使節団は不平等条約改正や近代国家の視察を目的として1871～1873年にアメリカ，ヨーロッパ諸国を回った。スエズ運河は1869年に開通し，地図でも地中海から紅海に渡っているのでXは正しい。また，ロンドン・パリ間を結ぶ鉄道(通称ユーロスター)は1994年に開通したのでYは誤り。

やや難　問14　南北戦争は1861～1865年にアメリカ合衆国内で行われた戦争である。保護貿易・奴隷制反対を主張する北軍と，自由貿易・奴隷制賛成をする主張する南軍に分かれて行われたが，北軍が勝利し，結果奴隷制は廃止された。奴隷解放により国内の労働力が不足したため，ヨーロッパから多くの移民が新たな労働力としてアメリカに渡ったのである。

問15　X　隋は581～618年の王朝。また，高麗が滅んだのは1392年である。新羅と結んで朝鮮にあった高句麗を668年に滅ぼした中国の王朝は唐であるので誤り。　Y　豊臣秀吉は二度にわたって朝鮮に派兵したが(1592年文禄の役，1597年慶長の役)，その際当時の明王朝は朝鮮を支援する軍を派遣したので正しい。

やや難　問16　空欄あに入る漢字1字は「繭(まゆ)」である。幕末以降主要な輸出品であった生糸の生産のために，多くの農家が養蚕を行い，平地の少ない内陸部では特に盛んにおこなわれた。1929年から始まる世界恐慌は日本にも影響をもたらし，生活に苦しむ農民は当時日本が実質的に支配していた満州へ多くが移住した。

基本　問17　鎌倉時代，畿内など西日本では牛馬耕・二毛作が行われるようになり，肥料としては草木灰や刈敷が使われ始めたのでXは正しい。また，江戸時代では商品作物の栽培のため，油かすや干鰯が利用され，この肥料は現金で売買されたことから金肥と呼ばれたのでYも正しい。

基本　問18　高度経済成長期の1950年代後半には「三種の神器」と呼ばれる白黒テレビ・電気洗濯機・電気冷蔵庫が，1960年代半ばには「3C」と呼ばれるカラーテレビ・カー(自家用車)・クーラー(エアコン)が各家庭に普及していった。「鉄腕アトム」は1952年に手塚治虫によって連載が開始され，1963年にアニメが放送を開始したのでXは正しい。また，経済成長の陰で四大公害病などの公害問題が深刻化したため，政府は，1967年に公害対策基本法を制定し，1971年に環境庁を設置した。その後1993年には環境基本法，2001年には環境省へと変わった。よってYも正しい。

2　(公民－日本国憲法改正や政治の仕組み，経済の問題など)

重要　問1　憲法改正は，各議院の総議員の3分の2以上の賛成で国会が発議し，その後行われる国民投票で過半数の賛成があれば成立する。また，2007年に国民投票法が成立したのを機に衆参それぞれに設置されたのが憲法審査会である。憲法審査会は，憲法改正に関する議論や，原案が提出された場合の審査，さらに改正原案の提出を行う会で2011年以降開かれている。

やや難　問2　日本国憲法は，1946年11月3日に公布され，1947年5月3日に施行されたが，当時の日本はアメリカを主体とするGHQによって占領統治されていた。日本国憲法は，GHQの提示した改正案を占領下の帝国議会で審議して可決されたものであるので，主権を持った日本が独自に作ったものではなく，アメリカから押しつけられたものであるという意見も存在する。

重要　問3　1955年に自由民主党が成立して以来，1993年に細川護熙を首相とする非自民連立内閣が成立するまで自由民主党が政権を担ったことを55年体制という。よってXもYも正しい。

重要　問4　1951年に締結された日米安全保障条約は1960年の岸信介内閣の時にアメリカとの結びつき

を強める形で改定された(新安保条約)。この改定ではアメリカの日本に対する防衛義務が明記され，日本の防衛力の増強を義務づけられた。Xは集団的自衛権についての記述であり，日本では2015年に安全保障関連法が成立してから行使が容認されることとなったので誤り。Yのアメリカ軍基地の国内設置は1951年の時点で認めていたので誤り。

基本 問5 日本国憲法に明記されていない人権を「新しい人権」といい，プライバシーの権利，知る権利，環境権，自己決定権，忘れられる権利などが挙げられる。新しい人権は憲法第13条の生命，自由及び幸福追求に対する国民の権利[幸福追求権]に基づいている。よってXもYも正しい。

重要 問6 (1) 参議院議員の比例代表制は政党名か候補者名のどちらかを書いて投票し，政党得票数と候補者得票数を合計したうえで各政党からの当選人数を決定する。そして得票の多い候補者から順に当選者を決めていく(非拘束名簿式)。各政党の得票数と候補者の得票数を合計すると，赤党は700＋4800(相川と加藤)で5500票，青党は600＋5800(鈴木と江川と工藤)で6400票，白党は400＋5800(佐藤と上田と木村)で6200票，黄党は200＋4100(高橋と川村)で4300票となり，ドント式で議席を配分すると，赤党から1名，青党から2名，白党から1名，黄党から1名となる。よって赤党から相川，青党から鈴木と江川，白党から佐藤，黄党から高橋が当選し，番号で表すと1・2・4・5・8となる。 (2) 2022年7月10日に行われた参議院選挙では，一票の格差が最大で3.03倍となったのでXは正しい。これについて，選挙自体は無効とはならなかったものの「憲法違反」「違憲状態」とする判決も出された。また，与党(自由民主党，公明党)の議席数は非改選議席を含め158議席となり過半数を確保したものの，憲法改正に必要な総議員の3分の2には届かなかったのでYは誤り。なお，憲法改正に前向きないわゆる「改憲勢力」(自民党，公明党，国民民主党，日本維新の会など)の合計は179議席となり，その結果衆参両院で憲法改正の発議に必要な各議院の総議員の3分の2を超えている状態である。

基本 問7 「核兵器を持たず，作らず，持ちこませず」の非核三原則は1967年に佐藤栄作首相によって表明され，1971年に国会で決議されて以来，日本の政策となっている。これにより，佐藤栄作は1974年にノーベル平和賞を受賞した。

重要 問8 1980年代後半から1991年にかけて，土地や株式などの価格が実体の価値をはるかに超えて高騰するバブル経済の状態になった。よってXは正しい。またバブル経済は，日本銀行が市中銀行に資金を貸し出す金利(公定歩合と呼ばれていた)を引き下げたことで資金が借りやすくなり，土地や株式の購入が盛んになって高騰したことが原因の一つである。そこで日本銀行や政府が金融の引き締めや法的規制を行ったため，地価や株価が急激に下がり，バブル経済は崩壊した。よってYも正しい。

問9 2001年1月の中央省庁再編は，縦割り行政による弊害をなくし，業務を効率化することなどの目的で行われ，それまでの1府22省庁が1府12省庁に再編されたので，Xは正しい。また，この一環として独立行政法人制度も導入されたのでYも正しい。なお，独立行政法人とは，国民生活のために不可欠な事業のうち，民間に委託することができないものを効率的に行うことを目的として作られた法人のことである。

重要 問10 2001～2006年の小泉純一郎内閣では，従来以上の構造改革を断行した。例えば，2004年の国立大学法人等への移行，2005年の日本道路公団の民営化，2007年の日本郵政公社の民営化などである。図1の国家公務員の推移で，Aでは2003年から2004年にかけて減少しているので5が，Bでは2006年から2007年にかけて減少しているので3がそれぞれあてはまる。なお，2の日本専売公社の民営化(現在のJT)と6の日本電信電話公社の民営化(現在のNTT)は1985年，4の日本国有鉄道の民営化(現在のJR)は1987年のことで，中曽根康弘内閣が行った民営化である。

問11 2012年からの安倍晋三内閣による経済政策は「アベノミクス」と呼ばれ，金融緩和・財政出動・成長戦略の3本の矢を主体としたものである。このうち金融緩和にあたる日本銀行の量的緩和政策とは，日本銀行が市中銀行など民間金融機関から主に国債を買い取り，市場に供給する資金の量を増やすことで金融市場を安定させたり景気回復を図ったりする政策のことである。別解として「企業が資金を借り，生産活動を活発に行うようにさせる」「世の中の経済活動や金回りをよくする」などでもよい。

基本 問12　GNP[国民総生産]は国内外を問わず，国民が生み出した商品・サービスの付加価値の合計を表す数値であり，1968年には資本主義国の中でアメリカに次いで2位となった。それと似た経済指標としてGNI[国民総所得]があり，国民が1年間で受け取った所得の合計を表す数値である。なお，GDP[国内総生産]は日本国内で生み出した商品・サービスの付加価値の合計を表す数値であり，GNPとは異なり海外生産分は含まれない。

3　(地理－世界地理，日本地理総合)

基本 問1　ライン川はスイスのトーマ湖から北海へ流れる西ヨーロッパの国際河川である。流域にはフランス，ドイツ，オランダなど9か国がある。デンマークはドイツの北方にある国で，ライン川の流域には含まれない。

重要 問2　国際河川とは国境になっていたり複数国の領土を流れていたりする川で，どの国の船舶でも自由に航行できる河川のことである。例として，ヨーロッパのドナウ川やライン川，アフリカのナイル川やコンゴ川，アジアのメコン川やティグリス・ユーフラテス川，南米のアマゾン川やラプラタ川が挙げられる。チャオプラヤ川はタイ国内を流れる河川で国際河川ではない。

重要 問3　河況係数とは，河川の一地点における年間の最大流量と最小流量との比であり，数値が高いほど流量の差が大きく，船舶の航行が困難になる。河川の流量は流域における降水量の影響を受けやすいため，日本のように季節ごとの降水量の変化が大きいと河況係数も高くなる。なお，日本の河川の特徴として，長さが短く流れが急であることが挙げられるが，河況係数とは関連が薄いので解答としては不適切である。

基本 問4　矢作川は中央アルプス南端から流れ，愛知県の中央部を南下して岡崎平野を形成して三河湾に注ぐ川であるので2が正しい。また，矢作川は明治用水の水源としても利用される。なお，1の吉野川は徳島県の徳島平野を形成するが，導水トンネルを用いて香川県の讃岐平野にも流れる。3の天竜川は長野県の諏訪湖より南下し，浜松市の東側を通って遠州灘に注ぐ川である。4の最上川は山形県の庄内平野に注ぐ川である。

問5　ライン川の河口部分に位置するオランダのロッテルダムは，交通の利便性からヨーロッパ最大の港湾都市として知られ，ユーロポートとも呼ばれている。

基本 問6　中国では1970～80年代にかけて，海外企業の誘致を行い資本や技術を積極的に導入するためにシェンチェンやアモイなど，5か所に経済特区を設けた。経済特区における優遇策としては，税制上の優遇措置や規制緩和などがある。その結果，中国は世界2位の経済大国となったが(2023年)，その一方で沿岸部と内陸部での経済格差など，新たな問題も生じた。

や難 問7　風力発電は，風向きや風力が安定している場所が適している。ヨーロッパの国々は偏西風という西向きの風が年間を通して吹いているため風力発電を導入しやすい一方で，日本の風は夏は南東から，冬は北西からというように季節によって風向きが変わるうえ，台風の接近・上陸などで風力も安定しないので，導入が進みにくいのである。

重要 問8　1は中国，アメリカ以外にドイツやスペインのヨーロッパで生産が盛んなことから豚肉である。2は中国，インドの他にインドネシアやバングラデシュなど南アジア・東南アジアの国から米である。3は中国，インドの他にロシアやカナダがあることから小麦と判断できる。4はインド，中国の他にパキスタンやブラジルがあることから綿花である。4の綿花は消去法で判断することも可能。

問9　オーストラリアはイギリスを中心としたイギリス連邦の一部であり，かつてはイギリスとの貿易が中心であったが，1980年以降は地理的により近い日本との貿易が中心となった。21世紀に入り，中国の経済が発展すると中国が主要な貿易相手国となったが，日本や韓国など，近い国々との取引も盛んである。よってアはイギリス，イは日本となる。

問10　中国の人口は2018年で約14億人と世界最大であるが，その約9割が漢民族であるのでXは誤り。その他の少数民族は55民族あり，主に内陸の西部に居住している。また，人口増加を抑制する一人っ子政策は，極度の少子高齢化を招くなどの理由で2015年に廃止されたが，それに代わる政策としていわゆる二人っ子政策を設けた。これは何人の子どもを産んでもよい方針ではないのでYも誤りである。なお，二人っ子政策も効果が薄く，2021年からは3人目の出産を容認する方針も打ち出している。

問11　2011年から2021年の10年間で，最も人口増加が著しいのはアフリカ地域であり，世界全体では2022年11月に80億人に達し，その後も増え続けると見込まれている。特に増加が著しいのはアフリカ，アジアの国々である。

重要　問12　2020年時点での宗教別人口の割合は，キリスト教が約31%と最も多く，次いでイスラム教の約25%，ヒンドゥー教の約15%と続く。キリスト教・イスラム教とあわせて三大宗教と呼ばれる仏教は約6%にすぎない。

やや難　問13　子どもを保育所に預けたくても預けられず，退職や休職を余儀なくされるいわゆる「待機児童問題」は大きな社会問題となっている。この問題の解決策の例として，送迎保育サービスがあるが，これは保護者が駅などの交通の便のよい場所の近くに設置された送迎保育ステーションに子どもを預ければ，巡回バスが受け入れ可能な認可保育所まで送迎を行い，たとえ遠方の保育所であっても効率的に保育サービスを提供できるようにしたものである。これにより，保護者が遠方の保育所まで送迎する負担を減らせるうえ，認可保育所ごとの入所者の偏りも抑えられる。

やや難　問14　日本や欧米などの先進国では，65歳以上の高齢者の人口全体に占める割合(老年人口割合)が増加している。老年人口割合の増えるペースは，その国の人口増加率や，戦災などでの人口増減，外国からの移住などの要因によって変わる。日本は第二次世界大戦後の人口増加により高齢者人口割合は少なかったが，その後急速な勢いで高齢者人口の割合が増え，25年未満で7%から14%に到達したウがあてはまる。フランスは福祉政策の充実や経済・文化の発展がはるか以前から進んでいたため，高齢者の割合も19世紀半ばから比較的高かったと考えられるのでイとなる。アメリカは20世紀半ばにはすでに高齢者人口は7%を超えていたが，その後も出生率の高さや海外からの若い移民が多かったことから14%を超えるのに約70年を要したと考えられ，アとなる。

★ワンポイントアドバイス★

純粋な知識で解ける基本的な問題での失点を減らすことを心がけること。リード文や資料からヒントを得て考える思考力問題でさらに得点を伸ばす。準備として，教科書や資料集の隅に書かれている内容にも目を通すとよい。

＜国語解答＞《学校からの正答の発表はありません。》

一 問一 (a) かっぱ (b) しさ (c) 忌避 問二 エ 問三 (例) 「ジェンダー表出モデル」ではジェンダーは内的本質が外的に表出したとするが,「ジェンダー・パフォーマティヴィティ」理論ではジェンダーは外的な行為によって内的本質が構築されたとする。 問四 エ 問五 ア 問六 ウ 問七 イ

二 問一 (a) 輪郭 (b) 雄弁 (c) 潮時 問二 両成敗 問三 エ
問四 イ・オ 問五 (例) かんこは,自立をよしとする現代社会に疑問を持ち,家族がお互いを傷つけあうというどうしようもない状況であっても,愛されず傷ついている「親」が「子ども」のように感じ,そばにいることでともに苦しい状況から抜け出したいと考えていること。 問六 エ

三 問一 オ 問二 イ 問三 イ 問四 (例) 決して山伏に刀を返すつもりはない。
問五 (例) 徳政令の札によって,亭主が山伏から借りた刀が亭主のものだというのなら,山伏が亭主から借りた宿は山伏のものになるという,京都所司代の即座に機転をきかせた命令。 問六 イ 問七 ウ

○推定配点○
一 問一・問二 各2点×4 問三 6点 他 各5点×4
二 問一・問二 各2点×4 問五 10点 他 各5点×4
三 問四・問六 各5点×2 問五 10点 他 各2点×4 計100点

＜国語解説＞

一 (論説文―大意・要旨,内容吟味,文脈把握,脱文・脱語補充,漢字の読み書き)

問一 (a) 誤った説を退け真実を説き明かすこと。 (b) それとなく示すこと。「唆」の訓読みは「そそのか(す)」。 (c) きらって避けること。「忌」の訓読みは「い(む)」。

問二 同じ文の「ジェンダーがセックスをはじめとしたなんらかの内的本質によってあらかじめ決定されている」は,性別はあらかじめ決まっているという意味である。したがって,「自然な女のように感じる」という表現は,あらかじめ女に決まっているのに女のように感じると,同じことを無意味に繰り返すものである。エの「同語反復」が入る。ウの「けんきょうふかい」は,道理に合わないことを無理にこじつけるという意味なので適当ではない。

問三 ――部①の「この図式」は,直前の段落の「『女らしさ/男らしさ』といったジェンダーは……内的本質が『行為』として外的に『表出』したもの」を指示しており,これが「ジェンダー表出モデル」に相当する。一方「ジェンダー・パフォーマティヴィティ」理論は,直後で「ジェンダー――すなわち『外側』にあるとされる『行為』……によって,『内側』にあるとされる『本質』は事後的に構築される」と説明している。「内的本質」と「行為」という語に着目し,その方向の違いを対比させて説明する。

基本 問四 直後の「恫喝」は,人をおどしておびえさせること。同じ文の「女は唯一男の目の中,腕の中に〈女らしさ〉をもって存在証明すべく」から,男女の関係に通じる文章を選ぶ。

問五 同じ段落の「『自然な女』そのものになることはできない」から,女性は「行為」によって「女」のイメージに同一化しようとしていると読み取れる。また,同じ文の「『あなた』と名指されている異性愛男性の存在によって」から,男性が作り上げたセクシュアリティによってという内容が読み取れるので,アが最も適当。イの「国家の維持」,ウの「自分たちなりに考えながら修正」,

エの「大きな隔たりがある」などの部分が適当ではない。オの内容は本文にはない。

問六　直前の文「ジェンダーに『完成』はありえないからこそ，それは失敗の可能性に絶えずさらされながら反復される」や，直後の文「私たちはどれだけ懸命にジェンダー規範を体現しようとしても，その『完璧な例』になることはできない」から理由を読み取る。アの「異性同士の無理解と幻想」，イの「人間関係の構築」，エの「文化や時代によって変容」，オの「フィクションの世界に登場する魅力的な」男や女について述べているわけではない。

重要　問七　～～部の「このような」は，同じ文の「トラブルを厄介払いするためにひとをトラブルで脅し，ひとをトラブルに陥らせさえしている」ことを指示している。本文はジェンダーについて取り上げているので，ジェンダーに対する「トラブル」や「権力」について述べている部分に着目する。「〈トラブル〉は」で始まる段落に「ジェンダー規範はその規範を逸脱した者たちを容赦なく〈トラブル〉に陥らせる暴力的な規制であると同時に……私たちが表立って〈トラブル〉を表明するとまさに『私』そのものが社会的な〈トラブル〉になる」とあり，ここから「男性及び異性愛中心の規範を拒否し批判すると，その人自身が厄介者になる」と述べているイが最も適当。アの「法的根拠」，ウの「マスメディア」について論じているわけではない。エの「指向やふるまいを根本から改めさせ」たり，オの「自尊心に働きかける」という記述はない。

二　**(小説―主題・表題，情景・心情，内容吟味，文脈把握，漢字の読み書き，ことわざ・慣用句)**

問一　(a)　物の外形を形作っている線。　(b)　話術が巧みで説得力があること。「雄」の訓読みは「お」「おす」。　(c)　物事を始めたり終えたりするのに適当な時期。

問二　「けんか X 」などと使う。

問三　――部①「まざる」は，互いが言い終わらないうちに話し出す様子を表している。四人の会話や直後の「耳の奥に渦巻く熱」からは激しい感情が昂ぶる様子が伺え，その様子を「燃え上がる」と表現している。この内容を述べているエを選ぶ。四人の会話はそれぞれが思いをぶつけるもので，アの「言い負かす」ためのものではない。イの「聞く気が失せる」様子は読み取れない。ウとエは，「まざる」という描写を反映していない。

問四　前の「『ちがうって，だから』真面目な顔で説明しようとした弟は……噴きだした」ことが「父は丁寧語をつかった」きっかけとなっているので，イが適当。また，「なんなんだよ……」「へらへらへらへら……」と「父」は「弟」に言い返し，「母」と「かんこ」が「父」を非難した場面であることから，オも適当。「弟」は，ア「全て他人のせいにしようとしている」わけではない。ウの「最低限の礼儀」，エの「威厳を保ちながら教え」などの部分が適当ではない。

やや難　問五　車に乗っている「かんこ」の考えを述べている部分に着目する。「車に」で始まる段落の「車は人の吐息で満ちている……互いに吸いあって生きている。苦しくないはずはなかった。何度も救われたいと思った。だがかんこひとりで抜け出すことを，かんこは望んでいない」や，「自分を」で始まる段落の「愛されなかった人間，傷ついた人間の，そばにいたかった。背負って，ともに地獄を抜け出したかった」に着目する。「かんこ」は「親」を捨てるのではなく，傷ついた「親」とともに苦しい状況から抜け出したいと考えているという内容を中心にまとめる。

重要　問六　「肌が熱い。なにもかもが許せなかった」や，「だからといって，と思う。だからといって，だからといって……。その先は続かなかった」などの描写から，語り手自身が感情的になっている様子が読み取れる。本文は，お互いに傷つけあう家族と，家族とともに苦しみから抜け出したいという話し手の心情が描かれており，この特徴を述べているエが最も適当。アの「『かんこ』の五感」，ウの「複数の登場人物の視点」，オの「家族同士の関係性を詳しく説明」に通じる描写はない。社会や世間の一般的な考えについては触れているが，イ「社会問題という観点」について述べているわけではない。

三 (古文・漢文—文脈把握，脱文・脱語補充，口語訳，ことわざ・慣用句，文学史)

〈口語訳〉 徳川家康が天下統一をした。この御代に賢く正義を守る人が多い中で，京都の所司代は訴訟を聞き是非をお決めになるにあたって，(相手が)豊かな人であっても，こびる様子もなく，貧しい人であっても，軽んずる様子はない。それゆえ身分の高い人から低い人まですべての人々は(所司代の)裁きをよろこび，めったにない，すばらしいと，褒める人が世間に多くいた。一滴を舌で味わって，大海の塩辛さを知るという，その金言の一端をいうと，他はきっとわかるはずだ。ある時越後で，山伏が宿を借りた。その時領主を迎えに亭主も参上するところで，その山伏が差していた刀で，飾りといい，造りといい，世にもすぐれたものを借りて出かけた。まだ(亭主が)家に帰っていない間に，(越後に)一国徳政の札が立った。そのうちに亭主は帰ってきたが，刀を返す気配がない。山伏は堪えかねて，何度も返すように求めた。亭主が返事するには，「あなたの刀を借りたことはまことである。しかしながら徳政の札が立った以上は，この刀も質流れをしたのである。よって決して返すつもりはない」という。争いごとになったので，双方は江戸に参上し，家康の御前での裁きとなった。そのとき京の所司代が(江戸に)下っていた。家康公が「この裁きはどのようにしたらいいか」とご下問されて，(所司代は)「謹んで申し上げますが造作もないことと存じ上げます。折よく札が立ったので，亭主が借りた刀を質に流したとなると，また山伏が借りた家も，みな山伏が持つものとなります」と，申し上げられたので，家康公はたいそう感心しさすが所司代の即座の機転の裁許だなあ(と思われたことであった)。
「正しい道理の薬で訴訟の悪いところを治し，法の手本を示し非道に苦しむ闇に明かりを照らす」という金言も無縁ではない。

問一 「所司代」は何を聞いて「理非を決断」するのか。「所司代」は，地方の訴訟を担当する。

問二 「上下万民」が,「所司代」の「裁許」を「悦」んだのは，なぜか。直前の「富貴の人とても，へつらふ色もなく，貧賤のものとても，くだせる体なし」から理由を読み取る。貧富の差に関係なく公正な判断をしたとあるイが最も適当。「所司代」について述べているアイウのうち，アの「相手の身分に応じた判断をする」は適当ではない。ウの「真実」に通じる内容はない。

問三 ——部②は，一事によって他のすべても推量できるという意味。直前の文では「所司代」の「裁許」を「讃嘆する人ちまたにみてり」と書かれている。

問四 「さらさら」は，後に打消しの言葉を伴って決してという意味になる。ここでの「まじき」は，打消しの意志の意味を表す。

問五 「大相国」は,「所司代」の「当意即妙の下知」に感動している。前の「幸札の上にて，亭主がかりたる刀をながし候はば，又山臥がかりたる家をも，みな山伏がに仕べきものなり」という「裁許」の内容を簡潔に述べ，すばやくその場に応じて機転をきかせた命令などとまとめる。

やや難 問六 漢文なので，前半と後半は同じ形式になる。「正理之薬」で「訴詔之病」を「治」し,「憲法之灯」を「挑」げて「愁嘆之闇」を「照」らす，と考える。

基本 問七 『醒睡笑』の成立は江戸時代。ウの『宇治拾遺物語』の成立は鎌倉時代。

★ワンポイントアドバイス★

選択肢の問題では，本文では触れられていない内容を含むものをすばやく外して，時間短縮につなげよう。

MEMO

大切なことはメモしておこうネ！

2022年度

★★★★★★★★★★★★★★★★★★★★★★★

入　試　問　題

2022年度

渋谷教育学園幕張高等学校入試問題（学力選抜）

【数　学】（60分）〈満点：100点〉

【注意】コンパス，三角定規は使用できます。

1　次の各問いに答えなさい。

(1)　①　$A=x+y$，$B=xy$とするとき，x^4+y^4をAとBを用いて表しなさい。

　　②　$\left(\dfrac{\sqrt{7}-2+\sqrt{3}}{2}\right)^4+\left(\dfrac{\sqrt{7}+2-\sqrt{3}}{2}\right)^4$の値を求めなさい。

(2)　次の$\square$にはすべて同じ数が入る。$\square$にあてはまる数をすべて求めなさい。

$$\dfrac{1}{1+\dfrac{1}{1+\dfrac{1}{\square+\dfrac{1}{\square}}+\dfrac{1}{\square+\dfrac{1}{\square}}}}=\dfrac{8}{13}$$

(3)　$xy-x-y+119=2022$を成り立たせるような，正の奇数の組（x，y）は何組あるか求めなさい。（ただし，$x<y$とする。）

(4)　関数$y=-\dfrac{1}{2}x^2$において，xの変域が$a\leqq x\leqq a+3$のとき，yの変域が$-4\leqq y\leqq 0$となった。定数aの値を求めなさい。

(5)　下の図のように，4つの円B，C，D，Eが一番大きな円Aに内側から接している。BとCは半径が等しく，2点で交わっている。BとCが重なっている部分に円Fがあり，FはBとCの両方に内側から接している。Fは半径が2で，その中心はAの中心と同じ点である。DとEは半径が$\dfrac{5}{2}$で，それぞれBとCの両方に外側から接している。Bの半径を求めなさい。

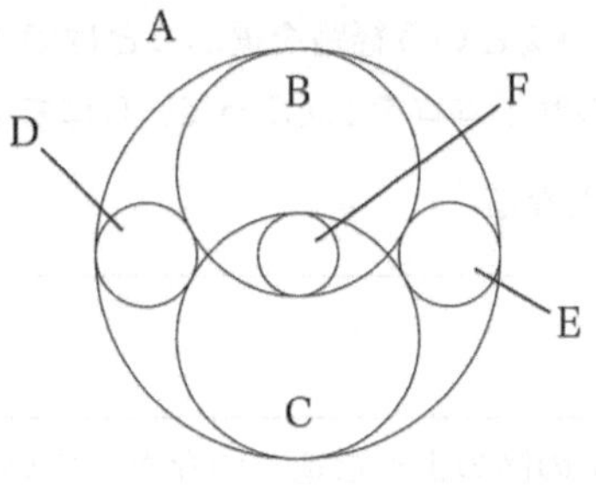

2　放物線$y=\dfrac{1}{2}x^2$上に点A$(-2,\ 2)$，B$(4,\ 8)$がある。四角形ACBDがひし形になるように点Cと点Dをとる。ただし，点Cはこの放物線上で点Aから点Bの間にある。次の各問いに答えなさい。

(1)　直線CDの式を求めなさい。

(2)　点Dの座標を求めなさい。

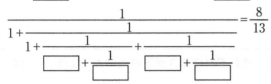

3 以下のルールに従って，1から6までの目がかかれた立方体のサイコロを使ったすごろくゲームをする。

＜ルール＞

○いま止まっているマスをSとして，Sからサイコロの出た目の数だけマスを進める。

○ゴールのマスをGとして，Gにちょうど止まるためにいろいろな経路を選ぶことができる。

○SとGのマスはそれぞれ1つずつある。

○マスとマスは1本の道（線分）でつながっている。

○周回できる場所があれば，同じマスを何回通ってもかまわない。ただし，直前に通った道を逆戻りすることはできない。（※＜例1＞の注意1）

○出た目について，Gにちょうど止まる経路がある場合はその経路を選ぶ。（※＜例1＞の注意2）

○サイコロの出た目の数だけマスを進められない場合，Gにちょうど止まることにはならない。（※＜例2＞の注意3）

＜例1＞

SとGの間にあるマスを①，②として，それぞれのマスが下の図のような道でつながっているコースがある。

・1つのサイコロを1回ふったとき，サイコロの目が2，3，5，6の場合，下のような経路を進んで，Gにちょうど止まることができる。

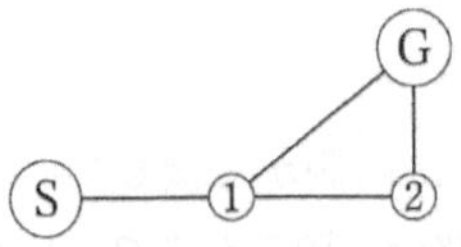

2の場合　S→①→G

3の場合　S→①→②→G

5の場合　S→①→G→②→①→G

6の場合　S→①→②→G→①→②→G

・サイコロの目が1，4の場合，Gにちょうど止まることはできない。

（注意1）①→G→①　のような経路を進むことはできない。

（注意2）3の目が出た場合，Gにちょうど止まる経路があるので，S→①→G→②という経路を選ぶことはできない。

○このコースでは，1つのサイコロを1回ふって，Gにちょうど止まることができる目が出る確率は$\frac{4}{6}$つまり$\frac{2}{3}$となる。

＜例2＞

SとGの間にあるマスが下の図のような道でつながっているコースがある。

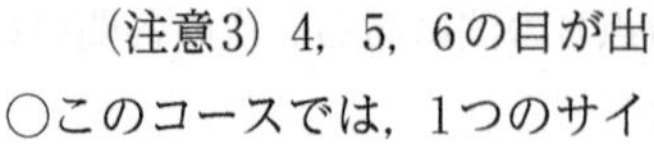

・1つのサイコロを1回ふったとき，サイコロの目が3の場合だけ，Gにちょうど止まることができる。

（注意3）4，5，6の目が出た場合，Gにちょうど止まることはできない。

○このコースでは，1つのサイコロを1回ふって，Gにちょうど止まることができる目が出る確率は$\frac{1}{6}$となる。

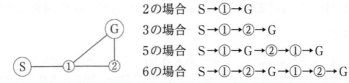

次の各問いに答えなさい。

(1) 1つのサイコロを1回ふって，Gにちょうど止まることができる目がでる確率が$\frac{1}{2}$となるようなコースを1つ作りなさい。SとGの間にあるマスを○で，マスとマスの間の道を線分でつないで解答欄に書き入れなさい。

(2) 3つのサイコロを同時に1回ふって，出た目の和の数だけマスを進める。下のコースでGにちょうど止まることができる目が出る確率を求めなさい。

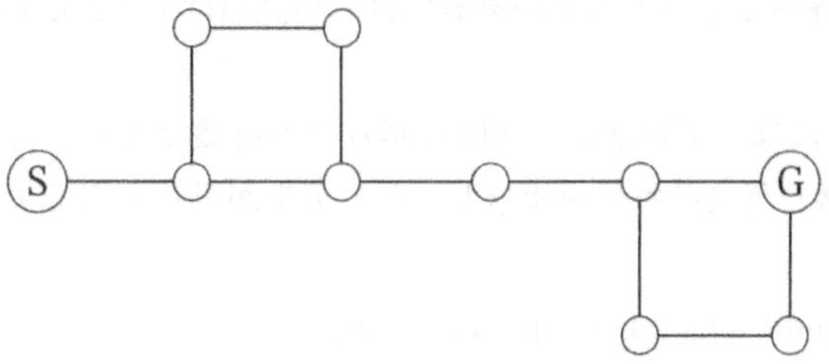

4

△ABCの辺AB，AC上にそれぞれ点P，Qがあり，PC，QBの交点をR，ARとPQの交点をMとする。4点P，B，C，Qは同一円周上にあり，

AP：AQ＝3：4，PB：QC＝2：1

であるとき，次の各問いに答えなさい。

(1) AP：PBを求めなさい。

(2) PM：MQを求めなさい。

5

図のようにすべての辺の長さが6である立体Zがある。O－ABCDの部分は正四角錐であり，ABCD－EFGHの部分は立方体である。辺OA，OB，CB，CGをそれぞれ1：2に分ける点をそれぞれP，Q，R，Sとするとき，次の各問いに答えなさい。

(1) 3点P，Q，Rを通る平面で立体Zを切断するとき，切断面の面積を求めなさい。

(2) 3点P，Q，Sを通る平面で立体Zを切断し，切断面とCBとの交点をTとすると，

CT：TB＝2：□

となる。□に入る値を求めなさい。

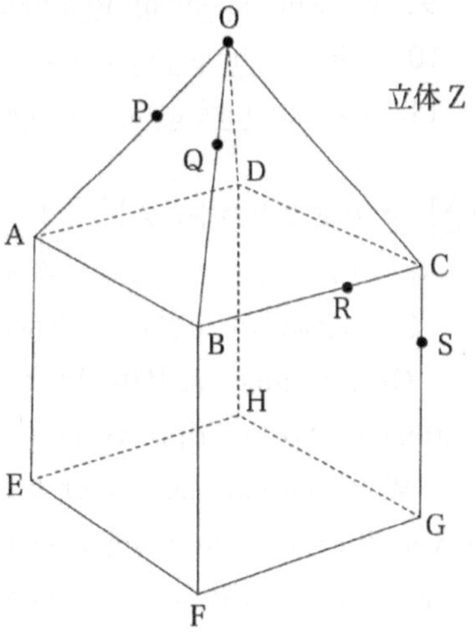

【英　語】（60分）〈満点：100点〉　　**※リスニングテストの音声は弊社HPにアクセスの上，音声データをダウンロードしてご利用ください。**

【注意】・文字は筆記体でもブロック体でもかまいません。
・英語による解答で語数の指定がある場合，it'sやcan'tのような短縮形は1語として数えます。また次のような符号は単語の数に含まないものとします。
, . ! ? “ ” — :
・日本語による解答で字数の指定がある場合，句読点は1字として数えます。

1

次の1～11の英文には，下線部に文法的な誤りや不自然な箇所を含むものが6つあります。例にならって，誤りを含む英文の番号を指摘し，その英文が正しくなるように下線部内の1語を訂正しなさい。

【例】 0. I have a friend which lives in New York.

［解答］

番号	誤	正
0	which	who

1. Did you set your alarm clock for 4 o'clock tomorrow morning? Why do you have to get up so early?
2. I forgot to switch off a phone, and it rang during the exam.
3. I have four cats. One is black, other is white, and the others are brown.
4. I made friends with a 17-year-old girl at a music festival last summer.
5. I played baseball twice at Chiba Marine Stadium last year.
6. The doctor said me to take these two kinds of medicine.
7. What did you do in the morning of December 25th last year?
8. It was Sunday yesterday, so my mom let me sleep until noon.
9. We went shopping to a food market with my family last Sunday.
10. What is the population of New Zealand? About 100 million?
11. You can take away this meal and eat in.

2

次の英文中の空らん[1]～[5]に適するように，それぞれ右に与えられた語句を並べかえなさい。ただし，解答らんにはA，B，Cの位置にくる語句を記号で答えなさい。文頭にくるべき語も小文字で書き始めてあります。

On December 5, 1901, Walter Elias Disney was born in an upstairs bedroom of a two-story cottage on North Tripp Avenue in Chicago.

Walt's parents and older brothers were [1]. So he didn't start until he was almost seven. By then, his younger sister Ruth, who was five, was ready for school, too. Walt said that starting school with his younger sister “[2] to a boy.”

Walt always wanted to entertain people, to make them have a good time. Once a group of actors came to town to perform Peter Pan. [3]. Walt loved the play and played Peter in his school performance. His brother Roy used wires to lift Walt into the air. To the audience it looked like he was flying.

Almost as soon as he could hold a pencil, Walt spent hours and hours drawing. He told everybody that he was an artist. He really had talent. His neighbor Doc Sharwood thought that Walt ［ 4 ］ of his horse. Doc Sharwood and his wife praised the picture. It made Walt very proud.

One day he discovered a barrel of black *tar. He and Ruth dipped big sticks into the tar and drew pictures all over the side of their white house. ［ 5 ］ the artwork. The tar couldn't be removed!

（注） tar タール（黒い粘着性物質で，主に道路舗装などに用いる）

1．＿＿＿ ＿＿＿ ＿A＿ ＿＿＿ ＿B＿ ＿＿＿ ＿C＿ ＿＿＿

ア busy　イ farm jobs　ウ take　エ to
オ to school　カ too　キ Walt　ク with

2．＿A＿ ＿＿＿ ＿B＿ ＿＿＿ ＿＿＿ ＿＿＿ ＿C＿ ＿＿＿

ア could　イ embarrassing　ウ happen　エ most
オ that　カ the　キ thing　ク was

3．＿＿＿ ＿＿＿ ＿A＿ ＿＿＿ ＿B＿ ＿C＿ ＿＿＿ ＿＿＿

ア a boy　イ about　ウ grows　エ it
オ never　カ up　キ was　ク who

4．＿＿＿ ＿A＿ ＿＿＿ ＿＿＿ ＿B＿ ＿＿＿ ＿C＿ ＿＿＿

ア a picture　イ asked　ウ for　エ good
オ he　カ so　キ that　ク was

5．＿＿＿ ＿＿＿ ＿A＿ ＿＿＿ ＿B＿ ＿＿＿ ＿C＿ ＿＿＿

ア all happy　イ at　ウ not　エ saw
オ their parents　カ they　キ were　ク when

3 Akikoは学校の授業で，海外から来た観光客向けに日本のおすすめ観光地を紹介するプレゼンテーションをすることになりました。Akikoが作ったメモの内容に合うように下線部(1)と(2)を補い，英文の原稿を完成させなさい。ただし，(1)は9語～14語，(2)は10語～15語で書きなさい。

～メモ～
・紹介するところ：高尾山
・高尾山へのアクセス：都心から電車で1時間弱
・紹介したいこと
　1）2009年にミシュラン旅行ガイドで３つ星を獲得
　2）年間260万人以上の観光客が世界中から訪れる人気の山
　3）猿園、野生植物園、薬王院（創建1000年以上）など見どころが多く、子どもから大人まで楽しめる。
　4）桜やスミレなどいろいろな種類の花が見られる。
　5）四季折々に変化する美しい自然を味わってほしい。
　6）天気の良い日には山頂からきれいな富士山が見える。

I'd like to talk about Mt. Takao. (1)________________________ by train. Mt. Takao has become very popular with people all over the world since it received three stars from the Michelin Travel Guide in 2009. More than 2.6 million tourists visit the mountain every year. Mt. Takao is full of amazing places such as the monkey park, the wild plant garden and Yakuo-in Temple with a history of more than 1000 years, and they attract not only children but also adults. Mt. Takao is also a good place to see cherry blossoms, violets and many other kinds of flowers. (2)________________________. When the weather is fine, you can see a wonderful view of Mt. Fuji from the top of the mountain. Why don't you visit Mt. Takao?

4 次の英文を読んで，あとの問いに答えなさい。

【１】 How does a person become an Olympic champion — someone who can win the gold? In reality, a combination of different *factors as well as training and practice are all needed to become a super athlete.

【２】 Perhaps the most important factor in becoming an elite athlete is *genetic. Most Olympic athletes have certain physical *characteristics that are different from the average person. Take an elite athlete's *muscles, for example. In most human skeletal muscles (the ones that make your body move), there are fast-twitch *fibers and slow-twitch fibers. Fast-twitch fibers help us move quickly. Olympic weightlifters, for example, have a large number of fast-twitch fibers in the muscles — many more than the average person. These allow them to lift hundreds of kilos from the ground and over their heads in seconds. Surprisingly, a large, *muscular body is not the most important factor in doing well in this sport. It is more important to have a large number of fast-twitch fibers in the muscles.

【 3 】 The legs of an elite marathon runner, on the other hand, might contain up to 90 percent slow-twitch muscle fibers.

1

Thus, the average runner might start to feel uncomfortable halfway into a race. A trained Olympic athlete, however, might not feel uncomfortable until much later in the competition.

【 4 】 For some Olympic competitors, size is important. Most male champion swimmers are 180 cm or taller, and that allows them to reach longer and swim faster. For both male and female gymnasts, though, a smaller size and body weight mean they can move much more easily, and have less chance of suffering damage when landing on the floor from a *height of up to 4.5 meters.

【 5 】 Some athletes' abilities get better naturally because of their environment. Those who grow up in high places in countries such as Kenya, Ethiopia, and Morocco have blood that is rich in hemoglobin. Large amounts of hemoglobin carry oxygen around the body faster. This allows these athletes to run better. Cultural factors also help some athletes do well at certain sports. Tegla Loroupe, a young woman from northern Kenya, has won several marathons. She says some of her success is due to where her country is (she trains at a height of about 2,400 meters) and some to her cultural background. As a child, she had to run 10 kilometers to school every day. "I'd be punished if I was late," she says.

【 6 】 Although *genes, environment, and even culture play a part in becoming an elite athlete, training and practice are always necessary to succeed. Marathon runners may be able to control tiredness and keep moving for long periods of time, but they must train to reach and maintain their goals. Weightlifters and gymnasts improve their skills by repeating the same motions again and again until they become automatic. Greg Louganis, winner of four Olympic diving gold medals, says divers must train the same way to be successful: "You have less than three seconds from takeoff until you hit the water, so you don't have time to think. You have to repeat the dives hundreds, maybe thousands, of times." To keep training in this way, athletes have to have not only a strong body but also a strong mind. Sean McCann, a sports *psychologist at the Olympic Training Center in the United States says, "Athletes couldn't handle the training we gave them if they didn't have a strong mind. They have to be good at setting goals, creating energy when they need it, and managing anxiety."

【 7 】 How do athletes overcome such pressure? Louganis explains how he learned to control his anxiety during a competition: "Most divers think too much...," he says. "What worked for me was humor. I remember thinking about what my mother would say if she saw me do a bad dive. She'd probably just smile and say the splash was beautiful."

（注） factor 要因　genetic 遺伝の　characteristic 特徴　muscle 筋肉
fiber 筋繊維　muscular 筋骨たくましい　height 高さ
gene 遺伝子　psychologist 心理学者

問１ 下のア～エを並べかえ，［ 1 ］の部分を完成させなさい。

ア Athletes with many slow-twitch muscle fibers seem to be able to clear the lactate from the muscles faster as they move.

イ These feelings are caused when the muscles produce high amounts of something called lactate and can't remove it quickly enough.

ウ When we exercise long or hard, it's common to experience tiredness, muscle pain, and difficulty breathing.

エ These create energy efficiently and allow an athlete to control such tiredness and keep moving for a longer period of time.

問２ 次の質問の答えとして最も適切なものを(a)～(d)の中から１つずつ選び，記号で答えなさい。

1．Which of the following athletes would need fast-twitch muscle fibers most?
(a) marathon runners
(b) long-distance cyclists
(c) short-distance runners
(d) mountain climbers

2．Which is not true about weightlifters?
(a) Fast-twitch fibers play a larger role in their sport than slow-twitch fibers.
(b) Having a large body helps most of them do better because they can move more easily.
(c) They need to train themselves by practicing certain motions many times.
(d) It is important for them to learn how to control their mind when they have anxiety.

3．What is the main idea of paragraph【 6 】?
(a) Genes are an important part of athletic success.
(b) Marathon runners must train hard to succeed.
(c) Divers must train to be successful.
(d) Success in sports comes from a lot of practice.

4．Which statement would diver Greg Louganis probably agree with?
(a) Athletes cannot perform well if they are not under pressure.
(b) It's important to practice and train hard, but not take things too seriously.
(c) A professional athlete should think carefully about each movement.
(d) It's important to make jokes with your teammates before you perform any sport.

5．Which of the following probably has the best chance of becoming an athlete in the triathlon (a combination of swimming, cycling and running)?

(a) someone from Japan who is 180 cm, has a lot of lactate, and keeps practicing the same motions until they become perfect

(b) someone from Ethiopia who is 150 cm, has a lot of fast-twitch fibers, and trains himself every day to control his anxiety

(c) someone from Morocco who is 180 cm, has a lot of slow-twitch fibers, and practices every day

(d) someone from Kenya who is 150 cm, has blood that is rich in hemoglobin, and doesn't mind if he cannot manage his anxiety

問3　本文の内容と一致するものをア～カより３つ選び，記号で答えなさい。

ア　Having a small and heavy body can work better for both male and female gymnasts because they have less chance of receiving damage when they land on the floor.

イ　Marathon runners from Kenya have the potential to become better runners because of the location of the country and their culture.

ウ　Divers must keep training to build their muscles because they have less than three seconds from takeoff until they hit the water.

エ　Sean McCann says athletes couldn't handle the training he gave them when they didn't have a strong mind.

オ　Various factors such as genes, environment and culture influence athletes, but training and practice are needed in any case.

カ　Greg Louganis is an example of an athlete who knows how to control his feelings as well as how to do training.

5　次の英文を読んで，あとの問いに答えなさい。

A man came home from work late. He was tired and got angry because he found his 5-year-old son waiting for him at the door.

"[1]"

"[2]" replied the man.

"[3]"

"[4]" the angry man said.

"[5]" asked the little boy.

"[6]"

"Oh," the little boy replied with his head down. He looked up and said, "[7]"

The father got even angrier. "[8] So you can buy a silly little toy or something? Go to your room and go to bed. I work long, hard hours every day and I don't want to waste my money."

The little boy quietly went to his room and shut the door.

The man thought about the little boy's questions, and then he sat down and started to get even madder. "Why did he ask such questions? Why was he so selfish?"

After a while, the man calmed down, and started to think he may have been a little hard on his son. Maybe there was something he really needed to buy with that $10 and he really didn't ask for money very often. The man went to the little boy's room and opened the door.

"Are you asleep?" he asked.

"No, Daddy, I'm awake," replied the boy.

"I've been thinking, maybe I was too (a) on you earlier," said the man. "I'm sorry. It's been a long day and I took my anger out on you. Here's that $10 you wanted."

The little boy sat straight up with a smile. "Oh, thank you, Daddy!" he yelled. Then he reached under his pillow and pulled out some more *crushed bills. The man started to get (b) again because he saw the boy already had plenty of money.

The little boy slowly counted out his money, then looked up at his father.

"Why did you want more money if you already had some?" the father complained.

"Because I didn't have enough, but now I do," the little boy replied.

"Daddy, I have $20 now. Can I buy an hour of your time? Please come home early tomorrow. I want to have dinner with you."

The father was crushed, and he put his arms around his little son.

（注） crushed（紙などが）くしゃくしゃの；（人・心が）打ちひしがれた

問1 文中の空らん [1] ～ [8] に入れるのに最も適した文を下の**ア**～**ク**より選び，記号で答えなさい。

ア Is that why you wanted to know how much money I make?

イ Why are you asking me that? It's none of your business!

ウ If you must know, I make $20 an hour.

エ You should be in bed! What is it?

オ I just want to know. Please tell me. How much do you make an hour?

カ Daddy, how much money do you make an hour?

キ Daddy, may I borrow $10, please?

ク Daddy, may I ask you a question?

問2 文中の空らん（ a ），（ b ）に入る語を本文中より探し，それぞれ1語で答えなさい。

問3 息子はなぜ父親に10ドルを貸してくれるように頼んだのか，80字から100字の日本語で説明しなさい。ただし，数字は1字につき1マスを用いなさい。

（草稿用）

80

100

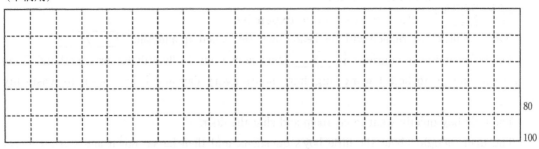

LISTENING COMPREHENSION

※注意

1．解答はすべて放送の指示に従って行うこと。

2．解答はすべて解答用紙に記入すること。

3．放送中にメモをとってもよいが，その場合にはこのページの余白を利用し，解答用紙にはメモをしないこと。

Part 1　会話と質問は１度だけ読まれます。

1．ア　He has learned how terrible the traffic is.

イ　He is not used to so many cars on the street.

ウ　He has forgotten the appointment.

エ　He had too much jam and felt heavy.

2．ア　She wanted to return the book.　　イ　She decided to walk there.

ウ　She forgot to buy a stamp.　　エ　She missed the bus.

3．ア　Change the sweater.　　イ　Give him the receipt.

ウ　Return the sweater.　　エ　Take the sweater back.

4．ア　A hotel which is in the downtown area.

イ　A hotel which has a fine view of the city.

ウ　A hotel which is near the station.

エ　A hotel which is not so expensive.

Part 2　英文と質問は２度読まれます。

1．ア　They were very rich.

イ　They told lots of people about the expensive things they had.

ウ　They had lots of expensive things at home.

エ　They liked expensive things.

2．ア　John and Sylvia didn't want the theater tickets.

イ　John and Sylvia felt something was wrong with the theater tickets.

ウ　John and Sylvia were pleased with the theater tickets.

エ　John and Sylvia didn't know the play the theater tickets were for.

3．ア　They found a note from the people who had stolen their things.

イ　They found a dent in the car.

ウ　They told their friends that they had enjoyed the play.

エ　They wrote a note to thank their friends for the tickets.

4．ア　They wanted to show how sorry they felt about the dent.

イ　They wanted John and Sylvia to have a good time.

ウ　They thought the tickets would make up for the cost of the car repair.

エ　They wanted to make sure when it was safe to break into their mansion.

【理　科】（50分）〈満点：100点〉

【注意】・必要に応じてコンパスや定規を使用しなさい。

・円周率は3.14とします。

・小数第1位までを答えるときは，小数第2位を四捨五入しなさい。整数で答えるときは，小数第1位を四捨五入しなさい。指示のない場合は適切に判断して答えなさい。

1　次の文を読み，問いに答えよ。

一般に，ヒトの血液には1 mm^3 あたり①［500万・5万・5千］個程度の赤血球がみられる。赤血球中のヘモグロビンが酸素の運搬を行う。試験管に採った静脈血は，②［鮮やかな・暗い］赤色だが，酸素を吹き込むと色調が変化する。これは，酸素がヘモグロビンと結合することで起こる。私たちが赤いバラの花を赤く感じられるのは，バラの花弁で吸収されずに反射，あるいは透過した赤色光を目の網膜で受容するからである。私たちは，目に入ってきた光の波長の違いを，色として認識する。図1のグラフは，酸素が結合しているヘモグロビンと酸素が結合していないヘモグロビンとで，どの波長の光をよく吸収するかを示している。吸光係数が大きいほど，その波長の光をよく吸収する。図1から，酸素が結合しているヘモグロビンと，結合していないヘモグロビンを比べると，赤色光は，酸素が③［結合している・結合していない］ヘモグロビンの方によく吸収されることがわかる。

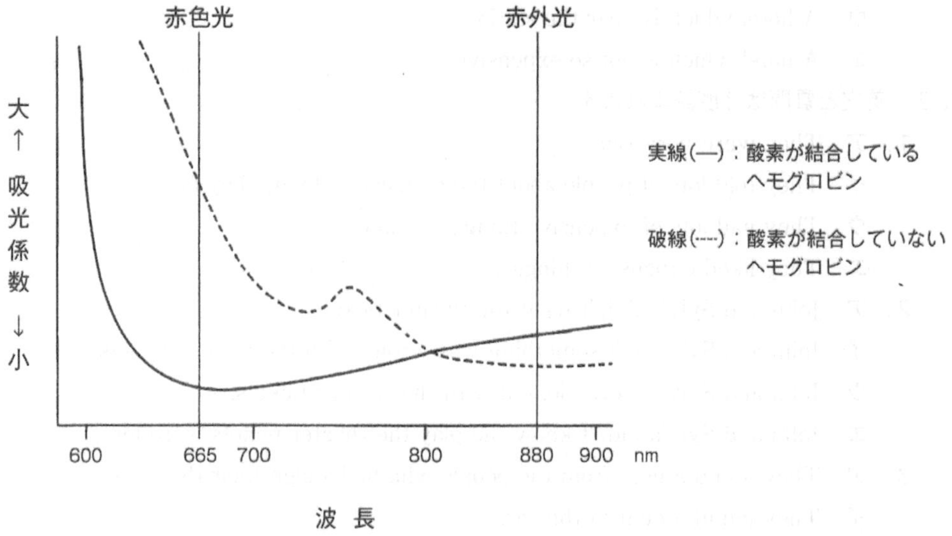

図1

昨今の新型コロナウイルス感染症に関連し，パルスオキシメーターという機器が注目されている。パルスオキシメーターは「酸素飽和度」を計測する。酸素飽和度とは，血液中の全てのヘモグロビンのうち酸素が結合しているヘモグロビンの割合である。パルスオキシメーターでは，赤色光と赤外光の2種類の光を指に当て，酸素が結合しているヘモグロビンと，酸素が結合していないヘモグロビンの赤色光と赤外光の吸収率の違いから酸素飽和度を求めている。患者に負担なくリアルタイムに酸素飽和度を計測できるため，肺炎などの重症度判定や運動療法のリスク管理にも不可欠な機器である。

血液の酸素運搬は，全てヘモグロビンによるものと仮定した上で，ヘモグロビンの酸素運搬を考える。肺には肺胞があり，毛細血管に囲まれている。肺の空気から毛細血管に速やかに拡散した酸素の多くは，ヘモグロビンと衝突し，偶然結合する。周りの酸素濃度が高いほど，衝突確率が高まり，酸素飽和度は上昇する。ところが，酸素とヘモグロビンは，衝突すれば必ず結合するという訳ではない。ヘモグロビン側の酸素との結合しやすさ（酸素親和性）が重要である。酸素がヘモグロビンと結合できるかどうかは，酸素濃度とヘモグロビン自身の酸素親和性で決まる。ただし，ヘモグロビンの酸素親和性は酸素濃度や二酸化炭素濃度などによって変化する。

図２は，二酸化炭素濃度一定で，酸素濃度を様々に変化させた時の成人のヘモグロビンの酸素飽和度を示すグラフで，「酸素解離曲線」という。ここで言う酸素濃度とは，窒素や酸素など様々な気体が混じり合う空気に含まれる酸素の相対的な濃度で，肺胞の空気中の酸素濃度を 100 とした時の値である。グラフは，単純な右肩上がりの直線ではなく，S 字型の曲線になる。酸素濃度 100 の時，酸素飽和度は 98％である。仮に，ヘモグロビン 1 g が最大 1.39 mL の酸素と結合できる場合，血液 100 mL あたり 15 g のヘモグロビンが存在するとしたら，酸素濃度 100 での血液 100 mL 中のヘモグロビンは，④［　　　］mL の酸素と結合していることになる。さらに，図２の「P_{50}」とは，酸素飽和度が 50％となる酸素濃度の値である。図２の「P_{50}」は 26 である。

血液は二酸化炭素も運搬する。筋肉などの末梢組織から放出された二酸化炭素は血しょうに溶け，肺へ向かう。血しょうに二酸化炭素が溶けると，水素イオン濃度が高まる。水素イオンは酸素親和性を低下させる。ヘモグロビンは周囲の環境による影響を受け，酸素親和性を変化させることで，肺から全身に多くの酸素を運搬することができる。

＜参考文献＞
コニカミノルタ　パルスオキシメーター知恵袋
（https://www.konicaminolta.jp/healthcare/knowledge/details/principle.html）

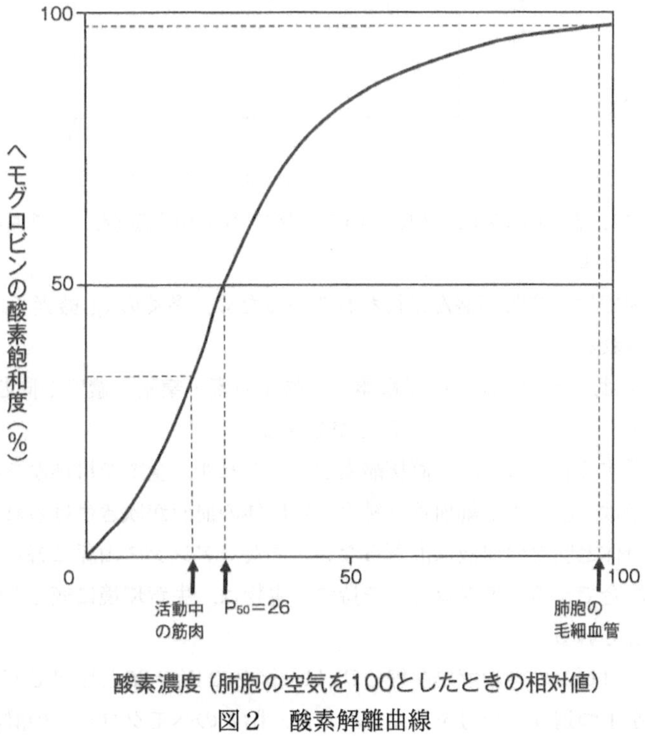

図２　酸素解離曲線

（1） 本文の①～③について，適する語句を選び，○で囲め。
本文の④には，適切な数値を入れよ。ただし，小数第1位まで答えよ。

（2） 図2では，肺胞の毛細血管の酸素濃度96の時，酸素飽和度は96％である。活動中の筋肉の酸素濃度20の場合，酸素飽和度は32％である。酸素が結合しているヘモグロビンは肺胞から筋肉に達するまで全く酸素を放出せず，肺胞と筋肉における二酸化炭素濃度は同じとする。血液100 mL中のヘモグロビンは，何 mLの酸素を筋肉で放出することになるか。小数第1位まで答えよ。

（3） 二酸化炭素濃度が図2よりも高い場合を考える。ヘモグロビンのP_{50}は，図2の$P_{50}=26$と比べてどうなるか。選択肢Ⅰより適するものを1つ選び，記号を答えよ。また，酸素解離曲線はどのような形になると予想されるか。選択肢Ⅱより適するものを1つ選び，記号を答えよ。

選択肢Ⅰ

ア　26より大きい数値となる

イ　26より小さい数値となる

ウ　26と変わらない

選択肢Ⅱ

ア　（---------）

イ　（———）

ウ　（-··-··-）

ただし，イは図2の曲線と同じである。

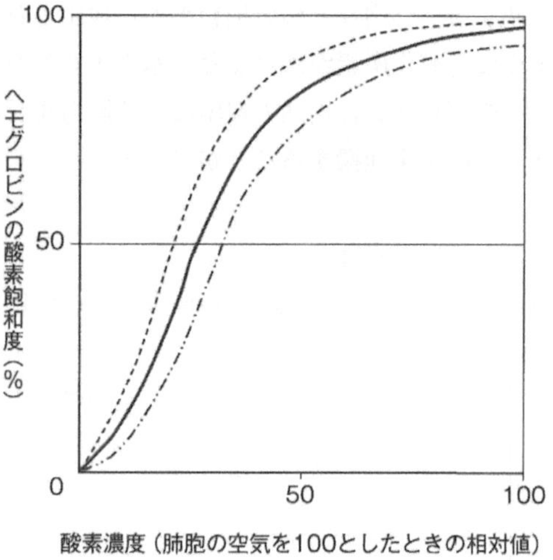

（4） （3）を参考に，次の文の①，②について，適する語句を選び，○で囲め。また③を適切に補い，文を完成させせよ。

活動中の筋肉では，呼吸が盛んに行われているため，多くの①［ 酸素・二酸化炭素・窒素 ］が筋肉から放出される。

ヘモグロビンは，その性質から②［酸素・二酸化炭素・窒素］濃度が同じ場所でも，［①］濃度の高い場所で③［　　　　　　　　　　］ことができる。

母体内で成長する胎児は，肺で直接酸素を受け取れず，全てを母体からの供給に頼る。酸素濃度の低い胎盤では，胎児の毛細血管（絨《じゅう》毛）に母体の血液が吹き付けられ，物質がやり取りされる。出産まで母体と胎児の血液は混ざらない。また，アンデス山脈に暮らすリャマは低い酸素濃度でも酸素と結合できるヘモグロビンを持つ。生物は，生育環境に適した性質のヘモグロビンを活用して生活している。

（5） 胎児のヘモグロビンの酸素解離曲線のP_{50}は，図2の$P_{50}=26$と比べてどうなるか。選択肢Ⅰから適するものを1つ選び，記号を答えよ。また，胎児のヘモグロビンの酸素解離曲線はどのよう

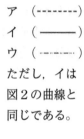

な形になると予想されるか。選択肢Ⅱより適するものを１つ選び，記号を答えよ。

選択肢Ⅰ

ア　26より大きい数値となる

イ　26より小さい数値となる

ウ　26と変わらない

選択肢Ⅱ

ア　（--------）

イ　（―――）

ウ　（-·-·-·-）

ただし，イは
図２の曲線と
同じである。

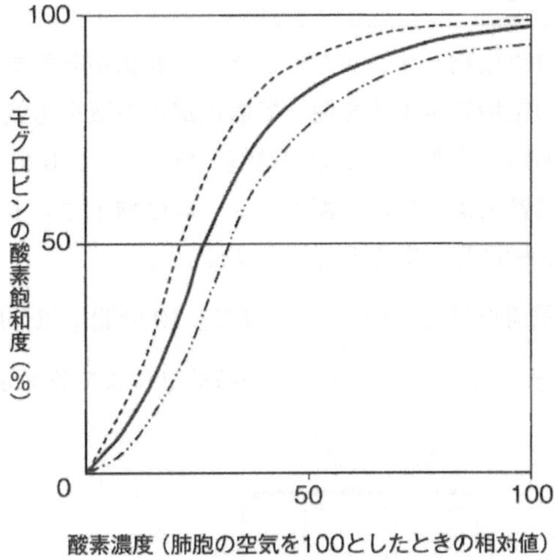

（６）（５）について述べた次の文の①，②を適切に補い，文を完成させよ。

酸素濃度の低い場所での胎児のヘモグロビンの酸素親和性は

①［　　　　　　　　　　　　　　　　　　］ので，胎児のヘモグロビンは胎盤で

②［　　　　　　　　　　　　　　　　　　　　　　　　　　］ことができる。

2　電気分解は水溶液中では，通常イオンの変化をともなう。イオンを定義したイギリスのファラデーは，1833年に電気分解の法則を発表した。内容は次の通りである。

第１法則：電極で反応したり，生成したりするイオンや原子，分子の個数は，流れた電気量に比例する。

第２法則：同じ電気量によって反応したり，生成したりするイオンの個数は，そのイオンの価数に反比例する。

ここで電気量は　電流×時間　で表せる量である。電子１個の電気量は一定の値である。

また，陰極と陽極では次の変化が起こることが知られている。

陰極の変化（次の優先順位で起こる）

１．銅イオンや銀イオンが溶けていると，それらが電子を受け取って，金属が析出する。

反応式の例　⊖は電子１個を表している。 Ag^{+} + ⊖→ Ag

２．銅イオンや銀イオンがないときは，水素が発生する。

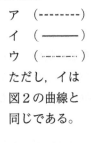

陽極の変化（次の優先順位で起こる）

1．電極に白金・金以外の金属を使うとその金属が溶け出す。

2．塩化物イオンやヨウ化物イオンが溶けていると，それらが電子を放出して非金属の単体が析出する。

反応式の例　I_2 はヨウ素を表している。 $2I^- \rightarrow I_2 + 2\ominus$

3．塩化物イオンやヨウ化物イオンがないときは，酸素が発生する。

図1のように，両方の電極に炭素棒を使って塩化銅水溶液を電気分解すると，陰極で銅が析出する。この反応では，ある一定電流で2分間電気分解したら，0.26 g の銅が析出した。この実験に関して，以下の問いに答えよ。なお，銅イオン，塩化物イオン1個の質量比は 16：9 とし，原子の質量に対し電子の質量は無視できるものとする。

（1）　同じ電気分解装置で電流をはじめの $\frac{1}{2}$ に下げて，10分間電気分解した。ファラデーの第1法則より，この10分間に析出した銅は何 g か。小数第2位まで答えよ。

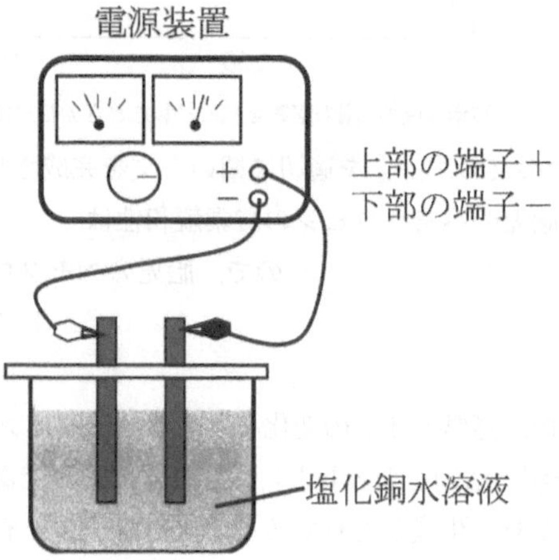

図1

（2）　ファラデーの第2法則を考える。

①　陽極で生成した物質は何か。化学式で答えよ。

②　一定電流で一定時間電気分解したとき，水溶液中で反応した陽イオンと陰イオンの個数の比をもっとも簡単な整数比で表せ。

③　一定電流で一定時間電気分解したとき，陰極と陽極で生成した物質の質量比をもっとも簡単な整数比で表せ。

図２のように，同数の塩化物イオンを含む，塩酸と塩化銅水溶液を別のビーカーに入れ，すべての電極に炭素棒を使ってクリップで接続し，一定電流で電気分解した。この実験に関して，以下の問いに答えよ。

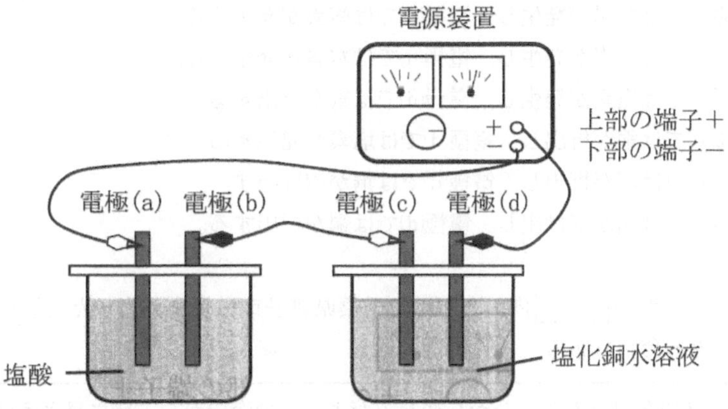

図２

（３） 図２で塩酸の電気分解を考える。

① 電極(a)と電極(b)で起こる変化を反応式の例にならって表せ。

② 電極(b)の炭素棒を銅の棒にしたとき，電極(b)で起こる変化を反応式の例にならって表せ。

（４） 図３のグラフは塩酸に含まれる水素イオンの個数が，時間とともに変化する様子を表している。塩化銅水溶液に含まれる銅イオンの個数が，時間とともに変化する様子を書け。

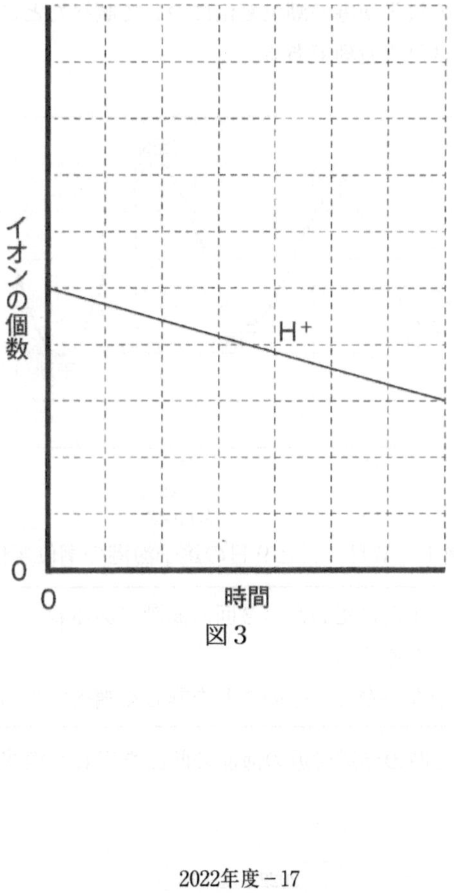

図３

（5） 図2の装置でしばらく電流を流したのち，電極(c)と電極(d)のクリップをつなぎかえた。再び電流を流した直後，電極(c)および電極(d)で起こることについて，もっとも適するものを次より選び，記号で答えよ。

（ア） 電極(c)では水素が発生し，電極(d)では酸素が発生する。
（イ） 電極(c)では酸素が発生し，電極(d)では水素が発生する。
（ウ） 電極(c)では塩素が発生し，電極(d)では銅が析出する。
（エ） 電極(c)では銅が析出し，電極(d)では塩素が発生する。
（オ） 電極(c)では銅が析出し，電極(d)では銅が溶け出す。
（カ） 電極(c)では銅が溶け出し，電極(d)では銅が析出する。

3 次に示すいくつかの□内の文章は，千葉県銚子市に生まれ育ったＡ君が，ある日父親と海に行ったときの会話である。

> **Ａ君**：５月26日は皆既月食だね。今から楽しみだよ。この海岸から一緒に見ようね。ところで，今まで疑問に思っていたんだけど，海面の高さってどう変化しているのかなあ？
> **父親**：海面の高さが変化することは，「潮汐《ちょうせき》」という現象だよ。また，「潮位《ちょうい》」という言葉もあるんだ。潮位は，その地点の基準面から海面までの高さを表示しているんだよ。そして，潮位が高いときを「満潮《まんちょう》」，潮位が低いときを「干潮《かんちょう》」と言うんだ。
> **Ａ君**：さっそく，銚子漁港の満潮と干潮を調べてみるよ。

Ａ君が，５月８日と９日の銚子漁港の潮位変化について調べたところ，図１のとおりであった。ただし，縦軸は潮位，横軸は月日時刻である。

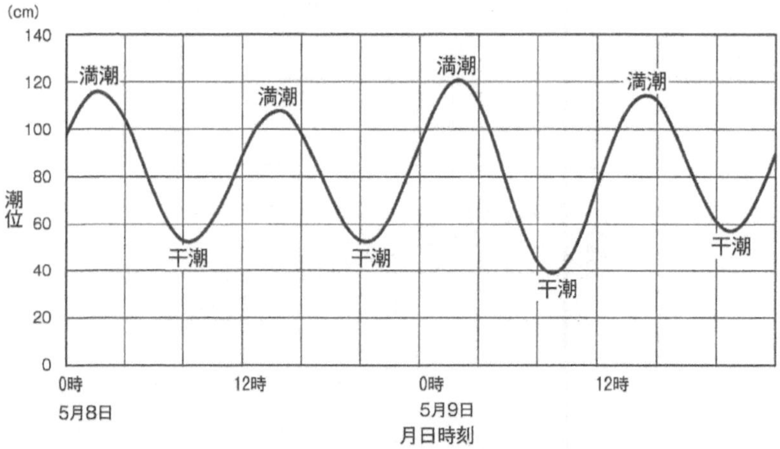

図１　５月８日と９日の銚子漁港の潮位変化

> **Ａ君**：このグラフを見ると，１日にだいたい２回の満潮があるね。
> **父親**：これは，どういうことだろうね。
> **Ａ君**：ぼくもイメージがわかないから，そのことを詳しく調べてみるね。

Ａ君は，北極上空から見た時の赤道付近の海面の凹凸を表した模式図を見つけ，満潮の海面に●印を付けた。（図２）

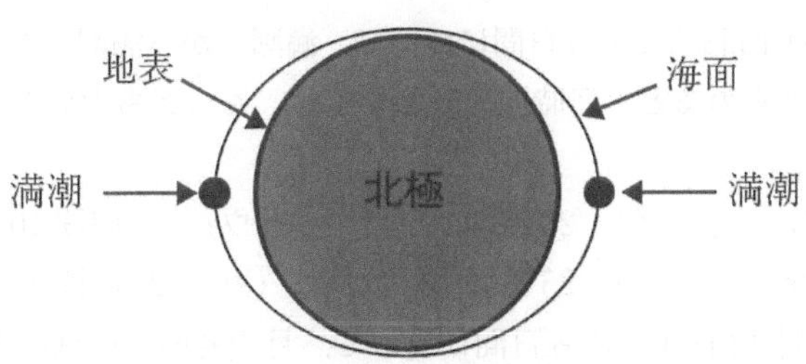

図２　海面の凹凸の模式図

A君：２カ所が満潮になっていて，別の２カ所が干潮になっていることがわかったよ。なかなかおもしろそうだから，もっといろいろと調べてみるよ。
父親：それはいいね。まず，潮位の変化がどのようなリズムで起きているか調べてみてはどうかな。太陽や月との関係も一緒に調べるといいかもしれないね。
A君：わかった。調べてみるね。

A君が，５月８日から５月13日までの６日間について，銚子漁港の潮位変化を調べたところ図３のとおりであった。

また，１日２回の満潮のうち，太陽の南中と月の南中の後の満潮に着目して時刻を調べたところ，表１のとおりであった。

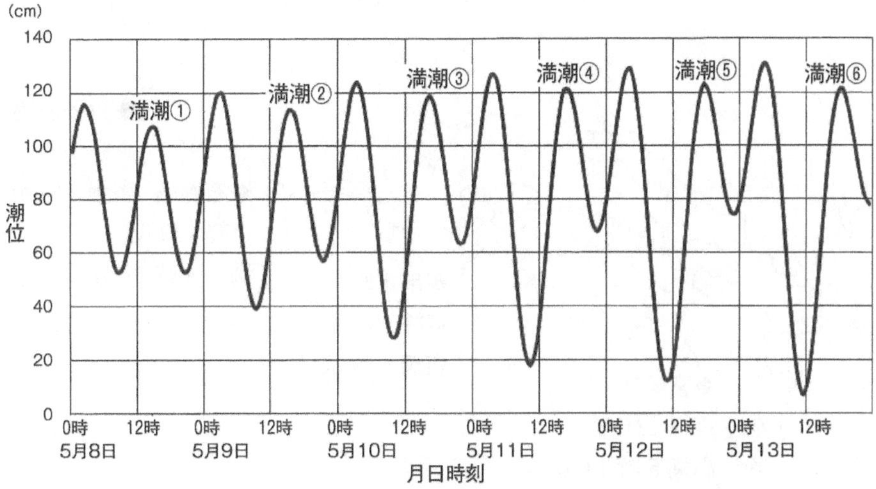

図３　５月８日から５月13日までの銚子漁港の潮位変化

表１　銚子漁港での満潮時刻および太陽と月の南中時刻

満潮時刻		太陽の南中時刻	月の南中時刻
満潮①	５月８日14時23分	11時36分	９時06分
満潮②	５月９日15時12分	11時36分	９時46分
満潮③	５月10日15時54分	11時36分	10時27分
満潮④	５月11日16時34分	11時36分	11時08分
満潮⑤	５月12日17時12分	11時36分	11時52分
満潮⑥	５月13日17時50分	11時36分	12時37分

（1） 5月8日から5月13日までの6日間について，満潮①から満潮⑥までの各満潮時刻の間の5つの時間間隔の平均を求めると，何時間何分となるか。もっとも近いものを次より選び，記号を答えよ。

（ア） 23時間10分　（イ） 23時間40分　（ウ） 24時間10分
（エ） 24時間40分　（オ） 25時間10分　（カ） 25時間40分

（2） 5月8日から5月13日までの6日間について，月の各南中時刻の間の5つの時間間隔の平均を求めると，何時間何分となるか。もっとも近いものを次より選び，記号を答えよ。

（ア） 23時間10分　（イ） 23時間40分　（ウ） 24時間10分
（エ） 24時間40分　（オ） 25時間10分　（カ） 25時間40分

A君：調べた結果，月の南中と満潮は関係がありそうだよ。
父親：そうすると，月の動きと潮汐が関係しているかもしれないね。
A君：月の動きと潮汐が関係あるなら，日本列島のいろいろな場所の満潮時刻を調べてみると，その関係がわかるかもしれないね。

A君が，図4に◆印で示した太平洋側にある海岸4カ所について，5月26日の月が南中した後の満潮時刻を調べたところ図4のとおりであった。

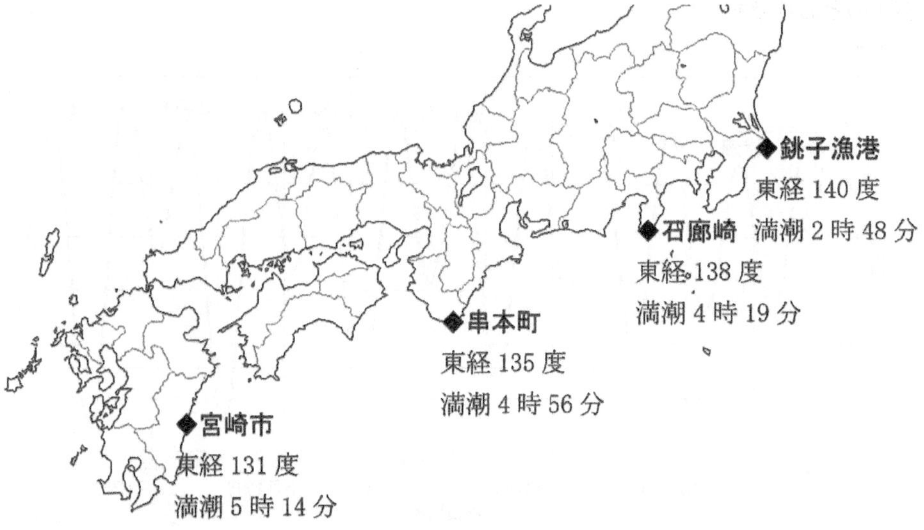

図4

（3） 次の［　　］に適する語句を選び，○で囲め。

図4より，日本列島の太平洋側では，西にある場所ほど満潮時刻が①［早く・遅く］なることがわかる。北極上空から見ると地球が②［時計・反時計］回りに自転しているため，月の南中する場所が，地上では時間とともに③［東から西・西から東］の向きへと移動しているように見える。

A君：潮汐と月の動きとは関係があるけど，太陽の動きとは関係ないのかなあ。
父親：それは，少し長い期間の潮位変化を調べてみるとわかるかもしれないよ。

A君が，皆既月食がおこる5月26日前後の約1ヶ月半について，銚子漁港の潮位変化および1日の最高潮位と最低潮位の予測を調べてグラフを作成したところ，図5のとおりであった。図5には各日の最高潮位をつないだ線と最低潮位をつないだ線も示している。「大潮《おおしお》」は1日の満潮と干潮の潮位差が大きい時期であり，「小潮《こしお》」は潮位差が小さい時期である。

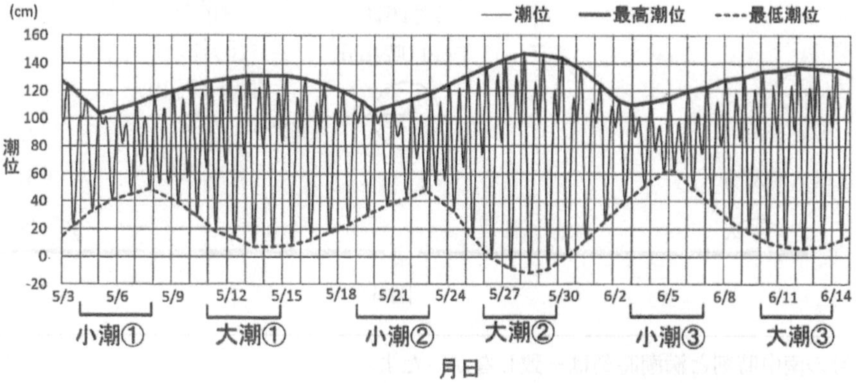

図5　銚子漁港の潮位変化および1日の最高潮位と最低潮位

（4）　次の図は，地球の北極上空から見た月と地球と太陽の位置関係を示す模式図である。大潮①，大潮②，大潮③が始まる時期の位置関係として最も適するものを，それぞれ次より選び，記号を答えよ。

　また，小潮①，小潮②，小潮③が始まる時期についても同様に，それぞれ次より選び，記号を答えよ。

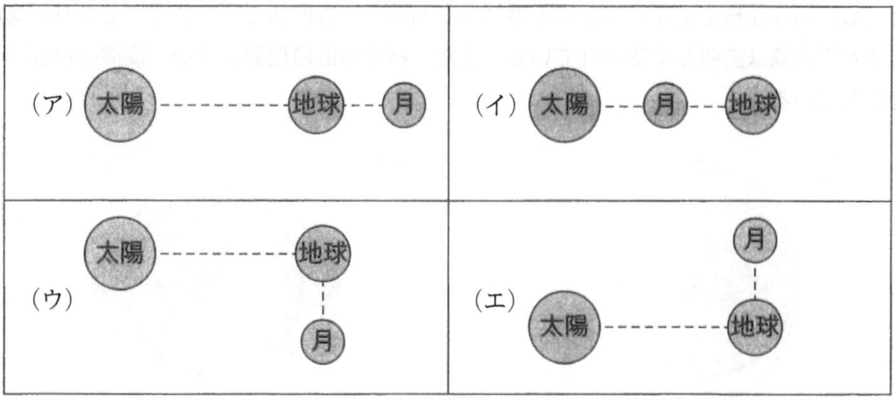

A君：大潮と小潮は，月や太陽の位置と関係があるね。今日は，いよいよ皆既月食だね。
父親：ところで，今日の月の南中と満潮の時刻との関係はどうなっているんだろうね。
A君：そうだね，観測して調べてみるよ。

A君は，皆既月食がおきた5月26日から翌日の5月27日にかけて，銚子漁港での月の出と月の入の時刻，南中の時刻，月が南中した後の満潮の時刻について観測したところ，図6のとおりであった。

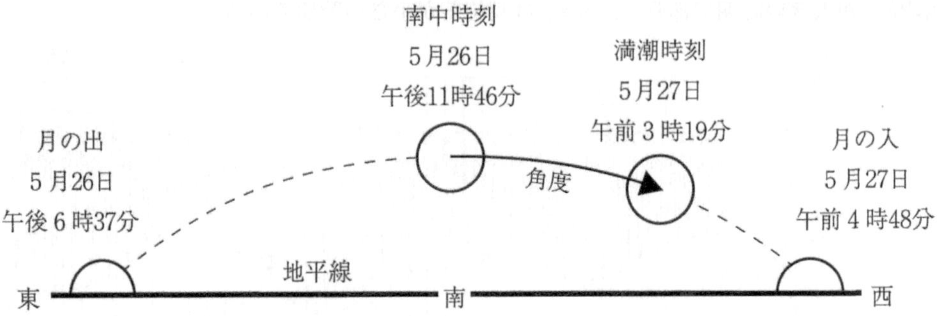

図6

A君：月の南中時刻と満潮時刻は一致しなかったよ。	
父親：月の位置と地球上の満潮の位置の関係はどうなっているんだろうね。	
A君：観測結果から，月の位置と地球上の満潮の位置を計算して図にしてみるね。	

（5） 図6において，南中時刻から満潮時刻までに，月が移動した角度を求め，整数で答えよ。ただし，5月26日の南中から5月27日の南中までに要した時間は，（2）で求めた時間を用いよ。

（6） 5月26日から5月27日にかけての，月の位置と満潮の位置関係としてもっとも近いものを，次の模式図の中から1つ選び，記号を答えよ。

ただし，図は北極上空から見た月と地球上の満潮の位置関係を表す模式図であり，海面の凹凸を表すだ円の線は誇張して描かれている。また，銚子漁港の位置を★印，満潮の海面の位置を●印で示している。

（ア）

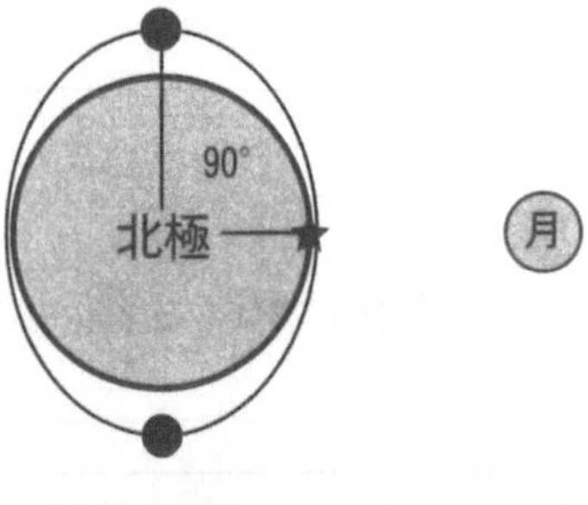

（イ）

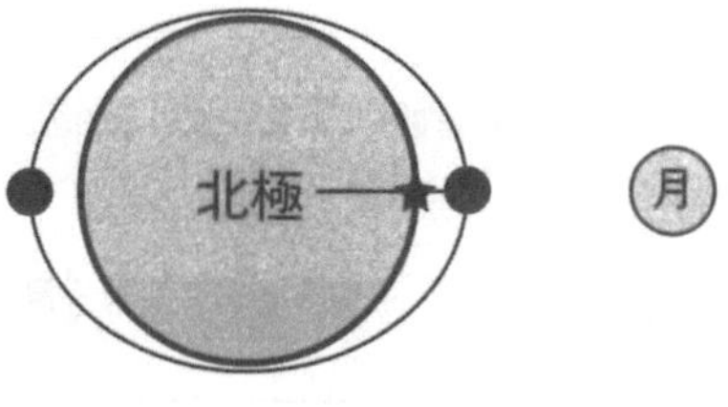

（ウ）

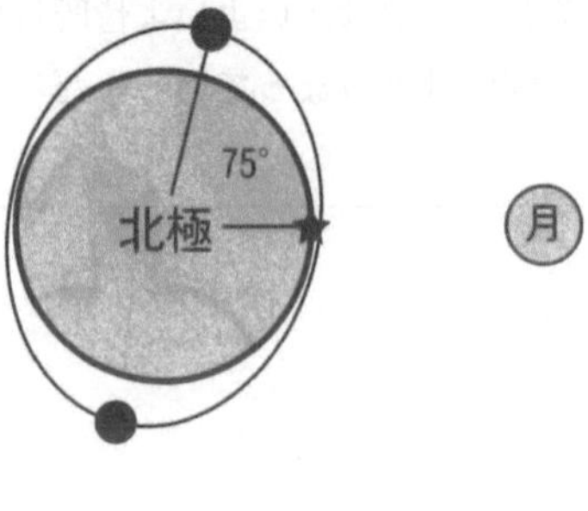

（エ）

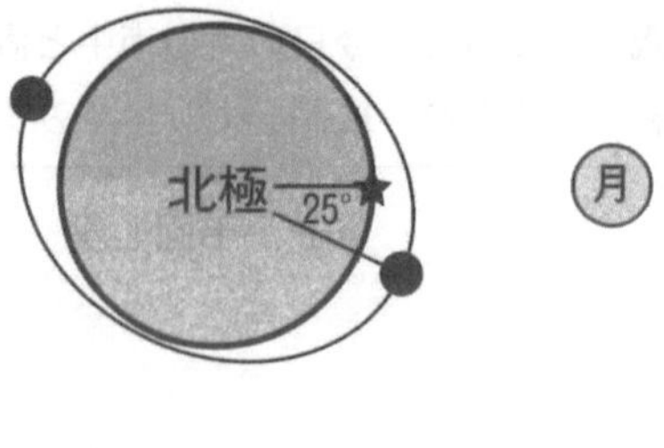

（オ）

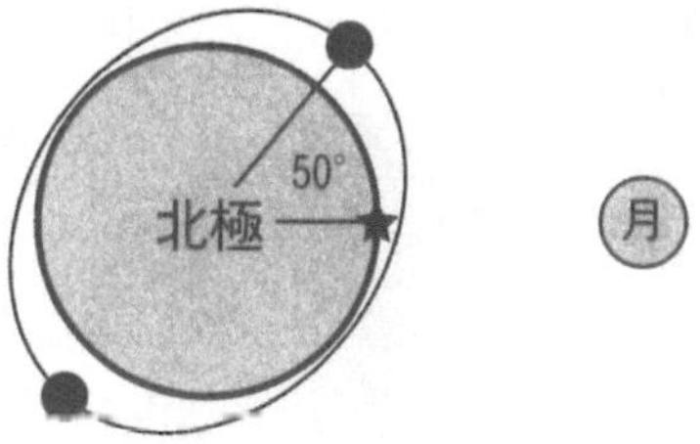

（カ）

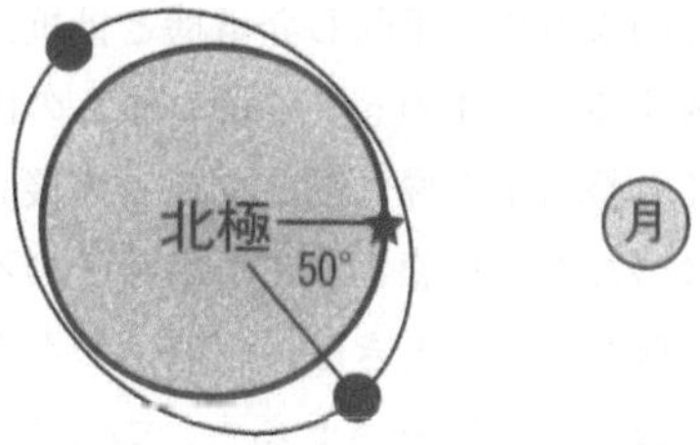

（キ）

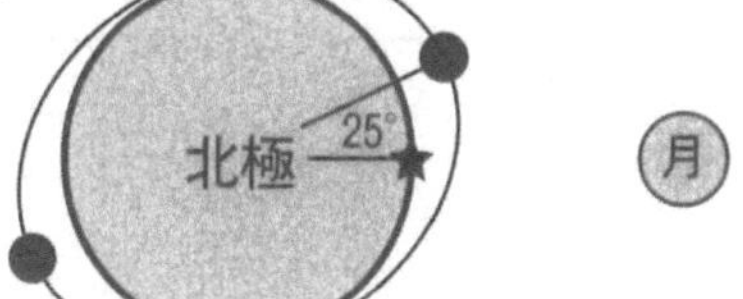

（ク）

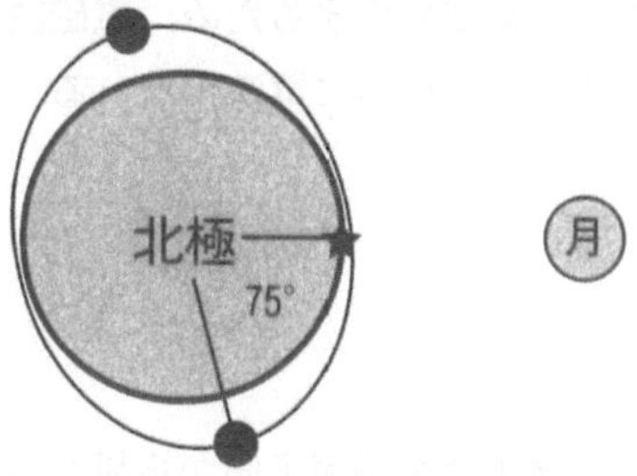

4　図1，２に示す手回し発電機を用いた電磁誘導について考える。手回し発電機は主に，磁石，コイル，整流子，金属製のブラシ，ハンドルで構成される。磁石はコイルをはさんでN極とS極が向かい合わせになっている。ハンドルを回転させると，コイルと整流子は図２に示す破線を軸として，一体となって回転する。その際，整流子とブラシは常に接しながら回転する。整流子の拡大図を図３に示す。整流子は円筒形をしており，ブラシと接触する円筒形の側面は導体部と不導体部に分かれている。

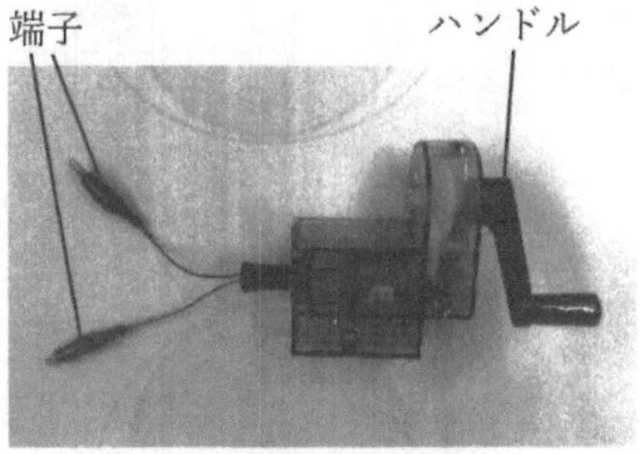

図１　手回し発電機

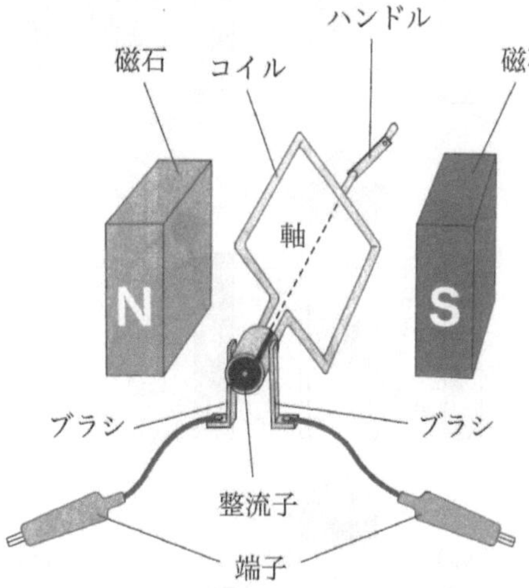

図２　手回し発電機の内部構造

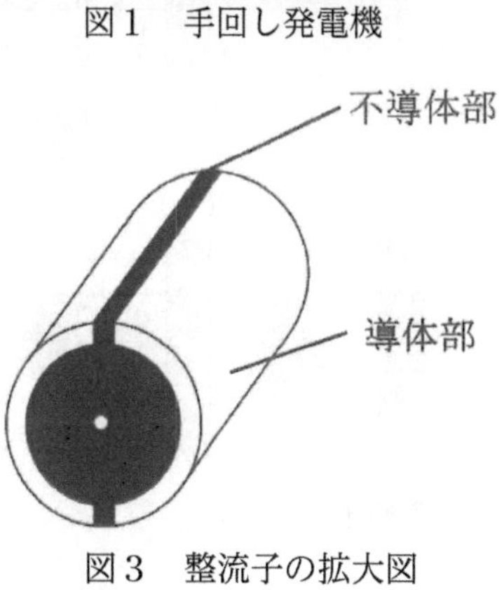

図３　整流子の拡大図

図4のように，手回し発電機と抵抗器を用いて回路を作成する。図4のａ～ｄはコイルの四隅を示す記号である。整流子の導体部とブラシが接しているとき，回路はつながる状態となる。整流子の不導体部とブラシが接触しているときは，回路はつながらない状態となる。コイルを回転させると，コイルの面 abcd を貫く磁力線の数が変化するため，電磁誘導によって誘導電流が生じ，抵抗器に電流が流れる。

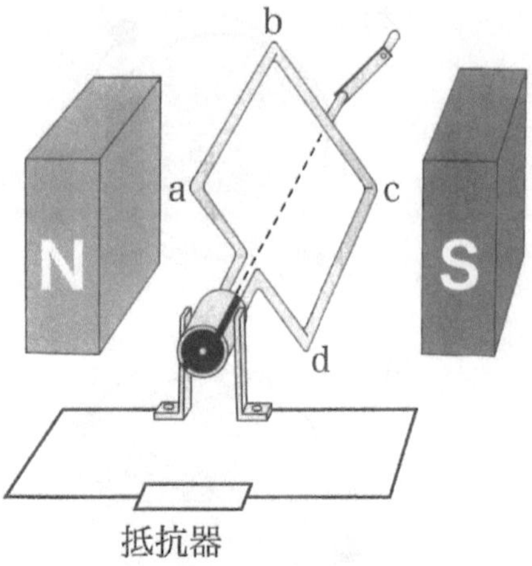

図4　回路図

図5は発電機を整流子側から見た図である。磁石の間の磁界は向きも強さも一様であるものとする。向きも強さも一様な磁界は，図5のように平行で等間隔な磁力線で示すことができる。図5では，６本の磁力線で示したが，実際には平行で等間隔の磁力線が無数に存在するものとする。磁石が作る一様な磁界の中で，コイルを図5のⅰ→ⅱ→・・・→ⅷ→ⅰの順に，一定の速さで時計回りに回転させる。このとき，コイルの面を貫く磁力線の数は図6に示すグラフで表される。ただし図6では，ⅴ以降のグラフを省略した。

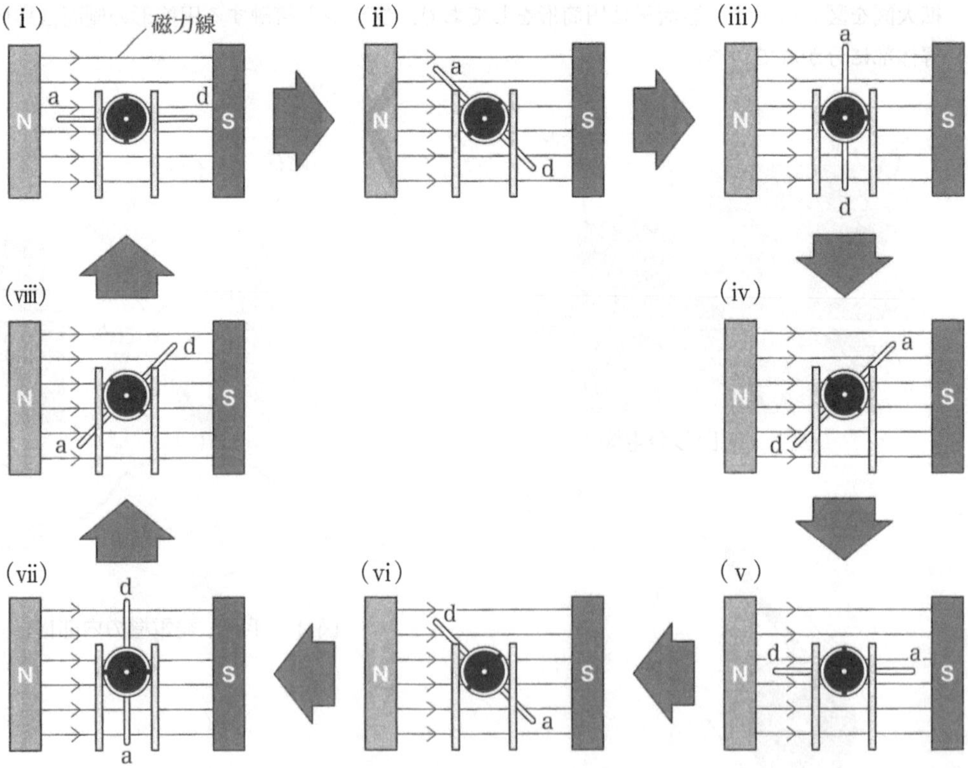

図5　コイルが回転する様子

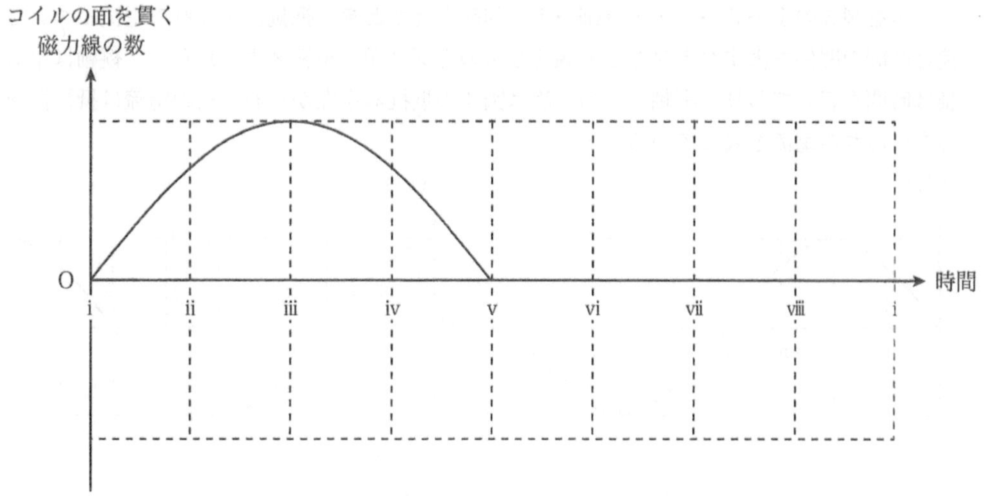

図6　コイルの面を貫く磁力線の数と時間の関係

（1）　コイルを回転させたときに図4の抵抗器を流れる電流の向きについて以下の問いに答えよ。

①　コイルをⅰ→ⅱまで回転させたときに，抵抗器を流れる電流の向きを説明する次の文章の［　　］に適切な選択肢を選び○で囲め。

コイルをⅰ→ⅱまで回転させると，コイルの面を貫く右向きの磁力線の数は(ア)［増加・減少］する。このとき，電磁誘導によってコイル内に左向きの磁界を作るように誘導電流が流れるので，コイルには(イ)［abcd・dcba］回りの電流が流れる。よって回路の抵抗器には(ウ)［左から右・右から左］向きに電流が流れる。

②　コイルをⅱ→・・・→ⅷ→ⅰの順に回転させたときについて，（ア）コイルを流れる誘導電流の向き，（イ）抵抗器を流れる電流の向きを①にならって整理する。解答欄の表中の適切な選択肢を選び○で囲め。

（2）　コイルを回転させたときに，図4の抵抗器を流れる電流の大きさについて以下の問いに答えよ。

①　抵抗器を流れる電流の大きさについて，コイルをⅰ→ⅱまで回転させたときと，ⅱ→ⅲまで回転させたときを比較する次の文章の［　　］に適切な選択肢を選び○で囲め。

コイルの面を貫く磁力線の数の変化を，コイルをⅰ→ⅱまで回転させたときと，ⅱ→ⅲまで回転させたときで比較すると，磁力線の数の変化は(ア)［ⅰ→ⅱ・ⅱ→ⅲ］のときの方が大きい。コイルが回転する速さは一定であるため，抵抗器を流れる電流の大きさは(イ)［ⅰ→ⅱ・ⅱ→ⅲ］のときの方が大きくなる。

② コイルを図５のⅰ→ⅱ→・・・→ⅷ→ⅰと回転させたとき，抵抗器を流れる電流について，電流と時間の関係を表すグラフとして適切なものを選び記号を答えよ。ただし，縦軸は電流，横軸は時間を表しており，縦軸の正の電流は図４の抵抗器を左から右，負の電流は抵抗器を右から左に流れる電流を表している。

（あ）

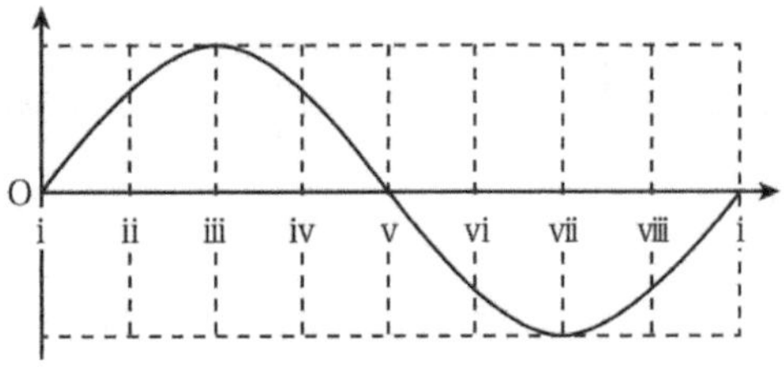

（い）

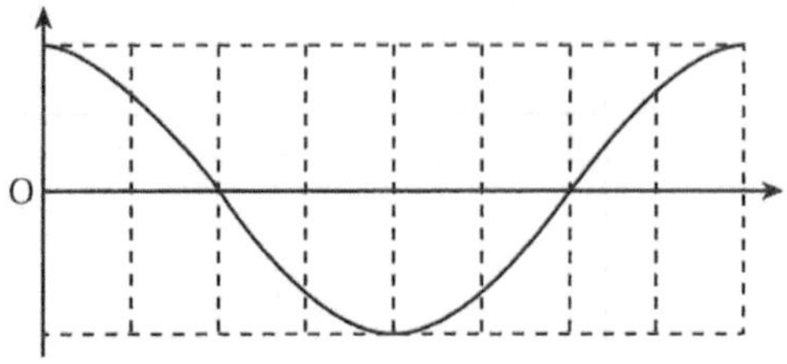

（う）

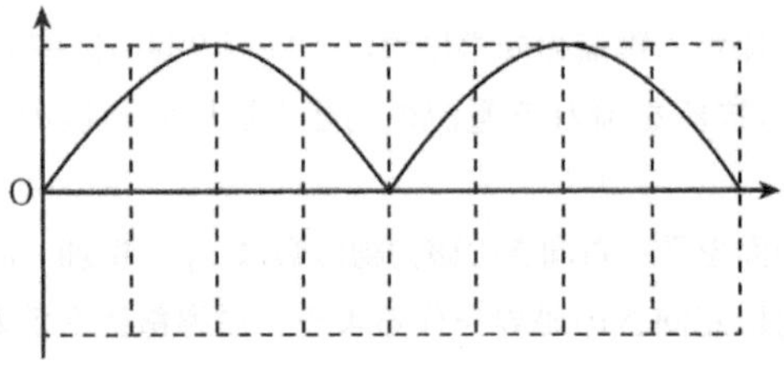

（え）

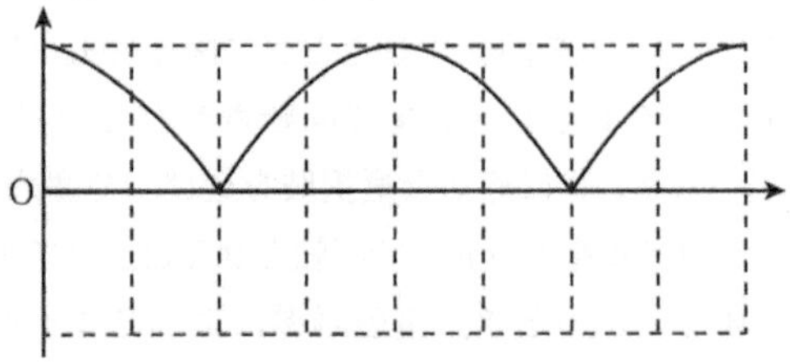

（お）

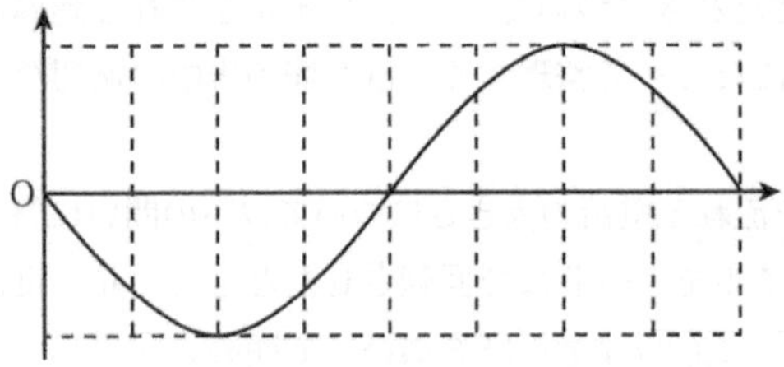

（か）

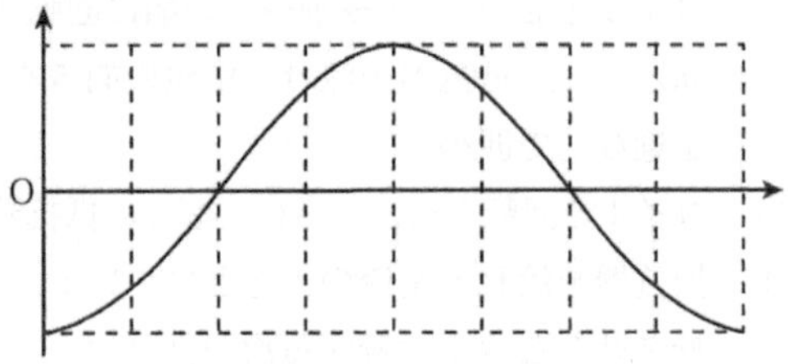

（き）

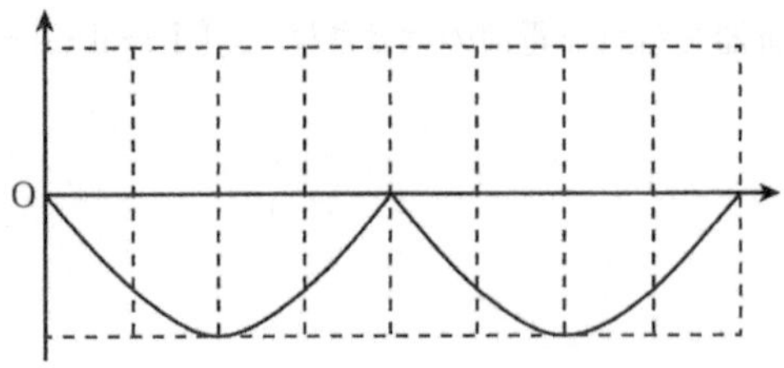

（く）

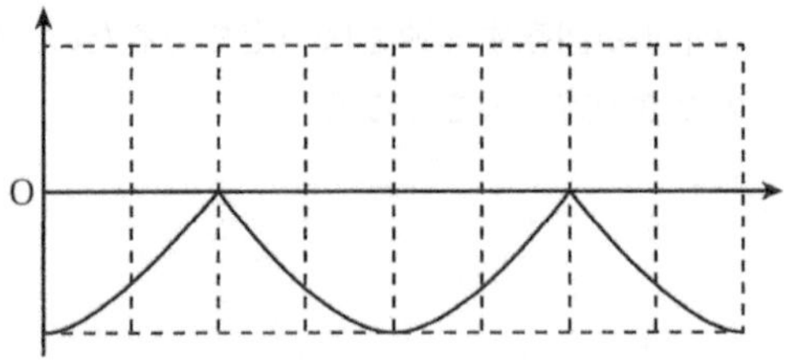

【社　会】（50分）〈満点：100点〉

【注意】・句読点は字数に含めます。

・字数内で解答する場合，数字は１マスに２つ入れること。例えば，226年なら[22][6][年]とすること。字数は指定の８割以上を使用すること。

・解答欄をはみだしてはいけません。

1　次の（A）と（B）の文章をそれぞれ読み，下記の設問に答えなさい。

（A）

私たちは歴史上の出来事を学ぶ際に，様々な史料を用いてその出来事の内容を知ろうとする。例えば，出土した物に記された「**a** 文字」を読み取ったり，それに関連する文献を読み取ることで，その時代の様子を知ることができる。江戸時代に志賀島（福岡県）で発見された **b** 金印について知ろうとしたとき，金印の文字だけでなく，中国の『**c** 後漢書』に記された内容と比較しつつ考察をおこなう。日本の歴史において，中国の存在は大きく，年月日や時間の表記についても **d** 中国からの影響を受けており，例えば「庚午」年籍のように，甲・乙…の十干と子・丑…の十二支を組み合わせた60年を一巡とする **e** 干支紀年法を用いることもあった。

江戸時代には長崎を窓口にオランダとも交流していた。長崎のオランダ商館長からの報告である「オランダ風説書」からは，当時の **f** 海外情報が入ってきており，興味深いものとなっている。

私的にやりとりされる手紙も重要な史料の一つである。例えば，**g** 福沢諭吉は **h** 北里柴三郎が伝染病研究所を設立した際に支援した人物の一人であるが，彼らに関連した手紙をみると，公的な史料からはうかがい知れない人々の関係性を見て取ることができる。

こうした史料を読み解くことで，様々な歴史的事象を深く理解することができたり，あるいは **i** 全く異なった地域・時代との関わりを見て取ることもできたりする。

問１　下線部 **a** に関連して，各地の古代文明とその文字に関して述べた文として**誤っているもの**を，下記より１つ選び番号で答えなさい。

1　エジプト文明では，太陽暦が作られ，「死者の書」が象形文字を用いて記されていた。

2　インダス文明については，インダス文字の解読により，バラモンとよばれる神官によって統治されていたことがわかった。

3　メソポタミア文明では，太陰暦が作られ，ハンムラビ法典が楔形文字によって記されていた。

4　中国文明では，甲骨文字によって占いの結果が記されていた。

問２　下線部 **b** の印面には「漢委奴国王」と彫られている。これに関連して次の２つの史料を読み，これらの史料に共通する日本と中国との関係を，解答用紙の枠内で説明しなさい。

「（57年）　倭の奴国が貢ぎ物を持って使者を送ってきた。…（中略）…皇帝（光武帝）は（奴国王に）印章などを授けた。」

（『後漢書』東夷伝）

「（239年）　倭の女王（卑弥呼）は使者を送り，皇帝に拝謁することを願い出た。（中略）…12月，（皇帝は）倭の女王に対して親魏倭王の称号を与え，印章などを授けた。」

（『魏書』東夷伝倭人条）

問３　下線部ｃに関連して，次の文Ｘ・Ｙと後漢を比べ，古いものから年代順に正しく並んでいるものを，下記より１つ選び番号で答えなさい。

Ｘ　インドではシャカ（釈迦）が仏教を開き，修行を積んで悟りを開けば安らぎを得られると教えた。

Ｙ　マケドニアにアレクサンドロス大王が現れ，ギリシャのポリスやペルシャを征服し，ギリシャ文化が東方に広がるきっかけを作った。

１　Ｘ　→　Ｙ　→　後漢	２　Ｘ　→　後漢　→　Ｙ
３　後漢　→　Ｘ　→　Ｙ	４　Ｙ　→　Ｘ　→　後漢
５　Ｙ　→　後漢　→　Ｘ	６　後漢　→　Ｙ　→　Ｘ

問４　下線部ｄに関して，８世紀初めに造営された平城京は，唐の長安城をモデルとしていた。その際，「天子南面す」といった考え方も平城京の造営に取り入れられている。下の平城京の図に関する文Ｘ・Ｙについて，その正誤の組合せとして正しいものを，下記より１つ選び番号で答えなさい。

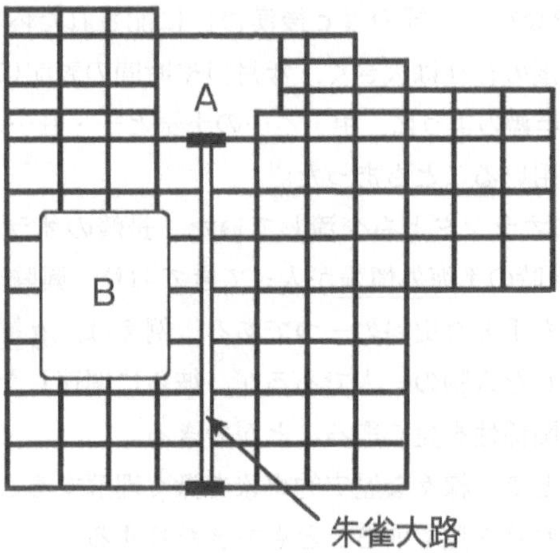

Ｘ　Ａの区域には，天皇の住居のほか，朝廷の主要な役所が置かれた。

Ｙ　Ｂなど朱雀大路を境として西半分の区域は，右京と呼ばれる。

１　Ｘ　正　Ｙ　正	２　Ｘ　正　Ｙ　誤
３　Ｘ　誤　Ｙ　正	４　Ｘ　誤　Ｙ　誤

問５　下線部ｅに関連して，野球の試合場所として有名な阪神甲子園球場の名称は，開場の年が「甲子」の年にあたっていたことに由来している（開場当時は「甲子園大運動場」）。日本に野球が伝わったのが明治時代であったことや，甲子の年が西暦４年であることを踏まえ，阪神甲子園球場が開場した年を西暦で答えなさい。

問６　下線部ｆに関連して，江戸幕府は長崎のオランダ商館長が提出した「オランダ風説書」によって，海外情報をある程度知ることができていた。例えばイギリスで起こった名誉革命について，次のように記している。これを読み，（１）・（２）の問いに答えなさい。

イギリスの守護（チャールズ２世）はポルトガルの婿でしたが三年前に死に，弟（ジェームズ２世）が守護になりました。（中略）ところが本人が①バテレンの宗旨になっただけでなく，バテレンを家老に取り立て，古来の家老や役人を罷免して国中のものがバテレン宗になるようにと命じました。承知しないものが多く，他国へ落ちていきました。そこで，残っていたものたちが（中略）オランダから加勢して鎮めて下さいと伝えてきました。②オランダとイギリスは同じ宗旨で昔から仲が良く他国から戦争を仕掛けられたら加勢をすると約束しており，その上，オランダ人と南蛮人（フランス人？）とは数年来戦争をしている折でもあり，イギリスの大将の妻はオランダと婿舅《むこしゅうと》のよしみをもってオランダに加勢しました。

（松方冬子「オランダ人は名誉革命を幕府にどう伝えたか」
東京大学史料編纂所編『日本史の森をゆく』（中公新書）中央公論新社　2014年　より引用）

（1）　下線部①は，キリスト教のうち，特にどの宗派を表しているか。下線部②に留意しつつ答えなさい。

（2）　この史料と同時代の欧米について説明した次の文X・Yの正誤の組合せとして正しいものを，下記より1つ選び番号で答えなさい。

X　フランスでは，第一身分と第二身分が多数を占める議会と，ルイ14世が対立をしていた。

Y　アメリカでは，南北戦争が起こり，北部がリンカン大統領のもとで勝利し，奴隷を解放した。

1　X　正　Y　正	2　X　正　Y　誤
3　X　誤　Y　正	4　X　誤　Y　誤

問7　下線部gおよびhに関連して，この二人について説明した次の文X・Yの正誤の組合せとして正しいものを，下記より1つ選び番号で答えなさい。

X　福沢諭吉は，立憲改進党を結成し，日本で初めての政党内閣を組織した。

Y　北里柴三郎は，破傷風の血清療法を発見した。

1　X　正　Y　正	2　X　正　Y　誤
3　X　誤　Y　正	4　X　誤　Y　誤

問8　下線部iに関連して，次の文章はアジアのある独立運動指導者が1945年9月に出した独立宣言文の一部である。この史料を読み，（1）・（2）の問いに答えなさい。

すべて人間は平等につくられている。すべて人間はその創造主によって，だれにも譲ることのできない一定の権利を与えられている。これらの権利の中には，生命，自由，そして幸福の追求が含まれる。

この不滅の声明は，1776年に［ア］の独立宣言の中でなされた。このことは広く解釈すると，次のようになる。地球上の全人民は生まれながらに平等であり，全人民は生きる権利，幸福になる権利，自由である権利を持つ。

1789年(※)になされた［イ］革命の「人間と市民の権利の宣言」〔人権宣言〕は次のように述べている。「全ての人間は自由で，平等な権利を持つ者として生まれ，常に自由であらねばならず，平等な権利を持たねばならない。」

これらのことは否定できない真理である。

しかるに，80年以上にわたってフランスの帝国主義者は，自由・平等・友愛の原理を裏切り，我が父祖の地を侵略し，我が同胞市民を抑圧してきた。彼らは，人道と正義の理念に反する行動をしてきた。

※原文は1791年だが，出典元の執筆者の訂正に従った。
（出典は設問の都合により省略）

（1） 空欄［ア］および［イ］に該当する国名の組合せとして正しいものを，下記より１つ選び番号で答えなさい。

1　**ア**　フランス　　**イ**　ロシア
2　**ア**　フランス　　**イ**　イギリス
3　**ア**　アメリカ　　**イ**　イギリス
4　**ア**　アメリカ　　**イ**　フランス
5　**ア**　イギリス　　**イ**　フランス
6　**ア**　イギリス　　**イ**　ロシア

（2） この指導者が独立運動を指揮した地域（国）について説明した文として正しいものを，下記より１つ選び番号で答えなさい。

1　1910 年以降，日本の植民地支配下にあった。
2　1960 年代から 70 年代にかけての戦争で，アメリカ軍を撤退に追い込んだ。
3　ネルーらが独立運動を指導し，第二次世界大戦後に独立した。
4　1910 年代に革命によって成立し，第二次世界大戦中はスターリンによって指導された。

（B）

現在の北海道にあたる地域では，アイヌの人々が 12 ～ 13 世紀にかけて和人（本州の人びと）の文化を受容しつつ自らの文化を形成した。15 世紀に，蝦夷地南部に移住して館《たて》を築いた和人は，アイヌの人々と交易した。この世紀半ばには，首長の［ウ］を中心としたアイヌの人々と和人との間に衝突が起こった。江戸時代に入ると，アイヌの人々は，幕府から蝦夷地での交易権を与えられた松前藩と交易をおこなった。江戸時代における蝦夷地と **j** 本州や九州などとを結ぶ交易は拡大していったが，そのアイヌからの交易品の中に **k** 蝦夷錦があったように，アイヌの人々は和人とだけ交易したわけではなかった。

現在の沖縄本島を中心とした地域では，12 ～ 15 世紀になると，按司《あじ》とよばれる各地の首長が［エ］を築いて争う時代となった。この中から沖縄本島では北山《ほくざん》・中山《ちゅうざん》・南山《なんざん》の三カ国が並び立つ時代を迎え，15 世紀前半に中山王の［オ］氏が沖縄本島を統一して **l** 琉球王国を建てた。15 世紀の琉球王国は中継貿易で繁栄していたが，17 世紀初頭，江戸幕府の許可を得た薩摩藩により征服された。その後も琉球王国は独立国として存続したが，日本（薩摩藩）と中国（明・清）に両属することとなった。

明治時代になると，蝦夷地や琉球は **m** 日本に組み込まれた。その後，沖縄は太平洋戦争末期にアメリカに占領されると，冷戦期にはアジア・太平洋におけるアメリカ軍の拠点として重要になった。それは 1972 年に **n** 沖縄が日本に復帰して以降も米軍基地が多く残る場所となったことからも分かる。

問９　空欄［ウ］～［オ］に該当する人名・語句を答えなさい。

問10　下線部 **j** に関連して，次の（1）・（2）の問いに答えなさい。

（1） 蝦夷地で取れた昆布は，日本海側を経て本州や九州などに運ばれた。このとき主に日本海から瀬戸内海を往来した船を何とよぶか，答えなさい。

（2） 17 世紀末に，長崎から中国への輸出品として昆布や俵物の輸出が奨励されるようになった。この背景となった国内事情について，解答用紙の枠内で説明しなさい。

問11　下線部 **k** に関連して，蝦夷錦とは次のような着物である（図の蝦夷錦は 19 世紀のもの）。図柄に注目しつつ，アイヌの人々がどのような地域の人々と交易して入手した品物か，解答用紙の枠内で説明しなさい。

（市立函館博物館デジタルアーカイブより）

問12　下線部ｌに関連して，下の２つの図は琉球王国の使節を描いたものであるが，ここでは琉球の衣装を身につけ，楽器を演奏しながら行列をする様子が描かれている。幕府はこの様子を人々に見せた。幕府が人々に琉球王国の使節の様子を見せた理由を40字以内で説明しなさい。

（琉球・沖縄関係貴重資料デジタルアーカイブ「琉球人行列図錦絵」より）

問13　下線部ｍについて説明した次の文Ｘ・Ｙの正誤の組合せとして正しいものを，下記より１つ選び番号で答えなさい。

Ｘ　蝦夷地を北海道と改称して直轄化し，屯田兵をおいて開発に取り組んだ。

Ｙ　明治政府は，琉球漂流民殺害事件をきっかけに琉球王国を沖縄県に改め，日本に編入した。

1　Ｘ　正　Ｙ　正	2　Ｘ　正　Ｙ　誤
3　Ｘ　誤　Ｙ　正	4　Ｘ　誤　Ｙ　誤

問14　下線部ｎに関連して，琉球政府の行政主席であった屋良《やら》朝苗《ちょうびょう》は次のように述べた。下の史料の下線部「核ぬき」とはどのようなことを指しているか。解答用紙の枠内で説明しなさい。

「復帰一筋にきた私にはとにかく実現したので感がい深いが，核ぬき本土なみ，暮らし，仕事，通貨に不安があり心配である。」

（福木詮『沖縄のあしおと－一九六七～七二－』岩波書店　1973年より）

2 次の（A）と（B）の文章をそれぞれ読み，下記の設問に答えなさい。

（A）

昨年（2021 年）の７月から８月は，新型コロナウイルスの感染が急拡大し第５波が到来したが，第 32 回オリンピック競技大会（東京 2020 オリンピック）と，a 東京 2020 パラリンピック競技大会が開催された。

近年のオリンピックやパラリンピックは「多様性」が強調されている。今大会でも，世界中の人々が多様性と調和の重要性を改めて認識し，共生《きょうせい》社会を育《はぐく》む契機となるような大会とするという，「b 多様性と調和」を基本コンセプトの１つに掲げた。

国際オリンピック委員会（IOC）のオリンピック憲章には，オリンピズムの根本原則として，オリンピックは人権に配慮した大会であることがうたわれている。

このオリンピック憲章の定める権利および自由は，c（ア）人種，（イ）肌の色，（ウ）性別，（エ）性的指向，（オ）言語，宗教，政治的またはその他の意見，国あるいは社会的な出身，財産，出自やその他の身分などの理由による，いかなる種類の差別も受けることなく，確実に享受《きょうじゅ》されなければならないとされている。

東京 2020 オリンピックの開会式において，ギリシャに続いて全体の２番目に登場したのは d 難民選手団だった。難民選手団は，2013 年に IOC の会長に就任したトーマス・バッハ氏の肝《きも》いりで結成された。バッハ会長は 2015 年，e 国連総会の場で「暴力や飢餓から逃れているアスリートにも最高峰のスポーツの舞台で競技する夢を後押ししたい」と演説し，翌年のリオデジャネイロ五輪において難民選手団という形で初めて実現させた。今回の難民選手団は 11 カ国 29 名で結成し，f 旗手は五輪旗を掲げ，濃紺《のうこん》のおそろいのスーツに身を包み，入場行進した。

新型コロナウイルスの感染拡大という異例の状況下で，東京 2020 オリンピック・パラリンピックともに原則無観客での開催となったが，当時の菅義偉 g 内閣総理大臣は，東京 2020 オリンピックの開会式に出席した外国首脳らと五輪外交をおこなった。開会式当時，世界も深刻なコロナ禍《か》にあり，来日する首脳の数はリオデジャネイロ大会に比べて少なくなった。h 先進７カ国（G７）の中でフランス大統領のみが来日し，菅内閣総理大臣と会談をおこなった。また，i 南スーダンの副大統領，モンゴルの首相，国連難民高等弁務官事務所の難民高等弁務官，世界保健機関の事務局長などとも会談した。アメリカからは大統領夫人が来日し，懇談《こんだん》した。

当初は開催自体が危ぶまれたが，東京 2020 オリンピック・パラリンピックは無事に日程を終えることができ，世界中の人たちに感動と勇気を与えた。

問１ 下線部 a に関する次の文 X・Y について，その正誤の組合せとして正しいものを，下記より１つ選び番号で答えなさい。

X 東京は，世界で初めて夏季パラリンピックを２度開催した都市である。

Y 21 世紀に開催された夏季パラリンピックは，東京 2020 パラリンピックを除き，４年に１度開催されている。

1	X 正 Y 正	
2	X 正 Y 誤	
3	X 誤 Y 正	
4	X 誤 Y 誤	

問２ 下線部 b に関連して，東京 2020 オリンピックの開会式では，国歌斉唱をした歌手がレインボーカラーのドレスで登場し話題になった。レインボーカラーは，レインボーフラッグやレイン

ボーグッズで知られているが，これらに共通するレインボーカラーが意味することを，解答用紙の枠内で答えなさい。

問３　下線部ｃの中で，日本国憲法の平等権に関する条文で明記されているものを，（ア）～（オ）の中からすべて選び記号で答えなさい。

問４　下線部ｄに関する次の文Ｘ・Ｙについて，その正誤の組合せとして正しいものを，下記より１つ選び番号で答えなさい。

Ｘ　難民の地位に関する条約（難民条約）は，国際連盟で採択されたものである。

Ｙ　経済的理由によって祖国を離れた人々や，国境を越えないで国内にとどまっている国内避難民も，難民条約が規定する難民に含まれる。

１	Ｘ	正	Ｙ	正	２	Ｘ	正	Ｙ	誤
３	Ｘ	誤	Ｙ	正	４	Ｘ	誤	Ｙ	誤

問５　下線部ｅに関する次の文Ｘ・Ｙについて，その正誤の組合せとして正しいものを，下記より１つ選び番号で答えなさい。

Ｘ　総会は全加盟国で構成され各国がそれぞれ１票を持つが，常任理事国だけは拒否権が認められており，重要な問題はそのうちの１カ国でも反対すると否決される。

Ｙ　通常総会は国連本部のあるニューヨークで毎年９月から開かれ，世界のさまざまな問題を話し合うが，日本の内閣総理大臣は毎年必ず出席している。

１	Ｘ	正	Ｙ	正	２	Ｘ	正	Ｙ	誤
３	Ｘ	誤	Ｙ	正	４	Ｘ	誤	Ｙ	誤

問６　下線部ｆについて，開会式では難民選手団は母国の国旗ではなく，五輪旗を掲げて入場した。五輪旗に込められた意味を解答用紙の枠内で答えなさい。

問７　下線部ｇに関する次の文Ｘ・Ｙについて，その正誤の組合せとして正しいものを，下記より１つ選び番号で答えなさい。

Ｘ　内閣総理大臣は，衆議院議員の中から国会の議決で指名される。

Ｙ　内閣総理大臣には，これまで女性が１度も選ばれたことはない。

１	Ｘ	正	Ｙ	正	２	Ｘ	正	Ｙ	誤
３	Ｘ	誤	Ｙ	正	４	Ｘ	誤	Ｙ	誤

問８　下線部ｈについて，フランス大統領が来日した理由を，オリンピックに関することに限定して解答用紙の枠内で答えなさい。ただし，自国選手の応援は除くこと。

問９　下線部ｉに関する次の文Ｘ・Ｙについて，その正誤の組合せとして正しいものを，下記より１つ選び番号で答えなさい。ただし，西暦に誤りはないものとする。

Ｘ　南スーダンは，2011年にスーダンから独立したものの，2013年に内戦状態になり，多くの人々が国外に逃れ難民となった。

Ｙ　南スーダンは2021年現在，国連に加盟していないが，南スーダンの選手は東京2020オリンピックに参加した。

1	X	正	Y	正	2	X	正	Y	誤
3	X	誤	Y	正	4	X	誤	Y	誤

（B）

日本では，紙幣が2024年度上半期に一新される。その中でも，新たな1万円札の表図柄（肖像）となる渋沢栄一に注目が集まっている。

渋沢栄一は「近代日本のｊ資本主義の父」とされる。渋沢栄一は経済を発展させるには，近代的な銀行を設立し社会全体にｋ金融の普及をはかるべきと考えた。近代的な金融制度を確立するための軸となる国立銀行条例の起草に参画し，この条例に基づき，1873年（明治6年）にｌ第一国立銀行を誕生させた。また，500社にのぼるｍ株式会社の設立，商工会議所や経済教育を中心とした大学の創設など，近代日本の経済社会の基礎を作り上げた。

次の資料は，1871年の第一国立銀行の設立に向けｎ株主を公募するにあたり，その趣旨などについて渋沢栄一が銀行のイメージを解説したものである。

銀行は大きな川のようなもので，お金が銀行に集まらないうちは，谷川のしずくの水と異ならない。豪商や豪農の穴蔵に埋蔵し，雇用者やおばあさんのえりの内にあるままでは，人々を豊かくすることや国を富ませることができない。銀行を設立すれば，穴蔵やえりの内にある［　ア　］となり，それをもとに［　イ　］が整備され，国が豊かになる。

（渋沢史料館「私ヲ去リ，公ニ就《つ》ク－渋沢栄一と銀行業－」より引用）

問10　下線部ｊに関連して，資本が，お金（資本金）から3つの生産要素に変わり，そして商品へと形を変えながら，利潤を生み出し，蓄えられる経済のしくみを資本主義経済とよぶ。3つの生産要素のうち，設備（資本）を除く2つをそれぞれ漢字で答えなさい。

問11　下線部ｋに関する次の文X・Yについて，その正誤の組合せとして正しいものを，下記より1つ選び番号で答えなさい。

X　金融機関がお金を借りる側と貸す側との間に入り，貸す側から集めたお金を借りる側に融通することを直接金融という。

Y　企業が発行する社債など借り入れの証明書を購入してもらう形で，お金を借りることを間接金融という。

1	X	正	Y	正	2	X	正	Y	誤
3	X	誤	Y	正	4	X	誤	Y	誤

問12　下線部ｌに関する次の文X・Yについて，その正誤の組合せとして正しいものを，下記より1つ選び番号で答えなさい。

X　第一国立銀行は，日本で最初に開業した銀行である。

Y　第一国立銀行は，国営銀行ではなく民間資本による民間経営の銀行だった。

1	X	正	Y	正	2	X	正	Y	誤
3	X	誤	Y	正	4	X	誤	Y	誤

問13　下線部mに関する次の文X・Yについて，その正誤の組合せとして正しいものを，下記より１つ選び番号で答えなさい。

X　現在，法人企業の中で最も数が多いのが，株式会社である。

Y　株式会社では，株主が参加する取締役会が最高意思決定機関として，経営方針の決定などをおこなっている。

1	X	正	Y	正	2	X	正	Y	誤
3	X	誤	Y	正	4	X	誤	Y	誤

問14　下線部nは株価の推移に高い関心を持っていると考えられる。次のグラフは日経平均株価の推移を示したものだが，株価はその時の政策や社会情勢などの影響を受けて推移する。グラフに関する次の文X・Yについて，その正誤の組合せとして正しいものを，下記より１つ選び番号で答えなさい。

日経平均株価の推移

(JIJI. COM ウェブサイトより作成)

X　グラフ中にある戦後最高値とバブル崩壊後最安値の際には，自民党と公明党が連立政権を組んでいた。

Y　2020年は前年に比べて日経平均株価が下落しているが，その主な理由はリーマンショックによるものである。

1	X	正	Y	正	2	X	正	Y	誤
3	X	誤	Y	正	4	X	誤	Y	誤

問15　空欄［ア］と［イ］にあてはまる文や語句を，本文の趣旨に合うように考えて，解答用紙の枠内で答えなさい。

3　次の文章を読み，下記の設問に答えなさい。

世界の時刻の基準となるa経線はロンドン郊外の旧グリニッジ天文台を通る本初子午線である。本初子午線はヨーロッパではイギリスのほか，フランスやスペインを通過し，bアフリカ大陸ではcアルジェリアやdガーナなど５つの国を通過する。

世界各国はそれぞれ標準時子午線を定め，その上に太陽が位置するときを正午として，それぞれの時刻を定めており，同じ標準時を用いる範囲が等時帯である。

日本の標準時子午線はe東経135度線で統一されており，国内に時差は存在しない。しかし，実際にはf最東端から最西端までは経度上で約30度の開きがあり，これは2時間分の時差に相当するため，同じ日でも場所によってg日の出や日没の時刻は大きく異なる。

アメリカ合衆国やロシアのように，東西に国土が広い国では複数の標準時を設定している場合が多い。また，h本土と遠く離れた領土を有する国も複数の標準時があると言える。一方で，中国は世界第4位の面積を有する広大な国であるにもかかわらず，標準時は1つしかない。中国はペキンに近い東経120度線を標準時子午線としているため，シンチヤンウイグル自治区やｉチベット自治区のような西部に住む人々にとっては日常生活において不便が生じている。

本初子午線の反対側には，ほぼ経度180度線に沿って日付変更線が定められている。この線を西から東へ越えた際は日付を1日戻し，東から西へ越えた際は日付を1日進める必要がある。ただし，日付変更線の位置は一定ではなく，関係国の事情で変更されることもある。例えば，j1995年のキリバスのケースやk2011年のサモアのケースが挙げられる。

アメリカ合衆国など，高緯度の欧米諸国を中心にlサマータイム制度を導入している国も多い。これらの国では，サマータイムを実施している時と，そうでない時とで日本との時差が変わることになる。

航空機に乗って海外へ移動すると，時差を実感できる。例えば，m成田国際空港からサンフランシスコ国際空港へ向かうときの飛行時間は9～10時間ほどだが，成田を夕方に出発した飛行機がサンフランシスコに到着するのは同じ日の午前中となる。

問1　下線部aに関して述べた次の文X・Yについて，その正誤の組合せとして正しいものを，下記より1つ選び番号で答えなさい。

X　経度1度の距離は，赤道付近と極付近とでは異なる。

Y　メルカトル図法では，経線はすべて直線となる。

1　X　正　Y　正	2　X　正　Y　誤
3　X　誤　Y　正	4　X　誤　Y　誤

問2　下線部bの本初子午線上を北から南に向かって移動したとき，その気候の変化について正しく示しているものを，下記より1つ選び番号で答えなさい。

1　地中海性気候→砂漠気候→ステップ気候→砂漠気候→サバナ気候

2　地中海性気候→ステップ気候→砂漠気候→ステップ気候→サバナ気候

3　西岸海洋性気候→砂漠気候→ステップ気候→砂漠気候→サバナ気候

4　西岸海洋性気候→ステップ気候→砂漠気候→ステップ気候→サバナ気候

問3　下線部cに関して述べた次の文X・Yについて，その正誤の組合せとして正しいものを，下記より1つ選び番号で答えなさい。

X　原油や天然ガスが豊富で，2021年現在，OPEC（石油輸出国機構）の加盟国である。

Y　公用語はアラビア語で，主要な宗教はイスラム教である。

1　X　正　Y　正	2　X　正　Y　誤
3　X　誤　Y　正	4　X　誤　Y　誤

問４　下線部**d**に関して述べた次の文**X**・**Y**について，その正誤の組合せとして正しいものを，下記より１つ選び番号で答えなさい。

X　ニジェール川の河口部で，カカオ栽培がおこなわれている。

Y　イギリスの植民地であったため，英語が公用語である。

1	X	正	Y	正	2	X	正	Y	誤
3	X	誤	Y	正	4	X	誤	Y	誤

問５　下線部**e**に関して，東経135度線上に位置する兵庫県西脇《にしわき》市には「日本へそ公園」という公園があり，「日本のへそ」として，地域振興を図っている。西脇市はどのような点で「へそ」なのか，以下の**図１**を参考に，解答用紙の枠内で説明しなさい。

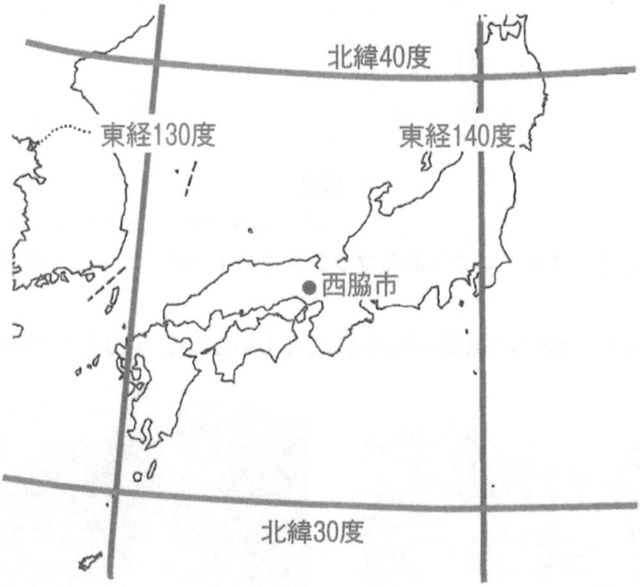

図１

問６　下線部**f**に関して，日本の最東端の島と最西端の島を説明した次の文**X**・**Y**について，その正誤の組合せとして正しいものを，下記より１つ選び番号で答えなさい。

X　最東端の島は，波の侵食による水没の恐れがあったため，護岸工事がおこなわれた。

Y　最西端の島は，沖縄県にある無人島である。

1	X	正	Y	正	2	X	正	Y	誤
3	X	誤	Y	正	4	X	誤	Y	誤

問７　下線部**g**に関して，日本の主要４島の平地で，晴天の場合に初日の出を最も早く見ることができる時刻は，日本時間で午前６時45分頃である。同じタイミングで，高度を考慮せずに，初日の出を見ることができる場所を結んだ線として最も適するものを，**図２**より１つ選び番号で答えなさい。

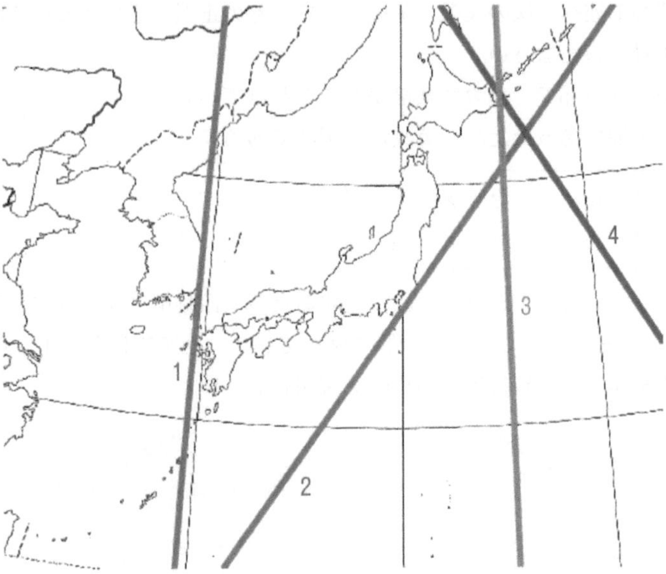

図２

（該当自治体のウェブサイトをもとに作成）

問８　下線部**h**に関して，オセアニアにあるフランス領の１つで，ニッケル鉱の産出で有名な島の名称を答えなさい。

問９　下線部**i**に分布する代表的な家畜の写真として正しいものを，次より１つ選び番号で答えなさい。

1

2

3

4

（『グラフィックワイド地理世界・日本 2020 〜 2021』とうほう 2020 年より）

問10　下線部 **j** に関して，キリバスはもともと日付変更線によって国土が二分されており，同じ国内なのに東西で丸１日の時差が生じていた。この不便さを解消するため，1995 年に日付変更線を国土の東側へ移動し，現在は**図 3** のような位置関係になっている。この結果，キリバスの最東端の地域は，どのような特徴を有する場所になったか。解答用紙の枠内で説明しなさい。

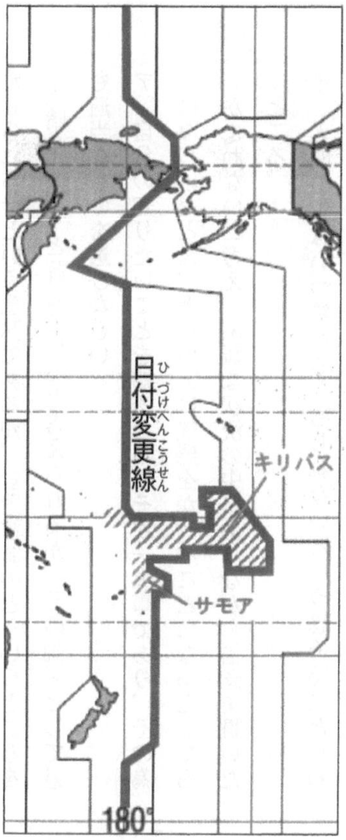

図 3

（『新編　新しい社会地理』東京書籍 2016 年より作成）

問11　下線部 **k** に関して，サモア（サモア独立国）はもともと日付変更線の東側に位置していたが，2011 年に日付変更線を東に移動し，現在では前ページの**図 3** のような位置関係（日付変更線の西側に位置する）になっている。サモアがこのようにした理由を，**表 1** を参考にしながら解答用紙の枠内で説明しなさい。

表 1

サモアの輸入相手国・地域（2017 年）（総額 3 億 5300 万ドル）		サモアの輸出相手国・地域（2017 年）（総額 4400 万ドル）	
ニュージーランド	24.9%	アメリカ領サモア	26.7%
シンガポール	18.4%	ニュージーランド	17.7%
中国	11.9%	トケラウ諸島	13.8%

（『データブックオブ・ザ・ワールド 2021 年版』二宮書店より作成）

問12　下線部 **l** に関して，アメリカ合衆国ではサマータイムへの切り替えは，生活への影響を少なくするため，毎年３月第２日曜日の深夜帯に実施される。具体的には，開始日の午前１時 59 分の１分後が午前（　　　）時となる。（　　　）に適する数字を答えなさい。

問13　下線部 **m** に関して，同様の条件でサンフランシスコ国際空港から成田国際空港へ向かうときの飛行時間は 10 ～ 11 時間ほどかかる。このようになる理由を解答用紙の枠内で説明しなさい。

ウ　八つの石を捨てて、九の石につくことはやすし。
エ　十一の石を捨てて、十二の石につくことはやすし。
オ　二十の石を捨てて、三十の石につくことはやすし。

問五　――部④「一時の懈怠」とは具体的には何か。その説明として最も適当なものを選びなさい。
ア　西山の方に得るものがあるという判断ができず、遠距離の移動を怠ってしまったこと。
イ　東山での仕事を終えた満足感から、より利益を生む西山への移動をやめてしまったこと。
ウ　東山より西山の方に得るものがあるのに、東山から西山に移動することを怠ったこと。
エ　東山から西山へ移る際に、一度自分の家に戻ることを怠ってしまったこと。
オ　東山から自分の家に帰る手間を惜しみ、結果的に西山へ移動することができなくなったこと。

問六　――部⑤「ゆゆしくありがたう覚ゆれ」は「大変素晴らしく感じられる」という意味であるが、登蓮法師のどういうところを「素晴らしい」と評していると考えられるか。その説明として最も適当なものを選びなさい。
ア　自分の知りたいことを知ることこそが一大事であり、その為にならば、たとえ、多くの人に迷惑をかけることになるとしてもかまわないと考え、困難な状況の中にありながら信念を貫いたところ。
イ　人間の生はいつ終わるともしれないという恐怖感にとらわれ、人々の雨がやんでから出発するべきだという命令を振り切り、速やかに行動することができたところ。
ウ　人間としてなすべきことの本質から目を背けず、他者の言葉や、天候といった、どうでもよいことには目もくれずに、真理を知るもののいる場所へと、速やかに移動しようとしたところ。
エ　雨のやむのを待てという人々の愚かな言葉に対して、雨がやむまでに人間の命は終わってしまうかもしれないと言って、大義のために堂々と反論することができたところ。
オ　己の最大の関心事を知れるならばと、天候上の困難や、急ぐ必要はないという人々の制止をも気にせず、人の生の無常を意識しながら、迅速に行動しようとしたところ。

問七　この文章は、十四世紀に兼好の書いた随筆中のものである。この随筆の名前を漢字で答えなさい。

これをも捨てず、かれをも取らんと思ふ心に、かれをも得ず、これをも失ふべき道なり。

京に住む人、急ぎて東山に用ありて、既に行き着きたりとも、西山に行きてその益まさるべき事を思ひ得たらば、門より帰りて西山へ行くべきなり。ここまで来着きぬれば、この事をばまづ言ひてん《※言ってしまおう。》、日をささぬ事なれば《何日と日を決めていないことであるから》、西山の事は帰りてまたこそ思ひたため、と思ふ故に、④一時の懈怠《けだい》、すなはち一生の懈怠となる。これを恐るべし。

一事を必ずなさんと思はば、他の事の破るるをもいたむべからず。人の嘲《あざけ》りをも恥づべからず。万事にかへずしては、一の大事成るべからず。人のあまたありける中にて、ある者、「ますほの薄《すすき》、まそほの薄《※それぞれが、どのような薄を指す言葉なのか、現在に伝わってはいない。当時、それぞれがどういう薄をさすのかについて議論があり、関心の対象となっていた。》などいふ事あり。わたのべの聖《ひじり》、この事を伝へ知りたり」と語りけるを、登蓮《とうれん》法師、その座に侍《はべ》りけるが、聞きて、雨の降りけるに、「蓑笠《みのかさ》やある。貸し給へ。かの薄の事ならひに、わたのべの聖のがり《※ところへ》尋ねまからん」と言ひけるを、「あまりに物さわがし。雨やみてこそ」と人の言ひければ、「無下のことをも仰せらるるものかな。人の命は、雨の晴れ間をも待つものかは。我も死に、聖も失せなば、尋ね聞きてんや《※尋ね聞くことができなくなる。》」とて、走り出でて行きつつ、習ひ侍りにけりと申し伝へたることこそ、⑤ゆゆしくありがたう覚ゆれ。「敏《と》き時は則《すなは》ち功あり」とぞ、論語といふ文にも侍るなる。この薄をいぶかしく思ひけるやうに、一大事の因縁をぞ思ふべかりける。

問一　――部①「因果」は、一般的には四字の言葉で知られる仏教用語である。その四字の言葉のうち「因果」を除く部分を漢字で答えなさい。

問二　――部②「この法師」について説明したものとして適当なものを二つ選びなさい。

ア　苦手な乗馬を練習によって克服した努力家であった。
イ　酒の席で芸が披露できないことを嫌い、早歌を習った。
ウ　三つの道を極めようとしたことで、失敗した。
エ　道に熟達する中で、その道にのめりこんでいった。
オ　他に類を見ないほどの人格者であった。

問三　――部③「第一の事を案じ定めて、その外は思ひ捨てて、一事をはげむべし」とあるが、筆者は冒頭の「法師」は、具体的にはどのようにするべきだったと考えているのか。――部③の内容をふまえつつ説明しなさい。

問四　空欄 X に入る言葉として最も適当なものを選びなさい。

ア　三つの石を捨てて、十の石につくことはやすし。
イ　一つの石を捨てて、二の石につくことはやすし。

がいなくなった今、障害のある身体を背負ってこれから生きていく意味を見出せない絶望感。

オ　姉の後ろ姿を見て自分も働く気になった娘を頼もしく思い、一緒に湯治に行けることを楽しみにしていた母親を、自分の弱さのせいで裏切ってしまった罪悪感と、この期に及んで、自分の身体の障害をすぐに帰郷できなかったことの言い訳にしようとしている自分のふがいなさ。

三　次の文章を読んで、後の問いに答えなさい。

　ある者、子を法師になして、「学問して①因果の理《ことわり》をも知り、説経などして世渡るたづき《※手段》ともせよ」といひければ、教へのままに説経師にならんために、まづ馬に乗り習ひけり。輿《こし》・車は持たぬ身の、導師《※供養の中心を担う僧侶》に請ぜられん時、馬など迎へにおこせたらんに、桃尻《※乗るのが下手で》にて落ちなんは《※落ちてしまったとしたら》、心憂かるべしと思ひけり。次に、仏事ののち、酒など勧むる事あらんに、法師の無下《むげ》に能なきは、檀那《※檀家》すさまじく思ふべしとて、早歌《さうか》といふことを習ひけり。二つのわざ、やうやう境に入りければ、いよいよしたく覚えて嗜《たしな》みけるほどに、説経習ふべきひまなくて、年よりにけり。

　②この法師のみにもあらず、世間の人、なべてこの事あり。若きほどは、諸事につけて、身を立て、大きなる道をも成じ、能をもつき、学問をもせんと、行末久しくあらます事ども《※遠い将来までよくよく考えている諸事》心にはかけながら、世をのどかに思ひて、うち怠りつつ、まづ、さしあたりたる目の前の事にのみまぎれて月日を送れば、事々なす事なくして、身は老いぬ。終《つひ》に物の上手にもならず、思ひしやうに身をも持たず、悔《く》ゆれども取り返さるる齢ならねば、走りて坂をくだる輪のごとくに衰へゆく。

　されば、一生のうち、むねとあらまほしからん事《※主として望んでいること》の中に、いづれかまさると、よく思ひくらべて、③**第一の事を案じ定めて、その外は思ひ捨てて、一事をはげむべし**。一日の中、一時の中にも、あまたの事の来たらんなかに、少しも益のまさらん事をいとなみて、その外をばうち捨てて、大事を急ぐべきなり。何方《いづかた》をも捨てじと心にとり持ちては、一事も成るべからず。

　たとへば、碁をうつ人、一手もいたづらにせず、人に先だちて、小を捨て大につくがごとし。それにとりて、［　X　］。十を捨てて、十一につく事はかたし。一つなりともまさらん方へこそつくべきを、十まで成りぬれば、惜しく覚えて、多くまさらぬ石にはかへにくし。

をひとりで背負って、東京の他人の中で生き抜いていくことを覚悟した、幾代の堅固な意志が表われている。

イ　悲しみに暮れながらも、台所仕事で体に染みついた動作が無意識に出てしまうところに、主人の言いなりになり母親の死に目に会えなかった幾代の敗北が示されているが、母親を湯治に連れて行くために忙しく働く生活に終止符が打たれ、幾代に新しい未来が待ち受けていることも暗示されている。

ウ　誰もとめない出しっぱなしの水道の「水」は、忙しい大都会東京の真ん中で、寄る辺もなくただ一人泣いている幾代の悲しみの象徴だが、その「水」を自分でも気づかないうちに止める動作は、彼女も都会の多忙な生活を送るうちにその悲しみをいつの間にか忘れるだろうことを暗示している。

エ　水道の「水」を止める動作は、多忙な旅館の台所で幾代が率先してやっていたことだが、それが母親を亡くした悲哀に打ちひしがれている時にも意識せず出るところに、他人からの評価や信用だけを気にして働いていたせいで、自分の感情に素直になれなくなった幾代の悲劇がよく表れている。

オ　出しっぱなしの水道の「水」を誰もとめようとしない状況は、皆自分勝手で非人情な都会の縮図だが、そのなかで悲しみに暮れつつも幾代が一人無意識にも「水」を止めたのは、彼女が上京後、人情味あふれる故郷の人たちを思い出すにつけ、都会の人間に反感を覚えていたことを表わしている。

カ　駅員が出しっ放しにしたまま忙しい通行人に全くかえりみられなかった水道を、幾代だけが無意識にも止めたことは、上京してからこれまで非常に多忙な職場で働いてきても、自分のことしか考えていない冷たい都会の人々には同化することのなかった彼女の誠実な人格そのものの表出と理解し得る。

問七　〜〜〜部「打ちひしがれた悲哀」とあるが、「幾代」はどういうことに「打ちひしがれ」ているのか。物語全体の内容をふまえた説明として、最も適当なものを選びなさい。

ア　自分の障害を弱みとは考えず、周りから一人前と認められたい一心で、忙しい仕事場でも一生懸命働いてきたが、かえってそのせいで母親の死に目に会うことができなくなってしまった悲しみと、障害のある身体を自分一人で背負って生きていくことはできない自分の心の弱さ。

イ　自分を障害者扱いしてくる他人に負けてしまわないように、自分の勝ち気な性格を頼りにこれまで必死に働いてきたが、母親の危篤にも主人のいいなりになって仕事を優先した自分の愚かさと、誰一人声をかけてくれないプラットフォームで一人涙が止まらない自分の憐れさ。

ウ　他人ばかりの東京に出てきて、身体の障害の引け目を感じさせることなく負けん気で精一杯働いてきたが、母親の死という一大事に際して主人の言い分に屈し、死に目に会えなくなってしまった自分の弱さと、母亡き今、心から頼れる存在なしで生きていかねばならない悲しみ。

エ　故郷の母親を温泉に連れて行きたい気持ち一つで、上京し旅館の忙しい台所でまじめに働いてきたのに、その思いを叶えられないまま母親が死んでしまったことからくる虚無感と、母親する負けん気もあるから。

イ　勝気な性格の幾代は、自分の身体をあからさまにじろじろと見回す主人への強い憎悪を心の中では感じているが、さすがに自分の雇い主に反抗することはできず、作り笑いをしてごまかすことしかできないから。

ウ　本当は強い負けん気を秘めているのだが、自分の脚の障害を哀れんだり笑ったりするような他人の視線に慣れ、あきらめてしまっていて、どんなことを言われても笑って受け流すことが習慣になっているから。

エ　正直者の幾代は、主人が本気で自分の苦労に同情してくれていることに対して喜びを感じ、その感情を率直に主人に伝えたいが、一方では自分の弱みを他人に見せまいとする勝ち気な性格がそれを許さないから。

オ　愚直な人間である幾代は、せっかく自分の働きがいを認めてくれた主人の機嫌を損ねることを怖れるあまり、主人がどんなことを言っても反射的に笑いながら「はい」と返事をする癖がついてしまっているから。

問四　———部③「幾代は、そこに他人を感じ、夜更けて床についてから、ひとりで泣いた」とあるが、「幾代」は「主人」のどこに「他人を感じ」たのか具体的に説明しなさい。

問五　———部④「幾代は固い顔をしてそれを聞いていた。聞いていたけれど、反応さえ見せなかった」とあるが、この時の「幾代」の心情の説明として最も適当なものを選びなさい。

ア　死に目に会えなかった母親のもとにいち早く行きたいと思っていたが、不人情にもその思いをふみにじるような女主人の言葉に強い衝撃を受け、口も開かないくらい内心面食らっている。

イ　母親の死に目にも会わせず、そのまま亡くなってしまってからも自分を何やかや理由を付けて引き留めようとする主人夫婦の厚顔無恥ぶりに対してあきれかえって物も言えなくなっている。

ウ　主人のいいなりになって母親の臨終に立ち会えなかったことを悔やみ、憤りをも感じているため、今口を開くとその感情を女主人に正直にぶつけてしまいそうだと警戒し、沈黙している。

エ　母親の死に目に会えなかった悔しさがあり、既に亡くなってしまった母親のもとへ直ちに向かいたいので、まともに女主人の相手をして時間を無駄にしてはいられないと焦りを感じている。

オ　最初の電報が来たときに思い切って帰郷しなかったことを悔やむと同時に、今度こそは他人がなんと言おうと故郷へ帰る決意を固めて、女主人の言葉に従わないようにと緊張している。

問六　———部⑤「幾代は、水道のそばを通り抜けぎわに、蛇口の栓を閉めた。音を立てて落ちていた水がとまった。が、幾代は自分のその動作に気づいてはいないらしかった。それは無意識に行われただけだった」とあるが、この「幾代」の「無意識」の「動作」について説明したものとして適当なものを二つ選びなさい。

ア　出しっぱなしの水道の「水」は幾代の涙の象徴で、その蛇口の栓を閉めるという行為には、唯一の心のより所であった母親の死という現実を直視し、これからは障害のある身体の悲しみ自身にも及ぼして、劇《はげ》しい悲哀がこみ上げていた。昨日の電報のとき、主人に負けてしまった自分の弱さから、母親まで敗北のまき添えにしたような口惜しさがあって、幾代の悲哀を深くしていた。

幾代はもう完全にひとりになるはずだった。ひとりになるということは、彼女の身体の悲しみの重さを、ひとりで背負ってゆくことだった。ホームの混雑は幾代をひとり疎外しておのおのの行方に気負い立っていた。幾代の方でも、その騒がしさは無関係だった。

幾代の乗るはずの列車がホームに入るまでまだ一時間待たねばならなかった。彼女がしゃがんでいる前の列車は、いよいよ発車するらしかった。合図のベルがホームに流れた。それをしおに、幾代は鞄を抱え腰を立てて立ち上った。泣きつづけた彼女の小さな顔は、色白の皮膚を晒したように赤味を消して、瞼《まぶた》が垂れ、細い目がいよいよ細くなっていた。

幾代は、動きだした列車と反対の方向に、重い足で歩き出した。彼女の肩が歩調にともなって、ゆっくり揺れた。彼女はそのとき、列車の窓の視線に自分をあからさまにしたわけだった。

駅員詰所の建物の先きに水道があった。水道の蛇口はさっきから水を出しっ放しであった。駅員が薬かんに水を汲んでそのままくるりと身体をまわして元気に行ってしまってからあと、水は当てなしに流れつづけていた。そのそばを通ってゆくものも多かったが、誰ひとり蛇口の栓を閉めなかった。

幾代は、悲しみを運んでそこまで歩いてきた。顔を上げているので、瞼をあふれた涙が頬に筋を引いた。が、⑤**幾代は、水道のそばを通り抜けぎわに、蛇口の栓を閉めた。音を立てて落ちていた水がとまった。が、幾代は自分のその動作に気づいてはいないらしかった。それは無意識に行われただけだった。**列車は音を立てて出てゆき、明るくなったあとに街の眺めが展がった。が幾代は、再びもとの場所にもどってしゃがみ込むと、今までと同じように泣きつづけた。その場所に、さえぎるものがなくなって春の陽があたった。

（佐多稲子「水」）

《注》

＊1　ズック……綿または麻を用いた厚地の平織り布。

＊2　こりんとした……未詳。二十歳にも満たない若さと健康さを表わすような顔の丸みが、辺り構わぬ労働で最早失われてまい、小さくこけている様子をあらわすか。

＊3　越中……現在の富山県の旧国名。釜ヶ淵、後出の「入善」はそこの地名。

＊4　ちんば……片足が不自由で、正常な歩行ができないこと、またその人を指していう差別的表現。

問一　═══部（a）～（c）のカタカナを漢字に、漢字をひらがなに直しなさい。

問二　───部①「狡猾」という言葉の意味を書きなさい。

問三　───部②「そういうときも幾代は優しい微笑を浮べているだけだった」とあるが、なぜこのような反応をみせるのか。その説明として最も適当なものを選びなさい。

ア　頼りないところがあり、主人の一方的な言い分に流されがちであると同時に、自分の障害を哀れむ人に対しては、身体の引け目や弱さを感じさせるのを嫌い、素直なところをみせようとあるとき幾代は、料理人が女中たちをつかまえてそう云っているのを聞きつけた。そこまではよかった。が料理人は幾代が聞いているのを気づかずに、あとはにやついて、幾代の脚のことにふれ、あけすけなほめ言葉までつけ足した。幾代はそのときは唇を噛んで涙を浮べた。彼女にはそんなあけすけな評言は、自分の悲しみをひそめた身体の中までずけずけと踏み込まれるようにしか聞けなかった。

主人は、はじめ恩恵をほどこしたつもりで幾代をやとったがおもわぬ拾いものをしたわけだった。幾代がこの頃から、郷里の母親に東京見物をさせてやろう、とおもいはじめたのも、主人からそう云われたからだった。主人は幾代に優しい言葉をかける意味で、田舎のおっかさんに東京見物をさせておやりと云い、泊るのはうちで泊めてやるよ、と云ったのだった。

そんなふうだったから、ハハキトクスグカヘレの電報がきたとき、幾代は、早速暇がとれるものとおもっていた。自分の一大事は、主人もそのとおりに承知するものとしか考えなかった。それがそのとおりに運ばなかった。③**幾代は、そこに他人を感じ、夜更けて床についてから、ひとりで泣いた。**

ハハシンダ、カヘルカ、と次の電報が今朝配達された。幾代は台所の板にへたっと坐ると、

「ああ、かアちゃ」

と、細い、しぼるような泣き声を上げて突っ伏した。

彼女はもう朝のやりかけの仕事をしなかった。泣きながら身まわりのものと貯金通帳を鞄に詰めると、河岸に出かけて留守の主人の帰りを待たずに、女主人にだけ(c)**アイサツ**をして上野駅へ駆けつけた。幾代が出てくるときも、女主人は、夫の留守を口実に引きとめようとした。

「それに、もう死んじゃったんだろ。あんたが帰ったって、死んだものが生きかえるわけでもないしねえ」

④**幾代は固い顔をしてそれを聞いていた。聞いていたけれど、反応さえ見せなかった。**ズックの鞄を抱えて旅館の台所口から出て歩き出す幾代は、いつもより腰のゆれが強かった。

母親が死んでしまう、という実感にそそられて、はじめて幾代は、自分と母親とのつながりの深さに気づいた。それは幾代にとって唯一の安心の場所が無くなることだった。幾代が自分の身体の引け目を感ぜずにすむのは、母親の前だけであったと気がつくからだった。幾代の身体の悲しさが、もし母親の云うように前世からの約束ごとならば、その罪は母親もいっしょに被るものだった。あるいは母親の罪のために幾代が悲しみを背負っているのかもしれなかった。幾代は母親の労苦を知っていたからそんなことを口に出しもしなかったけれど、兄や姉の前にさえ勝気にふるまう意識の操作を、母親に対してだけは感ぜずにすんだ。

その母親が死んでしまう。一刻も早く、母親の前に行って、母親と一緒に泣きたかった。母親はすでに死んでいるのかもしれない。が、幾代には母の姿は、木綿の薄い夜具の中に眠っている姿でしか想像できなかった。そこにまだ母親は存在しているはずだった。幾代はそんな母親を想像すると、今までの感情になかった性質の哀れみで、可哀想、と切実に感じた。もう母親はすべてに対してすっかり無力になっているにちがいないからであった。しかもその哀れみの感情は、幾代

におもい出しているのかもしれなかった。そばで宿題をしているとき、ふいにそれを話しかけられたりしたことで、幾代はそうおもうのであった。

「姉ちゃが、工場で働いたお金、おくってくれたでエ」

と、語尾にアクセントをつけて、必ずそれを云った。そういうとき幾代は、自分も働けるようになったら、給料を貯めてこの母親を、今度は自分が湯治に出してやりたいとおもった。

幾代が五歳のときに父親が亡くなった。兄が十三歳、姉が十歳、末子だった幾代はまだ母と一緒の床に寝ていて、眠りながら、くせになってまだ母親の乳を探ることがあった。母親の乳房はあたたかくて柔かだった。父親が亡くなって幾月か経ったある夜、母親が床にはいってきた気配を感じた幾代が、手を母親の胸に差し入れて乳を探った。とたんに、ぱっと払いのけられて、目が覚めた。目が覚めると、払いのけられたことが口惜しくて、意地になってまた母親の乳房を求めた。

「いやだッてば」

母親は真剣な声を立て、身ぶるいして、幾代の手を払った。それがあんまりじゃけんだったので、びっくりして幾代は泣き出した。

「なに、泣くう」

母親はまだおこっているような調子だった。

そんなときの微妙なことは、幾代にわかるはずはなかった。またある夜は、ふと、母親が泣いているような気がして目を覚ましたこともある。

「かアちゃ」

そっと呼ぶと、しのび泣きはとまって返事もなかった。幾代は、くら闇の中でそのときは母親の顔を探った。その掌が、母親の涙で濡れて、それは、父親の亡くなったあとの苦労の悲しみなのだ、とはっきりわかった。あるいはその悲しみは、幾代の身体のことを案じてのものかも知れなかった。幾代は成長してからもそのことをときどきおもい出した。

幾代の左脚が短いことを母親はふびんがって、自分のせいのように謝ることがあった。幾代が二歳のとき、高熱がつづいたのを抱いて、富山市の病院へも連れて行ったのだという。

「一ヵ月も入院して、命のあったのが見つけものと言われた。なアん、片脚が少々短うても、気にせんこっちゃ」

小学生のとき田圃《たんぼ》道を帰ってくる途中で、男の子に、(＊4)ちんば、ちんば、とはやし立てられたことがある。丁度ゆき逢った母親がそれを聞きつけた。すると母親はいきなり大声にわめいて小石を投げた。幾代の方が母親の見幕を恥ずかしくなって先きに走った、走ってゆく幾代の姿は、ぴょこん、ぴょこん、と左肩がさがっていた。

しかし幾代は、明るいとは云えないにしろ、素直な性質だった。旅館の台所で終日立ち働きながら、身体の引け目を見せなかった。どこかに負けん気をひそめていて、それが素直さにもなり、身体の引け目を見せぬ働きものにもするらしかった。この旅館に住み込んで一年と数ヵ月で、料理方も主人も、幾代の働きぶりの誠実さを認めた。東京の他人の中に出て苦労するものと覚悟してきたから、幾代の方では自分が認められるのを仕合せに感じさえした。

「幾ちゃんはいいかみさんになるよ」

てつかまり場を欲しているからだった。が、彼女はそれを誰かに求めるように意識しているのではなかった。むしろ彼女は、この駅の雑閙《ざっとう》の中で、自分ひとり打ちひしがれた悲哀にいることをそのまま受け入れて、ただ、とどめようもなくあふれ出る涙をあとからあとから拭きながら、胸の中で母親を呼んでいた。

　幾代の働いている神田小川町の旅館に、彼女あての電報がとどいたのは昨日の朝だった。幾代はこの旅館の台所で働いていたから、団体客の朝の食事がすんで下がってきた五十人分の食器を洗っていた。

　ハハキトクスグカヘレという電文を前にしたとき、幾代ははじめ、瞳孔のひらいてゆくような不安な表情をした。

「こんな電報がきたんですけども」

　主人の前へ出てそう云うと、主人は①狡猾に目を働かせた。主人の疑いは大勢の使用人との関係で身についた警戒から出たものだったが、幾代あての電報が嘘ではないらしいとわかったあとも、不人情を言葉の上で瞞着《まんちゃく》しながら、半ば威圧を加えてまざまざと不機嫌になった。それはこの多忙な時期に、使用人を失いたくないという本心をさらすものだった。

「次の電報を待つんだね。ほんとに(a)キトクなら、今から帰ったって富山までじゃ、間に合やしないよ」

「はい」

　そう答えるしかなかった幾代を、寸時も立ちどまらせるすきを与えず台所の仕事が追いかけた。

　(*3)越中釜《かま》ケ《が》淵《ふち》の農家から幾代がこの神田小川町の旅館に働きに出たのは、一昨年の冬だった。主人が同郷の縁故で、この旅館の下働きに住みこんだ。

「お前さんも脚さえ悪くなきゃね」

と、主人は幾代の身体を哀れむように見まわした。

「はい」

②**そういうときも幾代は優しい微笑を浮べているだけだった。**

　幾代は左脚が少し短かった。そのために近くの紡績《ぼうせき》会社を希望したときも採用にならなかった。が、この旅館に働きに出て、幾代は満足していた。下働きでも毎月、母親に送金できるだけの給料があったし、少額ながら貯金もしていた。

　幾代は給料を貯めて、一度は母親を(b)湯治に出したい、とおもっていた。郷里の母親は、旅館の女主人と同年齢だというのが信じられないほど老けていた。幾代が中学生のとき、入善《にゅうぜん》の紡績工場に働いている姉からの送金で、母親は一度湯治に出かけた。湯治といいながら、大風呂敷いっぱい、つくろいものの衣類を包み込んで持って出たが、たった四、五日の湯治から帰ってきたときは、見ちがえるほど、母親は若がえっていた。腰も伸びて見えた。普段は、家の中でも腰を曲げた姿勢をしていた。幾代がまだ小さいときから母親はそんなふうに腰を曲げていた。それは年齢のせいというよりは、生活の習慣でそうなったというものだった。それが湯治から帰ってくると、頬が光って、色が白くなっていた。

　それ以来、母親のたのしいおもい出話は湯治のことにきまってしまった。湯につかって、三年はたしかに生きのびた、といい、宿の広間にかかった旅まわりの芝居を二晩つづけて見たことも忘れられないらしい。ひとりでじいっと縫物をしているときなども、母親はひそかるということ。

イ　福祉国家が外部環境の変化により限界に直面したとしても、社会的少数者の置かれた状況を改善しようとする意識が強まりつつある現代で、支援を必要とする人々同士が支え合うネットワークを強化する福祉制度までも否定することは時代錯誤だということ。

ウ　福祉国家が様々な困難を抱えているとしても、個人主義や経済至上主義がはびこる世界で、人間が生まれながらに持つ貧富の格差を根本から解消できる手段はもはや国家権力による強制しかなく、福祉国家の否定は格差を肯定することを意味するということ。

エ　相互扶助的な連帯が負の側面を持つとしても、移民のように国家から排除される人々が引き起こす問題を見過ごせなくなっている現代では、連帯の精神が宿る福祉国家を否定すると、未来において社会的少数者が連帯する可能性まで捨てることになるということ。

オ　福祉国家が連帯の制度であるという事実が見えにくくても、個人主義、経済至上主義、排外主義が人々を分断させつつある現代で、見知らぬ者同士を最初に結び付けるのは制度的な関係であり、国家を否定してしまうと対面的な連帯も衰退するということ。

二　次の文章を読んで、後の問いに答えなさい。

幾代はそこにしゃがんでさっきから泣いていた。彼女がしゃがんでいるのは、上野駅ホームの駅員詰所《つめしょ》の横だった。だから幾代のしゃがんでいる前には、もう客を乗せて時刻を待っている列車の鋼鉄の壁面があった。正午を過ぎたばかりで、空にはうららとした春の陽ざしがあったが、列車にさえぎられて、詰所との間の狭い場所は蔭になっていた。グリーンのセーターに灰色のスカートをはいて、その背をこごめ、幾代は自分の膝の上で泣いた。膝にのせたズック（＊1）の鞄《かばん》を両手に抱え込んでその上で泣いていた。

すぐ頭の上の列車の窓から、けげんな顔で人ののぞくのも知っていたが、どうしても涙はとまらず、そこよりほかの場所に行きようもなかった。列車の窓の視線に、パーマネントののびたのをうしろで丸めただけの頭髪を見せて、しきりにガーゼのハンカチで涙を拭いていた。

まだ二十歳にもならぬ若さだがあたりかまわず働いていることがひと目で分るような、こりん（＊2）とした顔だ。それが泣き濡れていよいよ頼りなくまずしげに見えた。この春の日なかに、駅のホームにしゃがんで泣いているということ自体、頼りなくまずしいことにちがいなかった。

ホームの上は、片方の線にも列車を待つ人の列があって、ほこりっぽい混雑を呈《てい》している。幾代のいる駅員詰所ぎわはホームも先きの方のせいでいくらかその混雑からはずれているが、しゃがんでいる彼女の前もときどき駆け抜けてゆく人の足でざわついた。このほこりっぽい混雑の中で、幾代はまったく自分の膝の上の鞄を抱きしめているよりほかなかった。しっかり鞄を抱いているのは、彼女自身が頼りなくい連帯の可能性を掘り起こすことも試みるに値する課題であるように思われる。

（馬渕浩二『連帯論』より）

《注》

＊1　エートス……慣習。ある社会や文化に共有される気風や精神性。

問一　――部（a）～（e）のカタカナを漢字に、漢字をひらがなに直しなさい。

問二　――部①「連帯としての本来の姿が、さらに遠退いてしまう」とあるが、どういうことか。その説明として最も適当なものを選びなさい。

ア　福祉国家は行政による権力の行使によって見知らぬ他人同士の間に繋がりを成立させるが、相互扶助のための制度の運用を担うのは行政であって自らが困窮者に対面して直接支援する必要はないため、支援する側とされる側は互いに面識のないままになるということ。

イ　福祉国家を支えているのは対面的、人称的な関係の中で目の前にいる困窮者を支援しようとする人々の意志であるにもかかわらず、福祉制度の運用を行政が行うことで支援を強制されるかのような認識が生じ、人々の支援する意欲が次第に失われていくということ。

ウ　本来、直接的で対面的な連帯である相互扶助が国家により制度化されると、誰が誰を支えているのかが見えにくくなることに加え、福祉制度は国家による強制であると認識しやすくなるため、自らが連帯を支えているという人々の意識はさらに失われるということ。

エ　連帯が福祉国家という巨大な制度として実現されることで人々の間には顔も知らない匿名の人間との繋がりが生じるが、同時にそれは制度によって隔てられた関係であるために、困窮者の存在に気づいてもそれが誰なのかを知ることが難しくなっているということ。

オ　法に従って税金や保険料を支払うことで、既に福祉制度を支えているという認識が社会に広まると、人々は目の前に困窮者がいても自らが直接的、対面的に支援する必要性を感じなくなり、福祉国家が目指した相互扶助的な連帯はさらに弱体化していくということ。

問三　空欄 X に入る慣用句を次から選びなさい。

ア　一挙両得　イ　内憂外患　ウ　天の配剤

エ　諸刃の剣　オ　同じ穴の狢《むじな》

問四　――部②「この福祉エゴイズム的なエートスを、福祉国家は逆説的にも生み出してきた」とあるが、どういうことか。説明しなさい。

問五　――部③「それは大きな損失に繋がる」とはどういうことか。その説明として最も適当なものを選びなさい。

ア　福祉国家的連帯が問題を抱えていても、連帯が枯渇しつつある現代では福祉制度の存在が相互扶助に対する人々の意識を高める等の意義を有することも確かであり、福祉国家を否定してしまうとそこに潜在している連帯の可能性まで手放すことにな可能にする制度である。他方で、その福祉国家もすでに一定の歴史を刻むことで、それが抱える問題が露呈するようになり、様々な批判が提示され続けている。移民問題において(c)如実に表現されるように、社会保障制度が適用される範囲はどこまでなのか、つまり誰が福祉国家の恩恵を被り、誰がそれから排除されるのかという問題がある。この線引きの問題は福祉国家の問題であると同時に、連帯そのものが内包する問題でもある。人々が連帯するとき、連帯から排除される者たちがかならず生み出される。連帯は、連帯の内部と外部を生み出すからである。

あるいは動機づけの問題がある。福祉国家は連帯の制度ではあるが、制度として確立されているがゆえに、強制的で権力的な表情を見せ、福祉国家が連帯の制度であるという事実が見えにくくなる。そのとき、福祉国家を支えるために連帯的に振る舞おうという動機が持続しがたいものとなる可能性がある。しかし、ならば、どのようにすれば連帯への動機づけが可能になるのだろうか。福祉国家の外部、つまり社会における連帯に訴えるにしても、それがすでに衰弱し、枯渇しているかもしれない。福祉国家という制度的連帯は、社会に蔓延する個人主義、経済至上主義、排外主義を跳ね返すことができるほどの生命力を保ち続けているだろうか。

だが、他方で、次のような言い方もできる。福祉国家は、個人主義、経済至上主義、排外主義が跳梁するこの世界にあって、なおも連帯が連帯として辛うじて(d)メイミャクを保っている稀有な場所でもある。現在、福祉国家以外に、あるいは福祉国家を凌駕するほどに連帯が存在感を示す場所は、果たして存在するだろうか。連帯の衰退が事実であるとすれば、連帯の精神が本格的に宿る場所は福祉国家をおいてほかに存在しないかもしれない。とはいえ、そのことは、福祉国家的連帯が(e)盤石であることをまったく意味しない。これまで見てきた通り、福祉国家そのものが様々な困難に包囲されているからである。

福祉国家は、このような両義性を帯びている。それゆえに、その消極的側面に注目するのか、それとも積極的側面に注目するのかに応じて、福祉国家に対する評価も大きく異なるものとなる。ここでは、どちらの側面から福祉国家を評価すべきなのかという問題を未決のものとして提示することができるだけである。一つだけ言えることは、たとえ現下の福祉国家が様々な不都合を抱えているとしても、そのことによって福祉国家が培いうるかもしれない連帯の可能な有り様を福祉国家とともに否定してしまうなら、おそらく、③それは大きな損失に繋がるということである。マルセル・モースは、その『贈与論』の結論部において、贈与に関する思考の射程を、社会保険のような現代の制度にまで延ばしてゆくことができると主張している。あるいは、ティトマスは『贈与関係』において、献血という匿名の制度において利他主義が果たす積極的な役割を探究したが、ティトマスがその際に依拠したのがモースの『贈与論』の思考なのであった。社会保障や福祉制度という土壌の下には、連帯の思考を豊かにする思想的な鉱脈が埋まっている可能性がある。それは、社会保障や福祉政策の主体が国家であるという理由だけで捨て去られてはならない類のものである。制度を介することによって成立する連帯が近未来においてなお必須であるとするなら、福祉国家という制度の下に埋もれているかもしれな部から蝕むと考えられているが、福祉国家そのものが個人主義を助長すると考えることもできる。この件に関して、ガーランドは以下のように述べる。

しかし、それ〔個人主義の強化――引用者〕は、福祉国家の影響でもある。福祉国家は、個人が家族や隣人に依存することを減少させ、そうでなければ個人がもつことはない自立と選択を個人に与えた。逆説的に見えるが、福祉国家は、個人主義が拡大するための強力な手段であり続けてきたのである。

福祉国家が実現する私的な依存関係からの解放、それによって助長される個人主義は、福祉国家にとって X である可能性がある。一方で、たしかに、個人の自立は実現されるべき価値である。他方で、個人の自立が、連帯の弱体化を招来する可能性もある。たとえば、個人主義は、カール・メッツが「福祉エゴイズムの原則」と呼ぶものを招き寄せる可能性がある。福祉エゴイズムの原則とは、福祉国家による様々な制度的支援が自明のものと見なされることによって登場するもので、「多く要求し少なく貢献する」という原則のことである。メッツが指摘する通り、これが財政上の困難を引き起こす可能性があることは当然だろうが、それを度外視したとしても、連帯という点から見て、福祉エゴイズムは問題含みである。全員が福祉エゴイズムの原則にしたがって行動するとき、支えられようとする人々は増えるが、支えようとする人々は減少し、相互扶助が成り立ち難くなるからである。福祉エゴイズムの拡大は連帯を枯渇させる。そして、②**この福祉エゴイズム的なエートス**(*1)**を、福祉国家は逆説的にも生み出してきた**可能性がある。

もちろん、福祉国家は、このような負の側面だけを抱えているのではない。福祉国家の存在が、その外部に肯定的な影響を及ぼすこともある。たとえば、グッディンは、福祉国家が存在し、それが有効に機能することで、福祉国家という制度の外部で連帯のネットワークが強化される可能性に言及している。

（……）福祉国家は、社会的ネットワークを通じて自身が作用することによって、相互扶助制度に取って代わるのではなく、むしろ、これらの制度を強化することによって、これらの社会的ネットワークの成長を促すかもしれない。

たしかに、このような可能性は存在する。福祉国家が存在することが、人々の相互扶助の意識を高め、社会をより連帯的にするという可能性を考えることはできる。スティヤーヌは、福祉制度が人々の意識を変化させることに注意を促している。「スカンジナビアでは、知的障害者、ゲイの人々、自分の子どもへの父親の義務といったことに対する態度が、これらの集団の置かれた状況を改善する社会改革を導入したあと変わった」。そうだとしても、連帯が制度化されることによって生み出される負の側面が消滅してしまうわけではない。人々を連帯へと動機づける回路が現在の福祉国家制度に強固に組み込まれているのか、そのことが問われているのである。

とはいえ、「福祉国家は、現代史における最も華々しい革新的成果の一つとも言える」。福祉国家には人類史的な意義がある。このことに疑いの余地はない。福祉国家は、人々の生に内在する脆弱性に対して、そして資本制がもたらす脆弱性に対して、一人ひとりの個人では果たすことができない防御を、人々が大規模に連帯することによって

【国　語】〈六〇分〉〈満点：一〇〇点〉

【注意】　**記述は解答欄内に収めてください。一行の欄に二行以上書いた場合は、無効とします。**

一　次の文章を読んで、後の問いに答えなさい。

福祉国家が直面するのは、福祉国家がおかれた外部環境の変化が引き起こす困難だけではない。福祉国家は、そこに内在する論理によって、みずからを弱体化させたり、みずからの足元を掘り崩したりするような困難に直面している可能性がある。以下では、二つの点からそのことを検討する。一つは、制度化した連帯としての福祉国家の、その制度性に注目するものであり、もう一つは、福祉国家が個人主義を生み出すことに関するものである。

まず、連帯が福祉国家という巨大な制度として実現されることがもたらす困難から考えてみよう。そのために、マイケル・イグナティエフの論考を参照しよう。イグナティエフによると、福祉国家という制度によって、人々のあいだには「沈黙の関係」が生み出される。それが沈黙の関係であるのは、それが制度的な関係であって、直接的な対面的な繋がりではないからである。福祉国家制度を支えているのは、そして、その制度によって結び付いているのは、顔も知らない匿名の人間たちなのである。見知らぬ匿名の人々であっても、福祉国家という非人称的な制度によって繋がりが成立する。しかし、同時に、人々は福祉国家という制度によって隔てられてもいる。「福祉国家は、連帯を求めるこのニードを制度化しながらも、それと同時に、(a)シリヨクのある者とそれを必要としている者とをお互いに見知らぬ他人のままにさせておく」からである。福祉国家は、見知らぬ者たちを結びつける。しかし、同時に、見知らぬ者たちを見知らぬままにしておく。これが福祉国家が生み出す連帯の性格だというのである。

そうだとすると、相互扶助としての連帯が福祉国家という制度的形態を纏《まと》うとき、何かが決定的に失われてしまうのではないだろうか。相互扶助的な連帯は、元来、対面的で人称的なものである。だが、福祉国家においては、その相互扶助的な連帯が匿名化される。誰が誰を扶助しているのか、そのことが分からなくなる。匿名的であるとは、そういうことである。そして、連帯の対面性や人称性が消去されるとき、様々な問題が生まれる。そのような問題のうち、齋藤純一は大きく三つを指摘している。まず、対面的、人称的な関係においては実感しやすい相互扶助が、福祉国家制度のもとでは、ルーティン化した負担―(b)ジュエキ関係として意識されてしまい、制度を支えている相互性が実感されにくくなる。また、制度の運用は行政によってなされるため、制度が支え合いによって成立しているという一面よりも、行政による権力の行使という一面が前景化されやすくなる。また、納税や保険料の拠出も法で強制されているから、福祉制度は権力によって強制されるものだという認識が成立しやすくなり、目の前にいる困窮者を支援するという①連帯としての本来の姿が、さらに遠退いてしまう。

次に、福祉国家と個人主義の関係について考えてみる。個人主義は連帯と齟齬を来すことがある。個人主義は、集団の利益や他者の利益に貢献することよりも、むしろ自身の利益を重視する発想と親和的だと考えることもできるからである。通常は、個人主義が福祉国家を外

MEMO

大切なことはメモしておこうネ！

2022年度

解 答 と 解 説

《2022年度の配点は解答欄に掲載してあります。》

＜数学解答＞《学校からの正答の発表はありません。》

$\boxed{1}$ (1) ① $A^4-4A^2B+2B^2$ ② $55-28\sqrt{3}$ (2) $\frac{1}{3}$, 3 (3) 6
(4) $-2\sqrt{2}$, $2\sqrt{2}-3$ (5) 6

$\boxed{2}$ (1) $y=-x+6$ (2) $(3-\sqrt{13},\ 3+\sqrt{13})$ $\boxed{3}$ (1) 解説参照 (2) $\frac{107}{216}$

$\boxed{4}$ (1) 3：7 (2) 3：2 $\boxed{5}$ (1) $20\sqrt{3}$ (2) $3\sqrt{2}+1$

○推定配点○

$\boxed{1}$ (1) 各4点×2 他 各6点×4 $\boxed{2}$ (1) 7点 (2) 10点 $\boxed{3}$ (1) 7点 (2) 10点 $\boxed{4}$ (1) 7点 (2) 10点 $\boxed{5}$ (1) 7点 (2) 10点 計100点

＜数学解説＞

$\boxed{1}$ (小問群－式の変形，式の計算，平方根の計算，連立方程式，複雑な分数式の計算，2次方程式，自然数の性質，因数分解，xの2乗に比例する関数，変域，接する円，円の半径)

重要 (1) ① $x^4+y^4=(x^2)^2+2x^2y^2+(y^2)^2-2x^2y^2=(x^2+y^2)^2-2x^2y^2=(x^2+2xy+y^2-2xy)^2-2x^2y^2$ $=\{(x+y)^2-2xy\}^2-2x^2y^2$ $x+y=A$，$xy=B$を代入すると，$(A^2-2B)^2-2B^2=A^4-4A^2B+2B^2$

② $\frac{\sqrt{7}-2+\sqrt{3}}{2}=x$，$\frac{\sqrt{7}+2-\sqrt{3}}{2}=y$とおくと，$x+y=\frac{2\sqrt{7}}{2}=\sqrt{7}$
$xy=\frac{(\sqrt{7}-2+\sqrt{3})(\sqrt{7}+2-\sqrt{3})}{4}=\frac{\{\sqrt{7}-(2-\sqrt{3})\}\{(\sqrt{7}+(2-\sqrt{3})\}}{4}=\frac{7-(2-\sqrt{3})^2}{4}=$ $\frac{4\sqrt{3}}{4}=\sqrt{3}$ $x+y=\sqrt{7}=A$ $xy=\sqrt{3}=B$として①で求めた式に代入すると，$(\sqrt{7})^4-4\times(\sqrt{7})^2\times\sqrt{3}+2\times(\sqrt{3})^2=55-28\sqrt{3}$

(2) □にあてはまる数をxとして，与えられた分数式を計算する。

$x+\frac{1}{x}=\frac{x^2+1}{x}$ $1+\frac{1}{\frac{x^2+1}{x}}+\frac{1}{\frac{x^2+1}{x}}=1+\frac{x}{x^2+1}+\frac{x}{x^2+1}=\frac{x^2+2x+1}{x^2+1}$

$1+\frac{1}{\frac{x^2+2x+1}{x^2+1}}=1+\frac{x^2+1}{x^2+2x+1}=\frac{2x^2+2x+2}{x^2+2x+1}$ $\frac{1}{\frac{2x^2+2x+2}{x^2+2x+1}}=\frac{x^2+2x+1}{2x^2+2x+2}$

$\frac{x^2+2x+1}{2x^2+2x+2}=\frac{8}{13}$となるので，$8(2x^2+2x+2)=13(x^2+2x+1)$ $3x^2-10x+3=0$ 左辺を因数分解して解くと，$(3x-1)(x-3)=0$ よって，$x=\frac{1}{3}$，3

(3) $xy-x-y+119=2022$ $xy-x-y+1=2022-118=1904$ 左辺を因数分解し，右辺を素因数分解すると，$x(y-1)-(y-1)=(x-1)(y-1)=2^4\times7\times17$ x，yが奇数であるとき，$(x-1)$，$(y-1)$は共に偶数だから，$(x-1)$，$(y-1)$は共に素因数として2をもつ。よって，$(x-1)$として考えられる数は，2，2^2，2^3，2×7，$2^2\times7$，$2^3\times7$，2×17，$2^2\times17$，$2^3\times17$，$2\times7\times17$，

$2^2\times7\times17$，$2^3\times7\times17$の12個ある。そして，$43\times43=1849$，$44\times44=1936$なので，$x<y$，つまり，$x-1<y-1$となる$x-1$は，2，2^2，2^3，2×7，$2^2\times7$，2×17の6個である。したがって，$x<y$である正の奇数の組は6組ある。

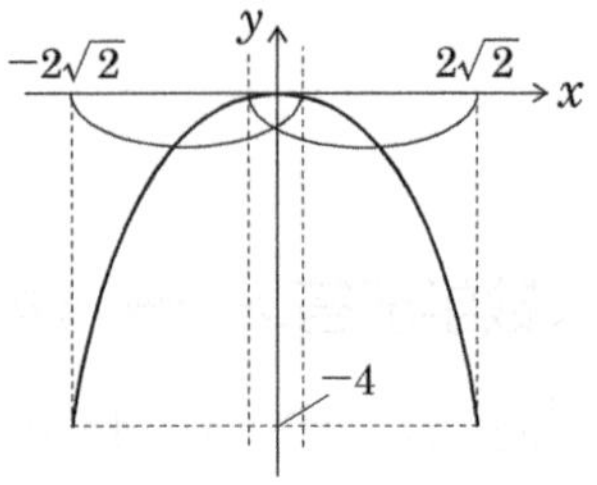

(4)　$y=-\frac{1}{2}x^2$において，$y=-4$となるときのxの値は，$-4=-\frac{1}{2}x^2$　$x^2=8$　$x=\pm2\sqrt{2}$　$a=x=-2\sqrt{2}$のとき$a+3=-2\sqrt{2}+3>0$だから，yの変域は$-4\leqq y\leqq0$となる。また，$a+3=x=2\sqrt{2}$のとき，$a=2\sqrt{2}-3<0$だから，やはりyの変域は$-4\leqq y\leqq0$となる。よって，$a=-2\sqrt{2}$，$2\sqrt{2}-3$

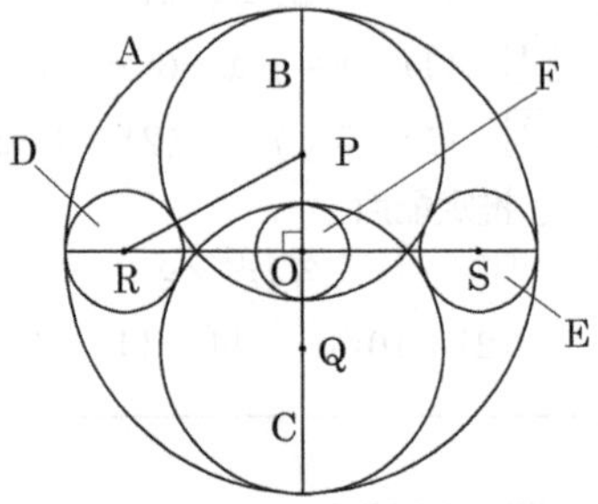

(5)　右図のように円A，B，C，D，Eの中心をそれぞれ点O，P，Q，R，Sとし，円Bの半径をrとする。接する2円の中心を結ぶ線分は接点を通ることや，点Rと点Sが直線PQについて対称の位置にあることなどを用いると，円Aの半径は$2r-2$　$OP=r-2$　$OR=2r-2-\frac{5}{2}=2r-\frac{9}{2}$　$PR=r+\frac{5}{2}$　$PQ\perp RS$だから，△OPRで三平方の定理を用いると，$(r-2)^2+\left(2r-\frac{9}{2}\right)^2=\left(r+\frac{5}{2}\right)^2$　$r^2-4r+4+4r^2-18r+\frac{81}{4}=r^2+5r+\frac{25}{4}$　$4r^2-27r+18=0$　左辺のrの係数が奇数なので，左辺を$(4r+□)(r+○)$の形に因数分解することを考えると，$(4r-3)(r-6)=0$　$r>2$なので，$r=6$　円Bの半径は6である。

2 (xの2乗に比例する関数，グラフ，ひし形の対角線，垂直に交わる直線の傾き，直線の式，グラフの交点，座標)

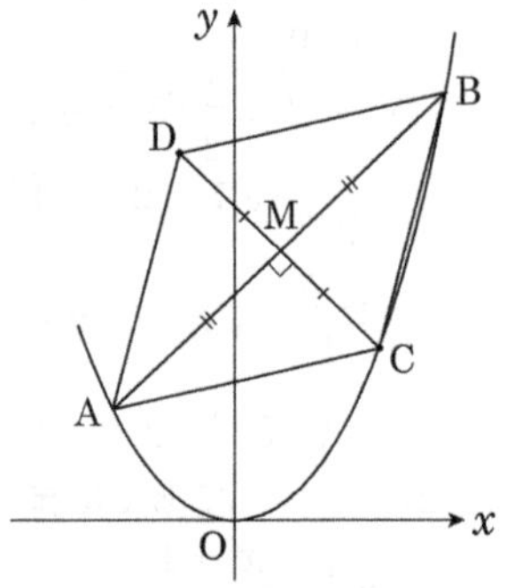

重要　(1)　ひし形の対角線はそれぞれの中点で垂直に交わる。対角線の交点をMとすると，$M\left(\frac{-2+4}{2},\ \frac{2+8}{2}\right)=M(1,\ 5)$　直線ABの傾きは$\frac{8-2}{4-(-2)}=1$だから，直線CDの傾きは-1である。よって，$y=-x+b$とおいて$M(1,\ 5)$を代入すると，$5=-1+b$　$b=6$　よって，直線CDの式は$y=-x+6$

(2)　点Cは$y=\frac{1}{2}x^2$のグラフと直線$y=-x+6$の交点なので，そのx座標は方程式$\frac{1}{2}x^2=-x+6$の解として求められる。$x^2+2x=12$　$x^2+2x+1=13$　$(x+1)^2=13$　$x=-1\pm\sqrt{13}$　$x>0$なので，$x=-1+\sqrt{13}$　点Dのx座標をdとすると，CDの中点Mのx座標が1だから，$(-1+\sqrt{13}+d)\div2=1$　$d=3-\sqrt{13}$　点Dのy座標は，$y=-(3-\sqrt{13})+6=3+\sqrt{13}$　よって，$D(3-\sqrt{13},\ 3+\sqrt{13})$

3 (すごろくゲーム，サイコロの目の出方，移動，確率，図の作成)

(1)　Gにちょうど止まる目の出方が3通りだけあれば，その確率が$\frac{1}{2}$となる。

(例)

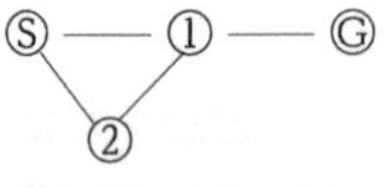

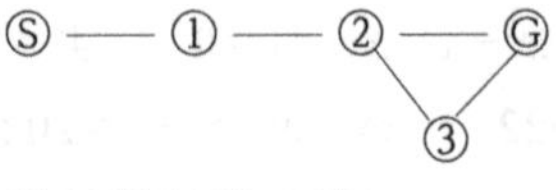

Ⓢ→①→Ⓖ	Ⓢ→①→②→Ⓖ
Ⓢ→②→①→Ⓖ	Ⓢ→①→②→③→Ⓖ
Ⓢ→①→②→Ⓢ→①→Ⓖ	Ⓢ→①→②→Ⓖ→③→②→Ⓖ

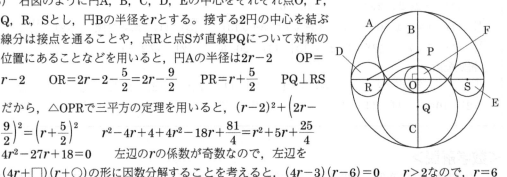

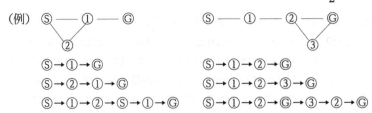

(2)　3つのさいころをふったときの目の出方の総数は$6^3=216$(通り)ある。SからGまで最短で行く移動の回数は5回である。迂回する場合には回数が2，4，6，8，…と偶数回増える。よって，出た目の数の和が5，7，9，11，13，15，17，19となるときにGにちょうど止まる。　＜和が5＞…1と1と3のように2つの目が同じ場合は(1，1，3)，(1，3，1)，(3，1，1)の3通りある。1と2と2の場合も3通り…計6通りある。　＜和が7＞…1と1と5の場合が3通りある。1と2と4のように3つの目が異なる場合には，(1，2，4)，(1，4，2)，(2，1，4)，(2，4，1)，(4，1，2)，(4，2，1)の6通りある。1と3と3の場合が3通り，2と2と3の場合も3通りある。…計15通りある。＜和が9＞…1と2と6の場合が6通り，1と3と5の場合が6通り，1と4と4の場合が3通り，2と2と5の場合が3通り，2と3と4の場合が6通り，3と3と3の場合が1通りある。…計25通りある。
＜和が11＞…1と4と6の場合が6通り，1と5と5の場合が3通り，2と3と6の場合が6通り，2と4と5の場合が6通り，3と3と5の場合が3通り，3と4と4の場合が3通りある。…計27通りある。　＜和が13＞…1と6と6の場合が3通り，2と5と6の場合が6通り，3と4と6の場合が6通り，3と5と5の場合が3通り，4と4と5の場合が3通りある。…計21通りある。　＜和が15＞…3と6と6の場合が3通り，4と5と6の場合が6通り，5と5と5の場合が1通りある。…計10通りある。　＜和が17＞…5と6と6の場合が3通りある。…3通りだけである。よって，$6+15+25+27+21+10+3=107$(通り)あるので，その確率は，$\frac{107}{216}$

4　**(円周角，相似，平行線と線分の比，面積の比と底辺の比)**

(1)　$AP=3x$とすると$AQ=4x$　　$PB=2y$とすると，$QC=y$
△ABQと△ACPにおいて，4点P，B，C，Qが同一円周上にあることから，$\overset{\frown}{PQ}$に対する円周角なので∠ABQ＝∠ACP　　∠BAQと∠CAPは共通だから，2組の角がそれぞれ等しく，△ABQ∽△ACP
よって，AQ：AP＝AB：AC　　$4x:3x=(3x+2y):(4x+y)$
$16x^2+4xy=9x^2+6xy$　　$7x^2=2xy$　　xは0でないから，両辺をxで割って，$7x=2y$　　よって，$BP=2y=7x$　　$AP:PB=3x:7x=3:7$

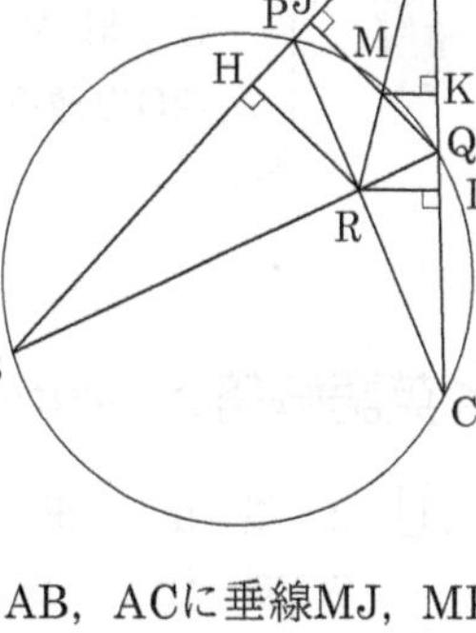

重要
(2)　点RからAB，ACに垂線RH，RIを引くと，△RBH∽△RCI
よって，RH：RI＝RB：RC　　∠RBP＝∠RCQ，∠RPB＝∠RQCから△RPB∽△RQCなので，RB：RC＝PB：QC＝2：1　　点MからAB，ACに垂線MJ，MKを引くと，MJ//RH，MK//RIだから，MJ：RH＝AM：AR＝MK：RI　　よって，MJ：MK＝RH：RI＝RB：RC＝2：1　　△APMと△AQMはAP，AQをそれぞれの三角形の底辺とみたときの底辺の比が3：4，高さの比が2：1なので，面積の比が3×2：4×1＝3：2となる。△APMと△AQMの底辺をそれぞれPM，MQとみたとき，高さが共通なので，面積の比は底辺の比に等しい。よって，PM：MQ＝3：2

5　**(空間図形，切断，三平方の定理，合同，面積，辺の比)**

(1)　AB，CD，EF，GHのそれぞれの中点をI，J，K，Lとして，3点O，I，Jを通る平面でこの立体を切断すると，切断面は点K，Lも通る。OIとPQの交点をMとし，面ABCD上に点Rを通るCDに平行な直線を引き，IJとの交点をNとすると，PQ//ABだから，OM：MI＝OP：PA＝1：2　　また，JN：NI＝CR：RB＝1：2　　よって，MN//OJとなる。したがって，△IMN∽△IOJであり，△MINは△OIJと同様に二等辺

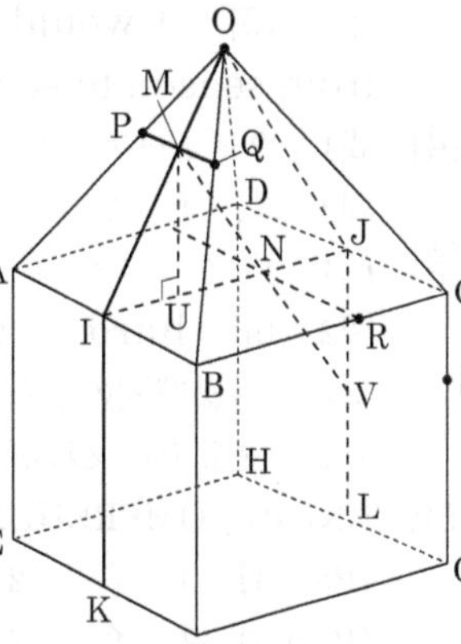

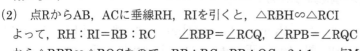

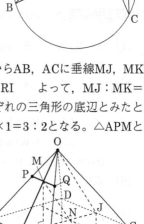

三角形である。点MからINに垂線MUを引くと，UはINを2等分するので，IU=UN=JN=2　また，OIは正三角形OABの高さとなるので，$OI=6\times\frac{\sqrt{3}}{2}=3\sqrt{3}$　$MI=MN=2\sqrt{3}$　直線MNとJLとの交点をVとすると，△MNUと△VNJは合同であり，$VN=MN=2\sqrt{3}$　よって，3点P，Q，Rを通る平面で立体Zを切断したときの切断面は，上底2，下底6，高さ$3\sqrt{2}$の台形と2辺の長さが$2\sqrt{3}$と6の長方形を合わせた形になるので，その面積は，$\frac{1}{2}\times(2+6)\times2\sqrt{3}+2\sqrt{3}\times6=20\sqrt{3}$となる。

やや難　(2)　面CDHG上で点Sを通りCDに平行な直線を引き，JLとの交点をWとするとJW=CS=2　3点P，Q，Sを通る平面とIJとの交点をXとすると，JX=CT　△MIUで三平方の定理を用いると，$MU^2=MI^2-IU^2=12-4=8$　$MU=2\sqrt{2}$　MU//WJなので△MUX∽△WJXとなるから，$UX:JX=MU:WJ=2\sqrt{2}:2=\sqrt{2}:1$　$JX=x$とすると$UX=4-x$だから，$(4-x):x=\sqrt{2}:1$　$\sqrt{2}x=4-x$　$(\sqrt{2}+1)x=4$　$x=\frac{4}{\sqrt{2}+1}=4(\sqrt{2}-1)$　CT：TB=2：Yとおくと，$4(\sqrt{2}-1):\{6-4(\sqrt{2}-1)\}=2:Y$　$4(\sqrt{2}-1)Y=2(10-4\sqrt{2})$

$$Y=\frac{4(5-2\sqrt{2})}{4(\sqrt{2}-1)}=\frac{5-2\sqrt{2}}{\sqrt{2}-1}=(5-2\sqrt{2})(\sqrt{2}+1)=5\sqrt{2}+5-4-2\sqrt{2}=3\sqrt{2}+1$$

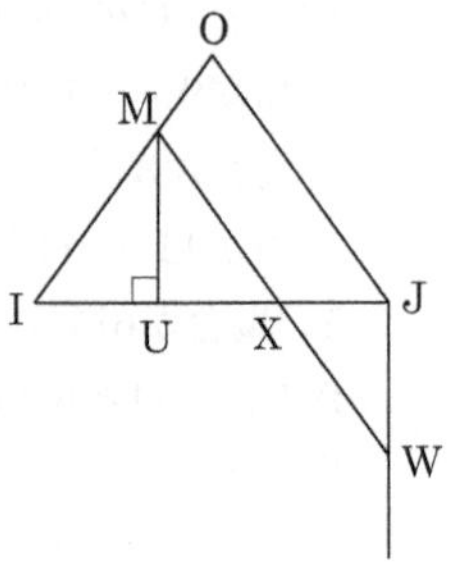

★ワンポイントアドバイス★

1(1)の②は①で作った式を使う。(3)は$xy-x-y-1$とすると因数分解できる。2ひし形の対角線の性質に着目する。4の(2)は三角形の面積の比から考える。5は点Oを通る平面で考えるとよい。

<英語解答>《学校からの正答の発表はありません。》

1　2　誤　a　正　my　3　誤　other　正　another　6　誤　said　正　told　7　誤　in　正　on　9　誤　to　正　at　11　誤　and　正　or

2　1　A　ク　B　エ　C　キ　2　A　ク　B　エ　C　ア　3　A　イ　B　ク　C　オ　4　A　カ　B　オ　C　ウ　5　A　ウ　B　ア　C　カ

3　(1)　(例)　It takes less than an hour to the mountain from the city center
(2)　(例)　I would like you to enjoy the beautiful nature which changes from season to season

4　問1　ウ→イ→ア→エ　問2　1　(c)　2　(b)　3　(d)　4　(b)　5　(c)
問3　エ，オ，カ

5　問1　1　ク　2　エ　3　カ　4　イ　5　オ　6　ウ　7　キ　8　ア
問2　(a)　hard　(b)　angry　問3　(例)　父親と一緒に夕食を食べたかったので，父親の労働時間のうち1時間を買ってその分早く帰宅してもらおうと思ったが，すでに持っていた金額では父親が1時間に稼ぐ20ドルにまだ10ドル足りなかったから。

LISTENING COMPREHENSION
【Part 1】　1　イ　2　エ　3　ア　4　エ
【Part 2】　1　イ　2　ウ　3　ア　4　エ

○推定配点○
1，2，4問1　各3点×12　　3，5問3　各4点×3
4問2・問3，5問1・問2　各2点×18　　LISTENING　各2点×8　　計100点

＜英語解説＞

重要 1　(正誤問題：前置詞，不定詞，接続詞)

1 「あなたは目覚まし時計を明日の朝4時にセットしたのですか。なぜそんなに早く起きなければならないのですか」 alarm clock は「目覚まし時計」のこと。「目覚まし時計を～時にセットする」は set an alarm clock for ～(時刻)で表す。正しい英文。

2 「私は電話の電源を切るのを忘れて，試験中に電話が鳴った」 forget のあとに名詞的用法の不定詞を置くと「～することを忘れる」，動名詞を置くと「(過去に)～したことを忘れる」という意味になる。この場合の phone「電話」は明らかに自分の電話を指しているので，不特定の名詞につける a ではなく my とするのが適切。

3 「私は4匹のネコを飼っている。1匹は黒，もう1匹は白，他は茶色だ」 3つ[人]以上の物や人の中の1つ[人]は one で表し，それ以外のどれか[だれか]1つ[人]は another で表すので，other ではなく another が正しい。残りが複数ある[いる]場合，残りのすべては the others で表し，残りが1つ[人]の場合は the other で表す。

4 「私は去年の夏に音楽祭で17歳の女の子と友達になった」「～と友達になる」は make friends with ～ と friend を複数形にして表す。また，「～歳の」という形容詞は ～ years old の間に -(ハイフン)を入れ，years を単数形にして ～-year-old と表す。正しい英文。

5 「私は去年，千葉マリンスタジアムで2回野球をした」 twice は「2回，2倍」という意味の副詞。正しい英文。

6 「医者は私にこれら2種類の薬を飲むように言った」「(人)に～するように言う」は＜ tell ＋人＋ to ＋動詞の原形＞で表すので，said ではなく tell の過去形 told が正しい。「(薬)を飲む」は take で表す。

7 「あなたは去年の12月25日の朝に何をしましたか」 単に「朝[午前中]に」というときは in the morning で表すが，「～月…日の朝[午前中]に」のように「ある特定の日の朝[午前中]に」という場合は in ではなく on を用いる。「(店など)で買い物をする」という場合は at を用いるのが普通。

8 「昨日は日曜日だったので，母は私を昼まで眠らせてくれた」「(人)に～させてやる，(人)が～するのを許す」は＜ let ＋人＋ 動詞の原形＞で表す。また，let は原形，過去形，過去分詞がすべて同じ形の動詞。until は「(ある時)まで(ずっと)」という意味の前置詞。正しい英文。

9 「私たちは先週の日曜日に家族と食料品店へ買い物に行った」「～しに行く」は go ～ing で表す。「(場所)へ～しに行く」という場合，「(場所)で～する」と表すので，「食料品店で買い物をする」と考える。したがって，前置詞は「(場所)へ」の意味の to ではなく「(場所)で」の意味の at や in を用いる。「川へ釣りに行く(＝川で釣りをしに行く)」ならば go fishing in the river となる。

10 「ニュージーランドの人口はどれくらいですか。1億人くらいですか」 人口を尋ねるときは how many ではなく what または how large を用いる。正しい英文。

11 「この食事はお持ち帰りでも店内で食べてもいいですよ」 take away は「～を持ち帰る」，eat in は「店内で食べる」という意味なので，and でつなぐと「持ち帰って店内で食べる」と

いうことになって矛盾する。「持ち帰りか店内のどちらか」ということなので，and ではなく or が適切。

やや難 2 (語句整序問題：不定詞，比較，関係代名詞，接続詞)

(全訳) 1901年12月5日，ウォルター・イライアス・ディズニーはシカゴのノース・トリップ・アベニューの2階建ての小さな家の寝室で生まれた。

ウォルトの両親と上の兄弟たちは農作業で忙しすぎてウォルトを学校へ連れていくことができなかった。だから，彼は7歳近くになるまで学校へ行き始めなかった。そのころまでには，5歳だった妹のルスも学校に行けるようになっていた。ウォルトは，妹と一緒に学校へ行き始めることは「男子に起こりうることの中で最も恥ずかしいことだ」と言った。

ウォルトは人々を楽しく過ごさせるために，いつでも人々を喜ばせたいと思っていた。かつて，ピーター・パンを演じるために俳優の一座が町に来たことがあった。それは決して大人にならない少年についてのものだった。ウォルトはその劇が大好きで，学校での上演でピーターを演じた。彼の兄のロイがウォルトを宙に上げるために針金を使った。観客には彼が飛んでいるように見えた。

彼が鉛筆を握れるようになったころ，ウォルトは絵を描いて何時間も過ごした。彼はみんなに自分は芸術家だと言った。彼には本当に才能があった。彼の隣人であるドク・シャーウッドは，ウォルトはとても上手だと思ったので，自分の馬の絵を描くよう頼んだ。ドク・シャーウッドと彼の妻はその絵を称賛した。それはウォルトをとても誇らしく感じさせた。

ある日，彼はひと樽のタールを見つけた。彼とルスはタールに大きな棒を浸して彼らの白い家の壁じゅうに絵を描いた。その芸術作品を見たとき，彼らの両親はまったくうれしくなかった。タールは取り除くことができなかったのだ！

1 (Walt's parents and older brothers were) too busy with farm jobs to take Walt to school. too ～ to …「あまりに～で…できない」の構文。busy with ～「～で忙しい」。

2 (… starting school with his young sister) was the most embarrassing thing that could happen (to a boy.) that 以下は starting school with his young sister を主語とする最上級の文。the most embarrassing thing「最も恥ずかしいこと」のあとに関係代名詞 that を置いて could happen to a boy「男子に起こりうる」と続ける。

3 It was about a boy who never grows up. It は直前の Peter Pan「ピーター・パン(劇の題名)」を指し，その劇の内容を説明する文となる。It was about ～「それは～についてのものだった」として，そのあとに主人公の a boy(＝ピーター・パン)を続け，a boy を後ろから説明するように関係代名詞 who を置く。grow up「大人になる，成長する」。

4 (… Walt) was so good that he asked for a picture (of his horse.) so ～ that …「とても～なので…」の構文。good はウォルトの絵のうまさを表している。ask for ～ は「～を求める」という意味で，ここではドク・シャーウッドがウォルトに自分の馬の絵を描いてくれるように頼んだことを表している。

5 Their parents were not at all happy when they saw (the artwork.) they は their parents を指す。not at all ～「まったく～ない」を用いて「彼らの両親はまったくうれしくなかった」という文を作り，そのあとに接続詞 when を置いて「彼ら(＝ウォルトの両親)がその芸術作品を見たとき」と続ける。

やや難 3 (条件英作文問題：前置詞，不定詞，関係代名詞)

(全訳) 私は高尾山についてお話したいと思います。(1)その山までは都心から電車で1時間かかりません。高尾山は2009年にミシュラン旅行ガイドから3つ星を受けてから世界中の人々に大人気となっています。毎年260万人を超える旅行者がその山を訪れます。高尾山は猿園，野生植物園，1,000年を超える歴史を持つ薬王院のようなすばらしい場所でいっぱいで，子供だけでなく大人をも引きつけます。高尾山はまた，桜の花やスミレや他の多くの種類の花を見るのにもよい場所です。(2)私はみなさんに四季折々に変化する美しい自然を楽しんでもらいたいと思います。天気がよいときには，山の頂上から富士山のすばらしい景色を見ることができます。高尾山を訪れてみませんか。

(1)　メモの2番めにある「都心から電車で1時間弱」という内容を表す英文を作る。<It takes +時間>「(時間が)～かかる」，less than「～よりも少ない」を用いて It takes less than hour とすると「1時間かからない」となる。このあとに，to the mountain「その山まで」，from the city center「都心から」と続ける。「都心」は the center of the city と表すこともできる。また，an hour のあとに to go there「そこへ行くのに」と不定詞を入れてもよい。また，take を使わずに，You can arrive at the mountain in less than an hour.「1時間かからずにその山に着くことができる」といった表現も可能。

(2)　メモの「紹介したいこと」の5)の内容を表す英文を作る。外国人観光客を相手に話すという設定なので，目の前にいる外国人観光客は you で表す。<would like+人+to+動詞の原形>で「(人)に～してもらいたい」という意味。would like は want 1語でもよいが，よりていねいなwould like を用いる方が適切。「四季折々に変化する美しい自然」は the beautiful nature「美しい自然」のあとに関係代名詞を置いて表す。「四季折々に」は，解答例の他に every season「季節ごとに」としてもよい。文全体は，I hope (that) ～.「～することを望む」を使って，I hope you will enjoy ～. とすることもできる。

4　**(長文読解問題・説明文：文整序，英問英答，内容吟味)**

(全訳)【1】人はどのようにしてオリンピックのチャンピオン―金メダルを獲得することができる人物になるのだろうか。実際には，すぐれた運動選手になるためには訓練や練習だけでなく，異なる要因の組み合わせのすべてが必要なのだ。

【2】おそらく，エリート選手になるうえで最も重要な要因は遺伝である。ほとんどのオリンピック選手は平均的な人と異なるある肉体的な特徴を持っている。たとえば，あるエリート選手の筋肉を例に挙げよう。ほとんどの人間の骨格筋(体を動かす筋肉)には，速筋繊維と遅筋繊維がある。速筋繊維は私たちが素早く動く手助けをする。たとえば，オリンピックのウェイトリフティング選手は筋肉の中に，平均的な人よりもはるかに多い大量の速筋繊維がある。これらのおかげで，彼らは一瞬のうちに何百キロもの重さを地面から頭上まで持ち上げることができるのだ。驚くべきことに，このスポーツでは大柄で筋骨たくましい体がよい成績を収めるうえで最も重要な要因ではないのだ。筋肉の中に多くの速筋繊維を持っていることの方が重要なのだ。

【3】一方，あるエリートマラソン選手の脚には90パーセントまでの遅筋繊維が含まれている可能性がある。ウ私たちが長時間激しく運動すると，疲労，筋肉の痛み，呼吸の苦しさを覚えるのがふつうである。イこれらの感覚は，筋肉が乳酸と呼ばれるものを大量に作り出して短時間で取り除くことができないときに起こる。ア遅筋繊維がたくさんある運動選手は動きながら素早く筋肉から乳酸を取り去ることができるようである。エこれらはエネルギーを効率的に作り出し，運動選手は疲労を抑制してより長い時間動き続けることができるようになる。このため，平均的なランナーならばレース半ばで不快に感じ始めるだろう。しかし，訓練を積んだオリンピック選手ならば競走のずっとあとになるまで不快に感じることはないだろう。

【4】オリンピックで競争する人の中には大きさが重要な者もいる。ほとんどの男性水泳チャンピオンは180センチ以上あり，そのためにより遠いところに手が届き，速く泳ぐことができる。し

かし，男女の体操選手にとっては小柄で体重が少ないことはより楽に動けることを意味し，最高4.5メートルの高さから床に着地するときに体を痛めることが少なくなる。

【5】 環境のせいで運動選手の能力が自然とよくなることもある。ケニア，エチオピア，モロッコのような国々の高地で育つ人はヘモグロビンが豊富な血液を持っている。大量のヘモグロビンは体中に素早く酸素を運ぶ。このために，こうした運動選手はよりよく走れるようになる。文化的な要因もまた，運動選手があるスポーツでよりよい成績をあげるのに役立つことがある。テグラ・ロルーペはケニア北部出身の若い女性で，何試合かのマラソンで優勝した。彼女は，成功の中には自分の国がある場所(彼女はおよそ2,400メートルの高さの場所で練習している)のおかげで成功したこともあれば，自分の文化的背景のおかげで成功したものもあると言う。子供のとき，彼女は毎日10キロ走って学校へ行かなくてはならなかった。「遅刻したら罰を受けるでしょう」と彼女は言う。

【6】 遺伝子，環境，そして文化までもがエリート選手になることに役割を果たすが，成功するには訓練と練習は常に必要である。マラソンランナーは疲労を抑制して長時間動き続けることができるかもしれないが，彼らが目標に到達してそれを維持するためには訓練しなくてはならない。ウェイトリフティング選手や体操選手は無意識的に動けるようになるまで何度も何度も同じ動きを繰り返すことで技能を高める。オリンピック飛び込みで4回金メダルを獲得したグレッグ・ローガニスは，ダイバーは成功するために同じやり方を訓練しなくてはならないと言う。「飛び出してから水面に達するまでに3秒もないのだから，考える時間はありません。その飛び込みを何百，もしかしたら何千回と繰り返さなくてはならないのです」このようにして訓練し続けるために，運動選手は強い体だけでなく強い心も持っていなくてはならない。合衆国のオリンピック・トレーニングセンターの心理学者，ショーン・マッカンは，「運動選手に強い心がなかったら，彼らは私たちが与える訓練をこなすことができないでしょう。彼らは目標を設定し，必要なときにエネルギーを作り出し，不安感をうまくさばくことが上手でなくてはなりません」と言う。

【7】 運動選手はどのようにしてそのようなプレッシャーを克服しているのだろうか。ローガニスは，競技中にどのように不安を抑えられるようになったか，次のように説明する。彼は，「ほとんどのダイバーは考え過ぎるのです…」と言う。「私に効果があったのはユーモアです。私は，私がひどい飛び込みをするのを見たら，母は何と言うかということについて考えたのを覚えています。彼女はおそらくただにこりとして，しぶきがきれいだったわと言うでしょう」

問1 選択肢に一般の人が長時間走る場合とエリートマラソン選手が長時間走る場合についての記述があることに着目して，「一般の人」「エリートマラソン選手」それぞれについて述べた文をまとめるとよい。「一般の人」については，マラソンで長い時間走ったときに一般の人が体験する苦痛を述べたウのあとに，その苦痛が起こる原因を説明したイが続く。一方，「エリートマラソン選手」については，イで説明された遅筋繊維をたくさん持つ人(＝エリートマラソン選手)の特徴を述べたアのあとに，遅筋繊維の効果を説明したエを続けると論理的なつながりになる。

問2 1 質問は，「次のどの運動選手が最も速筋繊維を必要とするでしょうか」という意味。【2】の段落では，瞬間的に力を発揮する必要があるウェイトリフティング選手には速筋繊維が多いことが述べられ，【3】の段落の第1文では，すぐれたマラソン選手には遅筋繊維が多いことが述べられている。このことから，速筋繊維は短時間でエネルギーを使うスポーツに有効に働くことがわかるので，(c)「短距離走者」が適切。(a)は「マラソンランナー」，(b)は「長距離自転車競技者」，(d)は「登山者」という意味。いずれも長い時間をかけるスポーツなので遅筋繊維が多い方が有利なはずである。 2 質問は，「ウェイトリフティング選手について正しくないものはどれですか」という意味。【4】の段落の第3文で，体操選手は小柄で体重が少ない方がより楽に動けるので有利であるという記述がある。大きな体は体操選手と逆の特徴なので，(b)「大きな体があることは，より動きやすくなるので彼らのほとんどがよりよい成績を収めるのに役立つ」はこの第3文に矛盾する。また，【2】の段落の最後から2文目に，ウェイトリフティングでは大柄で筋骨たくましい体が最も重要な要因ではないと述べられていることからも，(b)がウェイトリフティング選手について正しい記述ではないことがわかる。(a)は「彼らのスポーツには遅筋繊維よりも速筋繊維の方が大きな役割を果たす」という意味。(c)「彼らは何度もある動きを練習することによって自分自身を鍛える必要がある」は【6】の段落の第3文の内容に合う。(d)「彼らにとって，不安があるときに自分の心を制御する方法を学ぶことが重要だ」は運動選手すべてについて当てはまることである。　3　質問は，「段落【6】の主題は何ですか」という意味。【6】の段落の第1文に，遺伝子，環境，文化がエリート選手になることに役割を果たすが，成功するには訓練と練習は常に必要だと述べられており，これに続いて，マラソンランナーもウェイトリフティング選手も体操選手も飛び込み選手も目標とする動きができるようになるために何度も練習する必要があることが述べられている。この内容に合うのは(d)「スポーツにおける成功はたくさんの練習によるものだ」。(a)は「遺伝子は運動での成功の重要な一部である」，(b)は「マラソンランナーは成功するために一生懸命に訓練しなくてはならない」，(c)は「ダイバーは成功するために訓練しなくてはならない」という意味。　4　質問は，「ダイバーのグレッグ・ローガニスならばどの意見に賛成するでしょうか」という意味。【7】の段落にあるローガニスの発言で，「その飛び込みを何百，もしかしたら何千回と繰り返さなくてはならない」と練習の大切さが述べられる一方，「ほとんどのダイバーは考え過ぎるのです…」，「私に効果があったのはユーモアです」と考え過ぎることに否定的な意見が述べられていることから，(b)「一生懸命に練習や訓練をすることは大切だが，物事を深刻にとらえ過ぎてはいけない」が適切。(a)「運動選手はプレッシャーがなければよい演技ができない」，(c)「プロの運動選手はそれぞれの動きについて注意深く考えるべきだ」は(b)に矛盾する。(d)は「どんなスポーツでも，それを行う前にチームメイトと冗談を言うことが大切だ」という意味。【7】の段落にあるローガニスの最後の発言から，ローガニスがユーモアを使って競技前の緊張を抑えたことがわかるが，これは彼が1人で考えたことで，チームメイトと交わした冗談ではなく，また，ユーモアが有効だったのはローガニス個人の場合のことなので，不適切。　5　質問は，「トライアスロン(水泳，サイクリング，ランニングの組み合わせ)の選手になるのに最適な機会を持つ者は次のうちのだれですか」という意味。トライアスロンでは，長い時間をかけて水泳，自転車，ランニングをこなす必要があるので，遅筋繊維が多い人や，酸素を素早く血液に送り込むヘモグロビンが多い人が有利。また，体操のように小柄な方が有利であるとは言えないので，身長は高い方がよいはずである。この条件を満たすのは(c)「身長180センチ，遅筋繊維がたくさんあり，毎日練習しているモロッコ出身の人」。(a)「身長180センチ，乳酸がたくさんあり，完ぺきになるまで同じ動きを練習し続ける日本出身の人」は乳酸が多い点が不適切。(b)「身長150センチ，速筋繊維がたくさんあり，不安を抑えるために毎日自分を鍛えているエチオピア出身の人」は速筋繊維が多い点が不適切。(d)「身長150センチ，ヘモグロビンが豊富な血液を持ち，自分が不安をうまくさばけるかどうか気にしないケニア出身の人」は(c)に比べて身長が低い点が不利である。

問3　ア　「小さくて重たい体があると，床に着地したときに体を痛める可能性が減るので男性女性両方の体操選手にとって効果がある」【4】の段落第3文から，体操選手は体が小さくて体重が軽い方が適していることがわかるので，一致しない。　イ　「ケニア出身のマラソンランナーたちには，彼らの国の位置と文化のためによりすぐれたランナーになる潜在能力がある」【5】の段落第2～4文に，ケニアなどの国々の高地で育つ人はヘモグロビンが豊富な血液を持っているためによりよく走れるようになることが述べられている。また，同じ段落の第5文以下に，やはりケニアの女性マラソン選手が文化的な要因からよい成績をあげることができた例が述べられているが，文化的な要因はケニア以外の国でもありうることでケニアに特有の条件ではないので一致しない。　ウ 「ダイバーは，水面に達するまでに3秒もないので筋肉をつけるために訓練をし続けなくてはならない」【6】の段落第4～6文にある飛び込み選手だったグレッグ・ローガニスの発言から，ダイバーは飛び出してから水面に達するまでに3秒もないから考える時間がないために，飛び込み方を数多く繰り返す必要があることがわかる。水面に達するまでの3秒弱の時間と筋肉の量との関連については述べていないので一致しない。　エ 「ショーン・マッカンは，運動選手は強い心を持っていなければ彼が与える訓練をこなすことができないだろうと言う」【6】の段落最後から2文目にあるショーン・マッカンの発言内容と一致する。　オ 「遺伝子，環境，文化などのさまざまな要因が運動選手に影響を与えるが，どの場合でも訓練と練習が必要である」【6】の段落第1文の内容と一致する。　カ 「グレッグ・ローガニスは訓練のし方だけでなく，感情の抑え方も知っている運動選手の一例である」【6】の段落第4～6文にあるローガニスの発言から，彼が飛び込みの訓練のし方をよく知っていたことがわかる。また，【7】の段落で，運動選手がどのように不安を抑えるかという疑問について，ローガニスはユーモアを利用して不安を取り除いたことが述べられているので，一致する。

5 (長文読解・物語文：文選択補充，語句補充，内容吟味)

(全訳)　ある男が遅い時間に仕事から帰宅した。彼は疲れていて，5歳の息子が玄関で彼を待っているのを知って腹を立てた。

「クお父さん，1つ聞いてもいい？」

「エお前はもう寝ていなくちゃいけないんだ！　何だい？」と男は答えた。

「カお父さん，1時間でどれくらいのお金を稼いでいるの？」

「イどうしてそんなことを聞くんだ？　お前には関係ない！」と腹を立てている男は言った。

「オ知りたいだけだよ。どうか教えて。1時間にいくら稼いでいるの？」と幼い少年は尋ねた。

「ウどうしてもと言うなら，1時間に20ドル稼いでいるよ」

「ああ，」と幼い少年は頭を垂れて返事をした。彼は見上げて，「キお父さん，10ドル借りてもいい？」と言った。

父親はさらに腹を立てた。「アだから私がいくらのお金を稼いでいるか知りたかったのか？　それでくだらないおもちゃか何か買えるのか？　部屋に行って寝なさい。私は毎日長時間，一生懸命に働いていて，自分のお金を無駄遣いしたくないんだ」

幼い少年は静かに自分の部屋へ行ってドアを閉めた。

男は幼い少年の質問について考え，それから座るとさらに腹が立ってきた。「どうしてあんな質問をしたんだ？　どうしてあんなにわがままだったんだ？」

しばらくして，男は落ち着き，息子に少しきつく当たってしまったかもしれないと思い始めた。あの10ドルで本当に買う必要のあるものがあったのかもしれないし，お金を要求することは本当にあまりなかった。男は幼い少年の部屋へ行ってドアを開けた。

「眠っているかい？」と彼は尋ねた。

「ううん，お父さん，起きてるよ」と少年は答えた。

「ずっと考えていたんだけど，さっきはお前に(a)きつく当たり過ぎたね」と男は言った。「ごめんよ。長い1日でお前に当たり散らしてしまった。お前が欲しがっていた10ドルだよ」

幼い少年はほほえみながら上体をまっすぐに起こした。「ああ，ありがとう，お父さん！」と彼は叫んだ。それから彼は枕の下に手を伸ばして，さらに多くのくしゃくしゃの札を引っ張り出した。少年がすでにたくさんのお金を持っていたのを見たので，男は再び(b)腹が立ち始めた。

幼い少年はゆっくりとお金を数え，父親を見上げた。

「もういくらか持っているのにどうしてもっとお金が欲しいんだ？」と父親は不平を言った。

「十分ではなかったんだけど，もう十分だよ」と幼い少年は返事をした。

「お父さん，ぼくは今20ドル持っているんだ。お父さんの時間を1時間買えるかな？　明日，早く帰ってきて。一緒に晩御飯が食べたいんだ」

父親は打ちひしがれて，両腕で幼い息子を抱いた。

問1　全訳参照。　個々の空所について考える前に，物語全体を読んで大まかな流れをつかむとよい。選択肢には疑問文がいくつかあるので，全体の話の流れに合うように質問とそれに対する応答として適切なものを考える。冒頭の2文から，父親が遅い時間に帰宅したところ，幼い息子が玄関で待っているのを見て腹を立てていることから，息子はもう寝ていなくてはならない時間であることがわかるので，エの1文目「お前はもう寝ていなくちゃいけないんだ！」に着目して2文目の it をクの a question と考えると，ク→エというつながりができる。また，空所8の直後の「それでくだらないおもちゃか何か買えるのか？」という父親の発言から，この前の少年の発言では具体的な金額が出てくると推測するとキ→アというつながりが考えられる。また，空所6の直後で少年ががっかりした様子が読み取れることから，6には少年にとって残念な事実を伝える発言が入ると考えられるので，6にはウを入れる。

基本　問2　(a)　父親が，息子にきつく当たったことを詫びている場面。I was too に続くので父親の様子を表す形容詞が入ると推測できるので，父親が息子に対して申し訳ないと思っている自分の態度を表す語を探す。息子が自室に入り，父親が1人で考え事をしている場面にある started to think he may have been a little hard on his son「息子に少しきつく当たってしまったかもしれないと思い始めた」から hard を選ぶ。　(b)　息子に10ドルを渡した直後に，息子がすでにお金を持っていたことがわかった場面。空所の直前の get を「～になる」の意味として，直後に again とあることから，この前の段階で抱いた感情を表す形容詞を考える。お金を渡したのに実はすでに息子がお金を持っていたという状況に合うのは angry。

問3　物語の流れから，「少年は父親と一緒に夕食を食べたかった」「父親は1時間に20ドル稼ぐ」「少年は10ドル貸してくれるよう父親に頼んだ」「その10ドルをすでに持っていたお金に加えて，20ドルで父親の労働時間のうち1時間を買おうと思った」といったことをつかむ。中心となるのは，20ドルで父親の1時間を買って，その分早く帰宅してもらい一緒に夕食を食べたかった，ということである。

リスニング問題

Part 1

No. 1　A: Sorry, I'm late, but I got caught in a traffic jam.
B: That's all right, Tom. You're not used to our heavy traffic, are you?
A: No, I'm certainly not.
B: It might be better to use trains and subways in this city.
Questions: Why is Tom late?

No. 2　A: I thought you were going to the library.
B: I wanted to, but I overslept and couldn't catch the bus.
A: I can drive you as far as the post office.
B: That'll be a big help, Danny. It's not far from there.
Questions: Why does Danny give her a ride?

No. 3 A: Excuse me. Can you help me? I'd like to exchange this sweater.
B: What's the problem with it?
A: I bought it for my father, but it's too small.
B: I see. Do you have the receipt, sir?
Questions: What does the man want the store clerk to do?

No. 4 A: Could you help me with a hotel reservation?
B: Sure. Could you give me an idea of what kind of hotel you are looking for?
A: Any hotel is all right, as long as the charge is reasonable.
B: Well, we have a nice hotel in the downtown area.
Questions: What kind of hotel does the traveler want to reserve?

No. 1 A：ごめんなさい，遅れましたが，交通渋滞にはまってしまいました。
B：いいですよ，トム。あなたは私たちの交通の混雑に慣れていないでしょう？
A：はい，まったく慣れていません。
B：この市では電車や地下鉄を使った方がいいかもしれません。
質問：トムはなぜ遅れたのですか。

No. 2 A：あなたは図書館へ行くのだと思っていました。
B：行きたかったのですが，寝過ごしてバスに乗れませんでした。
A：郵便局までなら車で送れますよ。
B：それはとても助かります，ダニー。そこから遠くありません。
質問：ダニーはなぜ彼女を車で送るのですか。

No. 3 A：すみません。よろしいでしょうか。このセーターを取り換えてほしいのですが。
B：それは何か問題がありましたか。
A：父のために買ったのですが，小さすぎました。
B：わかりました。レシートはお持ちですか。
質問：男性は店員にどうしてほしいのですか。

No. 4 A：ホテルの予約を取るのを手伝ってくれませんか。
B：はい。どのようなホテルをお探しか教えていただけますか。
A：料金がお手頃ならばどんなホテルでも構いません。
B：ええと，中心部にすてきなホテルがありますよ。
質問：旅行者はどのようなホテルを予約したいのですか。

Part 2

John and Sylvia were very rich. They lived in a huge, beautifully decorated mansion filled with expensive paintings and other works of art. However, John and Sylvia were rather foolish. They loved telling anyone who would listen about all the wonderful things they had in their home; where and when they'd bought them; and how much they were worth.

One afternoon they arrived home from a day's shopping to find that their car, which was parked on the street, had a dent in it. Even though the dent was only small, John was very angry. Then Sylvia noticed something under one of the windshield wipers. She reached over and pulled out an envelope with the word "Sorry" written on the front. Inside the envelope there were two theater tickets and a note. "Sorry about the dent," the note read. "We hope these tickets will make up for it."

John and Sylvia soon forgot about the dent in their car. They loved going to the theater and the tickets were for a play that they really wanted to see.

On the evening of the play they are out with some friends before going on to the theater. The play was very good and they had a very relaxing evening together. It was after midnight when they got home.

When they got inside, they got a quite a shock. The house was completely empty. Not a single painting was left. Even their furniture was gone. All that was left was a note lying on the kitchen bench.
It read, "We hope you enjoyed the play."

No. 1 What is the reason John and Sylvia were foolish?
No. 2 What is true about John and Sylvia?
No. 3 What did John and Sylvia do when they got home from the theater?
No. 4 What is the reason the people who had damaged the car gave John and Sylvia the tickets?

ジョンとシルビアはとても裕福だった。彼らは高価な絵画や他の芸術作品でいっぱいの美しく飾り付けられた大邸宅に住んでいた。しかし，ジョンとシルビアはかなり愚かだった。彼らは自分たちの家にあるすばらしい物すべてについて聞いてくれる人なら誰にでも話すことが大好きだった。いつどこでそれらを買ったか，それらがいくらの値打ちがあるかと。

ある日の午後，彼らは1日がかりの買い物から帰宅すると，通りに停めてあった彼らの車がへこんでいた。そのへこみはほんの小さなものだったけれども，ジョンはとても腹を立てた。それからシルビアは片方のフロントガラスのワイパーの下のある物に気づいた。彼女は手を伸ばして，表に「ごめんなさい」と書かれた封筒を引っ張り出した。封筒の中には2枚の劇場のチケットとメモが入っていた。メモには，「へこみのことすみません。このチケットで埋め合わせになればと思います」と書かれていた。

ジョンとシルビアはすぐに車のへこみのことを忘れた。彼らは劇場へ行くことが大好きで，そのチケットは彼らがとても見たいと思っていた劇のものだった。

劇の日の晩，彼らは劇場へ行く前に友人たちと外で食事をした。その劇はとてもよいもので，彼らは一緒にとてもくつろいで晩を過ごした。彼らが帰宅したとき，真夜中を過ぎていた。

中に入ったとき，彼らは大いにショックを受けた。家はすっかり空っぽだったのだ。絵画は1枚も残っていなかった。家具さえもなくなっていた。残っていたのは台所の椅子に置かれていたメモだけだった。

それには，「劇を楽しんだことと思います」と書かれていた。

★ワンポイントアドバイス★

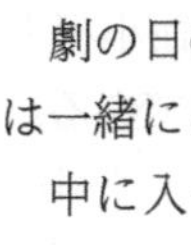

[4]問1の文整序問題では，それぞれの選択肢が何について述べた文であるかをつかむのが重要。イとウでは一般の人について，アとエでは運動選手について述べていることをつかめれば正しく並べかえやすくなる。

<理科解答>《学校からの正答の発表はありません。》

1 (1) ① 500万 ② 暗い ③ 結合していない ④ 20.4 (2) 13.3mL
(3) Ⅰ ア Ⅱ ウ (4) ① 二酸化炭素 ② 酸素 ③ より多くの酸素を放出する (5) Ⅰ イ Ⅱ ア (6) ① 母体のヘモグロビンよりも高い
② 母体の血液から放出された多くの酸素と結びつく

2 (1) 0.65g (2) ① Cl_2 ② 1：2 ③ 8：9
(3) ① 電極(a) $2H^{+}+2\ominus \to H_2$
電極(b) $2Cl^{-} \to Cl_2+2\ominus$ ② $Cu \to Cu^{2+}+2\ominus$
(4) 右図 (5) (カ)

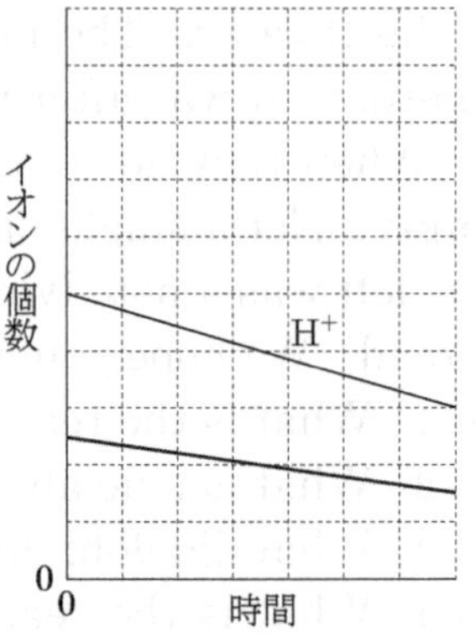

3 (1) (エ) (2) (エ) (3) ① 遅く ② 反時計
③ 東から西 (4) 大潮① (イ) 大潮② (ア)
大潮③ (イ) 小潮① (エ) 小潮② (ウ)
小潮③ (エ) (5) 52度 (6) (オ)

4 (1) ① ア 増加 イ abcd ウ 右から左
②

	ii→iii	iii→iv	iv→v	v→vi	vi→vii	vii→viii	viii→i
ア	abcd	dcba	dcba	dcba	dcba	abcd	abcd
イ	右から左	右から左	右から左	右から左	右から左	右から左	右から左

(2) ① ア i→ii イ i→ii ② (く)

○推定配点○

1 (1) 各1点×4 他 各2点×10 2 (1) 2点 他 各3点×8
3 (3) 各2点×3 (4) 各1点×6 他 各3点×4
4 (1) 各1点×17 (2) 各3点×3 計100点

<理科解説>

1 (ヒトのからだ－ヘモグロビンの性質)

(1) ① ヒトの血液$1mm^3$に含まれる赤血球数は500万前後，白血球の数は7000前後，血小板の数は20万前後である。 ② 酸素の多い動脈血は鮮紅色，酸素の少ない静脈血は暗赤色である。 ③ 図1で赤色光を読むと，破線で示された酸素が結合していないヘモグロビンの方がよく吸収している。 ④ 100mLの血液には15gのヘモグロビンがある。酸素濃度100のときはヘモグロビンの98%，つまり15×0.98＝14.7(g)のヘモグロビンが酸素と結合している。ヘモグロビン1gが1.39mLの酸素と結合するので，14.7×1.39＝20.433で20.4mLの酸素と結合している。

(2) 肺胞の毛細血管と筋肉で酸素飽和度の差は96－32＝64(%)であり，この酸素が筋肉で血液から放出され組織に渡される。100mLの血液には15gのヘモグロビンがあり，その64%は15×0.64＝9.6(g)である。ヘモグロビン1gが1.39mLの酸素と結合するので，9.6×1.39＝13.344で13.3mLの酸素が放出された。

(3)・(4) 二酸化炭素濃度が高いところでは，ヘモグロビンは酸素を放出しやすく，組織に酸素を渡しやすい必要がある。そのためには，(2)で考えた肺胞と筋肉での酸素飽和度の差が大きい方が都合がよい。よって，二酸化炭素濃度が高いときの酸素解離曲線は，下側(ウ)に移動する。(ウ)のグラフで読むと，P_{50}の値は大きくなる。

(5)・(6)　胎児は酸素を肺胞ではなく胎盤から吸収する。そのため，胎盤の酸素濃度において，母体のヘモグロビンが酸素を放出し，胎児のヘモグロビンが酸素と結びつく必要がある。そのためには，同じ酸素濃度において，胎児は母体に比べて酸素飽和度が高くなければならない。よって，胎児の酸素解離曲線は，上側(ア)に移動する。(ア)のグラフで読むと，P_{50}の値は小さくなる。

2　**(電気分解とイオン－電気分解)**

(1)　最初の実験と比較して，電流が$\frac{1}{2}$で，電流を流す時間が2分間から10分間へ5倍になったので，析出する銅の質量は，$0.26\times\frac{1}{2}\times5=0.65$(g)となる。

重要　(2)　塩化銅は，$CuCl_2 \rightarrow Cu^{2+}+2Cl^-$のように電離する。これを電気分解すると，陰極では銅Cuが析出し，陽極では塩素Cl_2が発生する。陽極と陰極での電気量は等しいので，問題文のファラデーの第2法則から，2価の銅イオンCu^{2+}と1価の塩化物イオンCl^-の，反応する個数の比は1：2となる。イオン1個ずつの質量比は16：9だから，生成する質量比は，(16×1)：(9×2)＝16：18＝8：9となる。

(3)　塩酸は塩化水素の水溶液である。塩化水素は$HCl \rightarrow H^++Cl^-$のように電離する。これを電気分解すると，(a)陰極では2個の水素イオンH^+が電子を受け取り，気体の水素H_2となる。(b)陽極では2個の塩化物イオンCl^-が電子を放出し，気体の塩素Cl_2となる。(b)陽極を銅に変えると，問題文にある優先順位1のことから，銅が溶けて銅イオンになる。

重要　(4)　電流を流す前，2つのビーカーの塩化物イオンの数は同じだから，塩酸の水素イオンの数と比べ，塩化銅水溶液の銅イオンの数は半分である。また，図2は直列回路なので，(a)～(d)の電気量はすべて等しい。ファラデーの第2法則から，電極(c)で電子を受け取る2価の銅イオンCu^{2+}と，電極(a)で電子を受け取る1価の水素イオンH^+の，反応する個数の比は，1：2となる。よって，同じ時間で減少するイオンの数は，Cu^{2+}はH^+の半分である。以上より，時間0のときの数が半分で，傾きが半分のグラフを描けばよい。

(5)　しばらく電流を流した間，陰極(c)では銅Cuが析出し，陽極(d)では塩素Cl_2が発生している。その後，電極を交換すると，陽極となった(c)では，問題文にある優先順位1のことから，付着していた銅が溶けて銅イオンになる。陰極となった(d)では銅Cuが析出する。

3　**(地球と太陽系－潮汐)**

(1)　表1で各満潮時刻の間の5つの時間間隔をそれぞれ求めて，平均を取ってもよいが，計算がたいへんである。満潮①と満潮⑥の時間間隔を求めて5で割っても同じことであり，計算が少なく済む。満潮①と満潮⑥の時間間隔は，5日3時間27分，つまり，5日207分なので，5で割ると，1日41.4分となる。なお，それぞれ求めると，1日49分，1日42分，1日40分，1日38分，1日38分であり，平均で1日41.4分となる。

(2)　表1で月の各南中時刻の間の5つの時間間隔をそれぞれ求めて，平均を取ってもよいが，計算がたいへんである。満潮①と満潮⑥の時間間隔を求めて5で割っても同じことであり，計算が少なく済む。満潮①と満潮⑥の時間間隔は，5日3時間31分，つまり，5日211分なので，5で割ると，1日42.2分となる。なお，それぞれ求めると，1日40分，1日41分，1日41分，1日44分，1日45分であり，平均で1日42.2分となる。このように，満潮2回ごとの周期と月の南中周期はほぼ等しい。

(3)　図4で満潮時刻は，銚子→石廊崎→串本→宮崎の順なので，西に行くほど遅い。また，地球の自転は北極側から見て反時計回りだから，地上から見た月の動きは東から西へ向かう。よって，満潮と月の動きは同じ向きである。

重要　(4)　大潮②の期間である5月26日に月食が起こっている。月食は，太陽・地球・月の順で一直線に並んだ満月(ア)のときに起こる。大潮①と大潮③は，その前後2週間の時期なので，いずれも新月(イ)のときである。このように，太陽と月が地球と一直線上になる新月や満月のときに，潮汐を起こす位置からが強め合って大潮となる。また，月は地球の回りを北極側から見て反時計回りに公転しているので，位置関係は(イ)→(ウ)→(ア)→(エ)の順となる。

(5) 月の南中周期は，(2)の解答である1日40分＝(24×60＋40)分＝1480分とする。つまり，地球上から見て月は1480分間で360°回るように見える。本問で，月の南中から満潮までの時間は，3時間33分＝(3×60＋33)分＝213分なので，地球から見て月が移動した角度は，1480：360＝213：xより，x＝51.8…で，52°となる。

(6) (5)のことから，銚子漁港で満潮になったのは，月の南中時刻のあと，月が52°西へ傾いたときである。選択肢の図では，月が南中した時刻の銚子漁港の位置が★で示されている。銚子漁港の真上に月が来たあと，★を含む地球が反時計回りに52°自転すると，★は満潮の位置に到達する。

4 (電流と磁界－手回し発電機)

(1) ① i のとき，コイルと磁力線は平行なので，コイルの面を貫く磁力線の数は0である。i→ii のように回転すると，コイルの面を貫く磁力線の数は増加する。これは，図5からも図6からも読み取れる。コイルを右向きに貫く磁力線が増えると，電磁誘導によってコイルには左向きの磁力線をつくるような電流が流れる。これは，a→bの向きおよび，c→dの向きである。図4より，abcdの向きに電流が流れるとき，抵抗器には右から左に電流が流れる。 ② 場面ごとに，コイルを貫く磁力線の増減と電流の向きを検討する。［ii→iii］i→ii と同じである。［iii→v］コイルを右向きに貫く磁力線が減るため，電磁誘導によってコイルには右向きの磁力線をつくるような電流が流れる。これは，b→aの向きおよび，d→cの向きである。コイルを流れる電流の向きはdcbaに変わったが，左右のブラシと接している整流子の導体部も入れ替わっているので，抵抗器に流れる電流は，右から左のままである。［v→vii］v までとはコイルが裏返しになっている。そのコイルを右向きに貫く磁力線が増えるため，電磁誘導によってコイルには左向きの磁力線をつくるような電流が流れる。これは，b→aの向きおよび，d→cの向きである。結果，iii→v と同じである。抵抗器に流れる電流は，右から左のままである。［vii→i］裏返しのコイルを右向きに貫く磁力線が減るため，電磁誘導によってコイルには右向きの磁力線をつくるような電流が流れる。これは，a→bの向きおよび，c→dの向きである。電流の向きはabcdの向きに変わったが，左右のブラシと接している整流子の導体部も入れ替わっているので，抵抗器に流れる電流は，右から左のままである。

重要

(2) ① i→ii も，ii→iii も，コイルを貫く右向きの磁力線の数は増えている。しかし，図6からもわかるように，i→ii では大きく増えているが，ii→iii では増え方が小さい。どちらも所要時間は同じなので，i→ii の方が磁界の変化が大きく，誘導電流が大きい。 ② (1)②の考察から，抵抗器を流れる電流はずっと右から左であり，本問のグラフではずっと負の向きの電流である。また，コイルを流れる電流がabcdの向きとdcbaの向きで入れ替わるのは，iii のときとvii のときであり，ここで整流子の接触相手も入れ替わるため，一瞬だけ電流は0になる。これらの特徴にあうのは(く)である。

やや難

★ワンポイントアドバイス★

長い問題文と豊富な図表を充分に使い，試験中であっても新たに学ぶ気持ちを忘れずに，ていねいに解こう。

＜社会解答＞《学校からの正答の発表はありません。》

[1]　問1　2　　問2　(例)　強大な中国に対し臣下の礼をとるという関係　　問3　1
問4　1　　問5　1924年　　問6　(1)　カトリック　　(2)　4　　問7　3
問8　(1)　4　　(2)　2　　問9　ウ　コシャマイン　　エ　グスク　　オ　尚(氏)
問10　(1)　北前船　　(2)　(例)　貿易による金銀の流出を防止するため。
問11　(例)　中国東北部や北方の人々との交易で入手した。　問12　(例)　異国からの使節の来訪を受ける幕府の権威を誇示しその支配力を人々に見せつけるため。　問13　3
問14　(例)　米軍基地にある核兵器を撤去すること。

[2]　問1　1　　問2　(例)　様々な性的指向を尊重しようということ。　問3　ア・ウ
問4　4　　問5　4　　問6　(例)　人々が平和で暮らすことを願い世界の連帯を示すため。
問7　3　　問8　(例)　次回のオリンピックがフランスのパリで開催されるから。
問9　2　　問10　労働力・土地　　問11　4　　問12　1　　問13　2　　問14　4
問15　ア　(例)　個人の少額な金が巨大な資金　　イ　(例)　金融制度

[3]　問1　1　　問2　2　　問3　1　　問4　3　　問5　(例)　東経135度と北緯35度という日本のほぼ中央を通る2つの経線と緯線が交わる地点だから。　問6　4　　問7　2
問8　ニューカレドニア(島)　　問9　3　　問10　(例)　世界で最も早く太陽が昇る国
問11　(例)　主要な貿易相手国である国々との関係をより緊密にする方が有利だから。
問12　3　　問13　(例)　飛行機の飛ぶ上空10km付近を強い偏西風が吹いているから。

○推定配点○
[1]　問12　3点　　他　各2点×18　　[2]　各2点×16(問3・問10各完答)
[3]　問5・問11・問13　各3点×3　　他　各2点×10　　計100点

＜社会解説＞

[1]　(日本と世界の歴史―原始～現代の政治・社会・文化史など)

問1　インダス文字はいまだに解読されていない。バラモンはインドにおける最高位の階級。

問2　中国大陸には国内を統一した秦や漢など強力な国家が出現，倭の国々は大陸の先進的な文物や国内での自国の立場を高める目的で度々使者を派遣した。

問3　釈迦は紀元前5世紀，アレクサンドロス大王は紀元前4世紀，後漢は紀元1～3世紀。

問4　Aの平城宮(大内裏)は天皇の居所である内裏や大極殿を中心とした国家的な儀式の場である朝堂院などの中央官庁から構成。右京・左京は南面する天皇から判断された。

問5　十干十二支は60年で一回りする。明治以降の甲子の年は1924年と1984年。

やや難　問6　(1)　名誉革命で追放されたジェームス2世は熱心なカトリック教徒でプロテスタントを主流とする議会と対立してフランスに逃亡，ルイ14世の援助で復位を図ったが失敗した。　(2)　三部会は17世紀初めからフランス革命まで閉会，南北戦争は19世紀後半。

問7　立憲改進党は大隈重信，北里柴三郎は破傷風の血清療法やペスト菌を発見した。

基本　問8　(1)　ア　「代表なければ課税なし」を主張しイギリスからの独立を図った。　イ　封建的な制度や絶対王政を打倒した近代市民社会成立につながる画期的な事件。　(2)　フランスの植民地となっていたベトナムの初代国家主席で，ベトナム戦争を指導し国父と仰がれたホー・チ・ミン。

問9　ウ　最初の大規模反乱を起こしたアイヌの首長。　エ　各地に作られた城塞。2000年には世界遺産にも登録。　オ　首里に王府を置いて明や東南アジアとの交易を行った尚巴志。

問10 (1) 蝦夷地の昆布や北国の米を大坂へ，塩や酒を北国に運んだ交易船。 (2) 当時の海外貿易では大量の金や銀が国外に流出，海産物の輸出のほか貿易の制限も行われた。

問11 アイヌの人々は山丹人と呼ばれたアムール川流域の人々とも交易，彼らは明や清とも交易していたため，中国製の織物などが彼らを通じてアイヌにもたらされた。

問12 琉球は将軍の代替わり(慶賀使)や国王の交代時(謝恩使)に使者を派遣してきた。

問13 アイヌとの交易独占権を持っていた松前藩も存在。台湾出兵を機に沖縄への支配権を徐々に強化，1879年には軍事力を背景に沖縄県を設置した。

問14 米軍の戦略拠点であった沖縄には千発以上の核が配備されていたといわれる。

2 **(公民―憲法・政治のしくみ・経済生活など)**

問1 初めてのパラリンピックは1960年のローマ大会，以降オリンピックと同時に開催。

問2 LGBTに代表されるさまざまな性的指向を七色の虹で表現したもの。

問3 「人種，信条，性別，社会的身分または門地により…差別されない」(憲法14条)。

問4 難民条約は1951年に採択。本来は政治的迫害により国外に逃れた人々であるが，近年は経済難民や災害難民，国内避難民など広く解釈することが主張されつつある。

問5 拒否権は安全保障理事会。2021年度の菅義偉前首相もビデオメッセージで参加。

問6 リオ五輪から参加，2021年度は11か国29選手から構成された。

基本 問7 内閣総理大臣は国会議員の中から国会が指名(憲法67条)。戦前を含めても一人も存在しない。

問8 1900年，1924年以来100年ぶり3回目の開催となる。

問9 イスラム教徒が多いアラブ系の北部と対立し独立，193か国目の国連加盟国となった。その後の内戦では国民の3分の1以上が難民となっている。

やや難 問10 生産とは自然に働きかけて有用なものを作ること。労働力・土地・資本が生産の三要素。

問11 株式や債券などを通じて資金を調達するのが直接，銀行を介するのが間接金融。

問12 国立銀行は国の法に基づいた銀行の意味。第一国立銀行は現在のみずほ銀行の母体。

問13 株式，合同，合資，合名の4種類。最高意思決定機関は株主総会で取締役会は業務執行機関。

問14 戦後最高値は自民単独内閣，バブル崩壊は自公連立内閣。リーマンショックは2008年。

問15 少額な個人のお金もこれをまとめることで大きな働きをすることができると主張。

3 **(地理―地形・人々の生活と環境・産業など)**

基本 問1 赤道近辺では約110km，極では理論的には0kmとなる。2点間が等角航路で表される。

問2 地中海に面したアルジェリアの沿岸は地中海性気候となっている。

問3 1969年以来OPECに加盟，国民の99%がイスラム教徒の国家。

問4 大部分がボルタ川流域の低地で，かつてはイギリス領ゴールドコースト(黄金海岸)と呼ばれた。

問5 北海道と九州を含む円の中心など各地で町おこしとして「へそ」が主張されている。

重要 問6 護岸工事は最南端の沖ノ鳥島，最西端の与那国島には1600人以上が居住。

問7 春分や秋分の頃は東方向から上るが，冬至の頃は南東方向の方が日の出は早い。

問8 19世紀にフランスが占領，近年独立を問う住民投票も行われたが否決されている。

問9 チベットやヒマラヤで飼育される牛の1種。1はトナカイ，2はラクダ，4はアルパカ。

問10 世界で1番早く新しい日を迎える国。サンゴ礁からなり水没も危惧されている。

問11 120年前に東へ変更しアメリカとの結び付けを強めた。事実ハワイやカリフォルニアには国内人口を上回るサモア人が居住しているが，現在はオセアニアとの結びつきが強くなっている。

問12　時計を1時間進め日本との時差は東部時間で14時間から13時間に変わる。
問13　地球の自転の関係から上空の偏西風は時速360kmにも達することがある。

★ワンポイントアドバイス★

選択肢を含め微妙な判断を要する問題が多い。日ごろからいろいろなものに関心を持ち，広く知識を広めることを心がけて生活するようにしよう。

＜国語解答＞《学校からの正答の発表はありません。》

一　問一　(a)　資力　(b)　受益　(c)　にょじつ　(d)　命脈　(e)　ばんじゃく
問二　ア　問三　エ　問四　(例)　福祉国家は困窮者を支援する制度によって集団の利益のための連帯を促すものであるが，制度化によって他者の利益よりも自身の利益を重視する個人主義を助長し，かえって人々の連帯が困難になったということ。　問五　ア

二　問一　(a)　危篤　(b)　とうじ　(c)　挨拶　問二　(例)　ずるがしこい様子
問三　ウ　問四　(例)　ハハキトクの電報がきたとき，「今から帰ったって間に合やしないよ」と言って幾代が暇をとることを許してくれなかったこと。　問五　オ
問六　イ・カ　問七　ウ

三　問一　応報　問二　イ・エ　問三　(例)　説経師になるためには何が重要かを見極め，本当に必要な仏教の教えを一心に学ぶべきだったと考えている。　問四　ア　問五　ウ
問六　オ　問七　徒然草

○推定配点○

一　問一　各2点×5　問四　10点　他　各5点×3
二　問一・問二　各2点×4　問四　6点　問六　各3点×2　他　各5点×3
三　問一・問二・問七　各2点×4　問三　7点　他　各5点×3　計100点

＜国語解説＞

一　**(論説文―大意・要旨，内容吟味，文脈把握，脱文・脱語補充，漢字の読み書き)**

問一　(a)　資本や資金を出せる力。　(b)　利益を受けること。直前の「負担」の対義語。
(c)　ここでは，ありのまま，という意味で用いられている。「如」の他の音読みは「ジョ」で，「突如」「躍如」などの熟語がある。　(d)　命のつながり。ここでは，比喩的な意味で用いられている。　(e)　きわめて堅固なこと。「石」を「シャク(ジャク)」と読む熟語には，他に「磁石」などがある。

やや難　問二　――部①の「連帯としての本来の姿」は，直前の「目の前にいる困窮者を支援する」ことであるが，それができなくなるとはどういうことかを考える。直前の段落の「相互扶助的な連帯は，元来，対面的で人称的なものである。だが，福祉国家においては，その相互扶助的な連帯が匿名化される。誰が誰を扶助しているのか……そのことが分からなくなる」という説明に着目し，この内容を「支援する側とされる側は互いに面識のないままになる」と言い換えて説明しているアを選ぶ。イの「支援する意欲」やウの「人びとの意識」が失われることをいっているわけ

ではない。エの「困窮者の存在に気づいてもそれが誰なのかを知ることが難しくなる」と個別的に述べているわけではない。オの「既に福祉制度を支えているという認識が社会に広まると」は，——部①と同じ段落の「制度を支えている相互性が実感されにくくなる」と齟齬が生じる。

問三　直前の「私的な依存関係からの解放」と「助長される個人主義」の関係を読み取る。一方では非常に役に立つが，他方では大きな害を与える危険があるという意味の慣用句が入る。

やや難　問四　同じ段落の「個人主義は，カール・メッツが『福祉エゴイズムの原則』と呼ぶものを招き寄せる」から，「福祉エゴイズム的なエートス」は「個人主義」によるものであると確認する。次に，同じ段落の冒頭に「次に，福祉国家と個人主義の関係について考えてみる」とあるように，「個人主義」と「福祉国家」の関係に注目する。「個人主義は連帯と齟齬を来すことがある。個人主義は，集団の利益や他者の利益に貢献することよりも，むしろ自身の利益を重視する発想と親和的だと考えることもできるからである……福祉国家そのものが個人主義を助長すると考えることもできる」という叙述や，ガーランドの引用をもとに，福祉国家とはどのようなものか，福祉国家が個人主義を助長する理由，個人主義によって福祉国家が「逆説的に」失ってしまうものを加えてまとめる。

重要　問五　——部③の「それ」は，同じ文の「福祉国家が培いうるかもしれない連帯の可能な有り様を福祉国家と共に否定してしまう」ことを指し示している。「大きな損失に繋がる」というのであるから，筆者は福祉国家が培う連帯の可能性を失ってはならないと述べている。また，最終段落の「社会保障や福祉制度という土壌の下には，連帯の思考を豊かにする思想的な鉱脈が埋まっている可能性」から，「連帯の可能性」とは人々の思想に通じるものだと推察できる。この内容に，アの「福祉制度の存在が相互扶助に対する人々の意識を高める」という説明が適当。イ・ウ・エには本文で述べていない内容が含まれている。オの「見知らぬ者同士を最初に結び付けるのは制度的な関係」は，本文の内容にそぐわない。

二　(小説一情景・心情，内容吟味，文脈把握，漢字の読み書き，語句の意味)

問一　(a)　病気やけがの症状が非常に重く今にも死にそうなこと。「篤」を使った熟語は，他に「篤実」「篤志」などがある。　(b)　温泉に入って病気などを治療すること。「治」の他の音読みは「チ」で，「治安」「自治」などの熟語がある。　(c)　「挨」は押す，「拶」は迫るという意味で，問答をして相手の悟りの深さを推し量ることからできた言葉。

問二　読みは「こうかつ」。「狡」にはずるい，「猾」には乱れるという意味がある。

問三　幾代の性格が読み取れる部分を探す。「しかし幾代は」で始まる段落の「幾代は，明るいとは云えないにしろ，素直な性質だった……どこかに負けん気をひそめていて，それが素直さにもなり，身体の引け目を見せぬ働きものにもするらしかった」や，幾代が小学生のときに「男の子に，ちんば，ちんば，とはやし立てられた」というエピソードから，ウの理由が読み取れる。アの「素直なところをみせようと」しているわけではない。イの「主人への強い憎悪」，オの「愚直な人間」は読み取れない。——部②の前の「お前さんも脚さえ悪くなきゃね」という主人の言葉は，エの「主人が本気で自分の苦労に同情してくれている」にあてはまらない。

やや難　問四　——部③「そこ」が指し示す内容を読み取る。同じ段落の「ハハキトクスグカヘレの電報がきたとき，幾代は，早速暇がとれるものとおもっていた」のに，主人が「次の電報を待つんだね。ほんとにキトクなら，今から帰ったって富山までじゃ，間に合やしないよ」と言って幾代が暇をとることを承知しなかったことを指し示しており，この内容を簡潔にまとめる。直前の段落にあるように，「田舎のおっかさんに東京見物をさせておやり」「泊るのはうちで泊めてやるよ」という主人の親身な言葉を信じていた幾代が，主人に裏切られた思いでいることをおさえる。

問五　幾代の反応は，「ハハシンダ，カヘルカ」という電報が来たときに「それに，もう死んじゃったんだろ。あんたが帰ったって，死んだものが生きかえるわけではないしねえ」と言って引きとめようとする女主人に対するものである。最初の電報が来た場面に着目して，主人に「次の電報を待つんだね……今から帰ったって富山までじゃ，間に合やしないよ」と言われ，「『はい』そう答えるしかなかった幾代」の心情を想像する。同じ段落の「彼女はもう朝のやりかけの仕事をしなかった……上野駅へ駆けつけた」から，幾代は帰郷の決意を固めていることが，「固い顔」からは緊張している事が読み取れ，この内容を述べているオが適当。「固い顔」に，アの「面食らっている」やイの「あきれかえって」はそぐわない。幾代の言動から主人や女主人に対する怒りは感じられないので，ウの「憤り」は適当ではない。駅でしゃがんで泣き続ける幾代の様子ら，エの「焦り」も適当ではない。

やや難 問六　幾代は長い間列車と詰所の間の狭い「蔭になっていた」所でしゃがんで泣いていたが，──部⑤の後に「列車は音を立てて出てゆき，明るくなったあとに街の眺めが展がった。が幾代は……今までと同じように泣きつづけた。その場所に，さえぎるものがなくなって春の陽があたった」と明るい情景が印象的に描写されている。この情景が幾代の「新しい未来」を暗示しているとあるイが適当。また，幾代の素直な性格や誠実な働きぶりが「蛇口の栓を閉めた」という「動作」につながったと考えられるので，カも適当。幾代が「蛇口の栓を閉めた」のは無意識の動作なので，アの「堅固な意志」はそぐわない。幾代の母親を失った悲しみは根源的なものなので，「いつの間にか忘れるだろう」とあるウも合わない。エの「他人からの評価や信用だけを気にして働いていた」と，オの「人情味あふれる故郷の人たちを思い出すにつけ，都会の人間に反感を覚えていた」は，本文からは読み取れない。

重要 問七　同じ文の文末「胸の中で母親を呼んでいた」から，幾代の悲哀は母親を亡くしたことによる。幾代と母親のつながりを述べている部分を探す。「母親が死んでしまう」で始まる段落に「幾代にとって唯一の安心の場所が無くなること」であり，お互いの罪や悲しみを共にする存在であったと述べている。その母親が亡くなったので，幾代は，これからは頼れる存在なしで一人で生きていかねばならないことに「打ちひしがれて」いるとわかる。この心情を述べているウを選ぶ。アの「自分の心の弱さ」は，本文の「負けん気」に合わない。幾代が悲哀を感じているのは，イの「誰一人声をかけてくれない」ことや，オの「罪悪感」や「ふがいなさ」ではない。最終場面の「蛇口の栓を閉めた」という動作に，エの「虚無感」や「絶望感」は合わない。

三 **(古文―主題・表題，内容吟味，文脈把握，脱文・脱語補充，熟語，文学史)**

〈口語訳〉　ある人が，(自分の)子を法師にして，「学問をして因果応報の道理をも知り，説経などをして生活の手段ともせよ」と言ったので，(親の)教えにしたがって説経師になろうと，まず馬に乗ることを習った。輿や牛車を持たない自分が，僧侶として招かれるような時，馬など迎えによこして，乗るのが下手で落ちてしまったとしたら，情けないだろうと思ったのだ。次に，法事の後，酒などを勧めることがあるような場合に，法師がまったく無芸なのは，檀家も興ざめに思うだろうと，早歌というものを習った。(この)二つの技芸が，だんだん(熟達の)境地に入ったので，ますます上手くなりたく思って稽古しているうちに，説経を習うはずのひまがなくなって，年をとってしまった。

この法師だけでもなく，世間の人は，おしなべて同じことがある。若いうちは，いろいろな事につけて，立身出世をし，大きな道をも成し遂げ，芸能をも身につけ，学問をもしようと，遠い将来までよくよく考えている諸事を心にはかけながらも，一生をのんびりと思って，つい怠けては，まず，差し迫った目の前のことに気を取られて月日を送ると，どれもこれも完成することがなくて，身は年をとってしまう。とうとう何か一つの道の名人にもならず，思ったように立身出世もせず，後悔しても取り返すことのできる年齢ではないので，走って坂を下る車輪のように衰えてゆく。

だから，一生のうちで，主として望んでいることの中で，どれがまさっているかと，よく思い比べて，一番大事なことを考え定めて，その他は断念して，一つの事だけを励まなければならない。一日の中で，一時の間でも，たくさんの事がやってくるようななかで，少しでも利益の多いような事を行って，その他を一切捨てて，大事なことに励むべきである。どれも捨てまいと心に執着していては，一つの事も成就するはずがない。

たとえば，碁を打つ人が，一手もむだにしないで，相手に先んじて，利益の少ない石を捨て利益の大きい石を取るようなものである。そのうちでも，三つの石を捨てて，十の石をとることはやさしい。(けれども)十の石を捨てて，十一の石を取ることは難しい。一つであってもまさっている方へつくべきであるのに，十までになってしまうと，(捨てるのが)惜しいと思われて，たいしてまさっていない石にはかえにくい。これも捨てず，あれも取ろうと思う心が，あれも取ることができず，これも失ってしまうということになるのである。

京都に住んでいる人が，急ぎで東山に用事があって，すでに到着したとしても，西山に行った方がその益が多いだろうと思いついたならば，門から引き返して西山へ行くべきである。ここまで到着してしまったのだから，この用事をまず言ってしまおう，何日と日を決めていないことであるから，西山のことは帰ってまた思い立とう，と考えるために，一時の怠りが，そのまま一生の怠りとなる。このことを恐れなくてはならない。

一つの事を必ず成しとげようと思うならば，他の事がだめになることを嘆いてはならない。人の嘲りを恥じてはならない。すべての事を犠牲にしなくては，一つの大事が成就するはずがない。人が大勢いた中で，ある人が，「ますほの薄，まそほの薄などということがある。渡辺に住んでいる聖が，この事を伝え聞いて知っている」と語ったのを，登蓮法師が，その席におりましたが，(これを)聞いて，雨が降っていたのに，「蓑や笠がありますか。貸してください。その薄のことを習いに，渡辺の聖のところへ尋ねて行きましょう」と言ったので，「あまりにもせっかちすぎる。雨がやんでから(行ってはいかがですか)」と人が言ったところ，「とんでもないことをおっしゃるものですね。人の命は，雨の晴れ間だけでも待つものでしょうか。私も死に，聖も死んでしまったら，尋ね聞くことができなくなる」と，走り出して行って，習いましたという言い伝えたことこそが，大変素晴らしく感じられる。「敏捷にやれば成功する」と『論語』という書物にもあるそうです。この薄のことを不審に思ったように，仏道に入る機縁を思わなくてはならないのである。

基本 問一　過去の因縁に応じて，現世にその報いがあるという意味の四字の言葉となる。

問二　――部①「この法師」について書かれている冒頭の段落に着目する。「仏事ののち，酒など勧むる事あらんに，法師の無下に能なきは，檀那すさまじく思ふべしとて，早歌といふことを習ひけり」にイが適当。「二つのわざ，やうやう境に入りければ，いよいよよくしたく覚えて」にエが適当。法師は，説経を極めるために乗馬と早歌を習ったので「三つの道を極めようとした」とあるウは適当ではない。アの「努力家」，オの「人格者」は，法師の説明として合わない。

重要 問三　法師にとって「第一の事」は学問をして説経を身に付けることで，「その外の事」は乗馬と早歌になる。法師は乗馬や早歌に励んだために，本来の目的であった説教を習う暇がなくなったのである。ここから，筆者が「法師」はどうすべきだったと考えているのかを簡潔にまとめる。

やや難 問四　直後の文「十を捨てて，十一につく事はかたし。」は，数の差が小さければ難しいという意味なので，数の差が大きければ簡単だという意味の言葉が入る。「十の石」を中心に考える。

問五　「懈怠」は怠けること。「東山に用ありて，既に行き着きたりとも，西山に行きてその益まさるべき事を思ひ得たらば，門より帰りて西山へ行くべきなり。ここまで来着きぬれば……西山の事は帰りてまたこそ思ひたため」が，「懈怠」の具体的な内容にあたる。この内容に適当なのはウ。アの「判断ができず」，イの「東山での仕事を終えた満足感」の叙述はない。「西山の事は帰りてまたこそ思ひたため」に，エとオはそぐわない。

問六　直後の「敏き時は即ち功あり」から，筆者は登蓮法師の速やかな行動を「素晴らしい」と感じているとわかる。選択肢のうち，文末に「速やかに行動」とあるイと「迅速に行動」とあるオに絞り込む。登蓮法師は「ますほの薄，まそほの薄」がどういうものかを知りたいがために，天候や人の制止を気にせず「わたのべの聖」の元に向かっていることから判断する。

問七　兼好が書いた随筆は『徒然草』。

★ワンポイントアドバイス★

それぞれの選択肢は長文で，紛らわしいものが含まれている。限られた時間ではあるが，選択肢の中のポイントとなる語に注目し，その正誤を判断することで正解にたどりつこう。

MEMO

大切なことはメモしておこうネ！

2021年度

入　試　問　題

2021年度

渋谷教育学園幕張高等学校入試問題（学力選抜）

【数　学】（60分）〈満点：100点〉

【注意】コンパス，三角定規は使用できます。

1　次の問いに答えなさい。

(1)　次の二次方程式の解のうち，有理数であるものを答えなさい。

$$(2x-5)(x+2)+\sqrt{5}(x+2\sqrt{5}+7)=(x+2\sqrt{5})(x+2)$$

(2)　次の計算をしなさい。

(i)　$\left\{\left(\dfrac{4}{3}\right)^2-5^2\right\}\left\{\dfrac{2}{3}\div(-2)^2+\dfrac{1-3^2}{(-4)^2}\right\}^2+1$

(ii)　$\dfrac{2+\sqrt{2}}{\sqrt{3}+1}-\dfrac{\sqrt{2}}{\sqrt{3}-\sqrt{2}}+\dfrac{\sqrt{6}-3}{\sqrt{2}-2}$

(3)　等式$2a^2+(8-b)a-4b=2021$を満たす正の整数a，bの組（a，b）をすべて求めなさい。

(4)　一辺の長さが6の正四面体が2つある。それぞれの正四面体のある1つの面同士を，2つの面の頂点が互いに重なるように貼りあわせ六面体を作った。

(i)　この六面体が正多面体でないことを正多面体の定義に基づいて説明しなさい。

(ii)　この六面体の2つの頂点を結んでできる線分のうち，最も長いものの長さを求めなさい。

2　AとBの2人が表側にグー，チョキ，パーと書かれたカードを用いてじゃんけんの勝負をする。AとBはそれぞれ同時に手持ちのカードから1枚出して勝負し，結果を記録する。出されたカードはこれより後の勝負には用いない。最初に，Aはグーのカードを4枚，パーのカードを1枚持っており，Bはグーのカードを3枚，チョキのカードを2枚持っている。カードの裏側はどれも区別がつかない。

次の問いに答えなさい。

(1)　AとB，それぞれ手持ちのカードの裏側を上にして，よく混ぜてから1枚ずつカードを出すことにした。

(i)　1回目の勝負でAが勝つ確率を求めなさい。

(ii)　2回目の勝負が終了したとき，Aから見て勝ちが1回，あいこが1回となる確率を求めなさい。

(2)　1回目から4回目までの勝負でAはカードをグー，グー，パー，グーの順番で選んで出し，Bは手持ちのカードの裏側を上にして，よく混ぜてから1枚ずつカードを出すことにした。4回目の勝負が終了したとき，AとBの勝った回数が等しくなる確率を求めなさい。

3 下図のように，$\angle \mathrm{BAC}=60^\circ$，$\mathrm{BC}=7$，$\mathrm{AC}=5$の△ABCと，その頂点をすべて通る円$K$がある。∠BACの2等分線と円$K$の交点のうちAと異なる点をD，ADと∠ACBの2等分線の交点をEとする。
次の問いに答えなさい。

(1) DEの長さを求めなさい。

(2) CEの長さを求めなさい。

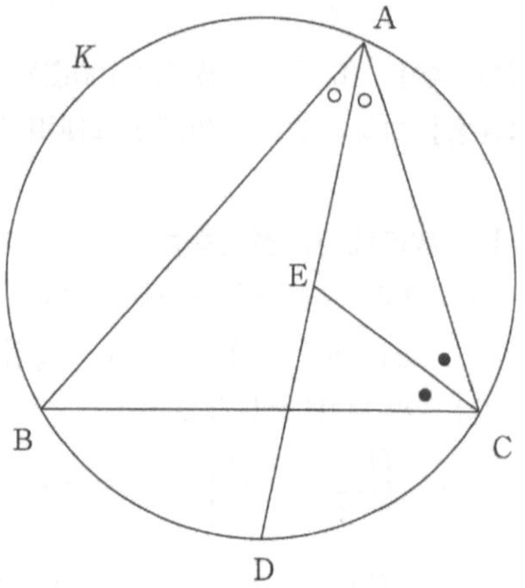

4 下図のように関数$y=\frac{1}{4}x^2$のグラフ……①と直線$y=-1$……②，及び点F(0, 1) がある。①の$x>2$の部分に点Pを，②上に点Qを，直線PQが②と垂直になるようにとる。
次の問いに答えなさい。

(1) PQ＝FQであるとき，線分FPの長さを求めなさい。

(2) 直線FPと②の交点をRとし，FP＝FSを満たすようにy軸上に点S(0, m)をとる。ただし，$m<1$とする。点Pのx座標をk($k>2$) とする。

(i) mをkを用いて表しなさい。

(ii) 4点F，Q，S，Rが同一円周上にあるとき，Pの座標を求めなさい。

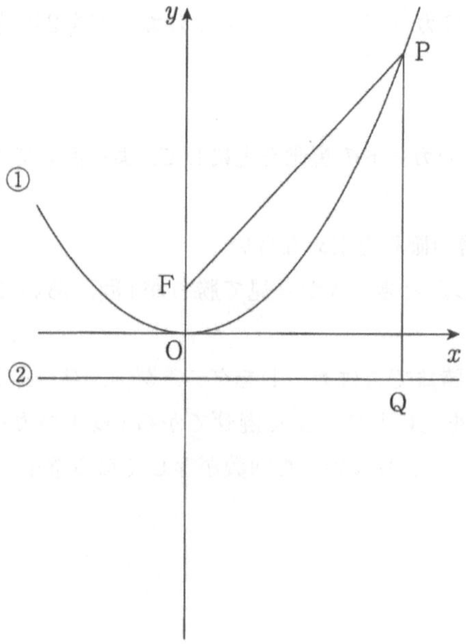

5 半径r，高さhの円柱がある。この円柱内に，はみ出さないように，半径Rの球をいくつか入れる。

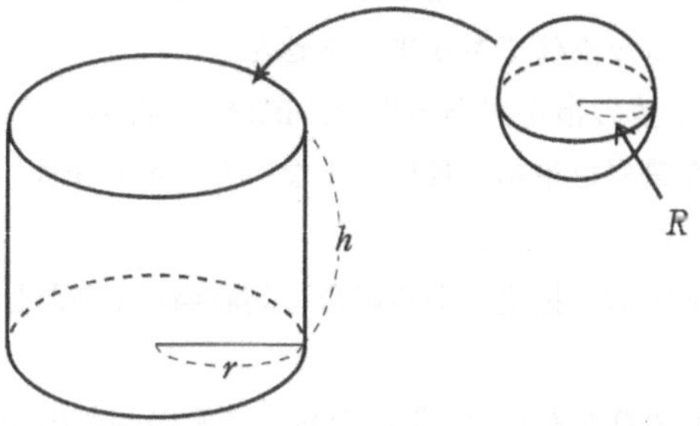

円柱内にはみ出さないように入れることができる球の個数のうち最大のものを$P(r,\ h,\ R)$と表す。例えば，半径4，高さ8の円柱と半径4の球を考えるときは下の左図のようになり，$P(4,\ 8,\ 4)=1$である。半径4，高さ8の円柱と半径2の球を考えるときは下の右図のようになり，$P(4,\ 8,\ 2)=4$である。
次の問いに答えなさい。

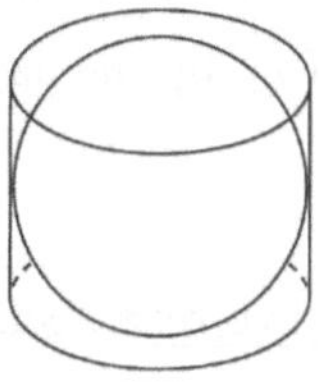
$P(4,8,4)=1$

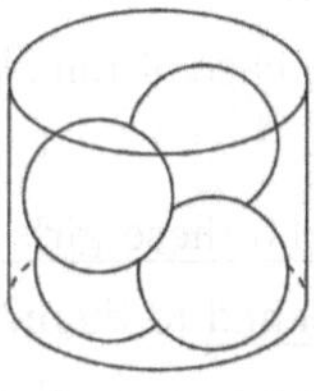
$P(4,8,2)=4$

(1) $P(6,\ 29,\ 5)$の値を求めなさい。
(2) $P(25,\ h,\ 12)=4$となる最も小さいhの値を求めなさい。

【英　語】（60分）〈満点：100点〉　　**※リスニングテストの音声は弊社のＨＰにアクセスの上，音声データをダウンロードしてご利用ください。**

【注意】・文字は筆記体でもブロック体でもかまいません。

・英語による解答で語数の指定がある場合，it'sやcan'tのような短縮形は1語として数えます。また次のような符号は単語の数に含まないものとします。

，．！？“”—：

・日本語による解答で字数の指定がある場合，句読点は1字として数えます。

1　次の英文に語法・文法上誤りがあれば，例にならってその個所の記号を指摘し，正しく書きかえなさい。誤りがない場合は，「記号」の欄にオと書き，「正しい語句」の欄には何も記入しないこと。

【例】 She (ア)likes (イ)an apple.

［解答］

	記号	正しい語句
例	イ	apples

1．If (ア)it's fine tomorrow, we'll have the Sports Festival as planned. Don't forget (イ)to bring your P.E. (ウ)clothes. In case of rain, it'll be put off (エ)by the day after tomorrow, so prepare for regular classes.

2．A：Do you know (ア)who these girls are?
B：What (イ)was happened to them? Hold on, (ウ)I've read about them! They were (エ)taken care of by a wolf family, weren't they?

3．It is common for people (ア)having three meals (イ)a day. However, there are different cultures and customs around the world. (ウ)Some eat (エ)only once, and others even more than four times!

4．A：Who is the woman Mr. Suzuki is (ア)talking over there?
B：Oh, I'm not sure. She (イ)looks like the (ウ)parent of a student, but not a teacher.
A：They've been standing (エ)there for more than 30 minutes. They should take a seat.

5．I found doing (ア)something different difficult. For example, we had to get used to washing our hands almost every (イ)hour, keeping doors (ウ)open, (エ)wearing masks in hot and cold weather, and staying quiet during lunch time!

6．We have some sister schools and this is the one (ア)that located in Tokyo. It has about (イ)half as many students as ours. Also, their school building is (ウ)much taller than ours (エ)because of the limited space.

2 次の英文中の空欄 [1] ～ [5] に適するように，それぞれ与えられた語句を並べかえなさい。ただし，解答欄にはA，B，Cの位置にくる語句を記号で答えなさい。

When the coronavirus first began to spread across the United States, [1] wear a face mask. Some people said there was no *benefit in wearing masks. Others said they could stop most *germs. Now, doctors and scientists around the world recommend wearing a mask. But it was too late. Many people [2] the common medical view.

"At first people were told wearing a mask was not helpful," says Jonas Kaplan. "Then we got new information. But for many people that first belief remains and it's hard to change." Kaplan is a *cognitive neuroscientist, [3] when we think. He works at the University of Southern California in Los Angeles.

Our brains are easily influenced by what is known as confirmation bias, he says. This is the *tendency to search for and believe information that agrees with what you already accept — and to walk away [4]. People who thought we shouldn't wear masks continued to look for information that said masks were no good or even harmful. They didn't pay attention to information that showed masks could help.

Such behavior has its basis in the brain. One study shows that our brains pay little attention to someone else's idea when it doesn't agree with the ideas they already had. Another study finds that [5] in ourselves. These studies help to show why it's so hard to change our minds. But if we understand this risk, we will have a better chance of overcoming it.

（注） benefit 利益，恩恵　germ 細菌　cognitive neuroscientist 認知神経科学者　tendency 傾向

1. ____ A ____ B ____ ____ ____ C ____ ____

ア many　イ not　ウ of us　エ should
オ sure　カ that　キ we　ク were

2. ____ A ____ B ____ ____ ____ C ____

ア a mask　イ became　ウ before　エ decided
オ not　カ this　キ to　ク wear

3. ____ A ____ B ____ C ____ ____

ア happening　イ in　ウ is　エ someone
オ studies　カ the brain　キ what　ク who

4. ____ A ____ B ____ C ____ ____

ア be　イ from　ウ information　エ might
オ shows　カ that　キ wrong　ク you

5. ____ A ____ B ____ C ____ ____

ア becomes　イ confident　ウ more　エ stronger
オ tendency　カ this　キ we are　ク when

3 Yukiは春休みのシンガポール研修に参加しています。今日の日記を書き終えたところで，アメリカ人の友人Benから電話がかかってきました。日記の内容に合うようにBenとYukiの会話を完成させなさい。下線部(1)には**9語～12語**，下線部(2)には**4語～7語**を補うこととする。

3月20日

今日も屋台でチキンライスを食べた。日本ではほとんど外に食べに行くことはなかったが、シンガポールに来てから毎日の外食にも慣れてきた。シンガポールでは、両親共働きで食事を作る時間のない家庭が多い上に、外食の方が家でごはんを作るよりも安いらしい。みんなが当たり前のように毎日外食するのも納得する。ごはんの時に、ホストブラザーがシンガポール特有の英語であるシングリッシュを話してくれた。英語とはいえ、違うことばのように聞こえてびっくりした。シンガポールなまりのない“正しい英語”を話そうという動きもあるけど、多くのシンガポール人がシングリッシュに誇りを持ち、家族や友達との間で好んで使っているそうだ。シンガポール人にとってシングリッシュは、自分が何者であるかを表すことばなのだ。シンガポールって面白い！

Ben ：Hi, Yuki! How is Singapore?

Yuki：Great! I've been enjoying the time here very much. I especially like Singaporean food. I eat out with my host family every day.

Ben ：Every day?! Your host family must be rich!

Yuki：Actually, it's common here. Many people in Singapore eat out every day because it is not unusual that (1)＿＿＿＿＿＿＿＿＿＿＿＿＿＿＿＿＿＿＿＿. Also, eating out is cheaper than cooking at home.

Ben ：That's interesting! Do your host family speak Singlish?

Yuki：When they talk with me, they don't. But today my host brother showed me some examples of Singlish.

Ben ：Good for you! Did you understand it?

Yuki：Well, it was too hard for me! In fact, my host brother told me that the government is trying to promote "standard English," but many Singaporeans are proud of their unique English and like to use it when they talk with their family or friends. They see Singlish as (2)＿＿＿＿＿＿＿＿＿＿＿＿＿＿＿＿＿＿＿＿.

Ben ：Interesting! Sounds like it's part of their unique culture.

Yuki：Exactly! Here, I enjoy experiencing their unique cultures every day. I now like Singapore even more!

4 次の英文を読んで，あとの問いに答えなさい。

【 1 】 Dave Meko lives in Arizona, in the southwestern United States. Like other *residents, he noticed that 1999 was a hot, dry year. The following year was also dry. So was 2001. The year after that was the driest on record. Water levels in the huge Colorado River were dropping rapidly. This was the beginning of a serious drought. Everyone began asking, " A " Meko, a scientist at the University of Arizona, believed that he could find the answer in the trees.

【 2 】 Meko is a tree-ring expert. He studies the rings within a tree to find information about climate change. Each year, a tree adds a new layer of wood. These layers look like a series of rings. During times of heavy rainfall, a ring is wide. When there is a shortage of water, a ring is narrow. These rings are nature's record of rainfall and climate change.

【 3 】 Meko knew that people were right to be concerned about the low water in the Colorado River. This river supplies water to over 30 million people in seven states as well as parts of Mexico. Cities such as Las Vegas, Phoenix, and Los Angeles depend on it. Without the Colorado River, this land would once more become desert. So Meko was not （ B ） when people began to worry, and his phone started ringing.

【 4 】 Meko and his team quickly started a new research project. Their goal was to find out how long *previous droughts lasted. The team collected as many old wood samples as possible. They tested wood samples from 1,200 years ago until the present. When they examined the rings, the news about rainfall in the past was not good.

【 5 】 Meko's research showed that the 20th century was an unusually （ C ） time. Trees from this period had wide, healthy rings. During that century, millions of people moved to the region. Before that time, however, the rings showed that droughts *occurred on a regular basis. In fact, drought was part of the usual climate pattern. There were severe droughts in the 900s, the 1100s, and the late 1200s.

【 6 】 Human history seems to support Meko's findings. The native Anasazi lived in this area for hundreds of years, starting around 500 AD. They were farmers and depended on water to grow their crops. However, at the end of the 13th century, the Anasazi suddenly left the area. Experts do not know exactly why the Anasazi left. They think it was because there was no longer enough water to farm. And Meko's tree rings clearly show a severe drought at that time.

【 7 】 How long will the *current drought last? Using nature's clues from the past, experts *predict that this drought may continue for another 50 years. This is a serious problem for residents in the area. They will probably not leave the area like the Anasazi, but they will need to *conserve water during this long dry period.

（注） resident　居住者　　previous　前の　　occur　起こる
current　現在の　　predict　～を予測する　　conserve　～を保護する

問１ A に入る文として最も適切なものをア～エから選び，記号で答えなさい。

ア　How can we stop it?　　イ　How long will it last?

ウ　When will be the next drought?　　エ　Where can we find water?

問２　（　Ｂ　）に入る語として最も適切なものをア～エから選び，記号で答えなさい。

ア　depressed　　イ　happy　　ウ　sorry　　エ　surprised

問３　（　Ｃ　）に入る語として最も適切なものをア～エから選び，記号で答えなさい。

ア　cold　　イ　dry　　ウ　hot　　エ　wet

問４　本文の内容に合うように，以下の質問の答えとして正しいものをア～エから選び，記号で答えなさい。

１．What is the main idea of paragraph【 4 】?

ア　Meko's team started to find information about the 1200s.

イ　Meko's team quickly began their research.

ウ　Meko's team examined wood in order to find out about past droughts.

エ　Meko's team found that the rainfall in the past was better than they thought.

２．What is the main idea of paragraph【 6 】?

ア　Historical records match what Meko found.

イ　The Anasazi lived in this area from 500 AD.

ウ　Experts do not know the reason why the Anasazi left the area.

エ　People in this area need farmland and water to survive.

問５　下の１～５の文が本文の内容と合っていればT，違っていればFと答えなさい。

１．Tree rings explain why the water levels in the Colorado River are suddenly dropping.

２．The oldest wood samples that Meko and his team collected were from 1,200 years ago since older samples than those were under the water.

３．Research shows that the drought today will probably continue for more than a decade.

４．People living around the Colorado River today will probably not leave the area because they will need to save water.

５．Tree rings provide information about weather from a long time ago, and this helps scientists understand today's climate.

５　次の英文を読んで，あとの問いに答えなさい。

My husband died suddenly at the age of thirty-four. The next year was filled with sadness. Being alone frightened me, and I felt hopelessly worried about my ability to raise my eight-year-old son without a father.

It was also the year of "I didn't know." The bank charged me extra money on *checking accounts that went below five hundred dollars — I didn't know. My *life insurance was *term and not an *annuity — I didn't know. *Groceries were expensive — I didn't know. I had always been protected, and now I seemed completely unprepared to handle life alone. I felt threatened on all levels by the things I didn't know.

In response to the high cost of groceries, I planted a garden in the spring. Then, in July, I bought a small *chest freezer. I hoped it would help to keep the family food budget down. When the freezer arrived, I was given a warning. "Don't plug it in for a few hours," the deliveryman said. "The oil needs time to settle. If you plug it in too soon, you could blow a fuse or burn up the motor."

I hadn't known about oil and freezers, but I did know about blowing fuses. Our little house blew lots of fuses.

Later that evening I went out to the garage to start up the freezer. I plugged it in. I stood back and waited. It hummed to life with no blown fuses and no overheated motor. I left the garage and walked down the drive to soak in the soft, warm air. It was less than a year since my husband had died. I stood there in the glow of my neighborhood, watching the lights of the city twinkling in the distance.

Suddenly — (1)darkness, everywhere darkness. No lights burned in my house. There were no neighborhood lights, there were no city lights. As (2)I turned around and looked into the garage, where I had just plugged in my little freezer, I heard myself say aloud, "Oh my God, I didn't know..." Had I blown the fuses of a whole city by plugging in my freezer too soon? Was it possible? Had I done this?

I ran back to the house and turned on my battery-powered radio. I heard sirens in the distance and feared the police were coming to get me, "the *widow lady with the freezer." Then I heard over the radio that a drunk driver had crashed into the electric light pole on the main road.

I felt both relief and embarrassment — relief because [　　A　　], and embarrassment because I'd thought that I (　　B　　). As I stood there in the darkness, I also felt something replace the fear that I had been living with since my husband's death. I had *giggled at my misplaced power, and at that moment I knew I had my humor back. I had lived a sorrowful and frightened year of "I didn't know." The sadness wasn't gone, but deep within myself, I could still laugh. The laughter made me feel powerful. After all, hadn't I just blacked out a whole city?

(注)　checking account　当座預金口座　　life insurance　生命保険
term＝term insurance　定期保険　　annuity＝annuity insurance　年金保険
groceries　食料雑貨類　　chest freezer　箱型冷凍庫　　widow lady　未亡人　　giggle　くすくす笑う

問1　下線部(1)の原因となった出来事を日本語で説明しなさい。

問2　下線部(2)について，主人公がこのような行動をとった理由を日本語で説明しなさい。

問3　①　[　A　]に入る最も適切な語句を以下から選び，記号で答えなさい。

ア　I hadn't caused the blackout
イ　nobody had been injured in the accident
ウ　the freezer hadn't been broken
エ　the lights had come back

②　(　B　)に入る最も適切な語を以下から選び，記号で答えなさい。

ア　could　　イ　couldn't　　ウ　should　　エ　shouldn't

問4　この物語で取り上げられている一日を境に主人公の心情は変化をした。どのように変化したのかを日本語で説明しなさい。

問5　下の1～3の文が本文の内容と合っていればT，違っていればFと答えなさい。

1．The lady bought a freezer in order to save money.
2．The man who delivered the freezer didn't know how to plug it in.
3．The lady was afraid of being arrested for killing her husband.

LISTENING COMPREHENSION

※注意

1．解答はすべて放送の指示に従って行うこと。

2．解答はすべて解答用紙に記入すること。

3．放送中にメモをとってもよいが，その場合にはこのページの余白を利用し，解答用紙にはメモをしないこと。

Part 1　英文は１度だけ読まれます。

【A】 1．Why does Dylan most likely need new boots?

ア His boots are too small.

イ He lost his boots in the lake.

ウ Someone took his boots at camp.

エ He left his boots at home.

2．Which is true?

ア Cole can ride a bike now.

イ Maggie is one of Dylan's friends.

ウ Dylan's parents sent the e-mail on the last day of the camp.

エ Dylan is looking forward to hearing more stories.

【B】 1．What is the story about?

ア a police officer who is looking for a lost penguin

イ a police officer who goes to the zoo

ウ a man who spends time with a penguin

エ a man who wants to run away from a penguin

2．What did the police officer want the man to do?

ア take the penguin to the zoo to see the animals

イ take the penguin home and look after it

ウ take the penguin to the movies

エ take the penguin to the zoo and give it to them

Part 2　英文は２度読まれます。

1．What is explained in the passage?

ア why there are few vegetarians outside India

イ why vegans are healthier than vegetarians

ウ why people become vegetarians

エ why Hindus don't allow vegetarianism

2．Which is true about vegans?

ア There are more than 300 million of them in the world.

イ They do not eat eggs, but drink milk.

ウ They do not wear clothes with animal print.

エ Being a vegan is becoming popular.

3．Which is true?

ア Hindus are not allowed to keep animals for any reason.

イ More than 500 million people in India are vegetarians.

ウ People who do not eat meat are less likely to live for a long time.

エ Farming animals for food has a negative effect on the environment.

4．What can be a problem for vegetarians?

ア They may not get enough energy.

イ Restaurants may not have vegetarian menus.

ウ They do not have time to visit friends and family.

エ There are some movements against vegetarians.

【理　科】（50分）〈満点：100点〉

【注意】・必要に応じてコンパスや定規を使用しなさい。

・円周率は3.14とします。

・小数第1位までを答えるときは，小数第2位を四捨五入しなさい。整数で答えるときは，小数第1位を四捨五入しなさい。指示のない場合は適切に判断して答えなさい。

1　昔から親の形質が子に伝わることが知られていたが，遺伝のしくみをはじめて明らかにしたのは，G・メンデルである。メンデルは，エンドウを材料として研究し，優性の法則，(Ⅰ)分離の法則，独立の法則を明らかにした。

さまざまな遺伝病も，メンデルの法則に従う形質である。優性（顕性）の遺伝病と劣性（潜性）の遺伝病がある。優性の遺伝病は，体細胞で対になっている遺伝子が同じ場合でも異なる場合でも発病する。劣性の遺伝病は，対になっている遺伝子が同じ場合にのみ発病する。例えば，ヒトの血友病は，(Ⅱ)血液が凝固しにくい病気であり，劣性の遺伝病である。血友病の原因はDNAの(Ⅲ)突然変異によるものとわかっている。突然変異とは，遺伝子が存在するDNAの構造的な変化や，染色体の形や数の変化による変異である。

遺伝病は，ヒト以外の動物にも現れることがある。家畜である肉牛を繁殖させる場合，血縁が近い個体どうしの交配を避けることが大切だといわれている。交配で生じた子が発病したり，他の形質に悪影響が生じたりするからである。

地域Sの肉牛の集団で，(Ⅳ)劣性の遺伝病Mが，40,000頭に1頭の割合で発生している。遺伝病Mを支配する優性の遺伝子をA，劣性の遺伝子をaとする。この集団では自由な交配が行われており，遺伝病Mは繁殖には影響がないものとする。また，遺伝病Mの発病には，性による差はない。

（1）　下線部（Ⅰ）に関し，分離の法則を説明する次の文章の（　　）について，①を15字程度で補い，②には用語を1つ答えよ。

（　　①　　）が分かれて，別々の（　②　）に入ること。

（2）　下線部（Ⅱ）に関し，血液の有形成分のうち，出血したときに血液をかためるはたらきをする成分の名称を答えよ。

（3）　下線部（Ⅲ）に関し，突然変異の例として適切なものはどれか。次より2つ選び，記号を答えよ。

（ア）　メラニン色素の合成ができなくなり，体色が白化する。この形質は子に遺伝する。カエルやヘビで見られることがある。

（イ）　インフルエンザにかかり，急に発熱した。

（ウ）　インフルエンザワクチンを打つとインフルエンザにかかりにくくなる。

（エ）　エンドウの優性の形質である丸い形の種子どうしを交配したら，子に劣性の形質であるしわの形の種子が現れる。

（オ）　細菌を殺す効果のある薬剤に対して，細菌が抵抗性を獲得する。

（4）　下線部（Ⅳ）に関し，遺伝病Mを発病する個体が持つ遺伝子の組み合わせとして適切なものはどれか。次より選び，記号を答えよ。

（ア）　AA　　（イ）　Aa　　（ウ）　aa

（エ）　AAまたはAa　　（オ）　Aaまたはaa　　（カ）　AAまたはaa

（5） 地域Ｓの肉牛の集団がつくる生殖細胞には遺伝子Ａを持つものと，遺伝子ａを持つものとがある。これら生殖細胞全体のうち，遺伝子ａを持つ生殖細胞が存在する確率として適切なものはどれか。次より選び，記号を答えよ。

（ア） 0.1％　（イ） 0.2％　（ウ） 0.5％　（エ） 0.8％
（オ） １％　（カ） ２％　（キ） ５％　（ク） ８％

地域Ｓの肉牛の集団において，ある父牛と，ある母牛とから子牛２頭が誕生し，その子牛２頭の交配により孫牛が誕生したとする。下図に各個体の血縁関係を示す。

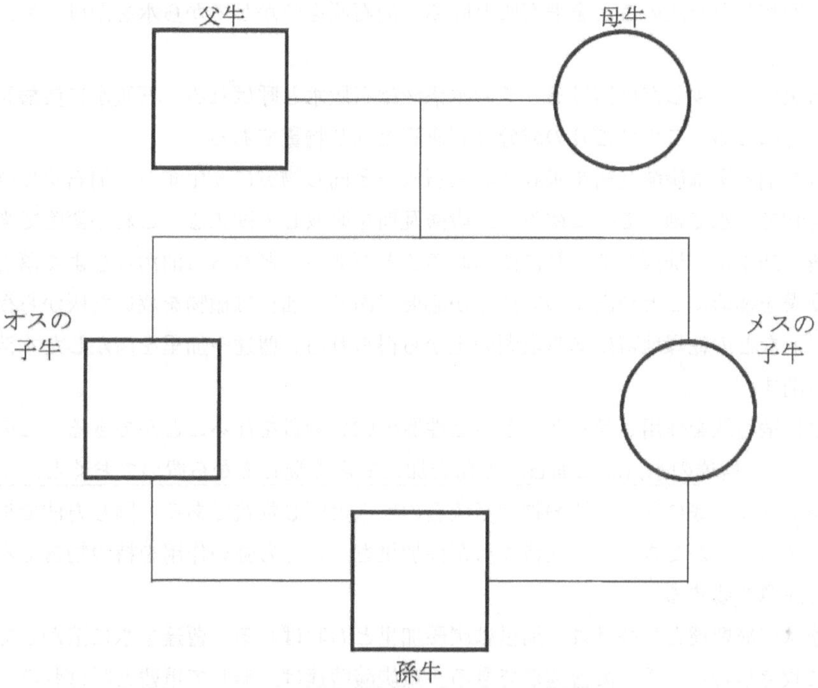

図　肉牛の血縁関係

（6） 遺伝病Ｍについて，次の（　　）に適切な値を分数で答えよ。

遺伝子Ａやａのうち，父牛が持つ片方の遺伝子がオスの子牛に伝わる確率は（　あ　）であり，メスの子牛に伝わる確率は（　い　）である。同様に，オスの子牛が持つ片方の遺伝子が孫牛に伝わる確率は（　う　）であり，メスの子牛が持つ片方の遺伝子が孫牛に伝わる確率は（　え　）である。したがって，父牛の遺伝子の１つに注目すると，その遺伝子が孫牛で対になってそろう確率は（　お　）である。

同じことは，父牛が持つもう一方の遺伝子についてもあてはまる。また，母牛が持つ両方の遺伝子についてもあてはまる。結局，父牛，母牛の各１対の遺伝子どれについても孫牛で対になる機会があるため，どれかが孫牛で対になる確率は（　か　）である。

肉牛の集団がつくる生殖細胞全体のうち，遺伝子ａが存在する生殖細胞の確率は，（５）で求めた値である。集団内の父牛と母牛の子牛どうしから孫牛が誕生した場合，劣性の遺伝病Ｍを発病する確率は（　き　）となる。この値は，40,000分の１よりもはるかに大きい。

このように劣性の遺伝病は近親交配で出現しやすく，家畜の近親交配が適切でない理由と考えられている。

2 てつお君は，おじいさんの本棚から何冊かの古い本を見つけた。てつお君の好きな化学に関係がある本のようであるが，物質の名前や用語などが古い言葉で書かれていてよくわからなかった。そこで，理科と国語が得意なお姉さんといっしょに読みやすい形に書き直してみた。以下がその文章である。

石灰石は，焼くと灰になる石である。その灰は，昔から石灰と呼ばれている。石灰石を1000度ほどで焼くと，炭酸瓦斯《がす》を出して石灰になる。できたての石灰を生石灰と呼ぶ。生石灰に水をかけると最初は発熱するが，そのうちに発熱が終わって温度が下がる。発熱が終わることを消和と呼ぶ。消和した石灰のことを消石灰と呼ぶ。消石灰を乾かしてから水をかけても，もう発熱はしない。

消石灰は水に少しだけ溶ける。その水溶液は石灰水と呼ばれる。石灰水に炭酸瓦斯を吹き込むと，白くにごる。このにごりの成分は石灰石と同じ物質である。

湿った消石灰は炭酸瓦斯を吸収すると石灰石と同じ物質に変化する。消石灰に砂や藁《わら》，のりなどを混ぜて，水で練って壁に塗ると，炭酸瓦斯を吸収して固まる。これが漆喰《しっくい》である。

曹達《そーだ》と加里《かり》は，洗濯やそうじに使われることがある。どちらも油汚れをよく落とすが，手につくと皮膚を傷めることがあるので注意が必要である。加里は植物を焼いた灰から得られ，曹達はエジプトなどの乾燥地帯にある塩湖の土から得られる。曹達や加里を溶かした水溶液は酸の性質を打ち消す。

曹達に消石灰を作用させると，もっと性質の強い物質を作ることができる。この方法を苛性化《かせいか》という。(Ⅰ)曹達の水溶液に消石灰の粉を加えてよく混ぜてから置いておくと，上澄み中に苛性曹達ができる。底に残った沈澱物は石灰石の粉末と同じ物質である。同じ方法で加里からは苛性加里を作ることができる。苛性曹達も苛性加里も，とても強い作用を持つ物質であるから取り扱いには注意を要する。

曹達は炭酸曹達とも呼ばれ，加里は炭酸加里とも呼ばれる。曹達を水に溶かして，炭酸瓦斯を十分に吹き込むと，重炭酸曹達ができる。重炭酸曹達は，略して重曹と呼ばれる。

加里は，藁灰《わらばい》などから得ることができるが，曹達を作ることは難しい。ひとつの方法として，食塩と炭酸瓦斯から作るソルベー法がある。食塩と炭酸瓦斯は，そのまま混ぜても反応しないが，安母尼亜《あんもにあ》瓦斯を使うことで反応させることができる。濃い食塩水に安母尼亜瓦斯を充分に溶かし込み，そこに炭酸瓦斯を吹き込むと，重曹が沈んでくる。重曹を濾過して除いた水溶液には塩安が含まれる。(Ⅱ)重曹を焼くと，炭酸瓦斯と水蒸気を出して曹達になる。(Ⅲ)塩安を含む水溶液に消石灰を加えて熱すると安母尼亜瓦斯が出てくるので，これをまた原料に使うことができる。

さて，てつお君とお姉さんは，次のような表をつくってみたところ，文中の化合物や化学反応を解読することができた。みなさんもこの表を参考にして考えてみよう。

	塩化物イオン	炭酸イオン	炭酸水素イオン	水酸化物イオン	酸化物イオン
	Cl^-		HCO_3^-		
ナトリウムイオン	塩化ナトリウム				酸化ナトリウム
Na^+	NaCl				Na_2O
カリウムイオン			炭酸水素カリウム	〔 ① 〕	
			$KHCO_3$		
カルシウムイオン					
			（ ② ）		

（1） 表中の〔 ① 〕に当てはまる物質の名称と，（ ② ）に当てはまる物質の化学式を答えよ。

（2） 文中の各物質が何であるかを推定し，化学式を答えよ。

① 生石灰　② 消石灰　③ 重曹　④ 加里　⑤ 苛性曹達

（3） 生石灰の日常生活の中での用途を次の選択肢の中から２つ選び，記号を答えよ。

（ア） 乾燥剤（除湿剤）　（イ） 胃腸薬　（ウ） 融雪剤

（エ） 漂白剤　（オ） 加温剤（発熱剤）

（4） 下線部（Ⅰ）～（Ⅲ）で起きる変化の化学反応式を記せ。

（5） 下線部（Ⅲ）の反応後，水溶液中の溶質として，最も多く含まれる物質の名称を答えよ。また，その物質の用途を次の選択肢の中から２つ選び，記号を答えよ。

（ア） 乾燥剤（除湿剤）　（イ） 胃腸薬　（ウ） 融雪剤

（エ） 漂白剤　（オ） 加温剤（発熱剤）

3 秋吉台は日本最大級のカルスト地形で，1955 年に国定公園に，1964 年に特別天然記念物に指定されている。秋吉台では，様々な種類の岩石が見つかっている。陸の近くで形成されたものもあれば，陸から遠く離れた場所で形成されたものもあり，形成された場所が異なる。また，形成された時代も大きく異なる。これらの岩石が一緒に現れる理由は，海洋プレートの移動によって説明することができる。秋吉台には次の３種類の堆積岩が見られる。

図１（秋吉台国定公園のホームページより転載）

岩石1：地表の岩石が風化や侵食の作用によって破片や粒となり，河口から海溝付近まで運ばれて堆積してできる

岩石2：放散虫という海洋プランクトンの遺がいが，陸から遠く離れた場所で堆積してできる

岩石3：有孔虫という海洋プランクトンや，海洋生物の殻やサンゴからできる

（1） **岩石2**と**岩石3**について以下の問いに答えなさい。

① 岩石の名称をそれぞれ答えよ。

② 主な成分の化学式をそれぞれ答えよ。

③ 以下の特徴はどちらの岩石について述べたものか。ア～エのそれぞれをどちらか一方に答えよ。

ア．塩酸によく溶ける。

イ．固い岩石で火打ち石として使われることもある。

ウ．目に見える大きさの化石がしばしば含まれている。

エ．土壌の酸性を弱め，カルシウム等の養分を供給するはたらきがある。

秋吉台で見られる堆積岩が，いつ，どのように形成し，陸地となったのか見てみよう。

海洋プレートは中央海嶺と呼ばれる場所で生み出される。中央海嶺で生まれた海洋プレートは，平均水深4000 mにも達する深海を，大陸プレートであるアジア大陸に向かって年に数cmずつ移動している（図2）。

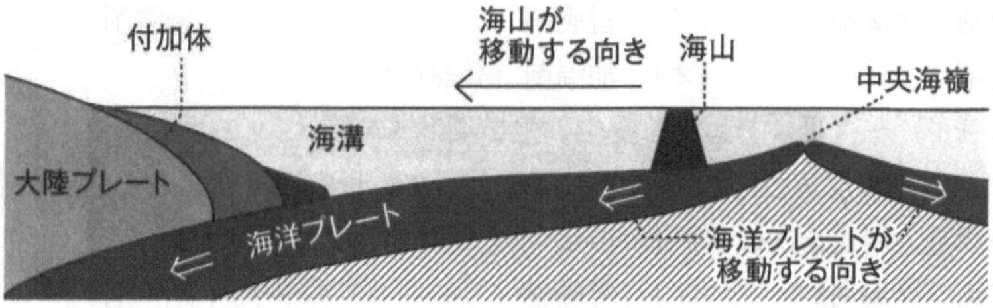

図2

海洋プレートの上には，海洋プランクトンの遺がいが絶えず降り積もっている。平均水深4000 mにも達する海底では，**岩石3**の成分は変化して海水に溶けやすくなるため，主に**岩石2**が形成される。約3.5億年前には太平洋の赤道付近で，海底火山の活動によって海洋プレート上に海山が形成された。約3.3億年前にはこの海山が成長して頂部が海面付近に達し，I 頂部付近にサンゴ礁が形成され，**岩石3**が作られるようになった。その後，約7000万年間にわたり，サンゴ礁の形成と平行して岩石が作られた。約2.6億年前になると，海山はアジア大陸に近づき，II サンゴ礁の成長が止まった。約2.5億年前に海山は海溝に達した。海溝では陸から運ばれた堆積物が溜まっており，その一部が**岩石1**である。海山は，海洋プレートと共に海溝の**岩石1**や大陸プレートの下に沈み込んで行こうとするが，海洋プレートからはぎ取られ，海溝の**岩石1**と共に大陸プレートに付け加えられた。この付け加えられた部分は付加体とよばれ，のちに隆起して陸地の一部となった。その後，第四紀になると雨や地下水の影響で**岩石3**が溶かされ，カルスト地形が形成された。

（2） サンゴ礁の形成について以下の問いに答えよ。

① 下線部Iに関して，図2に示す海山の周囲において，サンゴ礁が海山の頂部周辺にのみ形成されるのはなぜか。最も適する理由を答えなさい。

② 下線部IIに関して，海山がアジア大陸に近づくとサンゴ礁の形成が止まるのはなぜか。理由を

答えなさい。ただし，①で答えた内容は変わらないものとする。

（3） 放散虫の堆積速度を 1 cm/1000 年として以下の問いに答えよ。

① 約 3.5 億年前の海底火山の活動が起こった時点で，放散虫による堆積物の厚さが 300 m であったとする。海洋プレートが生まれたのは現在から約何億年前か。小数第 1 位まで答えよ。

② 海洋プレートの移動速度が 5 cm/ 年であるとすると，海底火山の活動が起きたのは中央海嶺から何 km の位置にあるか。整数で答えよ。

4 光は真空中や一様な物質中では直進するが，ある物質から別の物質へ進むとき，物質どうしの境界面で反射や屈折を起こす。図 1 は空気から水へ光を入射した場合の例である。境界面に垂直な直線を法線とよび，法線と入射光，反射光，屈折光の間の角を，それぞれ入射角，反射角，屈折角という。

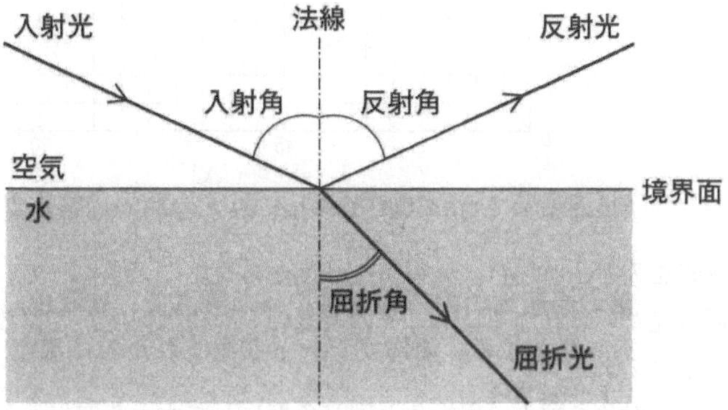

図 1

赤色のレーザー光を空気から水へ入射したときの屈折現象を観察し，入射角と屈折角の関係を調べた。入射角と屈折角の関係を図 2 に示す。

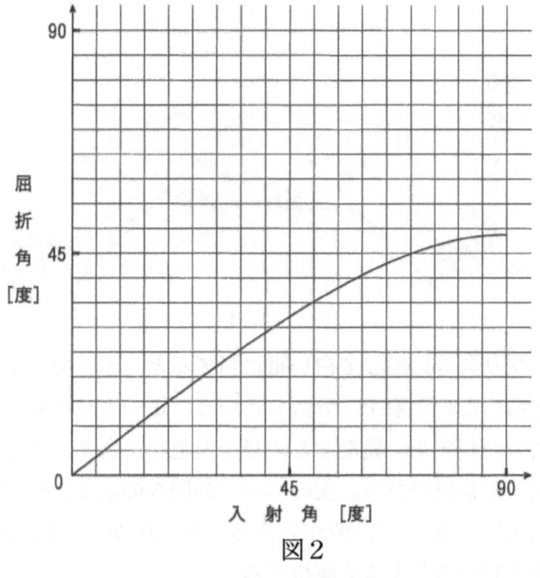

図 2

（1） 入射角が70度のとき，屈折角は何度か。整数で答えよ。

次に赤色のレーザー光を水から空気へ入射したときの屈折現象を観察し，入射角と屈折角の関係を調べた。入射角と屈折角の関係を図3に示す。

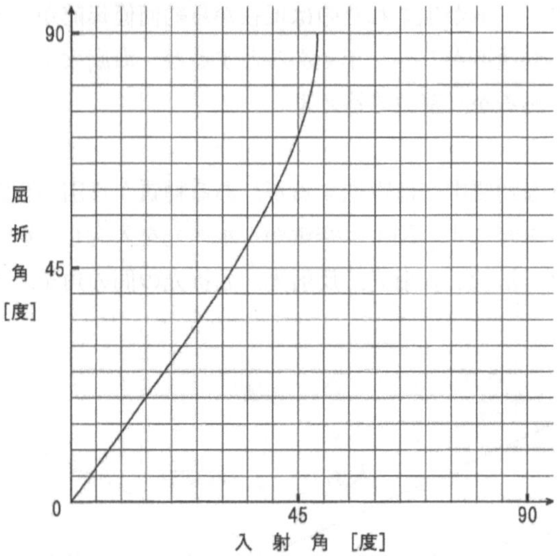

図3

（2） 水から空気へ光を入射する場合，入射角を0度から次第に大きくしていくと，入射角がある大きさになると屈折光が見られなくなる。そのときの入射角は何度か。整数で答えよ。加えてこの現象を何というか答えよ。

（3） 図4のように，入射角を図1の屈折角と同じ角度にして水から空気へと光を入射する。そのとき，屈折光はどのような道すじをたどるか。屈折光を実線で作図せよ。ただし，図4に示す破線は図1の入射光をあらわしている。

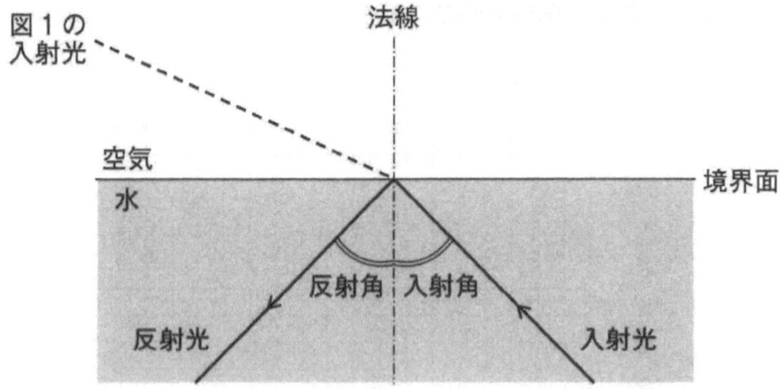

図4

空気中で白色光を三角プリズムに通して白い紙に当てると，赤・橙《だいだい》・黄・緑・青・紫に連続的に分かれた色の帯が見える。この現象を「分散」という。このように見えるのは，同じ物質でも光の色によって屈折の仕方がわずかに異なるためで，白色光に含まれる赤から紫の光がそれぞれ異なる角度で屈折して進んだ結果である。次のページの図5のような配置で実験をした場合，分かれた光の一番上には赤が，一番下には紫が見える。空気中から水に光を入射した場合も同様に，赤色の光よりも紫色の光の方が大きく屈折する。

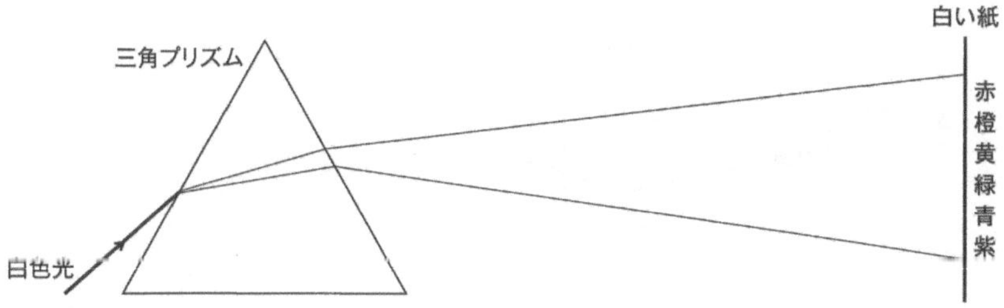

図５

（４） 赤色のレーザー光を用いて実験した前のページの図２，３のグラフを１つにまとめたものが図６である。紫色のレーザー光を用いて同様の実験をおこなった場合，入射角と屈折角の関係はどのようになるか。適切なものを選び，記号を答えよ。ただし，実線が赤色のレーザー光の実験結果，点線が紫色のレーザー光の実験結果である。

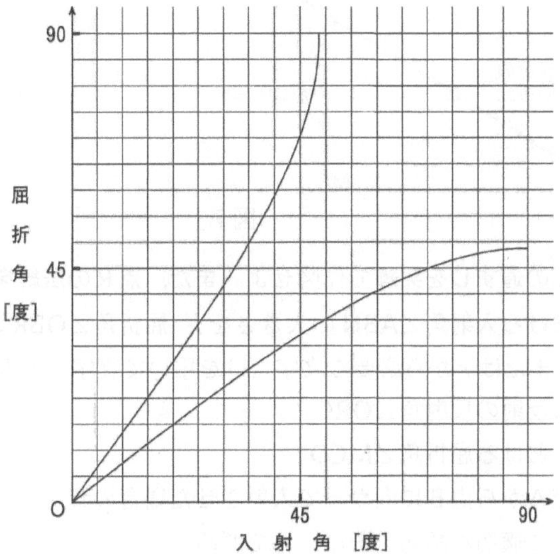

図６

（ア）

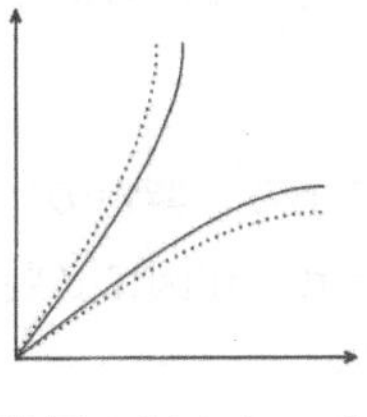

（イ）

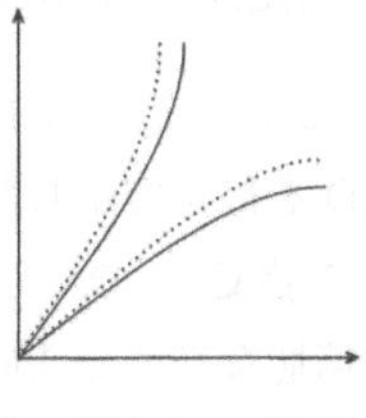

（ウ）

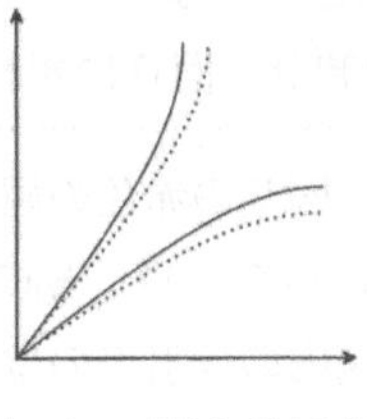

（エ）

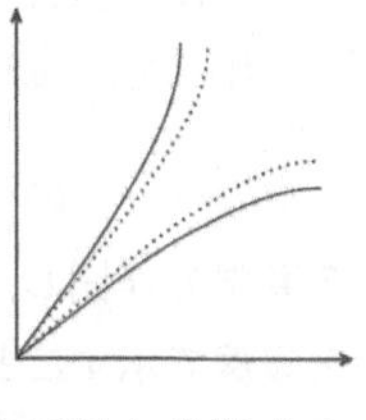

自然界で見られる光の分散の例として虹があげられる。虹は空気中の水滴が光を分散することによって見られる現象である。

図７に示す円は，水滴の中心を通る断面である。水滴は完全な球であるものとする。点Aから点Bに向かって進んだ白色光は，点Bで１回目の屈折をし，このときに分散する。境界面が円の場合，法線は円の中心を通る直線である。点Bの法線は図中のONである。その後，点Rで１回反射し，点Cで２回目の屈折をして点Dの方向へ進む。ただし，次のページの図７では点Rと水滴内を進む光の道すじは示していない。入射光ABの延長線と屈折光CDの延長線は点Eで交わり，赤色の屈折光の場合，∠BECはおよそ42度になることが知られている。

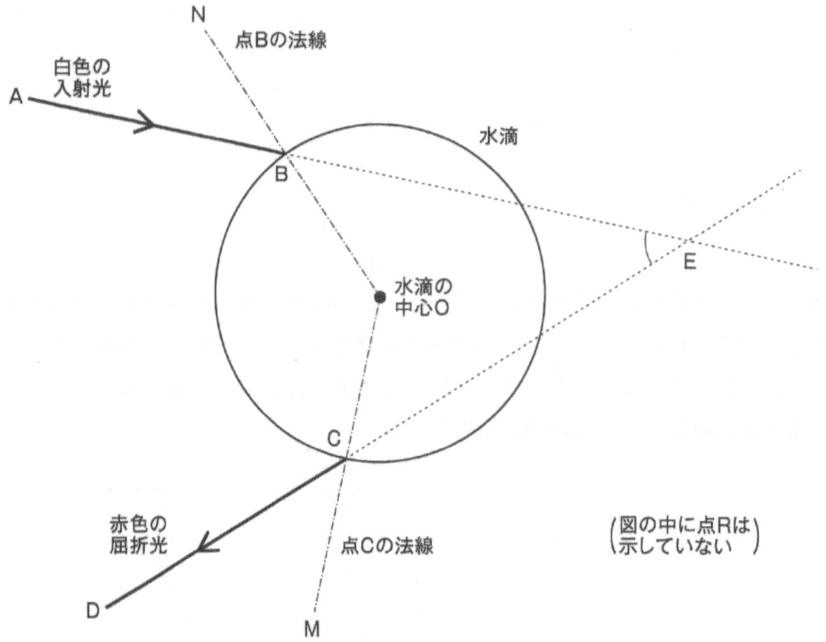

図7

（5） 水滴内の**赤色の光の道すじを実線**で作図せよ。また，**点Rの法線を破線**で示すこと。

（6） 1回目の屈折における入射角∠ABNの大きさをi，屈折角∠OBRの大きさをrとする。以下に示す角の大きさをiまたはrから必要な文字だけを用いて文字式で答えよ。

①水滴内で生じる反射の反射角∠ORC

②2回目の屈折における屈折角∠MCD

（7） 白色光を図7の点Aから点Bに向かって入射させた場合の紫色の光の道すじについて考える。次の文章の［　　］に適切な語句を選び，○で囲め。

点Bにおいて，入射角∠ABNは赤色の光も紫色の光も同じだが，屈折角は赤色より紫色の方が①［大きく・小さく］なる。そのため，紫色の光が水滴内で反射する位置は赤色の光と比べて②［時計・反時計］回りにずれる。

（8） 次のページの図8は，図7の赤色の屈折光CDを破線で示したものである。**紫色の光の道すじを実線**で作図し，図7の点C，D，Eに対応する点C′，D′，E′を示せ。作図に必要な**補助線を破線**で示すこと。水滴内の反射点の位置は，適切な範囲で決めてよい。

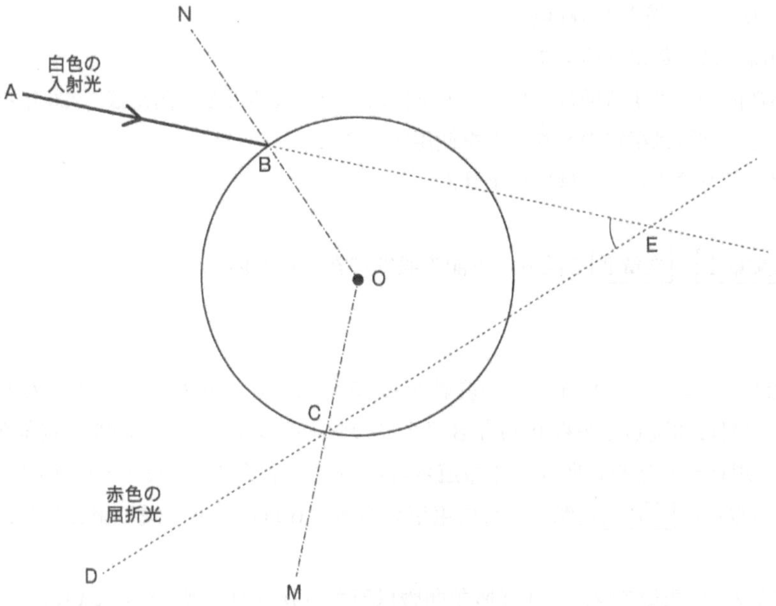

図8

（9） 空気中に無数の水滴が存在しているときに，図9のように太陽光が入射して虹が見えるとする。水滴に入射する太陽光は平行であるとみなす。このとき，虹の頂部付近（図9の破線の囲み）における色の並びを，前のページの図7の∠BECと，（8）で作図に示した∠BE′C′を比べて考える。次の文章の［　　］に適切な語句を選び，○で囲め。

∠BECと∠BE′C′を比べると，①［∠BEC・∠BE′C′］の方が大きいので，②［赤・紫］色の光の方が，水平方向に対して見上げる角度が大きくなる。
したがって，赤色の光が③［高い・低い］位置の水滴から届き，紫色の光が④［高い・低い］位置の水滴から届く。

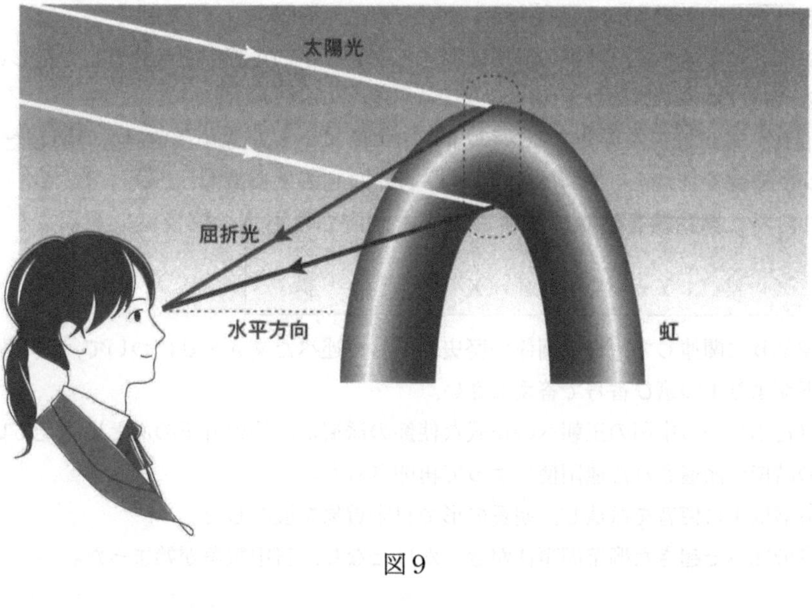

図9

【社　会】（50分）〈満点：100点〉

【注意】・句読点は字数に含めます。

・字数内で解答する場合，数字は1マスに2つ入れること。例えば，226年なら［22］［6］［年］とすること。字数は指定の8割以上を使用すること。

・解答欄をはみだしてはいけません。

［1］　次の［文章Ⅰ］・［文章Ⅱ］を読み，下記の設問に答えなさい。

［文章Ⅰ］

昨年（2020年）は，①太平洋戦争の終戦から75年にあたる年だった。この太平洋戦争に限っても，1941年12月に開戦してから1945年8月までのおよそ3年9ヵ月もの間，戦争が続いていたにもかかわらず，現在テレビや新聞などで報道されるのは，原子爆弾の投下や終戦のあった8月に集中し，12月にハワイの［　ア　］攻撃，3月に東京大空襲，6月に**a**沖縄戦の報道がたまになされるばかりである。

最近のマスコミの報道では，太平洋戦争開戦以前から**b**中国と戦争をしていたことを知らない人ばかりでなく，太平洋戦争と**c**第二次世界大戦を全く別の戦争だと理解している人や，太平洋戦争でどの国と戦っていたのかさえも知らない人が増加しているとのことである。

元号も昭和・**d**平成・令和と移り変わったように，終戦から75年もの歳月が経っているのだから，太平洋戦争に関する知識・記憶の低下，つまり風化が進むのは自然なことかもしれない。実際，戦争を経験した人口は年々減少し，若い世代や他国の人に②戦時体験を伝える語《かた》り部《べ》の数の減少も深刻であり，今後，戦時体験などをどのように伝えていくのかが被爆地など各地で課題となっている。

その一方で，太平洋戦争以前の戦争についてはどうだろう。近所の神社などに足を運ぶと，**e**明治時代の日清戦争や日露戦争などの戦没者を慰霊《いれい》する石碑などを見ることも少なくない。これらの石碑も，建てられた当時は，その戦争の記憶を風化させないことも目的としていたはずなのだが，近隣の住民でさえそのような石碑の存在を知らないことも多いのが現状ではないだろうか。

問1　空欄［　ア　］に入る語句を答えなさい。

問2　下線部**a**に関連して，沖縄の歴史に関する文**X**・**Y**の正誤の組合せとして正しいものを，下記より1つ選び番号で答えなさい。

X　15世紀，琉球は日本・東南アジア・明（中国）などを結ぶ中継貿易を展開した。

Y　サンフランシスコ平和条約に基づいて，沖縄は日本に返還された。

1	X	正	Y	正	2	X	正	Y	誤
3	X	誤	Y	正	4	X	誤	Y	誤

問3　下線部**b**に関連して，日中関係の歴史に関して述べた文**a**～**d**について，正しいものの組合せを，下記より1つ選び番号で答えなさい。

a　倭（日本）から中国の王朝への正式な使節の派遣は，倭の五王のあと途絶えていたが，推古天皇の時期に派遣された遣隋使によって再開された。

b　平清盛は宋に使者を派遣し，朝貢《ちょうこう》の形で日宋貿易を展開した。

c　北京の郊外で起きた柳条湖事件がきっかけとなり，日中戦争が始まった。

d　田中角栄首相が中華人民共和国を訪問し，日中の国交正常化がなされた。

1　**a・c**	2　**a・d**	3　**b・c**	4　**b・d**

問４　下線部**c**に関連して，第二次世界大戦に関して述べた文**a～d**について，正しいものの組合せを，下記より１つ選び番号で答えなさい。

a　サラエボ事件をきっかけにして大戦に拡大した。

b　ドイツがポーランドに侵攻して大戦が始まった。

c　ドイツやソビエト連邦などの同盟国と，イギリスなどの連合国とが戦った。

d　この大戦をきっかけに，ニューヨークに本部を置く国際連合が設立された。

1　**a・c**	2　**a・d**	3　**b・c**	4　**b・d**

問５　下線部**d**に関連して，平成の時期の出来事に関して述べた文**a～d**について，正しいものの組合せを，下記より１つ選び番号で答えなさい。

a　第一次石油危機がおこると，トイレットペーパーなどの価格も高騰した。

b　阪神・淡路大震災では，大阪府や兵庫県は大きな被害を受けた。

c　公害問題が深刻になったため，新たに環境庁が設置された。

d　細川護熙《もりひろ》を首相とする非自民連立政権が成立した。

1　**a・c**	2　**a・d**	3　**b・c**	4　**b・d**

問６　下線部**e**に関連して，明治時代の出来事に関して述べた文として正しいものを，下記より１つ選び番号で答えなさい。

１　明治新政府は大政奉還をおこない，藩主に土地と人民を政府へ返させた。

２　加藤高明内閣は，満25歳以上の男子に選挙権を与える普通選挙法を成立させた。

３　滝廉太郎《れんたろう》が「荒城の月」や「花」を作曲した。

４　韓国を併合した日本は統監《とうかん》府を置き，初代の統監に伊藤博文が就任した。

問７　二重下線部①に関連して，太平洋戦争の終戦後，それ以前に比べると※日本国内の人口が急激に増加した。そのおもな理由を，植民地と関連づけながら50字以内で説明しなさい。

※「日本国内の人口」とは，北海道・本州・四国・九州とその周辺の諸小島における人口を意味する。

問８　二重下線部②に関連して，日中戦争以降の戦時下の体験として，物価が高くて生活が苦しかったことを，多くの人が語っている。以下に掲げる**表１・２**をふまえて，なぜ物価が高くなったのか45字以内で説明しなさい。

《　**表１**　　戦時における鉱工業生産の推移　　（指数）》

	1938年	1939年	1940年	1941年	1942年	1943年	1944年
一般鉱工業	131.3	164.0	161.9	169.4	142.7	113.5	86.1
陸海軍兵器	352	486	729	1240	1355	1805	2316

※一般鉱工業の基準（100）は，1935～1937年の平均から算出。

※陸海軍兵器は，艦船・航空機・弾丸その他の一般兵器を含む。1925年を100とする。

※安藤良雄編『近代日本経済史要覧』（東京大学出版会，1975年）をもとに改編・作成。

《　表２　　鉱工業生産額の順位　　》

1937年		(100万円)	1942年		(100万円)
①	鉄鋼	1644	①	鉄鋼	2626
②	綿糸	1053	②	陸海軍工廠	2294
③	綿織物（広幅綿織物）	734	③	航空機	1930
④	製糸	510	④	鉄砲・弾丸・兵器類	1915
⑤	工業薬品	504	⑤	石炭	1077
⑥	石炭	378	⑥	船舶	858
⑦	船舶	357	⑦	工業薬品	785
⑧	陸海軍工廠	355	⑧	特殊鋼	753
⑨	毛糸	334	⑨	電気機械	633
⑩	人造絹糸	332	⑩	医薬・売薬・同類似品	630

※陸海軍工廠《こうしょう》…陸海軍直営の工場では，兵器類・艦船などのほか，衣料・医薬品などを生産。
※三和良一『概説日本経済史　近現代』（東京大学出版会，1993年）をもとに改編・作成。

文章Ⅱ

昨年より，いわゆる新型コロナウイルス感染症の世界的な感染拡大は，多くの人命を奪い，世界経済に大きな打撃を与えたが，その感染拡大の一因としてグローバル化による，世界的な人と物の活発な移動をあげる人もいる。

そして過去にも他地域との交流やグローバル化によって，感染症が拡大したことはよく知られていることである。

古くは③奈良時代の日本に，新羅もしくは唐から入った感染症が西海道から各地に拡大し，当時の政権の有力人物でさえ数多く罹患《りかん》して死亡している。

f平安時代には，藤原道長が，兄の道隆・道兼の相次ぐ死により内覧《ないらん》という地位に任じられたけれども，兄の道隆・道兼など８人の上級貴族（公卿）が995年の４月から６月の間にたて続けに死去しており，さまざまな記録からも，この当時，感染症が流行していたことを知ることが出来る。

g14世紀には，ミャンマーもしくは中央アジアの風土病だったといわれる　イ　が，ユーラシア大陸の東西を結ぶ交易ネットワークを通じて拡大し，h西ヨーロッパの人口の３分の１を奪ったともいわれる。その影響は，西ヨーロッパに限らず，東アジアなど各地で社会不安や政治的混乱の一因となったと考えられている。

さらに16世紀には，スペインやポルトガルの進出した④アメリカ大陸において先住民の人口が激減したが，ヨーロッパからもたらされた感染症の拡大も人口激減の一因と考えられている。

19世紀後半，日本がいわゆる開国をすると，海外からもちこまれた　ウ　が，i江戸時代末期から⑤明治時代にかけて感染を拡大した。

※文章Ⅱは以下の文献を参照。

川北稔ほか　『新詳　世界史Ｂ』（帝国・世Ｂ 312，帝国書院，2018年）
福井憲彦ほか　『世界史Ｂ』（東書・世Ｂ 308，東京書籍，2017年）
渡辺晃宏　日本の歴史 04『平城京と木簡の世紀』（講談社，2001年）
黒板勝美　新訂増補國史大系『公卿補任』第１篇（吉川弘文館，1938年）
『大日本史料』第２編２冊　長徳元年４月27日条の「日本紀略」など

問9　空欄［イ］・［ウ］に入る語句の組合せとして正しいものを，下記より１つ選び番号で答えなさい。

1　イ　天然痘《てんねんとう》　ウ　コレラ　　2　イ　天然痘　ウ　はしか
3　イ　ペスト　ウ　コレラ　　4　イ　ペスト　ウ　はしか

問10　下線部ｆに関して述べた文ａ～ｄについて，正しいものの組合せを，下記より１つ選び番号で答えなさい。

ａ　平将門と藤原純友が同時期に反乱をおこしたが，将門の反乱は前九年合戦，純友の反乱は後三年合戦と，それぞれ呼ばれている。
ｂ　不自然に女性の多い戸籍がつくられるなどしたため，班田収授法は平安時代の途中で行われなくなった。
ｃ　宋から帰国した最澄は，天台宗を日本に伝えた。
ｄ　紀貫之らは『古今和歌集』を編纂した。

1　ａ・ｃ	2　ａ・ｄ	3　ｂ・ｃ	4　ｂ・ｄ

問11　下線部ｇに関連して，14世紀の日本に関して述べた文として正しいものを，下記より１つ選び番号で答えなさい。

1　執権の北条泰時を中心とする鎌倉幕府は，御成敗式目を制定した。
2　執権の北条時宗は永仁の徳政令を出し，旗本や御家人の借金を帳消しにした。
3　雪舟《せっしゅう》は猿楽《さるがく》に他の芸能の要素を取り入れて，能として発展させた。
4　足利義満によって南北朝の統一が実現された。

問12　下線部ｈに関連して，西ヨーロッパの歴史に関して述べた文として正しいものを，下記より１つ選び番号で答えなさい。

1　アレクサンドロス大王の遠征によって，地中海を囲む広大な地域を支配したギリシャは，コロッセオや水道などの施設を備えたポリスを各地に築いた。
2　ローマ教皇による十字軍の派遣を批判したルターは，聖書信仰によりどころを置くことを主張した。
3　イギリスでは名誉革命により，国王の権利を制限する形で議会の権利を確認した権利章典が定められた。
4　フルトンの改良によって蒸気機関は実用化され，工場などでさかんに使われた。

問13　下線部ｉに関して述べた文ａ～ｄについて，正しいものの組合せを，下記より１つ選び番号で答えなさい。

ａ　江戸幕府は鎖国をすると，海外に渡航する船に朱印状を発行して制限した。
ｂ　松前藩は江戸幕府からアイヌの人々との交易の独占を許された。
ｃ　享保の改革では，キリスト教の禁止を徹底するため，漢訳されたヨーロッパの書物の輸入が禁止された。
ｄ　田沼意次《おきつぐ》は輸出品である銅の専売制を実施した。

1　ａ・ｃ	2　ａ・ｄ	3　ｂ・ｃ	4　ｂ・ｄ

問14　二重下線部③に関連して，聖武天皇や光明皇后が，各国に国分寺・国分尼寺を建てることを命じたほか，都に東大寺を建て，巨大な金銅《こんどう》の大仏をつくらせた理由を40字以内で説明しなさい。

問15　二重下線部④に関連して，南北戦争当時，アメリカの北部は保護貿易を求めていた。それに対し，アメリカの南部が自由貿易を求めた理由を，アメリカ南部の産業や貿易のあり方をふまえて40字以内で説明しなさい。

問16　二重下線部⑤に関連して，地租改正事業によって，地租の負担者や課税の基準，および納税方法はどのように変化したのか30字以内で説明しなさい。

2　次の会話文を読み，下記の設問に答えなさい。

先　生：昨年（2020年）は年明けから，a 中国の武漢で発生した新型コロナウイルス感染症に関するニュースが多かったですが，みなさんはどんなニュースに注目しましたか。

そうた：ぼくは，学校の休校期間中に９月入学の議論がさかんになったことが印象に残りました。９月入学のメリットは，休校中の学習の遅れを取り戻せることや，多くの国と入学時期が同じなので留学がしやすくなることだと思います。しかし，多くの b 法律を改正しなければならないことや，c 義務教育の開始年齢が遅くなることなど，すぐに実施できないこともわかりました。

先　生：長年の制度を変えることは難しいことを示した一例でしたね。1872年に学制が公布された頃は９月入学が多かったようですが，1886年に d 予算の会計年度が４月から３月までに改められたことで，大正時代にかけて４月入学に変わっていきました。入学が９月になると家計の教育費負担が増えることや，就職する時期が遅くなるなどの問題が生じるため，社会全体の仕組みを見直す必要がありそうです。

わかな：私は［　　　］の関係省令を改正して，昨年７月からレジ袋の有料化が義務づけられたことに興味を持ちました。イギリスでは2015年10月から全土でレジ袋を有料化したところ，イギリスの海岸で見つかるプラスチックのレジ袋の数が４割も減ったそうです。

先　生：e 地球環境問題の一つである海洋プラスチック問題では，漂着ごみに占めるレジ袋の割合はわずかに過ぎず，レジ袋を禁止することに効果がないという意見と，これをきっかけに更なる規制強化を求める意見があります。

あやこ：私は，特別定額給付金として政府が10万円を給付したことです。最初は，収入が大きく減少した世帯に30万円を給付する案でしたが，日本に住むすべての人に一律10万円を給付するように変更しました。給付の事務は f 地方公共団体が行いましたが，給付に時間がかかったことが課題として挙がりました。

先　生：今回の新型コロナウイルス感染症の緊急経済対策は，特別定額給付金の他にも医療体制の整備や g 雇用の維持，h 需要の喚起策などがありますが，これらの財源は i 国債です。日本の財政健全化は長年の課題ですが，経済活動が停滞し j 少子高齢社会で人口が減少するなかで，k どのように税収を確保するかが今後の課題です。

問１　空欄［　　　］に入る法律名を答えなさい。

問２　下線部 a について述べた文Ｘ・Ｙの正誤の組合せとして正しいものを，下記より１つ選び番号で答えなさい。

Ｘ　1949年に建国された中華人民共和国は，中国共産党による一党支配体制の国である。

Ｙ　イギリスの植民地であった台湾は1997年に中国へ返還され，50年間は高度な自治権が認められている。

1	X 正	Y 正		2	X 正	Y 誤	
3	X 誤	Y 正		4	X 誤	Y 誤	

問3　下線部**b**に関する日本国憲法の規定に関して述べた文**X**・**Y**の正誤の組合せとして正しいものを，下記より１つ選び番号で答えなさい。

X　内閣は政令を制定することができるが，法律の委任がある場合を除いては，罰則を設けることができない。

Y　憲法に反する法律は効力を有しないと規定し，また最高裁判所にのみ違憲審査権を与えている。

1	X 正	Y 正	2	X 正	Y 誤
3	X 誤	Y 正	4	X 誤	Y 誤

問4　下線部**c**に関連して，教育に関する日本国憲法の規定について述べた文**X**・**Y**の正誤の組合せとして正しいものを，下記より１つ選び番号で答えなさい。

X　すべての国民に，その能力に応じて，ひとしく教育を受ける権利を保障しており，この権利は自由権の一つである。

Y　すべての国民は，法律の定めるところにより，その保護する子女に普通教育を受けさせる義務を負うことを定め，義務教育の無償を明文で規定している。

1	X 正	Y 正	2	X 正	Y 誤
3	X 誤	Y 正	4	X 誤	Y 誤

問5　下線部**d**について，下記の設問に答えなさい。

(1)　日本国憲法で規定する国の予算に関して述べた文**X**・**Y**の正誤の組合せとして正しいものを，下記より１つ選び番号で答えなさい。

X　内閣が作成した予算は，さきに衆議院に提出しなければならない。

Y　予算について，参議院で衆議院と異なった議決をした場合，両院協議会を開いても意見が一致しないときは，衆議院の議決を国会の議決とする。

1	X 正	Y 正	2	X 正	Y 誤
3	X 誤	Y 正	4	X 誤	Y 誤

(2)　予算が会計年度当初までに国会で議決されないとき，内閣はどのような対応をするか。解答用紙の書き出しに続けて枠内で説明しなさい。

問6　下線部**e**についての国際的な取り組みに関して述べた文**ア**～**エ**について正しいものの組合せを，下記より１つ選び番号で答えなさい。なお，西暦年に誤りはないものとする。

ア　1972年にストックホルムで開かれた国連人間環境会議では，生物多様性条約や気候変動枠組条約が調印された。

イ　1992年にリオデジャネイロで開かれた国連環境開発会議（地球サミット）では，「かけがえのない地球」をスローガンに，「人間環境宣言」を採択した。

ウ　2015年にパリで開かれた気候変動枠組条約締約国会議（COP21）では，途上国を含む全ての締約国が温室効果ガス排出量削減の目標をたてて取り組むこととなった。

エ　2019 年の G20 大阪サミットでは，2050 年までに新たな海洋プラスチックごみ汚染をゼロにすることを目指す「大阪ブルー・オーシャン・ビジョン」に合意した。

1　**ア・イ**　　2　**ア・ウ**　　3　**ア・エ**
4　**イ・ウ**　　5　**イ・エ**　　6　**ウ・エ**

問７　下線部 **f** に関して述べた文**ア**～**エ**について正しいものの組合せを，下記より１つ選び番号で答えなさい。

ア　知事や市町村長と地方議会の議員を別個に直接選挙する，議院内閣制を採用している。

イ　地方議会は，法律の範囲内で地方公共団体の独自の法である条例を制定することができる。

ウ　地方分権一括法が成立したことで，国の仕事の多くが地方公共団体の仕事となり，地方公共団体の歳入もほとんどが独自財源である地方税となった。

エ　地方公共団体には都道府県や市町村のほか，東京 23 区のような特別区があるが，政令指定都市におかれる区は市の一部で，独立した地方公共団体ではない。

1　**ア・イ**　　2　**ア・ウ**　　3　**ア・エ**
4　**イ・ウ**　　5　**イ・エ**　　6　**ウ・エ**

問８　下線部 **g** に関連して，次の図は 2000 年と 2017 年の主要国における女性の年齢階級別労働力率を比較したものである。空欄（　**A**　）～（　**D**　）にあてはまる年と国名の組合せを，下記より１つ選び番号で答えなさい。

（ A ）

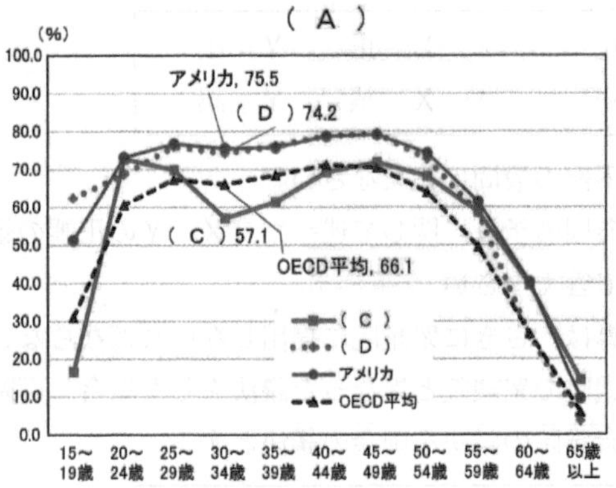

（ B ）

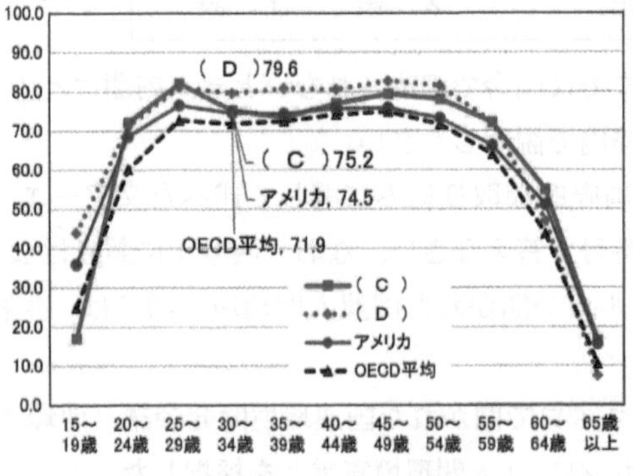

※労働力率とは，15 歳以上人口に占める労働力人口の割合（(就業者＋完全失業者)÷15 歳以上人口）のことをいう。
※ OECD とは，経済協力開発機構のことである。
※「統計が語る平成のあゆみ」（総務省統計局ウェブサイト）より作成

1　（A）2000年　（B）2017年　（C）日本　　（D）イギリス
2　（A）2000年　（B）2017年　（C）イギリス　（D）日本
3　（A）2017年　（B）2000年　（C）日本　　（D）イギリス
4　（A）2017年　（B）2000年　（C）イギリス　（D）日本

問9　下線部hに関連して，ある商品の需要・供給と価格の関係が下の図の通りであるとする。その後，需要の喚起策によって需要量のみが増加し，他の条件に変化がないとき，新たな需要曲線はどこに位置するか，解答用紙の図中に書きなさい。なお，定規は使用しなくてよい。

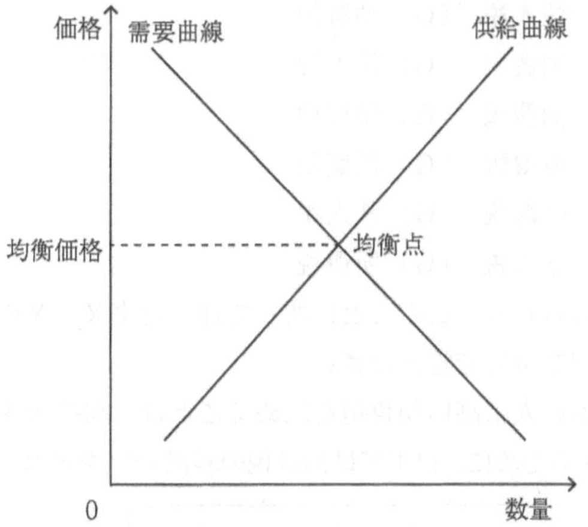

問10　下線部iについて，国債の発行に関して述べた文X・Yの正誤の組合せとして正しいものを，下記より1つ選び番号で答えなさい。

X　財政法では借り入れを原則禁止しているが，赤字国債の発行は認められている。
Y　財政法で建設国債の発行は禁止されているため，特例法を制定して発行している。

1	X	正	Y	正	2	X	正	Y	誤
3	X	誤	Y	正	4	X	誤	Y	誤

問11　下線部jに関連して，少子化とは合計特殊出生率が低下することであるが，「合計特殊出生率」を解答用紙の枠内で説明しなさい。

問12　下線部kに関連して，次の図は消費税・所得税・法人税の税収の推移を示したものである。

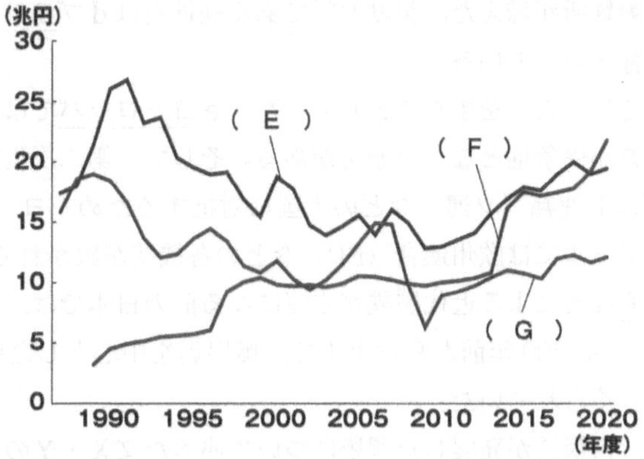

※2018年度以前は決算額，2019年度は補正後予算額，2020年度は予算額である。
※「日本の財政を考える」（財務省ウェブサイト）より作成（最終閲覧日2020年11月）

(1)　下の記述**ア**～**ウ**を参考にして，図中の空欄（E）～（G）に入る税の組合せとして正しいものを，下記より１つ選び番号で答えなさい。

ア　消費税の導入時，税率は３％だったが，現在までに３回税率を改めている。

イ　所得税は，最高税率の引き下げやバブル景気崩壊で税収が落ち込んだが，その後の景気回復や最高税率を再び引き上げたことにより，税収が回復している。

ウ　法人税は，法人の企業活動により得られる所得に対して課される税であるため，リーマンショックのような不況時では税収が大きく落ち込む。

1　（E）所得税　（F）法人税　（G）消費税
2　（E）所得税　（F）消費税　（G）法人税
3　（E）法人税　（F）消費税　（G）所得税
4　（E）法人税　（F）所得税　（G）消費税
5　（E）消費税　（F）所得税　（G）法人税
6　（E）消費税　（F）法人税　（G）所得税

(2)　徴税には公平性が求められる。このことに関して述べた文X・Yの正誤の組合せとして正しいものを，下記より１つ選び番号で答えなさい。

X　所得税で，所得の多い人に高い税負担を求めることは，税の公平性に反する。

Y　税の逆進性を緩和するために，日本では消費税の軽減税率をすべての飲食料品に適用している。

1	X　正	Y　正
2	X　正	Y　誤
3	X　誤	Y　正
4	X　誤	Y　誤

3　次の文章を読み，下記の設問に答えなさい。

近代製鉄は，高炉で銑鉄《せんてつ》をつくり転炉を用いて溶けた銑鉄から鉄鋼を大量生産する方法が考案されたことに端を発するとされる。この製鋼法は19世紀に a イギリスで考案されたもので，その後鉄鋼はあらゆる産業で利用されるようになった。

近代製鉄には鉄鉱石の他に，石炭からつくられるコークスと石灰石などが用いられる。b かつての製鉄所は，これらの原料の産出地近くに立地することが多かった。しかし，海外で c 安価に原料を産出できるようになると，フランスのフォスやダンケルクで見られるように，世界各国で原料を輸入しやすい臨海部に立地する製鉄所が増えた。製鉄原料である鉄鉱石は d ブラジルなどで多く産出され，日本にも多くの鉄鉱石が輸入されている。

鉄鉱石と石炭をめぐっては，対立を生むこともあった。e ヨーロッパでは，鉄鉱石と石炭を産出するアルザス・ロレーヌ地方が係争地となった歴史がある。そして，第二次世界大戦後，戦争の反省や f アメリカ合衆国・ソビエト連邦（ソ連）などの大国に対抗するため，ヨーロッパの統合が進んだ。アルザス地方のストラスブールには欧州連合（EU）などの各機関が置かれている。

一方，g 官営八幡製鉄所などによる近代製鉄が主流になる前の日本では，砂鉄と木炭を用いた h たたら製鉄が発達していた。約1400年前から近世まで，奥出雲を中心とした中国山地で，最盛期には全国のおよそ８割の鉄がつくられていた。

問１　下線部 a において，鉄鋼業が発展した背景について述べた文X・Yの正誤の組合せとして正しいものを，下記より１つ選び番号で答えなさい。

X　ペニン山脈は古期造山帯に属し，付近には豊かな石炭の鉱床があった。

Y　鉄鉱石の産地を西郊にもつマンチェスターでは，鉄鋼業が発展した。

1	X	正	Y	正		2	X	正	Y	誤
3	X	誤	Y	正		4	X	誤	Y	誤

問２　下線部 **b** の理由を以下の語句を必ず用いて説明しなさい。

重量	**輸送費**

問３　下線部 **c** に関連して，日本の石炭産業はオーストラリアなどの安い石炭が輸入されるようになったことで衰退した。オーストラリアの主要な石炭の採掘方法を答えなさい。

問４　下線部 **d** に関連して，以下の設問に答えなさい。

⑴　ブラジルや近隣の国々を描いた白地図中の地点Ａ・Ｂ・Ｃの雨温図は，下の**ア・イ・ウ**のいずれかである。地点と雨温図の組合せとして正しいものを，下記より１つ選び番号で答えなさい。

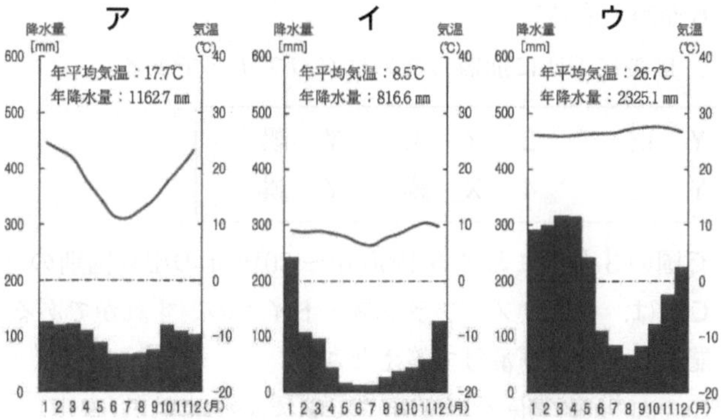

	A	B	C
1	**ア**	**イ**	**ウ**
2	**ア**	**ウ**	**イ**
3	**イ**	**ア**	**ウ**
4	**イ**	**ウ**	**ア**
5	**ウ**	**ア**	**イ**
6	**ウ**	**イ**	**ア**

⑵　ブラジルと日本の関係について述べた文X・Y・Zの正誤の組合せとして正しいものを，下記より１つ選び番号で答えなさい。

X　20世紀初頭にブラジルに渡った日系移民は，おもにサトウキビ農家の契約労働者となる場合が多かった。

Y　ブラジルと日本が協力して土地の改良などを行った結果，ブラジルは世界有数の小麦生産国となった。

Z　1990年代に出稼ぎで来日した日系ブラジル人は，自動車など製造業の工場がある地域に多く居住していた。

	X	Y	Z
1	正	正	正
2	正	誤	正
3	正	正	誤
4	正	誤	誤
5	誤	正	正
6	誤	誤	正
7	誤	正	誤
8	誤	誤	誤

問５　下線部eについて，以下の設問に答えなさい。

⑴　ヨーロッパ統合の歩みに関して述べた文X・Yの正誤の組合せとして正しいものを，下記より１つ選び番号で答えなさい。

X　石炭と鉄鋼の共同市場の創設を目指したECSCの原加盟国は，西ドイツ・スペイン・ルクセンブルクなど６か国である。

Y　2020年時点で，最後にEUに加盟したのはクロアチアである。

1　X　正　　Y　正	2　X　正　　Y　誤
3　X　誤　　Y　正	4　X　誤　　Y　誤

⑵　次の表はA国～C国の３か国における1990年～2014年の出身国別の※国際移民数を示したものである。A国～C国は，イギリス・フランス・ドイツのいずれかである。国名の組合せとして正しいものを，下記より１つ選び番号で答えなさい。

※国際移民とは移住の理由や法的地位に関係なく，定住国を変更した人々を指す。
※以下の表は「データブック　オブ・ザ・ワールド2018年版」より作成。

A国（概数，百人）

国際移民の出身国	1990年 国際移民数	2010年 国際移民数	2014年	
			国際移民数	%
インド	138	214	460	9.1
中国	18	280	390	7.7
ルーマニア	-	70	370	7.3
ポーランド	35	340	320	6.3
C国	-	110	240	4.8
その他	1848	3576	3240	※64.8
合計	2039	4590	5040	100

※実数より計算

B国（概数，百人）

国際移民の出身国	1990年 国際移民数	2010年 国際移民数	2014年	
			国際移民数	%
ポーランド	2009	1156	1909	14.2
ルーマニア	782	755	1909	14.2
ブルガリア	※80	398	774	5.8
イタリア	369	239	704	5.2
シリア	−	30	647	4.8
その他	5184	4257	7482	55.8
合計	8424	6835	13425	100

※ブルガリアのデータは1995年

C国（概数，百人）

国際移民の出身国	1990年 国際移民数	2010年 国際移民数	2014年	
			国際移民数	%
アルジェリア	138	214	241	14.3
モロッコ	180	201	211	12.6
チュニジア	40	107	119	7.1
中国	−	57	76	4.5
コモロ	−	29	56	3.3
その他	666	850	978	58.2
合計	1024	1458	1681	100

	A国	B国	C国
1	イギリス	フランス	ドイツ
2	イギリス	ドイツ	フランス
3	ドイツ	イギリス	フランス
4	ドイツ	フランス	イギリス
5	フランス	イギリス	ドイツ
6	フランス	ドイツ	イギリス

(3) (2)の表をみると，ルーマニアからＡ国やＢ国に移住する人々が多いことがわかる。その背景には，どのような問題があるのか。その問題と，ルーマニアからの国際移民がＡ国やＢ国へ向かう目的を，図１を参考に解答用紙の枠内で説明しなさい。

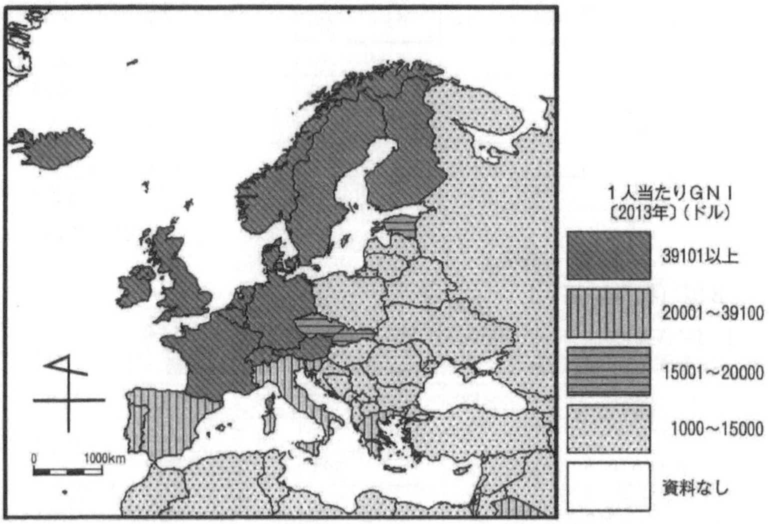

図１　ヨーロッパにおける2013年の１人あたりGNI（世界銀行ウェブサイトより作成）

(4) (2)の表のＣ国では，公共の場における女性のベール着用を禁じる法律が施行され，アルジェリアやモロッコなどからの国際移民の反発を招いた。これらの国際移民が信仰している宗教を答えなさい。

問６　下線部ｆに関連して，以下の設問に答えなさい。

(1) アメリカ合衆国のピッツバーグでは，かつて鉄鋼業がさかんであった。ピッツバーグへの原料供給地について述べた文Ｘ・Ｙの正誤の組合せとして正しいものを，下記より１つ選び番号で答えなさい。

Ｘ　メサビ鉄山からは，オンタリオ湖を経由して鉄鉱石が供給された。

Ｙ　ピッツバーグの東に位置するロッキー山脈には，豊かな炭田があった。

1	Ｘ	正	Ｙ	正	2	Ｘ	正	Ｙ	誤
3	Ｘ	誤	Ｙ	正	4	Ｘ	誤	Ｙ	誤

(2) 自動車工業の不振もあり財政破綻したデトロイト市は，自動車工業のある技術の研究拠点として再生しつつある。次の新聞記事は，デトロイト市の現在の動きを報じたものである。記事の内容や図２を参考に，記事中の［　Ａ　］に入る技術を答えなさい。

米デトロイト市の中心街から車で西に40分。ミシガン大学の敷地内に奇妙な「街」があった。道には公道と同じ信号や標識があり，鉄道の踏みきりやトンネルも見える。コンパクトな街並みには様々な形の交差点があり，人やシカを模した人形も置かれている。道路沿いの建物はベニヤ板に絵が描かれたハリボテだけに，映画のセットのようだと言えばやや言い過ぎか。もちろん人は住んでいない。

そんな街が持つ意味を静かに物語るのが，周囲を厳重に取り囲む高さ３メートルほどの壁だ。黒い幕で覆われ外部からの視線をシャットアウトしている。

それもそのはず，ここは[A]車の走行実験を目的につくられた仮想の街。ミシガン大が運営するが企業に開放されており，デトロイト内外に本拠を置く米自動車大手３社や，近郊に研究拠点を持つトヨタ自動車などが最新の技術を試しにやって来る。互いに協力することもあるが外部にさらしたくないケースが多く，情報管理には神経をとがらせる。…

[A]でクルマの付加価値はハードからソフトに移り，３万点もの部品のうちのいくつかは不要となる。それだけに強固なサプライチェーンの存在が[A]車の時代にはかえって重荷となる恐れは度々指摘される。だが，意外にもこの蓄積に目を付けたのが，デトロイトにとって「黒船」だったシリコンバレーの旗手だった。米アルファベット（グーグルの持ち株会社）の[A]子会社ウェイモは４月，初の生産拠点をデトロイトに持つと発表した。…

（2019年７月９日「日本経済新聞」）

図２　記事中の仮想の街（2019年７月９日「日本経済新聞」）

問７　下線部**g**に鉄鉱石を供給していた中国の鉱山を答えなさい。

問８　下線部**h**に関連して，たたら製鉄が盛んであった中国山地では，近世には鉄穴流《かんななが》しという方法で砂鉄を採取していた。鉄穴流しについて，以下の問いに答えなさい。

(1)　鉄穴流しは，近世には下流の農民から停止を求めて訴訟を起こされることがあった。農民が停止を求めた理由は，下流域で発生した問題のためであったが，どのような問題が発生したのか。鉄穴流しの方法と次のページの**図３**・**図４**を参考に，解答用紙の枠内で説明しなさい。

鉄穴流しの方法

①鉄穴場で花崗《かこう》岩系の風化した砂鉄母岩《ぼがん》を切り崩し，あらかじめ設けてあった水路（走り）に流し込む。

②土砂は水路を押し流される間に破砕され，土砂と砂鉄に分離し選鉱場（本場）に送られる。

③土砂と砂鉄は一旦砂溜り（出切り）に堆積され，大池《おおいけ》・中池《なかいけ》・乙池《おついけ》・樋《ひ》と順次下流に移送される。その際，各池で足し水を加えてかき混ぜ，比重の差で軽い土砂と砂鉄を分ける。

図3　砂鉄を含む斜面を削る職人と水路で選鉱する職人（岡山県ウェブサイトより）

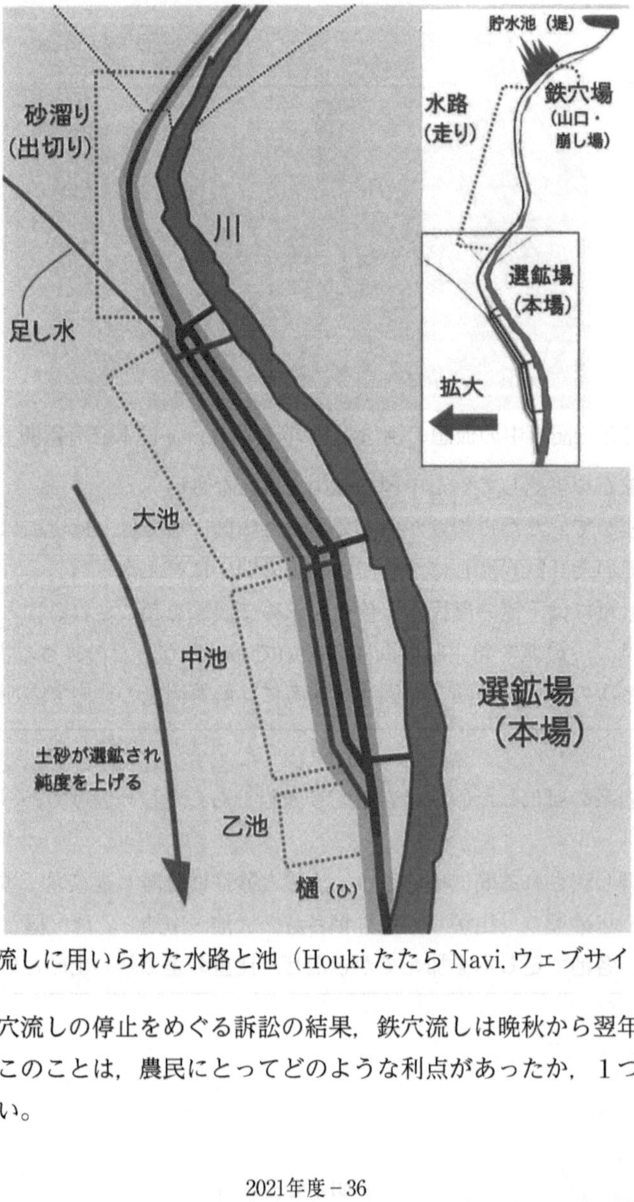

図4　鉄穴流しに用いられた水路と池（Houki たたら Navi. ウェブサイトより作成）

⑵　近世では，鉄穴流しの停止をめぐる訴訟の結果，鉄穴流しは晩秋から翌年の春に行われることが多くなった。このことは，農民にとってどのような利点があったか，1つあげて解答用紙の枠内で説明しなさい。

問五　―――部④「至孝の志」とあるが、この逸話における「至孝の志」を説明したものとして最も適当なものを選びなさい。

ア　どのような逆境に立たされようとも、子の運命として、親の望む将来へと進もうとした意志。

イ　どのような処罰が下ろうとも、親の仕える人物の裁定には従い、親を困らせまいとした意志。

ウ　どのように勘違いされようとも、親の顔に泥を塗らぬよう、従順に生きていこうという意志。

エ　どのような親であろうとも、子として生まれたからには、命を差し出す覚悟でいようとした意志。

オ　どのように理不尽な目に遭おうとも、子のつとめとして、親に真心を尽くしていこうとした意志。

問六　―――部⑤「末代の人には、有り難く、珍しくこそ覚ゆれ」について、語り手はどのような感慨を覚えているのか。その説明として最も適当なものを選びなさい。

ア　真実を見通して寛大な裁定を下せる禅門は、当世の人々にとっての希望であると評価している。

イ　仏法の衰えた末世にも関わらず、孝行心に篤い者がいたということを趣深く感じ、称賛している。

ウ　道徳心が薄れた世にも関わらず、心温まる出来事が起こったことに驚き、禅門の治世を称えている。

エ　子息のような恩愛に満ちた人物の存在は、将来の人々にとっては滅多にない模範になると思っている。

オ　禅門や子息のように思いやりのある人物が多く出ることと、禅門の治世が長く続くことを願っている。

問七　この文章の出典である『沙石集』と同じ分野（ジャンル）に属する作品を選びなさい。

ア　枕草子

イ　源氏物語

ウ　竹取物語

エ　平家物語

オ　宇治拾遺物語

問一　〰〰部Ⅰ「いよいよ腹を据ゑかねて」、Ⅱ「かへすがへす奇怪なり」、Ⅲ「ねたさにこそ訴へ申し候ひつれ」の訳として最も適当なものを、それぞれ選びなさい。

Ⅰ「いよいよ腹を据ゑかねて」
ア　どうにも格好がつかなくなって
イ　とうとう覚悟を決めざるを得なくなって
ウ　いっそう怒りを我慢することができなくて
エ　さすがに気持ちの落ち着けどころがなくて
オ　なんとしても肝が据わる状態にはならないで

Ⅱ「かへすがへす奇怪なり」
ア　本当に不届きである
イ　何となく納得がいかない
ウ　どう考えても嘘をついている
エ　何はともあれおかしなことだ
オ　何度聞いても不思議なことだ

Ⅲ「ねたさにこそ訴へ申し候ひつれ」
ア　何とも羨ましくて訴え申し上げました
イ　腹立たしさのあまり訴え申し上げました
ウ　憂さ晴らしを訴え申し上げていましたのに
エ　引け目を感じて訴え申し上げられませんでした
オ　恥ずかしくて訴え申し上げずにいられませんでした

問二　――部①「所領を召し、流罪に定まりにけり」と同じ内容の語句を、本文中から漢字二字で抜き出しなさい。

問三　――部②「事苦々しくなりける」とは、どういうことか。その説明として最も適当なものを選びなさい。
ア　子息への罰は、今後も女房を苦しめ続けることになると悟ったということ。
イ　女房が当初思っていた以上に、子息に対する処罰が重くなったということ。
ウ　女房の一方的な思い込みが、子息への厳罰という形で裁定されたということ。
エ　私的な問題を公の裁定にまで持ち込んだことを、気恥ずかしく思ったということ。
オ　子息に対する処置は、禅門にとって利益が少ないということに気づいたということ。

問四　――部③「『まことにはいかで打ち候ふべき』」の内容を説明したものとして最も適当なものを選びなさい。
ア　子息が禅門に、母の訴えている通り、本当に母のことを叩いたのだと訴えている。
イ　禅門が子息に、本当は母のことを叩くことなどしなかっただろうと確認している。
ウ　子息が禅門に、母のことを叩くことなどできるはずがないということを答えている。
エ　禅門が子息に、どうして母のことを叩くことができたのかということを問うている。
オ　女房が子息に、本当はまったく母を叩かなかったではないかと、泣いて責めている。

イ　具体的に成果と呼べるようなものを出したわけでもなく、名を成しているわけでもない自分が、著述業という職業名を名乗ることに口はばったさを感じ、ためらわれる気持ち。

ウ　世間から低く見られている著述業に就くようになった劣等感を、巡査からの質問に応じることでことさら実感しなければならないことに抵抗を覚える気持ち。

エ　公職追放を受け、実際にはほとんど仕事がない状態にもかかわらず、当座の職業として著述業を名乗らなければならない自分の欺瞞《ぎまん》を恥ずかしく思う気持ち。

オ　通勤生活を放棄して、胸を張って人には説明しづらい仕事をしていることを、他人がどのように見るのかが予想できず、できればこのままいなしたいと思う気持ち。

問七　永井龍男は芥川賞の選考委員を務めたが、次の中から芥川賞作家を選びなさい。

ア　太宰治　イ　永井荷風　ウ　大江健三郎
エ　菊池寛　オ　川端康成　カ　宮沢賢治

三　次の文章を読んで、後の問いに答えなさい。

故(*1)相州禅門《さうしうぜんもん》のうちに(*2)祇候《しこう》の女房ありけり。腹悪しく、たてたてしかりけるが、ある時、成長《せいちやう》の子息の同じく仕へしけるを、いささかの事によりて、腹を立てて打たんとしけるほどに、物にけつまづきていたく倒れて、Ⅰいよいよ腹を据ゑかねて、禅門に、「子息某《それがし》、わらはを打ちて侍るなり」と訴へ申しければ、「不思議の事なり」とて、「かの(*3)俗を召せ」とて、「まことに母を打ちたるにや。母しかしか申すなり」と問はる。「まことに打ちて侍る」と申す。禅門、「Ⅱかへすがへす奇怪なり、不当なり」と叱りて、①所領を召し、流罪に定まりにけり。②事苦々しくなりける上、腹も漸《やうや》く癒《い》て、あさましく覚えければ、母また禅門に申しけるは、「腹の立つままに、この子を、打ちたると申し上げて侍りつれども、まことにはさる事候はず。大人気なく彼を打たんとして、倒れて侍りつるを、Ⅲねたさにこそ訴へ申し候ひつれ。まめやかに御勘当候はん事はあさましく候ふ。許させ給へ」とて、けしからぬほどにまたうち泣きなど申しければ、「さらば召せ」とて、召して、事の子細を尋ねられけるに、③「まことにはいかで打ち候ふべき」と申す時、「さては、など始めより、ありのままに申さざりける」と、禅門申されければ、「母が打ちたりと申し候はん上には、我が身こそいかなる咎《とが》にも沈み候はめ。母を(*4)虚誕《きよたん》の者には、いかがなし候ふべき」と申しければ、「いみじき④至孝の志深き者なり」とて、大きに感じて、別の所領をそへて給ひて、殊《こと》に不便の者に思はれけり。⑤末代の人には、有り難く、珍しくこそ覚ゆれ。

（『沙石集』による）

《註》
＊1　相州禅門……鎌倉幕府執権、北条時頼のこと。
＊2　祇候……お側近く仕える。
＊3　かの俗……ここでは、子息のこと。
＊4　虚誕……嘘つき。

あった。「ふでとりもの」と古風なルビが振ってあったばかりに、私はそれを永く覚えていた。操觚も解《わか》らなかったが、「ふでとりもの」という説明は、解りそうでなお分からなかった。庭へ廻った巡査が、大連の人と問答するのを聞きながら、私はそれを思い出していた。テレくささが、いつまでも尾を引いた。

（永井龍男「そばやまで」による）

《註》

＊1　大連……中国の都市。戦前は日本の租借地であった。
＊2　支那そば……ラーメンのこと。当時はこのように呼んでいた。
＊3　七とこ借り……方々から借金をすること。
＊4　珊瑚樹……スイカズラ科の常緑樹。
＊5　パージ……公職などから締め出すこと。戦後GHQによって行われた公職追放を指す。
＊6　代書屋……本人に代わって官公署に提出する書類などを書く職業。

問一　＝＝部（a）～（c）のカタカナを漢字に、漢字をひらがなに直しなさい。

問二　空欄 X に入る「小さなことにこだわらず、おっとりとして上品な様子」という意味の熟語を選びなさい。

ア　尊大　イ　明朗　ウ　鷹揚
エ　横柄　オ　篤実

問三　――部①「己れの貧寒な性根が、あからさまに見え透く」とあるが、どういうことか。その説明として最も適当なものを選びなさい。

ア　文筆で生活を立てていく決心をしたのは良いものの、すぐに自立できるような見通しも立たず、自分の不甲斐なさと向き合わざるを得なくなったということ。
イ　作家として生活できるか見通しは立たないうえ、家を失うという不安から、落ち着いて仕事に取り組むことができない自分の気の小ささがはっきりしたということ。
ウ　満足な作品が書けないことが明らかになって初めて、自分が永年親しんできた通勤生活に未練を残しており、他の仕事を探せばいいという甘えを捨てきれない性格だとわかったということ。
エ　生活費の援助があり、作品を発表するためのつてもあるといった後ろ盾があるため、それらを言い訳に努力をしない自らの怠惰さが明らかになったということ。
オ　文章を書いて生活したいが、自分には才能も覚悟もないことがはっきりとわかっているうえ、通勤生活にも戻れず、自暴自棄になっているということ。

問四　――部②「珊瑚樹の生垣の裾に、部厚な病葉のつもったのが、いかにも売り家らしかった」とあるが、どういうことか。説明しなさい。

問五　――部③「家主が来たと聞き、きつくなる身構えを、そういう妻の話が崩した」とあるが、どういうことか。説明しなさい。

問六　――部④「私は口籠った」とあるが、このときの「私」の心情を説明したものとして、最も適当なものを選びなさい。

ア　著述業という名称から得られる印象とはあまりにかけ離れた貧しい自分の生活を巡査に見られたのが恥ずかしく、本当のことを言いあぐねる気持ち。

が、私の同意を求める話し方をした。自分の無力を嗤《わら》うものは、それでも胸に来たが、眼をつむるより他にまったく途《みち》はなかった。

　南向きの庭の端へ、そこだけ少し出張った四畳半と三畳の間を、私たちは明け渡した。厠《かわや》に続く玄関の二畳と、前の引越しの時に、荷を積んだままの台所脇の四畳半は使えず、六畳の茶の間と八畳の座敷で、親子四人の生活が始まった。通勤生活を続けていたら、ぎりぎりこれで暮せぬことはない広さである。

　追い詰められるなら、とことんまで追い詰められて見ることが、今の自分には必要な気もした。そこまで行けば、ふんぎりのつくきっかけが生じるようにも思われた。通勤生活を離れたのは、私の職歴が進駐軍のパージ(＊5)の枠に触れたからで、当分就職の途のないことも、かえって眼先きのちらつきを払ってくれる結果になった。

　半坪そこそこの、玄関の沓脱《くつぬ》ぎに椅子テーブルを置いた。出入口の硝子戸を半開きに、用事の人には庭へ廻ってもらう貼り紙をし、簾《すだれ》をたらした。

　明け渡した二間は、沓脱ぎと反対の縁側の端に当たり、一応充分な距離は保たれてあるはずだったが、玄関脇の厠は共同で使うので、茶の間から座敷、それから縁を曲がって玄関まで、われわれの起居はすべて見通しになった。引揚げ者は、はじめは二組の夫婦が枕をならべたが、間もなく一組は、老夫婦を残して東京へ出た。老主人は脳溢血《のういっけつ》の予後で、肩を振り片足を投げ出すようにして歩行はできたが、半身不随といってよかった。いつも婦人が付添い、硝子戸を震わせて縁を通った。

　玄関と沓脱ぎの間の障子を締めておけば、私との交渉は一応断たれたが、一日中かけ放しのラジオには一番困った。癇癪《かんしゃく》の起こるのを耐《こら》えていると、顔から体へ、汗の噴き出すことがしばしばあった。

　貼り紙はしてあっても、郵便をはじめ水道局や電燈の集金人が、簾の隙《すき》から覗き込み、あまり近々とある私の顔に驚いたりした。シャツとパンツで、書き物をする自分が、代書屋(＊6)を開業したように思われた。

「変わりはありませんか」

　そんなふうに、若い巡査が首を出したこともある。

「私の家には、変わりありませんが、大連から引揚げた人が、最近同居していますから、後で庭から廻って下さい」

「御親戚ですか？」

「うちとは、全然関係ありません」

「そうですか。……家族は四人でしたな、職業は、お勤めですか……」

「いいえ」

と答え、④**私は口籠った**。著述と、そこまで出かけて、実にてれくさかった。

「著述……業、というようなところでしょうか」

「ええと……、ちょじゅつの、ちょは、どう書きましたかな」

　若い巡査が、名簿から眼を外していった。

「草冠りに、者……」

「はあはあ……」

　私のテーブルに名簿を置き、彼は「著述」と記入した。記入されて見れば、それで理屈の通らぬこともなく、私の未熟な職業にふさわしい気もした。

　少年時代に読んだ何かの本に、操觚《そうこ》業者というむずかしい熟語が女客の言葉に関西訛《なま》りがあり、二十六、七にしては妙に稚《おさな》い、女学生めいた東京弁を、私は久し振りに聞いたと思った。

女客が、すらりと立った。

「いずれ、××さんの方へ御返事をします」

縁先きから、古本の紙包みらしいものを取って、男は［ X ］にいった。男が角を曲がって出て来たところに、山吹が咲きかけているのを、私は見つけた。花よりも、葉の緑の鮮やかな山吹であった。

二人は私たちに黙礼して、庭を立って行った。女客は、自分の上背を、習慣的に遠慮しているような歩き方をした。

家屋は相当古く、どんなところからそんな価格が割り出されたのか、私には分からなかった。損《いた》みのひどい無人の家の中を、それでも一応案内してもらうことにしたが、後ろの崖《がけ》に寄った四畳半の襖の陰に、老婆がひっそりと針仕事をしていて、私どもを驚かせた。家を売る側にも、差し迫った事情があるのを、なんとなく知る思いがした。

型通りの挨拶をして路へ出ると、

「問題じゃあないね」

と、私はすぐいった。

ちょっと押せば、坐ったまま崩れてしまいそうだった老婆の姿が、いたく不吉な感じで残っていた。

「あれで、五十万円だなんて……」

「売る方は、自分の家だけしか知らないんだよ」

「ひどいお台所」

低声《こごえ》で話しながら歩いた。

「さっきの人たち、何者だろう」

「どっちが？」

「夫婦がさ」

「さあ。……美人ね。色の白いひと！」

「新婚じゃあ、もちろんないが、世帯馴れない感じの奥さんだね」

自分の上背を、多少持ちあつかい気味にした肩の様子や、無器用な東京弁がよみがえってきた。家主の門前を通る時、いつもの圧《お》された気分を味わい、さっきの男の余裕のある物腰が、ふと心に浮かび上がった。

留守番をさせて出た二人の子供が、家の前で賑《にぎ》やかに毬《まり》を突いていた。突いては、毬を一とまたぎするやり方だった。この娘たちが無心で、暗い翳《かげ》のないのが、私たちの唯一のよりどころといってよかった。

このままでは埒《らち》が明かぬと見たか、さして間数のない家主の家へ、引揚げ者が荷を解き、家主の老人が私の留守に妻に会いに来た。このごろは、できるだけ顔を合わさぬように、私の方から仕向けている老人だが、隣り組や防火群なぞの結ばれる前から、招《よ》んだり招ばれたり酒のつきあいもした老人である。

「前住の家を売った時から迷惑をかけ続け、あなた方の困っているのはよく察している。そこで、御承知の通り親戚の者も転げ込んで来たわけだから、私の家に寄った四畳半と三畳の二間を、引揚げ者のために明けてもらえぬものだろうか。そう話がつけば、気に入った家があるまでは、あなたの方も無期限でここに住んでいただいて差し支えない……」

③<u>家主が来たと聞き、きつくなる身構えを、そういう妻の話が崩した</u>。家主の申し出に乗るより他にないことを、先きへ呑み込んだ妻

層激しかった。

とにかく家財道具を売り払い、(＊3)七《なな》とこ借りをして手金を打てば、後は引き移ってから何とかなるものだと、教えてくれる人もあったが、七とこ借りの気力が生まれて来ようとは思えなかった。三度に一度は、夫婦で売り家を見に行かなければならなかったが、それは家主への偽装で、そのたびに気の詰まる思いをした。

貸家を当てにするのは、奇蹟《きせき》を待つ以上のことで、困《こう》じ果てると、身をなめくじに譬《たと》えて(b)ジチョウして見たりした。同じ種類の虫でありながら、自分の体をきちんと殻に納める蝸牛《かたつむり》が、なめくじに比べて非常に高級なものに思われた。辞書を引くと、やはりなめくじは退化したものだと記してあった。

家主の親戚が、いよいよ大連から九州へ引揚げ、近く隣家へ身を寄せると知らせて来た。そして、手ごろな売り家があるから、ぜひ見に行くようにと託《ことづ》けもあった。

困惑の底から、逆に捨て鉢な気持も湧《わ》いてきた。自分たち一家だけが困っているのではないと、周囲を見廻す余裕を取り戻した気がした。なめくじの角に似ていた。

法外な家の値段にも、最初はそのつど出ばなを挫《くじ》かれたが、二度三度耳に馴れれば度胸がついた。どうせ自分の持物になるものなら、納得の行かぬ買物をすることはない、それまでは現在の家にいる権利があるのだと、遅ればせに背水の陣を(c)布く気持も生まれた。

今度の売り家は、二、三町先きにあった。若葉の艶々《つやつや》と繁《しげ》った生垣の中に、私と妻はすぐそれらしいものをさがし出し、相当古い平家建ての家を見透かした。②(＊4)珊瑚樹《さんごじゅ》の生垣の裾に、部厚な病葉《わくらば》のつもったのが、いかにも売り家らしかった。もう羽織も要らなくなりかける時分で、ふところ手をしたその手で、所在なく自分の胸の辺りを撫《な》でながら歩いていた私は、垣のうちに話し声のするのを聞いた。

標札をたしかめ、妻と前後して門を入った。右手の木戸が開いていた。正面の玄関よりも、そっちへ行く方が気楽に思われた。

生垣の中は通りに沿った庭で、古びた縁先きへ、はすに掛けた女客の後ろ姿があり、障子を引いたほの暗い家の中を背に、老《ふ》けた女がそれと対坐していた。

視線を私たちに移した様子で、それが家人と知れるので、妻は来意を告げ、二言三言交わしていると、後ろ向きの女客が、もの静かに膝《ひざ》をねじった。

女にしては、かなり背の高い人だと、妻の脇《わき》からその後ろ姿を見ていたが、こちらへ向けたその人の顔から衿《えり》もとは、思いがけぬほど色が白かった。背の割りに小ぢんまりして見える顔に、瞳《ひとみ》が無表情に大きく、染め付けか何かの、細長い瓶を感じさせるようなところがあった。陶器の、そんな冷たさを連想させる肌の白さだった。

こちらを向いた時の静けさで、女客が視線をもとに戻すと、庭の角から、紺の角帯を締めた三十五、六の男がゆっくり出てきた。油気のない長髪に額が広く、寛《ゆる》やかに着た和服の具合からも、商人や勤人でないことはすぐ知れた。これも家を見に来た一組なのだ。

女客は少し座をすさって、

「おいとま、しましょうか」

と、その方へ声をかけた。

「うん……」

の玄関で筆者を緊張させ、躓かせたように、文化はときに人間を強迫し、人間の行動を阻害するので、肉体が精神の支配下にあることは自明であるということ。

ウ　日本家屋でありながら中はイギリス風であることに違和感を覚え、筆者が脚を竦ませたように、文化的な慣習が人間の身体的行動に影響を与えているのだから、精神と肉体が密接に関連しているのは明白だということ。

エ　家の中では外履きを脱ぐ習慣のないイギリス人の友人も、日本家屋に住めばその暮らしを楽しむようになることから、異なる文化圏であっても、身体の振る舞いは自ずと似通ってくることになるのは当然だということ。

オ　日本家屋でありながら、中では外履きを脱がないという習慣に気づけなかった筆者は、脚が竦んでしまったが、それは家屋の構造上の問題であり、文化という精神的な働きが身体を束縛しているとまでは言えないということ。

問三　空欄 X に入る言葉として最も適当なものを選びなさい。

ア　言葉が音を可視化する　　イ　言葉に音が作用する

ウ　言葉が音を利用する　　エ　言葉が音を創出する

オ　言葉を音が変質させる

問四　――部②「それを正の価値として生理的に育む過程」とあるが、その内容を四十字以上五十字以内で説明しなさい。

問五　――部③「人間が針の穴を通すようにして世界を覗き見ている」とあるが、どういうことか。「針の穴」の意味がわかるように説明しなさい。

二　次の文章を読んで、後の問いに答えなさい。

住まいのことでは、一時思い屈した。

六、七年来住み馴《な》れた家が、終戦後間もなく他へ売られ、すぐ傍の同じ家主の持家へ引き移ることで、ひとまず小康を得たが、それも、家主の親戚《しんせき》が大連(＊1)から引揚げて来れば、立ち退《の》いて欲しいという条件つきであった。

ちょうどそのころ、私は通勤生活を辞めなければならない事情ができ、家に引き籠《こも》ることになった。移った家は、もともとごく普通の貸家で、襖《ふすま》や硝子《ガラス》戸の仕切りが多く、読み書きに都合のよい部屋があるわけではなかったから、机の置き場にも工夫の要る始末だった。それに、永い通勤生活の習慣に染み、机の前に落着いて座を占める修業から始めなければならなかった。机の向きはその当座毎日変わり、部屋の隅へ行ったり真ン中へ出たりした。そんなことで、いたずらに時間を費やす己れの姿を、一々軽蔑する自分がいつも一方にあった。

私は売文で暮しを立てる決心をしていた。親切な人の補助を月々受けていたが、それのある中《うち》に早く筆に馴れたかったし、早く一人立ちの生活もしたかった。売文生活が成り立つものかどうか、(a)カイモク自信はなかったが、つての多いのが頼りであった。その代わり才能がないと見切りがつけば、支那(＊2)そばの屋台でもなんでも曳《ひ》くという腹はできていた。①己れの貧寒な性根が、あからさまに見え透くのも、そのころのことであった。永い通勤生活が、自分の眼を曇らせていた。

どこそこに恰好《かっこう》な売り家があると、時々隣りの家主から知らせて来た。親兄弟すべて貧しい東京育ちで、住まいは借りて住むものと思い込んでいたから、資力のないことはいうまでもないとして、困惑は一る。ただ、これも、その擬声語を含む言語（ないし表記法とその音声化の規則）を知っていることが前提になっているわけで、その意味においても、やはり文化拘束的というほかない。

　聴覚が文化によって左右されるという例は、虫の音の捉え方にも表れている。日本では、秋の夜長を彩るさまざまな虫の音は、季節の徴表として風流とも野趣溢れるものとも受け取られているが、西欧においては、たんなる自然世界の音、ときには雑音とさえ受け止められているという。これは、右脳／左脳の受容器官の違いから説き起こされた興味深い知見ではあるが、②それを正の価値として生理的に育む過程が日常的伝承や積年の知的遺産など文化的な影響下になされてきたことは間違いないし、ましてや、そこから齎《もたら》されるさまざまな波及効果（詩歌に詠み込んだり、心理療法に応用したり、サウンドスケープといわれる環境音楽に採られたり）が文化的な内容を豊富にもっていることはいうまでもない。

　そもそも人間の感覚器官がきわめて限定された範囲でしか実在の世界と向き合えないことは、多くの生理学的な知見が教えてくれている。聴覚には周波数の可聴域があるし、視覚にも可視光線の範囲と可視のための諸条件がある。触覚や嗅覚はさらに習慣性が強く、受容の錯誤や麻痺すらが起こる。味覚にいたっては、文化拘束性が一段と高まるばかりか、好き嫌いに始まる個体差が著しく、ほとんど客観的な受容の事実を確定することは困難である。ことほどさように、感覚を媒介するかぎり、人間はひじょうに小さな窓からのみ実在世界を眺めているにすぎないのである。

　それでも、これらはどれもまだ物理化学的な刺激・受容、いわば客観的に同定できる段階での限定なのだが、これに文化的なバイアス（歪み）が加わるのだから、③人間が針の穴を通すようにして世界を覗き見ていることは明らかだ。裏返していえば、人間が語っている世界は、客観的に受け取った実在そのものの世界ではなく、むしろ人間が構想した、主観による世界だと考えた方が、却って正直というものだろう。しかも、その主観は、地域によって、また、それぞれの歴史によってさまざまに異なるものであることも注意しておきたい。人間は、そうした主観という眼鏡を通してしか世界が見られないのである。この、独我的な主観ではなく、複数の人間が協働してつくりあげる共同的な主観こそが文化にほかならない。絶海の孤島で生まれ育った人間（ありえないが）には、文化は存在しない。

（山本雅男『近代文化の終焉』による）

問一　＝＝部（a）～（d）のカタカナを漢字に、漢字をひらがなに直しなさい。

問二　――部①「ことの真意が、精神と肉体の分離を謳う心身二元論への対置にあることはいうまでもない」とあるが、ここで筆者が主張しようとしていることの説明として最も適当なものを選びなさい。

ア　家の中では外履きを脱がないという習慣が筆者を狼狽えさせたことは、日本人として培ってきた文化がとっさの時に行動を規定するということなので、観念的な約束事と身体的活動が相互に関係していることは明らかだということ。

イ　家の中では外履きを脱がねばならないという観念が、友人宅

を謳う心身二元論への対置にあることはいうまでもない）。

つまり、靴を履いたまま家のなかには上がらないという生活習慣があるからこそ、それを日々実践する人間は玄関先で、どうしても脚が一歩先に進まないのである（そうした生活習慣のことを、われわれは文化と呼んでいる）。それは、呪縛と呼んでもよいような肉体への拘束ではあるが、たとえば、空き巣狙いや強盗、押し込みがこれを平然とやってのけることを考えると、その呪縛も、自文化に対する関わり方、その時間と場所によって可変的であることも分かる（泥棒も、まさか自宅では履物を脱ぐだろう）。この同じ事態を人間の側から見れば、人間は文化(c)ヒ拘束の存在だと表現することができる。それは、人間が無媒介な存在、すなわち実体的存在であるとする伝統的主体主義の言表に対する反省の表現でもあることはいうまでもない。

人間は観念の動物であるといわれるが、個人の特殊な観念ではなく、複数、多数の人間による共同的な観念（これを「共同主観性（Intersubjectivity）」と呼ぶこともある）が、個々の人間の生理に大きな影響を及ぼしている例は、ほかにもたくさんある。冒頭で紹介した蹴躓《けつまず》きの一件は、筋肉の物理的な機能に関わる事例であるが、そうした文化的な拘束は人間の生体的機能のすべてにわたっているのである。たとえば、聴覚に関する例では、さまざまな動物の鳴き声の違いが比較文化の話題としてよく紹介されている。イヌは、日本で「ワンワン」と鳴き、イギリスでは「bow wow」と吠える。ネコは「ニャーニャー」に対して「mew」、ニワトリは「コケコッコー」と「cock-a-doodle-doo」、ヒツジは「メーメー」と「baa baa」という具合に、その対照ぶりは異文化への好奇心を掻き立てるに十分なほど鮮やかである。

それらは、いうまでもないことながら、それぞれの動物の種類が違っているのでも、聴く条件が異なっているのでもない。同一の音源に対して、まったく違う感覚的反応をするのである。つまり、おなじイヌの鳴き声を聴いても、日本人には「ワンワン」としか聴こえないのであり、英語人には「bow wow」いがいには聴こえないということなのである。音声を分析する機器にかければ、どちらもおなじ測定結果が出されるわけで、とすれば、物理的な因果関係の問題ではなく、文化的な認知の問題だということになろう。人間がたんなる受容器官ではなく、文化的な（文化ヒ拘束の）生き物である(d)所以がここにある。

動物の鳴き声は、その動物が人間の生活に近しいほど多種多様な鳴き声をもっている。それは、日々の生活の必要から生み出されたからにほかならない（同一の魚の名称が、各地で異なっていたり、成長するごとに名称が変わったりするのもおなじ理由による）。いずれにせよ、現象に対する名付け、すなわち言葉と深い関係にあることは事実で、そうすると、同一言語内の方言にしろ、異言語にしろ、言葉の種類とおなじ数だけ鳴き声の表現も可能だといえるだろう。ということは、人間が動物の鳴き声を聴くということは、音の刺激に対して言葉を当てるという手続を踏むのではなく、むしろ、　X　とさえいっても過言でないことになる。そのことは、たとえば劇画などで多用される擬声語（onomatopoeia）を見たときに鮮明に実感できることでもある。音は、本来、それ自体不可視のものではあるが、文字化することで、音の実態そのものが実在性を増すことがありえるのであ

【国　語】（六〇分）〈満点：一〇〇点〉

【注意】 記述は解答欄内に収めてください。一行の欄に二行以上書いた場合は、無効とします。

一　次の文章を読んで、後の問いに答えなさい。

日本に住むイギリス人の友人から招かれたことがあった。郊外のどこにでもありそうな日本家屋であったが、家のなかは万事イギリス風で、家族みな暮らしを楽しむ風が偲ばれるようであった。そうするうち、招じられるままに玄関を入って、思わず脚が竦《すく》んでしまった。昔の家なら上がり框《かまち》という、三和土《たたき》と廊下とのわずか十cmほどの段差のところで、躓《つまず》きそうになったのである。先導していた当家の主人は、外からの歩様をいささかも緩めることなく、ごく自然にこの段差を越えて、廊下を奥まで進んでいってしまった。こちらが、一瞬、脚を絡ませているのに気がついた家人は、日本人客の多くがおなじように狼狽《うろた》えると庇《かば》ってくれたものである。罠に掛かるのを楽しんでいるようにも見えたが、それは見当違いの僻目《ひがめ》であろう。

家のなかでは外履きを脱いで素足かスリッパに履き替えるという日本の習慣は、おそらく世界のなかでも稀有な部類に入るだろう。夏期の高温多湿を凌ぐのに高床式としたから、家中を外履きで歩き回るのを嫌ったのだとか、椅子や寝台を使わず床に直接座ったり横たわったりしたこと、また畳という厚手なマット様のものを床に敷き詰めるようになったことなども、内外を区別する要因になったのだといわれている。それにひきかえ、日本や朝鮮半島を除く大抵の地域では、内外をとわず四六時中、履物を身につけることで、履物はほとんど衣服とおなじ感覚で捉えられ、裸足になることは着衣を脱ぐこと同然と考えるようになったという。その結果、ベッドで横になるとしても、本格的に睡眠するいがいは靴を履いたままだし、夜なども床に入る瞬間まで素足にならないという習慣ができてしまった。

履物は、人類が直立二足歩行を始めてからも、かなり長いあいだ必要性を感じなかった日用道具のひとつである。いまもなお素足で生活の不自由を厭わない人びとが世界にはたくさんいるし、原始的生活を想像させるイメージでも、装飾具や腰覆いはつけながら、なぜか履物に類するものは(a)足許にない。足は、顔とおなじように、いやそれいじょうに苛酷な自然条件に耐えうるものなのであろう。ということは、紀元前二〇〇〇年ころとされる履物の起源以降、わずか四千年間における履物の変遷は、まことに驚異的、文字どおり長足の進化を辿ったということになる。ましてや、それが人類史のなかでも文明の時代といわれる時期とぴったり符合していることを考えると、履物を交点としたさまざまな文化現象（たとえば、建物の構造や意匠、敷物、靴下等の服飾観、人びとの清潔感の変化、履物に起因する各種(b)シッペイ、歩行をめぐる人間工学、そしてもちろん履物自体の構造や意匠、運動靴などの機能性、素材の入手法や開発、製造技術、社会的記号性等々）が、この間に顕《あらわ》れてきたことは容易に想像がつく。

ここで、文化と国家の問題を考えるために履物の話をもち出したのは、しかし、そうした履物の文化史を始めるためではない。冒頭に示した逸話は、文化という社会的な約束事、いわば観念の産物にすぎないものが、人間の生理、生体としての物理的機能をも拘束するということを再確認するためであった（①ことの真意が、精神と肉体の分離

MEMO

大切なことはメモしておこうネ！

2021年度

解 答 と 解 説

《2021年度の配点は解答欄に掲載してあります。》

＜数学解答＞《学校からの正答の発表はありません。》

1　(1)　3　(2)　(i)　$-\frac{128}{81}$　(ii)　$\frac{2\sqrt{2}-3\sqrt{6}}{2}$
(3)　(2017, 4033)，(39, 31)，(43, 43)　(4)　(i)　解説参照　(ii)　$4\sqrt{6}$

2　(1)　(i)　$\frac{11}{25}$　(ii)　$\frac{12}{25}$　(2)　$\frac{3}{10}$　3　(1)　$\frac{7\sqrt{3}}{3}$　(2)　$\sqrt{7}$

4　(1)　4　(2)　(i)　$m=-\frac{1}{4}k^2$　(ii)　$(2+2\sqrt{2},\ 3+2\sqrt{2})$

5　(1)　2　(2)　$24+\sqrt{238}$

○推定配点○

1　(1)　6点　(3)　6点　他　各4点×4　2　(1)　各6点×2　(2)　8点
3　各8点×2　4　(1)　6点　(2)　各7点×2　5　各8点×2　計100点

＜数学解説＞

1　(小問群－数・式の計算，平方根，式の値，円の性質，相似，三平方の定理，二次方程式)

(1)　$(2x-5)(x+2)+\sqrt{5}(x+2\sqrt{5}+7)=(x+2\sqrt{5})(x+2)$　展開して整理すると，$2x^2-x-10+\sqrt{5}x+10+7\sqrt{5}-x^2-2x-2\sqrt{5}x-4\sqrt{5}=0$　$x^2-3x-\sqrt{5}x+3\sqrt{5}=0$　左辺を因数分解すると，$x(x-3)-\sqrt{5}(x-3)=0$　$(x-3)(x-\sqrt{5})=0$　$x=3,\ \sqrt{5}$　$\sqrt{5}$は無理数なので，有理数である解は3である。

(2)　(i)　$\left(\frac{4}{3}\right)^2-5^2=\left(\frac{4}{3}+5\right)\left(\frac{4}{3}-5\right)=\frac{19}{3}\times\left(-\frac{11}{3}\right)=-\frac{209}{9}$　$\frac{2}{3}\div(-2)^2+\frac{1-3^2}{(-4)^2}=\frac{2}{3}\div4+\frac{1-9}{16}=\frac{1}{6}-\frac{1}{2}=-\frac{1}{3}$　よって，$\left\{\left(\frac{4}{3}\right)^2-5^2\right\}\left\{\frac{2}{3}\div(-2)^2+\frac{1-3^2}{(-4)^2}\right\}^2+1=-\frac{209}{9}\times\left(-\frac{1}{3}\right)^2+1=-\frac{209}{9}\times\frac{1}{9}+1=-\frac{209}{81}+\frac{81}{81}=-\frac{128}{81}$

(ii)　$\frac{2+\sqrt{2}}{\sqrt{3}+1}-\frac{\sqrt{2}}{\sqrt{3}-\sqrt{2}}+\frac{\sqrt{6}-3}{\sqrt{2}-2}=\frac{(2+\sqrt{2})(\sqrt{3}-1)}{(\sqrt{3}+1)(\sqrt{3}-1)}-\frac{\sqrt{2}(\sqrt{3}+\sqrt{2})}{(\sqrt{3}-\sqrt{2})(\sqrt{3}+\sqrt{2})}+\frac{(\sqrt{6}-3)(\sqrt{2}+2)}{(\sqrt{2}-2)(\sqrt{2}+2)}=\frac{2\sqrt{3}-2+\sqrt{6}-\sqrt{2}}{3-1}-\frac{\sqrt{6}+2}{3-2}+\frac{2\sqrt{3}-3\sqrt{2}+2\sqrt{6}-6}{2-4}=\frac{2\sqrt{3}-2+\sqrt{6}-\sqrt{2}-2\sqrt{6}-4-2\sqrt{3}+3\sqrt{2}-2\sqrt{6}+6}{2}=\frac{2\sqrt{2}-3\sqrt{6}}{2}$

重要

(3)　$2a^2+(8-b)a-4b=2021$　$2a^2+8a-ab-4b=2021$　$2a(a+4)-b(a+4)=2021$　$(a+4)(2a-b)=2021$　2021が2数の積で表わせるとすれば，2021の一の位の数が1なので，その2数の一の位の数は，1と1，3と7，9と9のいずれかである。それらのことを考えながら2021を素数でわっていくと，2021＝43×47であることがわかる。43，47はともに素数なので，2021＝1×2021＝43×47　$a+4=1$となる正の整数aはない。$a+4=2021$のとき，$a=2017$　$2a-b=1$から，$b=2a-1=4033$　$a+4=43$のとき，$a=39$　$2a-b=47$から，$b=31$　$a+4=47$のとき，$a=43$　$2a-b=43$から，$b=43$　したがって，$(a,\ b)=(2017,\ 4033)$，$(39,\ 31)$，$(43,\ 43)$

(4) (i) 右図は正四面体ABCDの面BCDと正四面体PQRSの面QRSそれぞれの頂点が互いに重なるように貼り合わされた立体である。この六面体はすべての面が合同な正三角形であるが，面が3つ集まった頂点と4つ集まった頂点があるので正多面体ではない。なお，正多面体とは「各面がすべて合同な正多角形であり，各頂点に同数の面が集まる凸多面体」と定義される。

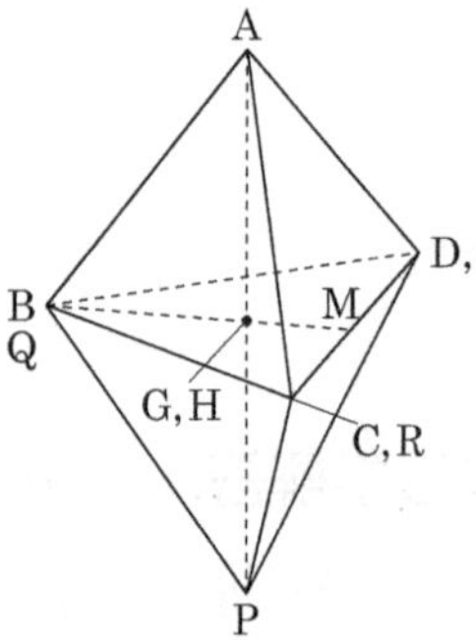

重要 (ii) 面BCDと面QRSの重心をそれぞれG，Hとすると，点Gと点Hは一致する。また，点A，Pからそれぞれ面BCD，面QRSに垂線を引くと，それらの垂線は重心を通るから，直線AGと直線PHは一致し，線分APがこの立体の2つの頂点を結ぶ最も長い線分となる。正三角形BCDにおいて，CDの中点をMとすると，点GはBM上にある。△BCMは内角の大きさが30°，60°，90°の直角三角形なので，BC：BM＝2：$\sqrt{3}$　BM＝$3\sqrt{3}$　また，重心GはBMを2：1に分けるから，BG＝$2\sqrt{3}$　△AGBで三平方の定理を用いると，AG＝$\sqrt{AB^2-BG^2}=\sqrt{24}=2\sqrt{6}$　AG＝PHだから，2つの頂点を結ぶ最長の線分APの長さは，$2\sqrt{6}\times2=4\sqrt{6}$

[2] **(確率－カードを使ったじゃんけんの勝敗)**

(1) (i) Aの持っているカードを(グー1)，(グー2)，(グー3)，(グー4)，(パー)　Bの持っているカードを(グー5)，(グー6)，(グー7)，(チョキ1)，(チョキ2)とする。1回目の勝負でAは5通りの出し方があり，そのそれぞれに対してBに5通りずつの出し方があるから，カードの出し方の総数は5×5＝25(通り)　Aがグーを出し，Bがチョキを出す場合，Aには4通りの出し方があり，そのそれぞれにBに2通りずつの出し方があるから，4×2＝8(通り)　Aがパーを出し，Bがグーを出す場合が1×3＝3(通り)　したがって，1回目の勝負でAが勝つ確率は，$\frac{8+3}{25}=\frac{11}{25}$

やや難 (ii) 2回目はそれぞれ4枚のカードから選ぶので，選び方の総数は4×4＝16(通り)ある。1回目にAが勝ち，2回目にあいこになる場合については，1回目に(A，B)＝(グー，チョキ)であった場合はその確率は$\frac{8}{25}$…①　そのときの2回目は，Aがグーを選ぶ場合が3通りに対してBがグーを選ぶ場合が3通りあるので，あいこになる確率は$\frac{3\times3}{16}$…②　①，②が引き続き起きる確率は，$\frac{8}{25}\times\frac{9}{16}=\frac{9}{50}$…③　1回目に(A，B)＝(パー，グー)であった場合はその確率は$\frac{3}{25}$…④　そのときの2回目は，Aがグーを選ぶ場合が4通りに対してBがグーを選ぶ場合が2通りあるので，あいこになる確率は$\frac{4\times2}{16}=\frac{1}{2}$…⑤　④，⑤が引き続き起きる確率は，$\frac{3}{25}\times\frac{1}{2}=\frac{3}{50}$…⑥　③，⑥から，$\frac{9}{50}+\frac{3}{50}=\frac{6}{25}$…⑦　1回目にあいこになり，2回目にAが勝つ場合は，1回目に(A，B)＝(グー，グー)であいこになるから，その確率は$\frac{4\times3}{25}=\frac{12}{25}$…⑧　2回目にAが勝つ場合は，(A，B)＝(グー，チョキ)となる確率が$\frac{3\times2}{16}=\frac{3}{8}$…⑨　⑧，⑨が引き続き起きる確率が，$\frac{12}{25}\times\frac{3}{8}=\frac{9}{50}$…⑩　2回目に(A，B)＝(パー，グー)となるときが$\frac{1\times2}{16}=\frac{1}{8}$…⑪　⑧，⑪が引き続き起きる確率が，$\frac{12}{25}\times\frac{1}{8}=\frac{3}{50}$…⑫　よって，⑩，⑫から，$\frac{9}{50}+\frac{3}{50}=\frac{6}{25}$…⑬　したがって，⑦，⑬から，$\frac{6}{25}+\frac{6}{25}=\frac{12}{25}$

(2) Aが5枚のカードから無作為に選んだ結果がグー，グー，パー、グーである場合には，4枚のグーのカードのうちの3枚を1，2，4回目に出すのだから，出し方は4×3×2＝24(通り)あり，その確率は，$\frac{24}{120}=\frac{1}{5}$である。しかし，この問題では，Aはグー，グー，パー、グーとなるように選んで出したのだから，その確率は1とすればよい。Bが勝つのは3回目にチョキを出したときだけである。よって，それぞれが1回ずつ勝つ場合の確率を求めればよい。Bは5枚のカードから順に4枚を出すのだから，出し方は5×4×3×2＝120(通り)ある。3回目にチョキを出し，1，2，4回目のどれかにもチョキを出したときがAとBの勝った回数が1回ずつで等しくなる。3回目にチョキ1を出した場合，1，2，4回目のどれかにチョキ2を出したことになるので，その出し方は3通りある。そのそれぞれに対して，残りの2回は3枚のグーのカードのうちの2枚を出したことになるから，出し方は3×2＝6(通り)ずつある。よって，3回目にチョキ1を出した場合のカードの出し方は3×6＝18(通り)　3回目にチョキ2を出したときも同様に18通りあるから，それぞれが1回ずつ勝つ場合の出し方は18×2＝36(通り)，その確率は，$\frac{36}{120}=\frac{3}{10}$

3 (平面図形－円の性質，二等辺三角形，三平方の定理)

重要 (1) 弦BD，CDを引くと，$\overset{\frown}{\mathrm{DC}}$に対する円周角なので，∠DBC＝∠DAC＝30°　$\overset{\frown}{\mathrm{DB}}$に対する円周角なので，∠DCB＝∠DAB＝30°　よって，△DBCは底角が30°の二等辺三角形である。点DからBCに垂線DMを引くと，点MはBCの中点であり，△CDMは内角の大きさが30°，60°，90°の直角三角形となる。よって，CD：CM＝2：$\sqrt{3}$　CD＝$\frac{2}{\sqrt{3}}$CM＝$\frac{2}{\sqrt{3}}\times\frac{7}{2}=\frac{7\sqrt{3}}{3}$
ところで，∠ACE＝∠BCE＝aとすると，∠DCE＝30°＋a
また，∠DECは△AECの外角なので，∠DEC＝∠EAC＋∠ACE＝30°＋a　したがって，△DCEは2角が等しいので二等辺三角形だから，DE＝DC＝$\frac{7\sqrt{3}}{3}$

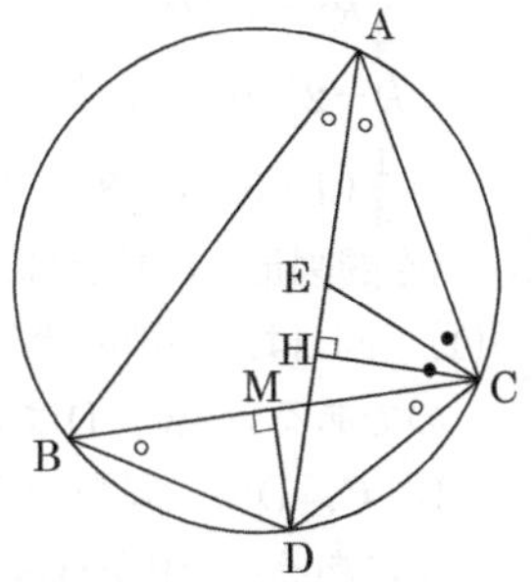

(2) 点CからDEに垂線CHを引くと，△ACHは内角の大きさが30°，60°，90°の直角三角形となるので，AC：CH＝2：1　CH＝$\frac{1}{2}$AC＝$\frac{5}{2}$　△DHCで三平方の定理を用いると，
DH＝$\sqrt{\mathrm{DC}^2-\mathrm{CH}^2}=\sqrt{\frac{49}{3}-\frac{25}{4}}=\sqrt{\frac{121}{12}}=\frac{11}{2\sqrt{3}}=\frac{11\sqrt{3}}{6}$　よって，EH＝$\frac{7\sqrt{3}}{3}-\frac{11\sqrt{3}}{6}=\frac{\sqrt{3}}{2}$
△CEHで三平方の定理を用いて，CE＝$\sqrt{\mathrm{CH}^2+\mathrm{EH}^2}=\sqrt{\frac{25}{4}+\frac{3}{4}}=\sqrt{7}$

4 (関数・グラフと図形－放物線，直線，座標，2次方程式，関係式，三平方の定理，2次方程式，円の性質，相似)

重要 (1) 点Pのx座標をpとすると，P$\left(p,\ \frac{1}{4}p^2\right)$，Q$(p,\ -1)$
PQ＝$\frac{1}{4}p^2-(-1)=\frac{1}{4}p^2+1$　F(0，1)，Q$(p,\ -1)$だから，2点のx座標，y座標の差を利用して三平方の定理を用いると，FQ$^2=p^2+\{1-(-1)\}^2=p^2+4$　PQ＝FQであるときPQ^2＝FQ^{2}だから，$\left(\frac{1}{4}p^2+1\right)^2=p^2+4$　$\frac{1}{4}p^2+1=\frac{1}{4}(p^2+4)$なので，$p^2+4$＝Aとおくと，$\frac{1}{16}\mathrm{A}^2=\mathrm{A}$　$\mathrm{A}^2-16\mathrm{A}=0$　$\mathrm{A}(\mathrm{A}-16)=0$　A＞0なので，A＝$p^2+4=16$　$p^2=12$　点P，Fのx座標，y座標の差を利用して三平方の定理を用いると，FP$^2=p^2+\left(\frac{1}{4}p^2-1\right)^2=12+\left(\frac{1}{4}\times12-1\right)^2=16$　よって，FP＝4

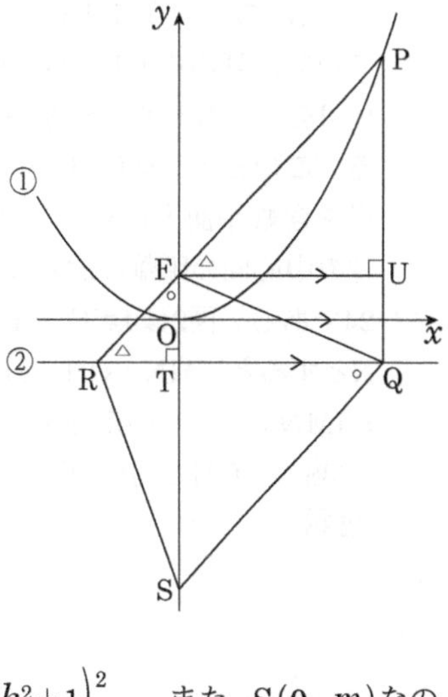

(2) (i) P$\left(k,\ \frac{1}{4}k^2\right)$，F(0，1)なので，FP$^2=k^2+\left(\frac{1}{4}k^2-1\right)^2$
$=k^2+\frac{1}{16}k^4-\frac{1}{2}k^2+1=\frac{1}{16}k^4+\frac{1}{2}k^2+1=\frac{1}{16}(k^4+8k^2+16)$
$=\frac{1}{16}\{(k^2)^2+8k^2+16)\}=\frac{1}{16}(k^2+4)^2=\left(\frac{1}{4}\right)^2\times(k^2+4)^2=\left(\frac{1}{4}k^2+1\right)^2$　また，S$(0,\ m)$なの

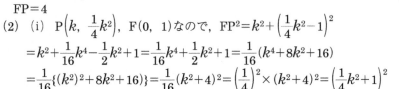

で，$FS^2=(1-m)^2$　FP=FSのとき，$FP^2=FS^2$だから，$\left(\frac{1}{4}k^2+1\right)^2=(1-m)^2$　$\frac{1}{4}k^2+1$，$1-m$は共に正の数なので，$\frac{1}{4}k^2+1=1-m$　したがって，$m=-\frac{1}{4}k^2$

やや難　(ii)　RQとFSの交点をTとすると，T(0，−1)　4点F，Q，S，Rが同一円周上にあるとき，$\overset{\frown}{RS}$に対する円周角なので，∠RFT=∠SQT　$\overset{\frown}{FQ}$に対する円周角なので，∠FRT=∠QST　2組の角がそれぞれ等しいので，△FTR∽△QTS…①　点FからPQに垂線FUを引くと，△FTR∽△PUF…②　①，②から，△QTS∽△PUF　よって，QT：PU=ST：FU　$QT=k$，$PU=\frac{1}{4}k^2-1$，$ST=-1-\left(-\frac{1}{4}k^2\right)=\frac{1}{4}k^2-1$，$FU=k$なので，$k:\left(\frac{1}{4}k^2-1\right)=\left(\frac{1}{4}k^2-1\right):k$　よって，$\left(\frac{1}{4}k^2-1\right)^2=k^2$　$k>2$なので，$\frac{1}{4}k^2-1>0$　$\frac{1}{4}k^2-1$とkは共に正の数なので，$\frac{1}{4}k^2-1=k$　両辺を4倍して整理すると，$k^2-4k=4$　$k^2-4k+4=8$　$(k-2)^2=8$　$k-2>0$から，$k-2=2\sqrt{2}$　$k=2+2\sqrt{2}$　よって，点Pのy座標は，$\frac{1}{4}(2+2\sqrt{2})^2=\frac{1}{4}(4+8\sqrt{3}+8)=3+2\sqrt{2}$　したがって，$P(2+2\sqrt{2},\ 3+2\sqrt{2})$

5　(空間図形－円柱と球，円柱に入る球の個数，三平方の定理)

重要　(1)　図1は，底面の半径が6の円柱に半径5の球を入れた状態を示したものである。点C，Dはそれぞれ球A，Bと円柱の側面の接点であり，点A，B，C，Dは，底面の直径を含む平面のうちの，底面に垂直な同一平面上にある。点Bから直線ACに垂線BEを引くと，AE=(CE+BD)−(CA+BD)=12−10=2　△BAEで三平方の定理を用いると，$BE=\sqrt{BA^2-AE^2}=\sqrt{96}=4\sqrt{6}$　よって，2個入れたときの高さは$10+4\sqrt{6}$となる。また，3個，4個，と入れていくと，高さは$4\sqrt{6}$ずつ増えていく。ところで，$4\sqrt{6}$と29−10=19の大きさを比べてみると，$(4\sqrt{6})^2=96$，$19^2=381$だから，$4\sqrt{6}<19$　$(4\sqrt{6}\times2)^2=384$だから，$4\sqrt{6}\times2>19$　したがって，高さが29の円柱には2個しか入らないから，P(6，29，5)=2

図1

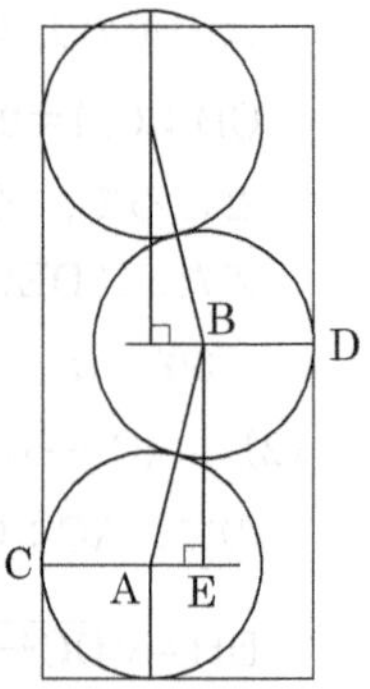

重要　(2)　hが最も小さな値になる入れ方は，まず2個の球G，Hを，それぞれの球面が円柱の側面と底面に接し，それぞれの球の中心が円柱の底面の直径を含む平面であり，かつ，底面に垂直な平面(平面Xとする)上にあるようにする。このとき，球Gと球Hは50−24×2=2離れていて，球の中心HとGの距離は12×2+2=26である。次に2個の球I，Jを，それぞれの球面が円柱の側面と球G，Hに接するように入れる。このとき，球I，Jの中心は平面Xに垂直な平面のうちの底面の直径を含む平面上にくる。また，中心IとJの距離は26であり，接する球の中心間の距離は2つの球の半径の和なので，GI=GJ=HI=HJ=24である。図2は4点G，H，I，Jの位置関係を示したものであり，GH，IJの中点をそれぞれM，Nとすると，MN⊥GH，MN⊥IJとなる。△IMGで三平方の定理を用いると，$IM^2=IG^2-GM^2$　△IMNで三平方の定理を用いると，$MN^2=IM^2-IN^2=24^2-13^2-13^2=238$　よって，$MN=\sqrt{238}$　GHと円柱の下底面との距離，IJと円柱の上底面の距離はいずれも12なので，$h=24+\sqrt{238}$

図2

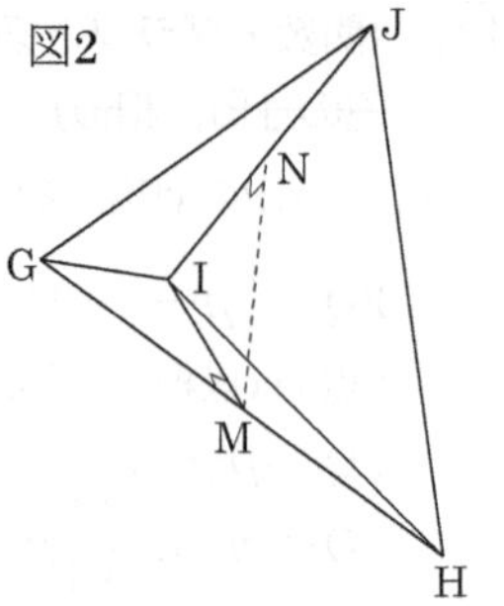

★ワンポイントアドバイス★

どの問題も思考力，応用力，計算力を必要とする高度な内容である。全問正解を目指すのではなく，手掛けられそうなものや，解法の糸口が見つかりそうなものから確実に仕上げていこう。関数や図形問題では，図を書きながら考えていこう。

<英語解答> 《学校からの正答の発表はありません。》

1　1　エ・till[until]　2　イ・happened　3　ア・to have　4　ア・talking with[to]　5　オ　6　ア・that is located

2　1 A　ウ　B　ク　C　カ　2 A　オ　B　ク　C　イ　3 A　ク　B　キ　C　ア　4 A　ウ　B　オ　C　エ　5 A　オ　B　エ　C　キ

3　(1)　(例)　both parents work and have no time to cook in many families.
(2)　(例)　a language which expresses who they are.

4　問1　イ　問2　エ　問3　エ　問4　1　ウ　2　ア　問5　1　F　2　F　3　T　4　F　5　T

5　問1　(例)　酔っ払った運転手が大通りの電柱に衝突したこと。　問2　(例)　自分が車庫で冷蔵庫にプラグを差し込んだことが原因で停電が起こったのではないかと思い，それを確認しようとしたから。　問3　①　ア　②　ア　問4　(例)　最初は夫を早く亡くしたことの悲しみと生活への不安を引きずっていたが，停電をきっかけとして笑うことができたことから，力強さを感じるようになった。　問5　1　T　2　F　3　F

LISTENING COMPREHENSION

【Part 1】【A】 1　イ　2　ア　【B】 1　ウ　2　エ

【Part 2】 1　ウ　2　エ　3　エ　4　イ

○推定配点○

1・2　各3点×11　3　各4点×2　4　各2点×10　5　問1・問2　各4点×2　問3・問5　各2点×5　問4　5点　Listening　各2点×8　計100点

<英語解説>

重要　1　(正誤問題：前置詞，進行形，受動態)

1「明日天気がよければ予定通り体育祭があります。忘れずに体操着を持ってきてください。雨の場合はあさってまで延期されますから，通常の授業の用意をしてください」by は「期限」を表し，「(ある期日，時刻)までに」という意味を表す。ここでは it'll be put off「それ(＝体育祭)は延期される」とのつながりから，「(あるとき)まで(ずっと)」の意味で「期間」を表す till[until] が適切。

2「A：あなたはこの少女たちがだれだか知っていますか。／B：彼女たちに何があったのですか？　ちょっと待ってください，彼女たちについて読んだことがあります！　彼女たちはオオカミの一家に世話されたのでしたね？」happen は「(出来事などが)起こる」という意味の自動詞で目的語を取らないので，受動態で用いることはできない。

3「人々が1日に3回食事をとるのは普通のことだ。しかし，世界中に異なる文化や習慣がある。1

回しか食事をしないものもあれば，5回以上するものもある」 アの having は動名詞と考えられるが，直前に<for＋人>があることに注意。<for＋人>は不定詞の主語を表わすので，ここではhavingではなく to haveが適切。動名詞の主語は，動名詞の前に所有格か目的格を置いて表す。イの不定冠詞 a には「～につき」の意味もある。ウの Some は Some cultures and customs ということ。some ～ and others …で「～もあれ[いれ]ば，…もある[いる]」という意味。

4 「A：向こうでスズキ先生が一緒に話している女性はだれですか。／B：ああ，わかりませんね。ある生徒の親のように見えますが，先生ではありません。／A：彼女たちは30分以上もあそこに立っています。座った方がいいのに」 the woman の後に<主語＋動詞>が続いていることと，Mr. Suzuki is talking の意味から，the woman の後に関係代名詞が省略されていると考えて「スズキ先生が一緒に話している女性」という意味と考えるのが適切だが，talk は自動詞で目的語をとらないことから，先行詞 the woman と is talking をつなぐ語が必要。「一緒に話している」と考えるのが自然なので talking の後に with または to を入れる。talk with[to] ～「～と話す」の「～」が先行詞として前に出た形。

5 「私は，何か違うことをすることは難しいということがわかった。例えば，私たちはほとんど1時間ごとに手を洗い，ドアを開けておき，暑くても寒くてもマスクをつけ，昼食の間は静かにしていることに慣れなくてはならなかった」 < find ＋目的語＋補語>で「～が…であるとわかる」という意味を表し，ここでは something different「何か違うこと」が目的語，difficult が補語でアの部分は正しい。every は単数形の名詞の前に用いて「すべての」という意味を表すが，「時の単位」を表す名詞の場合は「～ごとに」という意味にもなるので，イの部分も正しい。keep も find 同様に< keep ＋目的語＋補語>で「～を…(の状態)にしておく」という意味を表す。この場合の open は「開いている」という意味の形容詞。形容詞は補語になるので，ウも正しい。エのwearing は，前にある washing，keeping，後にある staying とともに動名詞で，get used to の目的語になっている。get used to ～「～に慣れる」の to は不定詞を作る to ではなく普通の前置詞なので，後に動詞を続ける場合は動名詞にする。したがって，エも正しい。

6 「私たちには姉妹校がいくつかあり，これが東京にあるものです。そこには私たちの学校の半分ほどの生徒がいます。また，彼らの学校は限られた場所のために私たちの学校よりもずっと高いです」 locate は「～を(ある場所に)置く」という意味の他動詞で，受動態 be located で「～がある[位置する]」という意味を表す。

やや難 2 (語句整序問題：接続詞，不定詞，間接疑問文，関係代名詞，比較)

(全訳) コロナウイルスが初めて合衆国中に広まり始めたとき，1私たちの多くはマスクを着用するべきであることをよくわかっていなかった。中には，マスクを着用しても利益はないと言う人々もいた。ほとんどの細菌を食い止めることができると言う人々もいた。現在，世界中の医師や科学者がマスクの着用を勧めている。しかし遅すぎた。多くの人々が，2これが共通した医学的見解となる前にマスクを着用しないことにしたのだ。

「最初，人々はマスクの着用は役に立たないと伝えられました」とジョナス・キャプランは言う。「それから私たちは新たな情報を得ました。しかし，多くの人々にとってその最初の考えが残り，変わることが難しいのです」キャプランは認知神経学者で，私たちが考えるときに3脳の中で何が起こっているかを研究する人である。彼はロサンゼルスの南カリフォルニア大学で働いている。

彼は，私たちの脳は確証バイアスとして知られているものによって簡単に影響されると言う。これは，すでに受け入れていることに一致する情報を探したり信じたりする――そして4自分が間違えているかもしれないことを示す情報から逃げる傾向である。マスクを着用するべきではないと思う人々は，マスクは役に立たないとか，あるいは有害でさえあると言っている情報を探し続けたのだ。彼らはマスクが有用であることを示す情報に注意を払わなかった。

そのような態度には脳の中の先入観がある。ある研究では，私たちの脳は，自分がすでに抱いている考えと一致しないときは，他の人の考えにほとんど注意を払わないことが示されている。またある研究では，5より自信が強いときにはこの傾向が強くなることがわかっている。これらの研究は，自分の心を変えることがなぜとても難しいのかを示すのに役立つ。しかし，もし私たちがこの危険を理解すれば，それを克服するのによりよい機会を持つことだろう。

1 (… the United States) many of us were not sure that we should (wear a face mask.) many of us「私たちの多くは」を主語にして，were not sure ~「~をよくわかっていなかった」と続ける。sure の後に接続詞 that を続けて「マスクを着用するべきであること」とする。

2 (Many people) decided not to wear a mask before this became (the common medical view.) decided の後に不定詞の否定形< not to +動詞の原形>を続けて，「~しないことにした」という文にする。before を接続詞として用いて，this became the common medical view「これが共通した医学的見解となる前に」と続ける。this は「マスクの着用が有益であること」を指す。

3 (… a cognitive neuroscientist,) someone who studies what is happening in the brain (when we think.) 直前の a cognitive neuroscientist「認知神経学者」を説明する語句を組み立てる。学者の説明であることから，人を表す someone の後に someone を修飾する語句を続ける形にする。who は主格の関係代名詞。studies の目的語として間接疑問 what is happening in the brain when we think「私たちが考えるときに脳の中で何が起こっているか」を続ける。

4 (―― and to walk away) from information that shows you might be wrong. 直前の walk away「逃げる」とのつながりから from を続けて「~から逃げる」という文を考える。that を関係代名詞として使い，information を先行詞として「自分が間違えているかもしれないことを示す情報から逃げる」のかを考える。shows の後に接続詞の that が省略されている。

5 (Another study finds that) this tendency becomes stronger when we are more confident (in ourselves.) 直前の文の One study を受ける形で Another study finds that ~「またある研究では~がわかっている」と続いているので，別の研究で明らかになったことを表す英文を作る。becomes に対する主語は tendency「傾向」しかないので，this tendency「この傾向(＝自分がすでに抱いている考えと一致しないときは，他の人の考えにほとんど注意を払わない傾向)」を主語にする。when を接続詞として使い，後に we are more confident in ourselves「より自信が強いときに」と続ける。

やや難 3 **(条件英作文問題：不定詞，関係代名詞)**

(全訳) ベン：やあ，ユキ！ シンガポールはどう？

ユキ：すばらしいわ！ ここでの時間をとても楽しんでいるわ。私は特にシンガポールの食べ物が好きよ。毎日ホストファミリーと外食しているの。

ベン：毎日だって？ 君のホストファミリーはお金持ちにちがいないね！

ユキ：実は，ここでは普通のことなのよ。(1)シンガポールでは両親が働いていて食事を作る時間がないことはまれなことではないから，シンガポールの多くの人々が毎日が外食するのよ。

ベン：それは興味深いね！　君のホストファミリーはシングリッシュを話すの？
ユキ：私と話すときは話さないわ。でも今日，ホストファミリーの兄弟がいくつかシングリッシュの例を教えてくれたの。
ベン：それはよかったね！　理解できたかい？
ユキ：うーん，私には難しかったわ！　実際，政府は標準英語を推進しようとしているとホストファミリーの兄弟が教えてくれたけれど，多くのシンガポール人は自分たちの独特な英語を誇りに思っていて，家族や友達と話すときはそれを使うのを好むのよ。彼らは，シングリッシュを(2)自分たちが何者であるかを表すことばと見なしているの。
ベン：おもしろいね！　彼らの独特な文化の一部のようだね。
ユキ：まさしくね！　ここで私は毎日彼らの独特な文化を経験して楽しんでいるわ。ますますシンガポールが好きだわ！

(1)　シンガポールでは毎日外食することが普通であることの理由を入れる。ユキの日記の第3文に書かれている，「両親共働きで食事を作る時間がない家庭が多い」，「外食する方が家で食事を作るより安い」という2つの理由の最初のものを空所に入れる。「～な家庭が多い」と考えると英文が複雑になるので，簡単な表現を工夫する。空所を含む文の it は形式的な主語で that 以下を指す。また，unusual が「珍しい，普通ではない」という意味であることから，「親が2人とも働いていて食事を作る時間がないことは珍しくない」などとすると書きやすいだろう。

(2)　see ～ as … で「～を…と見なす」という意味。ユキの日記の最後から2文目の「自分が何者であるかを表すことば」をそのまま入れれば文意が成り立つ。「自分が何者であるか」は間接疑問を使って who they are と表せる。「表す」は express のほかに show を用いてもよい。a language を先行詞にして，関係代名詞 which または that でつないで expresses [shows] who they are と続ける。

4　**(長文読解問題・説明文：文補充，語句選択補充，英問英答，内容吟味)**

(全訳)　【1】　デーブ・メコは合衆国南西部のアリゾナ州に住んでいる。他の居住者と同じように，彼は1999年は暑く乾燥した年であることに気づいた。翌年もまた乾燥していた。2001年もそうだった。そのまた次の年は記録上最も乾燥していた。巨大なコロラド川の水位は急速に下がっていた。これは深刻な干ばつの始まりだった。だれもが，「Aそれはいつまで続くのだろうか」と問い始めた。メコはアリゾナ大学の科学者で，木にその答えを見つけることができると信じていた。

【2】　メコは年輪の専門家である。彼は気候変動に関する情報を見つけるために木の内部の年輪を調査している。これらの層は輪が続いているように見える。大雨の時期には輪は広い。水が不足しているときは輪はせまい。これらの輪は降雨と気候変動の自然の記録なのだ。

【3】　メコは，人々がコロラド川の低い水面のことを心配するのがもっともであることがわかっていた。この川はメキシコのいくつかの地域同様に，7つの州の3000万人の人々に水を供給している。ラスベガス，フェニックス，ロサンゼルスのような都市はその川に水を頼っている。コロラド川がなければ，この土地はもう一度砂漠になってしまう。だからメコは人々が心配し始めたときに(B)驚かず，彼の電話は鳴り始めた。

【4】　メコと彼のチームはすぐに新しい調査プロジェクトを始めた。彼らの目標は，前の干ばつはどれくらいの間続いたのかを見つけることだった。チームはできるだけ多くの古い木の標本を集めた。彼らは1200年前から現在に至るまでの木の標本を検査した。年輪を調べると，過去の降雨に関する新情報は良いものではなかった。

【5】　メコの調査によると，20世紀はひどく(C)湿気が多い時期だった。この時期の年輪は広く健全

な輪をしていた。その世紀の間，何百万人もの人々がその地域に移った。しかしそれ以前は，年輪は干ばつが定期的に起こっていたことを示していた。実は，干ばつは通常の気候の一部だった。900年代，1100年代，1200年代後半にひどい干ばつがあった。

【6】 人類の歴史はメコの発見を支持しているように思われる。アナサジ族は紀元500年頃に住み始めて何百年もの間この地域に住んだ。彼らは農耕をしていて作物を栽培するのに水に頼っていた。しかし，13世紀の終わりにアナサジ族は突然その地域を去った。アナサジ族がなぜ去ったのかは専門家にも正確にはわからない。彼らは，それは農耕のための水がもはや十分になかったからだと考えている。そして，メコの木の年輪は，当時のひどい干ばつをはっきりと示している。

【7】 現在の干ばつはどれくらい続くのだろうか。過去からの自然の鍵を使い，専門家はこの干ばつはあと50年の間続くだろうと予測している。これはその地域の居住者たちにとって深刻な問題である。彼らはアナサジ族のようにその地域を去ることはないだろうが，この長い干ばつの間水を保護する必要があるだろう。

問1 アメリカ南西部で起こった干ばつに関する人々の問いが入る。基本的には干ばつは人の力で止めることができない災害なのでア「私たちはどうしたらそれを止めることができるだろうか」は不適切。また，現に進行中の干ばつについて言っているので，将来の干ばつについての問いであるウ「次の干ばつはいつだろうか」も不適切。水はまだなくなったわけではないので，エ「私たちはどこで水を見つけることができるだろうか」も不適切。第7段落第1文に，「現在の干ばつはどれくらい続くのだろうか」という同じ問いかけがあることからも，イ「それはいつまで続くのだろうか」が適切。この場合の last は「続く」という意味の動詞。

基本 問2 第3段落第1文「メコは，人々がコロラド川の低い水面のことを心配するのがもっともであることがわかっていた」から，メコは人々が干ばつを心配することを当然と思っていたことがわかる。was not に続けてこの内容に合うのはエの surprised「驚いている」。ア「憂うつだ」，イ「幸せだ」，ウ「申し訳ない，残念だ」

問3 20世紀の気象状況を表す語が入る。空所を含む文の直後に「この時期の年輪は広く健全な輪をしていた」とあり，第2段落第4文から年輪が広くなるのは大雨の時期であることがわかる。この気象状況を表すのはエの wet「湿気が多い，多湿だ」。

問4 1 質問は，「【4】の段落の主題は何ですか」という意味。【4】の段落の第1，2文からメコと彼のチームが前の干ばつはどれくらいの間続いたのかを見つけるために新しい調査プロジェクトを始めたことがわかる。第3文以降はそのために彼らが行ったことが，最終文では調査の結果，新たにわかった過去の降雨に関する新情報は良いものではなかったことが述べられている。過去の干ばつについて知るためにいろいろと調査をしたということなので，ウ「メコのチームは過去の干ばつについて知るために木を調べた」が適切。彼らは1200年前から現代に至るまでの木の標本を調べたのだから，1200年代の情報に限って述べているア「メコのチームは1200年代頃の情報を見つけ始めた」は不適切。調査を迅速に始めたこと自体は最終的に明らかになったことと直接関連がないので，イ「メコのチームはすばやく調査を始めた」も不適切。最終的に，過去の降雨について得られた情報尾は良いものではなかったので，エ「メコのチームは過去の降雨は思っていたよりも良いことがわかった」も不適切。 2 質問は，「段落【6】の主題は何ですか」という意味。この段落では，紀元500年頃から何百年もの間コロラド川流域に住んでいたアナサジ族が突然その地域を去り，その理由が水不足のためであると考えられていることが述べられており，メコが持つ木の年輪から当時ひどい干ばつがあったことが明らかであることが述べられている。当時の木の年輪がメコの発見の裏付けとなっているということなので，ア「歴史の記録がメコが見つけたことと一致している」が適切。イ「アナサジ族は紀元500年からこの地域に住んでいた」，ウ「専門家はアナサジ族がその地域を去った理由を知らない」，エ「この地域の人々には生き延びるための農耕地と水が必要だ」は，メコの発見と当時の木の年輪とは無関係なので不適切。

問5　1「年輪は，コロラド川の水位がなぜ急速に下がっているのかを説明する」(F)　第1段落最後の2文を参照。年輪によってわかるのは，干ばつがどれくらい続くかということで，干ばつが起こる原因や理由ではない。　2「メコと彼のチームが集めた最古の木の標本は，それらよりも古い標本は水面下にあったので1,200年前のものだった」(F)　第4段落最後から2文目に，コロラド川の水位が下がってきていることに関してメコたちが1,200年前から今日に至るまでの木の年輪を調べたことが述べられているが，それ以前の木の標本が水面下にあるために入手できなかったという記述はない。　3「調査によると，今日の干ばつはおそらく10年よりも長く続くだろう」(T)　第7段落第1，2文を参照。第2文「専門家はこの干ばつはあと50年の間続くだろうと予測している」の内容に合う。decade は「10年」という意味。　4「今日コロラド川周辺に住んでいる人々は，水を保護する必要があるのでおそらくその地域を去らないだろう」(F)　第7段落第1，2文に，「彼ら(＝今日コロラド川周辺に住んでいる人々)はアナサジ族のようにその地域を去ることはないだろうが，この長い干ばつの間水を保護する必要があるだろう」とある。コロラド川周辺に住む人々は，水を保護するために今住んでいる地域を去らないということではないので，不適切。　5「年輪ははるか昔からの気象に関する情報を与え，このことは科学者は今日の気候を理解するのに役立つ」(T)　第2段落最後の3文から，年輪は大雨の時期には輪が広く，水が不足しているときは輪がせまくなるという特徴があり，降雨と気候変動の自然の記録であることが述べられている。これに基づいて，現在起こっている干ばつがどれくらい続くのかといったことがわかるのだから，合ってると言える。

5　(長文読解・物語文：内容吟味，文補充，語句選択補充)

(全訳)　私の夫は34歳のときに急死した。その次の年は悲しみでいっぱいだった。私は独りでいることを恐れ，父親なしで8歳の息子を育てる自分の力量を希望もなく不安に思っていた。

それはまた，「私は知らなかった」の年だった。銀行が私の500ドルを下回る当座預金口座に追加の課金をした―私は知らなかった。私の生命保険は定期保険で年金保険ではなかった―私は知らなかった。食料雑貨類は高かった―私は知らなかった。私は常に守られていて，1人で生活を管理する準備がまったくできていないように思われた。私はすべての段階で自分が知らないことに脅かされていた。

食料雑貨類の高い費用に応じて，私は春に庭に植物を植えた。それから7月に，私は小さな箱型冷蔵庫を買った。私はそれが家族の食料の予算を下げる助けになることを願った。冷蔵庫が届いたとき，私は注意を受けた。「数時間はプラグを差し込まないでください」と配達人が言った。「オイルが落ち着くまで時間が必要なんです。あまり早くプラグを差し込むとヒューズが飛んだり，モーターが焼けてしまうかもしれません」

私はオイルや冷蔵庫について知らなかったが，ヒューズが飛ぶことについては知っていた。私たちの小さな家ではたくさんのヒューズが飛んでいた。

その晩の後になって，私は冷蔵庫を動かすために車庫へ行った。私はそれにプラグを差し込んだ。私は後に下がって立って待った。それはヒューズが飛ぶこともなくブーンと鳴って動き出し，モーターも過熱しなかった。私は車庫を出て柔らかな暖かい空気に浸るために車道を歩いていった。夫が死んでから1年経っていなかった。私は近所の光の中に立ち，遠くにきらきら光る町の明かりを見ていた。

突然―暗闇が，いたるところに暗闇が。私の家の中では明かりが燃えていなかった。近所の明かりも町の明かりもなかった。振り返って自分の小さな冷蔵庫にプラグを差し込んだばかりの車庫をのぞき込んだとき，私は自分が大声で，「まあ大変，知らなかったわ…」と言うのが聞こえた。私は冷蔵庫にプラグを差し込むのが早すぎて町全体のヒューズを飛ばしてしまったのか。そんなことありうるだろうか。私がやってしまったのか。

私は走って家に戻り，電池で作動するラジオをつけた。遠くにサイレンの音が聞こえ，警察が「冷蔵庫を持っている未亡人」である私を捕らえにくることを恐れた。そのとき，ラジオを通じて酔っ払った運転手が大通りの電柱に衝突したことを聞いた。

私は安堵と恥ずかしさの両方を感じた―[A]自分が停電を起こしたのではないための安堵，そして自分が起こしたの(B)かもしれないと思ったための恥ずかしさを。暗闇の中でそこに立ちながら，私はまた，何かが夫が死んで以来抱いて暮らしていた恐れに取って代わった感じがした。私は置き忘れていた自分の力にくすくす笑い，その瞬間，私は自分のユーモアを取り戻したことを知った。私は,「私は知らなかった」という悲しくおびえた1年を送ってきた。悲しみは消えていなかったが，自分自身の奥深いところで，私はまだ笑うことができたのだ。笑いは私を力強く感じさせた。結局，私は町全体を停電させたのではなかったのか。

問1　下線部を含む段落の最後の3文で，筆者は自分が冷蔵庫にプラグを差し込んだことが原因で停電が起こったのではないかと不安に思っているが，次の段落の最終文に，酔っ払った運転手が大通りの電柱に衝突したというニュースがラジオから流れたことが述べられている。さらに次の段落の第1文から，筆者が冷蔵庫にプラグを差し込んだことが原因ではなかったことがわかるので，酔っ払った運転手が大通りの電柱に衝突したことが停電の原因である。

問2　自分が車庫で冷蔵庫にプラグを差し込んだことが原因で停電が起こったのではないかと思い，それを確認しようとしたから。下線部は「振り返って車庫をのぞき込んだ」という意味。これに続いて，直後の where 以下で「車庫」について「そこ(＝車庫)で自分の小さな冷蔵庫にプラグを差し込んだ」と説明を加えている。さらに,「私は冷蔵庫にプラグを差し込むのが早すぎて町全体のヒューズを飛ばしてしまったのか」と自分が車庫で冷蔵庫にプラグを差し込むのが早かったせいで停電が起こったのではないかと不安に思っている様子が述べられているので，筆者は突然停電が起こったときに自分の行動が原因ではないかと思ったことから，それを確認しようと車庫をのぞき込んだのだと考えられる。

問3　全訳を参照。　①　空所の2語前の relief は「安堵，安心」という意味。空所の直前に because があることから，空所には筆者が安堵した理由が入る。この直前で，筆者は自分のせいで町全体が停電したのではないかと不安に思っていたが，ラジオで酔っ払った運転手が大通りの電柱に衝突したことを知って安堵しているので，その理由としては，自分のせいで停電が起きたのではないことを表すア「私が停電を引き起こしたのではなかった」が適切。イ「だれも事故でけがをしなかった」，ウ「冷蔵庫は壊れていなかった」，エ「明かりが再びついた」はいずれも本文に記述がないので不適切。　②　空所の6語前の embarrassment は「恥ずかしさ，気まずさ」という意味。この場面で，筆者は安堵と同時に恥ずかしさも感じている。because 以下 I'd thought that I ～「私は自分が～だと思ったから」が，筆者が恥ずかしさを感じた理由になる。選択肢はすべて助動詞なので，その後に省略される語句と助動詞の意味とのつながりを考える。最初，筆者は自分のせいで停電が起こったのではないかと思っていたことから，「自分が停電を引き起こしたかもしれないと思ったから恥ずかしく感じた」といった内容が合う。したがって，「～かもしれない，～する可能性がある」の意味を表す could が適切。空所の後には空所[A]との関係で，I had caused the blackout を補うと文意が通る。

問4　最初は夫を早く亡くしたことの悲しさと生活への不安を引きずっていたが，停電をきっかけとして笑うことができたことから，力強さを感じるようになった。第1段落で，筆者が早くに夫を亡くして不安に思っていたことが述べられ，第2段落では1人で生活を管理する準備ができていないことを自覚してさらに不安が増したことが述べられている。第3段落から第5段落までは食料雑貨の費用が高いので，それに対応するために植物を植えたり，冷蔵庫を買ったりしたこと，冷蔵庫にプラグを差し込んだことが述べられている。そして，そのとき突然停電が起こったこととそれに対する筆者の反応が，筆者の心情の変化に大きく影響するという流れになっている。最初は不安・おびえを強く感じていた筆者は，停電したときは自分が冷蔵庫にプラグを差し込んだために停電が起こったのかと思い，そうではなく自動車の事故が原因だったことがわかって安心し，自分が原因で停電が起こったと思ったことを恥ずかしく感じている。この後，筆者の気持ちは「暗闇の中でそこに立ちながら，私はまた，何かが夫が死んで以来抱いて暮らしていた恐れに取って代わった感じがした。私は置き忘れていた自分の力にくすくす笑い，その瞬間，私は自分のユーモアを取り戻したことを知った。私は，『私は知らなかった』という悲しくおびえた1年を送ってきた。悲しみは消えていなかったが，自分自身の奥深いところで，私はまだ笑うことができたのだ。笑いは私を力強く感じさせた」と述べられている。不安・おびえが停電をきっかけとして笑うことができたことから，自分にはまだ力があることを自覚し，それによって力強さを感じられるようになったという心情の変化をまとめる。

問5　1 「女性はお金を節約するために冷蔵庫を買った」(○)　第3段落第1～3文から，女性は食費を節約するために植物を植えたり冷蔵庫を買ったことがわかるので，合っている。　2 「冷蔵庫を配送した男性はそれにプラグを差し込む方法を知らなかった」(×)　第3段落第5文以降で，冷蔵庫を配送した男性は冷蔵庫にプラグを差し込むタイミングについて詳しく説明しているので，プラグの差し込み方という基本的なことを知らなかったとは考えにくい。また，その男性がプラグの差し込み方を知らなかったという記述もないので，合っているとは言えない。　3 「女性は夫を殺したことで逮捕されることを恐れていた」(×)　第7段落第2文に，女性が警察に逮捕されることを恐れていることが述べられている。このとき女性は，自分が冷蔵庫にプラグを早く差し込んだために停電が起こったのではないかと不安に思っていたので，そのことが理由で逮捕されるのではないかと思ったと考えられる。

リスニング問題

Part 1

A.

Dear Dylan,

We got your e-mail today. We laughed so hard when we read it. That was a funny accident! We're glad you weren't hurt, though. Next time, don't stand up in the boat! Then, you won't fall in the lake. And don't worry about your boots. We will get you a new pair. We can buy them on our way to pick you up.

We are busy here. Cole learned to ride his bike. He can't wait to show you. Maggie practices soccer every night. She is the best player on her team!

Well, enjoy your last few days of camp. We look forward to hearing more stories. See you soon!

Love,

Mom and Dad

B.

One day, a man was walking down the street. He heard something behind him. He wondered what it was. When he turned around, he saw a penguin.

The man found a police officer. “What should I do with this penguin? Should I take it home with me?”

“Why don't you take it to the zoo?” said the officer.

“Good idea,” said the man, and he left.

The next day, the police officer saw the man again. The penguin was still following him.

The police officer was confused. “I told you to take the penguin to the zoo.”

“Oh, I did,” said the man. “We had a great time.”

The police officer shook his head. “How about I take it to the zoo for you?”

“You can't! I'm taking it to the movies today.”

A.

親愛なるディランへ,

私たちは今日，あなたのEメールを受け取りました。それを読んだとき，私たちは大いに笑いました。それはおかしな事故でしたね！　でも，あなたがけがをしなくて私たちはうれしかったです。次は，ボートの中で立ち上がらないでね！　そうすれば湖に落ちることはないでしょう。そして，長靴のことは心配しないでね。あなたに新しいものを買ってあげます。あなたを車で迎えにいく途中で買えます。

私たちはここで忙しくしています。コールは自転車に乗れるようになりました。彼はあなたに見せるのを待ちきれません。マギーは毎晩サッカーの練習をしています。彼女はチームで一番の選手なんです！

さて，キャンプの最後の数日を楽しんでね。もっとたくさんの話を聞くことを楽しみにしています。近いうちに会いましょう！

さようなら,

お母さんとお父さんより

B.

ある日，1人の男性が通りを歩いていた。彼は背後で何かが聞こえた。彼は何だろうと思った。振り返ると，ペンギンが見えた。その男性は警官を見つけた。「このペンギンをどうしたらいいでしょうか。家に連れて帰るべきでしょうか」

「動物園に連れていってはどうですか」と警官は言った。

「いい考えですね」と男性は言って立ち去った。

翌日，警官は再びその男性に会った。ペンギンはまだ彼の後についていっていた。警官は困惑した。「ペンギンを動物園に連れていくように言いましたよね」

「ああ，連れていきましたよ」と男性は言った。「とてもすてきな時を過ごしました」

警官は頭を振った。「あなたの代わりに私が動物園に連れていくのはどうですか」

「それはできません！　私は今日，それを映画に連れていくところなんです」

Part 2

Recent figures show that more than 375 million people in the world are vegetarian. These people do not eat the meat of any living thing. Many people go even further and do not eat things that come from animals, such as eggs and milk, or wear clothes made from animal skins. This is called veganism, and the people who practice it are vegans. Being a vegan or vegetarian has become more and more common in recent years.

Although the number of vegans in the world is still quite small, there are more vegetarians than you may think. The country with the largest number of vegetarians is India. The reason for this is the Hindu religion. Hindus believe that people should try not to hurt other people and animals. Its followers believe that we should not kill animals for meat, and we should not keep animals to produce food like eggs and milk. Thirty-one percent of India's 1.2 billion people are vegetarians.

There are many reasons why people choose not to eat meat. Some people stop eating meat for health reasons. People who do not eat meat live longer and are less likely to have health problems such as heart trouble and cancer. Others stop eating meat to help protect the earth. It takes more land, water, and work to take care of animals for food than it takes to grow plants, and the larger the animal, the worse it is.

While there are many good things about being a vegetarian, it can also be a bit difficult. Eating out can be hard, and visiting friends and family can cause problems, especially as some people do not agree with the vegetarian lifestyle. However, many people all over the world are vegetarians, and many believe that their number will continue to grow.

最近の数字によれば，世界の3億7,500万人を超える人が菜食主義者である。これらの人々はどんな生き物の肉も食べない。多くの人々はさらに極端になって卵やミルクなどのような，動物からできるものを食べなかったり，動物の皮から作った服を着なかったりする。このことはビーガニズムと呼ばれ，それを実践する人はビーガンという。ビーガン，あるいは菜食主義者であることは，近年ますます一般的になってきた。

世界のビーガンの数はまだかなり少ないが，考えるより多くの菜食主義者がいる。最も菜食主義者の数が多い国はインドである。このことの理由は，ヒンズー教である。ヒンズー教徒は，他の人や動物を傷つけないようにするべきだと信じている。その信仰者は，肉のために動物を殺すべきではないと信じ，卵やミルクのような食べ物を生産するために動物を飼うべきではないと信じている。インドの12億人の人口の3分の1が菜食主義者である。

人々が肉を食べないことを選ぶ理由はたくさんある。中には健康上の理由で肉を食べるのをやめる人もいる。肉を食べない人はより長生きし，心臓病やがんなどのような健康上の問題を抱える可能性が低くなる。地球を守るのに役立つために肉を食べるのをやめる人もいる。食用に動物の世話をすることは，植物を栽培するよりも土地，水，そして労働力がさらに必要になり，動物が多いほど状況は悪くなる。

菜食主義者であることには良いことが多くある一方で，少し難しいことにもなる可能性がある。外食が難しくなる可能性があるし，菜食主義の生活様式に賛同しない人もいるので，友人や家族を訪ねることが問題となる可能性もある。しかし，世界中の多くの人々が菜食主義者であり，多くの人々がその数は伸び続けるだろうと信じている。

★ワンポイントアドバイス★

3の英作文問題は，最初に日本語の日記が与えられており，その日本語を英語に直していくことでほぼ対応できる。まずは日記のどの部分が空所に当てはまるのかをしっかりおさえることが最大のポイントとなる。

＜理科解答＞《学校からの正答の発表はありません。》

1 (1) ① 一組の対になっている遺伝子 ② 生殖細胞 (2) 血小板
(3) (ア), (オ) (4) (ウ) (5) (ウ) (6) (あ) $\frac{1}{2}$ (い) $\frac{1}{2}$ (う) $\frac{1}{2}$
(え) $\frac{1}{2}$ (お) $\frac{1}{16}$ (か) $\frac{1}{4}$ (き) $\frac{1}{800}$

2 (1) ① 水酸化カリウム ② $Ca(HCO_3)_2$ (2) ① CaO ② $Ca(OH)_2$
③ $NaHCO_3$ ④ K_2CO_3 ⑤ NaOH (3) (ウ), (オ)
(4) (Ⅰ) $Na_2CO_3+Ca(OH)_2 \rightarrow 2NaOH+CaCO_3$ (Ⅱ) $2NaHCO_3 \rightarrow Na_2CO_3+H_2O+CO_2$ (Ⅲ) $2NH_4Cl+Ca(OH)_2 \rightarrow CaCl_2+2H_2O+2NH_3$
(5) 塩化カルシウム, (ア), (ウ)

3 (1) 岩石2 ① チャート ② SiO_2 ③ イ 岩石3 ① 石灰岩
② $CaCO_3$ ③ ア, ウ, エ (2) ① サンゴは, 水深の浅い海でのみ生息できるから。 ② プレートの移動にともなって, 水深が深くなるから。 (3) ① 3.8億年前
② 1500万km

4 (1) 45度 (2) 48度, 全反射
(3) 図1 (4) (ア) (5) 図2
(6) ① r ② i
(7) ① 小さく ② 時計
(8) 図3 (9) ① ∠BEC
② 赤 ③ 高い ④ 低い

図1

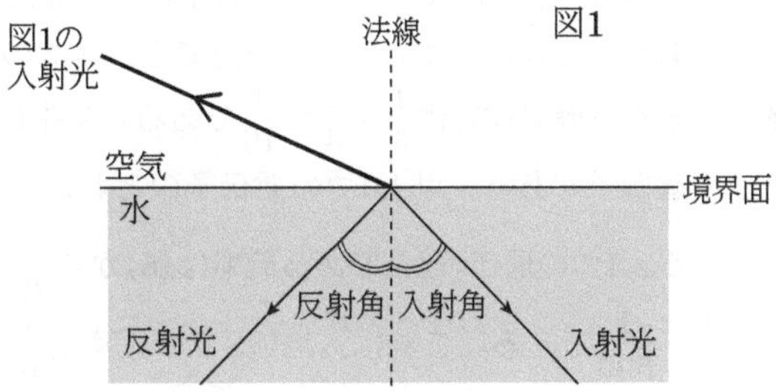

図2

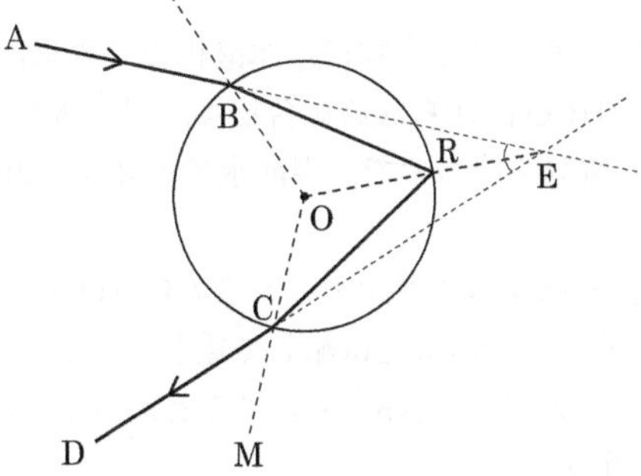

図3

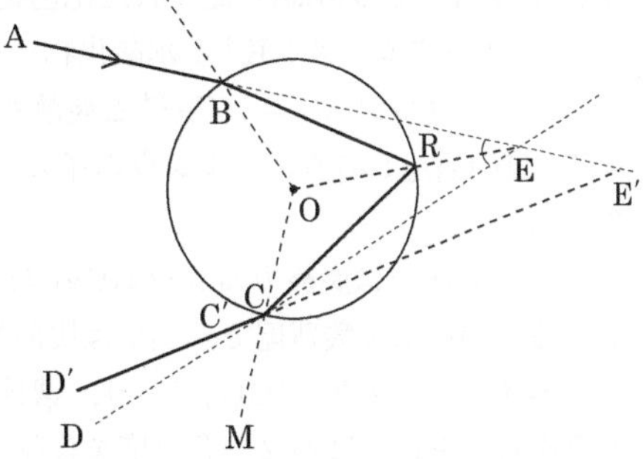

○推定配点○
1 各2点×13((3)完答) 2 各2点×13((3)完答) 3 (3) 各3点×2 他 各2点×8
4 (7)・(9) 各1点×6 (8) 4点 他 各2点×8 計100点

＜理科解説＞

1 (生殖と遺伝－遺伝病)

(1) 細胞の核にある染色体は, ふつう同じ形や大きさのものが2本ずつ対になっている。その染色体上に遺伝子がある。減数分裂によって卵や精子などの生殖細胞ができるとき, 1対の染色体は分かれて, 別々の生殖細胞に入る。そのため, 染色体上の遺伝子も別々の生殖細胞に入る。特に重要なのは, 1対の染色体にAとaのような対立遺伝子があり, それらが分かれて生殖細胞に入る場合である。

(2)　血液の成分のうち，血管が破れた場合などに血液を凝固させるのは，血小板のはたらきである。

(3)　(ア)　正しい。遺伝子の突然変異が原因で，メラニン色素を合成することができずに欠乏し，白い個体(アルビノ)が生じる。　(イ)　誤り。インフルエンザは，ウイルスに感染して症状が起こる。　(ウ)　誤り。ワクチンは，体内に病原体に対する抗体を産生するしくみである。　(エ)　誤り。AaとAaの個体をかけ合わせると，子にaaの個体も出現する。　(オ)　正しい。細菌が殖えていくうちに，突然変異が原因で，薬剤に耐性のある個体が新たに生まれることがある。

(4)　劣勢の遺伝病Mは，対になっている遺伝子がどちらも劣性(潜性)のaである場合のみに発病する。少なくとも片方が優性(顕性)のAであれば，発病しない。

重要　(5)　劣勢の遺伝病Mが$\frac{1}{40000}$の確率で発現する。劣性遺伝子aを持つ生殖細胞が存在する確率を，卵，精子ともpとすると，$p\times p=\frac{1}{40000}$より，$p=\sqrt{\frac{1}{40000}}=\frac{1}{200}=0.005$で，0.5%となる。

(6)　体細胞が持つ2本の遺伝子のうち片方が1個の生殖細胞に入る。だから，親牛が持つ特定の1つの遺伝子が子牛に伝わる確率(あ，い)は$\frac{1}{2}$であり，子牛が持つ片方の遺伝子が孫牛に伝わる確率(う，え)も$\frac{1}{2}$である。よって，親牛が持つ特定の1つの遺伝子が孫牛に伝わる確率は$\frac{1}{2}\times\frac{1}{2}=\frac{1}{4}$である。これは，オスの子牛経由でも，メスの子牛経由でも同じなので，両方から孫牛に伝わってそろう確率(お)は$\frac{1}{4}\times\frac{1}{4}=\frac{1}{16}$である。父牛にはもう片方の遺伝子がある。母牛にも同様に2つの遺伝子がある。以上4つの遺伝子のどれかが孫牛に伝わってそろう確率(か)は，$\frac{1}{16}\times 4=\frac{1}{4}$となる。1つの遺伝子がaである確率は(5)から$\frac{1}{200}$だから，孫牛が遺伝病Mとなる確率(き)は$\frac{1}{200}\times\frac{1}{4}=\frac{1}{800}$である。これは，地域Sでの確率$\frac{1}{40000}$よりもはるかに高い。よって，家畜の近親交配は避けるべきである。

2　(原子と分子－古い用語で書かれた化合物)

(1)　①　カリウムイオンK^+と水酸化物イオンOH^-からなる化合物は，水酸化カリウムKOHである。　②　カルシムイオンCa^{2+}と炭酸水素イオンHCO_3^-からなる化合物は，炭酸水素カルシウム$Ca(HCO_3)_2$である。カルシウムイオンは2＋の電気を持つので，炭酸水素イオンが2個必要である。

重要　(2)・(4)　石灰石は炭酸カルシウム$CaCO_3$であり，石灰水は水酸化カルシウム$Ca(OH)_2$の水溶液である。曹達は炭酸曹達で，加里は炭酸加里である。重炭酸曹達は略して重曹のことだから，炭酸水素ナトリウム$NaHCO_3$であり，曹達がナトリウムイオンNa^+を表すことが分かる。このあたりをヒントに，問題文の各反応を化学反応式で示す。

石灰石の加熱	$CaCO_3 \rightarrow CaO + CO_2$　(生石灰＋炭酸瓦斯)
生石灰に水をかける	$CaO + H_2O \rightarrow Ca(OH)_2$　(消石灰)
石灰水と炭酸瓦斯	$Ca(OH)_2 + CO_2 \rightarrow CaCO_3 + H_2O$　(石灰石の白濁)
曹達と消石灰(Ⅰ)	$Na_2CO_3 + Ca(OH)_2 \rightarrow 2NaOH + CaCO_3$　(苛性曹達)
加里と消石灰	$K_2CO_3 + Ca(OH)_2 \rightarrow 2KOH + CaCO_3$　(苛性加里)
曹達と炭酸瓦斯	$Na_2CO_3 + H_2O + CO_2 \rightarrow 2NaHCO_3$　(重炭酸曹達)
ソルベー法	$NaCl + H_2O + CO_2 + NH_3 \rightarrow NaHCO_3 + NH_4Cl$　(塩安)
重曹を焼く(Ⅱ)	$2NaHCO_3 \rightarrow Na_2CO_3 + H_2O + CO_2$
塩安と消石灰(Ⅲ)	$2NH_4Cl + Ca(OH)_2 \rightarrow CaCl_2 + 2H_2O + 2NH_3$

以上より，各物質は，次の通りである。

①　生石灰　…　酸化カルシウムCaO

②　消石灰　…　水酸化カルシウム$Ca(OH)_2$

③ 重曹＝重炭酸ナトリウム … 炭酸水素ナトリウム$NaHCO_3$

④ 加里＝炭酸加里 … 炭酸カリウムK_2CO_3 (炭酸イオンはCO_3^{2-})

⑤ 苛性曹達 … 水酸化ナトリウムNaOH

(3) 問題文にある通り，生石灰は水と反応して発熱するため，積雪を融かす融雪剤や，弁当などの加温剤として使われる。他にも，酸性の土壌を改良するために撒かれたり，セメントや陶磁器，ガラスなどの工業原料として使われたりする。

(5) 下線部(Ⅲ)の反応は，上記の通りである。加熱するとアンモニアの多くは水溶液から逃げるので，残った溶質は塩化カルシウム$CaCl_2$である。塩化カルシウムは吸湿性があるため，押し入れなどに置く除湿剤などに使われる。また，純粋な水よりも水溶液の融点が低いことから，冬季は融雪剤として凍結しやすい道路に常備されることが多い。なお，本問で登場した物質の中では，胃腸薬に使われるのは炭酸水素ナトリウム(重炭酸曹達)である。水に溶けると弱いアルカリ性になるので，胃酸を中和できる。漂白剤は，酸素系と塩素系があるが，本問でそのまま漂白剤になる物質は出てこない。

3 (大地の動き－秋吉台の形成)

(1) 岩石2は，陸から離れた深海底で形成されるチャートである。主成分はSiO_2でたいへん硬く，かつては火打石(フリント)として使われた。チャートに含まれる化石は小さいため，顕微鏡でなければ見るのは難しい。岩石3は，温かく浅い海底で形成される石灰岩である。主成分は$CaCO_3$で軟らかく，塩酸などの酸に溶けやすい。2でみた反応で，アルカリ性になる物質ができるので，土壌の酸性化を防ぐ。石灰岩には，目に見える大きさのサンゴなどの化石が含まれる。問題の秋吉台の石灰岩には，フズリナの化石が豊富に含まれる。なお，岩石1は，陸から流れ出た物質からなる，れき岩，砂岩，泥岩などである。

重要 (2) サンゴ礁を形成する造礁サンゴは，温暖で太陽光が充分に届くような浅く澄んだ海に生息する。そのため，海山の中でも水面に近い頂部周辺にのみ形成される。海洋プレートは移動しながら徐々に水深が深くなるため，造礁サンゴは生息できなくなる。

(3) ① 放散虫は，1000年で1cm堆積する。300m＝30000cmだから，堆積した時間は，30000×1000＝3000(万年)である。現在から3.5億年前の時点で，3000万年分の放散虫が堆積しているのだから，海洋プレートが生まれたのは，3.5億＋3000万＝3.8(億年)前である。 ② 海洋プレートが生まれて海底火山活動が起こるまで，①で求めたように3000万年かかっている。その間に，海洋プレートは横向きに5cm/年で動いているので，動いた距離は，5×3000万＝15000万cm＝150万m＝0.15万km，つまり，1500kmである。

4 (光の性質－虹の発生原理)

(1) 図2を読み取ると，入射角が70°のとき，屈折角は45°である。

(2) 図3を見ると，入射角が48°で屈折角が90°となり，屈折光は水面に平行になる。入射角が48°を越えると，対応する屈折角がなくなる。これは，レーザー光が水から空気中に出ていけなくなったことを示している。このとき，レーザー光はすべて水中に向かって反射する。

(3) 図2と図3から，光が空気中から水中に進む場合と，水中から空気中に進む場合では，入射角と屈折角が入れ替わる。よって，図1の入射光の経路をそのまま逆向きにたどれば，図4の屈折光の経路になる。

(4) 図5で，光がプリズムに入るところを見ると，赤色の光に比べ紫色の光では，より大きく屈折しており，法線から測った屈折角は小さくなる。よって，図2のグラフは，赤色の光に比べ紫色の光の場合はやや下になる。図2の入射角と屈折角を入れ替えたのが図3だから，図3のグラフは，赤色の光に比べ紫色の光の場合はやや左になる。よって，図6では(ア)になる。

(5)　光が点B→点R→点Cと進むとき，反射が起こる点Rでの入射角と反射角は等しいので，進む経路は直線OEに対称な形になる。よって，作図はまずOEを破線で結び，円周との交点を点Rとすればよい。あとは，光が点B→点R→点Cと進むように線分で結ぶ。

(6)　①　△OBRは二等辺三角形なので，∠ORB＝∠OBR＝rである。また，点Rでの入射角と反射角は等しいので，∠ORB＝∠ORC＝rである。　②　△OCRは二等辺三角形なので，∠OCR＝∠ORC＝rである。点Bと点Cでは，入射角の大きさと屈折角の大きさが入れ替わる。よって，点Cでの入射角の大きさがrだから，点Cでの屈折角の大きさ∠MCDはiである。なお，この図が直線OEに対して線対称だから，∠MCD＝∠NBA＝iと考えてもよい。

やや難　(7)・(8)　赤色の光に比べ紫色の光では，より大きく屈折しており，法線から測った屈折角は小さくなる。そのため，反射する点は，点Rよりも少し時計回り(下側)に移動し，2回目に屈折する点C′も時計回りに移動する。最後に水滴から出ていく光C′D′を逆に直線で延長すると，ABの延長との交点がE′である。

(9)　(8)で描いた図をみると，∠BEC＞∠BE′C′である。このことから，紫色の光は水平に近い向きから人の目に入り，赤色の光は高いところから人の目に入る。空気中の無数の水滴からこのような色の光が来るので，虹の外側は赤色，内側は紫色に見える。なお，∠BEC＞∠BE′C′は，図形的にみると，次のように説明できる。二等辺三角形OBRで∠ORB＝∠OBR＝rだから，∠BOR＝$180°-2r$である。また，対頂角だから，∠EBO＝∠ABN＝iである。よって，△OBEで，∠BEO＝$180°-(180°-2r)-i=2r-i$である。そして，∠BEC＝2×∠BEO＝$4r-2i$である。赤の光に比べて紫の光では屈折角rが小さいので，$4r-2i$も小さい。ゆえに∠BEC＞∠BE′C′となる。

★ワンポイントアドバイス★

本校の試験では，知っている知識を問われるだけでなく，新たな知識を吸収する能力も問われる。新知識型の問題に数多く触れておこう。

＜社会解答＞《学校からの正答の発表はありません。》

[1]　問1　真珠湾　　問2　2　　問3　2　　問4　4　　問5　4　　問6　3　　問7　(例)　敗戦により朝鮮や満州など海外の植民地をすべて失ったため，多くの日本人が帰国せざるを得なかったから。　　問8　(例)　日中戦争の長期化に伴い，生活物資中心から軍需物資中心の生産体制にかわり品不足に陥ったから。

問9　3　　問10　4　　問11　4　　問12　3

問13　4　　問14　(例)　仏教を信仰することにより国を守るという鎮護国家の思想を政治に取り入れるため。　　問15　(例)　綿花やタバコなどの輸出作物に依存する南部では自由貿易の方が有利であったから。　　問16　(例)　耕作者からの年貢にかわり地主から地価の3%を現金で納めさせた。

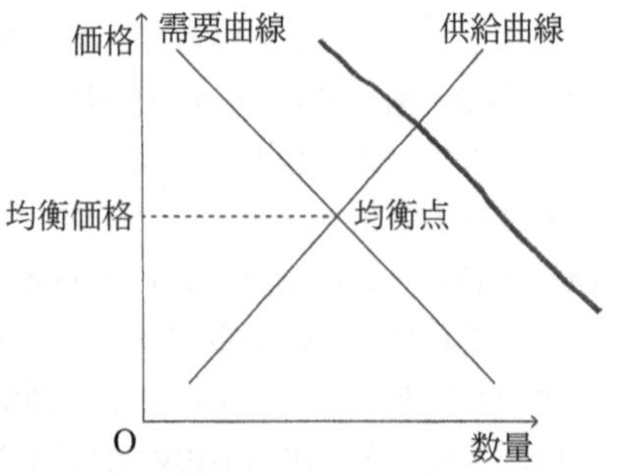

[2]　問1　容器包装リサイクル法　　問2　2　　問3　2

問4 3　問5 (1) 1　(2) 内閣は本予算が成立するまでの暫定予算を編成する。
問6 6　問7 5　問8 1　問9 前ページの図　問10 4　問11 (例) 一人の女性が生涯に出産する子どもの数。　問12 (1) 2　(2) 4

3 問1 2　問2 (例) 原料である鉄鉱石や石炭，石灰石は重量があるため，遠くへ運ぶと輸送費が高くなってしまうから。　問3 露天掘り　問4 (1) 6　(2) 6
問5 (1) 3　(2) 2　(3) (例) 豊かな国に移動することで貧しい生活を抜け出せるから。　(4) イスラム教　問6 (1) 4　(2) 自動運転　問7 ターイエ[大冶]鉄山　問8 (1) (例) 土砂の大量流出で農業用水などに影響が出るという問題。
(2) (例) 農閑期の仕事が生まれたという点。

○推定配点○

1 問1～問6・問9～問13 各2点×11　他 各4点×5　2 各2点×14
3 問2 4点　他 各2点×13　計100点

＜社会解説＞

1 (日本と世界の歴史―原始～現代の政治・経済・文化史など)

問1 日本は航空機を主力として奇襲攻撃を敢行しアメリカ太平洋艦隊の主力を壊滅させた。

問2 1429年，中山の尚巴志は琉球を統一し中継貿易で繁栄した。沖縄の返還は1972年。

問3 5世紀以降途絶えていた外交関係を聖徳太子が復活させ遣隋使を派遣。1972年，田中角栄首相が訪中して日中共同声明を発表。日宋貿易は民間貿易，日中戦争のきっかけは盧溝橋事件。

重要 問4 1939年，ドイツは独ソ不可侵条約を締結し突如ポーランドに侵攻。41年には米英首脳が会談し国連憲章の基礎となる大西洋憲章を発表。サラエボ事件は第1次世界大戦，ソ連は連合国側。

問5 aは1973年，bは1995年，cは1971年，dは1993年。

問6 夭折《ようせつ》した明治を代表する作曲家。1は版籍奉還，普通選挙法は大正末期の1925年，韓国併合後は統監府にかわり朝鮮総督府を設置して統治した。

問7 大戦中には軍民合わせて660万人もの人々が海外に進出，終戦により帰国者が激増した。

問8 日中戦争の長期化に伴い政府は経済の国家統制を強化，国民生活は犠牲にされた。

問9 イは皮膚が黒ずむため黒死病と，ウは致死率が高いためコロリと呼ばれた。

問10 記録によると最後の班田が実施されたのは902年。醍醐天皇の命で編纂された初の勅撰和歌集。平将門と藤原純友の反乱は承平・天慶の乱，最澄は遣唐使に随行して渡航。

基本 問11 1392年に南北朝を統一。御成敗式目は1232年，永仁の徳政令は1297年，雪舟は水墨画。

問12 ジェームス2世を追放，議会を中心とする立憲君主制を確立した革命。コロッセオや水道橋はローマ，ルターは免罪符を批判，蒸気機関の改良実用化はワット。

問13 松前藩は徳川家康から交易の独占権を獲得，田沼意次は銅や朝鮮ニンジンなどの専売制を実施。鎖国では海外渡航や帰国を禁止，徳川吉宗は実学を奨励し洋書の輸入も一部解禁。

問14 飢饉や疫病，反乱など社会不安の高まりの中，仏教による国家の安定を目指した。

問15 工業化が進展していた北部は国内の産業や市場を保護するために保護貿易を主張，海外市場に依存し自由貿易を主張する南部との対立は激化していった。

重要 問16 年貢は米価の変動で収入が安定しないなど長期的な財政計画を立てることが困難だった。

2 (公民―憲法・政治のしくみ・経済生活など)

や難 問1 ビン・缶・ペットボトルなどの分別収集，再資源名などを目指す法律。

問2 共産党以外にも政党はあるが「共産党が指導する」と規定されており，事実上の一党支配体制となっている。1997年にイギリスから返還されたのはホンコン。

問3　特に法律の委任がある場合を除いて罰則を設けることができない(憲法76条)。下級裁判所も違憲審査権を持っているが，終審裁判所である最高裁判所が最終判断を下す。

問4　教育を受ける権利は社会権，無償とは授業料を徴収しない意味と考えられている。

問5　(1)　衆議院の持つ予算の先議権。参議院が30日以内に議決しないときも同様。　(2)　新規事業などは盛り込まず，経常的経費や公共事業の継続案件など必要最低限度に限られる。

重要　問6　気温上昇を産業革命前に比べ2℃未満とすることが目標と規定された。2050年には海洋プラスチックの量が魚の量を上回ると予想されている。生物多様性や気候変動枠組条約は地球サミット，「かけがえのない地球」は国連人間環境会議のスローガン。

問7　政令指定都市は行政区であり区長は市長が選任し議会もない。地方自治は二元代表制，地方分権が進んではいるが自主財源である地方税の割合はいまだに45％程度。

問8　結婚や出産により仕事を辞める女性が多いためM字カーブを描く。最近は法整備や育児支援体制の充実などにより日本もM字から台形に形が変わりつつある。

問9　所得や人口増，流行などで需要が増えると需要曲線は右に移動し均衡価格も上昇する。

問10　財政法では例外的に建設国債(公共事業など社会資本に使用)の発行は認められている。しかし，赤字国債(経常費用の赤字補塡《ほてん》)は認められていないため毎年特例法を制定して発行。

問11　人口維持のためには2.07が必要といわれるが，2019年には1.36程度に過ぎない。

問12　(1)　消費税は1997年と2014年，2019年に引き上げられた。　(2)　累進課税は負担公平の原則に合うだけでなく所得の再分配機能もある。酒類やイートイン・外食は含まれない。

3　(地理―気候・産業・諸地域の特色など)

問1　石炭は古期造山帯に多く存在する。マンチェスターは綿織物，鉄鋼業はバーミンガム。

基本　問2　八幡製鉄所も日本最大の筑豊炭田と中国からの鉄鉱石の輸入に便利な地に建設された。

問3　鉱床が地表近くに平板に存在するため，表土を取り除いて地表から掘削していく。

問4　(1)　Aは熱帯，Bは高山，Cは温帯の気候。　(2)　出入国管理法が改正され日系ブラジル人の受け入れが拡大した。移民はコーヒー農園の労働者，小麦は輸入国。

問5　(1)　西ドイツ・フランス・イタリア・ベネルクス3国の6ケ国。クロアチアは2013年に加盟。　(2)　旧植民地や隣接する国などから判断。　(3)　ルーマニアはEU加盟国の中でも最も所得が低い国の一つ。　(4)　フランスは北アフリカからの移民が多い。

問6　(1)　一番近いのはエリー湖，東に位置するのはアパラチア山脈。　(2)　企業だけでなく世界各国が開発競争を展開，日本でも2025に完全自動運転(レベル5)を目指している。

やや難　問7　国内調達がかなわなかったため輸送に有利な長江南岸のターイエ鉄山から輸入。

問8　(1)　土砂の堆積により天井川となるため洪水などの被害も多発した。　(2)　秋から翌年の春は農閑期に当たるため冬場の収入源となった。

★ワンポイントアドバイス★

選択肢の問題は微妙な判断を要するものが多い。一つ一つの単語を丁寧に読み取り，迷ったら後に回すなど時間配分にも注意して対応しよう。

<国語解答>《学校からの正答の発表はありません。》

一 問一 (a) あしもと (b) 疾病 (c) 被 (d) ゆえん 問二 イ
問三 エ 問四 (例) 日本では季節を自然の風物によって感じるので，秋の夜に鳴く虫の音を風流なものとして聴くようになった。 問五 (例) 人間は生理学的な限界があることに加え文化的な影響を受けるので，自分の主観という狭い見識を通してしか物事が見られないということ。

二 問一 (a) 皆目 (b) 自嘲 (c) し(く) 問二 ウ 問三 ア
問四 (例) 手入れをする人がいなくなったために，家が売りに出されたということ。
問五 (例) 家を立ち退くよう言われたのかと身構えたが，部屋を明けるなら無期限で住んでよいと聞き安心したということ。 問六 イ 問七 ウ

三 問一 Ⅰ ウ Ⅱ ア Ⅲ イ 問二 勘当 問三 イ 問四 ウ 問五 オ
問六 イ 問七 オ

○推定配点○
一 問一 各2点×4 問二・問三 各4点×2 他 各8点×2
二 問一・問二・問七 各2点×5 問三・問六 各4点×2 他 各8点×2
三 問七 2点 他 各4点×8 計100点

<国語解説>

一 (論説文一内容吟味，文脈把握，脱文・脱語補充，漢字の読み書き)

問一 (a) 「あしもと」と読む熟語には，他に「足元」「足下」などがある。「許」の訓読みは「ゆる(す)」で，「もと」は常用漢字表にない読み方である。 (b) 病気のこと。「病」を「ヘイ(ぺい)」と読むのは，「疾病」に使われる特殊な読み方となる。 (c) 前後の文脈から「文化ヒ拘束」は，「文化に拘束される」という意味だと判断する。受身の意味を表す漢字に直す。
(d) 理由のこと。事の起こりや関係を意味する「由縁」と区別する。

問二 ――部①の「対置にある」は対称的な位置にあることを意味しているので，筆者が主張しようとしているのは「ことの真意」は，「精神と肉体」は「分離」できないということである。選択肢の中で，「『精神と肉体』は『分離』できない」という内容を述べているイとウに着目する。冒頭の段落に「家のなかはイギリス風で，家族みな暮らしを楽しむ風が偲ばれるよう」と肯定的に述べているので，ウの「違和感を覚え」はあてはまらない。「肉体が精神の支配下にある」ために，玄関で躓きそうになったと述べているイを選ぶ。

問三 直後の文以降で，例を挙げて説明している。一つ後の文に「音は，本来，それ自体不可視のものではあるが，文字化することで，音の実態そのものが実在性を増すことがありえる」とあり，この「文字化することで，音の実態そのものが実在性を増す」は，言葉にすることで音が実在するようになるという意味になる。この内容を述べているエが適当。アの「可視化する」は，元々あったものが見えるようになる，という意味なので「実在性を増す」にはそぐわない。

や難 問四 ――部②の「それ」は，同じ段落の「虫の音」を指示している。西欧では「虫の音」が「たんなる自然世界の音，ときには雑音とさえ受け止められている」のに対して，日本では「虫の音」が「季節の徴表として風流とも野趣溢れるものとも受け取られている」ようになった「過程」を説明する。後の「日常的伝承や積年の知的遺産など文化的な影響」によって，日本では「虫の音」を風流なものとして生理的に受け止めるようになったとまとめる。「日常的伝承や積年

の知的遺産など文化的な影響」や「生理的に受け止める」を具体的な内容に置き換えるとわかりやすくなる。

重要 問五 「針の穴」は，針の穴から覗くと視野が狭くなることから，狭い見識をたとえている。人間が狭い見識でしか世界を見ることができないのは，なぜかを加えて説明する。直前の段落では，人間の感覚器官には限界があると述べ，同じ段落では「文化的なバイアス(歪み)が加わる」とあり，これが，人間が狭い見識でしか世界を見ることができない理由になる。最終段落に「人間は……主観という眼鏡を通してしか世界が見られない」と同様の内容を述べており，この表現を参考にしてまとめる。

二 (小説―情景・心情，内容吟味，文脈把握，漢字の読み書き，語句の意味，文学史)

問一 (a) あとに打消しの語を伴って強く否定する気持ちを表す。「皆」の訓読みは「みな」。(b) 自分で自分をつまらないものとして笑うこと。「嘲」の訓読みは「あざけ(る)」。 (c) 「布く」は常用漢字表以外の読み方で，「敷く」とも書く。「布陣」などの熟語がある。

問二 「小さなことにこだわらず，おっとりとして上品な様子」を意味するウの「おうよう」が入る。エの「おうへい」は偉そうに人を見下す様子，オの「とくじつ」は情が深く誠実な様子。

やや難 問三 「貧寒な性根」は，中身が乏しくみすぼらしい根性という意味だと推察する。――部①の後に「そのころのこと」とあるので，「そのころ」の私の状況と心情を読み取る。同じ段落に「売文で暮しを立てる決心をしていた……売文生活が成り立つものかどうか，カイモク自信はなかった」とあり，直前の段落では「いたずらに時間を費やす己れの姿を，一々軽蔑する自分がいつも一方にあった」とある。この「いたずらに時間を費やす己れの姿を，一々軽蔑する自分」を，「自分の不甲斐なさ」と表現しているアが適当。「屋台でもなんでもひく」と言っているので，「気の小ささ」とあるイは適当でない。ウの「満足な作品が書けないことが明らかになって初めて」や，オの「自分には才能も覚悟もないことがはっきりとわかっている」とは述べていない。エの「生活費の援助」や「つてもある」ことは本文でも述べられているが，それを言い訳に努力していない，という描写は見られない。

問四 本来なら始末しなければならない病葉が生垣の裾につもっていることから，家の手入れをする人がいなくなったことが推察できる。したがって，家の手入れをする人がいなくなって売りに出された，ということになる。「家屋は相当古く」で始まる段落に「損みのひどい無人の家」「四畳半の襖の陰に，老婆がひっそりと針仕事をしていて……家を売る側にも，差し迫った事情がある」とあるのもヒントになる。

やや難 問五 「そういう妻の話」は，直前の「二間を，引揚げ者のために明けてもらえぬものだろうか……気に入った家があるまでは，あなたの方も無期限でここに住んでいただいて差し支えない」という大家の話を伝えるものである。冒頭にあるように，「私」は家主から「家主の親戚が大連から引揚げて来れば，立ち退いて欲しいという条件つきで」家を借りている。「私」の「身構え」が「きつくな」ったのは，家主から出て行くように言われると思ったためである。「私」が「身構え」た理由と，「身構え」が「崩れた」，つまり安心した理由を加えて説明する。

重要 問六 「私」は「売文で暮しを立てる決心をした」が，引揚げ者と同居しているということもあってなかなか筆が進まない状況である。そのような状況で，自分の職業名を尋ねられた時の心情を考える。直後の「著述と，そこまで出かけて，実にてれくさかった」や，後の「記入されて見れば，それで理屈の通らぬこともなく，私の未熟な職業にふさわしい気もした」などの描写から，「私」はまだ成果を出していない自分が，著述業と名乗るのは生意気なのではないかと感じて「てれくさかった」ことが読み取れる。この心情を「口はばったさ」と言い換えているイが適当。アの「著述業」と「貧しさ」，ウの「世間から低く見られている著述業」，エの「自分の欺瞞」は本文では述べていない。「私」は，著述業を志しているので，オの「胸をはって人には説明しづらい仕事」もそぐわない。

問七　芥川賞は一九三五年に菊池寛によって創設された文学賞で，年に二回新人作家の中から選ばれる。ウの大江健三郎が，『飼育』で芥川賞を贈られている。

三　(古文―主題・表題，情景・心情，内容吟味，文脈把握，口語訳，文学史)

〈口語訳〉　亡くなった相州禅門の家でお側近く仕えていた女房がいた。(女房は)短気で，怒りっぽかったのだが，ある時，成長した息子で同じように(相州禅門に)仕えていたのを，ささいな事のために，腹を立てて叩こうとしたところ，物にけつまづいてひどく倒れて，いっそう怒りを我慢することができなくて，禅門に，「(私の)子息の何某が，私を叩いたのでございます」と訴え申したので，(禅門は)「思いもよらないことだ」と(思って)，「その子息を呼べ」と(言っ)て，「本当に母を叩いたのか。母はそのように申しているようだ」と問うた。(子息は)「その通り(私が母を)叩いたのです」と言う。禅門は，「まったくけしからん，ひどいことだ」と叱って，(子息の)領地を取り上げ，流罪に決まった。

事態が大変なことになった上に，腹立ちもだんだんおさまって，ひどいことだと思ったので，母(である女房)が再び禅門に言ったことには，「腹が立つにまかせて，私の子が，(私を)叩いたと申し上げましたけれども，本当はそのような事はございません。大人気なく彼を打とうとして，(自分で)倒れましたのを，腹立たしさのあまり訴え申し上げました。本気で処罰なさるとはひどうございます。許してやってください」と，ひどく泣きながら言うので，(禅門は)「それならば(子息を)呼べ」と言って，呼び寄せて，事の次第を尋ねられたところ，(子息は)「本当にどうして(私が母を)叩きましょうか(叩くわけがありません)」と言う時，「それでは，なぜ初めから，ありのままに言わなかったのか」と，禅門がおっしゃったので，「母が叩いたとおっしゃったからには，私はどのような罰でもお受けしましょう。母を嘘つきな者に，どうしてできましょうか」と言ったので，(禅門は)「たいそう孝行の心の深い者だ」と，大変感心して，別の領地もお加えになって，特別にかわいいい者とお思いになった。

(仏法が衰えた)末の世の人としては，めったにない，珍しいことだと思われる。

やや難　問一　Ⅰ「いよいよ」はいっそう，「……かねて」はできなくて，という意味から，訳を判断する。　Ⅱ「かへすがへす」には，繰り返しという意味の他に，本当に，非常に，という意味がある。「奇怪」には，不思議な，の他に，けしからん，不届きであるという意味がある。

Ⅲ「ねたさ」は「ねたし」という形容詞からできた名詞。「ねたし」はくやしくいらだたしいという気持ちを表す。ここでの「に」は，理由の意味を表すので，ウは適当ではない。

問二　――部①は，母親を叩いた子息に対する処罰である。処罰を意味する語句を探すと，直後の段落に「腹の立つままに，この子を，打ちたると申し上げて侍りつれども，まことにはさる事候はず……まめやかに御勘当候はん事はあさましく候ふ」と，女房が子息を罰しないように禅門に訴えている場面に気づく。ここから，処罰を意味する「勘当」を抜き出す。

問三　「苦々し」は，不愉快である，おもしろくない，という意味を表す。直前の段落に，腹立ちまぎれに嘘をついたせいで，自分の子息が所領を召し上げられ，流罪に決まったとあり，このことに対する女房の心情を「苦々し」としている。女房は嘘をついたと自覚しているので，「思い込み」とあるウは適当ではない。

問四　――部③は，禅門が子息を「召して，事の子細を尋ね」た時の返事である。ここでの「いかで」は反語の意味を表し，どうして母を叩きますでしょうか，いや叩くわけがありませんと答えている。この内容を述べているウを選ぶ。

問五　前の「母が打ちたりと申し候はん上には，我が身こそいかなる咎にも沈み候はめ。母を虚誕の者には，いかがなし候ふべき」という子息の言葉に着目する。母のついた嘘で自分は「いかなる咎」を受けようとも，母を「虚誕の者」にはしないという言葉に適当なものはオ。アの「親の望む将来へ進もう」とエの「命を差し出す覚悟」は，本文では述べていない。イは，母を嘘つきにしたくない，という要素がない。ウの「勘違い」は，本文の内容にそぐわない。

重要 問六　――部⑤の「末代」には，仏法の衰えた末世と後世という二つの意味がある。本文は，子息の「至孝の志」について禅門が賞賛したことを述べ，「有り難く，珍しく」思われたと語り手は結んでいる。「至孝の心」が珍しいというのであるから，「末代」を仏法の衰えた末の世と訳して説明しているイが適当。アは「真実を見通して」，エは「将来の人々にとっては」の部分が適当ではない。また，禅門や禅門の治世に焦点を当て珍しいとするウとオは，適当ではない。

基本 問七 『沙石集』は鎌倉時代の説話集で，同じ分野に属する作品はオ。アは随筆，イ・ウは物語，エは軍記物語。

★ワンポイントアドバイス★

全体の小問題の数は昨年度より減少しているが，記述式が4問あり，さらに記号選択式の設問は紛らわしいものが多い。例年通り時間との勝負になる。選択式の問題ではいったんはこれが正解だと思っても，他の選択肢が本当に間違っているのか十分検討する慎重さが必要だ。

2020年度

入　試　問　題

2020年度

渋谷教育学園幕張高等学校入試問題(学力選抜)

【数　学】（60分）〈満点：100点〉

【注意】 コンパス，三角定規は使用できます。

1　次の各問いに答えなさい。

(1)　次の□の中にあてはまる式を求めなさい。

$$-\frac{(-4x^2y^3)^3}{3} \div \left(\frac{3y^4}{-2x^3}\right)^2 \div \boxed{} = \left(\frac{4x^2}{3y^3}\right)^4$$

(2)　$x+\dfrac{1}{x}=5-\sqrt{5}$ のとき，次の値を求めなさい。

①　$x^2+\dfrac{1}{x^2}$

②　$\dfrac{\sqrt{x^4-10x^3+25x^2-10x+1}}{x}$

(3)　下の図のようにABを直径とする円Oにおいて，OA＝3，BC＝4，BD＝2であるとき，△BCDの面積を求めなさい。

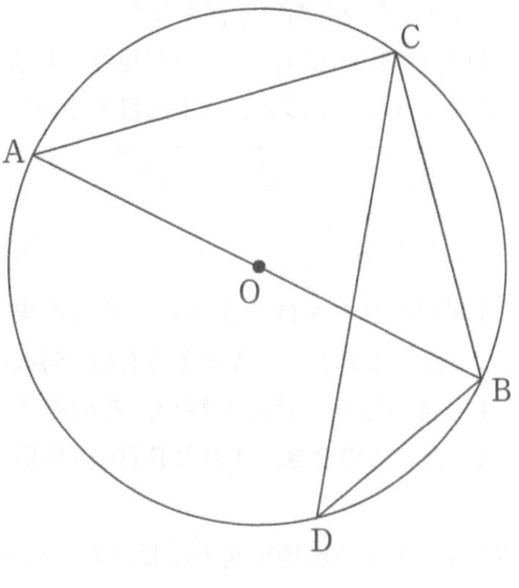

(4)　2つの2次方程式 $2x^2-kx-8=0$，$x^2-x-2k=0$ が共通の解をもつとき，その解を求めなさい。

2 ①，②，③の３つの部屋がある。①の部屋にＡ君とＢ君が，②の部屋にＣ君とＤ君が，③の部屋にＥ君とＦ君がいる。各部屋で，勝負がつくまでじゃんけんを行い，その結果によって次の(ア)～(ウ)のルールで部屋の移動を行う。これを繰り返す。

> (ア) ①の部屋でじゃんけんに勝った人は②の部屋に移動し，負けた人は①の部屋にとどまる。
> (イ) ②の部屋でじゃんけんに勝った人は③の部屋に移動し，負けた人は①の部屋に移動する。
> (ウ) ③の部屋でじゃんけんに勝った人は③の部屋にとどまり，負けた人は②の部屋に移動する。

Ａ君とＢ君は下の図のような「勝敗記録表」に，勝ったときは○，負けたときは×をつけて記録する。

「勝敗記録表」

	1回目	2回目	3回目	4回目	5回目	・・・
Ａ君						
Ｂ君						

このとき，次の各問いに答えなさい。

(1) ３回目のじゃんけんでＡ君が勝ち，Ｂ君が負けて部屋を移動したところ，Ａ君とＢ君は同じ部屋になった。このとき，１回目と２回目の勝敗を解答欄の勝敗記録表に記入しなさい。

	1回目	2回目	3回目
Ａ君			○
Ｂ君			×

(2) ３回目のじゃんけんを行い，その結果，部屋を移動したところ，Ａ君とＢ君は同じ部屋になった。このとき，Ａ君とＢ君の「勝敗記録表」の○×のつき方は何通り考えられるか。

(3) ４回目のじゃんけんを行い，その結果，部屋を移動したところ，Ａ君とＢ君は同じ部屋になった。このとき，Ａ君とＢ君の「勝敗記録表」の○×のつき方は何通り考えられるか。

3 原点をＯとする座標平面上において，放物線$y=ax^2$$(a>0)$と，傾きが正である直線$l$が２点で交わっている。この２点のうち$x$座標の小さい方からＡ，Ｂとする。また，直線$l$と$x$軸との交点をＣとし，Ａ，Ｂから$x$軸にひいた垂線と$x$軸との交点をそれぞれＤ，Ｅとする。
CD：DO＝２：１であるとき，次の各問いに答えなさい。

(1) CO：OEを求めなさい。

(2) 直線lと，原点Ｏを通る直線mの交点をＦとする。直線mが△BCEの面積を２等分するとき，AF：FBを求めなさい。

(3) 点Ｅの座標をＥ(3, 0)とするとき，ＯＡ⊥ＡＢとなるようなaの値を求めなさい。

4　下の図のように1辺の長さが1の正十二角形があり，6つの頂点をA，B，C，D，E，Fとする。正十二角形の内部に正三角形ADG, BEH, CFIをかき，IとGを結ぶ。BHとIGの交点をJ，BHとFIの交点をK，EHとAGの交点をL，EHとIGの交点をM，AGとFIの交点をNとする。

このとき次の各問いに答えなさい。

(1)　BEの長さを求めなさい。

(2)　LGの長さを求めなさい。

(3)　五角形JKNLMの面積を求めなさい。

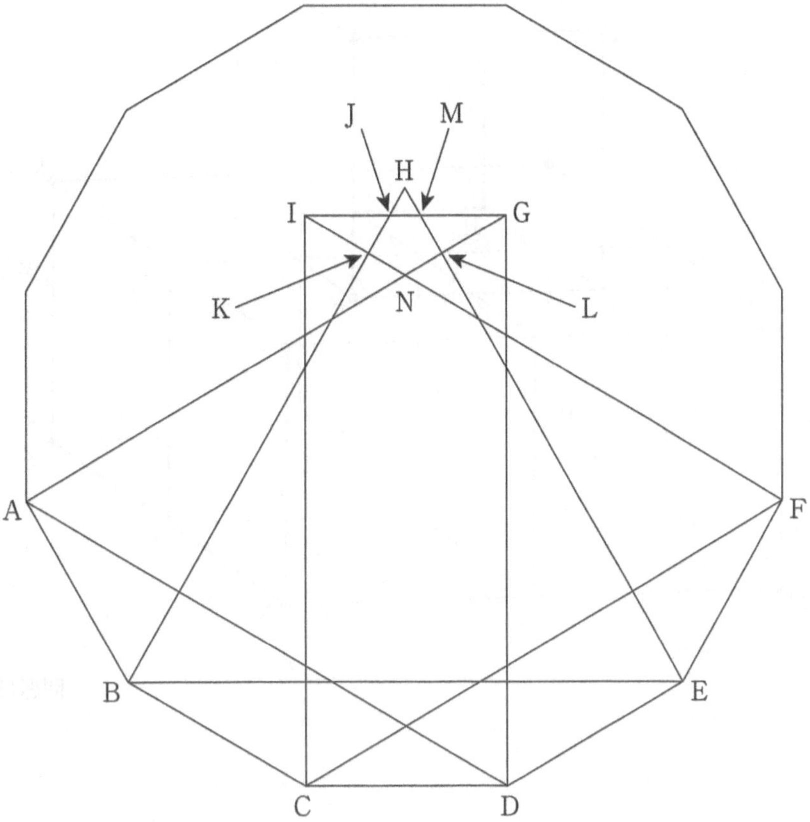

5　1辺の長さがaである5つの立方体をすきまなく重ねて下の図のような立体を作る。立方体ABCD－EFGHは，線分EGが線分IK上にあり，線分EGの中点と線分IKの中点が一致する位置にある。この立体を3点D，M，Oを通る平面で切り，2つに分ける。
このとき，次の各問いに答えなさい。

(1)　切り口の面積を求めなさい。

(2)　2つに分けた立体のうち，体積の大きい方の立体の体積を求めなさい。

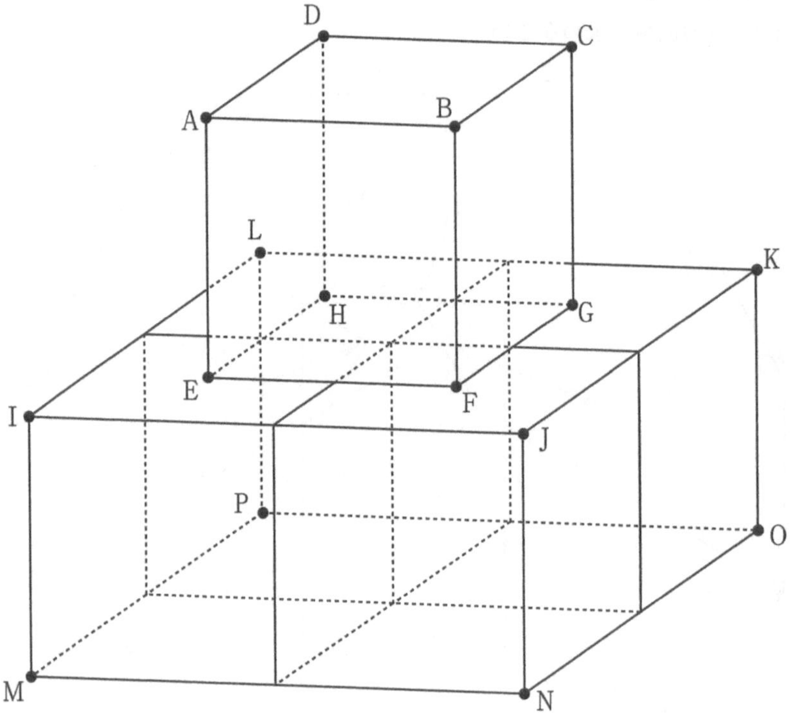

(問題は以上です。)

【英　語】（60分）〈満点：100点〉　　**※リスニングテストの音声は弊社のHPにアクセスの上、音声データをダウンロードしてご利用ください。**

【注意】・文字は筆記体でもブロック体でもかまいません。
・英語による解答で語数の指定がある場合，it's や can't のような短縮形は1語として数えます。
また次のような符号は単語の数に含まれないものとします。
，　．　！　？　“　”　－　：
・日本語による解答で字数の指定がある場合，句読点は１字として数えます。

1 次の英文にはそれぞれ語法・文法上正しくない個所があります。例にならって，その個所の記号を指摘し，正しく書きかえなさい。

【例】 She (ア)likes (イ)an apple.

［解答］

	記号	正しい語句
例	イ	apples

1. (ア)Most people from America only (イ)speak one language, but many people around the world (ウ)are using two languages in their everyday (エ)lives.
2. When I (ア)first went to Tokyo, I wanted to see Tokyo Skytree because it (イ)is (ウ)very taller than (エ)the other towers in Japan.
3. We (ア)are thinking about (イ)going to a museum, but we don't know how long (ウ)will it take to (エ)get there.
4. (ア)My classmates and I forgot (イ)studying for our math test and couldn't do (ウ)well on it because we were making many things (エ)for the school festival.
5. She is visiting (ア)to Australia (イ)to stay with her family (ウ)whom she (エ)hasn't seen for two years.
6. Michael Jackson, an American singer (ア)is known as the King of Pop, (イ)has sold more albums than (ウ)any other singer (エ)in the world.

2 次の英文中の空らん [1] ～ [5] に適するように，それぞれ与えられた語句を並べかえなさい。ただし，解答らんにはA，B，Cの位置にくる語句を記号で答えなさい。文頭にくるべき語も小文字で書き始めてあります。

There once was a man who travelled the world on a fine elephant. One evening, [1] and found a house where six brothers lived.

He knocked on the door and asked them to lend him a bed and some space for his elephant.

The brothers looked confused. “What is an elephant?” they asked.

“You've never seen one?” asked the man. “You will be amazed!”

But it was already dark and there was no moon that night, so the man said, “Let's sleep and I will show you the elephant in the morning.”

The brothers smiled. “We are all blind,” they told the man. “Please [2] now. We want to know all about it!”

The man led the brothers to the elephant which was standing outside eating the leaves of a tree, and the brothers stood around and began touching it. However, the elephant [3] was different. One brother touched its leg and said it was like the pillar of a building. Another brother held its tail and said it was a thick rope. A different brother touched its ear and said it felt like a leather apron.

The brothers [4]. After a little while, the man said, "Friends, there is no need to fight. You are each right about the elephant. But you are all wrong to think that you know the whole truth. An elephant has many different parts. [5] if you want to understand an elephant."

1. ____ __A__ ____ __B__ ____ ____ __C__ ____

ア a　イ for　ウ he　エ looking
オ place　カ sleep　キ to　ク was

2. ____ __A__ ____ ____ __B__ ____ __C__ ____

ア an elephant　イ call　ウ show　エ that
オ the　カ thing　キ us　ク you

3. ____ __A__ ____ ____ __B__ ____ __C__ ____

ア being　イ big　ウ every　エ part
オ so　カ that　キ touched　ク was

4. ____ ____ __A__ ____ __B__ ____ __C__

ア about　イ began　ウ fight　エ right
オ to　カ was　キ who

5. ____ ____ __A__ ____ ____ __B__ ____ __C__

ア for　イ important　ウ it's　エ listen to
オ other brothers　カ to　キ you　ク your

[3] TakuとNanaが東京オリンピックについて話しています。下線部 (1), (2) に，それぞれ7語以上を補って，対話を完成させなさい。ただし，本文中にある表現をそのまま用いないこと。

Taku : In almost half a year, the Summer Olympic Games will start in Tokyo. I'm really looking forward to such a wonderful event!

Nana : Yes! During that time, hundreds of thousands of tourists from abroad will visit Japan. But Tokyo, one of the busiest cities in the world, is facing so many problems now. For example, (1)____________________________________.

Taku : Hmm.... It would be helpful if we put more English signs in stations and on the streets. By looking at them, foreign visitors will know where they are and will be able to find their way easily.

Nana : Sounds like a good idea! However, there's another problem. (2)____________________________________.

Taku : Instead of the trains, why don't we rent bicycles to visitors at a low price? If we have more ways of travelling, public transportation won't be so busy.

Nana : Great! I hope we can make the Olympic Games successful!

4 次の英文を読んで，あとの問いに答えなさい。

【 1 】 Have you ever felt you were being watched? Some new technologies might make you feel that way. Digital *billboards have cameras pointed at the people on the street, and software that tries to *recognize people by age and *gender. A computer inside the billboard then uses this information to display *advertisements that are directed at the people who are looking at the billboard. For example, if a man passes a billboard featuring an ad for *cosmetics, the computer can change the ad to something that is more likely to catch the man's attention, such as a restaurant, or sporting goods.

【 2 】 While advertisers see this as a great chance to reach their target customers, some people feel that this kind of thing is an *invasion of their privacy. People are now more interested in how information is shared, bought, and sold on the Internet. Now this debate will include technologies such as these "smart" billboards. But advertisers say that they are now more careful about people's privacy — companies that have tested the billboards in Japan and the US tell people that the billboards can only guess your age and gender, but they will not be able to recognize your face or get any personal information about you.

【 3 】 Until recently, this kind of "personal" advertising has been mostly limited to the Internet. Search engines like Google can follow things that we search for because each computer that connects to those websites has a unique *identity. Companies then pay search engines to use this information to display ads for products and services that you have searched for. So if you search for travel information, you are likely to see ads for airlines and hotels. This kind of advertising is more useful and helpful than traditional advertising.

【 4 】 In addition to taking steps to deliver more personalized messages, advertisers are using billboards to offer more useful information. Digital billboards can connect to the Internet to display information such as the time, weather, and news headlines. In the future, this technology might be used to reflect activity on a social networking service (SNS) or to advertise local events.

【 5 】 In today's world, thousands of ads go without being noticed every day. Advertisers are trying to change that trend by personalizing the experience of seeing an ad. So pay attention the next time you see a billboard — it could be [A] you.

(注) billboard 広告看板　recognize ～を認識する　gender 性別
advertisement (ad) 広告　cosmetics 化粧品　invasion 侵害
identity 特性，個性

問1 本文の内容に合うように以下の質問の答えとして正しいものをア～エから選び，記号で答えなさい。

1. What does a digital billboard's camera look for?

ア a person's fashion style

イ what a person is carrying

ウ a person's age and gender

エ　something that catches a person's attention

2. What is the main idea of Paragraph【2】?

ア　Hi-tech billboards do not collect personal information.
イ　People do not mind the billboards tested in Japan and in the US.
ウ　Advertisers buy information about consumers on the Internet.
エ　People are worried about the type of information collected by billboards.

3. Why does this writing mention Google?

ア　It is an example of a search engine that sells information to companies.
イ　It is better than other search engines in gathering information.
ウ　It has started using high-tech billboards to get information.
エ　It plans to develop better ways to profile Internet users.

4. What will probably happen if a person buys airline tickets online?

ア　They will see ads for hotels and car rental companies.
イ　They will get better prices on their airline tickets.
ウ　They will not see ads on the airline's website.
エ　They will get discounts on shoes and clothing.

5. What does the writer say about digital billboards?

ア　They allow people on the street to use the Internet.
イ　They show movies and commercials.
ウ　They display information about the weather and news.
エ　They are placed inside stores and buildings.

6. What is the reason for advertisers making high-tech billboards?

ア　People do not pay attention to regular ads.
イ　Regular billboards are not in good locations.
ウ　It is cheaper to make high-tech billboards.
エ　People are worried about this new type of advertising.

7. What is the best title?

ア　The Dangers of Technology
イ　Billboards Past and Present
ウ　How Information is Sold
エ　A New Level of Advertising

問2　[A] に入る最も適切な語句をア～エから選び，記号で答えなさい。

ア　hearing from
イ　listening to
ウ　looking for
エ　talking to

5 次の英文は貧しい村の村人と獣医 (vet) である筆者との物語です。これを読んで，あとの問いに答えなさい。

Two days after Christmas a woman and her schoolboy son sat waiting for me to finish my morning's clinic in *Ondini. She wanted me to visit her mother's cow, and the cow had a calf waiting to be born. But for two days now the calf would not come out, and the poor cow was getting very tired.

So we left: the woman, the schoolboy, my assistant, and myself. I drove my *pick-up truck on bad roads for an hour. After that we walked over rocks and by the side of rivers for about forty-five minutes. Finally we reached a very small village, and soon I found the poor old cow under some fruit trees, looking very, very tired.

They brought out two nice wooden chairs. I put my black bags on them, but first I said hello to Granny; she was the owner of the cow. She was a very small woman, but she was the head of her family in the village.

Then I looked at the cow and found that the calf was still alive, and very, very big. So, with my assistant helping me, I put the cow to sleep and did a caesarean operation — cutting the cow open to take out the calf.

When I finished, there was a crowd of about fifty people watching me — men standing, older women sitting on the ground, children sitting in the fruit trees. Now the calf was trying to stand on his feet, and shaking his head from side to side.

Someone brought a chair for Granny to sit on.

"We must talk about money. How much do you want me to pay you?" she called out so everyone could hear.

"Well," I said, "you nearly had a dead cow and a dead calf, but I came and got the calf out, and now they are both alive, right?"

She agreed, and fifty other people agreed, too.

"And I drove all the way from Ondini in my pick-up truck — (1)<u>a thirsty car</u> — as thirsty as an old man drinking beer on a Sunday."

Smiles and laughter.

"And if you take good care of this calf and he grows into a strong young bull, when he is a year old, at the market in Ondini, they will pay you 1,500 *rands for him, won't they?"

"Yes." The old men in the crowd nodded their heads.

"And the cow...she is old and tired, and it is very hot this summer. But if she lives, next autumn you can sell her for over 2,500 rands."

"Yes!"

Loud noises of agreement from the crowd.

"Yes," said Granny.

"So how about we go halves — I take [A] rands?"

Much *whispering between Granny and her friends.

"That's a lot of money," she said.

"Yes, it is," I said, "and we have just had Christmas and soon it will be New Year, and maybe the cow will die. So it is better that I don't ask for so much. (2)<u>You can pay me just half of that — 750 rands."</u>

Louder whispering and nods of agreement.

"But!" said the schoolboy, standing behind his grandmother, "half of 2,000 is not [B], it is 1,000!"

"You are a clever young man! I made a mistake, but once I said 750, I will not change it."

Well, what a noise there was after that! Everybody was smiling and happy. Granny pulled out a great big handful of 200 rand notes, and she gave four of them to me.

I took the money, counted the notes and said to Granny, "You have given me too much."

She stood up and said, "Keep the [C], it is for your assistant."

I was deeply impressed with her words and thought the season of *goodwill was amazing.

(注) Ondini 南アフリカ共和国の都市　pick-up truck 小型トラック
rand 南アフリカ共和国の通貨単位　whispering ささやき
goodwill 善意

問1 筆者が村に行った理由を20字程度の日本語で説明しなさい。

問2 下線部(1)はどのような車か，もっとも適切なものをア～エから選び，記号で答えなさい。

ア a car that is so old that it doesn't run very fast
イ a car that uses a lot of gasoline
ウ a car that makes you feel thirsty
エ a car that can be driven by an old man

問3 [A]～[C]に入る適切な数字を答えなさい。

問4 下線部(2)の発言をした理由として最も適切なものをア～エから選び，記号で答えなさい。

ア The vet made a mistake because he was not good at numbers.
イ The vet made a mistake because he was only thinking of the calf.
ウ The vet did not really make a mistake; he wanted to give Granny a good price.
エ The vet did not really make a mistake; he wanted to check the villagers' understanding of numbers.

問5 次の英文を本文に戻すとき，最適な場所はどこか。英文が入る直前の文の最後の2語を答えなさい。

"So then, Granny, my work has given you about 4,000 rands that you didn't have before."

問6 本文の内容と一致するものをア～クから3つ選び，記号で答えなさい。

ア There were a woman and her son waiting for the vet to treat him.
イ The two-hour drive to the mother and her son's village was very rough.
ウ The operation was successful and the calf was born safely.
エ Granny agreed with the vet that, thanks to the operation, the cow didn't die.
オ The old men in the crowd thought that 1,500 rands was too much to pay.
カ The crowd didn't like the idea of selling the old cow.
キ When the vet told Granny his final decision, the crowd became quiet.
ク Both Granny and the vet showed kindness to each other.

LISTENING COMPREHENSION

※注意

1. 解答はすべて放送の指示に従って行うこと。
2. 解答はすべて解答用紙に記入すること。
3. 放送中にメモをとってもよいが，その場合にはこのページの余白を利用し，解答用紙にはメモをしないこと。

【Part 1】 英文は1度しか読まれません。

1. Her husband made breakfast better than usual.
2. She finished her weekly report by herself.
3. She had lunch with the president who was introduced by her friend.
4. She is a negative person.

【Part 2】 英文は2度読まれます。

No.1 What kind of movies does Devlin make?

ア Action
イ Romance
ウ Horror
エ Science fiction

No.2 Which is true about Greg?

ア He took a picture with Devlin.
イ He is afraid of Devlin.
ウ He is friends with Devlin.
エ He knows a lot about Devlin.

No.3 Which is true about this story?

ア Greg's mother also likes Devlin.
イ Greg's mother told Greg to call the school.
ウ Greg wasn't allowed to skip school.
エ Greg caught a cold.

No.4 What is likely to happen later that day?

ア Greg will stay at home.
イ Greg will watch Devlin's latest movie.
ウ Greg will go to the hospital.
エ Greg will go to school.

【理　科】（50 分）〈満点：100 点〉

【注意】・必要に応じてコンパスや定規を使用しなさい。
・円周率は 3.14 とします。
・小数第１位までを答えるときは，小数第２位を四捨五入しなさい。整数で答えるときは，小数第１位を四捨五入しなさい。指示のない場合は適切に判断して答えなさい。

1 アンモニアの合成について，次の文章を読み，問いに答えよ。

アンモニア NH_3 は，特有の刺激臭をもつ有毒な気体であるが，我々の生活を支える重要な物質であり，さまざまな製品の原料となっている。

実験室でアンモニアを発生させるには，図１のような装置を用いて，塩化アンモニウムと水酸化カルシウムの混合物を加熱する方法がよく知られている。

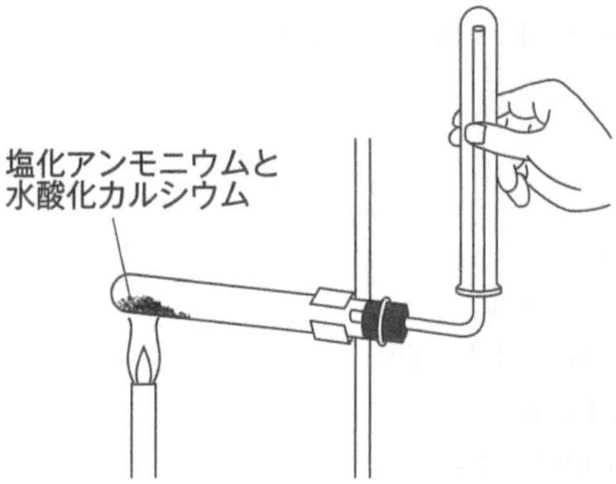

図１

（１） 下線部について，次の①～③に答えよ。

① 発生したアンモニアは，図１のように，空の試験管に上方置換法で捕集する。この方法で捕集するのは，アンモニアがどのような性質を持っているからか。「水」，「密度」の２つの語句を必ず用いて，簡単に説明せよ。

② 図１の装置において，加熱する試験管の口を底より少し下げるのは何のためか。30 字以内で説明せよ。

③ 塩化アンモニウム NH_4Cl と水酸化カルシウム $Ca(OH)_2$ の混合物を加熱したときに起こる化学変化を化学反応式で表せ。ただし，この化学変化では，アンモニアの発生以外に，水と塩化カルシウムが生じる。

工業的にアンモニアを合成するには，空気中の窒素 N_2 と，化石燃料からつくられる水素 H_2 を直接化合させる方法が用いられている。この反応を化学反応式で表すと次のようになる。

$$N_2 + 3H_2 \rightarrow 2NH_3 \quad \cdots\cdots\cdots(\mathrm{i})$$

ここで，水素 H_2 は，空気と混合して点火すると容易に酸素 O_2 と反応して燃えるなど，非常に反応性の高い気体であるが，窒素 N_2 は，常温では，非常に反応性に乏しく，他の物質と結びつくことはない。そのため，この反応は 500℃，200 気圧という高温・高圧の激しい条件で，さらに鉄の化合物を主成分とする触媒を用いて行われる。触媒とは，特定の化学反応を速くするはたらきをもつが，それ自身は反応前後で変化しない物質である。この反応では，窒素と水素からアンモニアが生じると同時に，アンモニアが分解して窒素と水素が生じる反応，つまり(ⅰ)式の右辺から左辺への反応も起こる。窒素と水素のどちらか，または両方が完全に無くなることはない。密閉容器に窒素と水素を入れて長時間にわたり反応させると，窒素，水素，アンモニアが一定の割合で共存する状態となる。初めの窒素と水素の割合が決まれば，温度と圧力で最終的なアンモニアの割合が決まる。工業的には，できるだけアンモニアの割合が高くなるように，技術的に可能な範囲で温度と圧力の条件を決めている。

以上の方法は，今から約100年前の20世紀初め，二人のドイツ人化学者，ハーバーとボッシュによって発明され，現在でも主たるアンモニア合成法として利用されている。

(2) 密閉容器に n 個の窒素分子と $3n$ 個の水素分子を入れ，高温・高圧で長時間保ったとする。容器内にアンモニア分子が x 個生成したとして，次の①～③に答えよ。ただし，文字式では分数を用いてもよい。

① 長時間保った後に存在している窒素分子，水素分子の分子数を，それぞれ n と x を使った式で表せ。

② 長時間保った後，生成したアンモニア分子数の割合は，窒素分子，水素分子，アンモニア分子の総数の15%であった。このとき，アンモニアの分子数 x を，n を使った式で表せ。

③ 図2は，密閉容器に窒素と水素を入れ，触媒を使わずに高温・高圧の条件で反応させたとき，アンモニア分子数の割合が時間とともに変化するようすを表したものである。温度と圧力の条件を変えずに触媒を使ったとき，図2のグラフはどのようになるか。解答欄には，もとの図2のグラフが破線で描かれている。触媒を使った場合の変化を表す線を描け。

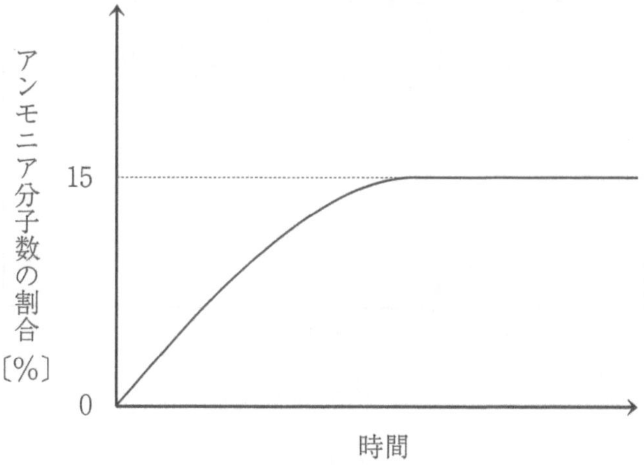

図2

2 コンデンサ（キャパシタ）は電気を蓄えることができる回路素子である。コンデンサの写真と回路記号を図1に示す。コンデンサに電気を蓄えることを充電と呼ぶ。

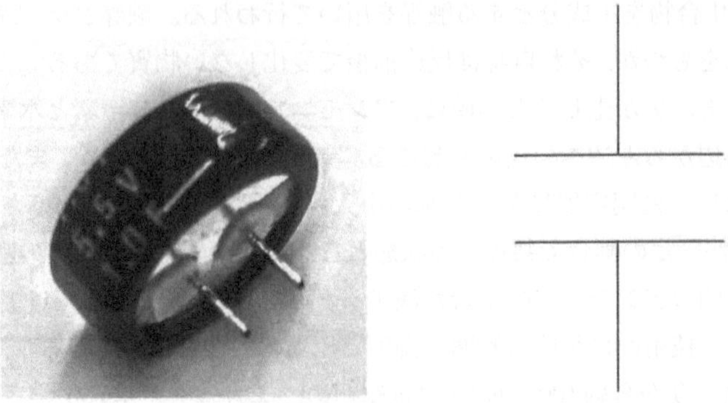

コンデンサの写真　　　コンデンサの回路記号

図1

コンデンサを充電するときの様子を，電圧計と電流計で調べた。以下の問いで，回路の中の抵抗は，抵抗器のみにあるとする。

図2の回路図で示すように電圧計と電流計をつなげ，抵抗の両端の電圧 V_1 とコンデンサの両端の電圧 V_2 を同時に調べられるようにした。電圧計の回路記号に併記した「赤」「黒」は電圧計の端子の色を示している。スイッチを入れる前，コンデンサはまったく充電されていない状態で，V_2 の値は0Vであった。スイッチを入れたあと，電圧が時間変化することが分かった。スイッチを入れた瞬間からの時間と，その時の電圧 V_1，V_2 と電流Iを測定した結果を表1に示す。

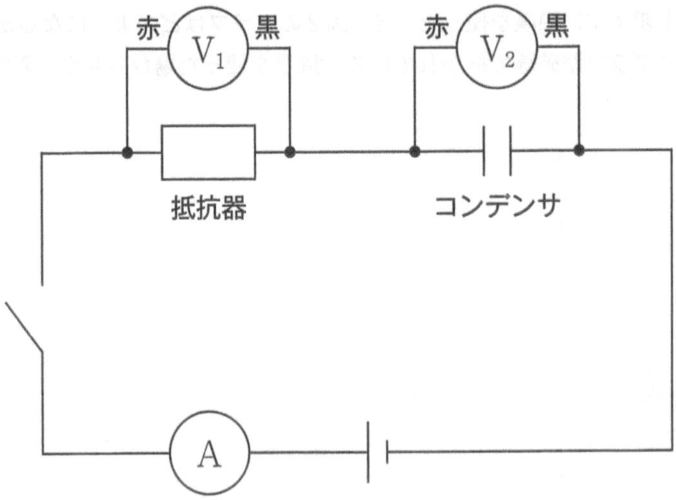

図2

表1

時間	V_1	V_2	I
10秒	0.90 V	0.60 V	0.045 A
20秒	0.56 V	0.94 V	0.028 A
30秒	0.34 V	1.16 V	0.017 A

(1) 表1より，抵抗器の両端の電圧 V_1 と，コンデンサの両端の電圧 V_2 の関係について，成り立つ等式を V_1 と V_2 の文字を用いて表せ。

(2) 表1より，抵抗器の両端の電圧 V_1 と，電流 I について，成り立つ等式を V_1 と I の文字を用いて表せ。

(3) 表1より，抵抗器の抵抗値を求めよ。

(4) 図2の回路で測定しているとき，電流計の値が 0.020A になった瞬間があった。この瞬間の V_1 と V_2 の値を答えよ。

(5) 図2の回路で，スイッチを入れた直後の電流の値を求めよ。

次に，図2の回路で，スイッチを入れてからの時間と電流の関係について，さらに長い時間調べた。スイッチを入れる前，コンデンサはまったく充電されていない状態とする。スイッチを入れたあとの結果を表2に示す。

表2

時間	I
10秒	0.045 A
20秒	0.028 A
30秒	0.017 A
40秒	0.010 A
50秒	0.006 A

(6) 図2の回路で，縦軸が電流，横軸が時間のグラフを書くと，どのような形になるか。下から選び記号で答えよ。

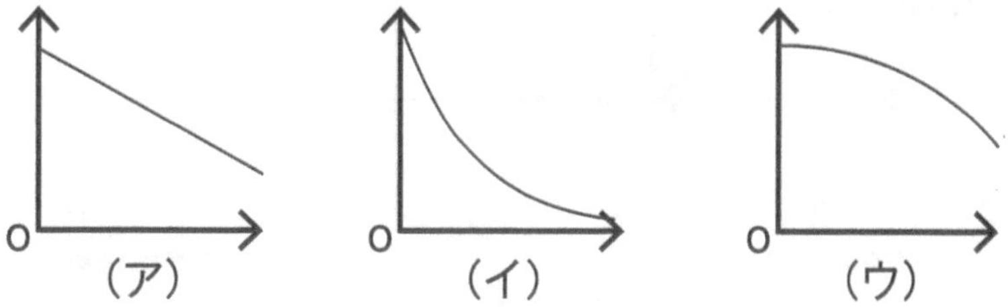

(ア)　(イ)　(ウ)

(7) 図2の回路で，V_1 と V_2 はスイッチを入れてからの時間とどのような関係にあるか考える。縦軸が電圧，横軸が時間のグラフを書くと，V_1 と V_2 はそれぞれどのような形になるか。記号で答えよ。

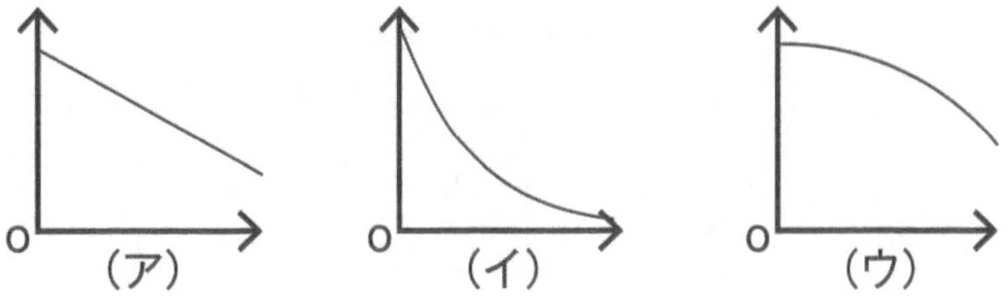

(ア)　(イ)　(ウ)

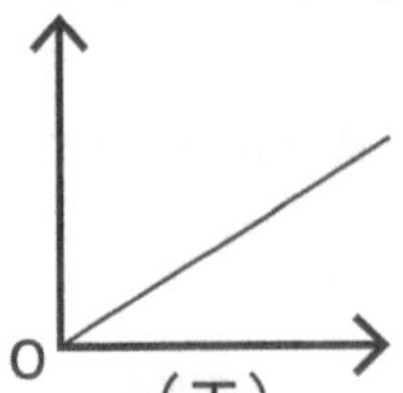

(エ)

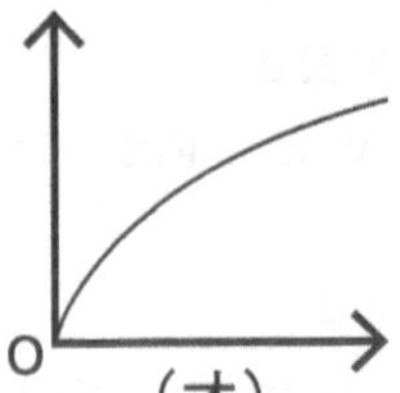

(オ)

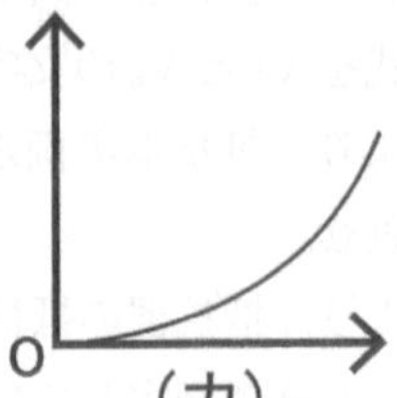

(カ)

3 地震について，資料をもとに答えよ。

日本付近で発生する地震は，地球全体の約10%をしめる。地震の発生機構の解明や，迅速な避難対応などを目的に，国内には強震観測網（K-NET）や基盤強震観測網（KiK-net）がある。

地震は地下の地層や岩石が破壊され，その破壊のエネルギーが波の形で伝わる現象である。地震計は南北，東西，上下方向の振動を同時に記録する。振幅の単位はgal，時間は秒（s）である。マグニチュードや震度は，この記録をもとに計算され，その値は小数まで求めることができる。

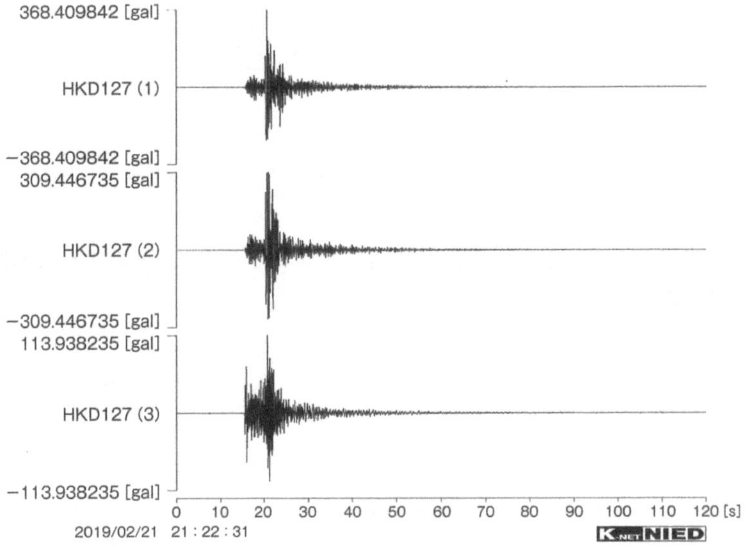

図1 K-NET地震計による観測例

上から順に南北，東西，上下の振動の記録

地震が発生する場所や深さによって，その振動の伝わり方には違いが生じる。

表1に示した2つの地震について考える。

表1 本問で扱う地震

	発生年月日	震央位置（北緯、東経）		震源の深さ (km)	マグニチュード
地震1	2019年4月1日	33.3°	136.4°	29	6.5
地震2	2019年7月28日	33.0°	137.4°	420	6.5

図２，図３は，それぞれ地震１，地震２の震度分布である。また，図４，図５は，それぞれ地震１，地震２の震央距離と震度の関係を調べたものである。図６は日本列島付近の断面を表す模式図である。

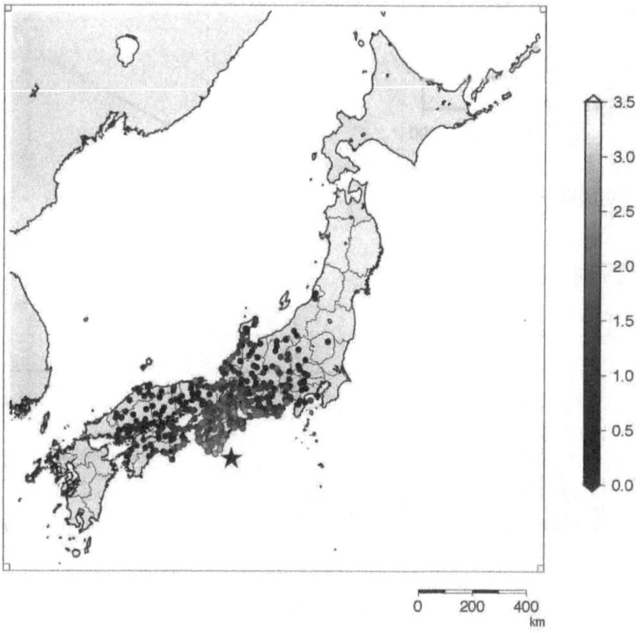

図２　地震１の震度分布（★は震央を表す）

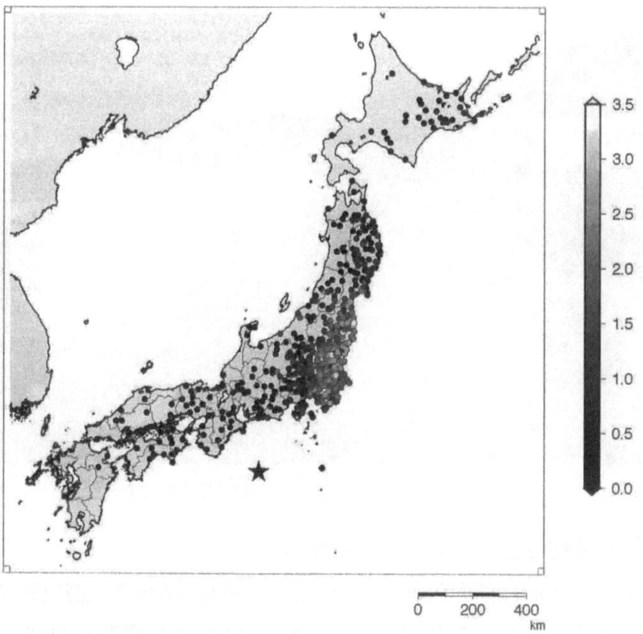

図３　地震２の震度分布（★は震央を表す）

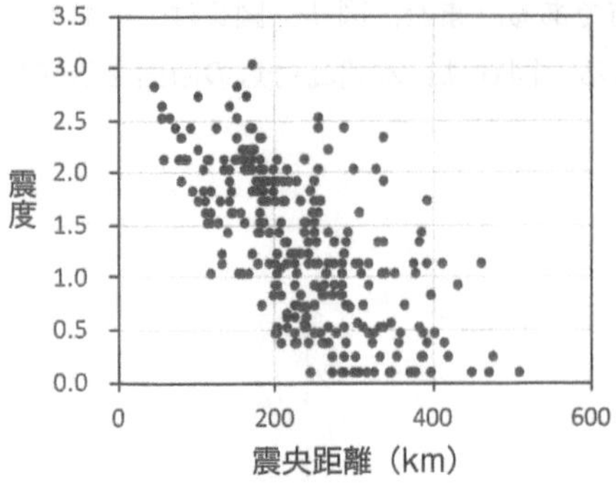

図4　地震1の震央距離と震度の関係

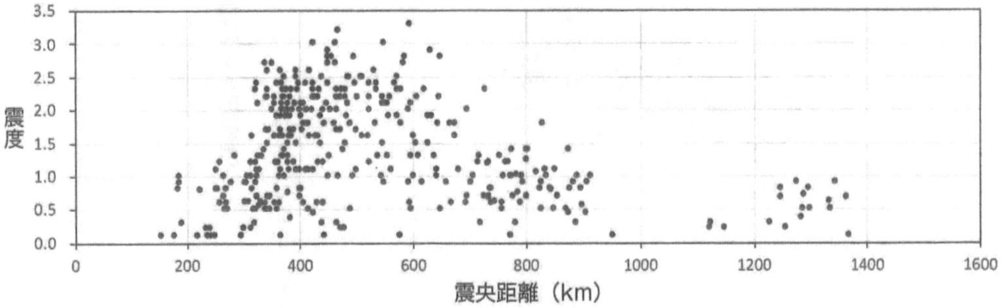

図5　地震2の震央距離と震度の関係

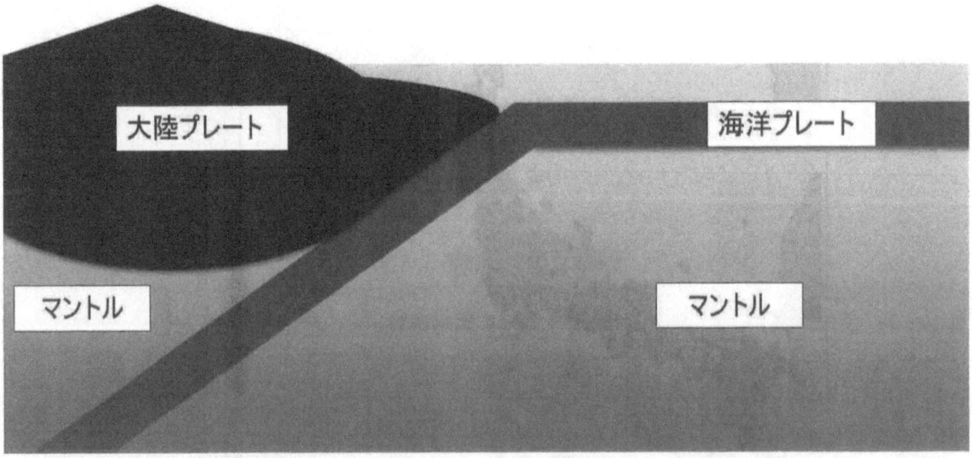

図6　日本列島付近の断面（模式図）

（1）　次の［　　］に適切なものを選び，○で囲め。

地震1は，震央を中心に同心円状に揺れが広がった。図から，震央距離が大きくなると震度が①[小さく・大きく］なることがわかる。地震2は，震央距離が200kmの三重県や愛知県などでは震度は②[小さく・大きく］，震央距離が400～600kmの千葉県や茨城県などでは震度が③[小さく・大きく］なっている。

ところで，地震１と地震２の震央は，ともに紀伊半島沖合であるが，震源の深さは，④[地震１・地震２] の方が深い。

（２） 地震１および地震２について，図２～図６より推測できる適切な文を次より２つ選び，記号を答えよ。

（ア） 日本列島で発生する地震は，大陸プレート内で発生する。

（イ） 地震１と地震２は，海底下で起こった地震のため必ず大きな津波が発生する。

（ウ） 地震２は，地震１にくらべて広い範囲に地震波が伝わった。

（エ） 地震１は，大陸プレートを取り囲むように，強い揺れが観測された。

（オ） 地震２では，海溝と平行に，強い揺れが観測された。

図７は，地震２の震源，震央，および観測点Ａ，Ｂの位置を立体的に示している。震源は海洋プレートにある。観測点Ａの震央距離は179km，震度は0.5であり，観測点Ｂの震央距離は550km，震度は3.0であった。日本列島が乗っている大陸プレートは，海洋プレートと衝突しており，衝突境界で海洋プレートは沈み込み，マントルの中へ入っていく。地震２で発生した地震波が観測点Ａに向かうとき，マントルを通過する。一方で，観測点Ｂに向かう地震波は海洋プレート内を伝わる。

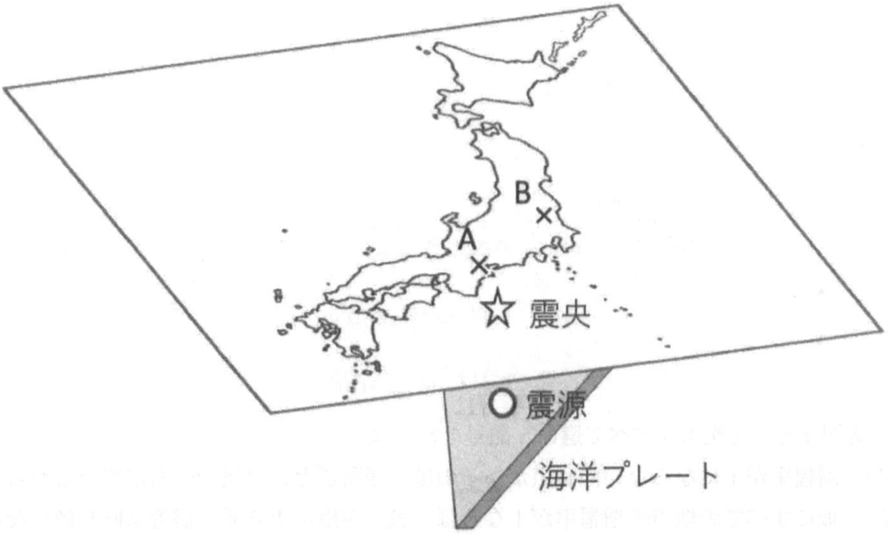

図７　地震２における、震源、震央、観測点A、Bの位置関係

震源の周りが均質な地層・岩石であると仮定すれば，震源距離（震央距離）に応じて振幅は小さくなっていくはずである。ここで，均質な地層や岩石の場合の振幅に対する，各観測点で実際に測定された振幅の割合を「増幅率」と定義する。ある観測点において，増幅率が１未満では「揺れにくく，地震波が伝わりにくい」，増幅率が１を超えれば「揺れやすく，地震波が伝わりやすい」ということである。地震１と地震２について，震央距離と増幅率の関係を，図８，図９に示す。

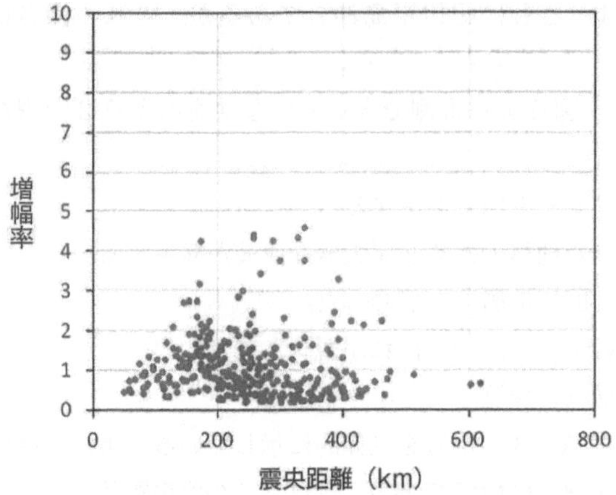

図8　地震1における震央距離と増幅率

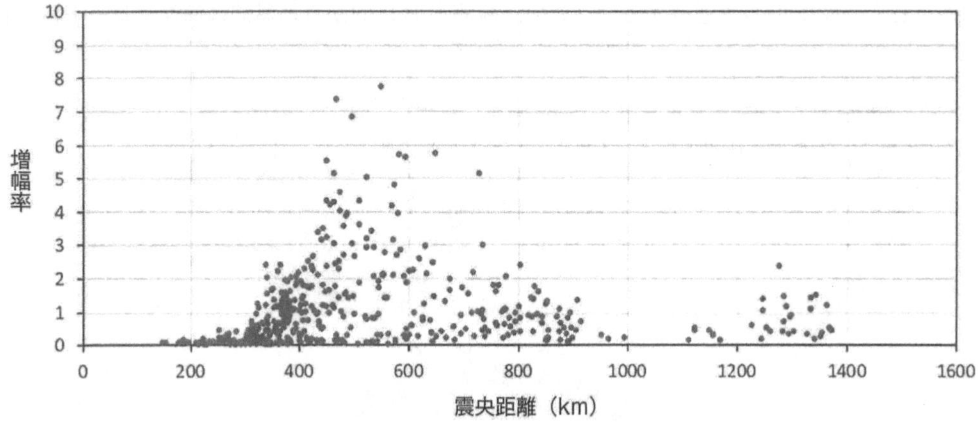

図9　地震2における震央距離と増幅率

（3）　適切なものを次よりすべて選び，記号を答えよ。

（ア）　増幅率が1にならない観測点があるのは，場所ごとに地層や岩石が異なるからである。

（イ）　仮にすべての地点で増幅率が1ならば，震央距離によらず，震度は同じ値になる。

（ウ）　地震1では，震央距離が近いほど増幅率が大きい。

（エ）　地震2では，震央距離400～600kmの地点に増幅率が大きい地点がある。

（オ）　増幅率の大きさは，発生した地震のマグニチュードに比例する。

観測された地震波には，さまざまな周期の地震波が含まれている。一般に，地震波の中では，1秒前後の周期がよく観測されている。また，硬い地層や岩石ほど短い周期で揺れやすい傾向があることが知られている。図10，図11は，地震2において観測点A，観測点Bで，どのような周期の波が，どのような振幅を起こしているかを調査したものである。

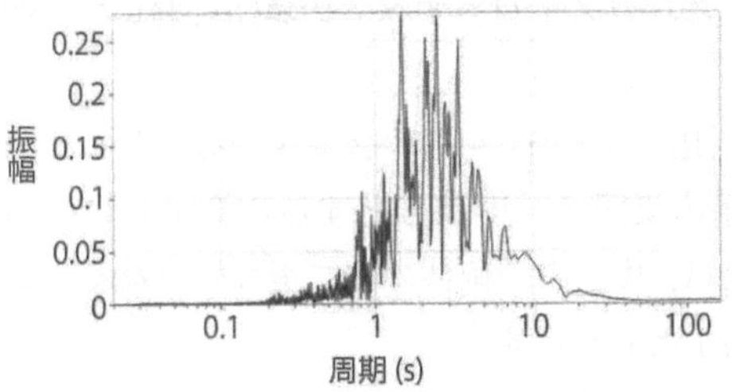

図10　観測点Aの周期の特性

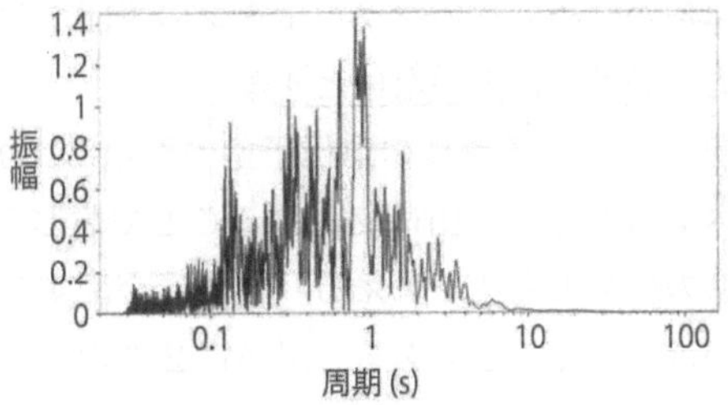

図11　観測点Bの周期の特性

（4） 次の［　　］について適切なものを選び，○で囲め。

観測点Aの特性をみると，1秒より①[短い・長い］周期が目立ち，観測点Bは，1秒より②[短い・長い］周期が目立つ。観測点Aに到達する地震波がマントルを通過してきたこと，および観測点Bに到達する地震波が海洋プレートを伝わってきたことから，マントルと海洋プレートでは，マントルの方が③[硬い・柔らかい］と考えられる。地震2において，震央距離が500km以上であるにもかかわらず，震度が④[小さい・大きい］観測点が存在するのは，その地点での増幅率が⑤[小さい・大きい］ことに一致し，海洋プレートはマントルより地震波を伝え⑥[やすい・にくい］ということにつながる。

4 問いに答えなさい。

ある種類のマツバボタンには，赤花が咲くものと白花が咲くものがある。この遺伝は，メンデルの遺伝の法則に従う。マツバボタンについて，純系の白花のめしべに，純系の赤花の花粉をつけてできた種子をまくと，育った子のマツバボタンは，どれも赤花であった。

一般に，生物の個体がもつ遺伝子の組合せを遺伝子型《がた》という。また，遺伝子型にもとづいて個体に表れる形質を表現型《がた》という。マツバボタンの遺伝において，赤花にする遺伝子をR，白花にする遺伝子をrと書くと，赤花のマツバボタンの遺伝子型は，RRまたはRrであり，白花のマツバボタンの遺伝子型は，rrである。

すべての交配のパターンは，表1の6通りである。

表1

交配のパターン	遺伝子型の組合せ	子の表現型
①	RR × RR	すべて赤花
②	RR × Rr	すべて赤花
③	Rr × Rr	赤花：白花＝3：1
④	RR × rr	すべて赤花
⑤	Rr × rr	赤花：白花＝1：1
⑥	rr × rr	すべて白花

個体数が極めて多いマツバボタンの集団を考える。ここでは，すべての集団において，個体間の生存力や繁殖力に差がないとする。

集団 A をつくる個体の遺伝子型の種類と比が，RR：Rr：rr ＝ 3 ：2 ：5 であるとする。集団 A のすべての個体が自由に交配することで生じる子の集団を，集団 B とする。集団 B について，遺伝子型の種類と割合を考える。自由に交配するとは，集団内の個体の間で選り好みなくランダムに交配が行われることである。以下に 2 つの考え方 I と II を示す。

（考え方 I ）

集団 A の自由な交配では，表 1 のすべての交配が起こる。さらに，集団 A の遺伝子型の種類と比が RR：Rr：rr ＝ 3 ：2 ：5 であるとは，RR が$\frac{3}{10}$，Rr が$\frac{2}{10}$，rr が$\frac{5}{10}$の割合で存在することである。よって，自由な交配が起こる集団 A の中で，表 2 の①のように RR × RR の交配が起こる確率は，$\frac{3}{10}\times\frac{3}{10}=\frac{9}{100}$，つまり 9 ％である。表 2 の②～⑥のそれぞれについても交配が起こる確率を計算する。①～⑥の交配が起こる確率を合計すると 100% になる。

①の交配で生じる子はすべて RR であり，①で生じた RR の子が集団 B 内で占める割合は 9 ％である。また，②の交配によって生じる子は，RR：Rr ＝ 1 ：1 であるから，②で生じた RR と Rr が，集団 B 内で占める割合は，それぞれ（**い**）％である。同様に考えていくと，③～⑥の交配によって生じるそれぞれの子が集団 B 内で占める割合を求めることができる。以上を表 2 に整理した。

表2

交配のパターン	交配が起こる確率	交配で生じた子が集団B内で占める割合
①RR × RR	9％	子はすべてRRだから、①の交配で生じるRRは、集団B内で9％を占める。
②RR × Rr	**(あ)** ％	子はRR：Rr＝1:1だから、②の交配で生じるRRとRrは、集団B内で、それぞれ**(い)** ％を占める。
③Rr × Rr	**(う)** ％	子はRR：Rr：rr ＝**(え)**だから、③の交配で生じるRR、Rr、rrは、集団B内で、それぞれ**(お)**％、**(か)**％、**(き)**％を占める。
④RR × rr	**(く)** ％	子はすべてRrだから、④の交配で生じるRrは、集団B内で**(け)**％を占める。
⑤Rr × rr	**(こ)** ％	子はRr：rr ＝ 1 ：1 だから、⑤の交配で生じるRrとrrは、集団B内で、それぞれ**(さ)**％を占める。
⑥rr × rr	**(し)** ％	子はすべてrrだから、⑥の交配で生じるrrは、集団B内で**(す)**％を占める。

以上を，遺伝子型ごとにまとめる。

集団 B において，RR は 9 ％＋（**い**）％＋（**お**）％ ＝ 16%，Rr は（**い**）％＋（**か**）％＋（**け**）％＋（**さ**）％ ＝ 48%，rr は（**き**）％＋（**さ**）％＋（**す**）％ ＝ 36% を占めている。このようにして，集団 B における RR：Rr：rr の比は，最も簡単な整数比で示すと，RR：Rr：rr ＝ 4 ：12：9 となる。

（1） 表中の（**あ**）～（**す**）を答えよ。ただし，（**え**）は最も簡単な整数比を答えよ。

（考え方 Ⅱ）

考え方Ⅰは，ずいぶん面倒である。もっと簡単な方法が，考え方 Ⅱ である。

自由な交配とは，集団の中の個体間で選り好みなくランダムに交配がおこなわれることである。すなわち，集団内でつくられた花粉が自由に飛び回り，ランダムにめしべと受粉し，花粉から生じる精細胞が，卵細胞と受精することである。集団Ａにおいて，自由に飛び回る花粉には，Ｒをもつ花粉とｒをもつ花粉がある。次に，集団Ａにおいて，Ｒをもつ花粉とｒをもつ花粉の割合を考える。

RR：Rr：rr＝３：２：５である集団Ａでは，それぞれの遺伝子型の集団がつくる花粉の数の比が，３：２：５だと言える。例えば，RRが3000万個の花粉をつくったとすれば，Rrは2000万個，rrは5000万個をつくる。そして，RRがつくる花粉は，Ｒをもつ花粉のみである。Rrがつくる2000万個の花粉の内訳は，Ｒをもつ花粉が1000万個，ｒをもつ花粉が1000万個である。rrがつくる花粉は，ｒをもつ花粉のみである。以上を，表３に整理した。

表３

遺伝子型と花粉の数	花粉の種類と数
RRがつくる3000万個の花粉	Ｒをもつ花粉のみ3000万個
Rrがつくる2000万個の花粉	Ｒをもつ花粉1000万個とｒをもつ花粉1000万個
rrがつくる5000万個の花粉	ｒをもつ花粉のみ5000万個

集団Ａがつくる花粉の種類と比を求めると，Ｒをもつ花粉：ｒをもつ花粉＝4000万：6000万＝２：３である。つまり，花粉のうち，$\frac{2}{5}$はＲをもち，残り$\frac{3}{5}$はｒをもつことになる。また，集団Ａがつくる卵細胞も同様であり，卵細胞のうち，$\frac{2}{5}$はＲをもち，残り$\frac{3}{5}$はｒをもつ。

よって，自由な交配において，RRの子が生じる確率は，16%，Rrの子が生じる確率は，48%，rrの子が生じる確率は，36%である。このようにして，集団Ｂにおける遺伝子型の種類と比は，RR：Rr：rr＝４：12：９となる。

（２） 集団Ｂにおいて，集団内で生じる卵細胞について，Ｒ：ｒの比を答えよ。

（３） 集団Ｂがさらに自由な交配を行ったとする。生じる子の集団における遺伝子型の比を答えよ。

（４） RR：Rr：rr＝１：２：３の新たな集団Ｃが自由な交配を行う。生じる子の集団（集団Ｄ）における表現型の種類と比を，表１の表記にならって答えよ。

（５） 集団Ｄがさらに自由な交配を行う。生じる子の集団における表現型の種類と比を，表１の表記にならって答えよ。

【社　会】　(50分)〈満点：100点〉

【注意】　・句読点は字数に含めます。

・字数内で解答する場合，数字は１マスに２つ入れること。例えば，226年なら|22|6|年|とすること。字数は指定の８割以上を使用すること。

1　歴史の学習では，共通した性格を持つ時期をひとまとめにしてその特徴を考え，どこに転換点や画期《かっき》があったのかを考えることが重要である。また，ある出来事がその後どのように変化したのかという「ビフォア→アフター」を追うことで，歴史を「トリの目」で大きくとらえることが可能となる。

歴史を学ぶＡさんは，日本の歴史上，次の５つを画期と考えた。これに関する下記の設問に答えなさい。

（Ａさんが考える日本の歴史における画期）

1（古代）：律令体制の成立
2（中世）：御成敗式目の制定
3（近世）：太閤検地による石高制の成立
4（近代）：明治維新とその後の諸改革
5（現代）：高度経済成長

画期１（古代）　律令体制の成立

問１　日本の律令に関して説明した次の文Ｘ・Ｙの正誤の組合せとして正しいものを下記より１つ選び番号で答えなさい。

Ｘ　律令では太政官の下には民部省など８つの省が置かれた。大宝律令の制定時と同じ名称を持つ省は，現在も３省が存在する。

Ｙ　令の規定では，良民の成人男性には庸や調，雑徭《ぞうよう》を課した。これらはいずれも国税（中央税）に区分された。

1	Ｘ	正	Ｙ	正	2	Ｘ	正	Ｙ 誤
3	Ｘ	誤	Ｙ	正	4	Ｘ	誤	Ｙ 誤

問２　大宝律令が制定された**８世紀の世界**に関して説明した次の文Ｘ・Ｙの正誤の組合せとして正しいものを下記より１つ選び番号で答えなさい。

Ｘ　ヨーロッパでは，フランク王国とビザンツ帝国がそれぞれ支配を築いていた。

Ｙ　東アジアでは，玄宗と楊貴妃の時代に安史の乱が起こり，均田制や租庸調制が動揺して唐が滅亡した。

1	Ｘ	正	Ｙ	正	2	Ｘ	正	Ｙ 誤
3	Ｘ	誤	Ｙ	正	4	Ｘ	誤	Ｙ 誤

問３　９世紀に入ると，桓武天皇や嵯峨天皇は律令体制の再編を試みた。この内容について説明した次の文Ｘ・Ｙの正誤の組合せとして正しいものを次より１つ選び番号で答えなさい。

X　桓武天皇の時代には，藤原氏の摂政と関白が常に置かれるようになり，藤原氏を中心に律令体制の再編が試みられた。

Y　嵯峨天皇の時代には，貴族は漢詩文の素養がより求められるようになり，初めての勅撰漢詩集である『懐風藻』が編まれた。

1	X	正	Y	正	2	X	正	Y	誤
3	X	誤	Y	正	4	X	誤	Y	誤

問4　10世紀の日本では，土地単位での課税が進んだ。なぜ，このような土地単位での課税方法が取り入れられたのだろうか。大宝律令で定められた従来の方法との相違点を想起しながら，以下の語句を必ず用いて**30字程度**で説明しなさい。

戸籍

画期2（中世）　御成敗式目の制定

問5　御成敗式目に関して説明した次の文X・Yの正誤の組合せとして正しいものを下記より1つ選び番号で答えなさい。

X　公平な裁判のために北条泰時の時代に制定された。その内容は，源頼朝以来の先例や武家社会の習慣を成文化したものが中心で，律令の内容と異なるものも含まれた。

Y　御成敗式目の制定後はさまざまな追加法が作られたが，室町幕府は御成敗式目を否定して新たな追加法を作成した。

1	X	正	Y	正	2	X	正	Y	誤
3	X	誤	Y	正	4	X	誤	Y	誤

問6　御成敗式目が作られた**13世紀の世界**に関して説明した次の文X・Yの正誤の組合せとして正しいものを下記より1つ選び番号で答えなさい。

X　ローマ教皇の呼びかけで，セルジューク朝から聖地エルサレムの奪還を目的とした十字軍がこの頃に初めて派遣されたが，結局は失敗に終わった。

Y　ユーラシア大陸の東西にまたがる大帝国を打ち立てたモンゴルは，東方では高麗，西方ではビザンツ帝国を支配下に入れた。

1	X	正	Y	正	2	X	正	Y	誤
3	X	誤	Y	正	4	X	誤	Y	誤

問7　Aさんは，なぜ，鎌倉幕府が成立して40年以上も過ぎてから御成敗式目（成文法）が作られたのかに疑問を持ち，世代交代の際に，惣領《そうりょう》と庶子《しょし》，または庶子間で相続を巡る対立が増加していたことを，その理由として考えてみた。他にはどのようなことが考えられるだろうか。1220年代に起きた出来事を想起して，以下の語句を必ず用いて**30字程度**で答えなさい。

地頭

問8　幕府は1297年，永仁の徳政令を発した。この際に，土地を担保に借金を重ねていた御家人の土地の取り返しについて，御家人間の貸借では20年以内という一定の基準を設けている。この時期は，元に対する軍事動員など，幕府が急いで御家人の生活を再建させる（御家人を救済する）理由があったにもかかわらず，一方で，20年という一定の基準にこだわっている。この理由について**20字程度**で説明しなさい。

画期3（近世）　太閤検地による石高制の成立

石高制は豊臣秀吉以降，江戸時代を通して社会の基盤となったシステムである。石高は明治時代の初めまで経済単位として利用された。

問9　**画期3**に関して説明した次の文X・Yの正誤の組合せとして正しいものを下記より1つ選び番号で答えなさい。

X　豊臣秀吉は朝廷から関白に任命され，その権威も背景に全国に停戦を命じた。秀吉による太閤検地と刀狩などにより兵農分離が進んだ。

Y　豊臣秀吉は京枡《ます》など単位の統一を図った。貨幣ではなく米の量を示す石高により，大名の規模が統一的に示されるようになった。

1	X	正	Y	正	2	X	正	Y	誤
3	X	誤	Y	正	4	X	誤	Y	誤

問10　石高制が成立した**16世紀の世界**に関して説明した次の文X・Yの正誤の組合せとして正しいものを下記より1つ選び番号で答えなさい。

X　ヨーロッパで宗教改革が起こった結果，プロテスタント側はイエズス会を創設するなどして，アジアへの布教活動を積極的におこなった。

Y　アメリカ大陸ではアステカ帝国やインカ帝国など独自の文明が栄えていたが，この時期にスペイン人によって征服された。

1	X	正	Y	正	2	X	正	Y	誤
3	X	誤	Y	正	4	X	誤	Y	誤

問11　江戸時代において，村全体の石高である村高は，支配者にとって非常に便利な数値であった。村高はどのように用いられたと考えられるだろうか。現在とは異なる江戸時代の年貢収納方法を想起して**20字程度**で答えなさい。

問12　石高制の時代，年貢はふつう米などの生産物で納められていた（現物納）。江戸時代後半になると幕府や諸藩の財政は苦しくなり，同様に個々の武士の生活も困窮した。この赤字は，例えば鉱山の枯渇《こかつ》や天災後の復旧など個別の理由の他に，**石高制の下での構造上の理由**が考えられる。以下の語句を必ず用いて**30字程度**で説明しなさい。

米価

画期4（近代）　明治維新とその後の諸改革

問13　明治維新が起きた**19世紀の世界**に関して説明した次の文X・Yの正誤の組合せとして正しいものを次より1つ選び番号で答えなさい。

X　ヨーロッパでは，廃藩置県と同時期にドイツ帝国が成立した。この頃，イギリスは英領インド帝国を成立させ，フランスはインドネシアを植民地にした。

Y　アメリカの南北戦争では，国内産業の発展のために保護貿易を求める北部が勝利した。この結果，北部の支持するリンカンが大統領に選ばれて奴隷解放を宣言した。

1	X	正	Y	正	2	X	正	Y	誤
3	X	誤	Y	正	4	X	誤	Y	誤

問14　1873年から始まった地租改正は，税を貨幣で納める（金納）という税制度の改革と，政府が土地の値段（地価）を初めて定めて，地主には地券を発行するという土地制度の改革の両面をあわせ持つ。この地租改正によって確立した「土地制度の近代化」とは何を意味するのだろうか。①「近代化」という言葉の持つ意味，②江戸時代の村における田畑の所持や耕作についてのさまざまな制約の存在を想起して**20字程度**で説明しなさい。

画期5（現代）　高度経済成長

問15　1955～73年における高度経済成長期の日本に関して説明した次の文X・Yの正誤の組合せとして正しいものを下記より1つ選び番号で答えなさい。

X　第1次産業の従事者が減り，兼業農家の割合が増えた。また，大学への進学希望者数よりも大学の入学定員が上回り，高等教育の大衆化が進んだ。

Y　政府は環境省や環境基本法を設けて深刻化した公害問題に取り組んだ。また，水俣病などの「四大公害訴訟」ではいずれも原告側が勝訴した。

1	X	正	Y	正	2	X	正	Y	誤
3	X	誤	Y	正	4	X	誤	Y	誤

問16　日本の高度経済成長が進みかつ終焉《しゅうえん》した**1960～70年代の世界**について説明した下記の文章のうち，**誤っているものを2つ**選び**番号順**に答えなさい。

1　この時期にアメリカはベトナム戦争に介入したが，北ベトナムと和平協定を結ぶ形でベトナムから撤退した。

2　この時期にドイツでは「ベルリンの壁」が崩壊した。また，ソ連とアメリカの首脳がマルタで会談を持ち，「冷戦」体制が終結した。

3　この時期に第4次中東戦争を原因とした石油危機が起きた。この危機に対応するため，日本を含む先進国の首脳が集まるサミットが初めて開かれた。

4　この時期にインドや中国を中心にアジア・アフリカ会議（いわゆるバンドン会議）が開かれ，米ソ以外の第三国の存在と連帯を世の中に示した。

問17　1970年代になると，アメリカは対日貿易赤字を問題視するようになり，さまざまな品目において日米間では貿易摩擦の状態が続いた。日本は輸出の自主規制や工場の海外移転，アメリカ産品の輸入を促進して対応した。1965年頃から1970年代初めにかけて日本の貿易が比較的順調であった理由としてAさんは，以下の①・②を挙げてみた。

①製造業では設備投資や機械化が進み，良質な製品を大量・安価に製造できるようになったこと。

②輸入に関して，日本市場の閉鎖性がある程度認められていたこと。

この他に何が考えられるだろうか。次の条件③～⑥に関連することを想起して**20字程度**で説明しなさい。

③ 1949年，1971年，1973年のある出来事に関係する内容であること。
④石油がきわめて安価であった当時，貿易上，日本に有利な状況の一つとなったこと。
⑤冷戦構造のなか，日本の経済復興はアメリカの利害とも一致すると，日本の占領中は考えられていたこと。
⑥ 1985年以降の日本の貿易に何らかの影響を与えることとは「表裏」の関係にあるといえること。

2 次の先生と生徒の会話文を読み，下記の設問に答えなさい。

先　生：今日は，平成から令和の時代の出来事について振り返ってみましょう。
昨年（2019年）の5月1日には「剣璽《けんじ》等継承の儀」と「即位後朝見《ちょうけん》の儀」が**a** 天皇の国事行為として執り行われ，新しい天皇陛下が皇位を継承しましたね。

かずき：「令和」には「人々が美しく心を寄せ合う中で，文化が生まれ育つ」という意味も込められていると**b** 内閣総理大臣の発表がありました。新しい時代に美しい文化が育つとよいです。

み　き：昨年7月には**c** 国政選挙が行われました。この選挙では2つの新しい政党が議席を獲得しました。

先　生：**d** この選挙では改選数が増え，**e** 比例代表選挙のしくみでも改正がありました。**f** 一票の格差問題はあまり改善されず，投票率が前回より低くなってしまうなど，問題がありましたね。

かずき：選挙も気になるけど，私は**g** 平成時代に行われた司法制度改革によって進められた**h** 裁判員制度に関心があります。

先　生：裁判員制度は国民が実際の裁判に参加することによって，裁判の判決や進め方に国民の視点や感覚が反映されるようになり，司法に対する理解と信頼が深まることが期待されていましたが，裁判員の無断欠席や辞退率が上昇しているのは問題ですね。

み　き：裁判員制度の他に気になるのは，約20年ぶりの変更となる**i** 新紙幣のデザインですね。財務大臣が昨年4月に発表しました。新しい1万円札は（　**1**　），5千円札は（　**2**　），千円札は北里柴三郎になるとのことで楽しみです。

先　生：紙幣のデザインは財務省と**j** 日本銀行，紙幣を印刷する国立印刷局が協議して最終的には財務省が決定するのですよ。

かずき：昨年10月には**k** 消費税の税率が10%に上がりましたね。増税分は社会保障の財源に充てられることになっているので，年金・医療・介護・少子化対策が進むことを期待しています。

問1　空欄（　**1**　）・（　**2**　）に適する人物名を，下記の文を参考にして漢字で答えなさい。

（　**1**　）の人物は，「日本の資本主義の父」と呼ばれている。

（　**2**　）の人物は，女子の高等教育を目指した女子英学塾の創立者である。

問2　下線部**a**に関する下記の設問に答えなさい。

(1) 次の日本国憲法第3条の空欄(　ア　)・(　イ　)に適する語句を漢字で答えなさい。

天皇の国事に関するすべての行為には，(　ア　)の助言と(　イ　)を必要とし，(　ア　)が，その責任を負ふ。

(2) 天皇の国事行為に関する次の文X・Yについて，その正誤の組合せとして正しいものを下記より1つ選び番号で答えなさい。

X　天皇は，衆議院の指名に基づき内閣総理大臣を任命する。

Y　天皇は，内閣の指名に基づき最高裁判所の裁判官を任命する。

1　X　正　Y　正	2　X　正　Y　誤
3　X　誤　Y　正	4　X　誤　Y　誤

問3　下線部bに関する次の文X・Yについて，その正誤の組合せとして正しいものを下記より1つ選び番号で答えなさい。

X　内閣総理大臣は国務大臣を任命し，その過半数は国会議員の中から選ばれなければならない。

Y　内閣総理大臣は内閣を代表して，国政に関する調査を実施できる。

1　X　正　Y　正	2　X　正　Y　誤
3　X　誤　Y　正	4　X　誤　Y　誤

問4　下線部cに関して，現行の国政選挙について述べた次の文ア～エについて，正しいものの組合せを下記より1つ選び番号で答えなさい。

ア　普通選挙と投票の秘密は日本国憲法によって保障されている。

イ　参議院議員選挙では，重複立候補制を採用している。

ウ　衆議院議員選挙の比例代表選挙では，全国を11に分けるブロック制を採用している。

エ　衆議院議員選挙の比例代表選挙では，非拘束名簿式を採用している。

1　ア・イ　　2　ア・ウ　　3　ア・エ

4　イ・ウ　　5　イ・エ　　6　ウ・エ

問5　下線部dに関する次の文X・Yについて，その正誤の組合せとして正しいものを下記より1つ選び番号で答えなさい。

X　都道府県単位の選挙区では，一部の選挙区で合区が導入されたが，選出される議員定数の増減はなかった。

Y　比例代表選挙の定数は，2増えて50となった。

1　X　正　Y　正	2　X　正　Y　誤
3　X　誤　Y　正	4　X　誤　Y　誤

問6　下線部eに関連して，現行の参議院議員選挙のしくみを用いて，議員定数を6とした場合の当選者を，次より1つ選び番号で答えなさい。(表は仮想上の比例選挙区の投票結果である。)

A党	票数	特定枠	B党	票数	特定枠	C党	票数	特定枠
アさん	2900		カさん	720		コさん	760	
イさん	1490		キさん	570		サさん	250	
ウさん	1100		クさん	460		シさん		1位
エさん		1位	ケさん	340				
オさん		2位						
A党	4770		B党	2390		C党	1470	

1　アエオカコシ　　2　アイエオカキ　　3　アイウエカシ

4　アイエオカシ　　5　アイカキコサ　　6　アイカキコシ

問7　下線部**f**について，一票の格差とはどのような問題を言うのか。解答用紙の枠内で答えなさい。

問8　下線部**g**に関する次の文**X**・**Y**について，その正誤の組合せとして正しいものを下記より1つ選び番号で答えなさい。

X　法曹人口の拡大を目的に，法科大学院（ロースクール）が設けられた。

Y　誰もが司法に関するサービスを受けられる，日本司法支援センター（法テラス）が設けられた。

1	**X**	正	**Y**	正	2	**X**	正	**Y**	誤
3	**X**	誤	**Y**	正	4	**X**	誤	**Y**	誤

問9　下線部**h**に関する次の文**X**・**Y**について，その正誤の組合せとして正しいものを下記より1つ選び番号で答えなさい。

X　裁判員裁判は，地方裁判所の刑事裁判と民事裁判の第一審で行われる。

Y　裁判員は満18歳以上の日本国民の中から選出される。

1	**X**	正	**Y**	正	2	**X**	正	**Y**	誤
3	**X**	誤	**Y**	正	4	**X**	誤	**Y**	誤

問10　下線部**i**に関して，**図1**から**図2**への変更は世界の大きな流れを受けたものである。これは，**図3**や**図4**にも同じ流れを見ることができる。このような世界的な流れとはどのようなことか，解答用紙の枠内で説明しなさい。

図1

図2

図3

図4

(設問の関係上，出典は省略した。)

問 11　下線部 **j** は日本銀行券を発行する他に，物価の変動を抑え，景気の安定化を図るために金融政策をおこなっている。その政策の 1 つである「買いオペレーション」を実施すると，市中銀行は貸出金利を引き下げる。その理由を，次の語句を必ず用いて，解答用紙の枠内で答えなさい。なお，使用した語句に下線を引くこと。

日本銀行	**国債**

問 12　下線部 **k** に関して，税金は所得税や法人税などの直接税（国税および地方税）と，消費税や酒税などの間接税に分けることができる。下記に示す**日本・アメリカ・ドイツ・イギリス**の直間比率のグラフ（2016 年）のうち，日本を示すものを 1 つ選び番号で答えなさい。

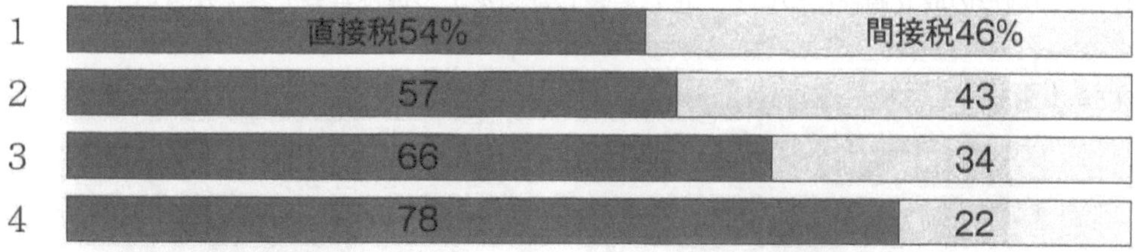

（財務省ウェブサイトより作成）

3 下記の設問に答えなさい。

問1 **写真1**は鹿児島県指宿市の知林ヶ島《ちりんがしま》である。写真に見られる「砂の道」は，3月～10月までの大潮～中潮の干潮時に限定して出現するものである。

写真1 知林ヶ島（2017年10月撮影）

(1) この地形の成立過程について，正しく表した図を1つ選び番号で答えなさい。

1

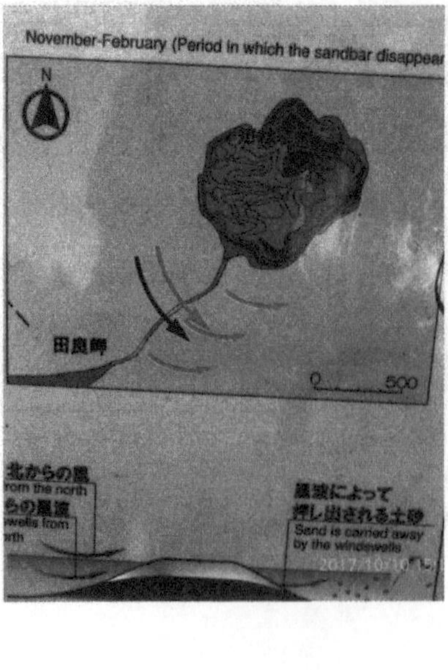

2

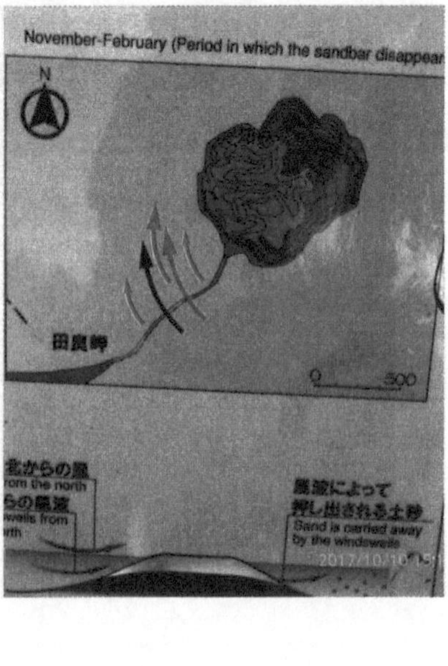

3

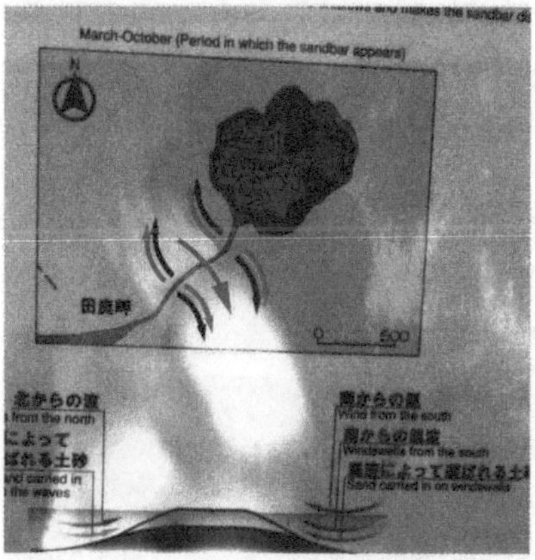

4

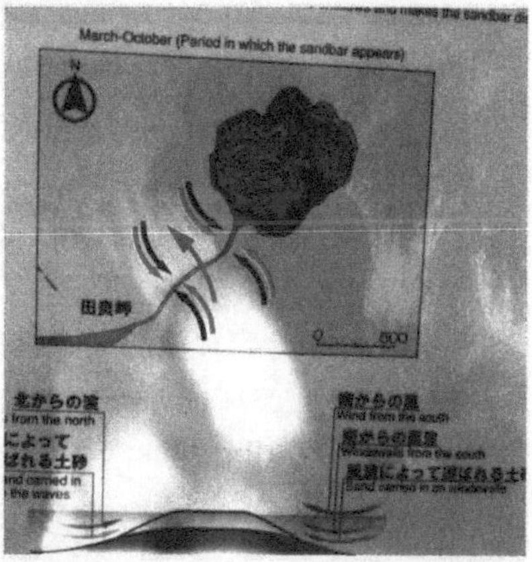

⑵　知林ヶ島と類似の成立過程を有し,「砂の道」が通年存在している箇所の正しい組合せを下記より１つ選び番号で答えなさい。

1　函館・江の島・志賀島　　　2　利尻島・室戸岬・壱岐

3　室蘭・足摺岬・対馬　　　　4　十三湖・天橋立・青島

問２　指宿は温泉地としても知られる。中でも海岸に「砂蒸《む》し風呂（温泉）」というものがあり，多くの観光客でにぎわっている。(**写真２**参照)

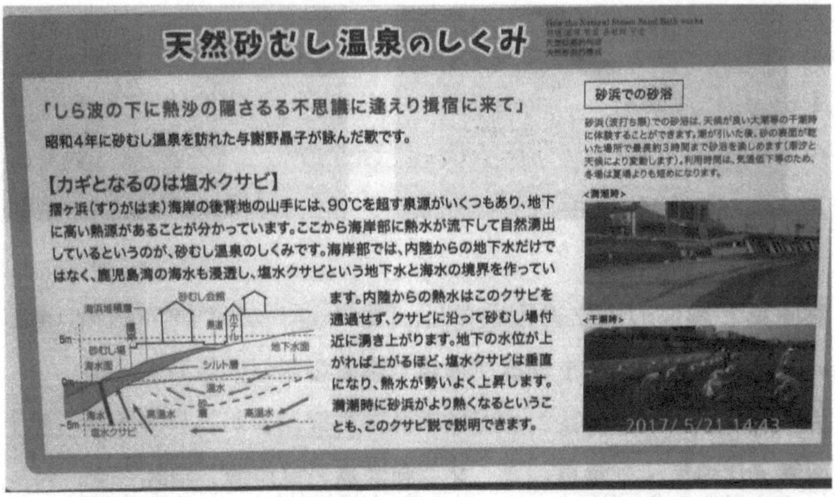

写真2 鹿児島県指宿市の「砂蒸し風呂（温泉）」（2017年5月撮影）

(1) この「砂蒸し風呂」についての適切な説明文を下記より１つ選び番号で答えなさい。

1 「砂蒸し風呂」のある海岸の後背地には通常温度の泉源が複数あり，その地下水が海岸に向かって流下《りゅうか》する際に圧力の上昇に合わせて 90℃を超す温度となっている。

2 「砂蒸し風呂」の熱源は桜島の火山活動によってあたためられた鹿児島湾の海水であり，海岸の砂浜をあたためている。

3 地下水と海水の境界を作っている「塩水クサビ」は大雨後，地下水位の上昇によって海水の塩分濃度が低下するため，一時的に消滅してしまう。

4 「塩水クサビ」は満潮時に海水と淡水の攪拌《かくはん》による塩分濃度の均一化により垂直方向に傾斜し，熱水が「砂蒸し風呂」の場所付近に湧き上がりやすくなる。

(2) 指宿周辺の地形分類図として正しいものを下記より１つ選び番号で答えなさい。

1

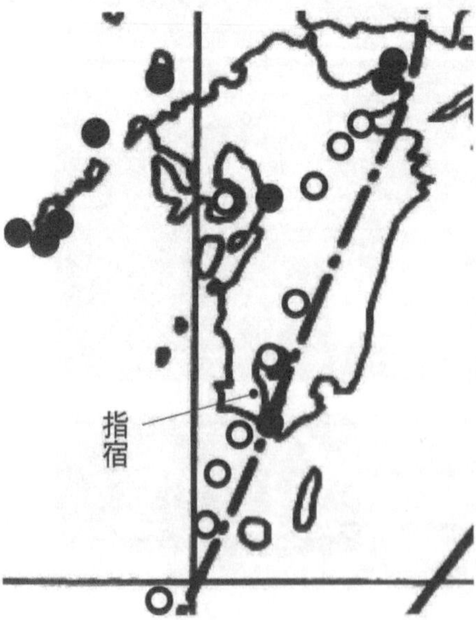

2

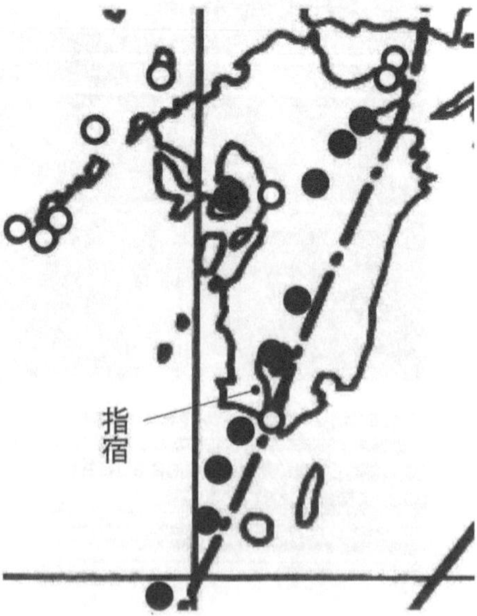

3

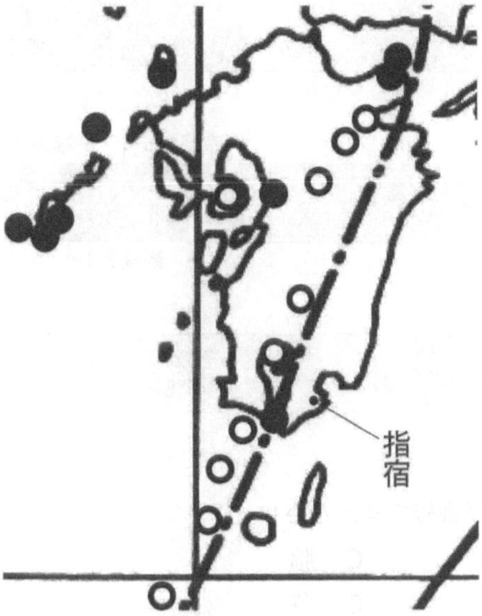

4

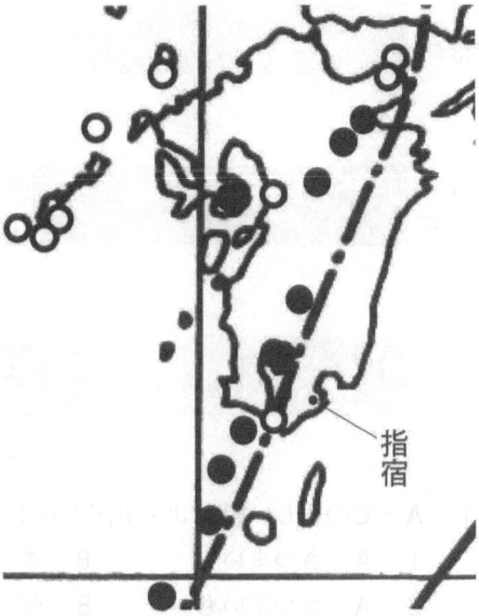

(凡例)
●：活火山（概ね過去1万年以内に噴火した火山及び現在活発な噴気活動のある火山）
○：活火山ではないが第四紀（約258万年前～現在）に活動したとされる火山
━・━・━：火山フロント
━━━：海溝・トラフ

問３　指宿はオクラの産地としても有名で，日本一の収穫量を誇る。(**写真３**参照)

写真３　オクラ畑（指宿市ウェブサイトより）

(1)　指宿を含む鹿児島県もオクラの収穫量は全国１位（2016年）である。その割合を下記より１つ選び番号で答えなさい。

1　12%　　2　27%　　3　42%　　4　57%

⑵　鹿児島県が収穫量の上位を占める農畜産物３種を以下のグラフに掲げる。

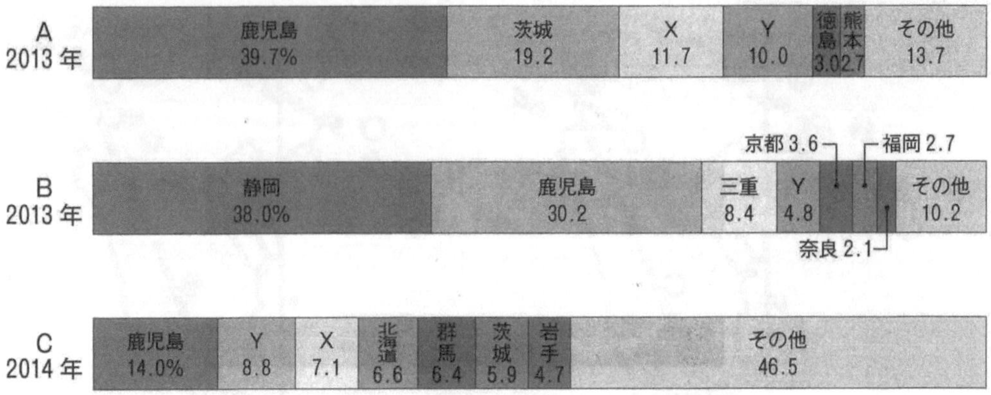

（農林水産統計ほかより）

①　A～Cの正しい組合せを下記より１つ選び番号で答えなさい。

1　A　さつまいも　　B　茶　　C　豚
2　A　さつまいも　　B　豚　　C　茶
3　A　茶　　B　豚　　C　さつまいも
4　A　茶　　B　さつまいも　　C　豚
5　A　豚　　B　さつまいも　　C　茶
6　A　豚　　B　茶　　C　さつまいも

②　グラフ中の都道府県名X・Yの正しい組合せを下記より１つ選び番号で答えなさい。

1　X　埼玉　　Y　佐賀
2　X　佐賀　　Y　埼玉
3　X　宮崎　　Y　千葉
4　X　千葉　　Y　宮崎

問４　長崎県の雲仙普賢岳は1991年６月に大規模な噴火を起こした。

⑴　雲仙岳は過去にも幾度もの噴火を繰り返し，江戸時代の噴火では「島原大変［ X ］迷惑」という呼ばれ方がされている。

①　［ X ］には対岸に位置する旧国名が入る。この国名を漢字で答えなさい。

②「島原大変」は噴火の直接的被害を表現しているが，「［ X ］迷惑」は雲仙岳の一部（眉《まゆ》山《やま》）が大崩落を起こしたために表現されている。具体的に何が起きたかを答えなさい。

③　2018年12月にある国でも，②と同様のメカニズムで被害が起きている。この国名を答えなさい。

⑵　1991年の噴火で，島原湾に向けて土石流が水無《みずなし》川沿いに流れ込んだ痕跡は今も残る。（**写真４**参照）

雲仙岳災害記念館より普賢岳を望む

雲仙岳災害記念館より眉山を望む

土石流被災家屋保存公園（みずなし本陣ふかえ）

写真4　(2015年3月撮影)

(注)「雲仙岳災害記念館」や「みずなし本陣ふかえ」は，**図2**の東側の有明海（島原湾）を望む場所にある。

①　以下の地形図（**図1**）中に記された「大野木場《おおのこば》小学校」が受けた被害を**図2**も参考にして土石流以外に説明しなさい。

1984年：噴火前

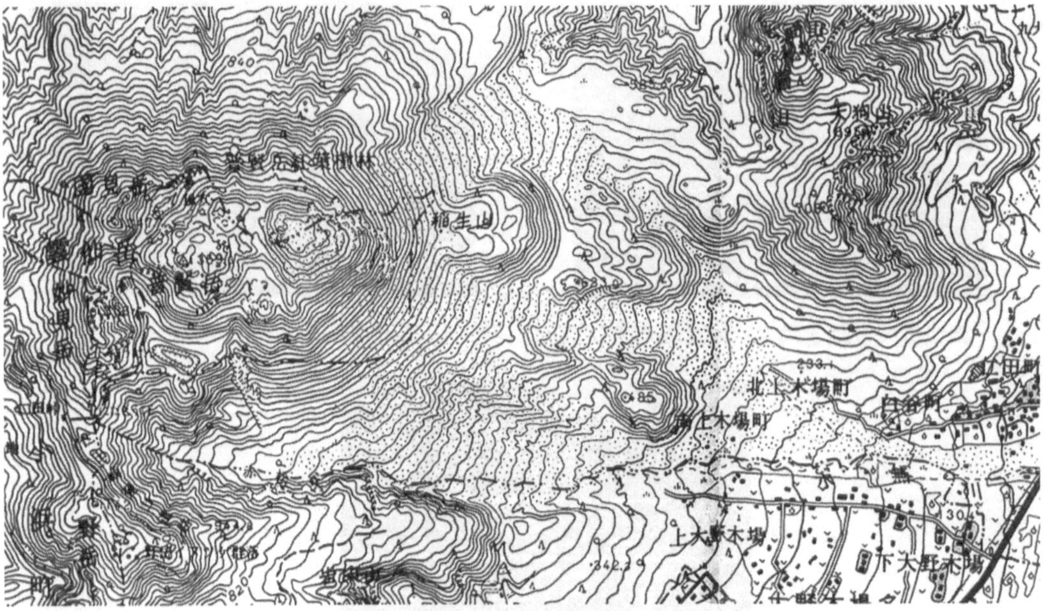

1994年：噴火後

図1　雲仙普賢岳東側における1991年噴火前後の変化　国土地理院地形図　縮尺：1／5万
（上）昭和59（1984）年修正　（下）平成6（1994）年修正

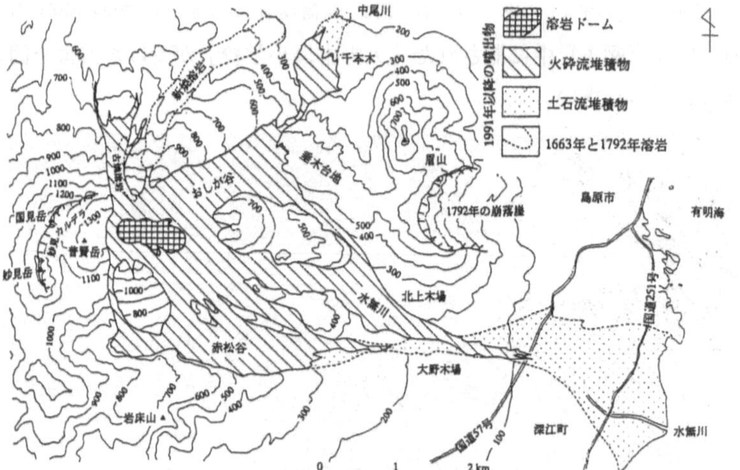

図2　1990年に始まった雲仙普賢岳の噴火による地形変化
『日本の地誌10　九州・沖縄』＜朝倉書店＞（2012年）より

②　**写真4**と**写真5**からは雲仙普賢岳東麓の島原湾を望む低地部にビニールハウスが点々と見られる。ビニールハウス内で生産される作物の生産カレンダーと都道府県別収穫量データをもとにこの作物名を答えなさい。

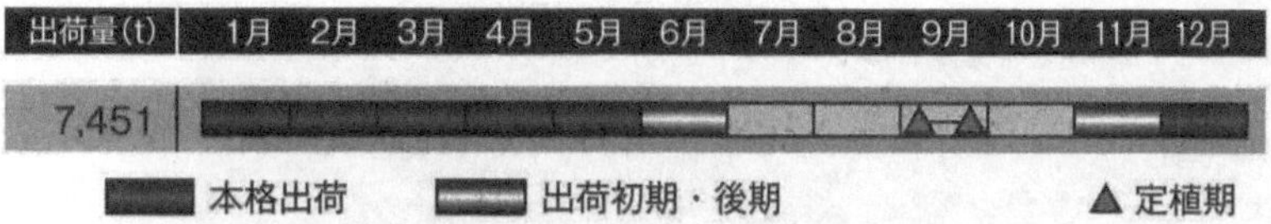

生産カレンダー（JA島原雲仙の資料 https://www.ja-shimabaraunzen.or.jp/より）

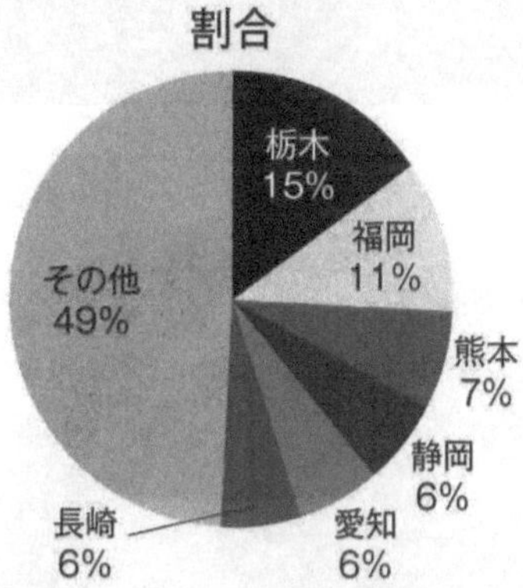

都道府県別収穫量データ2017年（農林水産省統計より）

(3) **写真5**は雲仙岳にある仁田《にた》峠から山腹や島原湾を望んだものである。

(←春)

(←夏)

(←秋)

(←冬)

写真5　仁田峠

(長崎県島原市・雲仙市雲仙ロープウェイ　http://unzen-ropeway.com/index.htmlより)

仁田峠付近の四季を並べた**写真 5** から見られる樹木から，日本のどの平地のものと同じかを，**図 3** を参考にして

① 緯度値で答えなさい。

② 植生の特徴を説明しなさい。

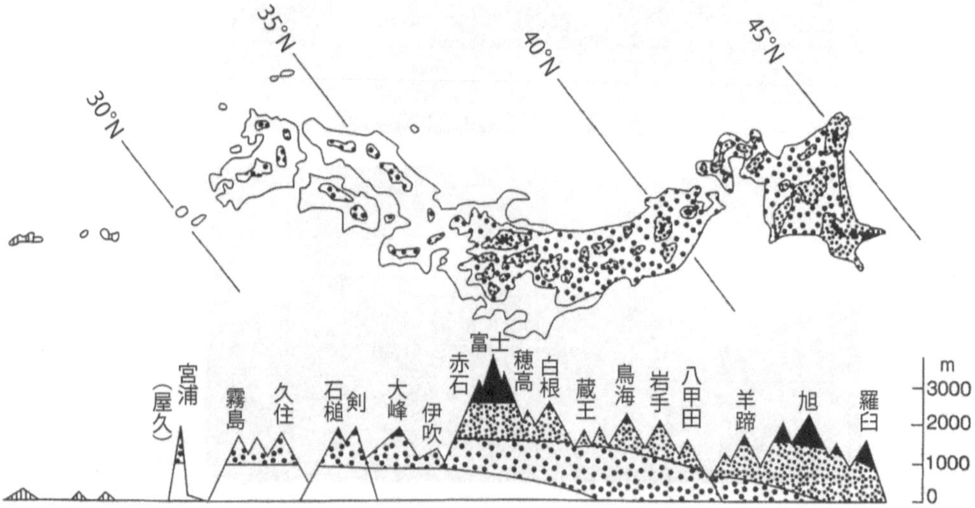

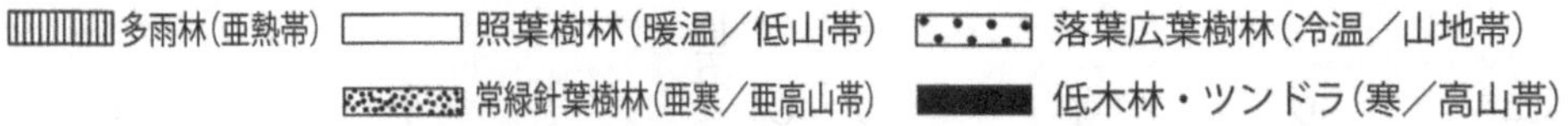

図3　日本の植物群系（垂直・水平分布）

NHKブックス1167『新版　森と人間の文化史』只木良也　著　＜NHK出版＞（2010年）

〈設問は以上です。〉

姫君の父は、一条摂政が、すぐに女に手を出すという世間の噂は嘘だったのかと思ったということ。

エ　一条摂政が、「人知れず私は年老いていくけれども、たとえ困難でもいつかは逢ってみせよう」という趣旨の和歌をよこしたので、一条摂政はすぐに女と関係を持つという世間の話は嘘だったのではないかと思ったということ。

オ　一条摂政が、「人知れず歳月は流れていったけれども、何とかあなたに逢えてよかった」という趣旨の和歌をよこしたが、姫君の父は、娘を信じたい気持ちがあったので、おそらく一条摂政の歌は嘘であろうと考えたということ。

問五　――部⑤「をかしく」とあるが、どういうことか。その解釈として適当なものを次の中から二つ選びなさい。

ア　一条摂政が姫君と既に関係を持っているのに、それを信じない父親の姿はかわいそうであり、親の気持ちをふみにじる一条摂政の振る舞いはおかしいということ。

イ　一条摂政が、姫君と関係を持っていないことに気づいた上で、娘の代わりに、一条摂政に対してよい返事をした父親の賢明さには、心ひかれるものがあるということ。

ウ　一条摂政の和歌にだまされただけでなく、娘の代わりに和歌を詠んで、娘を窮《きゅう》地《ち》に追いやってしまった父親の振るまいは、愚かで滑稽であるということ。

エ　姫君の母と一条摂政にだまされた父は滑稽でもあるが、娘を思い、断りの和歌を代筆までした親心は、おかしくも心ひかれる部分があるということ。

オ　好人物ではあるが滑稽な父親と、したたかで、ややずるい母親という対照的な夫婦の姿もそうだが、父が結局は一条摂政をやりこめてしまったという、予想外な結末も面白いということ。

カ　姫君の母や乳母を味方にした上、見事な歌で父をだましたというだけでなく、父のおかしくも哀しい親心に共感を寄せる一条摂政の姿は心ひかれる部分があるということ。

キ　娘を思う気持ちが強すぎて、最終的に混乱状態に陥り、一条摂政に対して、自分が娘の代わりに結婚するという和歌を贈った父親の姿は、あまりにも滑稽だということ。

問六　『宇治拾遺物語』よりも成立年代が古い作品を、次の中から全て選びなさい。

ア　『古今和歌集』　イ　『更級日記』　ウ　『徒然草』

エ　『源氏物語』　オ　『太平記』　カ　『細雪』

ひて、返し、父のしける。

あづま路《ぢ》に行きかふ人にあらぬ身はいつかは越えん逢坂の関

と詠みけるを見て、ほほゑまれけんかしと、(*6)御集にあり。⑤をかしく。

（『宇治拾遺物語』より）

《註》

*1　一条摂政……藤原伊尹《これただ》。

*2　東三条殿……藤原兼家。

*3　心用ひ……他人に対する心づかい

*4　軽々に覚えさせ給ひければ……軽々しい振る舞いだと自覚なさったので。「させ給ふ」「せ給ふ」は尊敬表現。

*5　わび申したりければ……困って申し上げたので

*6　御集……一条摂政個人の和歌を集めたものである『一条摂政御集』のこと。

問一　――部①「皆人さ心得て知り参らせたり」とあるが、どういうことか。その説明として最も適当なものを次の中から選びなさい。

ア　一条摂政は容姿もよく女好きではあるが、才能にあふれ、思いやりもある男であり、結婚相手として不足はないと、人々は考えていたということ。

イ　一条摂政が女好きで、身分の高くない女には偽名を使って手紙を送り、関係を持っていたという事情を、人々は理解していたということ。

ウ　一条摂政は、女好きではあるが、東三条殿の弟でもあり、出自は申し分ないので、是非娘の結婚相手にしたいと、人々は考えていたということ。

エ　一条摂政が、身分に関わらず多くの女性と関係を持っており、時に偽名を使うほどの悪人であるということを、人々は理解していたということ。

オ　女好きの一条摂政が、偽名を使って手紙を送ってきた時には、娘が狙われているということなので、注意しなければならないと、人々は考えていたということ。

問二　――部②「あらがひて」とあるが、誰が誰に対して「あらが」ったのか。説明しなさい。

問三　――部③「逢坂の関」とは、ある国とある国の国境付近にあった関所である。その二つの国を旧国名で答えなさい。

問四　――部④「さては空言なりけり」とあるが、どういうことか。その説明として最も適当なものを次の中から選びなさい。

ア　一条摂政が、「姫君と逢いたいと気が急くけれども、逢うのは難関でありあきらめよう」という趣旨の和歌をよこしたので、姫君の父は、一条摂政が奥ゆかしい男であり、世間の噂はあてにならないと考えたということ。

イ　一条摂政が、「人知れず私は年をとっていったけれども、何とかあなたに逢えてよかった」という趣旨の和歌をよこしたが、姫君の父は、その言葉が嘘であり、実際はまだ、姫君と逢ってはいないと考えたということ。

ウ　一条摂政が、「姫君と逢いたいと気が急くけれども、どうして逢うことができないのか」という趣旨の和歌をよこしたので、

問七 ——部③「勇吉はもう明日とは待たれず、その夜すぐさま月謝を納めた」とあるが、それはなぜか。説明として適当なものを二つ選びなさい。

ア 三味線の音色や妻恋坂の妾宅と全く同じ小家の様子、お弟子の時代おくれの洒落や冗談が、虚栄心の強い夫人がわがまま放題に振る舞っている家庭を忘れて、若き日の輝かしい思い出を思い起こさせるものだったから。

イ お弟子が稽古する唄の内容が、失恋の悲しみと苦しさを一般化して端的に表現したものだとわかり、思わず自分一人の胸の内に秘めていた「小玉」との過去の恋を思い出し、つらい現実を忘れて心が慰められたから。

ウ 哥沢の歌謡と節廻しとが、誰にも言えずに心の内に秘めていた「小玉」への切ない思いを美しく唄い上げていることを知り、哥沢を唄うことによって思う存分に「小玉」との思い出に浸ることができるとわかったから。

エ 小家の様子や間取りはおろか、お師匠さんの容姿や服装までもが、かつて世話になった御隠居とお妾さんの暮らしと姿にそっくりで、過ぎ去ってしまった青春の日々が再びやってきたようで華やいだ気分になったから。

オ 稽古所の家の様子やお師匠さんの着物の着こなしや物のいいようお弟子の会話の内容に至るまで、多町の御隠居らが持っていた江戸情緒そのもので、銀行勤めをする前の若き日々が戻ってきたようでうれしかったから。

問八 ——部④「深い額の皺を拭ったように消してしまうのであった」とあるが、この描写が表現していることを、本文全体の内容を踏まえて説明しなさい。

問九 作者・永井荷風の作品をすべて選びなさい。

ア『浮雲』　イ『五重塔』　ウ『すみだ川』
エ『たけくらべ』　オ『ふらんす物語』　カ『破戒』
キ『三四郎』　ク『濹東綺譚』　ケ『城の崎にて』
コ『或阿呆の一生』

三 次の文章を読んで、後の問いに答えなさい。

今は昔、(＊1)一条摂政とは(＊2)東三条殿の兄におはします。御かたちより始め、(＊3)心用ひなどめでたく、才、有様、まことしくおはしまし、また色めかしく、女をも多く御覧じ興ぜさせ給ひけるが、少し(＊4)軽々《きやうきやう》に覚えさせ給ひければ、御名を隠させ給ひて、大蔵《おほくら》の丞豊蔭《じようとよかげ》と名のりて、上ならぬ女のがりは御文《ふみ》も遣はしける。懸想《けさう》せさせ給ひ、逢はせ給ひもしけるに、①皆人さ心得て知り参らせたり。

やんごとなくよき人の姫君のもとへおはしまし初《そ》めにけり。乳母《めのと》、母などを語らひて、父には知らせさせ給はぬ程に、聞きつけて、いみじく腹立ちて、母をせため、爪弾《つまはじ》きをして、いたくのたまひければ、「さる事なし」と②あらがひて、「まだしき由《よし》の文書きて給《た》べ」と、母君の(＊5)わび申したりければ、

人知れず身はいそげども年を経てなど越えがたき③逢坂《あふさか》の関

とて遣はしたりければ、父に見すれば、「④さては空言《そらごと》なりけり」と思

るビクトリア朝を代表する英国の詩人。

＊9　哥沢……端唄から安政四（一八五七）年に派生した三味線伴奏の小歌曲。

＊10　西仲通……東京都中央区月島一丁目から勝どき五丁目までの通りの名称。いわゆる「江戸下町」にあたる場所。

＊11　高商……現在の一橋大学の前身で、明治二十年から三十二年まで、「高等商業学校」という名前だった。

＊12　名取り……芸道で、一定の技能を修得し、家元・師匠から芸名を許されること。また、その人。一門の構成員として、教授をすることが認められる。省略した冒頭に、「勇吉」は「本名の勇の字にちなんで師匠から哥沢《うたざわ》芝葉《しば》勇《ゆう》という名前さえ貰った」とある。

問一　━━部(a)「ジュスイ」・(b)「シンダイ」のカタカナを漢字に直しなさい。

問二　［Ⓐ］に入る、「ぞっとするほどなまめかしく、奥深くかなしい」という意味を表す熟語の組み合わせを選びなさい。

ア　鮮麗深憂《せんれいしんゆう》　イ　優艶深甚《ゆうえんしんじん》　ウ　幽婉幽遠《ゆうえんゆうえん》
エ　凄艶幽哀《せいえんゆうあい》　オ　妖艶幽冥《ようえんゆうめい》　カ　華麗深沈《かれいしんちん》

問三　〰〰部「怜悧《れいり》」の意味を簡潔に書きなさい。

問四　［Ⓑ］に入る、「強い者の権力をたよって、弱い者がいばる」という意味の『戦国策』を起源とする故事成語を、本文に合わせて一、三、五字目は漢字、二、四、六字目はひらがなで書きなさい。

問五　━━部①「いつの世にも変《かわ》りなき『人情』は、ここにおいて、また同じように変りなき『義理』と出会って衝突する」とあるが、どういうことか。このときの「勇吉」の状況に従い、「人情」と「義理」を区別して説明しなさい。

問六　━━部②「宛《さなが》ら駿馬痴漢《しゅんめちかん》を乗せて走るが如き身の薄命を嘆じた」とあるが、このときの「新夫人」の心情の説明として、最も適当なものを選びなさい。

ア　自らが高学歴で和歌や茶道に秀で、英語にも堪能《たんのう》で英詩の翻訳までよくし、海外の上流階級との社交の場で活躍できるにもかかわらず、夫は無難に銀行勤めをするのみで、目立った活躍もしないため、女性として生まれた身の不幸を嘆いている。

イ　自らが良き人として嗜《たしな》むべき教養を隈《くま》無く身に付け、女性としてなしうる名誉ある活動に参加し、様々な栄誉に浴する立派な功績を重ねているにもかかわらず、夫が全く感心もしないため、愚鈍な夫と結婚してしまった運命を悲観している。

ウ　自らが家庭にいるに飽き足らず、才能を持て余して様々な文化活動や、社会貢献のための活動に勤《いそ》しんでいるにもかかわらず、夫は活動を共にしないばかりか、夫人を蔑《さげす》んで冷笑しており、人でなしの夫に虐《しいた》げられる悲惨な境遇を嘆いている。

エ　自らが文武両道に秀でた華族の令嬢で和歌、文章、英語をよくするため、学のない夫に和歌や文章を読み聞かせて教えているにもかかわらず、夫が何の興味関心も示さないため、自分には釣り合わない身分の者を夫にしたことを悲嘆している。

オ　自らが家の名誉のために、女子教育に資する英詩の翻訳に勤しんだり、様々な婦人団体の会員となったりして社会貢献しているにもかかわらず、夫はぼんやりと日々を過ごしており、何の甲斐性《かいしょう》もない情けない夫を持った人生を嘆いている。

態度に、夫人も少しく面喰《めんくら》って退いてしまった。勇吉は家庭の事のみならず、銀行内の職務上に関しても、何か不平らしいこと、耳にしたくないような事でもあれば、直ちに覚えにくいむずかしい節廻しの事を考え出して、その方に心を転じてしまう。何処の会社や銀行にもよくある通り、(*11)高商出身、慶応出身、帝大出身というような下らない学閥《がくばつ》の軋轢《あつれき》と奉公人根性の浅間《あさま》しさから、勇吉は一時重役の親戚だとかいう、［　Ⓑ　］若い学士さんのために、大分意地のわるい事をされたけれど、哥沢のおかげで衝突もせず無事にその難関を切抜け得たばかりか、後にはそのためにかえって広く銀行内の同情を得た。忘年会だの送別会だのという宴会の折には、同僚のものがしばしば勇吉を誘惑した事があったけれど、何に限らず一度《ひとた》び専門の音曲を専門に修業したものには、若い芸者のお座敷芸ほど、あぶなっかしく、かつ気の毒に感じられるものはないので、それを聞くがいやさに、勇吉はいつも体《てい》よく逃げてしまう処から、見かけによらない堅人《かたじん》だという信用さえ得るに至った。

歳月は流るる如くに過ぎて行く。年と共に大都の生活はその騒《さわが》しい外観の示すが如くに、些《いささ》かの余裕をも許さず市民の心を責め立てる。名利に飢えた狼の群《むれ》は白昼にも隊をなして到る処に横行し、正直と謙遜の頸《くび》輪をつけた羊の子を斃《たお》す。思えば幾年か前、小玉と二人してよく見馴《みな》れた彼の目鏡橋《めがねばし》の空地に、柳がなびく景色はどこへ行ってしまったのであろう。勇吉は年と共に銀行員としての地位が進めば進むに従い職務上の心配と共に生活の労苦も次第に重く身に積《つも》るにつけ、夢のつぶやきかとも思われるような果敢《はかな》い哥沢の一節《ひとふし》をば、浮世にあらん限りの慰藉《なぐさめ》と頼んだ。

（中　略）

まださほどに白髪《しらが》は目立たぬけれど、勇吉の額にはえぐったような深い皺《しわ》が彫《きざ》み込まれたこの頃、いよいよ沈痛な調子を帯びて来たその声柄《こえがら》、いよいよ凄惨な錆《さ》びと渋味を添え出したその節廻しには、折々の温習会《おさらい》などへ行って聞く人たち、一人として覚えず嘆賞の声を発せぬものはない。

「実にうまいもんですな。さすがは名取り(*12)の芸です。」

そういわれると、その時ばかり勇吉はまるで子供のように心から嬉しそうな顔をするのである。その時ばかり、④深い額の皺を拭ったように消してしまうのであった。

《註》

＊1　明神……神田明神のこと。「社内」とは、境内のこと。

＊2　待合……江戸時代に社寺の境内で、湯茶を出して休息させた店から発展して、明治以降に芸者との遊興の場となった。

＊3　端唄……江戸後期から幕末にかけて江戸で流行した、三味線伴奏の小編歌曲。哥沢《うたざわ》と小唄《こうた》の母体。明治中期には衰微した。

＊4　年季……奉公する約束の年限。

＊5　半襟……和装において、インナーとしての襦袢《じゅばん》の襟の上に装飾を兼ねて縫い付けた襟。

＊6　堅気……職業や生活が真面目で地道なこと。

＊7　ロングフェロー……Henry Wadsworth Longfellow（1807～1882）米国の詩人。健全な人生観を平明な表現でうたいあげた。

＊8　テニソン……Alfred Tennyson（1809～1892）流麗な措辞と健全な倫理観で知られ

勇吉が内々で哥沢《うたざわ》(＊9)の稽古所に通い出したのはこの時分からの事である。或日《あるひ》の暮方《くれかた》銀行の帰りの道づれに、哥沢に凝っている同僚の一人が頻《しきり》と誘うままに、勇吉は何の気もなく西仲通《にしなかどおり》(＊10)の静かな横町に松葉巴の燈《あかり》を出した細い格子戸の中に這入《はい》って見た。

何たる別天地。何たる懐しい思出の里であったろう。啻《ただ》に過ぎし日のしのばれる三味線の音色のみではない。極めて手狭な処をば不思議なほど小ぎれいに、小ざっぱりと取片付けて住んでいる。こうした町中の小家《こいえ》の様子一体が、かの妻恋坂の妾宅と全く同じよう。そして、その年頃さえ彼《あ》のさばけ切ったお世辞のよいお妾さんと、かれこれ同じ位かと思われるお師匠さんは、全く違った顔立身体付きにもかかわらず、その着物の着こなしや物のいいようまでやはり同じ時代の同じ階級の人である事を示していた。已《すで》に三、四人詰め掛けているお弟子の中には身分の上下(b)**シンダイ**の大小に無論相違はあろうけれど、やはり多町の御隠居や待合千代香の親方なぞと、同じ類型に入れて差支《さしつかえ》なさそうな人が見受けられ、かつて明神の涼茶屋で将棋をさしながら彼《か》の老人《としより》たちが笑い興じていたのと、同じような時代おくれの洒落や冗談さえ聞かれるのであった。

勇吉は去って返らぬ昔が突然に立ち戻って来た嬉しさ懐しさ。覚えず深い空想に引き入れられる折から、師匠の絃《いと》につれて歌い出される稽古の唄。

〽初秋《はつあき》や名も文月《ふみづき》の恋の謎、銀河まつりのたはむれに、いつか
　女夫《めおと》の約束は……。

勇吉は初めて小玉を連れて入谷《いりや》へ泊りに行った時の深更《よふけ》の空。二人して車の上から見上げた銀河の淋しさを思い出さずにはいられなかった。ああ、それからというもの、自分と小玉との間は、

〽ほんに思へば昨日今日、月日たつのも上《うわ》の空、人のそしりも
　世の義理も、思はぬ恋のみちせ川

しかし憎らしいほどかわゆかった恋中《こいなか》も、遂には義理という字の是非もなく、あわれ、唯《た》だ淡雪の消ゆる思い、口説の床の涙雨に、夜もすがらしんに啼《な》く蛙《かわず》を聴いた睦じさも、また、奥の座敷の爪弾きに中直《なかなお》りする、思わせぶりな空寝入の可笑《おか》しさも、一度《ひとた》び別れては早や唯折節《ただおりふし》の月夜鴉にふと眼をさまされ、逢いたさ見たさの苦しさも、酒でしのぐよすがさえなき身は、いっそ一日半時も早く命という苦の世界を候かしくと思詰《おもいつ》めた事もある位。勇吉は入代《いりかわ》り立代《たちかわ》りお弟子が稽古する唄をば、耳傾けて聴けば聴くほど、今までは人にも話されず、口にも出されず、唯だ一人胸の底に蟠《わだか》まらして置いた深い深い心の苦しさ、切なさ、遣瀬《やるせ》なさは、殆《ほとん》ど余すところなく、哥沢の歌謡と節廻しとによって何ともいえないほど幽婉《ゆうえん》に唄い尽《つく》されている事を知った。その一刹那、勇吉には哥沢節と称する音曲は自分の心を慰めてくれるために安政の起原《おこり》から明治の今日までも滅びずに残っていたもののように思われたのだ。いい換《かえ》れば勇吉は堪えがたい己《おの》れが過去の夢を託すべき理想的形式の芸術を捜し当てたのである。

最初は同僚の友に誘われるまま、何の気もなく来たのであるが、③**勇吉はもう明日とは待たれず、その夜すぐさま月謝を納めた。**

毎日のように勇吉の帰宅時間が後れる処から、秘密の稽古屋這入りは忽ち露見となって、夫人から厳しい攻撃を受けた。けれども今まで何一つ反対しない勇吉は、今度に限って一歩も譲らぬ意外なる強硬な

が済んだ位という処を、此方《こなた》の我家ではもう燈火《あかり》が消えてしまって、下女《げじょ》の鼾《いびき》に鼠が天井を荒れ廻る真の夜中である。これだけの相違を見比べるにつけても、勇吉は厳格な道義的反省を俟《ま》つに及ばず、自分はつまり彼《あ》の人たちが何の差触《さしさわ》りもなく平気でする事をもなかなか容易には為し得る境遇ではないという事を感ずるより外《ほか》はない。

いよいよ銀行へ出勤して月給五十円という目出度《めでた》さは直様《すぐさま》つづいて、勇吉がこの日頃の煩悶《はんもん》を一挙にして解決さすべき大事件を呼起《よびおこ》した。勇吉の両親は我子の身分がきまったとなると忽《たちま》ち結婚の相談に取りかかる。同時に小玉の方でも勇吉の身分を末頼もしく思えば思うほどいよいよ堅く契って離れまいと迫って来る。①**いつの世にも変《かわ》りなき「人情」は、ここにおいて、また同じように変りなき「義理」と出会って衝突する。**芝居にも小説にもよくある通りな涙の幾幕が演じられた後《のち》小玉と勇吉は逢わぬ昔のような他人となってしまった。そして、眼鏡をかけた色の白い肥《ふと》った大きな令嬢が勇吉の新夫人として活溌《かっぱつ》に現われ出た。やがては必ず華族にもなるべき陸軍将官の令嬢とやら、和歌をよくし書をよくし文章をよくし、英語をよくする上に学校時代には薙刀《なぎなた》を習った事もあるとかいうので健全なる思想の宿るべき体格もまたこの上なく立派なのである。勇吉の両親は我が子の嫁には過ぎたものとして嬉《よろこ》んだが、しかし勇吉は一度小玉と別れてからは、殆《ほとん》ど何という訳もなくあれが我一生の若い美しい夢の見納《みおさめ》であった。かかる楽しさ面白さは二度と再び繰返《くりかえ》されるものではない。また繰返そうという勇気も力も全く消失《きえう》せてしまったような気がしたので、家庭の万事は自分の趣味に合うと否との論なく、一切挙げてこれを怜悧《れいり》な新夫人の手に一任して、自分は唯《ただ》機械の如く夫たる義務を尽くしているより仕様がなくなった。

新夫人は相当の持参金もある身分なので、先ず舅《しゅうと》や姑《しゅうとめ》と別居しようとて自ら進んで青山辺《あおやまへん》の門構《もんがまえ》ある二階建の借家へ新家庭を移し、今日は歌の会、明日はお茶の会、その次の日は校友会の談話会、そのまた次の日には米国婦人ミス何々を訪問という具合に毎日々々勝手次第に出て歩く。そして時たま家《うち》にいるかと思えば、それはロングフェロー(＊7)かテニソン(＊8)のような英詩を校友会雑誌へ掲載するため字引と首引《くびっぴき》しているのである。夫人は無論赤十字社を始めとしてその他名誉ある婦人団体の会員となっていて、その総会などには欠《かか》さず出席する。

しかし勇吉は最初から、覚悟して深く諦めをつけてしまった後の事とて、いかほど自分の性情や趣味に一致しない事が家庭の中《うち》に起ってても、更にこれを意とせず、いつとなく覚えた皮肉な冷笑の興味を以《もっ》て自分の生涯までを他人のもののように客観するのであった。されば気位の高い新夫人から、折々はその和歌や文章を読み聞かされても、あるいはまた、米国婦人の茶話会で侯爵や伯爵の夫人令嬢なぞに面会したなぞという自慢話を聞かされても、一向平気で唯うむうむと領《うなず》いているばかり、別に深く感服したという様子も見せない。いつもいつも気の抜けたように茫然《ぼんやり》している良人《おっと》の態度に、新夫人は甚だ慊《あきた》らず、銀行なんぞに勤める月給取りなんていうものはこんな平凡なつまらない人間か知らと、②**宛《さなが》ら駿馬痴漢《しゅんめちかん》を乗せて走るが如き身の薄命を嘆じた**もののとにかく何をしても一切気任せに干渉しない亭主馬鹿の人の好《よ》さに、夫人は結句これをいい事にますます我儘《わがまま》勝手を増長させるのであった。

が入る。その名前を答えなさい。

二　次の文章は永井荷風の小説「松葉巴《まつばどもえ》」（明治四十五〔一九一二〕年）の後半部分である。明治初期、主人公の「勇吉」は、専門学校を卒業した後、勤めた会社が解散したため、経済学書類の翻訳で稼ぎながら、浪人生活を送っていた。家が湯島にあったことから、多町《たちょう》（現千代田区神田多町）の隠居と懇意になり、物見遊山や芝居見物に誘われて行くうちに、若い芸者の「小玉《こたま》」と恋仲になった。本文はこれに続く部分である。読んで、後の問いに答えなさい。

その年も暮れて、次の年の春も梅の散る頃《ころ》、勇吉は兼ねてから就職口をたのんで置いた人の世話で、信用のある某銀行へ勤める事になった。小玉との間柄はもう隠居にもお妾《めかけ》さんにもよく知られていた後《のち》の事とて、その夜、隠居は勇《ゆう》さんが出世のお祝いにと一同を(＊1)明神社内《みょうじんしゃない》の(＊2)待合千代香《まちあいちよか》へ呼んで酒宴を開いた。無論これはいつも暇で仕様のない隠居が、何かというとそれを口実に、人を集めて遊ぼうという思付《おもいつき》である事はいわずと分っているのであるが、しかし勇吉は何となく人の情《なさけ》の身にしみじみと嬉しく思われるにつけ、自分と小玉との行末《ゆくすえ》は果《はた》してどうなるのであろうと唯《た》だ訳もなく悲しいような心持になるのであった。その夜《よ》隠居がさびた咽喉《のど》で何の気もなく歌った(＊3)端唄《はうた》の——人とちぎるなら浅くちぎりて末《すえ》までとげよ。もみぢ葉を見よ。薄きが散るか、濃きがまづ散るもので候《そうろう》。という節廻《ふしまわ》しが勇吉の胸にはいうばかりもなく［Ⓐ］の情趣を伝えるように思われた。

実際勇吉はこの一、二ヶ月、小玉との間柄がいよいよ深くいよいよ離れがたくなるにつけ、嬉しいとか面白いとかいう浮いた気よりも、悲しい果敢《はかな》い思いに迫《せ》められる事の方が多くなったのである。小玉はこの夏一ぱいで(＊4)年季《ねんき》を勤め上げるので、そうしたならば何も厚面《あつかま》しく奥様にとはいわぬから、末長く見捨てずに、せめてお妾さんにでもと逢う度ごとに口説《くど》き訴え、同じ着物や(＊5)半襟《はんえり》を買うにしても、(＊6)堅気《かたぎ》になってから役に立つようなのをと、いつも縞柄《しまがら》や色合の見立《みたて》を勇吉に相談する位《くらい》である。しかし勇吉は今年六十近くなるまで芝居一ツ見た事がないという頑固一点張の親爺を持つ身としては、いわずとも其様《そんな》自由勝手の出来ようはずもないので寧《いっ》そ早く衝突して家《うち》を出てしまい、浮世の義理のない里へ行って好いた女と手鍋下げての睦《むつま》じい暮しをして見ようかと思いながら、さてまた能《よ》く考えて見ると自分にはとてもそれだけの勇気と熱情がなさそうである。いっそ頑固一点張りの男親ばかりなら、かえって都合がよいかも知れぬが、これまでも度々仲に立って、近頃の自分の品行を父に知らせまいと苦心している極《ご》く気の弱い哀れな母親の事を思って見ると、さすがに勇吉は気の毒になって申訳《もうしわけ》のないような心持になる。勇吉は縦《たと》えどれほど深く離れがたく自分と小玉が思い合ったにした処《ところ》で到底末長く添いとげられるものではない。二人して轢死《れきし》か、(a)ジュスイでもする位な無分別を起さない限りには、二人の間はいつか必ず絶え果ててしまうであろう。何故かという理由は簡単である。勇吉は多町の隠居のように芸者を煙草入《たばこいれ》と同じように愛玩し得るほどの結構な身分でもなければ、また待合千代香の親方のように、思想から迷信から凡《すべ》て芸者と境遇を同じくする階級の人でもないからである。いつも妻恋坂《つまこいざか》の妾宅から湯島の我家《わがや》に帰って来る時彼方《かなた》では夜の十時といえばまだ宵の口、たった今方夕飯説明として最も適当なものを選びなさい。

ア　人々が理性的な世界に閉じこもった結果、戦前の日本にはあった、人間同士の絆が消失してしまっているという現状を見るにつけ、かつての自己を否定したくなるから。

イ　人間同士が強い絆で結ばれていた戦前の日本のあり方は未だに回復しておらず、そのような社会を回復するには、理性ではなく宗教的な連帯が必要だと感じられるから。

ウ　宗教的な社会では、かえって理性が救いになりうるように、理性的な社会では、かえって宗教が救いになりうるという逆説があり、戦後日本の社会は後者であり続けたから。

エ　他者と対立してでも生きようとする戦後の日本人の生き方が、現在も主流をなしているのを見るにつけ、人の道を踏みこみ、宗教に到達した上で死んだ方がましだと思うから。

オ　自他の同一がなされず、対立が今なお解消されていない現在の日本においては、理性のみでは生の救いが見いだせず、宗教があってこそ救いが見いだせるから。

問四　――部②「キリストの本質」とは何か。その説明として最も適当なものを選びなさい。

ア　人の悲しみをわがこととして感じるという意味での、人の人たる道を極限まで進むとともに、全人類の悲しみを、独りで抱えこんでしまった存在であること。

イ　前へ進むのに、理想追求ではなく謙虚さをもっていくがゆえに、あらゆる人間の悲しみを背負いこみ、その重みで、前へ進むことを断念してしまった存在であること。

ウ　あらゆる人間の悲しみを背負い、その重みで、一歩も前に進めなくなっているが、謙虚な性格であるがゆえに、他者の協力が得られ、前に進める存在であること。

エ　「愛」を知っているために、その重圧に押しつぶされそうになってはいるが、「愛」を放棄することをよしとせず、常に前に進んでいこうとする存在であること。

オ　人の悲しみの重さを知り、理性的な世界にとどまらず、宗教的な世界へと到達することができたために、もはや、前へ進む必要もなくなった存在であること。

問五　――部③「分類法」とあるが、これはどういう分類法か。その説明として適当なものを二つ選びなさい。

ア　理性中心主義的な分類法。

イ　「愛」の有無という観点を欠いた分類法。

ウ　宗教の本質をあえて無視した形式的分類法。

エ　理性と宗教の差異を理解していない分類法。

オ　自他を対立したものとみなす分類法。

問六　――部④「秋深き隣は何をする人ぞ」とあるが、この句は何を表現したものだと考えられるか。本文の論旨をふまえ、句自体の意味も分かるような形で、具体的に説明しなさい。

問七　――部⑤「両方をかね備えた世界で生存し続ける」とあるが、戦後の筆者は、どのような形で生きてきたのか。本文全体の内容をふまえ、そのような生き方を求めた理由も分かるように、説明しなさい。

問八　[X] には、夏目漱石の絶筆となった、未完の小説の名前ろん立派なことに違いないが、それ自体は理性的な生き方であって宗教的な生き方とはいえないのではないか。こうした奉仕的な活動は、おおらかに天地に呼吸できるという満足感を与えるけれども、それは理性の世界に属することだと思う。いまも普通は宗教的な形式を指して宗教と呼んでいるようだが、これは③分類法が悪いのだという気がする。

理性的な世界は自他の対立している世界で、これに対して宗教的な世界は自他対立のない世界といえる。自他対立の世界では、生きるに生きられず死ぬに死ねないといった悲しみはどうしてもなくならない。自と他が同一になったところで初めて悲しみが解消するのである。

人の世の底知れぬさびしさも自他対立自体から来るらしい。その辺のところを芥川はよく知っている。④「秋深き隣は何をする人ぞ」の句をとらえて彼は「茫々《ぼうぼう》たる三百年、この荘重の調べをとらへ得たものは独り芭蕉あるのみ」と評している。この考えをふえんして自分で創作を書いたのが『秋』の一編である。ここには芭蕉ほどの荘重の趣きはないが、その代わりシャボン玉に光の屈折するような五彩のいろどりが出ている。そうして人の世のはかないあわれさが非常にきれいに描かれている。自覚してそれを描いたという部分が特によい。芥川もこれに非常な自信をもっていたことが書簡集を読んでみるとよくわかる。とりわけ、(b)ゲンコウがまだ活字になる前に何度も編集者の滝田樗陰（＊3）に手紙を送って訂正しているが、その訂正のしかたが実におもしろい。

漱石も人の世のあじきなさを描こうとしたのに違いない。漱石の意図がどこにあったにせよ、『 X 』にはそれがよく出ている。人の世のさびしさ、あじきなさを何かのきっかけで自覚すると、自他対立の理性的世界であること自体からそのさびしさが来ていることがわかり、ここから救われるためにみな宗教の世界へ来ている。

宗教の世界には自他の対立はなく、安息が得られる。しかしまた自他対立のない世界は向上もなく理想もない。人はなぜ向上しなければならないか、と開き直って問われると、いまの私には「いったん向上の道にいそしむ味を覚えれば、それなしには何としても物足りないから」としか答えられないが、向上なく理想もない世界には住めない。だから私は純理性の世界だけでも、また宗教的世界だけでもやっていけず、⑤両方をかね備えた世界で生存し続けるのであろう。

（岡潔「宗教について」）

《註》

＊1　安部磯雄……同志社出身で、洗礼を受け、アメリカ、ベルリンに留学。キリスト教的人道主義の立場から社会主義を唱えた。（一八六五～一九四九）

＊2　賀川豊彦……キリスト教伝道者にして、社会運動家。貧民救済、無産者の解放などに取り組んだ。（一八八八～一九六〇）

＊3　滝田樗陰……東京帝国大学在学中から雑誌「中央公論」の編集にたずさわり、漱石、藤村らの傑作を掲載。芥川や谷崎といった新人も発掘して、名編集者とうたわれた。（一八八二～一九二五）

問一　＝＝部(a)・(b)のカタカナを漢字に直しなさい。

問二　〰〰部「四時」とは何か。漢字四字で答えなさい。

問三　――部①「その状態はいまもなお続いている」とあるが、宗教を必要とする状態が続いているのはなぜだと考えられるか。その

【国　語】（六〇分）〈満点：一〇〇点〉

【注意】記述は解答欄内に収めてください。一行の欄に二行以上書いた場合は、無効とします。

一　次の文章を読んで、後の問いに答えなさい。

太平洋戦争が始まったとき、私はその知らせを北海道で聞いた。その時とっさに、日本は滅びると思った。そうして戦時中はずっと研究の中に、つまり理性の世界に閉じこもって暮した。

ところが、戦争がすんでみると、負けたけれども国は滅びなかった。その代わり、これまで死なばもろともと誓い合っていた日本人どうしが、われがちにと食糧の奪い合いを始め、人の心はすさみ果てた。私にはこれがどうしても見ていられなくなり、自分の研究に閉じこもるという(a)**トウヒ**の仕方ができなくなって救いを求めるようになった。生きるに生きられず、死ぬに死ねないという気持だった。これが宗教の門に入った動機であった。

戦争中を生き抜くためには理性だけで十分だったけれども、戦後を生き抜くためにはこれだけでは足りず、ぜひ宗教が必要だった。①**その状態はいまもなお続いている**。宗教はある、ないの問題ではなく、いる、いらないの問題だと思う。

宗教と理性とは世界が異っている。簡単にいうと、人の悲しみがわかるというところに留まって活動しておれば理性の世界だが、人が悲しんでいるから自分も悲しいという道をどんどん先へ進むと宗教の世界へ入ってしまう。そんなふうなものではないかと思う。いいかえれば、人の人たる道をどんどん踏みこんでゆけば宗教に到達せざるを得ないということであろう。

大学生のころ、宗教に熱心だった叔母から、ある洋服屋さんが「世の中にはなぜこうも悲しい人や悲しい事が多いのだろう。それを思うと自分はまことに悲しい」といったという話を聞いて「この洋服屋さんは実に宗教的な素質がある。自分などはとてもこんな感じ方はできない」と思った経験があるが、人の悲しみがわかること、そして自分もまた悲しいと感じることが宗教の本質なのではなかろうか。キリストが「愛」といっているのもこのことだと思う。

芥川龍之介は「きりしとほろ上人伝」の中で、キリストを背負って嵐の吹き荒れる河を渡りながら上人が「お前はなぜこんなに重いのか」とたずねたとき「自分は世界の苦しみを身に荷うているのだ」とキリストに答えさせている。芥川は的確に②**キリストの本質**をついていると思う。前へ進むのに謙虚さでいく人と理想追求でいく人とあるとすれば、芥川は後者で、謙虚さよりも理想が勝っていたが、人物評論は随分よくできる人だった。また、彼は釈迦《しゃか》についても「沙羅《さら》のみづ枝《え》に花さけば悲しき人の目ぞ見ゆる」といっている。（中略）

宗教と宗教でないものとの違いは、孔子と釈迦やキリストをくらべればはっきりする。孔子は「天、道を我に生ず」といっているが、この「天」は「**四時**運行し万物生ず」といった大自然の行政機構のことである。また「仁」については説けず、ただ理想として語り得たにすぎない。孔子の述べたものは道義であって、宗教ではなかったといえるだろう。

またキリスト教の人たちでも、たとえば(＊1)安部磯雄《あべいそお》、(＊2)賀川豊彦《かがわとよひこ》といった人が世の悲しみをなくすためにいろいろな活動をした。それはもち

2020年度

解　答　と　解　説

《2020年度の配点は解答欄に掲載してあります。》

＜数学解答＞《学校からの正答の発表はありません。》

1　(1)　$3x^4y^{13}$　(2)　①　$28-10\sqrt{5}$　②　$\sqrt{3}$　(3)　$\frac{4\sqrt{5}+16\sqrt{2}}{9}$　(4)　4

2　(1)　A君　1回目　×　2回目　×　B君　1回目　○　2回目　○　(2)　6通り
(3)　22通り

3　(1)　CO：OE＝2：1　(2)　AF：FB＝11：9　(3)　$a=\frac{\sqrt{2}}{2}$

4　(1)　BE＝$\sqrt{3}+1$　(2)　LG＝$\frac{\sqrt{3}-1}{2}$　(3)　$\frac{2-\sqrt{3}}{4}$

5　(1)　$3a^2$　(2)　$\frac{41}{12}a^3$

○推定配点○

1　各6点×4((2)は各3点×2)　2　(1)　各1点×4　(2)・(3)　各6点×2
3　(1)　6点　(2)・(3)　各8点×2　4　(1)　6点　(2)・(3)　各8点×2
5　各8点×2　計100点

＜数学解説＞

1　(小問群―数・式の計算，平方根，式の値，円の性質，相似，三平方の定理，二次方程式)

(1)　$\frac{-(-4x^2y^3)^3}{3} \div \left(\frac{3y^4}{-2x^3}\right)^2 = -\left(-\frac{64x^6y^9}{3}\right) \times \left(\frac{4x^6}{9y^8}\right) = \frac{256x^{12}y^9}{27y^8} = \frac{256x^{12}y}{27}$　$\left(-\frac{4x^2}{3y^2}\right)^4 = \frac{256x^8}{81y^{12}}$

よって，$\frac{256x^{12}y}{27} \div \frac{256x^8}{81y^{12}} = \frac{256x^{12}y}{27} \times \frac{81y^{12}}{256x^8} = 3x^4y^{13}$

(2)　①　$x+\frac{1}{x}=5-\sqrt{5}$の両辺を2乗すると，$x^2+2+\frac{1}{x^2}=25-10\sqrt{5}+5$　$x^2+\frac{1}{x^2}=28-10\sqrt{5}$

②　$\frac{\sqrt{x^4-10x^3+25x^2-10x+1}}{x} = \sqrt{\frac{x^4-10x^3+25x^2-10x+1}{x^2}} = \sqrt{x^2+\frac{1}{x^2}-10x-\frac{10}{x}+25}$　$x^2+\frac{1}{x^2}$
$=28-10\sqrt{5}$　$-10x-\frac{10}{x}=-10\left(x+\frac{1}{x}\right)=-10(5-\sqrt{5})=-50+10\sqrt{5}$　よって，
$\sqrt{x^2+\frac{1}{x^2}-10x-\frac{10}{x}+25}=\sqrt{(28-10\sqrt{5})+(-50+10\sqrt{5})+25}=\sqrt{3}$

やや難　(3)　直径に対する円周角は90°なので，∠ACB＝90°　△ABCで三平方の定理を用いると，AC＝$\sqrt{AB^2-BC^2}=\sqrt{20}=2\sqrt{5}$　点Cから直線DBに垂線CHを引くと，△ABCと△DCHにおいて，直径に対する円周角だから，∠ACB＝90°＝∠DHC　弧BCに対する円周角だから，∠BAC＝∠CDH　2組の角がそれぞれ等しいので，△ACB∽△DHC　よって，AC：DH＝BC：CH　CH＝xとすると，$2\sqrt{5}$：DH＝4：x　DH＝$\frac{2\sqrt{5}}{4}x$　BH＝$\frac{2\sqrt{5}}{4}x-2$

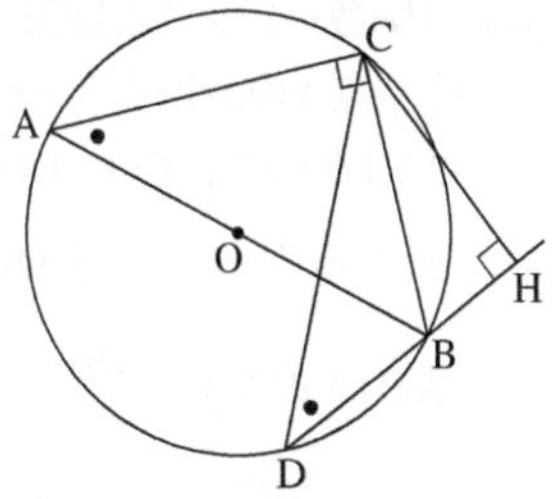

△BCHで三平方の定理を用いると，$\left(\frac{2\sqrt{5}}{4}x-2\right)^2+x^2=4^2$　$\frac{5}{4}x^2-2\sqrt{5}x+4+x^2=16$　$5x^2-8\sqrt{5}x+4x^2=48$　$9x^2-8\sqrt{5}x-48=0$　$x=\frac{8\sqrt{5}\pm\sqrt{320+4\times9\times48}}{2\times9}=\frac{8\sqrt{5}\pm4\sqrt{20+108}}{18}=\frac{4\sqrt{5}\pm16\sqrt{2}}{9}$　$x>0$なので，$x=\mathrm{CH}=\frac{4\sqrt{5}+16\sqrt{2}}{9}$　よって，$\triangle\mathrm{BCD}=\frac{1}{2}\times\mathrm{BD}\times\mathrm{CH}=\frac{1}{2}\times2\times\frac{4\sqrt{5}+16\sqrt{2}}{9}=\frac{4\sqrt{5}+16\sqrt{2}}{9}$

(4)　$2x^2-kx-8=0$，$x^2-x-2k=0$の共通の解をaとすると，$2a^2-ka-8=0$…①，$a^2-a-2k=0$…②　①−②×2から，$-ka-(-2a)-8-(-4k)=0$　$-ka+4k+2a-8=0$　$k(a-4)-2(a-4)=0$　$a-4=\mathrm{A}$とおくと，$k\mathrm{A}-2\mathrm{A}=0$　$\mathrm{A}(k-2)=0$　Aを元に戻すと，$(a-4)(k-2)=0$　$a=4$　なお，$k=2$のときには，①は$2x^2-2x-8=0$　$x^2-x-4=0$　②は$x^2-x-4=0$　①と②は同じ方程式になってしまう。

2　**(規則性ーじゃんけんの勝敗と部屋の移動)**

(1)　3回目にAが勝ったということは，3回目の後でAは②か③に移動した。3回目にBが負けたということは，Bは3回目の後で①か②に移動した。よって，②の部屋で一緒になったのだから，Bは1回目が○，2回目も○である。よって，Aは1回目に○ということはないから，Aは1回目で×，2回目も×である。

(2)　3回目のじゃんけんの後で③の部屋で一緒になることがあるとすれば，2回目のじゃんけんの後で一方が②の部屋，他方が③の部屋にいて，3回目に二人とも勝つ場合である。よって，〈A：○○○，B×○○〉と〈A×○○，B○○○〉の2通りある3回目のじゃんけんの後で②の部屋で一緒になるとすると，(1)で求めた〈A：××○，B：○○×〉と，AとBの結果を入れかえた〈A：○○×，B：××○〉の2通りがある。3回目のじゃんけんの後で①の部屋で一緒になる場合は，2回目のじゃんけんの後で一方が①の部屋，他方が②の部屋にいて，3回目に二人とも負ける場合である。よって，〈A：○××，B：×○×〉と，AとBの結果を入れかえた〈A：×○×，B：○××〉の2通りがある。よって，6通りある。

(3)　1回目にAが勝った場合のみで考えてみる。3回目の後で二人が同じ部屋になった場合は，4回目の後で同じ部屋になることはない。4回目の後で③の部屋で一緒になるのは，3回目の後で一方が③の部屋にいて他方が②の部屋にいたときである。〈A：○○○○，B：××○○〉，〈A：○○×○，B：×○○○〉，〈A：○×○○，B：×○○○〉　4回目の後で②の部屋で一緒になるのは，3回目の後で一方が③の部屋にいて他方が①の部屋にいたときである。〈A：○○○×，B：×○×○〉，〈A：○○○×，B：×××○〉，〈A：○××○，B：×○○×〉　4回目の後で①の部屋で一緒になるのは，3回目の後で一方が②の部屋にいて他方が①の部屋にいたときである。〈A：○○××，B：×○××〉，〈A：○○××，B：××××〉，〈A：○×○×，B：×○××〉，〈A：○×○×，B：××××〉，〈A：○×××，B：××○×〉　以上の11通りある。1回目にBが勝つ場合も11通りあるので，全部で22通りある。

3　**(関数・グラフと図形ー座標，直線の式，線分の比，面積の二等分，面積の比，相似)**

(1)　点Aのx座標を$-p$とすると，$\mathrm{A}(-p,\ ap^2)$　CD：DO＝2：1なので，CO：DO＝3：1　よって，点Cのx座標は$-3p$と表せるから，直線ABの傾きは，$\frac{ap^2}{-p-(-3p)}=\frac{ap}{2}$　直線ABの式を$y=\frac{ap}{2}x+b$とおいて$(-3p,\ 0)$を代入すると，$0=-\frac{3ap^2}{2}+b$　$b=\frac{3ap^2}{2}$　$y=\frac{ap}{2}x+\frac{3ap^2}{2}$　$y=ax^2$と

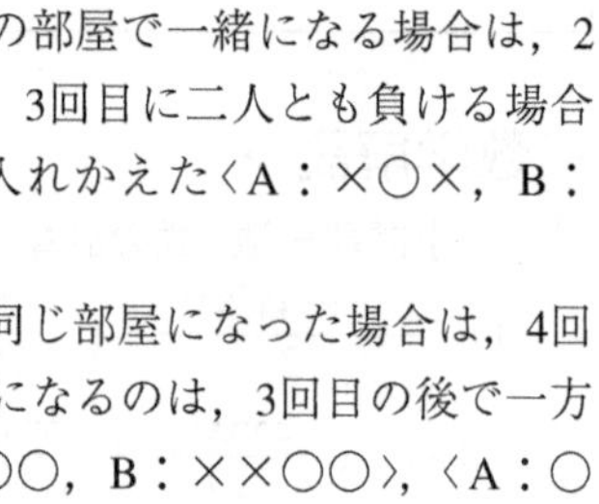

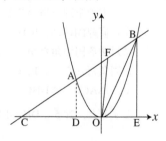

直線ABとの交点のx座標は，方程式$ax^2=\frac{ap}{2}x+\frac{3ap^2}{2}$の解として求められるから，$2x^2-px-3p^2=0$　$(2x-3p)(x+p)=0$　点Bのx座標は正だから，$x=\frac{3p}{2}$　$\mathrm{E}\left(\frac{3p}{2},\ 0\right)$　よって，CO：OE＝$\{0-(-3p)\}:\left(\frac{3p}{2}-0\right)=3p:\frac{3p}{2}=2:1$

重要　(2)　△BCOと△BCEはCO，CEを底辺とみたときの高さは等しいから，面積の比は底辺の比に等しい。△BCO：△BCE＝CO：CE＝2：3　△BCO＝$\frac{2}{3}$△BCE…①　CF：CB＝$f:g$とすると△FCO：△BCO＝CF：CB＝$f:g$　△FCO＝$\frac{f}{g}$△BCO…②　①を②に代入すると，△FCO＝$\frac{f}{g}\times\frac{2}{3}$△BCE　$\frac{f}{g}\times\frac{2}{3}=\frac{1}{2}$のとき直線$m$は△BCOの面積を二等分するから，$\frac{f}{g}=\frac{3}{4}$　よって，CF＝$\frac{3}{4}$CB，FB＝$\frac{1}{4}$CB　ところで，CA：CB＝CD：CE＝$\{-p-(-3p)\}:\left\{\frac{3}{2}p-(-3p)\right\}=2:\frac{9}{2}=4:9$　CA＝$\frac{4}{9}$CB　AF＝CF－CA＝$\frac{3}{4}$CB－$\frac{4}{9}$CB＝$\frac{11}{36}$CB　したがって，AF：FB＝$\frac{11}{36}$CB：$\frac{1}{4}$CB＝11：9

(3)　E(3，0)のとき，$\frac{3p}{2}=3$，$p=2$　よって，A$(-2,\ 4a)$，B$(3,\ 9a)$，C$(-6,\ 0)$　OA⊥ABとなるとき，∠CDA＝∠ADO＝90°，∠CAD＝90°－∠OAD＝∠AOD　2組の角がそれぞれ等しいので，△CDA∽△ADO　よって，CD：AD＝AD：OD　$4:4a=4a:2$　$16a^2=8$　$a^2=\frac{1}{2}$　$a>0$なので，$a=\sqrt{\frac{1}{2}}=\frac{\sqrt{2}}{2}$

4　**(平面図形－正十二角形，円周角，角度，特別な三角形，平行線と線分の比)**

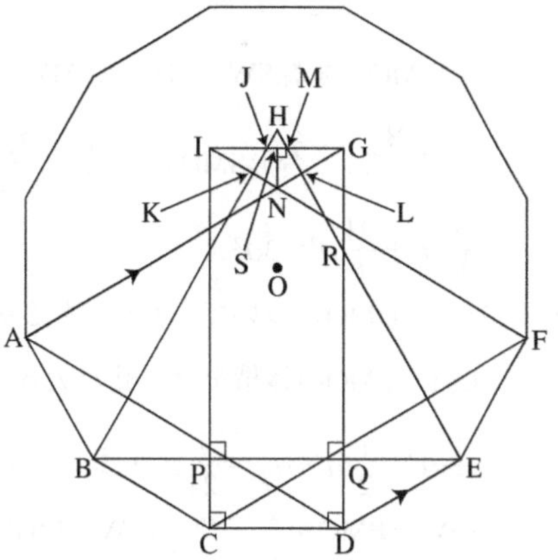

(1)　正十二角形に外接する円の中心をOとする。弧ACは円周の$\frac{2}{12}$なので，∠AOC＝60°　同じ弧に対して円周角は中心角の$\frac{1}{2}$だから，∠ADC＝30°　よって，∠CDG＝90°　同様にして，∠DCI＝90°　したがって，四角形CDGIは長方形である。また，CB＝DE，∠CBE＝∠DEBだから，四角形BCDEは等脚台形であり，BE//CD　BEとCI，BEとDGの交点をそれぞれP，Qとすると，∠BPC＝∠EQD＝90°　よって，△BPC，△EQDは内角の大きさが30°，60°，90°の直角三角形であり，3辺の比が$2:1:\sqrt{3}$となる。BP＝EQ＝$\frac{\sqrt{3}}{2}$BC＝$\frac{\sqrt{3}}{2}$　PQ＝CD＝1　よって，BE＝$\sqrt{3}+1$

重要　(2)　∠EDG＝∠AGD＝60°　錯角が等しいから，AG//DE　HEとDGの交点をRとすると，LG：ED＝GR：DR　△RDEは内角の大きさが30°，60°，90°の直角三角形だから，RD＝2DE＝2　DG＝BE＝$\sqrt{3}+1$　よって，GR＝DG－DR＝$\sqrt{3}-1$　したがって，LG：1＝$(\sqrt{3}-1):2$　LG＝$\frac{\sqrt{3}-1}{2}$

やや難　(3)　△NIGは底角が30°の二等辺三角形だから，点NからIGに垂線NSを引くと，△NGSは内角の大きさが30°，60°，90°の直角三角形だから，NG：NS：GS＝$2:1:\sqrt{3}$　GS＝IS＝$\frac{1}{2}$なので，

$\mathrm{NH}=\frac{1}{2\sqrt{3}}=\frac{\sqrt{3}}{6}$　よって，$\triangle\mathrm{NGI}=\frac{1}{2}\times1\times\frac{\sqrt{3}}{6}=\frac{\sqrt{3}}{12}$　△MGLも内角の大きさが30°，60°，90°の直角三角形なので，$\mathrm{ML}=\frac{1}{\sqrt{3}}\mathrm{LG}=\frac{\sqrt{3}-1}{2\sqrt{3}}=\frac{3-\sqrt{3}}{6}$　よって，$\triangle\mathrm{MGL}=\frac{1}{2}\times\frac{\sqrt{3}-1}{2}\times\frac{3-\sqrt{3}}{6}=\frac{4\sqrt{3}-6}{24}=\frac{2\sqrt{3}-3}{12}$　△JIK＝△MGLだから，五角形JKNLMの面積は，$\frac{\sqrt{3}}{12}-\frac{2\sqrt{3}-3}{12}\times2=\frac{6-\sqrt{3}}{12}=\frac{2-\sqrt{3}}{4}$

5　(空間図形－切断，面積，体積，三平方の定理関数，相似)

重要　(1)　右図のように点Q～Vを置く。線分DMは正方形EQRSの対角線の交点を通り，線分DOは正方形GTUVの対角線の交点を通る。よって，立方体ABCD－EFGHについては，切り口は△DQVとなり，直方体IJKL－MNOPについては，切り口は台形SMOTとなる。

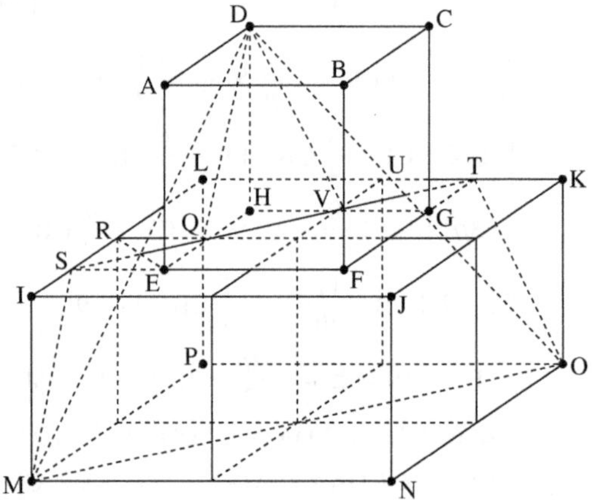

△DQVについては，△DHQ，△DHVで三平方の定理を用いると，$\mathrm{DQ}=\mathrm{DV}=\sqrt{a^2+\left(\frac{a}{2}\right)^2}=\sqrt{\frac{5}{4}a^2}=\frac{\sqrt{5}}{2}a$　$\mathrm{QV}=\frac{\sqrt{2}}{2}a$　△DQVは二等辺三角形なので，QVを底辺とみたときの高さは，$\sqrt{\mathrm{DQ}^2-\left(\frac{1}{2}\mathrm{QV}\right)^2}=\sqrt{\frac{5}{4}a^2-\frac{1}{8}a^2}=\sqrt{\frac{9}{8}a^2}=\frac{3}{2\sqrt{2}}a$　したがって，$\triangle\mathrm{DQV}=\frac{1}{2}\times\frac{\sqrt{2}}{2}a\times\frac{3}{2\sqrt{2}}a=\frac{3}{8}a^2$…①　台形SMOTについては，$\mathrm{ST}+\mathrm{MO}=\frac{3\sqrt{3}}{2}a+2\sqrt{2}a=\frac{7\sqrt{2}}{2}a$　SからMOに垂線SWを引くと，$\mathrm{MW}=(\mathrm{MO}-\mathrm{ST})\div2=\frac{\sqrt{2}}{4}a$　$\mathrm{SW}=\sqrt{\frac{5}{4}a^2-\frac{1}{8}a^2}=\frac{3}{2\sqrt{2}}a$　したがって，$(\text{台形SMOT})=\frac{1}{2}\times\frac{7\sqrt{2}}{2}a\times\frac{3}{2\sqrt{2}}a=\frac{21}{8}a^2$…②　①＋②から，切り口の表面積は，$\frac{3}{8}a^2+\frac{21}{8}a^2=3a^2$

やや難　(2)　面DMOについて，点Lのある側の立体の体積は，三角すいA－HQVと立体LST－PMOの体積を合わせた大きさである。$(\text{三角すいA}-\text{HQV})=\frac{1}{3}\times\left(\frac{1}{2}\times\frac{1}{2}a\times\frac{1}{2}a\times a\right)=\frac{1}{24}a^3$…①　立体LST－PMOは右図で示すように，三角すいW－PMOから三角すいW－LSTを除いたものである。WL：WP＝SL：MP＝$\frac{3}{2}a:2a=3:4$　三角すいW－PMOと三角すいW－LSTは相似であり，相似な立体の体積は相似比の3乗に等しいから，(三角すいW－LST)：(三角すいW－PMO)＝27：64　(立体LST－PMO)：(三角すいW－PMO)＝37：64　また，WL：WP＝3：4，LP＝aなので，WP＝$4a$　よって，$(\text{立体LST}-\text{PMO})=\frac{1}{3}\times\left(\frac{1}{2}\times2a\times2a\right)\times4a\times\frac{37}{64}=\frac{8}{3}a^3\times\frac{37}{64}=\frac{37}{24}a^3$…②　①＋②から，$\frac{1}{24}a^3+\frac{37}{24}a^3=\frac{19}{12}a^3$　したがって，2つに分けた立体のうち体積の大きい方の体積は，$5a^3-\frac{19}{12}1a^3=\frac{41}{12}a^3$

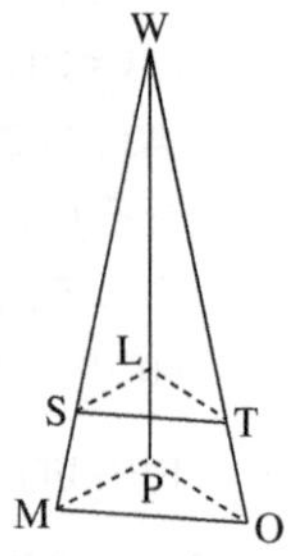

★ワンポイントアドバイス★

[1](2)は，$x+\frac{1}{x}$や$x^2+\frac{1}{x^2}$が使える形に変形する。[1](3)は，BDを底辺として考える。[4]は，辺の比が$2:1:\sqrt{3}$の三角形を利用する。[5](1)は，DM，DOが面IJKLのどこを通るかをつかむ。(2)は，まずは体積を求めやすい方の体積を求める。

＜英語解答＞ 《学校からの正答の発表はありません。》

[1] 1 ウ・use　2 ウ・much[far]　3 ウ・it will take　4 イ・to study
5 ア・Australia　6 ア・(who[that] is) known

[2] 1 A ク　B イ　C キ　2 A キ　B エ　C イ
3 A オ　B ウ　C ア　4 A ウ　B キ　C エ
5 A ア　B エ　C オ

[3] (1) (例) there are only a few signs written in English in Tokyo
(2) (例) The trains will be very crowded with visitors from foreign countries

[4] 問1 1 ウ　2 エ　3 イ　4 ア　5 ウ　6 ア　7 ア　問2 ウ

[5] 問1 (例) 牝牛の出産を手伝うように頼まれていたから。(21字)　問2 イ
問3 [A] 2,000　[B] 750　[C] 50　問4 ウ　問5 the crowd
問6 ウ，エ，ク

LISTENING COMPREHENSION
【Part 1】 1 T　2 F　3 F　4 T
【Part 2】 No. 1 ア　No. 2 エ　No. 3 ウ　No. 4 エ

○推定配点○
[1]，[2]，[5]問1　各3点×12　[3]，[4]問1　各4点×9　[4]問2，[5]問2～問6　各2点×10
Listening　各1点×8　計100点

＜英語解説＞

重要 [1] (正誤問題：進行形，比較，間接疑問文，不定詞，関係代名詞)

1 「アメリカ出身のほとんどの人々は1つの言語しか話さないが，世界中の多くの人々は日常の生活の中で2つの言語を使っている」 日常の状況を述べている文なので，文前半の動詞 speak に合わせ，文後半の動詞も use と現在形で表す。

2 「私が初めて東京に行ったとき，私は東京スカイツリーを見たかった，なぜならそれは日本の他の塔よりもはるかに高いからだ」「はるかに」の意味で比較級を強調するときは much または far を使う。

3 「私たちは美術館へ行くことを考えているが，そこまで行くのにどのくらい時間がかかるのか知らない」 how long 以下は動詞 know の目的語になる間接疑問。間接疑問は〈疑問詞＋主語＋動詞〉の語順になるので，how long it will take が正しい。

4 「私のクラスメートと私は数学の試験の勉強をするのを忘れて試験で成績が悪かった，なぜなら学園祭のためにたくさんのことを準備していたからだ」「(これからすること)を忘れる」という

場合は〈forget ＋ to ＋動詞の原形〉で表す。〈forget ＋ ～ing(動名詞)〉は「(過去にしたこと)を忘れる」という意味を表す。forget の反意語 remember についても同様。

5 「彼女は2年間会っていない家族のところに泊まるためにオーストラリアを訪問中だ」 visit は他動詞なので目的語をとる。「～を訪問する」というとき，後にくる名詞の前に前置詞は不要。to Australia の to が不要である。

6 「ポップの王として知られているアメリカの歌手，マイケル・ジャクソンは世界の他のどの歌手よりも多くのアルバムを売ってきた」 an American singer「アメリカの歌手」とその直後の is known as the King of Pop「ポップの王として知られている」をつなげるために，is known の前に主格の関係代名詞 who[that] が必要。過去分詞 known だけでも an American singer を修飾することができる。

やや難 2 **(語句整序問題：進行形，不定詞，関係代名詞，接続詞，分詞，間接疑問文)**

(全訳) かつて，見事なゾウに乗って世界を旅した男がいた。ある晩，1彼は眠る場所を探していて，6人兄弟が暮らす家を見つけた。

彼はドアをノックして，彼らに寝床とゾウのための場所を貸してくれるように頼んだ。

兄弟たちはとまどった様子だった。「ゾウとは何ですか」「人生の何事もただではない」というと彼らは尋ねた。

「ゾウを見たことがないのですか」と男は尋ねた。「みなさんは驚くことでしょう！」

しかしすでに暗くなっていて，その夜は月が出ていなかったので，男は「眠りましょう，朝にゾウをお見せしますよ」と言った。

兄弟たちはほほえんだ。「私たちは皆，目が見えないのです」と彼らは男に言った。「今，2あなたがゾウと呼ぶものを私たちに教えてください。私たちはそれについてすべてを知りたいのです！」

男は兄弟たちを木の葉を食べながら外に立っているゾウのところまで導いて，兄弟たちは周りに立ってそれを触り始めた。しかし，ゾウは3とても大きかったので，触られているそれぞれの部分が違っていた。1人の兄弟はその足を触って，建物の柱のようだと言った。別の兄弟はその尾を握って太い縄だと言った。また別の兄弟はその耳を触って皮のエプロンのような感じだと言った。

兄弟たちは4だれが正しいかについて争い始めた。少しして，男が「友たちよ，争う必要はありませんよ。あなたたちはゾウについてそれぞれが正しいのです。でも，自分は真実をすべて知っていると考えているのはみな間違っています。ゾウにはいろいろな部分があるのです。ゾウを理解したいならば，5あなたたちは他の兄弟たちの話を聞くことが大切なのです」と言った。

1 (One evening,) he was looking for a place to sleep (and found …) he を主語にして，was，looking があることから he was looking ～ という過去進行形の文を考える。look for ～ で「～を探す」という意味になるので，a place をその目的語とする。a place の後に形容詞的用法の不定詞 to sleep を続けて「眠るための場所」とする。

2 (Please) show us the thing that you call an elephant (now.) 文頭の Please から命令文と判断し，動詞 show を続ける。〈show ＋人＋もの・こと〉の文型を考え show us the thing として，that を関係代名詞として用いて the thing を後ろから修飾する形にする。

3 (However, the elephant) was so big that every part being touched (was different.) 与えられた語から so ～ that …「とても～なので…」の構文を考える。being touched は受動態〈be動詞＋過去分詞〉のbe動詞が現在分詞になった形。「触られている」の意味で直前の part を修飾している。

4 (The brothers) began to fight about who was right. began to fight about「～について争い始めた」とまとめ，about の目的語として間接疑問 who was right「だれが正しいか」を

続ける。

5　It's important for you to listen to your other brothers (if you want to …)　与えられた語句から〈It is ～ for ＋人＋ to ＋動詞の原形〉の構文を考える。listen to ～「～の言うこと[話]を聞く」。

やや難 3 (条件英作文問題：分詞，受動態)

(全訳)　タク：あと半年くらいで夏のオリンピックが東京で始まるね。そんなすばらしい行事が本当に楽しみだよ。

ナナ：ええ！　その期間中は海外から何十万人もの観光客が日本を訪れるでしょうね。でも，世界で最もにぎやかな都市の1つである東京は今，多くの問題に直面しているわ。例えば，(1)東京には英語で書かれた標示が少ししかないわ。

タク：うーん…。駅や通りに英語の表示をもっと置けば役立つだろうね。それらを見ることで，外国の観光客は自分がどこにいるのかがわかって，簡単に道が見つけられるよ。

ナナ：いい考えね！　でも，他にも問題があるわ。(2)外国からの観光客で電車がとても混雑するわ。

タク：電車の代わりに，低価格で観光客に自転車を貸すのはどうかな？　移動の手段が増えれば公共交通機関はそれほど混まないよ。

ナナ：いいわね！　オリンピックを成功させることができるといいわ！

(1)　ナナの発言に対するタクの返答から，「東京には英語の標識が少ない」といった内容の英文を入れる。解答例の only a few ～ は「少ししかない」という意味。We have only a few signs ～ in Tokyo. という形で表すこともできる。

(2)　同様に，タクの返答から「電車が混雑する」といった内容の英文を入れる。be crowded with～「～で混雑する」を用いれば，「外国人観光客で混雑する」という内容を表すことができる。電車以外にバスなども考えられるが，タクが電車に限定して答えているので，ナナも電車の混雑について発言したと考えるのが適切。

4 (長文読解問題・説明文：英問英答，語句選択補充)

(全訳)　【1】 監視されていると感じたことはあるだろうか。そのように感じさせるかもしれない新技術がいくつかある。デジタルの広告看板には通りの人々に向けられたカメラと，年齢や性別で人々を認識しようとするソフトがついている。それから，看板広告を見ている人々に向けた広告を表示するために，広告看板の中のコンピューターがこの情報を利用する。例えば，男性が化粧品の広告を示している広告看板の前を通り過ぎれば，コンピューターはレストランやスポーツ用品など，もっと男性の注目を引く可能性のあるものの広告に変えることができる。

【2】 広告主がこれを対象とする客にたどり着く大きなチャンスと見ている一方で，中にはこのような種類のものはプライバシーの侵害であると感じる人々がいる。人々は今，情報が共有され，インターネット上で売り買いされている状況に関心を高めている。こうした議論には今，この「スマートな」看板広告のような技術が含まれるだろう。しかし，広告主たちは，自分たちは今，人々のプライバシーへの注意を深くしていると言い，日本とアメリカ合衆国の広告看板を検査した企業は，広告看板は人々の年齢や性別を推測することはできるが，顔を認識したり人々に関する個人情報を得ることはできないだろうと言っている。

【3】 最近まで，こうした「個人的な」広告はほとんどインターネットに限られていた。そうしたサイトに接続するそれぞれのコンピューターに個々の特性があるため，グーグルのような検索エンジンは，私たちが捜し求めるものを追跡することができる。そして企業は，この情報を使って人々が捜し求めている製品やサービスの広告を表示するために検索エンジンにお金を支払うのだ。だか

ら，旅行の情報を捜し求めれば航空会社やホテルの広告を見る可能性が高まるのだ。この種の広告は従来の広告よりも便利で役立つ。

【4】 より個人に特化したメッセージを配信するために前進することに加え，広告主はさらに便利な情報を提供するために広告看板を利用している。デジタルの広告看板は，時刻，天気，ニュースの見出しなどのような情報を表示するためにインターネットに接続することができる。将来，この技術はソーシャル・ネットワーク・サービス(SNS)上での活動を映したり，地域の行事を広告するために使われるかもしれない。

【5】 今日の世界では，何千もの広告が日々気づかれることなく流れている。広告主は，広告を見るという経験を個人のものにすることによってこの流れを変えようとしている。だから，次に広告看板を見るときには気をつけるのだ－それはあなた$_{\text{A}}$を探しているかもしれないのだ。

問1　1　質問は，「デジタルの広告看板は何を探しますか」という意味。第1段落第3文に，広告看板に取りつけられたカメラが通りの人々に向けられ，ソフトでその人々の年齢と性別を認識することが述べられているので，ウ「個人の年齢と性別」が適切。アは「個人のファッション・スタイル」，イは「個人が持ち運んでいるもの」，エは「個人の注意を捕えるもの」という意味。エはカメラから得た情報をもとにコンピューターがすることなので不適切。　2　質問は，「段落【2】の主題は何ですか」という意味。第2段落第1，2文「広告主がこれを対象とする客にたどり着く大きなチャンスと見ている一方で，このような種類のものはプライバシーの侵害であると感じる人々もいる。人々は今，情報が共有され，インターネット上で売り買いされている状況に関心を高めている」から，広告主がコンピューターを使って客を見つける手段に不安を感じる人々がいることがわかる。段落の後半で広告主が個人的な情報を得ることはできないと言っていることが述べられているが，これは広告主の側の反論であり事実とは言えない。エ「人々は広告看板によって集められるタイプの情報のことを心配している」が適切。アは「ハイテクの広告看板は個人情報を集めていない」，イは「人々は日本とアメリカ合衆国で検査された広告看板のことを気にしていない」，ウは「広告主たちはインターネット上で客に関する情報を買っている」という意味。　3　質問は，「本文はなぜグーグルについて述べているのですか」という意味。第3段落第2文でグーグルが個人的な情報を追跡する能力に優れていることが述べられ，それに続いて企業がそうした能力にお金を支払っている事実が述べられている。グーグルは情報収集に優れている検索エンジンの例として触れられているということなので，イ「それは情報を集めることにおいて他の検索エンジンよりも優れている」が適切。アは「それは企業に情報を売っている検索エンジンの一例である」，ウは「それは情報を得るためにハイテクの広告看板を利用し始めた」，エは「それはインターネットユーザーの姿を映し出すためのより優れた方法を開発することを計画している」という意味。　4　質問は，「航空券をオンラインで購入するとどのようなことが起こる可能性が高いですか」という意味。第3段落最後から2文目「旅行の情報を捜し求めれば航空会社やホテルの広告を見る可能性が高まる」から，探し求めている情報がコンピューターによって解析されることによって，オンラインで探した情報に関連する別の情報を見る機会が増すことがわかるので，ア「ホテルやレンタル企業の広告を見るだろう」が適切。イは「航空券でよりよい値段を得るだろう」，ウは「航空会社のウェブサイトで広告を見ることはないだろう」，エは「靴や衣料で割引を受けられるだとう」という意味。　5　質問は，「筆者はデジタルの広告看板について何と言ってますか」という意味。第4段落第2文に，筆者がデジタル広告看板について「デジタルの広告看板は，時刻，天気，ニュースの見出しなどのような情報を表示するためにインターネットに接続することができる」と述べているので，ウ「天気やニュースについての情報を示す」が適切。アは「通りに入る人々にインターネットを使わせる」，イは「映画やコマーシャルを見せる」，エは「店や建物の中に置かれている」という意味。　6　質問は，「広告主がハイテクの広告看板を作る理由は何ですか」という意味。第5段落第1，2文「今日の世界では，何千もの広告が日々気づかれることなく流れている。広告主は，広告を見る経験を個人的なものにすることによってこの流れを変えようとしている」から，一般に人々は広告に注意を払わないこと，広告主がそれを打開しようとしていることがわかる。したがって，ア「人々は通常の広告に注意を払わない」が適切。イは「通常の広告は適切な場所にない」，ウは「ハイテクの広告看板を作る方が安い」，エは「人々はこの新しいタイプの広告のことを不安に思っている」という意味。

7　質問は，「最も適切な題名は何ですか」という意味。筆者は第5段落最終文で，「次に広告看板を見るときには気をつけるのだ」と広告看板への注意を促していることなどから，ア「技術の危険性」が適切。イは「広告看板の過去と現在」，ウは「情報はいかにして売られているか」，エは「広告の新たな段階」という意味。

基本　問2　第2段落では現代の広告看板には個人情報を得る危険性があることが述べられており，筆者は空所を含む文の直前で，広告看板に注意するよう読者に訴えている。また，第5段落第2文で述べられているように，広告看板は個人を特定しようとしていることから，空所にウを入れて，「広告看板はあなたを探しているかもしれない」という文意にするのが本文の趣旨に合う。

5　**(長文読解・物語文：内容吟味，語句解釈，語句補充，文補充)**

(全訳)　クリスマスの2日後，ある女性とその学童の息子がオンディニでの私の午前の診療が終わるのを待ちながら座っていた。彼女は私が彼女の母親の牝牛を診に行くことを望んでいて，その牝牛には産まれるのを待つ子牛がいた。しかし，もう2日の間，子牛は出てこようとせず，その気の毒な牝牛はとても疲れてきていた。

そして私たち，その女性，学童，私の助手，そして私自身は出発した。私は1時間悪道を小型トラックで進んだ。その後，私たちはおよそ45分間岩場を越え，川沿いを歩いた。ようやく私たちはとても小さな村に着き，私はすぐに気の毒な高齢の牝牛が疲れ切った様子で果物の木の下にいるのに気づいた。

彼女たちは2つのすてきな木の椅子を持ち出してきた。私はその上に自分の黒いかばんを置いたが，まずグラニーにあいさつをした。彼女がその牝牛の持ち主だった。彼女はとても小柄な女性だったが，村の彼女の一家の主だった。

それから私は牝牛をよく見て，子牛がまだ生きていてとても大きいことがわかった。そこで，助手に手伝ってもらいながら，私は牝牛を眠らせて帝王切開を行った－子牛を取り出すために牝牛を切開したのだ。

手術が終わったとき，50人ほどの群衆が私を見守っていた－男性たちは立っていて，高齢の女性たちは地面に座り，子供たちは果物の木に座っていた。今や子牛は自分の脚で立ち上がろうとしていて，頭を左右に振っていた。

だれかがグラニーが座るための椅子を持ってきた。

彼女は，「お金の話をしなくてはなりません。いくら支払ってほしいですか」と全員に聞こえるように声をあげた。

私は，「そうですねえ，あなたは死んだ牝牛と死んだ子牛を手にするところでしたが，私が来て子牛を取り出し，今や2匹とも生きていますね？」と言った。

彼女は同意し，他の50人も同意した。

「そして私はオンディニからずっと小型トラックでやって来ました－日曜日にビールを飲んでいる老人と同じくらいのどの渇いた車で」

ほほえんだり笑い声が起こったりした。

「そして，あなたがこの子牛の面倒をよく見て彼が丈夫な若い牡牛に成長すれば，1歳のときにはオンディニの市場で彼のために1,500ランドが支払われるでしょうね？」

「そうとも」と，群衆の中の高齢の男性たちがうなずいた。

「そして牝牛は…歳を取っていて疲れているし，今年の夏はとても暑いです。でも彼女が生きていれば今度の秋には2,500ランドを超える金額で彼女を売れるでしょう。」

「そうとも！」

群衆から同意を示す大声があがった。

問5「ですから，グラニー，私の仕事はあなたが今まで手にしたことのないおよそ4,000ランドを与えるのですよ」

「そうですね」とグラニーは言った。

「そこで，半額でどうでしょう－私が[A]2,000ランドということで？」

グラニーと彼女の友人たちとの間で多くのささやきが交わされた。

「それは高額です」と彼女は言った。

私は，「ええ，そうですね，それにクリスマスがあったばかりですしすぐに新年になりますし，おそらく牝牛は死ぬでしょう。ですからそうたくさんは求めない方がいいですね。そのちょうど半額－750ランド払っていただくことでいいですよ」

ささやき声が大きくなり，同意してうなずいていた。

「でも！　2,000の半分は[B]750じゃあないよ，1,000だよ！」と学童が言った。

「きみは賢い若者だね！　私が間違えたのだけど，750と言ったのだからそれは変えないよ」

さて，その後は大変な騒ぎになった！　だれもがほほえみ，喜んでいた。グラニーは200ランド紙幣をわしづかみにして引っ張り出して，私にそのうちの4枚をくれた。

私はお金を受け取り，紙幣を数えてグラニーに「もらい過ぎですよ」と言った。

彼女は立ち上がって，「[C]50ランドは取っておいて，あなたの助手へのものです」と言った。

私は彼女の言葉に深く感動し，善意の季節は大したものだと思った。

問1　第1段落第1文から，筆者が医者であることがわかる。さらに続く2文から，ある女性にその母親の牝牛を診てくれるよう頼まれていること，その牝牛にはなかなか産まれない子牛がいることがわかる。この後，筆者は長い時間をかけて牝牛の出産を手助けしていることから，筆者が村に行ったのはその牝牛の出産を手伝うことであると考えられる。

問2　下線部は直訳すれば「のどの渇いた車」という意味。「のどが渇いた」という表現から，液体に関連することを言っていると想像できる。車と結びつく液体とはガソリンであり，また日曜日にビールを飲んでいるのどを渇かした老人に例えていることから，車の内部にガソリンがどんどん入っていく様子が想像される。したがって，イ「たくさんのガソリンを使う車」が適切。アは「とても古くて速く走れない車」，ウは「人にのどの渇きを感じさせる車」，エは「老人によって運転される車」という意味。

問3　全訳を参照。［A］筆者はここで牝牛の出産を助けたことへの支払いについて述べており，空所の直前にある go halves は「半額にする，折半する」という意味。この前の筆者と牝牛の所有者グラニーとの会話の中で，筆者はグラニーは2頭の牛によって4,000ランド稼ぐことができると指摘しているので，その半分の2,000が入る。［B］筆者が2,000ランドの半額といて750ランドという金額を要求したところ，少年が2,000の半分は～ではなく1,000だと言った場面。少年は正しい計算の答えを言ったと考えられるので，750が入る。［C］筆者が出産の手伝いの謝礼として750ランドを要求したところ，グラニーは200ランド紙幣を4枚筆者に渡している。筆者がもらい過ぎだと言ったのに対して，グラニーは「その～を持っていて」と答え，それが筆者の助手の分であると加えている。グラニーが助手のためにと言ったのは，800ランドと750ランドの差額の50ランドということになる。

問4　筆者は最初，牝牛の出産の費用として4,000ランドの半額(＝2,000ランド)を提示したが，グラニーは高すぎると言う。それを聞いて筆者は，クリスマスを終えたばかりでこれから新年も迎えていろいろと出費がかさみ，さらに牝牛も死んでしまうかもしれないと言って，自分が最初に提示した2,000ランドのさらに半額ということで750ランドを提示している。グラニーの一家がこの先まだお金が必要になるだろうということを前提としており，また，この後で少年に正しい計算は1,000であると指摘されたとき，一度そう言ったのだからと言って，750ランドを受け取ることにしていることからも，筆者はわざと2,000の半分の1,000と言わずに750とさらに安い金額を提示したと考えるのが自然。この流れに合うのは，ウ「獣医は本当は間違えていなかったが，グラニーに手ごろな値段を提示したかった」。アは「獣医は数字が得意ではなかったので間違えた」，イは「獣医は子牛のことだけを考えていたので間違えた」，エは「獣医は本当は間違えていなかった。彼は村人たちの数字の理解を確認したかったのだ」という意味。

問5　本文に戻す英文は，「ですから，グラニー，私の仕事はあなたが今まで手にしたことのないおよそ4,000ランドを与えるのですよ」という意味。獣医が子牛が1歳になれば市場で1,500ランドで売れるだろうと言うと，群衆の中の老人たちが「そうとも」と同意し，さらに獣医が牡牛が次の秋まで生き延びれば2,500ランドで売れるだろうと言うと，再び群衆から「そうとも！」と同意の声が上がる。その直後に2頭の牛の合計額である4,000ランドをグラニーに与えることになるという内容の文を入れると，次のグラニーの「そうですね」という反応とつながる。

問6　ア「女性とその息子が，獣医が彼を治療するのを待っていた」(×)　第1段落第2文から，獣医が診るのは女性の息子ではなく，女性の母親の牝牛であることがわかる。　イ「その母親と彼女の息子の村までの2時間の車での移動は大変なものだった」(×)　第2段落第2，3文から，村までは車で1時間行き，その後は45分間歩いたことがわかる。　ウ「手術は成功し，子牛は無事産まれた」(○)「手術」とは，第4段落最終文で述べられている帝王切開のこと。この後，第5段落最終文から子牛が無事産まれたことがわかる。　エ「グラニーは手術のおかげで牝牛が死ななかったことについて獣医に同意した」(○)　第8段落で筆者が自分が来て子牛も牝牛も死なずに済んだと言った後，She(＝Granny) agreed「グラニーは同意した」とある。　オ「群衆の中の高齢の男性たちは，1,500ランドは高すぎて支払えないと思った」(×)　最初に筆者が提示した金額は2,000ランド，次に提示したのは750ランドで，獣医から1,500ランドという金額は示されていない。　カ「群衆は年老いた牝牛を売るという考えが気に入らなかった」(×)　第14段落で筆者が牝牛は2,500ランドで売れるだろうと言ったとき，群衆からは賛同の声が上がっている。　キ「獣医がグラニーに最終的な決断を伝えたとき，群衆は静かになった」(×)　筆者の最終的な決断とは，牝牛の出産の手伝いの費用として750ランドとしたこと。話がついた後，第25段落に「その後は大変な騒ぎになった！」と述べられている。　ク「グラニーも獣医も互いに親切さを示した」(○)　筆者はグラニーに750ランドという手ごろな値段を提示し，グラニーは筆者の助手へと言って50ランド多く支払っている。

リスニング問題

【Part 1】

Something really bad is going to happen. I can just feel it. Mondays are always bad, but when I woke up this morning, the weather was perfect. My husband isn't a very good cook, but today the eggs he made for me were cooked just how I like them.

When I got to work, my boss was in a great mood and he smiled at me. I thought I had to spend all day working on a big presentation for next week, but one of my coworkers said, "Don't worry ! It has already been finished ! We made it yesterday."

Then I decided to finish my weekly report for last week. It's usually due on Friday, but I hadn't done it yet because I was really busy last week. When I said sorry to my boss, he said, "Don't worry. It has been sent already. I did it for you."

Then I went to lunch with a friend at a restaurant near my office. She told me about a company that was interested in doing business with us. After lunch, I called them and talked to the president. After a few minutes, we decided to become business partners !

Everything has been going so well that now I'm sure that something bad will happen. I'm really worried.

【Part 1】

何かとても悪いことが起ころうとしている。私はまさにそれを感じることができる。月曜日はいつも悪いが，今朝私が起きたとき天気は完璧だった。夫はあまり料理が上手ではないが，今日彼が私のために作った玉子はまさに私が好むように料理されていた。

仕事に取りかかったとき，上司は上機嫌で，私に微笑みかけた。私は来週の大きなプレゼンに取り組むために丸一日費やさなければならないと思ったが，同僚の一人が「大丈夫！　それは既に終わっているよ！　私達が作ったんだ。」と言った。

そこで私は，先週の週報を仕上げることにした。それはふつう金曜日が締切だが，先週はとても忙しかったので私はそれをまだ仕上げていなかった。上司に謝罪したとき，彼は「大丈夫。それは既に送られているから。私が君のためにやったよ。」と言った。

その後，私は会社の近くのレストランに友達と一緒に昼食を食べに行った。彼女は私の会社と取引することに興味を持っているある会社について話した。昼食後，私はその会社に電話して社長に話をした。数分後，私達は仕事のパートナーになることを決めた！

全てがうまくいっているので，今私は何か悪い事が起きると確信している。私はとても心配だ。

1. 彼女の夫はいつもより上手に朝食を作った。
2. 彼女は自力で自分の週報を仕上げた。
3. 彼女は友達に紹介された社長と昼食を食べた。
4. 彼女は悲観的な人だ。

【Part 2】

Greg loved watching movies. He always tried to watch as many movies as he could. His favorite movie star was Ryan Devlin. Whenever he was in a movie, it was a good movie. Some of his famous movies were *Dead or Alive, Strong Heroes, and Fighters in the Ring*.

Greg was a member of the Ryan Devlin Fan Club. Every month he received a newsletter with information about the latest movies Ryan Devlin was in. It also had lots of pictures of Ryan Devlin and advertisements for all kinds of goods and books about him.

Greg also knew where to go on the Internet to read about Ryan Devlin. He knew everything about Ryan Devlin and even had an autographed picture of him on his wall. Greg wanted to be a movie star like Ryan Devlin when he grew up.

One day, he read in the newspaper that the new Ryan Devlin movie, Racing *Car Fever,* was opening in the local movie theater the next day. Greg had read about this movie in the Ryan Devlin Fan Club newsletter and couldn't wait to see it.

Greg wanted to see the movie as soon as he could, but he knew that he had to go to school. He talked to his mom.

"Mom, can I stay home from school tomorrow ?" he asked. His mom knew why Greg wanted to stay home from school.

"No, Greg," she answered. "You know that school is more important than Ryan Devlin."

Greg had an idea. The next day, before school, he called his teacher.

"Hello," said his teacher. "Marchville School. Mr. Armstrong speaking."

"Oh, hello," said Greg. He tried to make his voice sound like an adult. "Tm calling to say that Greg won't be coming to school today. He's feeling sick."

"That's too bad," said Mr. Armstrong. "May I ask who's calling, please ?"

"Yes, of course," said Greg. "This is my father."

【Part 2】

グレッグは映画を見るのが大好きだ。彼はいつもできる限り多くの映画を見ようとした。彼のお気に入りの映画スターはライアン・デブリンだ。いつ彼が映画に出演しても，それは良い映画だった。彼の有名な映画のいくつかは「死ぬか生きるか」，「強い英雄」と「リング上の戦士」だった。

グレッグはライアン・デブリンファンクラブの一員だった。毎月，彼はライアン・デブリンが出演する最新映画についての情報が載った会報を受け取った。それにはたくさんのライアン・デブリンの写真と彼についての全種類のグッズや本の広告も載っていた。

グレッグはライアン・デブリンについて読むためにインターネット上でどこにアクセスすべきかも知っていた。彼はライアン・デブリンについて全て知っていて自分の部屋の壁には彼のサイン入り写真すら貼ってあった。グレッグは大きくなったらライアン・デブリンのような映画スターになりたいと思っていた。

ある日彼は，ライアン・デブリンの新しい映画「レーシングカーフィーバー」が翌日に地元の映画館で公開になることを新聞で読んだ。グレッグはライアン・デブリンファンクラブの会報でこの映画についての記事を読んでいて，それを見るのが待ちきれなかった。

グレッグはできる限り早くその映画が見たいと思ったが，学校へ行かなければならないことを知っていた。彼は母親に話しかけた。

「お母さん，明日，学校を休んで家にいてもいい？」と彼はたずねた。彼の母親は彼がなぜ学校を休んで家にいたいのか知っていた。

「だめよ，グレッグ。学校のほうがライアン・デブリンより大切だとわかっているでしょう。」と彼女は答えた。

グレッグにはある考えがあった。次の日，学校に行く前に，彼は自分の先生に電話をした。

「もしもし，マークビル学校です。アームストロングですが。」と彼の先生は言った。

「ああ，もしもし，私はグレッグが今日学校に来ない旨を伝えるために電話しています。彼は気持ちが悪いのです。」とグレッグは言った。彼は大人のように聞こえる声を作ろうとした。

「それはいけませんね。どなたが電話をおかけになっているか聞いてもいいですか？」とアームストロング先生は言った。

「はい，もちろんです。ぼくの父親です。」とグレッグは言った。

No.1　デブリンはどんな種類の映画を作りますか。

ア　アクション　　イ　恋愛　　ウ　ホラー　　エ　サイエンスフィクション(SF)

No.2　グレッグについてどれが正しいですか。
　ア　彼はデブリンと一緒に写真を撮った。　イ　彼はデブリンを恐れている。
　ウ　彼はデブリンと友達だ。　エ　彼はデブリンに詳しい。
No.3　この物語についてどれが正しいですか。
　ア　グレッグの母親もデブリンが好きだ。
　イ　グレッグの母親がグレッグに学校に電話をかけるように言った。
　ウ　グレッグは学校をずる休みすることを許されなかった。
　エ　グレッグは風邪をひいた。
No.4　その日の後，何が起こる可能性がありますか。
　ア　グレッグは家にいるだろう。　イ　グレッグはデブリンの最新映画を観るだろう。
　ウ　グレッグは病院へ行くだろう。　エ　グレッグは学校へ行くだろう。

★ワンポイントアドバイス★
[4]の問1，英問英答の問題は，先に質問文に目を通すのが効率的。このような問題は，段落ごとの内容を問うものが多いので，それぞれの質問の内容を先につかんでから1つの段落を読むとポイントとなる個所をつかみやすくなる。

＜理科解答＞ 《学校からの正答の発表はありません。》

[1]　(1)　①　アンモニアが水に溶けやすく，空気よりも密度が小さい性質。
②　発生した液体が試験管の加熱部に流れ，割れる恐れがあるから。(29字)
③　$2NH_4Cl + Ca(OH)_2 \rightarrow 2NH_3 + 2H_2O + CaCl_2$
(2)　①　(窒素分子)　$n-\frac{1}{2}x$〔個〕
(水素分子)　$3n-\frac{3}{2}x$〔個〕
②　$x=\frac{12}{23}n$　　③　右図

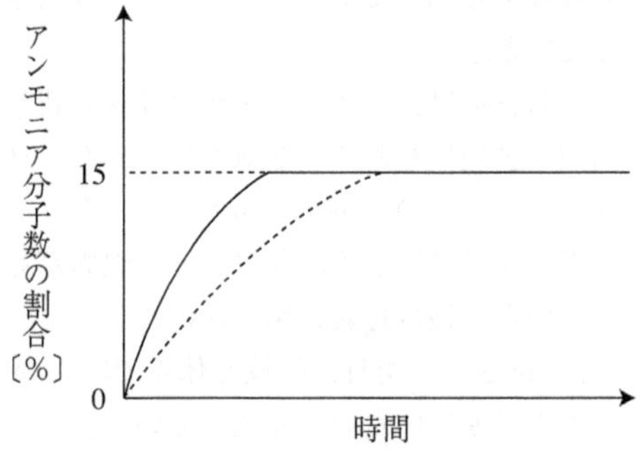

[2]　(1)　$V_1+V_2=1.50$　　(2)　$V_1=20I$
(3)　20Ω　　(4)　V_1　0.40V
V_2　1.10V　　(5)　0.075A　　(6)　(イ)
(7)　V_1　(イ)　　V_2　(オ)

[3]　(1)　①　小さく　　②　小さく　　③　大きく　　④　地震2　　(2)　(ウ)と(オ)
(3)　(ア)，(エ)　　(4)　①　長い　　②　短い　　③　柔らかい　　④　大きい
⑤　大きい　　⑥　やすい

[4]　(1)　(あ)　12　　(い)　6　　(う)　4　　(え)　1：2：1　　(お)　1　　(か)　2
(き)　1　　(く)　30　　(け)　30　　(こ)　20　　(さ)　10　　(し)　25　　(す)　25
(2)　R：r＝2：3　　(3)　RR：Rr：rr＝4：12：9　　(4)　赤花：白花＝5：4
(5)　赤花：白花＝5：4

○推定配点○
[1]　各4点×7　　[2]　各3点×9　　[3]　各2点×12((2)・(3)各完答)
[4]　(1)　各1点×13　　(2)～(5)　各2点×4　　計100点

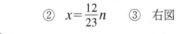

＜理科解説＞

1 （原子と分子－アンモニアの合成）

(1)　①　アンモニアは水にたいへんよく溶ける気体なので，水上置換では集められない。また，アンモニアは空気よりも密度が小さく，軽い気体なので，上方置換で集める。　②　固体の物質の加熱では，その固体がすぐに融解しないものであれば，試験管の底を上げ，口を下げて加熱しなければならない。③の反応式にもあるように，H_2Oのような液体が発生し，冷えた液体が試験管の加熱部に触れると，試験管が割れる可能性があり危険である。試験管のガラスは加熱によって膨張しているが，冷えた液体によって一部だけが収縮すると，その境目でガラスが破損する。

③　化学式を並べると，$NH_4Cl+Ca(OH)_2 \rightarrow NH_3+H_2O+CaCl_2$である。この段階で，左辺と右辺の数があっているのはCaだけである。数合わせは，4か所にあるHを後回しにし，まずClを合わせるために，左辺のNH_4Clの係数を2にする。すると，右辺のNH_3の係数も2となる。最後に，H_2Oの係数を2にすると，OとHも合うので完成である。

やや難　(2)　①　問題文の(ｉ)の反応は，温度や圧力の条件によってある程度進むが，すべてが完全にNH_3になることはなく，つねにN_2，H_2，NH_3の三者が共存する化学平衡の状態にある。化学反応式では，N_2，H_2，NH_3の個数比は1：3：2だから，NH_3がx〔個〕できたとき，N_2の数ははじめのn〔個〕よりも$\frac{1}{2}x$〔個〕だけ減少する。また，H_2の数ははじめの$3n$〔個〕よりも$\frac{3}{2}x$〔個〕だけ減少する。

②　長時間経った後のN_2，H_2，NH_3の個数の数の合計は，①の計算より，$\left(n-\frac{1}{2}x\right)+\left(3n-\frac{3}{2}x\right)+x$〔個〕である。このうちの15％が，$NH_3$の個数の$x$〔個〕だから，$\left(n-\frac{1}{2}x+3n-\frac{3}{2}x+x\right)\times\frac{15}{100}=x$が成り立つ。変形して，$15(4n-x)=100x$となる。$x$について解くと，$x=\frac{12}{23}n$〔個〕となる。

③　問題文にあるように，触媒とは，特定の化学反応を速くするはたらきをする物質で，それ自身は反応しない。そのため，図2の反応に触媒を用いると，反応が速く進むが，最終的な反応生成物の量に変わりはない。

2 （電流と電圧－コンデンサを使った回路）

(1)　表1をみると，抵抗器の両端の電圧V_1と，コンデンサの両端の電圧V_2の和は，つねに1.50Vになっている。これは，直列つなぎの回路で，各部の電圧の和がつねに電源電圧と等しいことを意味しており，電源電圧は1.50Vである。

重要　(2)・(3)　表1を見ると，抵抗器の両端の電圧V_1の値は，つねに電流Iの値に20を掛けたものになっている。この関係$V_1=20I$は，電圧と電流が比例しているというオームの法則そのものであり，比例定数20は，電気抵抗20Ωを示している。

(4)　電流I＝0.020〔A〕のとき，(2)のことから，$V_1=20I=20\times0.020=0.40$〔V〕である。さらに，(1)のことから，$V_2=1.50-V_1=1.50-0.40=1.10$〔V〕である。

(5)　コンデンサがまったく充電されていない状態では，コンデンサの電圧$V_2=0$である。だから，スイッチを入れた直後は，$V_1=1.50$〔V〕である。電気抵抗は20Ωなので，流れる電流の値は，$\frac{1.50\mathrm{V}}{20\Omega}=0.075$〔A〕である。

(6)　表2をグラフにすると，電流は最初のうち大きく減少するが，あとになると減少がゆるやかになりながら0に近づいている。選択肢では(イ)にあたる。

(7)　表2のようにIが大きく減少すると，(2)の$V_1=20I$より，V_1も急激に小さくなっていく。一方，$V_1+V_2=1.50$だから，V_2は0から始まり，急激に大きくなって，コンデンサが充電されていく。やがて，変化はゆるやかになる。(イ)と(オ)の組み合わせが当てはまる。

3 (大地の動き－震源の深さと地震波の広がり)

(1) 地震1の震度分布を示した図2では，震央の近くの震度が大きく，距離が大きくなると震度が小さくなる。これは，多くの地震に共通してみられる傾向である。しかし，地震2の震度分布を示した図3では，震央が紀伊半島の南東にあるにもかかわらず，震度が大きいのは関東～東北の太平洋側である。表1によると，地震2の震源の深さが420kmとたいへん深いため，あとの問いで扱われるように地下構造に影響され，震央から遠いところで震度が大きくなるという異常震域が発生する。

(2) (ア) 誤り。海洋プレート側でも起こる。 (イ) 誤り。震源が海底直下であって，海底が変形すると，津波が発生する。地震2のように海底よりもはるかに深いところが震源の場合，津波の可能性はない。 (ウ) 正しい。図2～5から正しいと判断できる。 (エ) 誤り。図2で揺れが観測された日本列島は大陸プレート内部である。 (オ) 正しい。正しい。揺れが大きかった関東～東北の太平洋側の分布は，太平洋プレートが沈み込む日本海溝と平行に近い。

(3) (ア) 正しい。均質な岩石なら増幅率は1である。 (イ) 誤り。均質な岩石でも，距離が遠くなれば震度は規則的に小さくなっていく。 (ウ) 誤り。図8では，とくに距離に応じた増減は見られない。 (エ) 正しい。図9で確かに読み取れる。 (オ) 誤り。表1によると，地震1，地震2のマグニチュードはどちらも6.5である。

重要 (4) 図10より観測点Aでは1秒より長い周期が目立つ。図7と問題文より，観測点Aはマントル経由の地震波であり，軟らかいところを経由してきた。一方，図11より観測点Bでは1秒より短い周期が目立つ。観測点Bは海洋プレート経由で，硬い地層や岩石を通過してきた。沈み込んでくる低温の海洋プレートに比べると，マントルも固体であるが高温のため少し軟らかい。地震2では遠距離で震度が大きく(図5)，増幅率が大きい(図9)地点があり，遠方へ地震波が伝わりやすい。地震2では，震源の真上のマントルを伝わった地震波はすぐに弱まったが，硬い海洋プレートを伝わって遠方に伝わったと考えられる。そのため，震央の近くでなく，プレートが沈み込む海溝に平行した地域が大きく揺れたと考えられる。

4 (生殖と遺伝－自由交配)

重要 (1) (あ) RRの割合が$\frac{3}{10}$で，Rrの割合が$\frac{2}{10}$であり，②のパターンでは，RR×Rrとともに，Rr×RRも考えるので，交配する確率は，$\frac{3}{10}\times\frac{2}{10}\times2=\frac{12}{100}$で12%である。 (い) 12%の子のうち，半分の6%がRR，あと半分の6%がRrである。 (う) Rrの割合が$\frac{2}{10}$だから，$\frac{2}{10}\times\frac{2}{10}=\frac{4}{100}$で4%である。 (え)～(き) Rr×Rrの子は，RR：Rr：rrが1：2：1で現れる。これらの合計が4%だから，RRが1%，Rrが2%，rrが1%を示す。 (く) RRの割合が$\frac{3}{10}$で，rrの割合が$\frac{5}{10}$であり，④のパターンでは，RR×rrとともに，rr×RRも考えるので，交配する確率は，$\frac{3}{10}\times\frac{5}{10}\times2=\frac{30}{100}$で30%である。 (け) RR×rrの子のすべてがRrだから，30%である。 (こ) Rrの割合が$\frac{2}{10}$で，rrの割合が$\frac{5}{10}$であり，⑤のパターンでは，Rr×rrとともに，rr×Rrも考えるので，交配する確率は，$\frac{2}{10}\times\frac{5}{10}\times2=\frac{20}{100}$で20%である。 (さ) 20%の子のうち，半分の10%がRr，あと半分の10%がrrである。 (し) rrの割合が$\frac{5}{10}$だから，$\frac{5}{10}\times\frac{5}{10}=\frac{25}{100}$で25%である。 (す) rr×rrの子のすべての子がrrだから，25%である。

(2)　集団BのRRとRrとrrがつくる卵細胞の数の比は4：12：9である。そのうち，Rrのつくる卵細胞はRとrが半分ずつである。よって，卵細胞のRとrの数の比は，(4＋6)：(6＋9)＝10：15＝2：3である。

(3)　集団Bのつくる花粉も卵細胞も，Rとrの数の比は2：3であり，これは集団Aと全く同じである。よって，交配の結果も同じになり，RR：Rr：rr＝4：12：9である。この比は，右の表からも求められる。

	2R	3r
2R	4RR	6Rr
3r	6Rr	9rr

(4)　集団CのRRとRrとrrがつくる卵細胞の数の比は1：2：3である。そのうち，Rrのつくる卵細胞はRとrが半分ずつである。よって，卵細胞のRとrの数の比は，(1＋1)：(1＋3)＝2：4＝1：2である。花粉も同じ比である。よって，自由交配による子は，右の表のようになり，集団Dは，RR：Rr：rr＝1：4：4である。これを表現型に直すと，赤花：白花＝(1＋4)：4＝5：4となる。

	1R	2r
1R	1RR	2Rr
2r	2Rr	4rr

(5)　集団DのRRとRrとrrがつくる卵細胞の数の比は1：4：4である。そのうち，Rrのつくる卵細胞はRとrが半分ずつである。よって，卵細胞のRとrの数の比は，(1＋2)：(2＋4)＝3：6＝1：2である。花粉も同じ比である。この比は，集団Cと同じであり，交配の結果も同じになる。このように，集団の遺伝では遺伝子の比率は世代を重ねても変化しない。この法則は，ハーディ・ワインベルグの法則とよばれている。

★ワンポイントアドバイス★

問題文や図にかなりの情報がある。すばやく上手に理解して吸収し，基本事項と結びつけて解き進めよう。

＜社会解答＞《学校からの正答の発表はありません。》

1　問1　4　　問2　2　　問3　4　　問4　(例)　逃亡や戸籍を偽る者が多く人から徴収することが困難になったから。　　問5　2　　問6　4　　問7　(例)　承久の乱後新たに任命された地頭と荘園領主との争いが増えたから。　　問8　(例)　武家社会における道理や慣習を重視したから。　　問9　1　　問10　3　　問11　(例)　個人ではなく村全体に納税の義務を課していた。　　問12　(例)　米が基準となっていたので米価や収穫量によって収入が左右されたから。　　問13　4　　問14　(例)　土地の私有が認められ売買が可能となったこと。　　問15　4　　問16　2・4　　問17　(例)　石油価格や円相場が安値で安定していたから。

2　問1　(1)　渋沢栄一　　(2)　津田梅子　　問2　(1)　(ア)　内閣　　(イ)　承認　　(2)　4　　問3　2　　問4　2　　問5　3　　問6　4　　問7　(例)　有権者の1票の価値が不平等になっている現象。　　問8　1　　問9　4　　問10　(例)　どんな人も利用しやすいものを作ろうという考え。　　問11　(例)　日本銀行が市中銀行から国債などを購入することで市中に流通する資金量が増加するから。　　問12　3

3　問1　(1)　4　　(2)　1　　問2　(1)　4　　(2)　2　　問3　(1)　3　　(2)　①　1　②　4　　問4　(1)　①　肥後　　②　津波　　③　インドネシア　　(2)　①　(例)　高温の火砕流が斜面を流れ下った。　　②　いちご　　(3)　①　(緯度値)　北緯35度　②　植生の特徴　(例)　照葉樹林と落葉広葉樹林が混在している。

○推定配点○

[1] 問1～問3・問5・問6・問9・問10・問13・問15・問16　各2点×10(問16完答)
他　各3点×7

[2] 問11　3点　他　各2点×14　[3] 各2点×14　計100点

＜社会解説＞

[1] (日本と世界の歴史ー原始～現代の政治・経済・文化史など)

問1　名称が一致するのは宮内庁のみ。雑徭は国司の下で年間60日以内の労役を課したもの。

問2　フランク王国は5世紀後半～9世紀中ごろ，ビザンツ帝国は4世紀末～15世紀中ごろまで継続。8世紀の安史の乱で唐の勢力は衰えたが，滅亡したのは黄巣の乱後の10世紀初頭。

問3　摂関の常置は10世紀後半，懐風藻は8世紀中ごろに成立した最古の漢詩集。

問4　重税などから逃散する農民や戸籍を偽る者が続出，10世紀初頭には班田の実施も行われなくなり財源確保のため有力農民に耕作を請け負わせ税を徴収する方式が増えていった。

基本　問5　武士に適用された初の法で公家社会には適用されず，室町幕府もこれを踏襲した。

問6　十字軍は11世紀末から13世紀後半にかけ派遣。ビザンツ帝国はオスマン帝国によって滅亡。

重要　問7　承久の乱では上皇側の所領を3000か所以上没収，そこに新たな地頭が任命された。

問8　売却相手が非御家人であれば年数に限らず無償で返却させるなど御家人の救済を最大の目的としたが経済は混乱し御家人の困窮化は加速，幕府の滅亡を早める結果になった。

問9　1585年，秀吉は大名間の私闘の停止を求める惣無事令を発布。田を上・中・下など等級に分け反当たりの収穫量を判定(石盛)，石高で年貢や軍役を負担させる体制を確立させた。

問10　イエズス会はカトリック，アステカ王国は1521年，インカ帝国は1533年に征服された。

問11　年貢や諸役を村単位に割り振り，村の責任で全額納入する村請制を広く導入していた。

重要　問12　貨幣経済が浸透，大名も年貢米や特産物を市場で売買して収入を確保していた。

問13　ドイツ帝国の成立は1871年，インドネシアを植民地としたのはオランダ。風土が輸出用作物の栽培に適さなかった北部は工業化に活路を見出し国内産業の保護を求めた。南北戦争は1860～1865年，リンカンが大統領に選ばれたのは1860年，奴隷解放宣言は1863年。

問14　農民の土地私有が認められ近代的土地所有制が確立，近代資本主義経済の基礎が築かれた。

基本　問15　高度成長下では大学入試は狭き門といわれ激烈な競争が存在。当時作られた公害対策基本法は1993年に環境基本法に，環境庁は2001年には環境省に格上げされた。

問16　1　ベトナム戦争は1965年～75年。　2　ベルリンの壁崩壊は1989年11月，マルタ会談は1989年12月。　3　石油危機は1973年10月。　4　バンドン会議は1955年。

重要　問17　③1949年は中国の建国やNATOの成立。1971年はニクソンショックで1ドル360円体制の崩壊。1973年は石油危機。　④石油自給率はほぼ0%。　⑤日本は対共産主義への橋頭保としての役割。⑥1985年，プラザ合意で円相場が急騰，日本はバブル経済へ。

[2] (公民ー憲法・成人しくみ・日本経済など)

問1　(1)　500以上の企業の設立にかかわるなど日本の資本主義の基礎に大いに貢献した人物。
(2)　8歳で岩倉遣欧使節団に随行して渡米，帰国後日本の女子教育に尽力した女性。

基本　問2　(1)　天皇は国政に関する権能は持たず，形式的・儀礼的な行為のみ行う。　(2)　国会の指名に基づき内閣総理大臣を，内閣の指名に基づき最高裁判所の長官を任命する。

問3　首相は国務大臣の任免権を持つ。国政調査権を持つのは国会の両議院。

問4　重複立候補が認められるのは衆議院，非拘束名簿の採用は参議院の比例区。

問5　合区の導入は2015年。2018年の改正では比例区は特定枠の導入で4名増加し100名に。

問6　個人と政党名への投票を合算し1から順に自然数で割り，商の大きい順に議席を各政党に配分。特定枠を優先的に当選としそれ以外は個人名の得票の多い順に当選が決まる。

問7　高度成長期の急激な人口移動に対応できず最高裁判所による憲法違反の判例も出ている。

問8　日本の法曹人口は欧米に比べると極端に少ない。法トラブルのアドバイスなどを行う。

問9　裁判員裁判は重大な刑事事件の第1審。当面は満20歳以上の有権者から選ばれる。

問10　本来は偽造防止が目的だが，近年は視覚障害や外国人など文化・言語・障害など，どんな人でも等しく快適に使用できるようなユニバーサルデザインが求められている。

問11　日本銀行は国債などの売買を通じて通貨量を調整し景気の安定を図っている。

やや難　問12　消費税の導入で間接税が増えているが国税ではまだ45%程度。また，西欧に比べ地方税の割合が高いので合計すると直接税は70%近くになる。1はドイツ，2はイギリス，4はアメリカ。

3　**(地理ー地形・自然災害・産業など)**

問1　(1)　南風と東シナ海に向かう北寄りの波がぶつかることで土砂が堆積。　(2)　砂州が形成されて陸地とつながる陸繋《りくけい》島。砂州を陸繋砂州(トンボロ)と呼び全国にみられる。

問2　(1)　「天然砂むし温泉のしくみ」を見ると，後背地に90度を超す泉源と地下に高い熱源とあるので1，2は論外。さらに，地下水位の上昇でクサビは垂直になり熱水は勢いよく上昇とあり，消滅するとの文言は一致しない。　(2)　指宿は薩摩半島の南東端の市。口《くちの》永《え》良《ら》部《ぶ》島，桜島，霧島山，阿蘇山と活発な西日本火山帯の火山が並ぶ。

やや難　問3　(1)　オクラは熱帯を原産地とする植物で収穫量は鹿児島・沖縄・高知の順。　(2)　シラス台地が広がる南九州は畑作や畜産が盛ん。ローム層が広がる関東も畑作が多い。

問4　(1)　①　もと「火(肥)の国」，現在の熊本。7世紀に肥前(佐賀・長崎)・肥後に分かれた。
やや難　②　大量の土砂が有明海に崩落，大津波が発生し1万5000人もが死亡したとみられる。　③　インドネシアのクラカタウ火山で発生，約200人が死亡。　(2)　①　高温の火山灰，軽石，火山岩塊などが一団となって高速で斜面を流れ下る現象。普賢岳では火砕流で41名が死亡した。
②　江戸時代にオランダから伝えられた野菜。東の女峰(栃木)，西のとよのか(九州)が2大ブランド。　(3)　1000m以上は照葉樹林，1000m以下は落葉広葉樹が広く分布している。

★ワンポイントアドバイス★

単なる知識の習得だけではなく，自分自身で考えることが極めて大切である。そのためにも常に世の中の動きに関心を持って生活しよう。

＜国語解答＞　《学校からの正答の発表はありません。》

一　問一　(a)　逃避　(b)　原稿　問二　春夏秋冬　問三　オ　問四　ア
問五　イ・エ　問六　(例)　隣の家の人も私のように晩秋のさびしさを感じているのだろうかという意味で，他人と気持ちを共有できない底知れぬさびしさを表現している。
問七　(例)　戦後の筆者は，安息を得るために自他対立のない宗教を求めたが，自他対立の状況で研究し理想に向かって向上し続ける魅力を知ったために理性を求めるようになり，宗教と理性を同時に求めるような形で生きてきた。　問八　明暗

二　問一　(a)　入水　(b)　身代　問二　エ　問三　(例)　賢くて利口　問四　虎の

威を借る[虎の威を藉る]　問五　(例)　両親からは結婚を促され小玉には離れまいと迫られる状況で，勇吉が人として守るべき義理と小玉を愛しく思う人情の板ばさみになっていること。　問六　イ　問七　ア・イ　問八　(例)　勇吉にとって哥沢をほめられることは，恋仲であった小玉と別れて不本意な結婚生活を送る苦悩を消し去り，小玉への思いを一つの芸能として昇華することができた喜びを与えるものであったことを表現している。　問九　ウ・オ・ク

三　問一　イ　問二　(例)　姫君の母(が)姫君の父(に対して)
問三　近江(の国)・山城(の国)　問四　ウ　問五　エ・カ　問六　ア・イ・エ

○推定配点○

一　問一・問二・問五・問八　各2点×6　問六・問七　各8点×2　他　各4点×2
二　問一～問四・問九　各2点×6(問九完答)　問五・問八　各8点×2　他　各4点×3
三　問三・問六　各2点×2(各完答)　他　各4点×5(問二完答)　計100点

＜国語解説＞

一　(論説文－大意・要旨，内容吟味，文脈把握，脱文・脱語補充，漢字の読み書き，語句の意味，古文の口語訳，文学史)

問一　(a)　困難に直面したときに逃げたり，隠れたりすること。「逃」の訓読みは「に(げる)」「のが(れる)」。　(b)　印刷や公表するもとになる文章。「稿」を使った熟語は，他に「投稿」「草稿」などがある。

問二　「しじ」「しいじ」と読み，春夏秋冬のこと。直後の「大自然の行政機構」もヒントになる。「四時運行し万物生ず」は，春夏秋冬の四季はめぐりその中で万物は生まれ育つ，の意味。

問三　直前の文で，「戦後を生き抜くためには」理性だけでは足りず「ぜひ宗教が必要だった」と述べている。直前の段落に「戦争がすんでみると……これまで死なばもろともと誓い合っていた日本人どうしが，われがちにと食糧の奪い合いを始め，人の心はすさみ果てた」とあり，そのような状況の中で，筆者は「自分の研究に閉じこもる」つまり「理性の世界に閉じこも」ることができなくなったと説明している。ここから，戦後になっても，筆者が救いを見いだすために宗教を必要としたことが読み取れる。同様の内容を述べている最終段落にも注目する。

問四　「キリストの本質」について述べている部分を探すと，直前の段落に「人の悲しみがわかること，そして自分もまた悲しいと感じることが宗教の本質……キリストが『愛』といっているのもこのこと」とあり，直前の文の「自分は世界の苦しみを身に荷うているのだ」というキリストの言葉が，「キリストの本質」を表しているとわかる。一つ前の段落に「人が悲しんでいるから自分も悲しいという道をどんどん先へ進むと宗教の世界へ入ってしまう」「人の人たる道をどんどん踏みこんでゆけば宗教に到達せざるを得ない」とあり，その究極の例として「大学生のころ」で始まる段落で，キリストの「愛」を挙げていることにも着目する。――部②の直後の文「前へ進むのに謙虚さでいく人と理想追求でいく人とあるとすれば，芥川は後者で，謙虚さよりも理想が勝っていた」とあるので，イや，ウの「謙虚な性格であるがゆえに」は適当ではない。

問五　同じ段落の内容から，理性的な活動の「宗教的な形式を指して宗教と呼んでいる」ことに対して，筆者は「分類法が悪い」と言っている。直後の段落の「理性的な世界は自他の対立している世界で，これに対して宗教的な世界は自他対立のない世界といえる……自と他が同一になったところで初めて悲しみが解消する」という説明から，理性と宗教の差異を理解していない「分類法」だとわかる。また，この自他が対立しているか自他が同一しているかについて，「大学生の

ころ」で始まる段落で，自他の同一を「愛」と言い換えており，「愛」の有無という観点を欠いた「分類法」であるとわかる。

重要 問六　「秋深き隣は何をする人ぞ」は，秋が深まり寂しさが増している。隣の家もひっそりとしているが，何をしているのだろうか，私のように晩秋の寂しさを感じているのだろうか，という意味の俳句である。直前の文の，自他対立からくる「人の世の底知れぬさびしさ」を表現したものであり，この内容を加えてまとめる。

やや難 問七　――部⑤の「両方の世界」は，同じ文の「純理性の世界」と「宗教的世界」を意味するので，戦後の筆者は，純理性と宗教の両方を求めるような形で生きてきたとわかる。最終段落の内容から，安息を得るために宗教を求め，向上や理想の魅力を知ったために理性を求めるという理由を加えてまとめる。

問八　夏目漱石の絶筆は，大正五年(一九一六年)に朝日新聞に連載された『明暗』。

二　(小説―主題・表題，情景・心情，内容吟味，文脈把握，脱文・脱語補充，漢字の読み書き，語句の意味，熟語，ことわざ・慣用句，文学史)

問一　(a)　水中に身を投げて自殺すること。「ニュウスイ」とも読む。　(b)　財産のこと。「シンダイを築く」「シンダイを持ち崩す」などと使う。

問二　それぞれの選択肢は故事成語ではないので，分解して考える。「ぞっとするほどなまめかしく」は「凄艶」，「奥深く」は「幽」，「かなしい」は「哀」に相当する。

問三　賢く利口な，という意味。同じ段落の「和歌をよくし書をよくし文章を，英語をよくする」という「新夫人」の様子を表している。

問四　「強い者の権力をたよって，弱い者がいばる」にふさわしい故事成語は，「虎の威を借る狐」。設問の指定に合うように，「狐」を省いて六字で答える。

やや難 問五　直前の文「勇吉の両親は我子の身分が決まったとなると忽ち結婚の相談に取りかかる。同時に小玉の方でも……いよいよ固く契って離れまいと迫って来る」から，「勇吉」の状況を読み取る。両親の勧めにしたがって結婚することは人として守るべき「義理」にあたり，「末永く見捨てずに，せめてお妾さんにでも」と訴える小玉への思いが「人情」にあたる。この「義理」と「人情」の板ばさみになっていることを，「出会って衝突する」と表現している。「勇吉」の状況を簡潔に述べた後，「義理」と「人情」の具体的な内容を加えてまとめる。

問六　――部②の「駿馬」は足の速いすぐれた馬，「痴漢」は愚か者の意味で，「新夫人」は自らを「駿馬」に喩え「勇吉」のことを「痴漢」と言っている。同じ段落の「気位の高い新夫人から，折々はその和歌や文章を読み聞かされても……自慢話を聞かされても，一向平気で唯うむうむと頷いているばかり，別に深く感服したという様子も見せない。いつもいつも気の抜けたように茫然している良人の態度」や「こんな平凡なつまらない人間か知ら」という描写にふさわしいものを選ぶ。「新夫人」は，教養のある自分が，愚かでつまらない夫と結婚した運命を嘆いている。

重要 問七　「何たる別天地。何たる懐かしい思出の里であったろう」で始まる段落の内容から，アの理由が読み取れる。「初秋や」「ほんに思へば」で始まる哥沢を聞いた後の「今までは人にも話されず，口にも出されず，唯だ一人胸の底に蟠まらして置いた深い深い心の苦しさ，切なさ，遣瀬なさは，殆ど余すところなく，哥沢の歌謡と節廻しとによって何ともいえないほど幽婉に唄い尽されている」「哥沢節と称する音曲は自分の心を慰めてくれるために……今日までも滅びずに残っていたもののように思われた」という「勇吉」の様子からは，イの理由が読み取れる。

やや難 問八　――部④の「深い額の皺を拭ったように消してしまう」という描写は，「勇吉」の苦悩が消え去ることを意味しており，「勇吉」にとって「実にうまいもんですな。さすがは名取りですな。」と哥沢をほめられることは，「小玉」と別れて不本意な結婚生活を送る苦悩を消し去るものであるとわかる。また，直前の「まるで子供のように心から嬉しそうな顔をする」という様子から，「勇吉」は「小玉」への思いを一つの芸能として昇華することができた喜びを感じていると想像できる。本文全体から「勇吉」の「小玉」に対する思いをまじえて，「勇吉」が哥沢の芸を褒められることを喜ぶ理由を加えてまとめる。

問九　アは二葉亭四迷，イは幸田露伴，エは樋口一葉，カは島崎藤村，キは夏目漱石，ケは志賀直哉，コは芥川龍之介の作品。

三　**(古文ー大意・要旨，内容吟味，文脈把握，指示語の問題，語句の意味，文と文節，文学史)**

〈口語訳〉　今は昔，一条摂政は東三条殿の兄でいらっしゃいます。お姿をはじめとして，他人に対する心づかいもすばらしく，才能，ご様子(など)，本格的でまじめでいらっしゃり，また色好みで，女性も多くお逢いになって楽しんでいらっしゃったが，少し軽々しい振る舞いだと自覚なさったので，お名前をお隠しになられて，大蔵の丞豊蔭と名乗って，身分の低い女の元へはお手紙をお出しになった。思いをおかけになったり，お逢いになったりもしたが，人々は皆そのことを心得て存じ申し上げていた。

(その一条摂政が)高貴な身分の姫君の元へお通い始めた。(姫君の)乳母や，母などと懇意になって，(姫君の)父にはお知らせにならないうちに，(父は一条摂政が通っていると)聞きつけて，たいそう腹を立て，母を責め，爪弾きをして，ひどくおっしゃったのに，(母は)「そのようなことはありません」と反論して，「まだ(娘とは)そのようになっていないという次第の手紙を書いてください」と，母君が(一条摂政に)困って申し上げたので，

人知れず身はいそげども年を経てなどか越えがたき逢坂の関(人に知られずに姫君に会いたいと我が身は急ぐけれど，何年経ってもなぜ越えることができないのか逢坂の関を)

と和歌をおやりになったので，(姫君の)父に見せると，「それでは(噂は)嘘であったのだな」と思って，(和歌を)返す(ことを)，父がした。

あづま路に行きかふ人のあらぬ身はいつかは越えん逢坂の関(東国に行ったり来たりする人ではない身なのでいつ逢坂の関を越えられるのだろうか，いや越えることはない)

と詠んだのを見て，(一条摂政は)微笑まれたのだろうと，歌集にある。たいそう趣深い。

問一　傍線部①の「さ」は，直前の「御名を隠させ給ひて，大蔵の丞豊蔭と名のりて，上ならぬ女のがりは御文も遣はしける。懸想せさせ給ひ，逢はせ給ひもしける」ことを指し示している。人々は皆，一条摂政が「大蔵の丞豊蔭」と偽名を使って女の元へ通っていることを知っていたということになる。

問二　「あらがふ」は，言い争う，反論すること。娘のもとへ一条摂政が通ってきているのではないかと責める父に対して，母は「さる事なし」と言って「あらが」っている。

問三　「逢坂の関」は「あふさか（の）せき」と読む。近江の国（滋賀県）と山城の国（京都府）の国境にある関所。出会いと別れの場所で，同音の「逢う」とかけて用いられることが多い。

やや難　問四　「空言」は，嘘，偽りの意味。前の「人知れず」の和歌は，逢坂の関は越えていない，つまり娘とは逢っていないというもので，その和歌を見て姫君の父親は「さては空言なりけり」と言っている。父は，一条摂政が娘のもとへ通っているという噂を「空言」だと思ったのである。

重要　問五　また，一条摂政が，姫君の「乳母，母などを語らひて」味方にし，「人知れず」の歌で姫君とは逢っていないと父をだまし，納得した父が娘の代わりに書いた断りの返歌を見て，一条摂政が「ほほゑまれ」たという内容である。滑稽ではあるが娘を思う父の親心や，その親心に微笑む一条摂政を，作者の目線で「をかしく」と言っている。

基本　問六　『宇治拾遺物語』は，鎌倉時代初期の成立。アは平安時代前期，イは平安時代中期，ウは鎌倉時代後期，エは平安時代中期，オは南北朝時代の成立。カは昭和時代の谷崎潤一郎の小説。

★ワンポイントアドバイス★

記述式の問題は，解答欄の一行を三十五字以内でおさめることを意識しよう。解答欄に入り切らずに最後の行に二行を書き込んで無効となってしまうことは避けたい。選択問題は，それぞれの選択肢が長く五択から十択と数も多い。あらかじめ選択肢の中から選択のポイントとなる部分をおさえたうえで，本文の該当箇所と丁寧に照らし合わせる方法が，効率がよいだろう。

MEMO

大切なことはメモしておこうネ！

解答用紙集

○月×日　△曜日　天気（合格日和）

◆ご利用のみなさまへ
＊解答用紙の公表を行っていない学校につきましては、弊社の責任において、解答用紙を制作いたしました。
＊編集上の理由により一部縮小掲載した解答用紙がございます。
＊編集上の理由により一部実物と異なる形式の解答用紙がございます。

人間の最も偉大な力とは、その一番の弱点を克服したところから生まれてくるものである。 ――カール・ヒルティ――

東京学参株式会社

渋谷教育学園幕張高等学校(学力選抜)　2024年度　◇数学◇

※ 152%に拡大していただくと，解答欄は実物大になります。

1

(1)		
(2)		
(3)	①	$a =$　　　　, $b =$　　　　, $c =$
	②	
(4)		

2

(1)	
(2)	
(3)	

3

(1)	通り	(2)	通り
(3)	通り	(4)	通り

4

(1)	
(2)	
(3)	

5

(1)	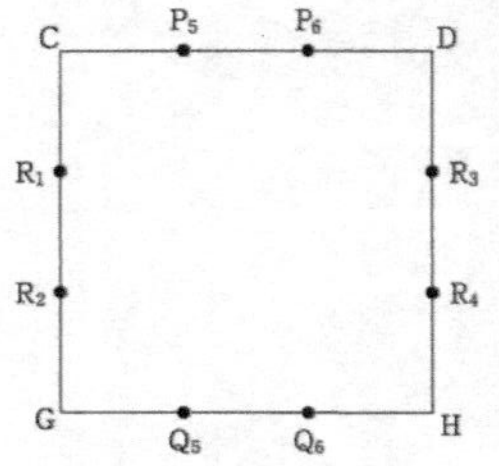
(2)	
(3)	
(4)	

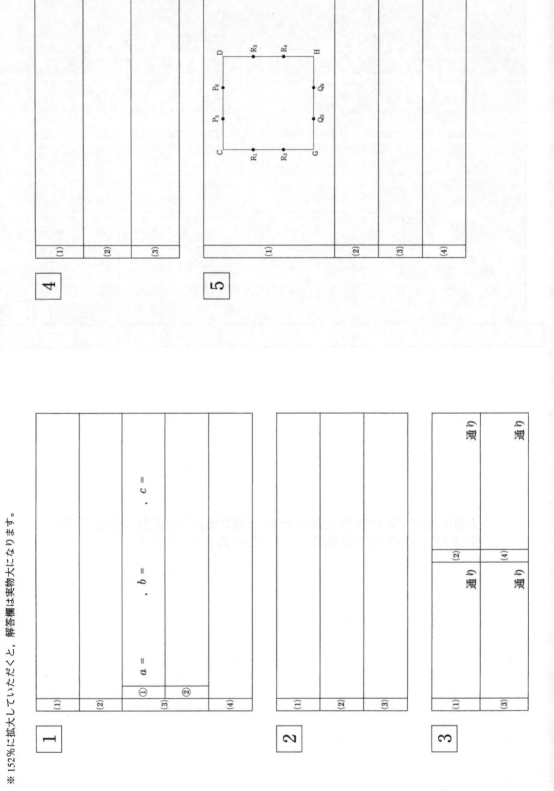

渋谷教育学園幕張高等学校（学力選抜）　2024年度　◇英語◇

※ 130％に拡大していただくと，解答欄は実物大になります。

1

	記号	正しい語句
1		
2		
3		

	記号	正しい語句
4		
5		
6		

2

	A	B	C
1			
2			

	A	B	C
3			
4			

3

1	...who are worried that

2	In order to protect the dolphins,

4

問 1

1	2	3	4	5

問 2

5

問 1

問 2　親は（

）はできないということ。

問 3

A	B	C	D

問 4

a	b	c

問 5

問 6

問 8

問 7

2024年度　LISTENING COMPREHENSION

放送による指示をよく聞いて解答すること。

Part 1

1	2	3

Part 2

1	2	3	4

渋谷教育学園幕張高等学校（学力選抜）　2024年度

◇理科◇

※ 156%に拡大していただくと，解答欄は実物大になります。

1

(1)	空気塊A　℃	空気塊B　℃	
(2)	空気塊A	空気塊B	
(3)	℃		
(4)	空気塊A	空気塊B	
(5)	空気塊A	空気塊B	
(6)	高気圧	低気圧	
(7)	①　暖気 ・ 寒気	②　上が ・ 下が	③　安定 ・ 不安定
	④　高い ・ 低い	⑤　高い ・ 低い	⑥　強い雨 ・ 弱い雨

2

(1)	①	
	②	
	③	
(2)		
(3)	①　第　世代	②
(4)		
(5)		

3

(1)	①	②	③	④	x
(2)	A		B		
(3)	a	b			
(4)	c			d	
(5)	化学反応式 1				
	化学反応式 2				
	化学反応式 3				
	化学反応式 4				
	化学反応式 5				

4

(1)	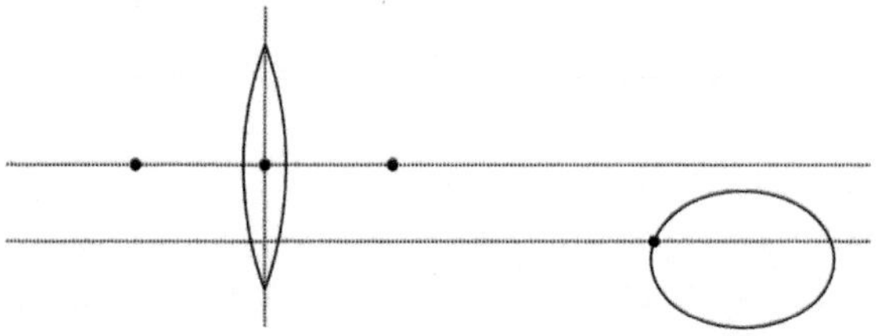	
(2)	実像 ・ 虚像	理由
(3)		
(4)	①	②
(5)		

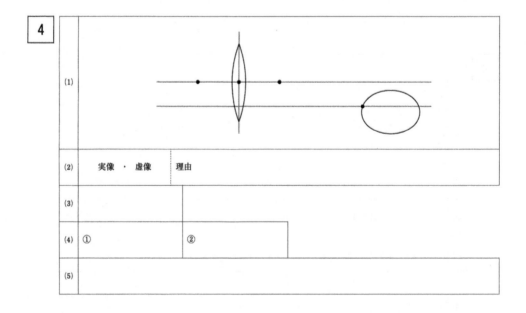

渋谷教育学園幕張高等学校(学力選抜)　2024年度　◇社会◇

※ 139％に拡大していただくと，解答欄は実物大になります。

1

問1　　島　問2　　問3

問4　　問5　　問6

問7　　問9　　問11

問8

問10　意味

使用方法

問12　　問14　　問15　　問16　　問17

問13

問18

(50)

2

問1　　問2　　問3　(1)　　(2)

問4　(1)　　(2)

問5

・

・

問6　　問7　　問8

問9

問10　　問11　　問12

問13　　条項

3

問1　　問2　　問3

問4　(1)　　(2)　　(4)

(3)

問5　　問7　　問8

問6

(28)　(35)

問9　(1)　　岩

(2)
・
・

◇国語◇

渋谷教育学園幕張高等学校（学力選抜）　２０２４年度

※１６１％に拡大していただくと、解答欄は実物大になります。

●解答の字は一画一画を丁寧に記すこと。
●記述は解答欄内に収めること。一行の欄に二行以上書いた場合は無効とする。

一

問一 a　b

問二　問三　問四　問五　問六

問七

問八

二

問一 a　b　c

問二　問三　問四　問五　問六

問七

三

問一　問二　問三

問四

問五

問六 A　B　C　D

渋谷教育学園幕張高等学校（学力選抜）　2023年度　◇数学◇

※ 152％に拡大していただくと，解答欄は実物大になります。

1

(1)		
(2)		$x =$ 　　　　, $y =$
(3)		
(4)	①	
	②	

2

(1)	個
(2)	個
(3)	個

3

(1)		
(2)	①	$c =$
	②	$m =$

4

(1)		度
(2)	①	
	②	

5

(1)		
(2)	①	
	②	

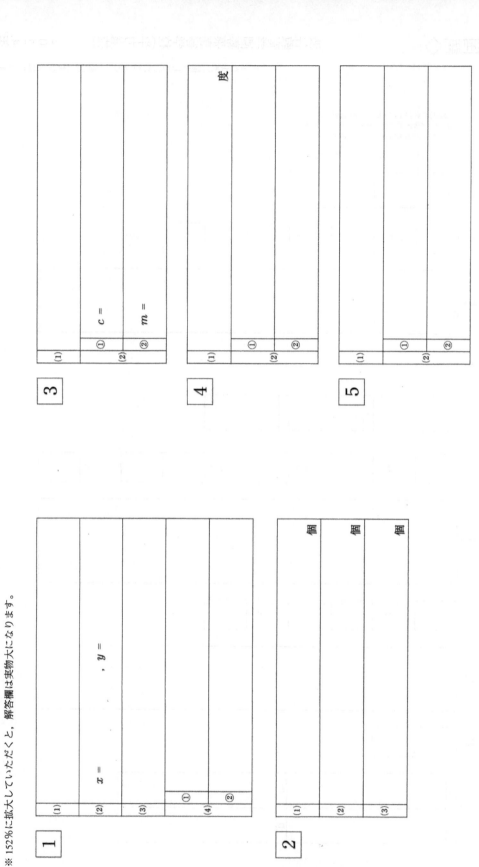

渋谷教育学園幕張高等学校(学力選抜)　2023年度　◇英語◇

※ 130%に拡大していただくと，解答欄は実物大になります。

1

①	②	③	④	⑤	⑥	⑦	⑧	⑨	⑩

2

	A	B	C
1			
2			

	A	B	C
3			
4			

	A	B	C
5			

3

(1)

(2)

(3)

4

問 1

1	2	3	4

問 2

問 3

問 4

50

5

問 1

問 2

問 3

問 4

A	B	C	D	E

問 5

問 6

問 7

問 8

※解答欄は実物大になります。

2023年度　　LISTENING COMPREHENSION

放送による指示をよく聞いて解答すること。

Part 1

1	2	3	4

Part 2

1	2	3

渋谷教育学園幕張高等学校(学力選抜)　2023年度

◇理科◇

※ 156%に拡大していただくと，解答欄は実物大になります。

1

(1)	①		②	③
(2)	A	B	C	
(3)				
(4)	ア		イ	ウ
	エ	オ	カ	
(5)				
(6)	1：2：3：4：5 の順に(　　　)(　　　)(　　　)(　　　)(　　　)			

2

(1)	①　右向き・左向き	②　＋・－		③　N極・S極
(2)				
(3)	①　N極・S極	②	(4) ①　N極・S極	②
(5)	①	②　増えて・減って	③	④　増えて・減って
(6)	＜実験ａ＞　時計回り・反時計回り		＜実験ｂ＞　時計回り・反時計回り	
(7)	①　時計回り・反時計回り	②　N極・S極		③　引力・斥力
	④　時計回り・反時計回り	⑤　N極・S極		⑥　引力・斥力

3

(1)	T G A G C A A G

(2)	①	②	③ 1万 ・ 100万 ・ 10億 ・ 1000億
	④	⑤	⑥ 10万 ・ 25万 ・ 50万 ・ 100万
(3)			

(4)	① 多い ・ 少ない	② a ・ b ・ c ・ d
	③	④ a ・ b ・ c ・ d
(5)		

4

(1)	X	Y
(2)	X	Y
(3)	(　　　)→(　　　)→(　　　)	
(4)		
(5)	M 1 は(固体 ・ 液体 ・ 固体と液体)、 M 2 は(固体 ・ 液体 ・ 固体と液体)	
(6)		
(7)	①	② g

◇社会◇

※ 139％に拡大していただくと，解答欄は実物大になります。

1

問 1　　問 2　　問 4　　問 5

問 3

問 6　背景

対応

問 7

問 8

問 9　　問 12

問 10　　問 11

問 13　　問 15　　問 17　　問 18

問 14

問 16

2

問 1　ア　　イ

問 2

問 3　　問 4　　問 5

問 6　(1)　　(2)　　問 7

問 8　　問 9　　問 10　A　　B

問 11　ウ

エ　　政策である。

問 12

3

問1　　問2　　問4

問3

問5　　問6

問7

問8　　問9　ア　　イ

問10　　問11　　問12　　問14

問13

◇国語◇

渋谷教育学園幕張高等学校（学力選抜）　２０２３年度

※１６１％に拡大していただくと，解答欄は実物大になります。

●解答の字は一画一画を丁寧に記すこと。
●記述は解答欄内に収めること。一行の欄に二行以上書いた場合は無効とする。

一

問一 (a) (b) (c)

問二 Y

問三

問四 X

問五

問六

問七

二

問一 (a) (b) (c)

問二

問三

問四

問五

問六

三

問一

問二

問三

問四

問五

問六

問七

渋谷教育学園幕張高等学校(学力選抜)　2022年度　◇数学◇

※ 152%に拡大していただくと，解答欄は実物大になります。

1

(1)	①	
	②	
(2)		
(3)		
(4)		
(5)		

2

(1)	
(2)	

3

(1)	
(2)	

4

(1)		(2)	

5

(1)	
(2)	

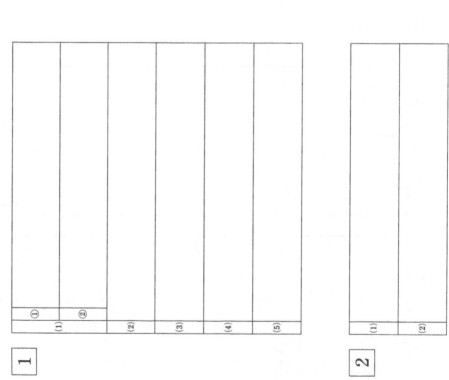

◇英語◇

※ 130%に拡大していただくと，解答欄は実物大になります。

1

番号	誤	正

番号	誤	正

2

	A	B	C
1			
2			

	A	B	C
3			
4			

	A	B	C
5			

3

1 by train.

2 .

4

問1 (　　)→(　　)→(　　)→(　　)

問2

1	2	3	4	5

問3

5

問1

1	2	3	4	5	6	7	8

問2

a	b

問3

80

100

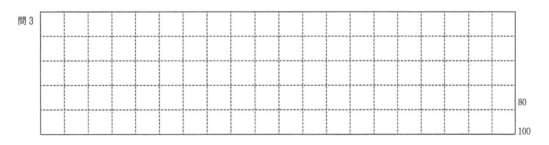

※解答欄は実物大になります。

2022年度　LISTENING COMPREHENSION

放送による指示をよく聞いて解答すること。

Part 1

1	2	3	4

Part 2

1	2	3	4

渋谷教育学園幕張高等学校(学力選抜)　2022年度　◇理科◇

※ 156%に拡大していただくと，解答欄は実物大になります。

1

(1)	①　500万・5万・5千	②　鮮やかな・暗い	③　結合している・結合していない	④
(2)	mL	(3)	I	II
(4)	①　酸素・二酸化炭素・窒素	②　酸素・二酸化炭素・窒素	③	
(5)	I	II		
(6)	①	②		

2

(1)	g	
(2)	①	②　陽イオン：陰イオン＝　　：
	③　陰極で生成した物質：陽極で生成した物質＝　　：	
(3)	①　電極(a)	
	①　電極(b)	
	②	
(4)	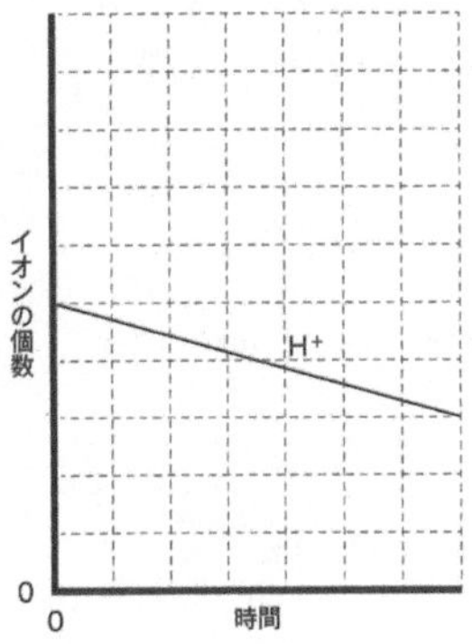	
(5)		

3

(1)		(2)				
(3)	① 早く・遅く	② 時計・反時計	③ 東から西・西から東			
(4)	大潮①	大潮②	大潮③	小潮①	小潮②	小潮③
(5)	度	(6)				

4

(1)	①	ア 増加・減少	イ abcd・dcba	ウ 左から右・右から左					
	②		ii→iii	iii→iv	iv→v	v→vi	vi→vii	vii→viii	viii→i
		ア	abcd・dcba	abcd・dcba	abcd・dcba	abcd・dcba	abcd・dcba	abcd・dcba	abcd・dcba
		イ	左から右・右から左	左から右・右から左	左から右・右から左	左から右・右から左	左から右・右から左	左から右・右から左	左から右・右から左
(2)	①	ア i→ii・ii→iii	イ i→ii・ii→iii	②					

渋谷教育学園幕張高等学校(学力選抜)　2022年度　◇社会◇

※ 139％に拡大していただくと，解答欄は実物大になります。

1

問 1　　問 3　　問 4

問 2

問 5　　年　　問 6　(1)　　(2)

問 7　　問 8　(1)　　(2)

問 9　ウ　　エ　　オ　　氏

問 10　(1)

(2)

問 11

問 12

(32)

問 13

問 14

2

問1　　問3　　問4　　問5　　問7

問2

問6

問8

問9　　問10

問11　　問12　　問13　　問14

問15　ア

イ

3

問1　　問2　　問3　　問4

問5

問6　　問7　　問8　　島　　問9

問10

問11

問12

問13

２０２２年度

渋谷教育学園幕張高等学校（学力選抜）

※１６１％に拡大していただくと、解答欄は実物大になります。

◇国語◇

●解答の字は一画一画を丁寧に記すこと。
●記述は解答欄内に収めること。一行の欄に二行以上書いた場合は無効とする。

一

問一 (a) (b) (c) (d) (e)

問二

問三

※

問四

※

問五

二

問一 (a) (b) (c)

問二

問三

※

問四

※

問五

問六

問七

三

問一

問二

問三

※

問四

問五

問六

問七

※

渋谷教育学園幕張高等学校(学力選抜)　2021年度　◇数学◇

※ 145％に拡大していただくと，解答欄は実物大になります。

1

(1)		
(2)	(i)	
	(ii)	
(3)		
(4)	(i)	
	(ii)	

2

(1)	(i)		(ii)	
(2)				

3

(1)		(2)	

4

(1)		
(2)	(i)	
	(ii)	

5

(1)		(2)	

渋谷教育学園幕張高等学校(学力選抜)　2021年度　◇英語◇

※ 133%に拡大していただくと，解答欄は実物大になります。

1

	記号	正しい語句
1		
2		
3		

	記号	正しい語句
4		
5		
6		

2

	A	B	C
1			
2			

	A	B	C
3			
4			

	A	B	C
5			

3

1 ~ it is not unusual that

2 They see Singlish as

4

問 1

問 2

問 3

問 4

1	2

問 5

1	2	3	4	5

5

問 1

問 2

問 3 ①　②

問 5

1	2	3

問 4

※解答欄は実物大になります。

2021年度　LISTENING COMPREHENSION

放送による指示をよく聞いて解答すること。

Part 1

A		B	
1	2	1	2

Part 2

1	2	3	4

渋谷教育学園幕張高等学校(学力選抜)　2021年度

◇理科◇

※ 135%に拡大していただくと，解答欄は実物大になります。

1

(1)	(①)が分かれて、別々の(②)に入ること。					
(2)		(3)				
(4)		(5)				
(6)	(あ)	(い)	(う)	(え)		
	(お)	(か)	(き)			

2

(1)	①	②	
(2)	①	②	③
	④	⑤	
(3)			
(4)	Ⅰ		
	Ⅱ		
	Ⅲ		
(5)	名称	記号	

3

(1)	岩石 2	①岩石名	②成分	③特徴
	岩石 3	①岩石名	②成分	③特徴
(2)	①			
	②			
(3)	① 億年前	② km		

4

(1)	度	(2)	度	現象

(3)

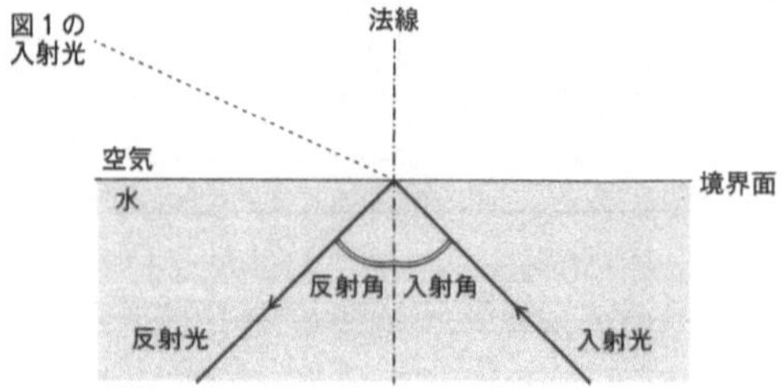

(4)		

(5)

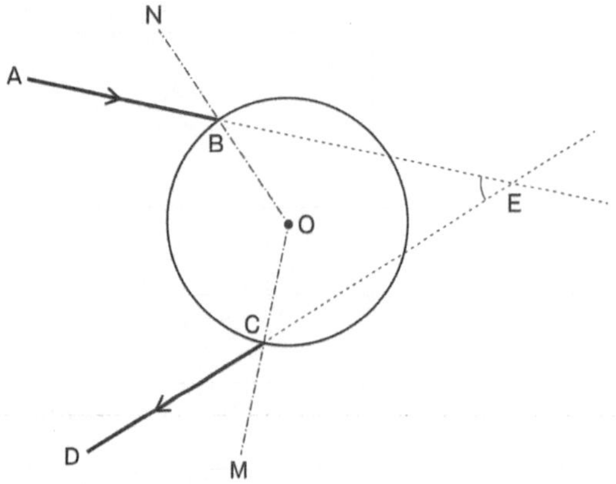

(6)	①	②
(7)	①［ 大きく ・ 小さく ］	②［ 時計 ・ 反時計 ］

(8)

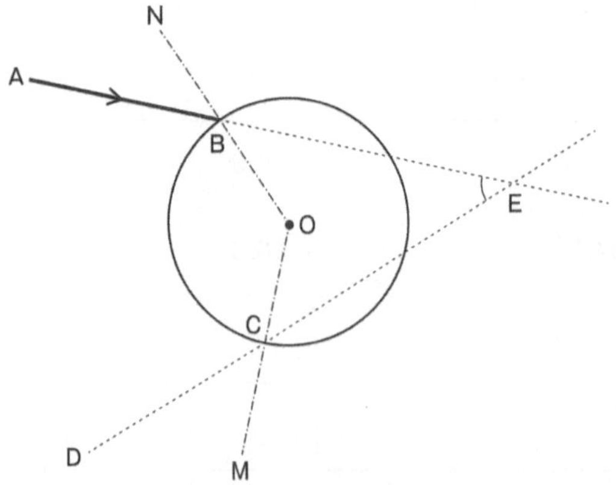

(9)	①［ ∠BEC ・ ∠BE′C′ ］	②［ 赤 ・ 紫 ］	③［ 高い ・ 低い ］	④［ 高い ・ 低い ］

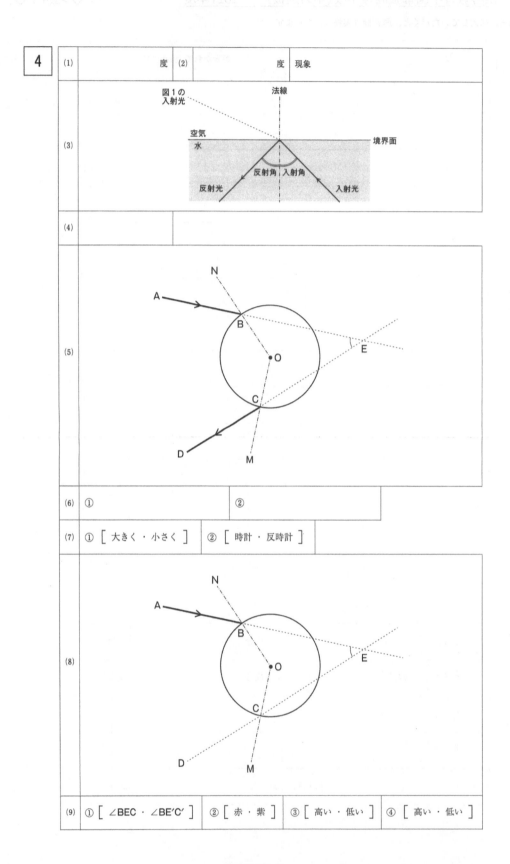

◇社会◇

※ 141％に拡大していただくと，解答欄は実物大になります。

1

問 1

問 2　問 3　問 4　問 5　問 6

問 7

(40)

問 8

(35)

問 9　問 10　問 11　問 12　問 13

問 14

(32)

問 15

(32)

問 16

(24)

2 問 1

問 2　問 3　問 4　問 5 (1)

(2) 内閣は

問 6　問 7　問 9

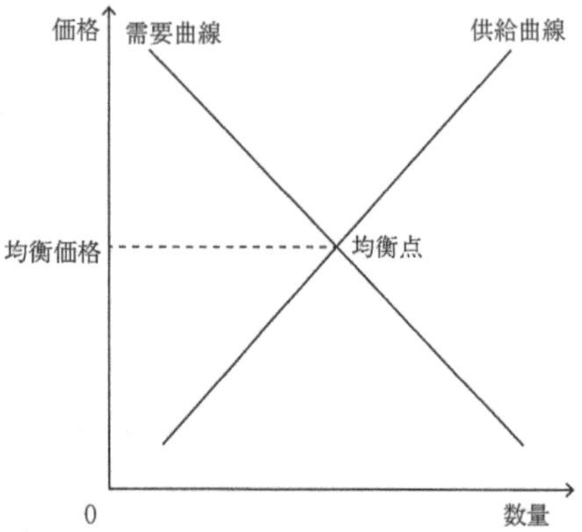

問 8　問 10

問 12 (1)　(2)

問 11

3 問 1　問 3

問 2

問 4 (1)　(2)

問 5 (1)　(2)

(3)

(4)

問 6 (1)　(2)　問 7

問 8 (1)

(2)

渋谷教育学園幕張高等学校（学力選抜）

◇国語◇

※１５２％に拡大していただくと、解答欄は実物大になります。

●解答の字は一画一画を丁寧に記すこと。
●記述は解答欄内に収めること。一行の欄に二行以上書いた場合は無効とする。

一

問一 (a) (b) (c) (d)

問二

問三

問四

問五

二

問一 (a) (b) (c) く

問二

問三

問四

問五

問六

問七

三

問一 Ⅰ Ⅱ Ⅲ

問二

問三

問四

問五

問六

問七

渋谷教育学園幕張高等学校(学力選抜)　2020年度

◇数学◇

※140％に拡大していただくと，解答欄は実物大になります。

1

(1)		
(2)	①	
	②	
(3)		
(4)		

2

			1回目	2回目	3回目
(1)	A君				○
	B君				×
(2)	通り				
(3)	通り				

3

(1)	CO：OE ＝
(2)	AF：FB ＝
(3)	a ＝

4

(1)	BE ＝
(2)	LG ＝
(3)	

5

(1)	
(2)	

渋谷教育学園幕張高等学校(学力選抜)　2020年度　◇英語◇

※131％に拡大していただくと，解答欄は実物大になります。

1

	記号	正しい語句
1		
2		
3		

	記号	正しい語句
4		
5		
6		

2

	A	B	C
1			
2			

	A	B	C
3			
4			

	A	B	C
5			

3

1	For example,
2	

4

問1

1	2	3	4	5	6	7

問2

5

問1

20

問2

問3 A　B　C

問4

問5

問6

※解答欄は実物大になります。

2020年度　LISTENING COMPREHENSION

放送による指示をよく聞いて解答すること。

【Part 1】 ※ＴかＦで答えること。

1	2	3	4

【Part 2】 ※ア～エの記号で答えること。

No.1	No.2	No.3	No.4

渋谷教育学園幕張高等学校(学力選抜)　2020年度　◇理科◇

※134%に拡大していただくと，解答欄は実物大になります。

1

(1)	①	
	②	(10) (20) (30)
	③	
(2)	①	窒素分子の分子数　個
		水素分子の分子数　個
	②	$x=$
	③	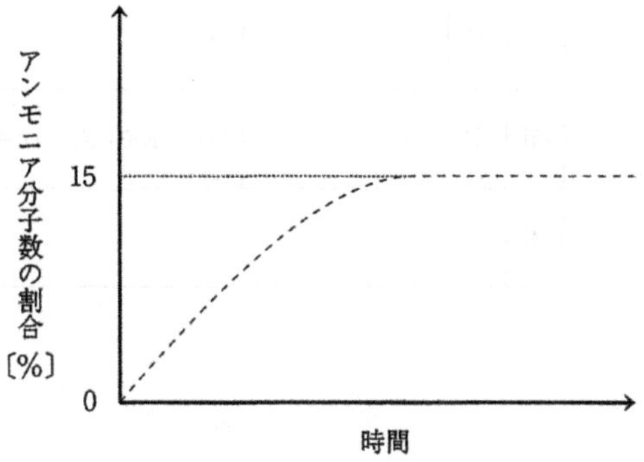

2

(1)		(2)					
(3)	Ω	(4)	V_1	V	V_2	V	
(5)	A	(6)		(7)	V_1		V_2

3

(1)	①［ 小さく ・ 大きく ］	②［ 小さく ・ 大きく ］	③［ 小さく ・ 大きく ］	④［ 地震1 ・ 地震2 ］
(2)	と	(3)		
(4)	①［ 短い ・ 長い ］	②［ 短い ・ 長い ］	③［ 硬い ・ 柔らかい ］	④［ 小さい ・ 大きい ］
	⑤［ 小さい ・ 大きい ］	⑥［ やすい ・ にくい ］		

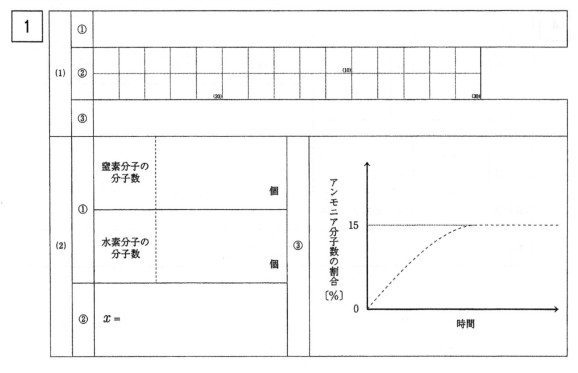

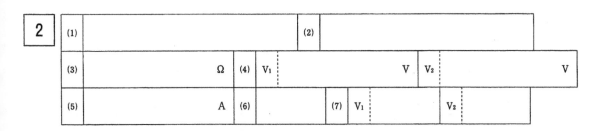

4	(1)	(あ)		(い)							
		(う)		(え)	：　　：	(お)		(か)		(き)	
		(く)		(け)							
		(こ)		(さ)							
		(し)		(す)							
	(2)	R：r＝		(3)	RR：Rr：rr＝						
	(4)			(5)							

渋谷教育学園幕張高等学校(学力選抜)　2020年度

◇社会◇

※138％に拡大していただくと，解答欄は実物大になります。

1

問1　　問2　　問3

問4
(30)

問5　　問6

問7
(30)

問8
(20)

問9　　問10

問11
(20)

問12
(30)

問13

問14
(20)

問15　　問16　　(番号順)

問17
(20)

2

問 1　(1)　　　　(2)

問 2　(1)　(ア)　　　　(イ)　　　　(2)

問 3　　問 4　　問 5　　問 6

問 7

問 8　　問 9　　問 12

問 10

問 11

3

問 1　(1)　　(2)　　問 2　(1)　　(2)

問 3　(1)　　(2)　①　　②

問 4　(1)　①　　②

③

(2)　①

②

(3)　①緯度値　北緯　　　　度

②植生の特徴

２０２０年度

渋谷教育学園幕張高等学校（学力選抜）

◇国語◇

※１４５％に拡大していただくと、解答欄は実物大になります。

●解答の字は一画一画を丁寧に記すこと。
●記述は解答欄内に収めること。一行の欄に二行以上書いた場合は無効とする。

一

問一 (a) (b)

問二

問三

問四

問五

問六

問七

問八

二

問一 (a) (b)

問二

問三

問四

問五

問六

問七

問八

問九

三

問一

問二 が　に対して

問三

問四

問五

問六

MEMO

大切なことはメモしておこうネ！

MEMO

大切なことはメモしておこうネ！

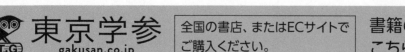

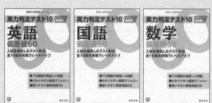

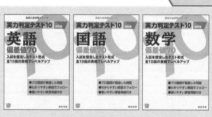

~公立高校志望の皆様に愛されるロングセラーシリーズ~

公立高校入試シリーズ

・全国の都道府県公立高校入試問題から良問を厳選
※実力錬成編には独自問題も！
・見やすい紙面、わかりやすい解説

数学

合格のために必要な点数をゲット

目標得点別・公立入試の数学 基礎編

- 効率的に対策できる！　30・50・70点の目標得点別の章立て
- web解説には豊富な例題167問！
- 実力確認用の総まとめテストつき

定価：1,210 円（本体 1,100 円 + 税 10%）／ ISBN：978-4-8141-2558-6

応用問題の頻出パターンをつかんで80点の壁を破る！

実戦問題演習・公立入試の数学 実力錬成編

- 応用問題の頻出パターンを網羅
- 難問にはweb解説で追加解説を掲載
- 実力確認用の総まとめテストつき

定価：1,540 円（本体 1,400 円 + 税 10%）／ ISBN：978-4-8141-2560-9

英語

「なんとなく」ではなく確実に長文読解・英作文が解ける

実戦問題演習・公立入試の英語 基礎編

- 解き方がわかる！　問題内にヒント入り
- ステップアップ式で確かな実力がつく

定価：1,100 円（本体 1,000 円 + 税 10%）／ ISBN：978-4-8141-2123-6

公立難関・上位校合格のためのゆるがぬ実戦力を身につける

実戦問題演習・公立入試の英語 実力錬成編

- 総合読解・英作文問題へのアプローチ手法がつかめる
- 文法、構文、表現を一つひとつ詳しく解説

定価：1,320 円（本体 1,200 円 + 税 10%）／ ISBN：978-4-8141-2169-4

理科

短期間で弱点補強・総仕上げ

実戦問題演習・公立入試の理科

- 解き方のコツがつかめる！　豊富なヒント入り
- 基礎～思考・表現を問う問題まで重要項目を網羅

定価：1,045 円（本体 950 円 + 税 10%）
ISBN：978-4-8141-0454-3

社会

弱点補強・総合力で社会が武器になる

実戦問題演習・公立入試の社会

- 基礎から学び弱点を克服！　豊富なヒント入り
- 分野別総合・分野複合の融合などあらゆる問題形式を網羅
※時事用語集を弊社HPで無料配信

定価：1,045 円（本体 950 円 + 税 10%）
ISBN：978-4-8141-0455-0

国語

最後まで解ききれる力をつける

形式別演習・公立入試の国語

- 解き方がわかる！　問題内にヒント入り
- 基礎～標準レベルの問題で確かな基礎力を築く
- 実力確認用の総合テストつき

定価：1,045 円（本体 950 円 + 税 10%）
ISBN：978-4-8141-0453-6

基礎から最難関レベルまで
入試問題から厳選した良問を徹底演習
得意単元をゆるがぬ得点源に!

高校入試 特訓シリーズ

数学

数学 思考力 —規則性とデータの分析と活用—

高校入試問題で受験生が苦労する分野「規則性」「資料の整理」「思考力」をテーマにした問題集。丁寧な解説で、基礎の基礎からしっかり身につく

[定価：1,980円]

【本書のレベル】
基礎 標準 発展

【本書のレベル】
基礎 標準 発展

数学難関徹底攻略700選

難関校受験生向けに最新入試問題を厳選。問題編の3倍に及ぶ充実した解説量

[定価：2,200円]

数学 図形と関数・グラフの融合問題完全攻略272選

最新入試頻出問題を厳選。基礎編→応用編→実践編のテーマ別ステップアップ方式。

この一冊で苦手な図形と関数・グラフの融合問題を完全克服

[定価：1,650円]

【本書のレベル】
基礎 標準 発展

英語

英語長文難関攻略33選【改訂版】

「取り組みやすい長文」→「手ごたえのある長文」へステップアップ方式。本文読解のための詳しい構文・文法解説・全訳を掲載

[定価：1,980円]

【本書のレベル】
基礎 標準 発展

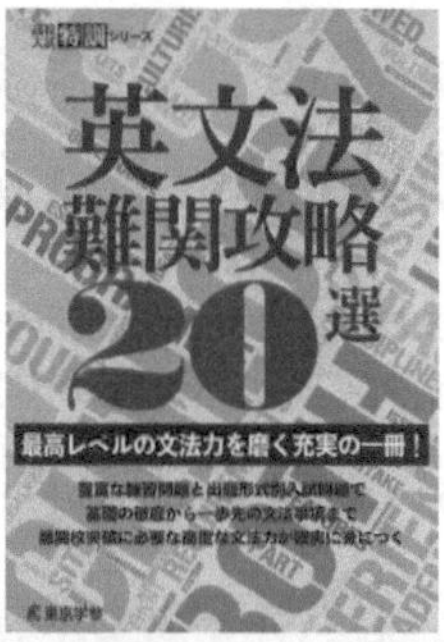

【本書のレベル】
基礎 標準 発展

英文法難関攻略20選

基礎の徹底から一歩先の文法事項まで難関校突破に必要な高度な文法力が確実に身につく

[定価：1,760円]

英語長文テーマ別難関攻略30選

全国最難関校の英語長文より、高度な内容の長文を厳選してテーマ別に分類

[定価：1,760円]

【本書のレベル】
基礎 標準 発展

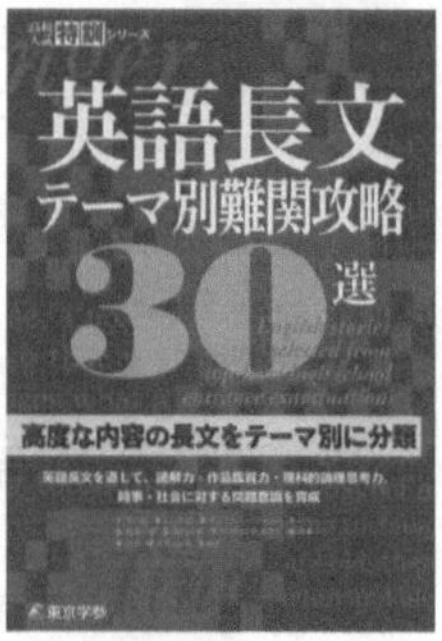

国語

古文 完全攻略63選【改訂版】

高校入試の古文に必要な力が身に付く一冊
基礎～難関レベルまでレベル別に攻略法を学ぶ

[定価：1,980円]

【本書のレベル】
基礎 標準 発展

【本書のレベル】
基礎 標準 発展

国語長文難関徹底攻略30選

国公私立難関校の入試問題から良問を厳選
解答へのアプローチ方法がわかる!
解けるようになる!

[定価：2,200円]

国語融合問題完全攻略30選

「現代文×古文」融合文対策
「読解のポイント」を読めば、深い速い読解力を手にできる

[定価：1,650円]

【本書のレベル】
基礎 標準 発展

東京学参
gakusan.co.jp

https://www.gakusan.co.jp/

全国の書店、またはECサイトにてご購入ください。

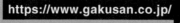

東京学参の
中学校別入試過去問題シリーズ

＊出版校は一部変更することがあります。一覧にない学校はお問い合わせください。

東京ラインナップ

あ　青山学院中等部(L04)
麻布中学(K01)
桜蔭中学(K02)
お茶の水女子大附属中学(K07)
か　海城中学(K09)
開成中学(M01)
学習院中等科(M03)
慶應義塾中等部(K04)
啓明学園中学(N29)
晃華学園中学(N13)
攻玉社中学(L11)
国学院大久我山中学
（一般・CC）(N22)
（ＳＴ）(N23)
駒場東邦中学(L01)
さ　芝中学(K16)
芝浦工業大附属中学(M06)
城北中学(M05)
女子学院中学(K03)
巣鴨中学(M02)
成蹊中学(N06)
成城中学(K28)
成城学園中学(L05)
青稜中学(K23)
創価中学(N14)★
た　玉川学園中学部(N17)
中央大附属中学(N08)
筑波大附属中学(K06)
筑波大附属駒場中学(L02)
帝京大中学(N16)
東海大菅生高中等部(N27)
東京学芸大附属竹早中学(K08)
東京都市大付属中学(L13)
桐朋中学(N03)
東洋英和女学院中学部(K15)
豊島岡女子学園中学(M12)
な　日本大第一中学(M14)
日本大第三中学(N19)
日本大第二中学(N10)
は　雙葉中学(K05)
法政大学中学(N11)
本郷中学(M08)
ま　武蔵中学(N01)
明治大付属中野中学(N05)
明治大付属八王子中学(N07)
明治大付属明治中学(K13)
ら　立教池袋中学(M04)
わ　和光中学(N21)
早稲田中学(K10)
早稲田実業学校中等部(K11)
早稲田大高等学院中学部(N12)

神奈川ラインナップ

あ　浅野中学(O04)
栄光学園中学(O06)
か　神奈川大附属中学(O08)
鎌倉女学院中学(O27)
関東学院六浦中学(O31)
慶應義塾湘南藤沢中等部(O07)
慶應義塾普通部(O01)
さ　相模女子大中学部(O32)
サレジオ学院中学(O17)
逗子開成中学(O22)
聖光学院中学(O11)
清泉女学院中学(O20)
洗足学園中学(O18)
捜真女学校中学部(O29)
た　桐蔭学園中等教育学校(O02)
東海大付属相模高中等部(O24)
桐光学園中学(O16)
な　日本大中学(O09)
は　フェリス女学院中学(O03)
法政大第二中学(O19)
や　山手学院中学(O15)
横浜隼人中学(O26)

千・埼・茨・他ラインナップ

あ　市川中学(P01)
浦和明の星女子中学(Q06)
か　海陽中等教育学校
（入試Ⅰ・Ⅱ）(T01)
（特別給費生選抜）(T02)
久留米大附設中学(Y04)
さ　栄東中学(東大・難関大)(Q09)
栄東中学(東大特待)(Q10)
狭山ヶ丘高校付属中学(Q01)
芝浦工業大柏中学(P14)
渋谷教育学園幕張中学(P09)
城北埼玉中学(Q07)
昭和学院秀英中学(P05)
清真学園中学(S01)
西南学院中学(Y02)
西武学園文理中学(Q03)
西武台新座中学(Q02)
専修大松戸中学(P13)
た　筑紫女学園中学(Y03)
千葉日本大第一中学(P07)
千葉明徳中学(P12)
東海大付属浦安高中等部(P06)
東邦大付属東邦中学(P08)
東洋大附属牛久中学(S02)
獨協埼玉中学(Q08)
な　長崎日本大中学(Y01)
成田高校付属中学(P15)
は　函館ラ・サール中学(X01)
日出学園中学(P03)
福岡大附属大濠中学(Y05)
北嶺中学(X03)
細田学園中学(Q04)
や　八千代松陰中学(P10)
ら　ラ・サール中学(Y07)
立命館慶祥中学(X02)
立教新座中学(Q05)
わ　早稲田佐賀中学(Y06)

公立中高一貫校ラインナップ

北海道　市立札幌開成中等教育学校(J22)
宮　城　宮城県仙台二華・古川黎明中学校(J17)
市立仙台青陵中等教育学校(J33)
山　形　県立東桜学館・致道館中学校(J27)
茨　城　茨城県立中学・中等教育学校(J09)
栃　木　県立宇都宮東・佐野・矢板東高校附属中学校(J11)
群　馬　県立中央・市立四ツ葉学園中等教育学校・
市立太田中学校(J10)
埼　玉　市立浦和中学校(J06)
県立伊奈学園中学校(J31)
さいたま市立大宮国際中等教育学校(J32)
川口市立高等学校附属中学校(J35)
千　葉　県立千葉・東葛飾中学校(J07)
市立稲毛国際中等教育学校(J25)
東　京　区立九段中等教育学校(J21)
都立大泉高等学校附属中学校(J28)
都立両国高等学校附属中学校(J01)
都立白鷗高等学校附属中学校(J02)
都立富士高等学校附属中学校(J03)
都立三鷹中等教育学校(J29)
都立南多摩中等教育学校(J30)
都立武蔵高等学校附属中学校(J04)
都立立川国際中等教育学校(J05)
都立小石川中等教育学校(J23)
都立桜修館中等教育学校(J24)
神奈川　川崎市立川崎高等学校附属中学校(J26)
県立平塚・相模原中等教育学校(J08)
横浜市立南高等学校附属中学校(J20)
横浜サイエンスフロンティア高校附属中学校(J34)
広　島　県立広島中学校(J16)
県立三次中学校(J37)
徳　島　県立城ノ内中等教育学校・富岡東・川島中学校(J18)
愛　媛　県立今治東・松山西中等教育学校(J19)
福　岡　福岡県立中学校・中等教育学校(J12)
佐　賀　県立香楠・致遠館・唐津東・武雄青陵中学校(J13)
宮　崎　県立五ヶ瀬中等教育学校・宮崎西・都城泉ヶ丘高校附属中学校(J15)
長　崎　県立長崎東・佐世保北・諫早高校附属中学校(J14)

公立中高一貫校
「適性検査対策」
問題集シリーズ

総合編　作文問題編　資料問題編　数と図形編　生活と科学編　実力確認テスト編

私立中・高スクールガイド
THE《ザ》 私立
私立中学＆高校の学校生活がわかる！

東京学参の
高校別入試過去問題シリーズ

＊出版校は一部変更することがあります。一覧にない学校はお問い合わせください。

東京ラインナップ

- あ 愛国高校(A59)
- 青山学院高等部(A16)★
- 桜美林高校(A37)
- お茶の水女子大附属高校(A04)
- か 開成高校(A05)★
- 共立女子第二高校(A40)★
- 慶應義塾女子高校(A13)
- 啓明学園高校(A68)★
- 国学院高校(A30)
- 国学院大久我山高校(A31)
- 国際基督教大高校(A06)
- 小平錦城高校(A61)★
- 駒澤大高校(A32)
- さ 芝浦工業大附属高校(A35)
- 修徳高校(A52)
- 城北高校(A21)
- 専修大附属高校(A28)
- 創価高校(A66)★
- た 拓殖大第一高校(A53)
- 立川女子高校(A41)
- 玉川学園高等部(A56)
- 中央大高校(A19)
- 中央大杉並高校(A18)★
- 中央大附属高校(A17)
- 筑波大附属高校(A01)
- 筑波大附属駒場高校(A02)
- 帝京大高校(A60)
- 東海大菅生高校(A42)
- 東京学芸大附属高校(A03)
- 東京農業大第一高校(A39)
- 桐朋高校(A15)
- 都立青山高校(A73)★
- 都立国立高校(A76)★
- 都立国際高校(A80)★
- 都立国分寺高校(A78)★
- 都立新宿高校(A77)★
- 都立墨田川高校(A81)★
- 都立立川高校(A75)★
- 都立戸山高校(A72)★
- 都立西高校(A71)★
- 都立八王子東高校(A74)★
- 都立日比谷高校(A70)★
- な 日本大櫻丘高校(A25)
- 日本大第一高校(A50)
- 日本大第三高校(A48)
- 日本大第二高校(A27)
- 日本大鶴ヶ丘高校(A26)
- 日本大豊山高校(A23)
- は 八王子学園八王子高校(A64)
- 法政大高校(A29)
- ま 明治学院高校(A38)
- 明治学院東村山高校(A49)
- 明治大付属中野高校(A33)
- 明治大付属八王子高校(A67)
- 明治大付属明治高校(A34)★
- 明法高校(A63)
- わ 早稲田実業学校高等部(A09)
- 早稲田大高等学院(A07)

神奈川ラインナップ

- あ 麻布大附属高校(B04)
- アレセイア湘南高校(B24)
- か 慶應義塾高校(A11)
- 神奈川県公立高校特色検査(B00)
- さ 相洋高校(B18)
- た 立花学園高校(B23)
- 桐蔭学園高校(B01)
- 東海大付属相模高校(B03)★
- 桐光学園高校(B11)
- な 日本大高校(B06)
- 日本大藤沢高校(B07)
- は 平塚学園高校(B22)
- 藤沢翔陵高校(B08)
- 法政大国際高校(B17)
- 法政大第二高校(B02)★
- や 山手学院高校(B09)
- 横須賀学院高校(B20)
- 横浜商科大高校(B05)
- 横浜市立横浜サイエンスフロンティア高校(B70)
- 横浜翠陵高校(B14)
- 横浜清風高校(B10)
- 横浜創英高校(B21)
- 横浜隼人高校(B16)
- 横浜富士見丘学園高校(B25)

千葉ラインナップ

- あ 愛国学園大附属四街道高校(C26)
- 我孫子二階堂高校(C17)
- 市川高校(C01)★
- か 敬愛学園高校(C15)
- さ 芝浦工業大柏高校(C09)
- 渋谷教育学園幕張高校(C16)★
- 翔凜高校(C34)
- 昭和学院秀英高校(C23)
- 専修大松戸高校(C02)
- た 千葉英和高校(C18)
- 千葉敬愛高校(C05)
- 千葉経済大附属高校(C27)
- 千葉日本大第一高校(C06)★
- 千葉明徳高校(C20)
- 千葉黎明高校(C24)
- 東海大付属浦安高校(C03)
- 東京学館高校(C14)
- 東京学館浦安高校(C31)
- な 日本体育大柏高校(C30)
- 日本大習志野高校(C07)
- は 日出学園高校(C08)
- や 八千代松陰高校(C12)
- ら 流通経済大付属柏高校(C19)★

埼玉ラインナップ

- あ 浦和学院高校(D21)
- 大妻嵐山高校(D04)★
- か 開智高校(D08)
- 開智未来高校(D13)★
- 春日部共栄高校(D07)
- 川越東高校(D12)
- 慶應義塾志木高校(A12)
- さ 埼玉栄高校(D09)
- 栄東高校(D14)
- 狭山ヶ丘高校(D24)
- 昌平高校(D23)
- 西武学園文理高校(D10)
- 西武台高校(D06)
- た 東京農業大第三高校(D18)
- は 武南高校(D05)
- 本庄東高校(D20)
- や 山村国際高校(D19)
- ら 立教新座高校(A14)
- わ 早稲田大本庄高等学院(A10)

都道府県別 公立高校入試過去問 シリーズ

- 全国47都道府県別に出版
- 最近数年間の検査問題収録
- リスニングテスト音声対応

北関東・甲信越ラインナップ

- あ 愛国学園大附属龍ヶ崎高校(E07)
- 宇都宮短大附属高校(E24)
- か 鹿島学園高校(E08)
- 霞ヶ浦高校(E03)
- 共愛学園高校(E31)
- 甲陵高校(E43)
- 国立高等専門学校(A00)
- さ 作新学院高校
  - (トップ英進・英進部)(E21)
  - (情報科学・総合進学部)(E22)
- 常総学院高校(E04)
- た 中越高校(R03)＊
- 土浦日本大高校(E01)
- 東洋大附属牛久高校(E02)
- な 新潟青陵高校(R02)
- 新潟明訓高校(R04)
- 日本文理高校(R01)
- は 白鷗大足利高校(E25)
- ま 前橋育英高校(E32)
- や 山梨学院高校(E41)

中京圏ラインナップ

- あ 愛知高校(F02)
- 愛知啓成高校(F09)
- 愛知工業大名電高校(F06)
- 愛知みずほ大瑞穂高校(F25)
- 暁高校(3年制)(F50)
- 鶯谷高校(F60)
- 栄徳高校(F29)
- 桜花学園高校(F14)
- 岡崎城西高校(F34)
- か 岐阜聖徳学園高校(F62)
- 岐阜東高校(F61)
- 享栄高校(F18)
- さ 桜丘高校(F36)
- 至学館高校(F19)
- 椙山女学園高校(F10)
- 鈴鹿高校(F53)
- 星城高校(F27)★
- 誠信高校(F33)
- 清林館高校(F16)★
- た 大成高校(F28)
- 大同大大同高校(F30)
- 高田高校(F51)
- 滝高校(F03)★
- 中京高校(F63)
- 中京大附属中京高校(F11)★
- 中部大春日丘高校(F26)★
- 中部大第一高校(F32)
- 津田学園高校(F54)
- 東海高校(F04)★
- 東海学園高校(F20)
- 東邦高校(F12)
- 同朋高校(F22)
- 豊田大谷高校(F35)
- な 名古屋高校(F13)
- 名古屋大谷高校(F23)
- 名古屋経済大市邨高校(F08)
- 名古屋経済大高蔵高校(F05)
- 名古屋女子大高校(F24)
- 名古屋たちばな高校(F21)
- 日本福祉大付属高校(F17)
- 人間環境大附属岡崎高校(F37)
- は 光ヶ丘女子高校(F38)
- 誉高校(F31)
- ま 三重高校(F52)
- 名城大附属高校(F15)

公立高校入試対策 問題集シリーズ

- 目標得点別・公立入試の数学(基礎編)
- 実戦問題演習・公立入試の数学(実力錬成編)
- 実戦問題演習・公立入試の英語(基礎編・実力錬成編)
- 形式別演習・公立入試の国語
- 実戦問題演習・公立入試の理科
- 実戦問題演習・公立入試の社会

宮城ラインナップ

- さ 尚絅学院高校(G02)
- 聖ウルスラ学院英智高校(G01)★
- 聖和学園高校(G05)
- 仙台育英学園高校(G04)
- 仙台城南高校(G06)
- 仙台白百合学園高校(G12)
- た 東北学院高校(G03)★
- 東北学院榴ヶ岡高校(G08)
- 東北高校(G11)
- 東北生活文化大高校(G10)
- 常盤木学園高校(G07)
- は 古川学園高校(G13)
- ま 宮城学院高校(G09)★

北海道ラインナップ

- さ 札幌光星高校(H06)
- 札幌静修高校(H09)
- 札幌第一高校(H01)
- 札幌北斗高校(H04)
- 札幌龍谷学園高校(H08)
- は 北海高校(H03)
- 北海学園札幌高校(H07)
- 北海道科学大高校(H05)
- ら 立命館慶祥高校(H02)

★はリスニング音声データのダウンロード付き。

高校入試特訓問題集 シリーズ

- 英語長文難関攻略33選(改訂版)
- 英語長文テーマ別難関攻略30選
- 英文法難関攻略20選
- 英語難関徹底攻略33選
- 古文完全攻略63選(改訂版)
- 国語融合問題完全攻略30選
- 国語長文難関徹底攻略30選
- 国語知識問題完全攻略13選
- 数学の図形と関数・グラフの融合問題完全攻略272選
- 数学難関徹底攻略700選
- 数学の難問80選
- 数学　思考力―規則性とデータの分析と活用―

〈ダウンロードコンテンツについて〉

本問題集のダウンロードコンテンツ、弊社ホームページで配信しております。現在ご利用いただけるのは「2025年度受験用」に対応したもので、**2025年3月末日**までダウンロード可能です。弊社ホームページにアクセスの上、ご利用ください。
※配信期間が終了いたしますと、ご利用いただけませんのでご了承ください。

高校別入試過去問題シリーズ

渋谷教育学園幕張高等学校　2025年度

ISBN978-4-8141-2994-2

[発行所] 東京学参株式会社
〒153-0043　東京都目黒区東山2-6-4

書籍の内容についてのお問い合わせは右のQRコードから　⇒

※書籍の内容についてのお電話でのお問い合わせ、本書の内容を超えたご質問には対応できませんのでご了承ください。

2024年5月30日　初版